哦松书屋诗文集

Oh Song Book House Poetry Anthology

汪洪生 著

By Wang Hongsheng

美国华忆出版社

Remembering Publishing. USA

Copyright © 2024 by Remembering Publishing, LLC. USA

ISBN： 978-1-68560-142-3 (Paperback)
　　　　978-1-68560-143-0 (eBook)
Remembering Publishing, LLC
RememPub@gmail.com

Oh Song·Book House Poetry Anthology
By Wang Hongsheng

哦松书屋诗文集

汪洪生　著

出　　版： 美国华忆出版社
版　　次： 2024 年 10 月　第一版　第一次印刷
字　　数： 359 千字

All rights reserved.
No part of this book may be reproduced in any form or by any electronic or mechanical means, including information storage and retrieval systems, without permission in writing from the publisher. The only exception is by a reviewer, who may quote short excerpts in review.

作品内容受国际知识产权公约保护，版权所有，侵权必究

作者介绍

汪洪生，江苏省滨海县人，1965年6月生；1981年7月在滨海县中学高中毕业；1984年6月毕业于南京化工学校无机化工工艺专业；1984年7月至1997年8月在滨海县环境监测站工作，其间于1988年9月至1993年12月经成人高考参加同济大学的函授学习，1993年12月毕业于同济大学函授与继续教育学院环境工程专业，获工学学士学位；1997年9月考入同济大学环境科学与工程学院硕士生，2000年3月同济大学环境工程专业研究生毕业，获工学硕士学位，研究方向为环境评价与规划；其后在江苏省盐城市滨海生态环境局工作至今，其间自2004年4月开始参加江苏省高等教育自学考试学习，2006年6月南京师范大学文学院汉语言文学专业本科毕业。余生平雅爱诗文，出版有《华滋集》《青葭集》《芳晴集》《汪洪生诗集》（上、下册）、《汪洪生诗集二集》《汪洪生诗集三集》《汪洪生诗集贰集》及《阳光书屋诗集》，《哦松书屋诗文集》包含三部分内容，第一部分是《汪洪生诗选》计八百四十首，第二部分是《松风书屋诗集》凡四十六卷计一千八百多首，第三部分是《追光书屋文集》计文章十篇，今结集于此，抛砖引玉，欲就教于大方之家；海内学者，幸以教我，至感尤深！今将个人信箱公布于此，欢迎指正：
wanghs200609@sina.com

序　言

温故而知新不亦乐乎

"温故而知新，"是中国儒家创始人孔老夫子的一句名言，至今仍有其存在价值及永久之生命力。人类文明至今已有数千年的历史，创造出了辉煌灿烂的物质文明与精神文明，在当今的时代中，人类面临着极其严峻之挑战和考验，环境污染与破坏及生态危机、核战争的威胁、贫富之两极分化以及种族与宗教之分争及争斗，都严重地影响着我们文明及文化的生存及稳定发展与持续进步。历史，进入了一个既具危机与含转机的新时代的关键节点，从好的方面来说，是可能催生出新的文明与文化体系，从坏的方面来说，是可能面临全人类文明崩溃崩盘的危险，急切需要全球一切有识之士共同努力，尽力把我们的文明与文化系统及体系推向前进，脱离危机，进入平稳、持续、高效发展与进步的轨道。

夫文明之发展，莫不以思想为先导与指导，此时我们重申孔老夫子的这句话，对现实有着极其重要和重大的指导作用。"故"，就是我们人类文明发展至今的一切成果。从哲学与宗教的方面来说，人类至今已积累了极其丰硕的成果，但从哲学的领域来说，存在着唯物主义与唯心主义的严重分歧与争端；从宗教的领域来说，存在着基督教（包括天主教及东正教）、道教、佛教及伊斯兰教等教派及种类的分歧与争端。"温故而知新"，就是要我们站在时代和历史的节点上，对所有至今以来人类文明的成果，来个大回顾、大整理、大统合、大推进、大推升、大发展，从量变引出质变来，推出"新"的东西来，推出新的文明及新的文化观念体系，需要我们放出眼光，超越一切文明及文化体系，努力扬升我们的文明及文化，促进天下大同的实现，宗教和同与合一的实现，则全球八十亿民众必能进入熙熙和"乐"的境界与境地，则文明及文化之扬升也必自然而然

I

地实现了。

  世界之病，病在人心，治世之本，必先以治心为上为宗。心之所主者，思想也，故先必须统一全世界人民之思想。夫思想者，真理也，正理也，光明之火炬也，导引人类及人生入于正途之载体也。夫思想，贵以理服人，非以战争及强权与暴力强迫人也。思想之集中地，哲学与宗教也，如唯物主义与唯心主义可以调和、统合与共同扬升形成一统一之新思想，则社会主义与资本主义之矛盾与斗争可以消免矣，如各大宗教的思想可以统合及共同扬升形成一新的宗教体系，则全人类之宗教分歧与争端可以消免矣。

  余在多年前由台湾博客思出版社出版的拙作诗文集《青葭集》及《芳晴集》中，曾论述此类问题，限于篇幅，此处不拟细述，有兴趣的读者可以去寻来读一读，此两种书至今市场上仍有售。物质、信息与能量是三位一体的，没有不表现为信息与能量的物质，也没有不表现为物质与能量的信息，也没有不表现为物质与信息的能量，如是，则可以消解唯物主义与唯心主义的二元争端，进而为统合、和同、扬升各大宗教建立扎实之根基与基础。

  诗文为人之心声及心身之体现与外露，夫著书之旨，务秉"开卷有益"为宗旨，以有益于世道人心之建设。诗文为思想及情感之表达与承载，以二者兼具为上品。吾不才，于拙作《哦松书屋诗文集》中，持个人中正和平诚恳之心，欲尽力发个人之心光与心热，欲有益于世道人心之长进，奉献自我之全部心力与智慧，而因学识及才智之有限，恐难胜任此一职责，敬请广大读者朋友们谅之。感谢美国华忆出版社提供了拙作的出版机会及荣耀。简言为上，繁琐不必，即此搁笔，再次向全世界的广大读者朋友们致意与问好，谢谢大家！！！

哦松书屋主人汪洪生
公元 2024 年 9 月 14 日
序于中国江苏省盐城市之滨海县

目录

序言　温故而知新不亦乐乎　I

第一部　汪洪生诗选

一. 清风书屋诗集　2

1. 青苍集　2
2. 云帆集　4
3. 鼓浪集　5
4. 从容集　7
5. 苍兰集　9
6. 绿竹集　12
7. 芭蕉集　14
8. 杨柳集　16
9. 清心集　18
10. 随意集　19
11. 挥洒集　21
12. 未名集　23
13. 风铃集　24
14. 芦笛集　25
15. 林涛集　26
16. 飞瀑集　27
17. 松芽集　28
18. 樵青集　28
19. 溪山集　29
20. 青冥集　30
21. 青溪集　31
22. 青枫集　32
23. 青萍集　32
24. 青萝集　33
25. 晓钟集　34
26. 山风集　35
27. 雁声集　36
28. 天真集　36
29. 清和集　37
30. 清啸集　38
31. 清扬集　38
32. 清平集　39
33. 云水集　40
34. 松风集　41
35. 清歌集　41
36. 乐和集　42
37. 和风集　43
38. 细雨集　43
39. 渌水集　44
40. 青山集　45
41. 和厚集　45
42. 清美集　46
43. 悠然集　47

44.红波集	47
45.柳烟集	48
46.筠风集	49
47.青藤集	50
48.瑶草集	50
49.浩歌集	51
50.绿华集	52
51.迎春集	53
52.蓬勃集	53
53.天风集	54
54.明心集	55
55.溪风集	56
56.晨星集	56
57.向阳集	57
58.绿波集	58
59.向上集	59
60.飞扬集	60

二. 凯风书屋诗集　60

1.清朗集	60
2.心语集	61
3.浩荡集	62
4.问道集	62
5.扬心集	63
6.放飞集	64
7.畅想集	65
8.灵思集	66
9.源泉集	67
10.清新集	68
11.晴爽集	69
12.漫浪集	71
13.揖云集	72
14.云松集	73
15.松窗集	73
16.霞光集	74
17.和颐集	75
18.悟真集	75
19.挹秀集	76
20.清淑集	77
21.真率集	77
22.清淳集	78
23.熙怡集	79
24.和雅集	79
25.凯风集	80
26.清晓集	81
27.青林集	81
28.怡旷集	82
29.丰美集	83
30.纯真集	84
31.春风集	84
32.荣昌集	85
33.和平集	85
34.旷远集	86
35.喜晴集	87
36.和昶集	88
37.乐康集	89
38.晴和集	89
39.云山集	90
40.耕春集	91
41.本真集	91
42.畅心集	92

43.荷风集	93
44.朝阳集	94
45.方正集	94
46.奋进集	95
47.阳刚集	96
48.德生集	96
49.正义集	97
50.素朴集	98
51.春燕集	98
52.春蕤集	99
53.欢歌集	99
54.鼓舞集	100
55.同庆集	101
56.青春集	102
57.春晖集	102
58.开创集	103
59.大同集	104
60.阳和集	104
61.朴雅集	105
62.锄云集	106
63.爽挹集	106
64.大雅集	107
65.中和集	108
66.浩正集	108
67.红日集	109
68.素问集	110
69.开物集	110
70.飞翔集	111
71.天工集	112
72.怡情集	112
73.慨慷集	113
74.崇光集	114
75.圆方集	114
76.心光集	115
77.火炬集	116
78.星光集	116
79.灿烂集	117
80.彩虹集	118
81.哦松集	118
82.萱风集	119
83.宣扬集	120
84.逍遥集	120
85.野逸集	121
86.放意集	122
87.临风集	122
88.书香集	123
89.心遐集	124
90.挺秀集	124
91.正直集	125
92.和同集	126
93.慧心集	126
94.自由集	127
95.微笑集	127
96.至和集	128
97.雄思集	129
98.拙正集	130
99.陶然集	130
100.天和集	131
101.秀雅集	132
102.绿窗集	133

103.和畅集	133	12.风标集	156
104.远志集	134	13.潇洒集	157
105.英爽集	135	14.冲浪集	157
106.素心集	135	15.松篁集	158
107.郁秀集	136	16.同济集	159
108.忠诚集	137	17.青阳集	159
109.向学集	137	18.高尚集	160
110.寻芳集	138	19.东风集	161
111.磊落集	139	20.春葩集	161
112.清思集	140	21.灯台集	162
113.和熹集	141	22.崇光集	163
114.山香集	142	23.入云集	163
115.清讴集	142	24.心光集	164
116.南窗集	143	25.旷思集	165
117.茂昌集	144	26.风怀集	165
118.纯正集	144	27.歌呼集	166
119.清素集	145	28.红旭集	167
120.峥嵘集	146	29.吟红集	168

三．阳光书屋诗集　146

		30.倾情集	168
1.曙光集	146	31.春帆集	169
2.闲云集	147	32.清风集	170
3.秋爽集	148	33.优雅集	170
4.含煦集	149	34.诚恳集	171
5.怀远集	150	35.心悟集	172
6.芳翰集	150	36.雄峻集	173
7.清昶集	151	37.新绿集	175
8.迪志集	152	38.阳光集	175
9.野吟集	153	39.秀美集	176
10.烟峦集	154	40.茁壮集	177
11.爽朗集	155	41.春晓集	178

42.晨光集	179
43.澄心集	180
44.雅思集	181
45.正己集	182
46.年少集	183
47.求知集	184
48.多情集	184
49.彩云集	185
50.探思集	186
51.欢笑集	187
52.明媚集	187
53.朴实集	188
54.广宇集	189
55.心亨集	189
56.清华集	190
57.恒永集	191
58.初春集	191
59.自由集	192
60.奋飞集	193
61.美好集	193
62.骋志集	194
63.贞刚集	195
64.践履集	196
65.理想集	197
66.希望集	197
67.开心集	198
68.遂志集	199
69.刚中集	199
70.济物集	200
71.大亨集	201
72.泽物集	201
73.炳文集	202
74.居正集	203
75.文蔚集	203
76.开朗集	204
77.和乐集	205
78.栖云集	206
79.天青集	207
80.山居集	208
81.扪云集	208
82.茗香集	209
83.清远集	210
84.就鸥集	210
85.红雨集	211
86.友鹿集	212
87.兰凤集	213
88.红豆集	213
89.晴野集	214
90.快心集	215
91.飞霞集	216
92.活水集	217
93.成务集	217
94.崇高集	218
95.致远集	219
96.鼓舞集	220
97.贞明集	220
98.无咎集	221
99.扬眉集	222
100.光明集	222

第二部　松风书屋诗集

1. 冲远集　　225
2. 约美集　　233
3. 化冶集　　242
4. 怀香集　　251
5. 清道集　　259
6. 烟村集　　268
7. 青芦集　　277
8. 飞红集　　285
9. 瓣香集　　295
10. 裁云集　　304
11. 松韵集　　312
12. 敲松集　　321
13. 俯仰集　　329
14. 存诚集　　338
15. 烂漫集　　347
16. 南天集　　356
17. 自在集　　364
18. 娱心集　　373
19. 远大集　　382
20. 凿火集　　391
21. 洁白集　　400
22. 草香集　　409
23. 天曙集　　418
24. 揖风集　　427
25. 燃犀集　　436
26. 崇善集　　445
27. 喜乐集　　454
28. 青朗集　　463
29. 钟美集　　472
30. 纯真集　　481
31. 弘生集　　489
32. 称意集　　499
33. 迎春集　　508
34. 广大集　　517
35. 庄严集　　526
36. 畅达集　　534
37. 绿山集　　543
38. 旺达集　　552
39. 创意集　　561
40. 时尚集　　569
41. 风发集　　579
42. 破浪集　　588
43. 允谐集　　597
44. 高远集　　606
45. 花开集　　615
46. 欢庆集　　624

第三部　追光书屋文集

1. 思想散记十三篇　　635
2. 雨夜闻蛙记　　646
3. 思想及艺文语录　　648
4. 迎夏赋　　654
5. 小论道德　　655
6. 思想绪语　　656
7. 随笔之一　　658
8. 随笔之二　　660
9. 心理统一论　　662
10. 洪生心语　　664

第一部

汪洪生诗选

一. 清风书屋诗集

1. 青苍集

叩 门
2006-11-23

今夜无眠，吟成此诗，
激情流泻，泪下如雨。

轻轻地我来了，
叩击你的心门。
正如清风吹过，
渴望吹起波纹。

久已未写什么诗歌，
冷落了文艺的女神。
今天我要放歌高唱，
激情旋律天际回响。

让这质朴言词，
诉出我的心身。
天上白云作证，
知我满心纯真。

希冀南飞的大雁，
捎去我心的真诚。
盼望早春的燕子，
带来你情的温存。

如果风吹不起波纹，
如果你视我为浮尘，
如果注定没有缘分，
只好放飞心的风筝。

也许在不经意之间，
失落了一世的情真。
或许梦回惊醒时分，
忆起远方这位旅人。

也许岁月消抹印记，
正如风过水面无痕。
我且抖落一身浮尘，
继续人生跋涉旅程。

那么在我临行之前，
再次祝福你的人生。
愿你飞扬美丽青春，
永远保有心的纯真。

当你度过纷扰红尘，
天使接你冉冉上升。
在上帝的怀抱之中，
你将获得灵魂永生。

边走边唱
2006-11-25

如果沧桑爬上额头，
如果岁月印证伤痕，
如果苦痛深入眼神，
希冀保有我的纯真。

就让老酒储满醇真，
就让记忆化作单纯。
人生好像风儿吹过，
又似驼铃涉过沙尘。

白云朵朵该是点缀，
烟霞明月伴我晨昏。

人生应该意气风发，
一路挥洒边走边唱。

是不是我该安静地走开
2008-4-12

是不是我该安静地走开？
悄悄消失于人群之海。
是不是我该安静地走开？
听论别人拥你在心怀。

是不是我该安静地走开？
继续跋涉在人生之海。
是不是我该安静地走开？
好似浮尘飘泊于世界。

是不是我该安静地走开？
扬帆远行于爱情之海。
是不是我该安静地走开？
一任心境放飞在尘埃。

是不是我该安静地走开？
悄悄珍藏你在我心海。
是不是我该安静地走开？
苦痛泪水滴落于胸怀。

是不是我该安静地走开？
犹如轻风消逝于云海。
是不是我该安静地走开？
独自追寻理想之境界。

是不是我该安静地走开？
任从心痛沉重如大海。
是不是我该安静地走开？
从此分隔只余下悲哀。

是不是我该安静地走开？
悄悄消失于人群之海。
是不是我该安静地走开？
从此不留下一点尘埃。

是不是我该安静地走开？
只好梦中拥你在心怀。
是不是我该安静地走开？
听论错误发生与存在。

是不是我该安静地走开？
任凭泪水滂沱似大海。
是不是我该安静地走开？
俯首听从命运之安排。

是不是我该安静地走开？
闭嘴才是最好之状态。
是不是我该安静地走开？
但凭黑夜降临于世界。

是不是我该安静地走开？
孤独是我人生之存在。
是不是我该安静地走开？
乘风飞行于理想之海。

是不是我该安静地走开？
放下包袱才行得轻快。
是不是我该安静地走开？
展翅追寻理想之世界。

是不是我该安静地走开？
淡泊才是合理之取裁。
是不是我该安静地走开？
奋斗终成人生之精彩。

是不是我该安静地走开?
就让生活开始于现在。
是不是我该安静地走开?
迎接人生辉煌之境界。

是不是我该安静地走开?
悄悄登上前行之车载。
是不是我该安静地走开?
就让沉默先保持状态。

是不是我该安静地走开?
红日终升东方之视界。
是不是我该安静地走开?
好似云彩飘泊于世界。

是不是我该安静地走开?
隐痛确是不朽之存在。
是不是我该安静地走开?
就像风儿吹过于云海。

是不是我该安静地走开?
任凭心事降落在尘埃。
是不是我该安静地走开?
悄悄消失于人流之海。

2.云帆集

今宵激情燃烧

2008-5-24

今宵激情燃烧,赋诗曲调声高。
从来多少沧桑,此际夕阳红烧。

来路烟水苍茫,归程风雨遥飘。
人生无限感慨,一如天起狂飙。

心静未起波澜,淡处且学遥遥。
求取白鹤双翅,放飞激情去找。

高歌曲调正好,声色慨慷奇妙。
打动心灵无数,一起和唱声高。

但愿歌声不断,永远保持才好。
人生太多烦恼,最好全能抛掉。

愿起天地狂飙,枯枝落叶尽扫。
创造新的世界,永远无忧无恼。

论诗

2008-5-26

诗人气质不一,作诗未可一律。
根据自己体性,但求心情真切。

豪放委婉并立,真情实感要藉。
最忌强求做诗,所得不忍目及。

务求气机流转,一气吞吐清越。
高亢低沉随意,任君运用参阅。

诗道直通天道,学问奥妙无极。
愿与同道切磋,共同学习体历。

我的心

2008-5-27

我的心似白云,透着宁静。
我的心是霞彩,闪着多情。

我的心似天空,飘逸无形。
我的心是流水,至洁至清。

我的心似清风,和煦温馨。
我的心是长虹,七彩心灵。

我的心似星星，眨着眼睛。
我的心是明月，洁白纯净。

我的心似太阳，光芒热情。
我的心是镜子，显照性灵。

我的心似高山，巍巍群岭。
我的心是大海，包容人情。

我的心似精灵，透视人心。
我的心是纯净，无迹无形。

我的心似细雨，沁润人心。
我的心是雷电，唤醒心灵。

我的心似烈火，点燃激情。
我的心是山泉，灌人性灵。

我的心似四季，周转流行。
我的心是生命，永远运行。

我的心似云燕，飞掠轻盈。
我的心是大雁，云天高心。

我的心似你心，透着关心。
我的心是人心，正义心灵。

3.鼓浪集

无心读书休怪谁

2008-10-9

无心读书休怪谁，
秋云淡淡引深思。
岁晚独立余有感，
应从实践出真知。
书中高言常万语，
却到用时费猜疑。
理论实践须结合，
莫可一味作书痴。
学习犹若烹调事，
五味调和君切记。
千万不可偏而狭，
独门兵器螳螂知。
十八刀枪凭君取，
古今中外各其宜。
休言书山高高在，
何妨襟怀大海计。
试看天下腐儒者，
两眼发直尽呆痴。
人生学习从不迟，
于此敬君作三思。
秉烛而行穿黑夜，
又若萤火三更时。
学思并用君应取，
所思所得含真知。
书到用时方恨少，
风雨蹉跎悔学迟。
读书须凭真见识，
洞幽烛隐得真机。
秋暮掩卷长太息，
读书误人几人知？
即此舒怀惟君取，
畅对秋风舒神思。

秋阳实在是好

2008-10-12

秋阳实在是好,心境淡然奇妙。
周日闲来事少,清心把诗去找。

山高水深何惧?路长道远渺渺。
诗道实在微妙,尽心尽意创造。

譬若无迹寻找,有时初露夕照。
蓝天长空之上,风吹云帆在飘。

我心随云飘渺,境界无法言道。
如在长天风晓,清凉世界访造。

诗道合乎人道,人道体现天道。
天道言之不尽,吾亦未能尽晓。

大道无迹无形,运行实在奇妙。
汝欲刻意寻找,实属自寻烦恼。

常在无意之间,瞥见微微一缈。
即此峥嵘显露,如同夕阳晚照。

猛然刹那之间,惊醒心灵知晓。
更在微妙时刻,展现大道神妙。

天道微微茫茫,遍地寻找不到。
内心自我发掘,有时观察得到。

人本生自宇宙,洞见世界神妙。
阴阳从中调和,大小周天奇妙。

欲寻诗歌大道,必先通乎人道。
人道彰显天道,此处实在微妙。

心体必须中正,诗歌应能体道。
休言写诗事小,万言亦难明了。

须知大道纯正,诗道通于天道。
务必有益身心,切莫废话滔滔。

写诗实在奇妙,诗道难以尽晓。
我愿与君切磋,共同求取诗道。

欲问上帝何在

2008-10-14

欲问上帝何在?存在心灵之间。
欲问真理何存?几微之间显彰。

世界渺渺茫茫,人世沧沧桑桑。
无数思想碰撞,激发文明之光。

莫谓多道并存,孰论数教同扬?
真理只有一个,其他都是妄想。

上帝乃是唯一,独把世界开创。
运行天地宇宙,自始直至永长。

即便末日来临,世界毁灭消亡。
天堂永恒存在,天父永被歌唱。

人为上帝所创,属于万物灵长。
切莫滥用智慧,辜负神恩无限。

请看战争杀戮,以及地球创伤。
再谈穷人困顿,遑论南北争长。

世界问题愈多,反映人心愈脏。
要想救治人类,惟须上帝帮忙。

上帝无时不在,圣灵无处不彰。
请看天地奇妙,尽是神恩创造。

人心不可虚假,敬拜才是指望。
希冀神的力量,来救人心丧亡。

智慧源于上帝,乃是力量之光。
人心反映圣灵,世界才有希望。

有时遭遇黑暗,天狗吞食日光。
须把天父牢记,祂必拯救疗伤。

我生充满幸福,因有天父领航。
心中常存馨香,是乃属于灵光。

圣父圣子圣灵,三位一体显彰。
圣经是为至宝,无穷无尽宝藏。

我愿效法基督,彰扬天父圣光。
内恶外敌克服,圣洁心灵芬芳。

即便百年之后,天使领我向上。
飞越时空屏障,去向幸福天堂。

4.从容集

清心不使沾污秽

2008-10-16

清心不使沾污秽,
须筑灵台真智慧。
洒脱但随白昼走,
随意常俱黑夜回。
心意所通真意具,
灵犀必须妙悟会。
随意却非随大意,
规矩自在须领会。
天理昭彰心不昧,
人情练达味还回。
体察自然道有体,
长思宇宙深体会。
天人相应须牢记,
人生短暂莫徘徊。
追求真理务前往,
上天入地知几回?
终有刀山须敢闯,
灵霄能上心莫灰。

霜降果然不凡

2008-10-23

霜降果然不凡,天阴叫人好看。
此际气温下降,身上觉得衣单。
长风吹下落叶,满地尽是斑斓。
推窗当风而立,果然朔风生寒。
天际烟霭缈缈,林野尽显苍颜。
我心回思婉转,舒写心境斑斑。
人生不需惧老,即使秋深岁寒。
犹如虬劲老干,经历风雨磨难。
更似雨后长虹,七彩展现欢颜。
人生多姿多彩,应许坎坷霜寒。
即便风浪陡起,也须镇定安然。
须知天有不测,更有祸福相缠。
人生是有天意,冥冥求得心安。
不可妄作恶业,惹来报应纠缠。
生死由天注定,人力难以回挽。
莫若多多行善,积累福德求安。
财宝是在天国,人间只是妄然。
防止镜花水月,更须内心检看。
生命只有一次,与人何妨相安。
人生只是行旅,飞行何曾放慢?

百年光阴匆匆，转身只余长叹。
敬珍年少光阴，转眼秋深老缠。
劝君放声高歌，唱出人生感叹。
赞美天父鸿恩，灵心灵性能安。
莫使灵魂堕落，努力攀越高山。
大海焉能阻我，灵程路上登攀。
天国就在心中，光明恒在身畔。
天阴忽然转晴，天空太阳光灿。
我心为之感动，讴歌神恩璀璨。
时节虽是霜降，气候转为冷寒。
我心却是火热，激情跨越群山。
飞向无穷远处，是在未名之畔。
秋意歌唱不尽，人生诗意当然。
即以此诗致君，算作礼物亦然。
敬祝福寿康乐，人生永远平安。
更愿天佑人和，恒保国泰民安。
诗歌吟唱不尽，及时搁笔当然。
时在霜降之日，畅思奇想兴燃。

霜降过后天微寒

2008-10-24

霜降过后天微寒，推窗知分晓。
夜来梦多意兴阑，钩月斜空照。

长发浩思秋深了，此际静悄悄。
吾生老矣白发飘，伫立叹年少。

当年激情曾高渺，心态比云高。
而今沉潜人生道，夕阳或晚照。

时在五更天近晓，秋蛩知多少？
淡泊人生且从容，许我慢慢道。

不惑岁月知天命，天命难言道。
人生行迹沧桑晓，过来人知道。

心事浩渺倩谁晓？秋风或知道？
也许秋虫知二分，此时正鸣叫。

遍告不得中心晓，人生知音少。
长行万里风云道，何妨迎落照？

秋深夜静黑当道，路灯仅沿道。
旷野深处有人叫，天近东方晓。

此际斜月东方照，迎接晨星到。
黑夜漫漫终将了，一轮红日照。

时当夜深黑未了，窗外风萧萧。
晨起谁把落叶扫？迎接白日到。

秋深感言知多少？漫漫长安道。
时近冬令将来了，白雪或飘飘？

满头白发如雪飘，人生终将老。
笑对朔风吾言道，即将返年少！

休言此语太狂傲，人老心不老！
秋风萧萧吹劲草，鹤发童年少。

吾心纯洁称高妙，世人知多少？
即便雪满邯郸道，骑驴也逍遥。

对秋发言让风晓，黄花开正俏。
晚秋时节正真好，余心且高蹈。

夜静时刻称为妙，神思飞来巧。
落笔千言竟成了，文章锦绣造。

万语千言终有了，沧桑言不了。
何妨暂且待后道，下回继分晓。

人生如同书一场，回回有高潮。
对此吾亦未尽晓，尚容求深造。

求学如同秉烛行，夜黑红灯照。
即便老眼昏花了，行路也轻巧。

吾生近老未服老，夕阳尤其妙。
朝阳夕阳俱太阳，万丈光芒照。

吾生何敢多言老，五十尚未到。
即便六十又如何，漫漫人生道。

人生本是一战场，胜负谁分晓？
胜败应是寻常事，秋风掩过了。

从古至今知多少，英雄豪杰晓？
而今只余空姓名，长为人谈了。

世事苍茫秋风萧，尽把世情扫。
落叶满地倩谁扫，谁来收拾了！

世事又如一盘棋，胜负难言道。
下过之后或知了，人事是扰扰。

五更虫吟甚轻巧，听来称其妙。
岁月如流匆匆过，转眼白发飘。

即此搁笔言过了，雁过痕应消。
一篇闲话说分晓，惟有天知道。

须知道也甚难道，不道又想道。
且待天明红日照，世事继分晓。

人生人世歌一曲，千年竟过了。
发此浩叹亦无益，何妨少言道。

展望明日心态潇，大鹏长天啸。
须知苍松经霜傲，枫叶更红了。

壮志老来犹怀抱，激情尚未了！
击水三千待后造，休言谁输了！

人生自应不服老，前程尚未了！
即便晚霞迎落照，更比朝阳妙！

时维五更天近晓，浩歌付君晓。
岁在九月二十六，霜降刚过了。

天冷人群不起早，路上行人少。
老夫一篇今竟了，秋虫知萧骚。

其实骚也不算骚，焉能比离骚？
人生何妨发牢骚，能保心态好。

心态平衡最重要，身心俏又俏。
人生应是不服老，敬君老来俏！

5.苍兰集

写诗实在有趣

2009-3-2

写诗实在有趣，所说出自天真。
此处由我作主，浩歌酿出真醇。
岁月百感交集，诗中反映人生。
此际清风吹来，畅开心地纯真。
我愿高歌一曲，与世共同升腾。
迎接人生辉煌，境界妙入仙神。
天阴未必可怕，太阳会当飞奔。
时或有时不既，静待守候日呈。
早春天虽寒冷，清醒应许几分。
二月东风浩荡，万物正在新生。
余心深为鼓荡，激情奔涌纷纷。

冬天已经退去,时节正当春生。
君看枝头之上,柳枝占得先身。
百鸟应许歌唱,草野必将绿生。
人生百年虽艰,青春能否长存?
鹤发会伴红颜,岁月尽显温存。
吾今年过不惑,心中有感何论。
蓝天白云之上,长学云雁飞腾。
春来已逾二分,余心喜之不胜。
漫漫冬夜之后,终有春日东升。
人生只是短暂,时光须惜十分。
切莫空空走过,雁过也留心声。
何妨妙发清旷?作诗映出人生。
诗歌是为至宝,精灵奔走纷纷。
不可视为等闲,句句也应当真。
其中或含真理,大道说着几分。
诗道言之不尽,此处不拟细论。
惟愿苍天佑我,写出诗歌数本。
即便百年之后,吾身不复生存。
也有诗歌嘹亮,映出余之人生。
写诗非关小事,世道赖此依存。
应将漫天心事,尽入诗中纷呈。
不敢自称诗人,只是写诗相称。
更愿世人诵读,有益心灵几分。
名利于我何益?写诗展现人生。
更于真理大道,何妨探求几分!
余心言之不尽,即此倾出心声。
惟愿与君有益,开卷利于人生。
浩歌长吟不尽,沧桑人生尽逞。
春来余今有感,写诗稍吐心身。

笼中画眉宛转唱
2009-3-2

笼中画眉宛转唱,似把春情诉。
虽在笼中也向往,自由飞翔去。

人生一似笼中鸟,难得展翅驱。
艰难岁月徒坎坷,风云能几度?

时正二月初春日,窗外阴云护。
寒风索索天未暖,柳芽先萌与。

生尘有涯多悲苦,心事无人诉。
长发浩歌待君取,更驱狂飙去。

我心但有万千层,觉有千千悟。
终成诗篇也难写,长对春色嘘。

人生只是一苦旅,日月穿梭去。
独坐此时也无趣,诗中平生度。

回首前事徒长嗟,云烟何必付?
一时心清似烟萝,松芽寸寸取。

我生长羡彼青云,飞越山无数。
困守斗室也难写,依欲冲天去。

天色阴沉如欲雨,春寒峭如许。
所言不达心何取?一时也难数。

世事沧桑徒更改,人性实难语。
而今空对两鬓斑,难改我童趣。

吾生不幸多坎苦,红尘历劫度。
壮岁依前有雄图,长对云天嘘。

旧有已如烟水去,一时也无语。
心事浩渺难言诉,诗中稍稍叙。

人生难得顺水船，逆境时常遇。
磨难不舍苍生计，英雄自有取。

心境空蒙共谁语？艰深无人去。
独对苍天兴浩叹，感慨入诗句。

青春已逝无迹取，尽被风雨驱。
而今长对早春时，百感无法语。

依然保有我天真，纯正守天数。
贫苦何须多计较，能养我心绪。

放歌一曲多悲怆，时空多觉悟。
人生有情也难写，正气天地妒。

余生苦短有定数，红尘纷纷度。
惟谱诗篇无穷句，付与后侪取。

中心有曲向谁诉？笼中鸟谁度？
天色阴沉无太阳，此时也无趣。

暇时写诗百千句，中心义谁取？
辗转身心也难诉，云烟深深护。

人生难得是轻松

2009-3-2

人生难得是轻松，心事几分种？
暮烟起处飞朦胧，长嗟倩谁同？

我心鼓荡万千重，风雷长震动。
愿起狂飙呼大风，时代正不同。

壮岁激情怀满胸，心中诗汹涌。
吐出胸襟自不同，造化非作弄。

春来早寒阴正浓，梅枝已登红。
岁月纷飞且从容，独自化长风。

近来心事颇浓重，书出真心胸。
生尘只是若水涌，英雄时势钟。

悲歌一发不由衷，回首泪几重？
天际飞鸟正无踪，心迹不言中。

愿寄长风行万里，沐浴风雨中。
君看山巅有劲松，更入云烟耸。

写诗非是伤心事，快哉吐襟雄。
丈夫意气自豪壮，古今几人同？

而今婉转有情钟，长望春潮涌。
生机勃发万物萌，天地正气充。

长揽两鬓深叹惜，岁月正匆匆。
年轮碾过伤重重，额上愁深种。

君子深忧天下事，本是多情种。
黎民百姓心中念，更入诗篇中。

不觉华发两鬓苍，转感心潮涌。
休言老骥须伏枥，春来气态雄。

写诗万言亦难尽，正气当歌颂。
人生短暂复何妨，步履且从容。

放歌一曲天地动，文章造化钟。
平淡度日早晚中，读书诵诗从。

吾生何惧老将至？一任岁月涌。
惜时如金谨记取，天意怜英雄。

书籍应是平生宝，甘作诗中翁。
吐出心香万千重，诗意深浓重。

天色阴来不足惧，阳和待时萌。
早春二月正当时，生意正汹涌。

一篇作罢意犹雄,壮志势若虹。
贫贱何损我心胸?时势造英雄。

人生苦短何必叹?生死天意中。
一生事业何须论?尽付云与风。

坐定身心未随风,任由云飞涌。
甘受霜寒风击苦,春来花发中。

6.绿竹集

万言不尽是人生

2009-3-13

万言不尽是人生,何必诉心声?
应许默对晨与昏,只是驰与奔。

心事静定或难成,何不共云纷?
人生不许沉与沦,向上始可成。

一心向上去何方?天路启征程。
抛却名利须十分,清心是缤纷。

洒脱身心登云层,风雨须兼程。
前路自有万千人,落队或纷纷?

我今对汝诉心身,愿汝行得正。
莫谓我是过来人,经验知三分。

人生只是苦旅程,百年匆匆身。
抓紧时间赶快奔,迟了定不成。

天色微亮夜消沉,风大何必论?
雨狂何妨我精神?要学鹰长奔。

鲲鹏是展万里程,小鸟难比胜。
愿君长自奋心身,英雄一显身。

春来正是好时分,愿君早登程。
未许迟疑稍沉沦,时间不等人。

灵程路上驰与奔,长是艰与深。
其中磨难上万层,铁杵也成针。

天国真是好旅程,乐园永缤纷。
脱去旧我成新人,灵性是永恒。

人生徒是悲与愤,速奔天路程。
突破时空会天人,天父恩典深。

心灵力量非等闲,真光自生成。
力胜魔鬼万千人,显照点点灯。

前路长驱历征程,山高水又深。
不顾艰辛且飞奔,永生定能成。

门小路窄行路难,切莫回头伸。
一念之间胜败分,必须奋力奔。

祝君一路且行好,顺水历征程。
只是心要提三分,防止现艰深。

有时遭遇陷与阱,必须慎心身。
抛去世界是轻身,展翅向云层。

问题自有千千万,难上又难成。
只是心中须有灯,天父亲导程。

人生百年匆匆身,列祖俱未存。
惟有天父赐永生,得救不沉沦。

长言终尽缘有份,即此打住声。
与君共勉奔灵程,萧萧风雨生。

行路任使险象生,天父救必成。
多少天使四处分,及时救赎人。

仰望前路余心奋，努力启征程。
劝君更作早行身，莫成掉队人。

天色苍黄余有愤
2009-3-13

天色苍黄余有愤，风雨是纷纷。
早起做个写诗人，心身诉几分。

好歌从来应引人，其中诉真诚。
只是不可欺骗人，应引向天城。

身心有苦言不成，道来泪纷纷。
长望云天好风逞，雨打红梅身。

春来发歌应浩亮，丹田气充沉。
何不遏住云几分？嘹歌天外逞。

悲愤不言是人生，尽是风雨程。
辗转身心有安稳，此际心意深。

共谁道得此肉身，只是易沉沦。
奋发身心向前奔，天国是征程。

我心仰望云纷纷，恳求天父恩。
顺水行舟焉易成？多是逆水程。

风雨伴我行旅程，艰深未许论。
清白纯净是为人，灵程入云层。

高歌尽管能生成，低吟也能成。
溪流是转万千身，终归奔且腾。

前路方向须看准，心中须有灯。
此是智慧之深根，千万不能扔。

共君言语万千层，中心须要论。
人生标的在天城，只是行旅人。

奋勉人生须用力，心身须奋争。
长是掌好行路灯，清度好秋春。

每到转弯抹角时，必有引路灯。
更在力尽将倾际，天使必现身。

人生只是考验旅，天父掌航程。
待到天国享永恒，灵魂是真身。

长歌不尽是人生，恩怨何许论。
要学云海渡纷纷，长是自由身。

窗外鸟啭正高声，引我心生成。
长是奋发有人生，共君勉于奔。

挥洒不尽是心情
2009-3-13

挥洒不尽是心情，谁论果与因？
人生只是纷与纭，共谁诉衷情？

长思我欲高歌去，跨入云烟吟。
只是肉身重千斤，不能放心行。

叹息不尽是人生，已是不惑身。
知否天命不足问，长是苦旅程。

身心点亮一盏灯，长照前路程。
奋勉更待尽一生，心灵须力奔。

灵性检点最要紧，人贵有性灵。
即于此处须要明，身心系于灵。

灵性本是天父赐，福德从此临。
更须长向天国行，前路山水云。

必须长明身心灵，努力向前奔。
净化增长有性灵，清心燃明灯。

风波任它起又沉,做个有缘人。
何必多言费精神?要紧是行程。

7.芭蕉集

人生未许沉沦

2009-3-13

人生未许沉沦,清心印出月轮。
是是非非自能分,谁论败与成?

身心虽有巨疼,灵魂却未沉沦。
宇宙人生真理存,慧眼才能分。

好自为之做人,何必杀身成仁?
仁义是在平常身,不必作高声。

淡泊是在为人,慈悲也须真正。
天父鸿恩赐穷人,引人奔天程。

我心终有万层,清心才能做人。
名利抛却不愚蠢,是为智慧人。

心有点点明灯,照彻黑夜三更。
路上来往多行人,切莫瞎折腾。

人生真理谨遵,叩道用心清澄。
灵机妙用似云层,时时翻又腾。

对君更不长骋,短言要在敦敦。
人生恒是客旅身,祝君顺风程。

人生必须勇敢

2009-3-15

人生必须勇敢,前路莫畏艰难。
风雨潇潇任我返,壮志冲霄汉。

此际春夜正阑,空气清新冲淡。
静坐写诗吐心谈,一时也安安。

心事既属空泛,言谈量来也难。
只是人生多遗憾,缘去是难返。

身心长是清淡,灵魂警醒和安。
灵程路上长登攀,切莫稍畏难。

红尘一任嚣漫,情芽长是新绽。
好自为之走人寰,奋飞入云汉。

春来心情浪漫,心事长扬风帆。
欲入长天未为难,化鹤乘风看。

四更夜色安然,人声无有交谈。
红梅此际花淡淡,料想睡正安。

我却早醒长谈,写诗吐出情澜。
春夜真是妙而曼,心事共谁谈?

推崇和安清淡,写诗却也雅然。
何必怕人不受感?原为自己看。

人生道来也难,与谁共越关山?
身心激越情起澜,付与云漫漫。

时已五更安阑,路上车声时喊。
心地不许起波澜,写诗要冲淡。

只是此心难安,要想管住也难。
不如放飞由他散,看他何处漫?

穿越时空烂漫,古今任我飞看。
待到归来放长眼,心仍在远山。

此心活泼难缠,对付却也不难。
且自由他飞飞看,终要把家还。

长览五湖群山，走遍世界人寰。
识得人世徒坎憾，惟余一声叹。

叹也不必长叹，不叹却又深叹。
人生长似客旅般，总是繁与难。

何必怕其繁难？心地总要长安。
一任人生起波澜，稳渡海与山。

人生不可苟安，必须时刻奋翻。
大鹏展翅万里谈，顷刻跨人寰。

前路漫漫群山，行走深是艰难。
终是攀入云漫漫，心怀好浪漫。

心事既然定案，就须奋力闯关。
前路任他百重山，奋行莫畏难。

人生恒是短暂，转眼白发斑斑。
灵程道上须奋攀，迟了惟长叹。

高歌既应当喊，沉默更利实干。
一任激情冲霄汉，努力做好汉。

春夜真是清安，写诗倾出心澜。
多写虽是不算难，只是难尽善。

写诗本为倾谈，激情吐出为安。
尽管平日不善谈，此际长是澜。

澜却何曾算难，人生雄关漫漫。
打点身心长闯关，一关又一关。

关却尚还未关，天国门正开展。
行得快者先进站，迟了徒哭喊。

哭喊门却已关，此后再开也难。
永生大门只一扇，快奔莫遗憾。

祝君一路平安，我更与君同攀。
灵程路上自艰难，奋力搏群澜。

天父导引正善，天使时时救难。
转弯抹角何须谈？长是有平安。

磨难历程非凡，跨越巍巍群山。
大海不能把我难，看我稳扬帆。

即此更不多谈，五更一篇雅安。
夜色窗外黑正然，黎明蹒又珊。

好自为之奋战，人生非是安然。
慎防风波陡如山，心定才能安。

定心要想不难，信仰坚贞是谈。
心中切实祷又喊，天父赐平安。

此是真正平安，世界难夺其善。
信主之人俱是谙，不是空空谈。

人生真是难谈，生死更是闯关。
赶快奋力向前赶，前路共君攀。

灵程切莫畏难，门小路窄难攀。
时候将到门将关，迟了唯剩叹。

盼望是为尽善，实现并非太难。
天国福地真平安，征途共君攀。

祝君一路平安，力过考验重关。
天国相会高声赞，真是把家还。

春夜真正安阑，平畴是无群山。
清风吹来心恬淡，写诗畅心谈。

长篇也须尽善，切莫空空叫喊。
必须含有真内涵，否则是扯淡。

写诗并非直喊，婉转若似云漫。
圣灵充满是为赞，天父恩如山。

精灵高声叫喊，吐诗甚是浪漫。
作为诗人兴意澜，停笔真是难。

真是不应多谈，言多或有妄喊。
诗歌是为神奇汉，敬他他才安。

写诗长短均善，长话短说更难。
即此别过不再谈，祝君享平安。

我心自由烂漫

2009-3-19

我心自由烂漫，长自共云翻澜。
清风吹来思万般，好似红霞灿。

人生长自坎憾，徒余心伤嗟叹。
春来应自开眼看，鸟飞入云汉。

我欲与风同翻，共入高天霄汉。
心中志气不平凡，万里风云展。

诗中心胸尽展，快哉乘风妙曼。
人生应自平实干，脚踩实地站。

春来播种不难，平时维护却繁。
更有风雨虫害缠，丰收是艰难。

人生同此相看，奋斗精彩不凡。
焕发志气埋头干，终有收成看。

二月春风扬帆，老柳笼得烟淡。
田野春光真好看，引余心浪漫。

最爱碧草新绽，生机无限尽展。
人生效此向前攀，奋力闯雄关。

山高水长不难，要在人心奋翻。
风雨雷电是磨难，苍鹰渡绝栈。

奋展雄心长攀，能上绝壁高山。
待登天梯回头看，原也不算难。

8.杨柳集

初夏今日开场

2009-5-5

初夏今日开场，午时阳光和畅。
我心自由舒旷，作诗热情奔放。
高歌一曲清畅，直上云霄旋荡。
人生应许情长，此际花满心乡。
春去何必怅惘？夏来自有风光。
妙曼人生飞扬，七彩生活绽放。
百折回波行长，大海尽能包藏。
世界万千气象，道来不尽话长。
天地任其苍广，心灵更加巨量。
迈步激越奔放，时空不能阻挡。
宇宙终其混茫，自有大道康庄。
敬遵正道昂扬，人生意义显彰。
言说不尽宝藏，此处更不多讲。
只因心情舒畅，故有此篇话长。
四野草木荣昌，万类自由竞长。
生态平衡安祥，天人相和荣昌。
天际烟云正苍，晴空万里云翔。
敬祝岁月平康，初夏今日开场。

柳枝悠悠扬扬

2009-5-7

柳枝悠悠扬扬，人却不胜沧桑。
清心是我心肠，何须向人讲唱？
每日诗中徜徉，吐出清新芬芳。
此生无甚奢望，愿谱诗句万行。
人生应许奔放，此际心却安祥。
窗外红日扬长，世界正在繁忙。
人心都是肉长，时常持有柔肠。
温柔乡中游逛，有时也须刚强。
壮岁伫立情长，昂胸志气豪放。
心襟恒怀坦荡，名利尽属妄想。
高歌一曲清靓，清响放达穿苍。
无言低首回想，半生已付烟苍。
一任两鬓萧苍，心中雅有情长。
行走涉过艰苍，激情依旧昂扬。
潇潇身心怎讲？一曲无名奔放。
生命激流清畅，雄心长是鼓荡。
更愿张开翅膀，越过无垠沧桑。
去到未名之乡，恒远地久天长。
人生真是难讲，心地时有悲伤。
希求圣灵护将，赐我心之灵粮。
我生唯一梦想，是到幸福天堂。
脱去一身皮囊，灵魂恒久安祥。
天路尽管艰长，持有恒心向往。
一路高声欢唱，天使伴我飞翔。
百岁光阴匆忙，赶路尽速前往。
待到末时不慌，更能站立主旁。
写诗舒我心肠，清新舒其奔放。
即此打住无妨，蓝天洒照晴光。

大道青苍

2009-5-12

大道青苍，其行纯而张。
雅正刚强，我心效彼翔。

未许多讲，天道自然扬。
倾心思想，妙悟有几章？

实践理想，中心有导向。
奋勉前往，山高水又长。

天苍地广，任由我飞翔。
志存高强，步步向前闯。

天地有纲，人道必须彰。
良知要讲，不只在口上。

世事苍茫，穿越有妙方。
任其沧桑，天地走玄黄。

人贵思想，灵性须发扬。
大牧导航，天国真能上。

文明相彰，东西共一章。
古今同讲，会悟在心膛。

蛙鸣正扬，心地潇潇长。
壮志理想，一齐心头上。

前路须闯，困难迎头上。
天明日长，人间遍光芒。

9.清心集

此际心地长扬

2009-5-13

此际心地长扬,花开朵朵安祥。
人生应许奔放,遐思长共风翔。

此际心地长扬,蓝天白云可上。
鸟语花香正放,世界和谐安康。

此际心地长扬,理想激情万丈。
太阳光辉无量,人生充满希望。

此际心地长扬,尽数抛去心伤。
旧有疼痛尽忘,一心要去远方。

此际心地长扬,万语千言难讲。
诗意心中流淌,不尽是我情肠。

此际心地长扬,霞彩中心豪放。
前路任其艰苍,定志出发远航。

此际心地长扬,我要高飞向上。
天国是我故乡,灵魂须归天堂。

此际心地长扬,妙语连翩飞翔。
一篇诗歌已唱,热情更加显彰。

此际心地长扬,妙达大道密藏。
我要高声宣讲,天国福音播扬。

此际心地长扬,身心明媚舒畅。
欲展双翅飞翔,直上宇宙穹苍。

此际心地长扬,抬头远望遐方。
透过世事沧桑,人间正道昂扬。

此际心地长扬,妙境无法声张。
坐定写诗旷放,一曲遏云嘹亮。

此际心地长扬,洞见世界妙光。
是为真理之芳,直入余之心间。

此际心地长扬,妙悟三界密藏。
人生是在异乡,故乡是在天上。

此际心地长扬,清心发出馨香。
天国必须要上,灵魂终回故乡。

此际心地长扬,初暑夕阳正放。
凉风吹来清爽,我心大得安祥。

此际心地长扬,不必过多言讲。
点到是为至上,应许读者参详。

此际心地长扬,就此别过不讲。
中心只要明亮,日夜必然放光。

此际心地长扬,真理心中收藏。
要把福音宣讲,真理大道显彰。

此际心地长扬,人生志向奔放。
抛去名利锁缰,放飞救世理想。

此际心地长扬,共彼清风袅扬。
云天真是旷放,我心放飞无疆。

此际心地长扬,境界无法言讲。
即此搁笔不讲,读者应可参详。

夜风清爽

2009-5-17

夜风清爽,野蛙悠扬。
月光净朗,引余心畅。

中心所想，澄净为上。
名利应放，白云悠闲。
高山流响，知音何方？
独坐思旷，虑念无疆。
天苍地广，人生艰苍。
羡彼渔郎，少思寡想。
樵柴放旷，保真安祥。
倾心向往，耽彼溪涧。
水云之间，是我故乡。
何日清闲？定去远方。
山高水长，余心所向。
天远遐方，寄情向往。
心兴悠长，一似风畅。
更发长扬，妙悟心乡。
天尚未亮，五更正当。
诗意昂扬，激情奔放。
长思短想，类彼汪洋。
言尽何妨？清风正扬。

淡泊明心

2009-5-22

淡泊明心，潇逍走千岭。
人生经行，未许多闲情。

世事纷纭，扰我以营营。
何妨清心？淡淡似白云。

长自运行，空灵是心襟。
奋展身心，共彼云飞行。

夜静心清，又听虫蛙鸣。
天籁声音，入我肺与心。

不必多云，只是一颗心。
白了两鬓，依旧似水清。

保我童心，此是真良心。
更有性情，化入水与云。

何须惊心？一任沧桑临。
我心静定，看透世纷纭。

三更清静，余心清且明。
微吐心情，不必求人领。

10.随意集

不可急功近利

2009-6-14

不可急功近利，应能静守清对。
春种秋收是为，欲速不达须避。

清晨清风来会，使我大开心扉。
况有蛙鼓微微，晨鸟清唱唯美。

夜眠安妥兴飞，神采奕奕是为。
诗意发出纯粹，书出人生况味。

中年心境相对，淡定守我氛围。
岁月流走纷飞，名利由其去回。

所思尽在亲为，不求收获暴利。
花开自有风味，春兰秋菊芳菲。

春花已随流水，夏荷待开尚未。
枫叶此际青翠，梅花须待寒催。

不可急功近利，守定本份是为。
虽然事在人为，因缘是有兴会。

放眼长望千里，关山漫越成堆。
风景曲折百回，信步欣赏才对。

不可急功近利，譬若钓鱼是为。
静静清守长对，焦急徒败兴味。

人生大有可为，长放青眼妙会。
一心播种护维，收获自有万倍。

心事平正

2009-6-18

心事平正，潇逍走人生。
静坐思深，一任暑意腾。

风来旷生，洒脱有精神。
写诗意逞，难言世情纷。

不惑吾生，览尽风云奔。
长展心神，书写真平生。

回忆青春，只余双泪痕。
岁月驰奔，求取智慧生。

应秉心灯，照见前路程。
旷野风生，风景无限逞。

奋发人生，不畏山水深。
雄心犹逞，风雨须兼程。

刀山何论？壮志冲天盛。
火海难逞，克敌能致胜。

吾秉心灯，照彻夜深沉。
智慧人生，圆明似月逞。

坎坷勿论，阅尽秋与春。
暑热寒深，只是添精神。

不必多问，人生须沉稳。
言多无成，践履奋行程。

风雨晨昏，谁伴我平生？
辗转人生，孤寂入几分？

只是思深，吐出只三分。
诗意人生，学取云飞奔。

三更静坐有精神

2009-7-1

三更静坐有精神，
车声盖过蛙鸣声。
所幸清风吹成阵，
爽我心地起清芬。
世事噪杂由它生，
中心有感向诗论。
坐定问道未惧深，
安慰心灵入三分。
清思生发出口成，
灵感彰显妙来奔。
鸾凤翔处真意逞，
世上几人会其真？
淡定身心清复纯，
放飞心境入灵程。
此际三更少人声，
心襟吐放淡且淳。
灵程路上感悟深，
真知道来似水纯。
抛弃心机何须论？
无机奔放是青春。
壮岁激情依旧逞，

展望前路雄心生。
畅发中心何必论？
奋展双翅出寰尘。
潇逍天路容我奔，
扬长放飞精气神。
心灯燃处智慧生，
照亮夜深显路程。
平生梦想在天城，
脱去尘网入灵程。
百年会展是人生，
容我开创新路程。
蛙鸣清旷凉意生，
清风畅来爽心神。
犬吠二三何须论？
世界任其狂且奔。
静定身心识前程，
灵程路上尽速奔。
风云万里展平生，
鹏翅长放惊世人。
不必多言费精神，
默默实干才能成。
心襟激越真难论，
壮怀风雷待时逞。
雄心何必吐妙论？
世界碌小惟是蠢。
诗意不尽真难忍，
断然搁笔不复论。

11.挥洒集

蓝天白云多烂漫

2009-7-4

蓝天白云多烂漫，心襟真好看。
此际晨鸟歌声欢，红日东升灿。

世事一任潇逍曼，何妨逐波泛？
洒脱襟怀共风翻，闲与渔樵谈。

不准利名绕与缠，放飞向霄汉。
高歌一曲天地颤，英雄怀抱展。

清风长来我心安，放眼透烟岚。
壮岁激情起波澜，扬起浪千番。

长想驾舟江湖泛，烟霞多浪漫。
更想展翅出尘寰，鹏翼万里扇。

不必多言何妨安？捧本书来看。
闲时写诗自己看，淡定持心坎。

人生只余烟与汉，两鬓苍苍斑。
徐步安祥带笑眼，一路风景看。

岁月荏苒余心安，诗书人生谈。
雅心养得菊与兰，心比云天淡。

此际阳光又放

2009-7-7

此际阳光又放，蝉鸣悠悠扬扬。
清风吹来我心畅，
午后散坐放旷。

暑意总属燥狂，人心必须定当。
名利焉能容其妨？
心中须有清凉。

除去心地秽脏，灵性发出清光。
照彻世界亮堂堂，
光明普照太阳。

和软身心清畅，写诗倾出情肠。
不求世人颂并扬，
幽兰吐出清芳。

淡淡走过沧桑，挥手划过巨创。
而今身心健且康，
人生容我扬长。

心中激情奔放，亦有儿女情长。
只是诗中不太讲，
含蓄心中收藏。

有时热情迸放，恰似红红太阳。
光芒炽热照世上，
有人惊惧张惶。

此际心地清闲，所发长似风扬。
妙放心香出胸膛，
希冀有人难忘。

人生多烦恼

2009-7-8

人生多烦恼，常是无法逃。
此际鞭炮鸣又嚣，音箱高声叫。

天暑蝉声骚，心情易烦躁。
欲寻灵感何处找？诗兴如何潇？

世界红尘抛，众生溺险道。
真理高声叫复跳，几人信且瞧？

不言或为妙，默坐是为高。
天机运转无迹找，随缘学云飘。

我心学逍遥，努力去烦恼。
清心洗涤灵与窍，青荷出水高。

高天风轻飘，江河水流潇。
人生须行天国道，速行尽快跑。

世界务必抛，名利害人巧。
应学云水逍复潇，问道叩渔樵。

天际烟霭纱，大道深难道。
从容镇定步轻饶，步步求深造。

白鹤向山逍，鹰飞绝壁高。
松枝喜爱云来绕，幽谷兰芳飘。

君子静不躁，深把世情晓。
待机而为安天道，不敢稍违傲。

学问一生造，求知风雨饶。
一点心得不轻抛，淡雅效青草。

质朴不肯俏，平心才论道。
有时写诗心迹描，莫谓诗人骚。

定志叩大道，道德终生造。
犹若攀登艰险道，渐行入云高。

鸟鸣清且妙，余心为之逍。
一篇言罢余性饶，放眼看云飘。

12.未名集

此际鸣蛙又放

2009-7-25

此际鸣蛙又放,三更夜风凉爽。
静坐心地舒畅,发诗舒我心膛。
精神安和朗旷,情兴清灵娟扬。
细听天籁无恙,我心溶入其间。
人生只因情长,至今百倍苦尝。
有时回首张望,只余烟雨苍茫。
天地自是沧桑,百年岂无艰苍?
怀有不昧理想,上天入地寻访。
激情岁月奔放,青春流逝已殇。
而今两鬓斑苍,眼目依然放光。
火热是我心膛,不灭更有情肠。
生死不必多讲,心灵注目天堂。
身心务须奔放,抛去名利肮脏。
心迹淡若云翔,诗中稍有体彰。
不敢比兰清芳,愿效绿竹劲刚。
杨柳过于柔放,芭蕉风流茁壮。
小草自有清香,生机数他最旺。
质朴不肯张扬,一生淡守平常。
思此我心感伤,君子与此相仿。
渔樵清贫放旷,不入富贵罗网。
清夜无有人响,众生沉溺梦乡。
独坐思绪绵长,畅想宇宙穹苍。
此际蛙鸣扬长,天地和气荡漾。
一曲不由舒扬,共此清夜芬芳。
即此不再言讲,且听群蛙共唱。
天意用心度量,人天和谐清长。
言下之意已彰,有缘应起长想。
灵性愿能清畅,透视宇宙穹苍。
世界无尽妙放,宝藏尽你寻访。
人生目的意向,务必明于心膛。
天国是为故乡,灵魂永久不亡。
劝君尽速前往,回归乐园福享。
天路任其艰长,自有天父领航。
奋发一生志向,展翅向天飞翔。
时空无限开放,灵程美妙难讲。
天使伴你向上,渡过险滩恶浪。
此际清夜温良,神思畅来放旷。
真的不再多讲,敬祝康乐无上。

淡定思想

2009-7-26

淡定思想,不敢稍狂猖。
人生平常,岂准名利妨?

清听蛙唱,心地好清凉。
夜静安祥,襟怀开又放。

应许长扬,放飞我理想。
激情高涨,诗兴遏云翔。

世界嚣张,扰我以燥攘。
守定心房,正气不能减。

人生惟艰,百年走沧桑。
一任鬓苍,笑对水流殇。

豪气应彰,突破时空翔。
天路务闯,刀山火海上。

潇逍扬长,一路歌声放。
灵性清光,洁净清且长。

不多言讲，此际蛙清畅。
虫蛙和唱，天籁真无上。

心境好爽，正好思与想。
前路正长，谁与我同往？

内叩情肠，有点淡淡伤。
不多去想，且自听蛙唱。

清夜宁静

2009-7-29

清夜宁静，无有蛙鼓鸣。
偶有虫吟，衬着满天星。

心有静定，舒适又和平。
路上灯明，车声不时鸣。

四更温馨，清凉爽心灵。
畅想也行，放飞我心情。

可共云行，可对星斗吟。
宇宙无心，我却起诗情。

何处犬鸣？何处猫发情？
清夜康平，众生入睡眠。

短诗堪吟，吐出真心灵。
谁共此情？谁亦怀此心？

人生难云，匆匆走阴晴。
清夜和静，悟对吾良心。

仗剑而行，披荆斩棘进。
拂得浮云，开辟新路径。

放飞心情，体察宇宙性。
不老童心，无机放旷行。

安安静静，心境清且灵。
长望群星，眨着彼眼睛。

今夜清明，爽净是心灵。
雅淡心情，溶入虫之鸣。

天尚未明，夜正用其心。
随缘处境，发我好歌吟。

13.风铃集

蝉鸣交响

2009-8-7

蝉鸣交响，雨后落红满地苍。
四野茫茫，天色阴沉烟霭放。

心有思想，痛悔人生短与长。
鸟却鸣唱，不知烦恼与悲伤。

车声嚣响，红尘只是走狂猖。
谁持清肠，抛得利名与娇娘？

大千正放，磨拳擦掌备战忙。
发令枪响，各自奋勇当先闯。

跌倒再上，不达目的不下场。
死也无妨，只要能登名利榜。

天起雷长，霹雳自天而下降。
又起张惶，想去山洞躲与藏。

事过又忘，总想粉墨再登场。
亮个过场，一出戏剧由我唱。

不慌不忙，哪管有无真天良？
命即使丧，定志不离名利场。

蓝天白云瑰丽

2009-8-9

蓝天白云瑰丽,引我心襟放飞。
吐出诗意纯粹,一曲清长味回。
鸟语不时来会,清风只顾劲吹。
不由放眼扬眉,天际烟霭淡微。
白云绣成山水,缓缓行走曼丽。
世界如此秀美,皆因神恩璨璀。
中心有意来催,发语颂出心扉。
不尽心意唯美,天人和合妙微。
此际蝉鸣清脆,我心淡雅清丽。
对窗吟诗兴会,安静祥和寰围。

何必多讲

2009-8-14

何必多讲?心事何必彰扬?
走过人间,友朋却在何方?

心负苦伤,红尘只是缘放。
不尽沧桑,赐我双睛泪淌。

好自奔放,有心放飞长扬。
转思回想,百折是我情肠。

世界空旷,须寻真理之光。
点燃心亮,照彻黑夜更长。

放飞理想,立志要去远方。
高远天堂,才是我之故乡。

身心清长,出得尘世之网。
高歌嘹亮,时空无法阻挡。

激情慨慷,胜过江河流淌。
壮怀包藏,容得亘古苍黄。

不敢狂猖,守定淡泊清肠。
傲骨刚强,天陷也能扛上。

蝉噪正响,世界流走嚣猖。
鸟语清靓,只是点缀林间。

英雄不彰,守得时机方翔。
壮士谁量?俗眼难识遐方。

不复多讲,舒发心灵为上。
一似风扬,温和袭袭堪当。

好个清凉,没有名利相妨。
敞开胸膛,迎接人生风浪。

14.芦笛集

细雨蒙蒙

2009-9-17

细雨蒙蒙,清清凉凉走金风。
我心从容,提笔作诗赋心胸。

人生如梦,睁开眼睛是空空。
历史成风,尽付渔樵闲话中。

有些心痛,四十春秋伤重重。
放眼天穹,绵绵细雨无尽穷。

不必沉重,应学飞鸟划长空。
前路何从?愿化长风烟雨中。

心定神闲

2009-9-24

心定神闲,清风又来逛。
神清气爽,读书悠复扬。

天阴何妨?云层飘又荡。
鸟语扬长,我心为之放。

秋光无限,和气天地间。
珍惜时光,奋发向前闯。

我志慨慷,激越赋诗章。
笑意昂扬,风雨兼程上。

岁月只是如风

2009-11-8

岁月只是如风,醒来万事成空。
人生容我从容,漫步宇宙苍穹。
渔樵是我友朋,松月洗我心胸。
放眼世界朦胧,一派秋雨春风。
闲时不妨轻松,静听古琴韵动。
生活百年匆匆,回首雾锁楼琼。
怅惘不必萦胸,晨昏应有情钟。
天籁自是和同,海内寰宇清风。
大道流贯无穷,妙曼难以形容。
浮生叩道心浓,天路长启穹通。
生死醒悟谁共?默对诗书思涌。
发语警世何功?一任流年如风。

15.林涛集

夜来如此安祥

2009-11-12

夜来如此安祥,时雨点滴清响。
我心未起波浪,淡淡发出清芳。
和软是我心肠,百折清新馨香。
世界人生长望,只是烟雨沧桑。
由来生死寻常,谁能破解迷惘?
一点清心所向,更出尘寰万丈。
此际静坐心爽,写诗心意长扬。
不求名利嚣张,只愿归向山间。
人生从来艰苍,富贵几人愿尝?
何不效取鹤翔?松间云外憩享。
青眼是透穿苍,尘外另有遐方。
无缘难以前往,只能陷入泥塘。
我发一曲歌唱,不求世人传扬。
中心有点清亮,幽夜闪烁明光。
即此掩过不讲,何必长篇奔放?
有缘自能品尝,出得尘世凡间。
清夜如此安祥,雨打醒我心肠。
思想狂放无疆,深入宇宙难量。

应持定当

2009-11-21

应持定当,闲心赋清芳。
徐步安祥,人生如云放。

加强修养,内心蓄志向。
不必张惶,守我时与间。

水云之间,可寄素心肠。
天地旷放,何处非故乡?

百年时光,转眼化烟殇。
透视穹苍,星月恒生光。

智慧应彰,人生须奔放。
不执轨放,随意作诗章。

潇逍长扬，出得名利场。
持身平常，一似松柏苍。

淡定应当，悠悠又扬扬。
一曲清唱，溶入天地苍。

此际心畅，发歌舒衷肠。
不尽情放，充盈天地间。

待时鸣放

2010-2-3

待时鸣放，君子人格必须彰。
精神昂扬，立身坦荡慨而慷。

冬将退藏，浩荡东风即将放。
生气奔放，宇宙山河育芬芳。

培志务刚，纵有刀山应敢闯。
虚心为上，能者为师敬而让。

人生未长，及时奋发努力闯。
功业纵彰，名利原不记心房。

学问研访，一生谦和逊为尚。
梅有清芳，原自苦寒获报偿。

激越坦荡，吾生应学明月光。
叩求道藏，潜心灵气须发扬。

不折为上，柔和时刻记心间。
高歌响亮，应向青山白云乡。

天地之间，正气贞刚终发扬。
人寰之邦，岂容污秽与肮脏？

世界交响，公理旋律必须唱。
和谐难讲，人间纷争待消亡。

静坐思想，正气充盈天地间。
及时鸣放，请君听我一曲唱。

16.飞瀑集

悠悠心事难讲

2010-2-8

悠悠心事难讲，何必对风泪淌？
独立放眼长望，天际烟霭茫茫。
世界春又鼓荡，生机勃发待长。
一曲清心竞放，长歌何如短唱？
心境自有清芳，何必世人称赏？
幽兰不惜清香，四野山间飘放。
人生路途惟艰，百年只余心伤。
此际我心放旷，孤旅独享悲凉。
难言是我心膛，火热并且奔放。
高天是我向往，万里何惧其艰？
万言纵展无妨，何如简言更上。
静坐尽性弹唱，悠悠心事难讲。

清心才能透慧光

2010-2-9

清心才能透慧光，君子一身芳。
何必共世浮又荡？守我智慧藏。

淡定一生似兰香，合向山野间。
不与牡丹相比将，富贵非所向。

洒脱原是本份彰，名利未许妨。
诗书持身诵千章，写诗上万行。

内叩心灵无尽量，深思启慧光。
实践途中寻又访，学思双增长。

人生百年转眼间，不能费时光。
叩道一生扬且长，风骚自清芳。

东西文明共一章，会通务须讲。
激发思想入诗章，通俗且雅靓。

清心舒我心肠

2010-2-11

清心舒我心肠，炽热情怀奔放。
雪后又出太阳，晴朗是我心房。
淡定一生向往，天国是我故邦。
此际心怀畅靓，高歌应许扬长。
春节即将来访，寒气纵狂何妨？
春心已经鼓荡，勃勃生机昂扬。
诗书持身劲刚，不入名利之场。
心花朵朵开放，放目天际烟苍。

17.松芽集

淡定放我思想

2010-2-21

淡定放我思想，此际长有向往。
蓝天白云飘荡，一似我之心肠。
春心又复鼓荡，激情自是昂扬。
更欲展翅飞翔，万里任我奔放。
世界任起沧桑，红尘滚滚万丈。
清心自有定当，冷眼不起狂狷。
潇道哦诗清芳，共此春风悠扬。
一曲高歌嘹亮，应许天地回荡。

天启微明

2010-3-2

天启微明，晨起心境清而平。
写诗舒情，一生原有不老心。

半生水印，只余清心胜白云。
总持淡定，清雅人生松萝心。

雅思来沁，空灵写得诗清明。
慧意闲行，天人和谐一曲鸣。

不必心惊，世界一任起烟云。
沧桑有定，应驾轻舟逐浪行。

清夜和畅

2010-3-6

清夜和畅，我心安且祥。
内叩心肠，发出清馨芳。

流年奔放，众生争竞忙。
谁有思想？体道有清长。

吾生平常，只是爱思想。
一点心芳，长似兰蕙香。

不敢狂狷，淡立天地间。
大道无限，叩取有昂藏。

18.樵青集

何必鸟语花香

2010-3-6

何必鸟语花香？此际心花正放。
朵朵应有安祥，衬此春夜和畅。

天人大道奔放,遍布大地穹苍。
只是无人探望,故显孤深清芳。
人心都是肉长,灵明应有导航。
天路至为难闯,不是寻常好上。
文明去向何方?细辨前路务讲。
物欲多惹孽障,蒙蔽心灵清光。
务须向内张望,心地应有慧长。
天人和而清畅,原属妙不可讲。
应持清心净爽,显出灵性之芳。
烛照前路艰长,辉映天人之间。
克尽魔敌之挡,灵魂洁净无恙。
要向天路奋闯,一路高歌慨慷。
人生百年未长,要在抓紧时间。
一任秋春奔放,心花恒有馨香。

漫天红霞高烧

2010-5-7

漫天红霞高烧,心情十分晴好。
更有百鸟鸣叫,晨风清新送飘。

淡荡人生丰饶,壮岁百感酿造。
抬眼天际烟渺,激烈情怀诗抛。

愿上长天飞遥,万里转眼能到。
宇宙深入无二,要把大道寻找。

诗兴发来微妙,婉转妙曼奇巧。
远胜画眉啼叫,一泓心灵倾倒。

世界任其飞跑,百岁秋春换造。
静坐思绪飘渺,共风扬长远道。

涤荡情怀不傲,谦和羡彼渔樵。
诗书持身朗造,清明心地高蹈。

历过了风雨艰长

2010-5-22

历过了风雨艰长,
走过了岁月莽苍。
而今达心境平康,
任云起烟霞明靓。

不惑郁秋春清刚,
淡定放心香芬芳。
人生须放目万丈,
雄关闯千山难挡。

坐定有千思万想,
诗书养毕生昂藏。
舒心灵吐气虹扬,
展襟怀无物可量。

此际有细雨扬长,
夏季风吹来凉爽。
信手书一生志向,
短诗成心地舒畅。

19.溪山集

定定当当

2010-6-2

定定当当,不学飘絮轻且狂。
应许飞翔,蓝天万里乘鸾放。

志在穹苍,岂肯耽于名利场?
一生扬长,清心长流坦与荡。

叩道无限，一点心得入诗唱。
三分悠闲，晨昏清听鸟娇放。

大好阳光，晴风吹送云飞翔。
人生无恙，胸襟荷德自清芳。

彩云变幻

2010-6-5

彩云变幻，大好河山真好看。
鸟啭绵蛮，我心欣悦绽笑颜。

笛音清展，破空似闻水云曼。
清风来扇，暑意消褪旷而安。

一点心禅，何如开怀随缘漫？
三分浩感，提笔又向诗中谈。

不灭情燃，挥洒胸襟出尘寰。
回头观看，世界原来属缘缠。

蓝天白云

2010-6-20

蓝天白云，天气旷朗真多情。
我有雅兴，一篇诗歌脱口吟。

半世风云，化作眼中泪双盈。
鸟鸣清新，和风吹拂袅性灵。

不必高鸣，终有情思合低吟。
婉转心情，愿扬双翅入水云。

吾生清贫，诗书养我天然性。
雅意均平，风骨应向诗中明。

20.青冥集

志取刚强

2010-6-28

志取刚强，不屈任艰长。
何惧沧桑？何惧恶狼狂？

壮岁扬长，诗书持身芳。
中心所向，惟是奔天堂。

人间辞放，憩入水云间。
自性清凉，原不许躁狂。

淡泊扬长，步我昂与藏。
放眼展望，天地一文章。

岁月自平康

2010-7-2

岁月自平康，良知正意是心脏。
一生持善良，诗书长养骚兰芳。

此际心儿放，万千风云俱激荡。
不作一声响，默运玄机九转藏。

何须世人量？我心原不在尘间。
名利推复抗，此物只是害人肠。

天地有玄畅，大道空际郁清芳。
遍地真理放，只是无人识真相。

晨鸟又唱

2010-7-3

晨鸟又唱，我心我意得安康。
娇啭无双，此物本来养心肠。

清风和畅，爽意袭人送微凉。
细雨微降，浇灭暑意有功彰。

静坐心闲，心绪正如花儿放。
欣赏世间，辰光有时胜仙乡。

平生放旷，名利原不入心膛。
思想馨芳，长扬神思入诗间。

21.青溪集

洒洒落落是青春

2010-7-6

洒洒落落是青春，
而今长余心疼。
坐定论道何所剩？
长是晨霭纷纷。

岁月惊人自驰奔，
所余今剩几成？
斑鬓长对笑还生，
恒欲展翅飞腾。

清贫一生勿足论，
诗书怡我精神。
淡定清旷奔天城，
红尘辞去十分。

一曲高歌从心生，
遏住行云三分。
长坐焕发我精神，
书出心中真诚。

蛙尚在唱晨蝉又放

2010-7-11

蛙尚在唱晨蝉又放，
林鸟娇啭叫响。
爽风清畅舒我心膛，
发诗一篇浏亮。

暑意销亡周身清凉，
好个遍体快畅。
心兴长扬遐思竞放，
灵慧自心而上。

大千妙放万类竞长，
皆是神恩主掌。
人生无恙幸福无疆，
举目仰望天堂。

曾经苦伤叠遭败亡，
命悬一线之上。
而今安康欢乐无恙，
感佩双泪流淌。

我意昂扬

2010-7-11

我意昂扬，人生原不执轨放。
步履平康，穿越烟雾与砂障。

暑意任狂，炎热正好磨刚强。
心地清凉，不许名利扰且攘。

众生奔忙，物欲恒是引丧亡。
理想之光，永恒照亮我前方。

此际兴长，哦诗一似流水淌。
蝉鸣长扬，更似号角催奔放。

22.青枫集

凌云志高
2010-7-19

凌云志高，想学取大鹏长遨。
听蝉朗叫，这红尘好个热闹。

欲说分晓，须凭借慧光引导。
山高水遥，难阻我天路飞跑。

安稳就好，不必要急急躁躁。
绕过暗礁，务对准天国直造。

岁月丰饶，馈我心灵恩丰标。
前路大好，步灵程步步登高。

清心思想
2010-7-20

清心思想，淡泊生涯容涤荡。
清听蚕唱，我心我意也舒扬。

人生清长，百年时光非等闲。
四十已殇，一点热血犹激昂。

胸襟奔放，宇宙大千入指掌。
慧目有光，觑破尘世名利场。

静坐安祥，人生苦乐任销涨。
缘生缘亡，历史俱入故纸间。

我的心中百感来催
2010-7-26

我的心中百感来催，
人生值得无限味回。
暮色此际正堪沉醉，
夕阳西方晚霞璨璀。

我的心中万思来会，
想起从前有泪在飞。
蹉跎岁月何必回味？
应向前看光明百倍。

我的心中难言难对，
百年人生劳我神瘁。
而今壮岁斑鬓长催，
叫我说些什么才对？

我的心中霞彩放飞，
理想激情如鼓在擂。
恒是向往蓝天绚美，
愿效白鸽与云相会。

23.青萍集

晨鸟叫响
2010-8-1

晨鸟叫响，吱吱喳喳好舒扬。
清意心间，欲哦诗歌吐奔放。

人生情长，一任暑意狂与猖。
自性清凉，甘取清贫走尘间。

好不快畅，鸟语万千有气象。
逗余心爽，提笔长赋好华章。

晨霭微漾，又听蝉儿欣然唱。
欢乐无恙，人间一似彼天堂。

夜风清凉　　　　　　　　2010-8-8

夜风清凉，传来蛩之吟唱。
星光明靓，点缀夜之安祥。

余意开畅，哦诗一曲情长。
天人无恙，和弦弹拨心间。

静坐闲望，发现壁虎爬窗。
远村犬唱，相和偶有车狂。

霓虹闪亮，发出鬼魅光芒。
路灯成行，温温和和明亮。

三更时间，坐定长发思想。
不眠意向，原因情怀清长。

秋已来访，炎热不会太长。
流年更张，人老不觉鬓苍。

仍怀理想，欲上高天飞翔。
激情奔放，哪肯就此收场。

青春销亡，吾生岂惧沧桑？
笑意溢上，大千应入指掌。

世界不尽妙扬　　　　　　2010-8-16

世界不尽妙扬，我心长发感想。
欣听晨鸟欢唱，对此清风心旷。
志气应许清畅，人生合当奔放。
迈步激越豪壮，理想闪耀清光。

定志山高水长，奋搏烟雨艰苍。
即便身心百创，也要高飞远航。
人生情怀激荡，慧目应透灵光。
秀美是我心肠，书写一生华章。
窗外雨打清响，路上车啸狂狷。
红尘就是这样，不免闹闹嚷嚷。
请问谁持慧光？照见前路远长。
须知大道玄放，原非属于寻常。
东西文明共襄，功效各有妙扬。
贯通才是合当，激发撞出慧光。
立下一生志向，挖掘文明宝藏。
更许有所发扬，奉献个人力量。
吾生届半已殇，斑鬓渐显萧苍。
更应抓紧时间，学海扬帆远航。
天父赐福无限，世界皆是祂创。
感恩热泪流淌，中情焕发诗章。
大道内涵深藏，天人相应相彰。
妙道流变万方，中心是一思想。
长话应许短讲，即此搁笔下放。
不尽身心意向，长共清风袤扬。

24.青萝集

白云飞翔　　　　　　　　2010-8-21

白云飞翔，清听蝉鸣唱。
爽风清旷，新秋舒而畅。

坐定安祥，一任时光淌。
何须回想？何须思无量？

淡淡轻怅，掠过心地间。
老渐来访，有点嗟与伤。

应取奔放，应取慨而慷。
午后斜阳，正放灿烂光。

应取平康，应取激越壮。
前路艰苍，定志当奋闯。

天路扬长，灵程展翅放。
乐园故乡，永生在彼方。

希望你

2010-8-27

希望你不再伤悲，
希望你心地纯粹。
希望你高歌奋飞，
希望你永远美丽。

希望你笑容芳菲，
希望你人生不累。
希望你幸福沉醉，
希望你获得安慰。

希望你绕过礁堆，
希望你前途璨璀。
希望你长命百岁，
希望你如兰似蕙。

希望你踏春归回，
希望你秋实百倍。
希望你灵程唯美，
希望你天路顺利。

激发心向

2010-9-6

激发心向，不必泪千行。
告别既往，向前奋力闯。

百年时光，人生漫而长。
合当慨慷，合当鼓勇上。

此际虫唱，此际清风扬。
此际安祥，此际情思漾。

山高水长，容我尽力量。
更有思想，引导我前航。

25.晓钟集

淡定平生

2010-9-22

淡定平生，一任因缘驰又奔。
风雨正逞，秋窗长望心境纯。

天父鸿恩，只肯赐与贫苦人。
叩道雅正，不屈奋力往前争。

回思何剩？一点心迹清且纯。
展望天昏，合当高歌闯前程。

人生难论，岁月缤纷且安稳。
壮怀刚正，君子人格后天成。

心地清明

2010-9-30

心地清明，哦诗有空灵。
洒脱进行，效取风与云。

壮岁不惊，一任阴与晴。
秋来淡定，旷发沧浪情。

不必高鸣，应许展胸襟。
旷世才情，合时也发明。

大千争竞，几人获清灵？
放眼层云，有鸟飞殷殷。

逸兴扬长

2010-10-11

逸兴扬长，心兴达遐方。
哦诗清芳，舒出情与向。

秋来旷放，天阴有雨降。
落叶斑黄，不尽诗意畅。

哦出嘹亮，哦出心平康。
哦出沧桑，哦出奔与放。

应许淡荡，应许发慨慷。
应许长望，应许恒飞翔。

前路远长，烟水正迷茫。
我志奔放，不屈往前闯。

荷负雨狂，荷负风之荡。
荷负理想，荷负希与望。

26.山风集

听鸟啼唱

2010-10-11

听鸟啼唱，妙曼且安祥。
天地之间，秋风正清旷。

我意昂扬，淡定且奔放。
坐定舒肠，一曲有扬长。

学鸟飞翔，山高未可挡。
前路慨慷，显我男儿壮。

激发刚肠，激发志与向。
纵有柔放，是藏心地间。

笑意清长

2010-10-30

笑意清长，人生如花放。
焕发奔放，唤取刚与强。

夜正清凉，静坐思犹畅。
坎坷应忘，前路万里长。

慨当以慷，激越入诗唱。
一点萧苍，点缀心与肠。

世界狂荡，名利噪复嚷。
应持清向，应持志贞刚。

云天茫茫

2010-11-13

云天茫茫，感时心放旷。
闲哦诗章，一吐清心芳。

人生扬长，缘字无法讲。
应抛愁肠，应有所向往。

生涯有限，几多艰与苍？
心兴圆方，叩道颇奔放。

多言有伤，实干最为上。
展翅飞翔，青霄任游放。

27.雁声集

初冬谁把落叶扫

2010-11-15

初冬谁把落叶扫?心性且高蹈。
迎着斜晖开怀笑,放飞我逍遥。

壮岁心境晴且好,风云览尽了。
学海沉潜心得饶,诗章舒风骚。

淡泊名利一生潇,清贫免不了。
素志清澄仰天啸,云深鹤飞缈。

山水情怀持心窍,田园胡不好?
菊花满篱开正俏,闲吟南山稿。

我要歌唱

2010-11-19

我要歌唱,弹奏出心的芬芳。
我要歌唱,任心灵涓涓流淌。

我要歌唱,这岁月一片清芳。
我要歌唱,任流年沉痛荒凉。

我要歌唱,展胸襟万千气象。
我要歌唱,旷放出灵感飞扬。

我要歌唱,清风来长舒我肠。
我要歌唱,好风光流连难忘。

我要歌唱,春夏间物华欣放。
我要歌唱,秋冬里万类收藏。

我要歌唱,生命中太多悠扬。
我要歌唱,这世界光华万丈。

我要歌唱,沉静里放我思想。
我要歌唱,舒情中眉眼清扬。

我要歌唱,展放眼前路莽苍。
我要歌唱,须奋发长驱慨慷。

平平常常

2010-12-27

平平常常,流年似水放。
温温良良,君子无执间。

大道坦荡,无机履遐方。
遍覆宇间,妙用正无限。

笑意扬长,因我有理想。
奋发前闯,不畏艰与苍。

冬来安祥,静坐放思想。
一点情肠,舒婉入诗章。

28.天真集

思想有光

2010-12-28

思想有光,普照世界间。
大道玄畅,原也多奔放。

心性清凉,本无炎与狂。
名利是脏,害人以丧亡。

吾持清向,遁入山水间。
雅持圆方,与世有商量。

高歌猛唱,声震天涯间。
白云飞翔,来入我心乡。

清贫无妨志贞刚

2010-12-30

清贫无妨志贞刚,笑意有扬长。
辗转秋春心未丧,眼目且清亮。

开口应许世惊伤,英雄非寻常。
一似狂风起山岗,虎啸伴云翔。

大千旷朗走桑嶂,千年是烟嶂。
渔樵谈笑不意间,历史匆匆放。

而今论道向谁讲?闲笔入诗章。
情到深处有泪淌,莫谓我癫狂。

奋发志向贞且刚

2011-1-9

奋发志向贞且刚,总持清新芳。
平步人生入云翔,一发我慨慷。

何必哦歌向天旷?我且守清闲。
情怀清淡缓缓唱,节奏颇悠扬。

冬来北风吹寒凉,室内暖洋洋。
安安祥祥度辰光,守我中心藏。

一生荷负艰与苍,而今履平康。
风云历尽是平常,一笑对桑沧。

清听笛声掠云响,志入彼穹苍。
和煦阳光洒人间,普天庆岁穰。

三九严寒未狂猖,我意颇欢畅。
胸襟恒是放长想,希冀春风荡。

29.清和集

听风吹啸

2011-1-15

听风吹啸,静坐中心未敢傲。
一点情翘,闲哦只是南山稿。

生涯惊飙,回首曾当冲天涛。
磨砺既饶,心性磨出无限妙。

壮岁风标,愿展双翼向天遨。
恒心不二,誓履灵程旷意潇。

人生不老,我心我意开怀笑。
斜阳正照,爽意从心哦诗好。

一群白鸽飞翔

2011-1-18

一群白鸽飞翔,剪影掠过天苍。
我心顿生渴望,希冀展翅遨翔。

天空多么明朗,万里尽显舒畅。
人生应该这样,自由并且奔放。

此生已近斜阳,霜华新新渐长。
展眼向天瞭望,夕烟又起远方。

散步心兴清旷,嗅得郊野馨芳。
落日西天返光,哦诗一曲安祥。

尽情欢畅

2011-1-21

尽情欢畅,荷负神恩真无限。
哦得诗章,吐出情怀颇扬长。

眼放慧光，大千不过因缘荡。
谁能细讲？因果由来费推详。

积德宜广，人生挥洒我慨慷。
叩道奔放，万里征程用脚量。

红尘狂荡，几人持有清心芳？
历史流殇，个中情调渔樵唱。

30.清啸集

小鸟渴望飞翔

2011-1-27

小鸟渴望飞翔，蓝天伸展翅膀。
人生同此相仿，向往自由天堂。

只是此生难讲，历尽风雨艰苍。
英雄志在远方，不必清泪流淌。

挥洒心性奔放，克尽困难重障。
定志山水遐方，恒欲高天回翔。

有志不在言讲，实干才有指望。
前路无限深广，尽我展翼高航。

灵心善感哦诗章

2011-1-30

灵心善感哦诗章，毕生取昂扬。
矢志困难迎头上，岂惧彼寒凉？

英雄不在口头讲，实干才为上。
一生雄浑大风唱，微许之苍凉。

半生积学心得彰，点评入诗行。
思想应许淡放光，还有清新芳。

世事只如烟水漾，谁明其端详？
因缘如潮是涤荡，千古化风扬。

感慨又上

2011-2-7

感慨又上，灵机焕发心膛。
书出华章，原也质朴扬长。

暮烟渐涨，我心我意昂扬。
舒出心芳，应有兰蕙清香。

大道昂藏，不入俗子之肠。
真理灵粮，是在天涯遐方。

一生寻访，不屈不挠向上。
思想感想，俱入诗中谈唱。

31.清扬集

积雪销融

2011-2-10

积雪销融，檐前水滴丁冬。
清风徐送，春寒料峭犹重。

坐定舒胸，吾生何惧成翁。
仰看苍穹，天霭长是濛濛。

岁月情浓，无限心事谁懂？
惟向诗中，吐出三分苦痛。

流年如风，转眼斑鬓浓重。
胸襟飞虹，恒欲七彩铺空。

大好春光

2011-2-21

大好春光,喜听群鸟齐鸣唱。
朝阳东上,天际晨霭茫茫漾。

清风和爽,乐在中心入诗章。
静坐思闲,好个散淡之心肠。

人生无恙,发奋鼓勇往前闯。
名利辞放,一生清贫旷飞翔。

笑意展放,胸怀正气谁能挡?
天人之间,大道由我去寻访。

风吹香樟起清响

2011-3-19

风吹香樟起清响,柳丝青且扬。
白鸽天上旷飞翔,天地和气彰。

欣听鸟雀欢声唱,野花盛开放。
湖水清清波微漾,散步兴悠长。

红尘大千如波浪,缘起又销亡。
应持慧眼观世相,遁入山水间。

百年人生是飞殇,斑鬓苍又苍。
且放缓步持安祥,任从岁月翔。

阔步奋进何方闯?向往是天堂。
灵程艰辛矢志上,胜过魔敌障。

四野新绿在生长,空际郁清芳。
兴放敞开春衣裳,气宇颇轩昂。

32.清平集

春晨晴好

2011-3-28

春晨晴好,远天淡霭缈。
雀儿鸣了,清风爽怀抱。

身心清俏,哦诗倩复巧。
岁月丰饶,园中盛花草。

鸟飞天高,自由搏浩渺。
我心飘飘,向往万里遥。

山水不老,引我寄情窍。
友渔朋樵,归田胡不早?

心思平旷

2011-3-31

心思平旷,欣听笛音清靓。
坐定舒肠,又闻鸟语花香。

清风浩荡,窗外洒满阳光。
蓝天广长,清纯引人遐想。

岁月流芳,春意洋溢人间。
老将来访,我意仍荷慨慷。

笑意应畅,扬长且步遐方。
宇宙无限,大道清正昂扬。

雅洁持心

2011-4-2

雅洁持心,诗句脱口具清新。
一点空灵,为因心地清如云。

冰操贞静，不入俗世之闲情。
大道推行，君子荷德秉正鸣。

世事纷纭，风雨兼程马不停。
小有才情，守拙清贫不辞屏。

当展雄襟，浩志如云似山岭。
眼目清明，识透万里之浮云。

奋发进行，鹏翅长驱万里境。
不作高鸣，低调做人踏实进。

光阴飞行，惜时如金当用勤。
一生耕耘，终有收成仓满盈。

33.云水集

笛音清靓

2011-4-5

笛音清靓，引我心襟浮荡。
况对春光，无限美景堪赏。

坐定休闲，一任花落花放。
东风流畅，鼓动春意昂扬。

舒出心向，只是一片旷朗。
纯洁天良，还有心性清芳。

鸟啭万方，正共笛音悠扬。
胸襟意向，沉浸感慨非常。

诗意涌上，那就妙发华章。
虽短无妨，但应清意奔放。

人生世上，只似梦中一样。
应向天堂，求取永生无恙。

灵程向上，节节奏出慨慷。
欢呼无上，胜过魔敌疯狂。

真理灵粮，赐我身心安康。
天父慈祥，导我向前向上。

一夜睡眠安好

2011-4-7

一夜睡眠安好，晨起精神清俏。
时正五更甫交，四围宁静环绕。
遐思旷然高渺，诗意中心来到。
欲吐情操怀抱，吟出身心风标。
时钟滴答直敲，路上华灯正照。
春夜安祥美好，温馨持在心窍。
壮岁持正不傲，清心叩道长跑。
回思坷坎丰饶，而今康庄大道。
前路任凭山高，立志攀登险要。
扬帆顺水而飘，逆流也能遥道。
人生百年赛跑，天国才是终标。
其他都是次要，名利不妨全抛。
清贫有何不好？勤俭养我德操。
世界皆是神造，大道亘古玄妙。
清心才得明道，慧意更加来找。
眼目清新美妙，做事踏实契道。
日常事务虽小，均须用心打造。
大道处处缔造，日用俱含其妙。
多言反为不好，简捷才显扼要。
凌晨祝君安好，一生清平朗造。
即此打住骚扰，搁笔下放为要。
人生是缘在跑，惜缘造缘最要。

淡泊情怀向天创

2011-4-22

淡泊情怀向天创,长共风裹航。
一点热血不会凉,矢志向天堂。

山高水长复何妨?我有真扬长。
闲时哦诗歌嘹亮,遏住云飞翔。

天地之间多旷朗,尽我放思想。
辗转桑沧心得彰,点滴入诗间。

春意清和生机昂,大千好气象。
静坐清听鸟啼唱,心绪万里疆。

34.松风集

晨风清畅

2011-4-25

晨风清畅,鸟语啭扬长。
东风送爽,情怀有悠扬。

哦诗欢畅,心地且清芳。
淡淡荡荡,身心持奔放。

笑意扬长,前路奋力闯。
山高水长,正好磨刚强。

展开翅膀,直上高天翔。
万里之疆,旷我思与想。

晨光清靓

2011-4-28

晨光清靓,红日正东上。
紫霞新涨,爽风展扬长。

鸟啭万方,花草茂而芳。
哦诗兴上,歌出情奔放。

人生昂藏,应许万里疆。
高天可上,双展羽翼翔。

淡定平康,心事对谁讲?
合向诗章,自弹复自唱。

鸟鸣喧扬

2011-4-30

鸟鸣喧扬,一使余心欣而畅。
旷风来翔,暮春正是好时光。

坐享清闲,心性放旷向天航。
字里行间,情思婉转有悠扬。

人生扬长,壮岁坎苍一任放。
心怀理想,矢志不屈向前闯。

世界之上,恒有蠢物闹攘攘。
应持清向,遁入山水田园间。

35.清歌集

心境奔放

2011-5-14

心境奔放,待展宏图骋志向。
万里之疆,鹏翅只是转眼间。

山水无恙,人生履历康与强。
合当高唱,纵有磨难心犹壮。

壮岁正当,矢志奋发我昂扬。
畅放思想,闲雅情怀入诗章。

淡淡荡荡，不执无机多清旷。
任起炎凉，一笑淡定兼程上。

昨夜清听布谷唱
2011-5-17

昨夜清听布谷唱，
一使我意悠扬。
今晨群鸟奏交响，
清风吹来爽朗。

坐定写诗真快畅，
舒出心胸奔放。
人生理应欢且扬，
前路迈越慨慷。

少年往事入烟嶂，
何必多加回想？
前路尚待发奋闯，
万里无有止疆。

身心清悦哦诗唱，
眉眼欢快飞扬。
天路力行矢志上，
永生就是奖赏。

妙悟心胸
2011-5-17

妙悟心胸，览镜何必嗟深重？
壮岁斑浓，慧眼洞穿万事空。

鸟鸣从容，清听使余深感动。
旷意清风，拂我襟怀清意萌。

淡定而诵，哦出中心思与痛。
大千是梦，历史只是烟雨浓。

回首何功？剩有渔樵歌而讽。
应化清风，长袤天涯自在中。

36.乐和集

心地明净
2011-6-27

心地明净，清听蛙鼓敲均匀。
四更静宁，爽气入胸启灵明。

哦诗有兴，吐出胸襟浩若云。
叩心无尽，一点雅思清无垠。

人生难云，百倍烦恼袭心襟。
应持旷进，灵程艰深奋发行。

壮岁淡定，红尘于我应辞屏。
溶入蛙鸣，天籁清新契心灵。

清听蝉鸣唱
2011-7-10

清听蝉鸣唱，我心我意起悠扬。
好风送爽朗，娟娟鸟语正欢畅。

坐定心悠闲，旷怀应容大千放。
逸志也扬长，山水田园是故乡。

壮岁安平常，诗书持身获安康。
清贫原无妨，素朴情肠有奔放。

前路应敢闯，铁壁铜墙无法挡。
展翅远飞翔，万水千山是等闲。

人生磨难知多少

2011-8-11

人生磨难知多少？闲吟入诗稿。
长对秋雨起萧萧，心事比天高。

品茗清坐心兴俏，腹内酝诗稿。
一篇短章应风标，知音何处找？

人生从来不敢傲，积淀惟诗稿。
壮岁淡定仍飞跑，恒走阳关道。

烟雨未许清愁罩，放眼哦诗稿。
身处闹市心静悄，大道叩而找。

飞扬岁月落花飘，换来是诗稿。
英雄怀抱付谁瞧？热血化长飙。

回首往事泪暗抛，激情化诗稿。
前路任从风雨饶，扬长放马跑。

37.和风集

蓝天白云走清新

2011-8-31

蓝天白云走清新，秋意正均平。
散坐舒怀且清心，哦诗有雅兴。

半生已付流水行，余得苍苍鬓。
清听鸟叫啭温馨，一时起心情。

蝉噪青林响不停，野花开鲜新。
牵牛最是多风情，张嘴笑吟吟。

前路尚待鼓心灵，万里旷飞行。
不负人生百年景，实干显雄英。

学取闲云

2011-9-4

学取闲云，飘逸东西不肯停。
秋风清心，雅坐思绪旷飞行。

爽意充盈，淡荡清赏好年景。
哦诗清新，吐出心襟洁无垠。

小鸟娇鸣，欢唱寰宇均与平。
人民安宁，总赖神恩之温馨。

长思古今，惟余渔樵闲话评。
百年清醒，求取灵程永生境。

秋夜悠扬

2011-9-10

秋夜悠扬，一片蛩吟高低唱。
我意清爽，天籁雅洁入心肠。

人生扬长，况有明月当空放。
三更之间，人声消寂惟虫响。

清理心簧，不尽情思绵复畅。
哦奏诗章，历史如水流其殇。

心兴长扬，我欲对月起舞狂。
飞向月亮，举杯邀饮有吴刚。

38.细雨集

散步心淡荡

2011-9-15

散步心淡荡，又见落叶斑苍。
秋阳正辉煌，远天霭烟浮漾。

小鸟正清唱，牵牛最是奔放。
草野散清芳，心境悠然舒扬。

东风吹清旷，和气盈满寰壤。
岁月持悠闲，无机哦歌嘹亮。

斑鬓惜轻苍，一笑付之相忘。
烟雨泛沧浪，风雨兼程而闯。

心旌浮动
2011-9-19

心旌浮动，又忆往事如梦。
岁月匆匆，斑鬓怅对秋风。

生涯情重，孤旅履尽烟浓。
奋向前冲，克尽关山险峰。

情怀谁懂？唯有哦入诗中。
展眼长空，乱云急急飞动。

大道荷胸，正气眉宇凝重。
志在苍穹，恒欲放飞晨风。

东方微起一抹红
2011-10-16

东方微起一抹红，心地兴冲冲。
清听村鸡啼叫中，月华爽无穷。

欣喜晨风清轻送，秋意入心胸。
静坐哦诗舒情浓，未知谁感动？

人生旷意长随风，淡荡奋前冲。
心襟志向入诗中，不与世苟同。

壮岁心境持轻松，随缘履平庸。
笑意清耸展眼送，朝霞渐重浓。

39.渌水集

时既五更
2011-10-17

时既五更，清闻村鸡啼声声。
星月朗逞，更有小风来慰问。

散淡心身，哦诗应抱清与诚。
一曲馨温，天人和弦共君闻。

偶有车声，秋虫沉寂不再闻。
路上华灯，清照一使余心温。

岁月飞奔，不觉又是秋之深。
落叶成阵，不知谁是扫叶人？

蓝天白云
2011-10-22

蓝天白云，空气流走其清新。
秋阳清映，更有小鸟娇娇鸣。

我意飞行，欲上青天入沧溟。
向往水云，山水清境萦心襟。

记忆分明，少年梦想多清俊。
壮岁奋行，勇闯关山艰险境。

静坐思清，历史流殇桑沧并。
雅哦胸襟，点滴感想化诗吟。

心地清芳
2011-10-29

心地清芳，人生展我扬长。
奋发向上，岂惧烟雨艰苍？

秋意澹荡，爽风吹来和畅。
林羽斑苍，落叶如花飞殇。

总持淡荡，清心逸意旷朗。
清听鸟唱，心胸无限舒畅。

人生桑沧，于我淡然相向。
一笑朗爽，浩志无比奔放。

40.青山集

舒达平康

2011-10-30

舒达平康，白云缭绕心间。
散步悠闲，清看粉蝶飞翔。

灿烂秋阳，洒在心田之上。
和风吹旷，清平盈满寰壤。

笑意漾上，欢歌应许无限。
壮岁正当，何必推辞疏狂？

展眼青苍，风吹白云飘荡。
适兴扬长，哦诗展我慨慷。

晨起清听村鸡唱

2011-11-2

晨起清听村鸡唱，
天色蒙蒙初亮。
更喜秋风走爽朗，
心怀意念都放。

坐定哦诗舒心肠，
好个秋之凉爽。

路上华灯犹在亮，
却已车行熙攘。

红尘恒是狂与荡，
几人存有清向？
淡走人生不张狂，
清心憩向松岗。

胸中白云有流淌，
山水清音奔放。
一生不入名利网，
笑傲尘世桑沧。

人生淡淡荡荡

2011-11-4

人生淡淡荡荡，心性雅洁清芳。
一任阴云正激昂，矢志向天堂。

我欲乘云直上，共风恣意飞翔。
突破青冥入无限，大道深叩访。

坐定听鸟歌唱，和气盈满寰壤。
暮秋风光清无恙，欢乐吟诗章。

闲适自是无上，清贫不必辞让。
笑意清展和蔼放，温良谦和漾。

41.和厚集

人渐老心还傲

2011-11-4

人渐老心还傲，风霜早经饱。
笑一笑十年少，东篱菊正骚。

秋风扫落叶飘，诗意周身绕。
心不二奋奔跑，灵程入深缈。

持逍遥水云飘，红尘务辞早。
清贫好思虑少，凝志叩大道。

情潇骚思丰标，诗书寄心窍。
南山稿清新饶，展尽襟与抱。

人生不老

2011-11-5

人生不老，合当清吟高啸。
秋深清好，和风细雨飘渺。

清持心窍，闲度日月遥遥。
哦出怀抱，清澈明洁慧饶。

大道寻找，踏遍千山迢迢。
向内细瞧，心性应许清高。

世事明了，不惹名利风标。
展我雅骚，作个诗人就妙。

畅意何所向

2011-11-9

畅意何所向，是在天涯间。
人生持情长，展志慨而慷。

壮岁沉郁间，激发我昂藏。
哦诗舒心芳，斗胆万千章。

此际清坐闲，暮烟正清涨。
朔风吹萧凉，宿鸟清啼唱。

峥嵘岁月放，前驱万里疆。
恒欲展翅翔，旷飞入溟沧。

42.清美集

清持身心

2011-11-18

清持身心，放旷浪漫人生行。
履尽烟云，一笑从容且镇静。

壮岁不惊，荣辱于我俱淡定。
向往飞行，遁入山水之清境。

此际坐定，明媚正大是心襟。
哦诗雅净，颂赞神恩泪双盈。

浮生是境，恰似空花水中映。
觉证圆明，誓脱尘网入灵明。

阳光灿无上

2011-11-20

阳光灿无上，明媚心地间。
清听啼鸟唱，我意也舒扬。

清心哦诗章，舒展我扬长。
壮岁持清刚，不折奋前闯。

持正慨而慷，旷飞万里疆。
谦和不张狂，淡定一身芳。

向学矢志向，一生叩道藏。
半生酿昂扬，高洁出尘间。

清美人生当讴唱

2011-11-20

清美人生当讴唱，神恩感心膛。
此际天气晴且朗，我意展昂扬。

奋发生涯誓向上，对准天国航。
尘世只是一缘放，合是在梦乡。

天堂才是我故乡，永生真无恙。
福乐原非可想象，灵体晶且靓。

名利只是一罗网，引人丧与亡。
务持慧剑斩魔障，旷飞向天邦。

43.悠然集

人生矢向上
2011-11-21

人生矢向上，心境持明朗。
一任困难放，定志如山岗。

壮岁履艰苍，意气展清芳。
哦诗颇扬长，叩道一生向。

天气正晴朗，蓝天青无恙。
和蔼天地间，爽风走扬长。

欢歌应许唱，我意大发扬。
欲展双翅翔，万里舒志向。

人世莽莽苍苍
2011-12-7

人世莽莽苍苍，岁月安安祥祥。
坐定哦诗清歌唱，神恩无尽长。

此心活泼难讲，圣灵驻在心间。
奋发正义恒康强，斩尽魔光光。

世事由其销涨，百年总是奔忙。
应持清心向内望，性光当显亮。

大道一生叩访，心得哦入诗章。
不必在意孤与艰，一笑且扬长。

心情付谁瞧
2011-12-7

心情付谁瞧？惟哦入诗稿。
寂寞孤旅道，风光独自晓。

大道叩寻找，艰深且丰饶。
展眼云烟绕，心光应许妙。

壮岁清且傲，扬长风雨饱。
一笑无机巧，质朴友渔樵。

奋志去奔跑，万里未为遥。
百年展风标，正气冲云表。

44.红波集

晨起鸟喧唱
2011-12-27

晨起鸟喧唱，灿烂朝日东上。
袅起心兴扬，哦出新诗奔放。

人生展慨慷，冬来心未萧凉。
矢志奋发闯，高山远水无妨。

百倍是情长，婉转放声高唱。
天地正气昂，我志何其昂藏。

青天无云漾，更有爽风清畅。
伫立长思想，展翅欲飞天壤。

蓝天之青无法形容

2012-2-28

蓝天之青无法形容，
更有白云幻化流动。
散步心中清兴汹涌，
欣见野草碧绿新萌。
和暖春风轻轻吹送，
阳光灿烂我意从容。
一年之计筹划于胸，
奋发肯干秋收才丰。
市井之中人群涌动，
大千红尘幻变无穷。
我的心中百感混涌，
淡淡升起莫名之痛。
哦诗为吐清新襟胸，
从心而诵长捧情浓。
百年生死泪水长涌，
因缘浮沉何须感动。
定志前路灵程奋勇，
斩尽魔敌天旅成功。
待到天国福乐无穷，
永生不老灵歌恒颂。

清志不在尘世间

2012-3-4

清志不在尘世间，出得宇外航。
人生只是在梦乡，惟属荒与唐。

我有浩歌冲天壮，气宇展轩昂。
矢志归回我家邦，天国是故乡。

春来情志鼓又张，一似春水涨。
学取鸟飞入青苍，天高纵意向。

笑口应开乐何妨，共缘清旅航。
学思并用入深广，叩道启无疆。

45.柳烟集

清坐守安祥

2012-3-4

清坐守安祥，上网四处冲浪。
窗外雨声靓，点滴如奏音响。

春来情奔放，精神倍加昂扬。
谋划颇周详，欲去大干一场。

壮岁持平康，履尽烟雨桑沧。
一笑颇扬长，人生长驱慨慷。

身心是淡荡，清平溢出寰壤。
春草正滋长，万类生机清畅。

南风兴旷

2012-3-6

南风兴旷，春禽漫耳鼓荡。
清坐安祥，展眼云天青苍。

心境平康，履尽烟雨沧浪。
矢志奋闯，前驱万里慨慷。

未取心伤，大风一生哦唱。
敢作敢当，力搏恶虎凶狼。

一生淡放，人生合是这样。
红尘狂攘，志在水云清漾。

清听鸟语啭绵蛮

2012-3-9

清听鸟语啭绵蛮,
我心生发浪漫。
又见朝阳洒灿烂,
欣喜东风开展。

一天晴朗春妙曼,
我意旷然浩瀚。
哦诗清新兼雅淡,
舒出心中情澜。

人生奋志搏群澜,
前驱万里险滩。
回首只是不堪看,
多少烟雨艰难。

仍须鼓勇入烟岚,
青山恒待登攀。
浩志出得彼尘寰,
驾鹤乘鸾扬帆。

46.筠风集

心志骋奔放

2012-3-13

心志骋奔放,散步晚风清凉。
爽意持襟房,呼吸清风快畅。

霓虹七彩靓,和平盈满寰壤。
情怀无限扬,清新小调哦唱。

徐步行安祥,春意温馨荡漾。
惬意盈心间,感觉痛快舒畅。

天空群星亮,月华惜未升上。
春夜真温良,哦诗感慨深长。

清展身心舒昂扬

2012-3-15

清展身心舒昂扬,
哦诗呼出奔放。
人生挥慨慷,迎难我敢上。

春来情兴大张扬,
展眼碧野清芳。
东风长鼓荡,万物俱生长。

笑容清俊不张狂,
前驱尽展扬长。
拦路有虎狼,挥刀毅强刚。

清坐思想若长江,
流泻浩浩荡荡。
叩道矢前闯,平翔掠天苍。

东风清展浩荡

2012-3-21

东风清展浩荡,蓝天无比晴朗。
小鸟纵情唱,红梅行将芳。

我意激越昂扬,哦诗热情奔放。
心襟持敞靓,人生慨而慷。

笑意清新坦荡,前驱万里康庄。
灵程任险艰,定志如山壮。

学取松之劲刚,学取竹之韧壮。
君子荷德芳,才调岂寻常。

47.青藤集

往事只是如梦

2012-3-22

往事只是如梦,心事与谁相共?
细雨正濛濛,有鸟鸣清风。

散坐意态从容,哦诗舒出情浓。
壮岁淡如风,名利弃空空。

品茗心兴长涌,展眼天阴云动。
笑容清新送,人生随缘从。

前路任起雨风,淡定秉持轻松。
脚下步稳重,关山越千重。

蓝天青碧无恙

2012-3-24

蓝天青碧无恙,野鸟清新啼唱。
我意展昂扬,尽情讴春光。

呼吸清风快畅,哦诗热情慨慷。
意共春同涨,矢志万里疆。

不屈奋力闯荡,克尽鬼魔妖障。
胜利凯歌扬,响彻云霄间。

壮岁贞怀清刚,大风合时高唱。
时代汇交响,男儿显雄壮。

浩荡东风旷意行

2012-3-25

浩荡东风旷意行,
我心雅洁芳清。
散坐哦诗舒心境,
斜晖朗照清新。

春意漾满大千境,
鸟语娇啭温馨。
柳烟碧笼绿水清,
人民和平康宁。

鼓舞情志欲飞行,
去觅远方水云。
淡泊心兴持清平,
叩道一任艰辛。

清品芳茗神思运,
浩感中心充盈。
亘古运化是神定,
为救堕落人群。

48.瑶草集

蝶舞蜂翔

2012-4-2

蝶舞蜂翔,散步田野间。
玉兰花放,淡淡散幽香。

蓝天晴朗,春意舒昂扬。
有汗微漾,敞开春衣裳。

野花娇靓，柳烟摇淡荡。
碧水波漾，湖畔立钓郎。

我心清芳，欣听鸟清唱。
哦诗爽畅，音节发浏亮。

野鸟旷鸣风

2012-4-10

野鸟旷鸣风，大雾渐重浓。
清意盈襟胸，哦诗舒感动。

春意正青浓，碧野草芳茸。
岁月如飞送，不必嗟斑重。

抬眼合挺胸，前路奋勇猛。
人生沐雨风，情怀始终浓。

学海万里冲，叩道获圆通。
随缘而行动，无执在尘中。

人生奋志扬长

2012-4-13

人生奋志扬长，关山踏破莽苍。
一曲应高亢，矢志慨而慷。

阴晴任来无妨，风狂雨暴兼闯。
男儿展雄壮，岂被困难障。

鸟儿娇啭扬长，春风吹来心旷。
展眼向天望，流云走奔放。

叩道不畏深艰，向善一生自强。
谦和且坦荡，人格郁清芳。

49.浩歌集

雄心倍加涨

2012-4-24

雄心倍加涨，不屈艰辛磨障。
清坐持安祥，享受风清鸟唱。

逸意展悠长，梦想寄在远方。
胸中水云漾，无意名利欺诳。

愿展双翅膀，去向高天巡航。
宇宙正无限，叩道誓入深艰。

热血周身淌，男儿合当强刚。
奋发矢志上，搏击风雨狂猖。

今夜蛙鼓新敲

2012-5-29

今夜蛙鼓新敲，我的心情大好。
写诗舒心窍，灯下思绪高。
流年风景遥迢，壮岁饱含情调。
有美千里遥，思念在晨宵。

人生应许晴好，终有风雨更妙。
磨炼意志饶，铁骨撑天高。
笑意展我风骚，前景会当美好。
携手辉煌道，春秋彩云飘。

昨夜蛙鼓响亮

2012-7-7

昨夜蛙鼓响亮，晨起鸟鸣蝉唱。
心志都开敞，畅沐爽风扬。

和蔼持在心间，哦诗心胆舒张。
志在笔下放，思想去飞翔。

辗转不尽桑沧，壮岁斑鬓萧凉。
往事不堪想，犹持少年狂。

心性应许清凉，不受名利扰妨。
心雄如山壮，一生慨而慷。

50.绿华集

喜鹊喳喳奏响

2012-7-14

喜鹊喳喳奏响，白鸽回旋飞翔。
雨后草木昌，空气鲜而芳。

阴晴激荡之间，野外流风奔放。
散步心兴康，坦然享安祥。

岁月无比平康，人生随缘桑沧。
一笑且悠畅，无机持心间。

穿过田园菲芳，数里不过瞬间。
感兴正清长，闲雅哦诗章。

东方林野子规唱

2012-7-16

东方林野子规唱，
爽风吹来扬长。
狂蝉嘶鸣一片响，
我心寂然清畅。

品茗心花已绽放，
人生应许爽朗。

哦诗心迹亦舒扬，
纸上道尽桑沧。

悠扬情调堪讴唱，
故去时光水淌。
展眼奋然且瞻望，
前路关山莽苍。

好汉不恃英武狂，
雅然书生模样。
矢志万里泛舟航，
履渡学海深广。

清风旷来开意境

2012-8-3

清风旷来开意境，
我心原自多情。
鸟鸣花芳云飞行，
空气如此清新。

岁月奋进堪惊心，
惜乎我已斑鬓。
仍须矢志向前行，
领略风光无垠。

曾履伤痛风雨凌，
而今悟彻本心。
叩道向学自殷殷，
诗书怡我胸襟。

开口道来世界惊，
丘壑岂同常寻。
淡泊不惹利与名，
质朴如松刚劲。

51.迎春集

清怀不与世人同

2012-9-28

清怀不与世人同,孤旅怅深痛。
商风吹袭鸟鸣颂,余意转轻松。

岁月飞逝如梦中,斑鬓渐深重。
哦诗肺腑情深浓,倩谁心意通?

朝旭初升灿无穷,讴歌当称颂。
秋花开放妍且红,牵牛妙堪讽。

世界日新桑沧动,感慨持心中。
一曲新诗脱口诵,旷志袤秋风。

岁月清展莽苍

2012-10-3

岁月清展莽苍,岁月清展莽苍。
笑意从心绽放,步履坚正昂扬。

岁月清展莽苍,岁月清展莽苍。
壮岁奋发向上,天路旷飞无疆。

岁月清展莽苍,岁月清展莽苍。
红尘笑傲无恙,磨难岂妨清刚。

岁月清展莽苍,岁月清展莽苍。
烟雨浮生放浪,坚贞矢叩道藏。

雅哦新诗奔放

2012-10-13

雅哦新诗奔放,我的心情慨慷。
奋志高山之上,展翅无有止疆。

清坐身心安祥,闲听鸟鸣宛扬。
舒出心襟志向,定志内叩情肠。

人生百折仍闯,奋斗搏击艰苍。
回首只余烟帐,百年仿佛梦乡。

雄心未曾稍减,豪情矢入溟沧。
男儿当展激昂,大风纵情哦唱。

52.蓬勃集

散步兴长

2012-10-14

散步兴长,风吹柳舞摆且扬。
粉蝶飞翔,天空鸽群旷意向。

秋风萧爽,林羽斑黄落叶殇。
诗兴张扬,吟哦山稿舒慨慷。

大千世间,物理循环成气象。
闲雅襟房,淡看桑沧共缘畅。

不折奋闯,岂惧山高水深艰。
率意扬长,清贞心性兰蕙芳。

感秋未许心萧凉

2012-10-15

感秋未许心萧凉,壮志岂颓唐。
依旧怀有我梦想,矢攀万仞岗。

激情盈胸不张狂,谦和君子芳。
叩道向学两昂扬,清哦诗万章。

清听雀鸟鸣又唱,心花为之放。
市井闹吵由他嚷,逸意水云乡。

百年生死只寻常，旷志恣飞翔。
万里征途迎难上，力作好儿郎。

清展心志是昂扬

2012-11-3

清展心志是昂扬，人生舒奔放。
秋深叶落诗意扬，从容哦诗章。

散坐思畅亘古间，历史当回放。
渔樵尽兴而谈唱，曾起惊天浪。

壮岁斑苍情怀靓，依旧有扬长。
苦旅桑沧一笑间，半生成既往。

前路尚待奋贞刚，矢志长去闯。
展翅万里风云间，鹏意未可量。

此际静坐持涤荡，心志在远方。
奋发人生恒向上，飙风无极限。

有鸟清啼惬意向，诗兴舒扬长。
一曲清歌颇昂藏，正气冲霄壤。

53.天风集

奋志人生疆场

2012-11-10

奋志人生疆场，
我意始终慨慷。
此际坐定放思想，
窗外雨声清靓。

推窗迎接风畅，
清新快余襟肠。

哦诗热情而奔放，
舒出心胸气象。

男儿热血激荡，
不屈磨难艰苍。
岁月旷意而飞翔，
壮岁老练强刚。

前路放马去闯，
突破壁垒层障。
展翅我欲向天航，
矢飞九霄云上。

心胸无比舒旷

2012-11-11

心胸无比舒旷，人生意气昂扬。
前驱万里康庄，一任关山莽苍。

笑容清新明靓，坦荡襟怀宽广。
不敢稍有狂狷，谦和立身贞刚。

奋发毅力顽强，天地一担挑装。
叩道是我志向，治学岂惧深艰。

桑沧早已饱尝，依旧不屈扬长。
展我腑腹气象，契道原也清芳。

不屈不挠生长

2012-11-12

不屈不挠生长，学取竹之韧刚。
向上是我志向，谦和清空心肠。

不屈不挠生长，学取松之虬苍。
纵生绝壁之上，矢志奋发顽强。

不屈不挠生长，学取梅之毅壮。
傲雪斗寒开放，清香洒向人间。

不屈不挠生长，学取兰之幽芳。
高洁生长溪旁，孤标淡荡扬长。

54.明心集

激越慨慷

2013-4-3

激越慨慷，奋志人生颇扬长。
寒食正当，品茗清听鸟啼唱。

时光流殇，柔情满怀哦奔放。
壮岁守常，诗书持身叩道藏。

心兴长扬，欲展双翅搏万丈。
红尘攘攘，名利害人败且丧。

愿盈心间，清白做人当昂扬。
眉宇凝刚，不屈苦难矢前闯。

万里沙场，几多争战血玄黄。
邪必退藏，道德公义天下畅。

奋发无疆，百年生命铸辉煌。
天国故邦，大同世界寄理想。

天气朗晴

2013-5-12

天气朗晴，东方传来喜鹊鸣。
哦诗尽兴，胸襟气象显豪英。

岁月奋进，老我斑鬓何必云。
不灭心境，矢志万里搏空清。

学取雄鹰，摩取高山绝壁行。
珍惜寸阴，百年生命热血殷。

壮岁经营，诗书持身兰蕙清。
一声高鸣，震动山涧谷回应。

爽风清劲子规清鸣

2013-5-14

爽风清劲子规清鸣，
暑晨风光清新。
淡荡胸襟哦诗雅清，
舒出温馨之情。

世事何云独守本心，
傲骨依然刚劲。
大千纷纭共缘旅行，
苦难无妨雄英。

甘守清贫诗书持心，
展眼天际苍青。
不作高鸣实干要紧，
览尽万里艰辛。

奋辟前境矢攀绝顶，
中心想学雄鹰。
摩天而行刺透沧溟，
直入宇天无垠。

55.溪风集

夕照清洒光芒

2013-5-20

夕照清洒光芒,余之心境悠扬。
散坐胸襟开敞,哦诗长吐馨芳。

岁月不尽桑沧,何必过多言讲。
壮岁不嗟斑苍,奋志是在远疆。

笑容清新坦荡,尘世莽莽苍苍。
烟雨只是寻常,悲欢付与梦乡。

市井闹闹嚷嚷,众生争竞奔忙。
淡看天际霭漾,晚霞明媚心房。

欢畅人生持安祥

2013-6-16

欢畅人生持安祥,惬听啼鸟唱。
旷喜东风正悠扬,传来花之芳。

我意喜悦欲讴唱,壮岁履平康。
纵有风雨亦何妨,意志早成钢。

奋发扬眉万里疆,展翅旷飞翔。
蓝天白云多晴朗,惬意我襟肠。

高歌一曲声铿锵,震动天地间。
舒发情志不屈闯,正气冲天昂。

子规喜鹊双双唱

2013-6-28

子规喜鹊双双唱,
林野和风清翔。

旷喜天晴白云荡,
雅坐思想开敞。

人生得意不张狂,
谦和一生坦荡。
奋志激越万里疆,
叩道用道昂扬。

书海应扬滔天浪,
矢向艰深旅航。
绕过礁石辟方向,
前路无比宽广。

壮岁心襟怀清靓,
绝无卑俗模样。
傲立气宇自伟刚,
大风应许哦唱。

56.晨星集

辗转是余心襟

2013-7-6

辗转是余心襟,流淌百变清新。
浩洁闲雅无垠,壮岁焕发贞劲。

此生如松刚俊,一任雨饶风鸣。
岁月不尽芳馨,艰苍饱然于心。

笑意旷展温清,荷道向学志凝。
流光飞逝惊心,努力晨昏才行。

常恨学问不精,用时缺少才情。
发愿体道奋兴,一生尽力探寻。

欣听喜鹊清唱

2013-7-14

欣听喜鹊清唱，蝉鸣一片交响。
爽风来奔放，逸致都提上。

我意适然安祥，品茗暑意消减。
浴后精神畅，雅思当扬长。

人生得志不狂，谦和是为至上。
前路搏艰长，鼓勇我径闯。

山高水深何妨，风狂雨暴寻常。
笑我两鬓苍，聊发少年狂。

心境悠闲乐平康

2013-8-5

心境悠闲乐平康，
率意人生向上。
步履坚定向康庄，
冲决困难阻挡。

笑容满面余欢畅，
心志早已成钢。
清听晨鸟吱喳响，
最喜爽风扬长。

流年故事幻花样，
桑沧我已饱享。
壮岁心襟持安祥，
素怀系在山乡。

渴望生长双翅膀，
一搏云天青苍。

风雨只是寻与常，
正好磨砺志刚。

57.向阳集

云天晴朗

2014-1-4

云天晴朗，冬来惜无鸟飞翔。
窗外歌唱，悠扬旋律动心肠。

开窗风畅，呼吸清新快意间。
一点心芳，雅哦小诗舒悠闲。

品茗清香，激情岁月正飞殇。
不嗟斑苍，快意人生书辉煌。

红尘狂荡，太多迷惑构罗网。
奋志扬长，愿向青山憩安祥。

新年安康

2014-1-4

新年安康，率意人生书华章。
发奋图强，不畏老来矢奔放。

淡淡荡荡，中心所有惟激昂。
不慌不忙，平步万里履桑沧。

矢志恒闯，千关履尽眉双扬。
一声讴唱，气宇冲天自莽苍。

流年何伤，逝去旧事归消亡。
前方无疆，胡不奋蹄惬意向。

旷意东风正吹畅

2014-3-27

旷意东风正吹畅，
余意喜乐平康。
淡定向天长瞭望，
青青一天晴朗。

清喜碧野欣欣长，
最爱柳烟淡荡。
园圃杏花洁白芳，
引来小蜂翩翔。

乘春心志应鼓荡，
前驱万里康庄。
纵有风雨百倍狂，
我志如铁似钢。

笑容清新温和放，
正气盈胸茁壮。
柔情应袅万千丈，
飞向田野山岗。

58.绿波集

漫天晴朗

2014-8-17

漫天晴朗，秋意真清爽。
牵牛花儿开得靓，
野蝉高声奏唱。

岁月悠扬，壮岁轻斑苍。
志儿依然强且刚，
恒欲旷飞天壤。

人生扬长，不辞风雨狂。
纵有磨难排成行，
奋然向前矢闯。

关山莽苍，激情泻张扬。
哦歌声震九重苍，
豪情冲天之壮。

烟雨浮生回忆好

2014-10-19

烟雨浮生回忆好，
额上苍痕正气高。
清贫不减风与骚，
君子人格原雅俏。

青春付与烟云渺，
理想心中犹高翘。
壮岁长驱关山道，
风景半生阅丰饶。

瞻望前路任险要，
叩道矢志去奔跑。
千山万水行过了，
赢得新诗厚厚稿。

志在水云鹤飞绵，
市井憩居情儿俏。
诗书晨昏哦不了，
慧目不向名利瞧。

此际清坐心情好，
哦诗一舒我怀抱。
窗外清风吹正浩，
野禽鼓吹声倩巧。

叫卖声儿朗且高,
品茗心俏且雅骚。
淡荡人生共缘跑,
半百生涯诗意绕。

蓝天白云展清新
2014-11-19

蓝天白云展清新,
我的心中多情。
和风清绕也尽兴,
品茗胸襟雅清。

我欲奋翅向天行,
饱览山水无垠。
百年生命盈诗情,
一曲欢歌奏鸣。

大千红尘余惊警,
曾履苦旅伤心。
男儿不屈怀贞劲,
矢志奋勇辟进。

叩道自是获圆明,
通达天人之境。
向学晨昏也哦吟,
舒出清思灵明。

59.向上集

笑容展放
2015-1-27

笑容展放,清雅品茗志儿康。
向阳心肠,远抛机巧恒茁壮。

旷飞无疆,一缕情肠何所向?
愿向南方,共彼飞雁天涯间。

情思畅扬,冬来未为寒所妨。
万里穹苍,才是我之所向往。

人生平康,不屈磨难抬眼望。
天际霭苍,窗外迎春喜开放。

喜听春禽鼓唱
2015-3-1

喜听春禽鼓唱,老柳新芽绽芳。
散步兴清广,东风正浩荡。

心境无比悠扬,渐老又有何妨。
意志成铁钢,矢志恒向上。

去向高远遐方,饱览山水清芳。
水云中心漾,胸怀天下装。

半百生涯闯荡,余得热泪双淌。
一声轻唤唱,山河惊相向。

清坐安祥
2015-8-23

清坐安祥,哦诗兴趣何奔放。
小风来翔,但见夕照正渺茫。

人生桑沧,提起不必泪双淌。
前路慨慷,应展双翼掠溟沧。

抛开既往,展眼万里云烟荡。
焕起阳刚,男儿恣意诗书间。

转思回想,斑苍岁月余涤荡。
一曲昂扬,讴歌不尽尘世苍。

60.飞扬集

清展心情
      2016-2-7

清展心情,五更早起哦空灵。
一点芳馨,一点激越并奋兴。

我欲何吟,未许长嗟霜华侵。
展翅凌云,关山万里鼓勇进。

壮怀空凭,实干精神汗水并。
少年烟影,流光等闲也温馨。

春来多情,清坐思绪天涯萦。
除夕婉吟,一展歌喉向天鸣。

蓝天青碧无恙
      2016-7-16

蓝天青碧无恙,更有鸟语花芳。
晨间暑意尚未彰,
值此清风长吹翔。

诗意娟娟若狂,下笔放出千章。
红尘噪噪尘万丈,
素心只守贫与康。

壮怀犹自激昂,展眼青天万丈。
豪情谱入诗中间,
慨慷欲攀万仞岗。

笑意从心浮上,孤旅独自扬长。
人生正如客旅仿,
烟雨由来是等闲。

意气舒发哦诗章
      2016-7-17

意气舒发哦诗章,
一曲短歌诉襟肠。
蝉鸣噪噪织交响,
清坐思虑在远方。

人生情怀谁相象,
孤旅独闯奋顽强。
百折不挠斗志昂,
英雄岂肯输虎狼。

男儿旷怀天下装,
宇宙乾坤细寻量。
叩道治学两不妨,
心得原合化诗唱。

少年音貌入梦间,
素发飘扬迎风向。
正气盈胸何所讲,
万里山河放眼量。

二. 凯风书屋诗集

1.清朗集

迎风快畅
      2016-8-7

迎风快畅,青林蝉噪正奏唱。
白云飘翔,写意人间秋光靓。

岁月安祥，人渐斑苍有何妨。
志向犹刚，展眼万里山河壮。

何须回想，人生苦旅饱经尝。
不必泪淌，患难生涯入诗唱。

向学心肠，叩道殷殷旷思想。
独立高昂，男儿荷志立方刚。

又听喜鹊喳青林
2016-8-8

又听喜鹊喳青林，心事正均平。
晨起小风送爽净，引起诗人兴。

岁月幻变桑沧行，又值孟秋临。
心怀旷宇奋前进，风雨未肯停。

笑容舒朗且温馨，傲立欲大鸣。
男儿尽力振身心，叩道入无垠。

悠悠心兴翩翩行，欲裹万里云。
青天朗朗白云映，雅听雀噪鸣。

淡泊襟胸
2016-8-18

淡泊襟胸，正与秋气同。
青碧天空，白云飘从容。

清坐迎风，惬意谁真懂。
应当哦讽，应当讴并颂。

岁月朦胧，不觉霜华浓。
回首悟空，万事成一梦。

持道中庸，奋志若长虹。
灵程雨风，兼程矢去冲。

2.心语集

白云流走多情
2016-8-22

白云流走多情，紫燕呢喃低鸣。
斜晖清新映，雨后草木新。

散步尽情尽兴，爽风吹来清灵。
有汗微微沁，裹起诗人兴。

哦诗应许空灵，别致裁出风情。
人生悟空清，幻化不了情。

岁月流变无垠，大千桑沧幻境。
坚贞持本心，德操务须凝。

白云清映
2016-8-25

白云清映，碧天如此清新。
小风爽净，涤我心志心襟。

有鸟娇鸣，有蝉迎风嘶鸣。
雅意清灵，哦诗长吐肺心。

人生经营，总凭良心先行。
辞去利名，胸怀山乡水云。

世事难云，岂可逐浪随心。
守护心灵，守护雅洁胸襟。

清风长来启舒旷
2016-8-28

清风长来启舒旷，品茗雅思长。
淡定立身无怅惘，名利抛万丈。

红尘自古是攘攘,不过幻桑沧。
清心叩道也轩昂,岂畏风雨艰。

大千故事日夜唱,悲喜幻无常。
应持慧眼观照间,出得尘世妄。

和同三教启新讲,上帝赐恩光。
道义人生也涤荡,傲立不狂狷。

3.浩荡集

山水清音待寻访

2016-8-28

山水清音待寻访,仰向白云望。
一点心绪也苍茫,诉入诗中间。

秋鸟清啼蝉不响,爽风吹扬长。
斜晖朗照秋意旷,淡荡持心间。

流年清走是莽苍,华发渐斑苍。
心志从未苟且放,茁立似山岗。

纯真持在心地间,正直未敢忘。
奋发意气骋阳刚,男儿当伟壮。

心襟舒旷

2016-8-28

心襟舒旷,窗外歌声颇清靓。
迎风纳凉,淡望天际霭烟茫。

秋蝉鸣唱,群燕喃喃低回翔。
河水流淌,市井人家和且康。

斜晖灿放,金色光辉遍寰壤。
人民欢畅,和平环境乐无上。

淡泊心肠,镇日哦诗亦激昂。
火红丹房,理想中心恒鼓荡。

荡漾情思水云乡

2016-8-28

荡漾情思水云乡,
此际叩心安祥。

处事圆通明达间,
无机心地扬长。

夜色深远秋意旷,
总赖风送清凉。
爽怀何事从心上,
孤旅不嗟艰苍。

应展笑颜迎难上,
关山履度险艰。
风风雨雨总寻常,
淡泊情操贞刚。

前路尚容纵马狂,
万里疆场驰荡。
醉心学习哦诗章,
明心慧性无恙。

4.问道集

七彩霓虹竞闪靓

2016-8-30

七彩霓虹竞闪靓,
万家灯火是辉煌。
清夜爽风真和畅,

秋清涤腑诗意扬。
何处歌声悠悠唱,
几多车行也狂狷。
市井生活真闹嚷,
退处心系水云乡。

七彩霓虹竞闪靓,
散坐哦诗也慨慷。
惜时如金必须讲,
晨昏哦诵有余香。
积累情志颇昂藏,
书生意气也潇爽。
正直为人未敢忘,
品评生活入诗行。

七彩霓虹竞闪靓,
我心我意转舒畅。
阖家安康神恩壮,
努力灵程尽力量。
斩尽心魔走康庄,
不辞清贫体扬长。
思想亘古今与往,
愿振雄风六合荡。

金风旷起天涯间

2016-8-31

金风旷起天涯间,林羽摇脆响。
清坐哦诗舒心向,体道颇扬长。

秋气清显其淡荡,午时日清朗。
最爱牵牛万千放,喇叭齐开敞。

岁月清享是悠闲,舒理我心簧。
中心发出明慧芳,一吐气昂藏。

男儿清贫有何妨,要在正气扬。
君子人格必须讲,傲立天地间。

奋发人生展扬长

2016-9-2

奋发人生展扬长,
此际清听鸟啼唱。
红尘自古是攘攘,
几人怀清向。

岁月清走余畅想,
大同亘古是理想。
百年人生勿费浪,
努力致遐方。

艰难困苦是寻常,
清志轩昂自讴唱。
大千郁昂藏,
男儿骋强刚。

努力晨昏诗书间,
一心叩求彼道藏。
济世何须讲,
铁肩有承当。

5.扬心集

旷听音乐灵动

2016-9-2

旷听音乐灵动,我心升起感动。
婉转有情朦,倾入诗之中。

岁月又值秋风,金飙洒脱襟胸。
天际看云动,有鸟鸣轻松。

红尘大千狂疯，名利害人无穷。
几人是情种，襟怀持清空。

浩志旷入彩虹，宇宙奋我行踪。
叩道展刚猛，体会岂有穷。

躁躁尘间徜徉

2016-9-8

躁躁尘间徜徉，涉过世界桑沧。
何必双泪清淌，应许敢作敢想。

跌倒再上何妨，折翅可再启航。
岁月淡有清芳，最贵是有思想。

人生志在遐方，果敢镇定顽强。
岂惧风雨艰苍，力斩魔鬼虎狼。

向阳心志开敞，光明入我心间。
流年似水流殇，心花朵朵开放。

晨起霭烟正迷茫

2016-9-9

晨起霭烟正迷茫，
窗外歌声展嘹亮。
野禽欢鼓唱，金风送凉爽。

清喜牵牛娇妍放，
我心我意起舒扬。
应讴彼诗章，诗意弥宇间。

正道必然畅人间，
公理公义人赞扬。
傲立不屈间，男儿体昂藏。

笑意从心而淡漾，

一曲天人当讴唱。
仲秋真无恙，广宇正澹荡。

6.放飞集

天色阴晴之间

2016-11-10

天色阴晴之间，浩起心事茫茫。
浮生坎坷涤荡，赐我劳苦非常。
半世生涯闯荡，余得心酸痛伤。
哦诗舒发心芳，沉痛感慨良长。

清坐哦诗激昂，男儿合展雄壮。
未可沉溺世网，矢展双翅飞翔。
前路烟雨茫苍，我当旷发高亢。
大千只是烟障，叩道誓入深艰。

未可陷入迷惘，慧目刺透青苍。
世界因缘激荡，悲喜只是寻常。
奋发志向强刚，缔造文明辉煌。
笑意展在脸庞，心身谱入诗章。

岁月亦有馨芳，百年积淀思想。
时间未可费浪，晨昏努力当讲。
任起千重浊浪，穿越迷雾远航。
天国才是家邦，灵性回归天堂。

神恩岂是寻常，赞美诗歌献上。
净化灵魂无疆，胜过魔敌捆绑。
灵程艰辛非常，振翼摩云而上。
宇宙广深无量，奥秘矢当探访。

天人亲密无恙，合一美妙非常。
心灵是个宝藏，开采不尽汪洋。

正义誓当弘扬，理想装在心间。
顺从圣灵引航，前路高远无疆。

人生未可草莽

2016-11-17

人生未可草莽，努力矢志向上。
关山郁青苍，吾意入溟沧。

笑意漾上脸庞，激情心中流淌。
快慰哦诗章，生活如花放。

初冬木叶凋丧，诗意弥满尘间。
一声啼鸟唱，引我意悠扬。

岁月莽莽苍苍，笑我年轮增长。
斑苍何所妨，逸意展扬长。

华灯已经点上

2016-11-19

华灯已经点上，此际心事清昂。
哦诗应许铿锵，激情泻发流淌。

人生一似汪洋，思想积淀无量。
努力追求理想，矢志发热发光。

心似光明太阳，黑暗抛去远方。
展翅旷意飞翔，自由多么舒畅。

解开一切捆绑，向往灵性天堂。
红尘只是暂享，永生不在此间。

7.畅想集

红尘谁是多情种

2016-11-20

红尘谁是多情种，
此生沐尽雨风。
不惧年轮渐成翁，
依然浩志盈胸。

淡定人生行从容，
抛弃名利清空。
逸意中心水云动，
叩道矢志奋勇。

大千浮生烟雨浓，
心襟与众不同。
向学晨昏勤奋中，
哦诗声弥长空。

鼓勇仍须向前冲，
风光清丽妙浓。
振翼披雨又沐风，
凌云气势如虹。

冬雨清降木叶逝殇

2016-11-22

冬雨清降木叶逝殇，
我心未许悲凉。
笼鸟啼唱四围安祥，
心境应许舒朗。

志在遐方流年狂猖，
年轮飞递增长。

老有何伤心有何妨，
应许鼓勇矢闯。

江山激荡红尘狂放，
名利欺人无限。
正气轩昂清贫何妨，
诗书郁我心芳。

百年匆忙几度桑沧，
感慨哦入诗间。
未许悲怅未许感伤，
振翼旷入溟沧。

畅意浮生之中

2016-11-23

畅意浮生之中，心曲向谁递送？
人生苦雨凄风，孤旅漫步从容。
窗外雪正销融，清坐思放无穷。
岁月朦胧之中，百年人生如梦。

流转是我情动，哦诗舒出肺胸。
读来有谁感动，心曲向谁递送？
应抛心志苦痛，轻松持我心胸。
向往搏击长空，万里快意乘风。

8.灵思集

矢志人生疆场

2016-12-18

矢志人生疆场，奋发容我向上。
人生百炼才成钢，
岁月清显芬芳。

笑我书生痴狂，镇日经营诗章。
脱口哦出心性芳，
显出清洁心肠。

流年飞逝若狂，又是仲冬之间。
二更不寐书诗行，
四野静悄安祥。

我却思潮若狂，激情流泻狂猖。
男儿傲立天地间，
正气正义昂扬。

大千幻化非常，桑沧叠变寻常。
嗟彼红尘是梦乡，
几人清醒涤肠？

努力灵程向上，净化灵魂无疆。
名利由来是孽障，
应弃应抛应放。

清雨洒降

2016-12-21

清雨洒降，袅起诗人清兴狂。
朗哦诗章，激情狂泻若江淌。

岁月清芳，不觉冬至今又访。
一阳初长，否极泰来启安康。

喜意心间，讴歌年和岁丰穰。
人民安享，海内升平合歌唱。

努力向上，诗书持身淡淡香。
一生昂扬，发奋旷志向天航。

树上木叶殆尽

2016-12-30

树上木叶殆尽，却喜斜晖朗映。
岁月经行是惊心，
不觉老了斑鬓。

我自旷然高兴，与缘同涨共行。
胸中热血尚殷殷，
岂惧年轮飙进。

阖家安好就行，神恩丰富无垠。
浩歌一曲献神听，
赤子持有丹心。

一生努力奋进，履历桑沧苦境。
而今一笑且淡定，
灵程前景光明。

9.源泉集

大雾漫天好情调

2017-1-1

大雾漫天好情调，野禽正鼓叫。
散步心兴比天高，吐诗发奇妙。

元旦佳节欣喜造，瞻望前路遥。
奋力万里矢长跑，山水寄逍遥。

人虽渐老心态高，想学雄鹰潇。
高山绝壁可访造，摩云扬长飙。

好汉有种自潇骚，谦和持怀抱。
书生浩志出尘表，俗子未可道。

阳光普照

2017-1-2

阳光普照，散步心兴真雅俏。
有汗出了，心情分外逍并遥。

岁月大好，年关已近市场嚣。
非常热闹，人来人往乐陶陶。

我意轻飘，想学飞鸟入云霄。
清风长跑，旷我情怀真无二。

人生不老，斑苍不减兴儿高。
男儿洒潇，志儿原不与世瞧。

奋发向上

2017-1-3

奋发向上，我有激情向天旷。
红尘辞放，何必介意名利间。

努力启航，任有巨风并恶浪。
绕过礁障，扬帆心海畅无限。

半世桑沧，不必多讲中心创。
振翼扬长，搏击风雨寒暑间。

神恩何壮，我心我意感无上。
颂赞献上，灵程旅途欢声朗。

胜过魔障，物欲引人入丧亡。
清心当讲，雅洁情怀水云漾。

天国力上，永生福乐谁不想。
大牧领航，共彼群羊入草场。

对准天堂，辞去红尘一切脏。
净化无限，灵魂洁净白云仿。

10.清新集

奋志人生疆场

2017-1-5

奋志人生疆场,不屈虎豹豺狼。
此际冬雨绵绵降,
写诗倾诉心肠。

爽风时正清畅,檐前雨滴清响。
笼中小鸟娇娇唱,
心地旷起安祥。

清喜时雨洒降,涤此雾霾尽光。
还我乾坤之朗朗,
不许魔怪逞狂。

岁月正有馨芳,老我斑苍怎样。
心境依然持潇爽,
阔步迈进无疆。

林间群雀欢声唱

2017-1-5

林间群雀欢声唱,
冬雨洒降无妨。
一任阴云往南淌,
撑伞散步兴旷。

书出心中一种芳,
展眼世事桑沧。
奋行人生持激昂,
男儿有种强刚。

不畏困苦磨难障,
雄鹰刺向云间。

天寒无论多狂猖,
梅花总会开放。

岁月多艰何必讲,
铁胆依然雄壮。
新年开岁振昂扬,
努力矢志远航。

夜雨洒降似无穷

2017-1-6

夜雨洒降似无穷,
时刻旷然正隆冬。
灯下清坐思潮涌,
窗外闪烁是霓虹。
岁月奋飞如电动,
人生原本是一梦。
名利黄粱究何功,
何不趋向水云中。

夜雨洒降似无穷,
年轮飞飙桑沧共。
历史只余渔樵颂,
血泪化为烟云空。
应持慧眼观云动,
宇宙玄妙岂有穷。
神恩铭记心灵中,
感沛应能泪双涌。

夜雨洒降似无穷,
情怀情思与谁共。
孤旅不言伤与痛,
人情冷暖已心懂。
奋发扬长持勇猛,

敢攀高山万仞峰。
风雨兼程一笑中,
男儿原本是情种。

夜雨洒降似无穷,
新年瞻望有情钟。
待开霹雳惊天动,
山河原当改新容。
寒来任从冰雪封,
梅花会当傲寒耸。
清贫无妨正气浓,
书生意气若彩虹。

夜雨洒降似无穷,
窗外滴沥响叮咚。
我意旷起万千重,
叩道矢入艰深中。
半百生涯非悲痛,
激越悠扬余感动。
会当凌空双翼动,
奋飞径入彼宇穹。

夜雨洒降似无穷,
心兴高涨入云峰。
愿化鸾鹤向天冲,
天涯尽头容飞动。
前路任从炎寒共,
放舟搏浪绕礁丛。
一若轻云随风动,
幻变奇妙与霞同。

11.晴爽集

心系苍云间

2017-1-8

心系苍云间,中心浩感向谁唱。
孤旅不言怅,奋发清刚展扬长。

男儿合强刚,傲立冬寒学梅桩。
展翅旷飞翔,天高青碧任我逛。

岁月舒奔放,老我斑苍究何妨。
心地颇安祥,修身养德怡襟房。

时光真无恙,流年清度智慧长。
学海广无量,奋舟径渡意贞刚。

心意旷起无涯间

2017-1-8

心意旷起无涯间,
人生履尽艰与苍。
少年烟云成既往,
未来新路待辟创。
尘世真非久憩乡,
人情深处多属脏。
名利抛弃吾轻装,
水云飘渺寄心肠。

心事旷起无涯间,
灯下清坐展思想。
半生如烟化飞殇,
书海心得入诗章。
晨昏勤奋为哪桩,
吐出心迹付谁尝。

孤旅伤心无法讲,
情绪深处泪潸淌。

心事旷起无涯间,
冬夜清寒灯火亮。
咽尽苦难血泪淌,
而今康平转安祥。
神恩激越真无恙,
灵程路上振昂扬。
雅裁新诗过万章,
舒尽天地正气昂。

心事旷起无涯间,
笔墨春秋费思量。
宇宙桑沧是平常,
大千变幻烟云漾。
血肉之躯岂久长,
灵心灵命务增长。
天国才是永恒乡,
永生福乐真堪享。

心事旷起无涯间,
壮怀激烈哦慨慷。
浩志冲天不声响,
时缘到时才显彰。
半生潜修尽力量,
老来才学惊世肠。
岁月绵绵放无疆,
百年秋春只等闲。

心事旷起无涯间,
默运玄机叩道藏。
心得点滴入诗唱,

圆方之间妙果尝。
向往长空恣意翔,
愿与渔樵亲无恙。
红尘攘攘堪弃放,
清心一轮明月上。

心事旷起无涯间,
清兴发扬似无疆。
多言有失须提防,
学思并举才适当。
言行一致必须讲,
德操修养致康庄。
天人大道岂寻常,
须用一生去寻访。

心事旷起无涯间,
穿梭心力为哪桩。
省心自是有用场,
淡泊才可享安康。
与君别去不多讲,
人生道上须慨慷。
思潮起处发狂想,
一点神思淡淡芳。

清新情怀真无恙

2017-1-9

清新情怀真无恙,
桑沧览尽心安康。
已知红尘多肮脏,
出世还冀灵程闯。
克己谦和人格彰,
问学晨昏诗书间。

不知渐老华发苍，
素朴心曲哦扬长。

清新情怀真无恙，
抛弃名利水云间。
清贫度世德操方，
傲志狂放松竹仿。
晨起清心捧书唱，
遥听村鸡啼扬长。
一阵鞭炮又嚣响，
世界总被噪惊伤。

清新情怀真无恙，
履历人生心痛伤。
善恶相斗不相让，
正邪互击亘古间。
我有旷志济世艰，
奋发意志力闯荡。
虽处卑贱心还壮，
提刀傲立梅花旁。

清新情怀真无恙，
山村田园寄心肠。
憩意道德力提倡，
叩道深处识圆方。
随缘处世不争嚷，
低调为人待时康。
英雄心迹对谁讲，
一杯清茗淡淡芳。

清新情怀真无恙，
早起五更吐襟房。
孤旅生涯持坦荡，

正义清裁入诗章。
痛恨虚假暗昧脏，
旷喜清心雅志扬。
灵程道上歌声唱，
魔敌惊惶胆儿丧。

清新情怀真无恙，
人生合当展昂扬。
华发应表智慧长，
额纹原记岁月苍。
老来心情不轻讲，
偶尔诗中峥嵘放。
展眼天色尚未亮，
冬夜凌晨振慨慷。

12.漫浪集

阳光灿放

2017-1-10

阳光灿放，心境依然存漫浪。
季冬无恙，体道清心颇扬长。

鸟鸣脆靓，似将大千来讴唱。
神恩颂扬，奋发灵程旷飞翔。

悠悠扬扬，生活必须细品尝。
一点馨芳，一点苦涩一点浪。

半生已放，笑我鬓发渐渐苍。
心犹雄壮，矢志前路创无疆。

浩志旷放无疆

2017-1-10

浩志旷放无疆,依旧铁胆雄壮。
前路奋发须去闯,
振翼雄飞青冥间。

山高水远何妨,风景堪可饱赏。
流年记忆化为香,
少年情景眼前放。

大千充满漫浪,须凭灵心去享。
共谁携手迈前方,
阔步应许展昂扬。

不必情怀悲伤,人生只是缘放。
抛开旧我穿新装,
自强自励赴康庄。

旷意东风清俊

2017-1-14

旷意东风清俊,天上袅着白云。
三九严寒境,爽然值天晴。

我意旷起高兴,闲把新诗哦吟。
吐出中心情,淡与风同行。

向往向天飞鸣,去向高远之境。
山水有清境,灵秀妙难云。

爽风袭我心襟,更有小鸟娇鸣。
一杯芳绿茗,平添我意兴。

13.揖云集

云天旷显多情

2017-1-15

云天旷显多情,阳光照耀身心。
冷风吹清新,诗人好心情。

小鸟娇娇啼鸣,舒坐闲品芳茗。
情思袅无垠,诗意出心灵。

奋志我要飞行,去寻山水清境。
松颠有白云,山间溪水清。

男儿有勇横行,刚正情操清俊。
焕发身心灵,努力作豪英。

流年有芳

2017-1-16

流年有芳,记忆垂为淡淡香。
岁月绵长,人生百年风雨艰。

苦旅桑沧,心志应许如花放。
淡泊应当,名利只是害人肠。

天日晴朗,小风清翔爽襟房。
和暖太阳,清洒光芒济世苍。

安稳为上,惬品芳茗意悠长。
一篇短章,旷吐心地之奔放。

天气又复转阴

2017-1-17

天气又复转阴,正如人之心情。
努力去追寻,穿越桑沧境。

心境清和宁静，暇思正可放行。
灵程有美景，矢志旷飞行。

向往山水清境，洗涤我之性灵。
红尘务辞屏，水云憩吾心。

不辞此生清贫，正气更当凌云。
傲立青松岭，山风怡吾情。

14.云松集

奋志人生刚猛

2017-1-18

奋志人生刚猛，我要努力行动。
辞去红尘梦，憩意在云松。

奋志人生毅猛，正直为人从容。
灵修识圆通，叩道风雨中。

奋志人生雄猛，兼程无畏矢冲。
展翅入云中，万里快襟胸。

奋志人生威猛，男儿豪情伟雄。
向上我奋勇，灵程登彩虹。

此生清度红尘

2017-1-18

此生清度红尘，览尽世事缤纷。
名利勿足论，水云吾憩身。

此生清度红尘，伤痕累累是真。
仍持我纯真，心灵是坚正。

此生清度红尘，奋斗不息坚贞。
叩道入艰深，灵程我奋身。

此生清度红尘，斑苍而今何论。
圆通是学问，奋争展精神。

华灯已经点上

2017-1-31

华灯已经点上，霓虹七彩闪靓。
心志正清昂，哦诗亦慨慷。

有鸟清轻鸣唱，惬余心志意向。
生活堪品尝，回味无穷间。

人生百年匆忙，华发不觉斑苍。
尚待鼓力量，前路矢志闯。

胸襟明媚无恙，名利不准狂猖。
清贫正气刚，云松体志向。

15.松窗集

斜晖旷显清朗

2017-2-1

斜晖旷显清朗，苍霭天际浮漾。
诗意袭心房，提笔作诗章。

淡荡是我襟房，向上永无止疆。
人生持情长，孤旅振昂扬。

岁月无比娟芳，赐我斑鬓渐苍。
淡笑还清爽，心地无机奸。

新年计划周详，我欲大干一场。
快马加鞭上，男儿展雄刚。

夕照清展辉煌

        2017-2-9

夕照清展辉煌，心中感兴升上。
时间如斯飞殇，孟春冷寒嚣猖。

我心依旧奔放，不屈困苦磨障。
向往向天飞上，去览五湖风光。

大千多么旷朗，红尘攘攘无疆。
应持清心向上，追寻我之理想。

岂惧山高水长，奋志万里无疆。
人生合当慨慷，男儿有种强刚。

逸意清长

        2017-2-20

逸意清长，晨起旷哦我诗章。
天阴何妨，一任春寒肆狂猖。

内叩心肠，吞吐元机雅无量。
我欲飞翔，春情春意盈襟房。

大好寰壤，勃勃生机正鼓荡。
共时发扬，我欲放手搏一场。

男儿豪强，不图名利骋志向。
天地之间，看我身心展扬长。

16.霞光集

休憩心肠

        2017-2-20

休憩心肠，何必整日尽奔忙。
闲雅之间，内叩心地起霞光。

红尘攘攘，百年生死徒艰苍。
回首长望，天涯烟霭正迷茫。

合当扬长，春来心情时鼓荡。
奋发无疆，待机而展我昂扬。

向阳襟房，克己修身原无疆。
正直奔放，男儿当骋我阳刚。

斜晖朗照

        2017-2-20

斜晖朗照，清坐思绪正袅袅。
向阳情操，千山万水竟渡了。

心境写照，淡泊清新无机窍。
惬听鸟叫，声声娇啭也安好。

人生不老，为有心态比云高。
向前奋跑，桑沧幻境任艰饶。

孟春美好，万物生机正培造。
朔风犹号，却喜迎春开风骚。

清裁心志哦华章

        2017-2-24

清裁心志哦华章，
立就何妨万千行。
人格不必讲，诗中见端详。

努力进修无止疆，
德操一生恒修养。
君子幽兰芳，何必人前讲。

向学我志旷昂扬,
诗书一生力研讲。
心得入诗章,体会奉君尝。

此际斜晖正清朗,
春意何其温和漾。
清坐思绪畅,裁心缕缕香。

17.和颐集

心志共春鼓荡

2017-2-24

心志共春鼓荡,淡淡有点忧伤。
孤旅人生骋扬长,
敢问路在何方。

岁月不尽绵长,不觉已是斑苍。
率意人生哦华章,
倾似不尽汪洋。

天黑华灯点亮,默默清理思想。
一种情绪难言讲,
折腾在我心间。

应该展眼前望,风光定然清靓。
努力奋志矢去闯,
饱览山水清芳。

写诗何其快畅

2017-2-26

写诗何其快畅,吐出心地清芳。
应许展昂扬,笔下如水淌。

岁月积淀思想,意志更加坚强。
矢志斗虎狼,铁胆骋雄壮。

春来心情大涨,共彼春风鼓荡。
和气心地间,正直持襟肠。

叩道从未稍忘,向学晨昏尽量。
百年不算长,业绩努力创。

窗外风声啸唱

2017-2-28

窗外风声啸唱,清坐思放无疆。
春来心志清昂,豪情何止万丈。

岁月清展奔放,不必长嗟莽苍。
人生努力向上,克尽千关万障。

前路无比远长,风光岂是寻常。
定志叩道前闯,扬帆远海启航。

心与春意同涨,情也娟娟雅芳。
人生百炼成钢,旷展一生豪强。

18.悟真集

雅度时光

2017-3-1

雅度时光,清风明月惬意向。
春气昂藏,鸟语花芳正堪赏。

平生萧凉,苦旅生涯独自闯。
阖家平康,清喜父母健在堂。

笑傲世苍,一种闲旷悠无上。
淡走桑沧,清心裁出新诗章。

散思扬长，宇宙深广当探量。
叩道无疆，觉性圆明悟清芳。

清意雅裁诗章

2017-3-1

清意雅裁诗章，捧出炽热丹房。
人虽渐老苍，心还少年狂。

春来吾意张扬，旷吸清风舒畅。
天气暖洋洋，万物欣生长。

野禽啼鸣娇靓，欢意盈满宇间。
意兴多奔放，遐思展扬长。

时间切勿费浪，努力耕心为上。
焕发贞志刚，男儿当豪强。

夜幕又降

2017-3-1

夜幕又降，窗外风声呼啸狂。
清坐安祥，清理心志裁诗章。

春意酝酿，大千生意正在长。
孟春之间，清喜时雨能洒降。

品味休闲，人生百年应平旷。
清贫何妨，正义心肠凝强刚。

努力向上，一似新芽节节长。
骋我扬长，叩道用道济世苍。

19.把秀集

旷喜东风清畅

2017-3-5

旷喜东风清畅，春霭弥漫野间。
喜鹊喳喳唱，吾意也悠扬。

辗转浮生沧桑，惊心年轮飞殇。
对镜觉斑苍，心意嗟茫苍。

今日惊蛰来访，春色漾在人间。
心志觉奔放，闲哦小诗章。

品茗自是清芳，人生同此相仿。
应展笑容靓，努力前路闯。

煦阳闪其光芒

2017-3-6

煦阳闪其光芒，爽风吹来清凉。
百鸟和鸣唱，春意舒其畅。

我有意气扬长，春来心境奔放。
诗意中心漾，哦出应万章。

大千生意正旺，田畴野花开放。
仲春正菲芳，欢意盈寰壤。

中心喜乐平康，惜时奋发强刚。
沉潜诗书间，终日讴激昂。

一朵白云清新

2017-3-8

一朵白云清新，飘在蓝天多情。
我心为之奋兴，况值南风吹行。

春意盈满心襟，散步郊外经行。
和暖散开衣襟，心情何其温馨。

岁月无止飞行，又值仲春芳景。
碧野茸茸绽青，老柳新绿适兴。

我心向往凌云，脱出尘嚣纷纭。
男儿当展豪情，万里奋志追寻。

20.清淑集

天阴无妨扬长

2017-3-22

天阴无妨扬长，晨起意态张狂。
远处歌声响嘹亮，我意振慨慷。

东风吹来寒凉，惜春过半已殇。
一笑还疏朗，人生当奔放。

前路奋发顽强，岂惧风雨艰苍。
男儿有力量，鼓勇骋强刚。

二月春光妙放，田园处处青芳。
我有逸意向，小哦新诗章。

春寒虽然料峭

2017-3-22

春寒虽然料峭，桃花今喜开苞。
粉红绽倩巧，余意开怀笑。

天阴冷风啸啸，我意清俏风标。
散坐品茗道，意态雅且骚。

春分已经过了，五分春色逝销。
岁月若飞飙，对此嗟意饶。

野禽朗声高叫，柳树氄氄摇飘。
大千美且妙，处处入画稿。

蓝天白云行飘渺

2017-3-23

蓝天白云行飘渺，
田畴野禽欢鼓叫。
春色真堪表，大千生意饶。

爽风微凉适怀抱，
开我诗兴真无二。
展眼柳烟摇，嫩碧鹅黄罩。

心地沉吟哦诗稿，
人生千关竞克了。
斑苍不觉老，心态犹清高。

努力前路旷奋跑，
踏遍关山艰险道。
风光处处好，境界层层骚。

21.真率集

激情岁月堪写照

2017-3-25

激情岁月堪写照，
流年风烟入诗稿。
心怀倩雅俏，真率当可表。

黄昏夕阳正高照，
清坐思绪散然飘。
红尘任扰扰，心灵静为要。

旷怀清正不稍骄，
诗书人生堪笑傲。
哦诗舒雅骚，心情共风飘。

春来心怀展奇妙，
奋发志向叩大道。
生尘胡不好，百年任迢迢。

长风浩荡吹来旷
2017-3-26

长风浩荡吹来旷，心境淡荡，
情志芬芳，唯有落红堪嗟伤。

清度岁月颇悠闲，朗哦诗章，
小品茗香，激情流泻若汪洋。

正直心肠未可减，力斗恶奸，
果敢顽强，正邪搏击恒艰苍。

百年幻化若烟荡，老我斑苍，
逸意扬长，鼓舞心志矢向上。

心志应许清旷
2017-3-29

心志应许清旷，暇时不妨扬长。
且请听鸟唱，且请品茗芳。

清度岁月悠扬，勿将时光费浪。
诗书潜心访，学养恒增长。

此生大半已殇，嗟我年已斑苍。
理应焕志向，努力奋贞刚。

裁心朗哦诗章，胸襟宇宙包藏。
春来气昂藏，展眼霭烟漾。

22.清淳集

清展我的笑容
2017-3-29

清展我的笑容，清展我的灵动。
散步归来乘风，心境无比放松。
岁月丰富谁懂，历尽坎坷险重。
虽然负有伤痛，依然激情盈胸。

前路奋勇矢冲，不惧山水险凶。
努力清展豪雄，男儿实干劲涌。
春来心情轻松，哦诗裁出情浓。
旷展望眼云空，天涯霭烟朦胧。

小哦我的诗行
2017-3-30

小哦我的诗行，舒展我的奔放。
天阴无妨扬长，闲愁尽管抛光。
人生志取清昂，积学晨昏不让。
笑容应许展放，征途一任险艰。

清持心襟坦荡，无执共缘旅航。
百年风雨艰苍，不必叹息悲怅。
努力双展翅膀，纵身飞上天壤。
前路广长无量，风光瑰丽异常。

风声狂啸

2017-4-4

风声狂啸,静坐室内思雅骚。
笼鸟鸣叫,清明时节情堪表。

人生晴好,天气阴沉霭烟缈。
舒展怀抱,容我从容哦诗稿。

仲春过了,时光如电飞渺渺。
人渐苍老,无妨情怀风雅俏。

红尘扰扰,抛却名利心态高。
努力叩道,更向书山寻秘宝。

23.熙怡集

不觉又是暮春间

2017-4-14

不觉又是暮春间,百花绽芬芳。
阳和寰宇喜气漾,朝晖洒光芒。

田间小鸟竞歌唱,小风吹来爽。
读书品茗也悠扬,心志如花放。

半百生涯已经闯,何必计疤创。
依然怀有我雄刚,努力奋发上。

关山青苍叠万幢,奇险秀无恙。
振翼会当摩云翔,万里无止疆。

爽风吹来奔放

2017-4-16

爽风吹来奔放,品茗意兴舒畅。
体味这休闲,时光任流淌。

春来万物生长,花红柳碧无恙。
鸟飞掠青苍,淡霭正浮漾。

人生得意莫狂,谦和守我心肠。
向学志昂藏,书山矢攀闯。

红尘闹闹嚷嚷,远处鞭炮又响。
应持清心向,内叩有真光。

笑我斑苍之间

2017-4-16

笑我斑苍之间,依然心怀雅靓。
不可逞痴狂,理想导我航。

春光此际大畅,万物生机舒扬。
我心欣欣放,壮怀正激昂。

努力果敢向上,不屈不挠生长。
学取松顽强,学取竹茂苍。

人生百年瞬间,务须实干强刚。
废话不可讲,汗水任清淌。

24.和雅集

蓝天旷展碧青

2017-4-18

蓝天旷展碧青,小鸟自由飞鸣。
风儿多清俊,花开灿无垠。

爱此人间美景,季春余意多情。
岁月是飞行,时光不止停。

努力奋发雄英,人生万里奋进。
困障务克清,前方有光明。

境界层层辟进，已履千山万岭。
回首不须惊，只是已斑鬓。

蓝天清走白云
      2017-4-18
蓝天清走白云，爽风吹来尽兴。
余意亦清新，闲雅舒心灵。

哦出我的胸襟，哦出气象才情。
岁月奋进行，吾意旷凌云。

小鸟娇娇啼鸣，花开朵朵清俊。
落红不必惊，人生同此情。

灿烂云天清映，阳光和煦温馨。
散坐心宽平，共彼流年行。

心志未可焦躁
      2017-4-19
心志未可焦躁，淡定清守心窍。
人生奋扬飙，共缘去奔跑。

岁月自是迢迢，人却渐渐苍老。
一切不紧要，健康第一条。

名利应可弃抛，持正清度遥逍。
物欲蒙心窍，精神最为高。

前路山水丰标，风景堪可细瞧。
风雨兼程跑，属意在田樵。

25.凯风集

木香竞相开放
      2017-4-22
木香竞相开放，引余驻足观赏。
春色美无恙，东风舒扬长。

窗外歌声悠扬，市井祥和熙攘。
有鸟娇娇唱，余意颇欣畅。

闲将新诗哦唱，吐出心地情长。
人生合昂扬，春来意万丈。

半世已经逝殇，春残又将夏访。
努力展志向，迎接狂风浪。

云天秀美且多情
      2017-5-2
云天秀美且多情，
东风畅意吹行。
散坐宽怀且品茗，
有鸟啼叫殷勤。

岁月不住旷飞行，
春去渐无踪影。
揽镜不敢对斑鬓，
华发逐渐胜赢。

依然中心怀激情，
努力奋发雄英。
男儿嗟叹可不行，
仍须鼓足干劲。

红尘不能长久停,
百年淡若鸿影。
唯有德行堪仰景,
后人记念频频。

心志未许成空

2017-5-3

心志未许成空,人生百倍从容。
一任云烟奋涌,惬听小鸟鸣颂。

品茗养我心胸,读书惬意无穷。
人生百年匆匆,应许清展笑容。

窗外风儿歌颂,室内安坐思涌。
思想旷放无穷,雅思哦入诗中。

散度秋春如梦,镜中华发斑浓。
努力穿越雨风,前路会有彩虹。

26.清晓集

心事抛开沉重

2017-5-4

心事抛开沉重,人生应许轻松。
窗外清风来送,散坐思绪无穷。

春将逝去无踪,感慨从心而涌。
人生百年匆匆,应许心若彩虹。

持正不妄行动,看准才可发功。
名利俱属虚空,灵程任起雨风。

世界幻变之中,一切俱是缘动。
我心雅洁清空,奋志遐方云中。

岁月流芳

2017-5-6

岁月流芳,请听小鸟之歌唱。
好风送爽,心地情怀也雅靓。

初夏之间,我心我意无愁怅。
享受休闲,一杯清茗足品尝。

正义心间,欲向长天奋飞上。
万里无疆,叩道览尽好风光。

发奋图强,抛却名利心性刚。
济世良长,前方道路矢攀闯。

云天旷朗

2017-5-7

云天旷朗,天际青霭淡浮漾。
好风送爽,心情意念都舒畅。

悠扬无上,小鸟尽情长鸣放。
散坐安祥,品茗读书何逍闲。

人生昂扬,心怀正念何强刚。
未许狷狂,谦和为人铭心间。

努力向上,刻苦勤奋理应当。
淡泊之间,清度日月任鬓霜。

27.青林集

雀鸟鸣于林间

2017-5-10

雀鸟鸣于林间,晨起心境颇爽。
慨然哦诗行,旷吐情怀芳。

人生昂然向上，不屈不挠成长。
回首任烟怅，努力致前方。

心襟豁然开朗，得道始终不狂。
浅笑心地间，神恩荷无恙。

孟夏花木娟芳，小桃旺盛成长。
一切都安祥，月季最娇靓。

云气浮漾

2017-5-10

云气浮漾，鸟掠彼青苍。
嗟彼世间，红尘徒攘攘。

心志广长，岂在名利间。
诗书之间，寻觅彼道藏。

真理之光，导引我前航。
万里无疆，风光展无限。

百年苍茫，心志求安祥。
人生匆忙，灵程尽力上。

克尽艰苍，努力启慧光。
智慧宝藏，岂在尘世间。

向前向上，努力旷飞翔。
笑容展放，悟道也清长。

絮舞长空

2017-5-10

絮舞长空，南天吹来暖风。
年近成翁，心情却很轻松。
不妄行动，君子合当凝重。
不做情种，无机淡荡襟胸。

素朴清空，叩道一生奋勇。
清贫之中，诗书晨昏哦讽。
合时而动，当展我之刚雄。
鼓起大风，吹击天涯无穷。

28.怡旷集

雅思旷展良长

2017-5-10

雅思旷展良长，悠听小鸟鸣唱。
黄昏真无恙，心志骋清昂。

淡泊享受安康，正义清持襟肠。
笑容当展放，神恩广且长。

人生奋发向上，不为物欲缠障。
轻身才奔放，远路行得长。

万里风光何靓，关山险峻异常。
愿长双翅膀，一摩天青苍。

散步旷迎清风

2017-5-12

散步旷迎清风，缓步行得凝重。
林鸟啼若疯，旷情惬无穷。

五更天色朦胧，心兴裛起岂穷。
淡泊持襟胸，闲雅复清空。

哦诗一曲灵动，短章富有内容。
男儿合刚雄，奋发万里冲。

只是斑苍已浓，心情有时沉重。
努力持轻松，前路有彩虹。

爽风清来畅意境

2017-5-14

爽风清来畅意境,
喜鹊鸣于青林。
散步徐行以尽兴,
心灵清持平静。

岁月娟娟以奋行,
孟夏清美无垠。
落英缤纷是美景,
小桃茁壮正青。

诗书持身雅洁清,
淡然守我清贫。
努力实干显豪英,
男儿合当刚劲。

蓝天青碧无云行,
朝日清洒光明。
天地和蔼且清明,
安享生活康平。

29.丰美集

青霞涨于东方

2017-5-17

青霞涨于东方,群鸟歌于林间。
写意东风畅,花妍开芬芳。

我意适然奔放,哦诗一舒情肠。
任起鬓发苍,书气意气昂。

生活一日开场,岂避艰辛奔忙。
努力读文章,耕心勤为上。

岁月绵绵长长,人生百年瞬间。
不必回首向,努力瞻前方。

憩意红尘之中

2017-5-18

憩意红尘之中,务使心灵灵动。
旷意一如风,辽远至无穷。

人生情有独钟,叩道矢展刚猛。
心体不妄动,宁静安如钟。

共缘履度从容,悲苦务当抛送。
法喜持心中,悟道原空空。

岁月飞逝如风,笑我斑苍重浓。
抬眼看云动,蓝天青无穷。

紫燕畅意飞翔

2017-5-18

紫燕畅意飞翔,晴空青碧无恙。
夕照展金黄,余意正悠扬。

人生阴晴之间,运程起伏涤荡。
笑意展扬长,放心共缘翔。

此心不再迷茫,守定心中方向。
积德第一桩,养气晨昏间。

岁月清展奔放,人生转眼斑苍。
叩道旷飞扬,境界开无限。

30.纯真集

心事平静
2017-5-22

心事平静,雅听喜鹊清鸣。
白云飘行,袅起余之意兴。

岁月运行,桑沧幻变不停。
吾志豪英,努力奋向前行。

穿山越岭,一任形势险峻。
学取雄鹰,搏击风雨雷鸣。

和蔼中心,悟道心得分明。
进深无垠,圆明慧光清映。

吾意逍遥
2017-5-23

吾意逍遥,五十二年清度了。
风雨经饱,心疤千层心仍傲。

旷展风骚,大千性态入诗稿。
南山风标,心芳原也淡淡飘。

谦和心窍,向学问道步迢迢。
山水清好,风光壮丽且奇巧。

努力前道,不惧艰苍吾飞高。
矢入云霄,坚决脱出彼尘嚣。

流风旷送畅
2017-5-23

流风旷送畅,细雨洒安祥。
清心正意向,散步享平康。

人生奋扬长,前路任艰苍。
不惧魔与障,吾志磐石壮。

半百逝而殇,赢得智慧长。
叩道力闯荡,风云涤万方。

哲思从心淌,灵慧悟无上。
努力读文章,耕心晨昏间。

31.春风集

品茗意兴雅骚
2017-5-23

品茗意兴雅骚,细雨迷烟清好。
小鸟清鸣叫,花落知多少。

红尘恒是扰扰,我当清持笑傲。
清贫胡不好,正气节节高。

水云中心缥缈,叩道不惧险要。
风雨早经饱,朗然心情好。

清坐思放迢迢,收心静意方好。
种德最为要,养气乃为小。

清风来航
2017-5-26

清风来航,旷听喜鹊之鸣唱。
青碧天壤,和风清来爽无恙。

我意舒畅,品茗心态展悠扬。
人生奔放,共彼流年履安康。

曾履艰苍,曾经苦泪长流淌。
而今安祥,而今身心适无上。

颂赞献上，神恩恢弘赐无量。
叩道无疆，激发心性之慧光。

长风送爽

2017-6-3

长风送爽，心境逗舒旷。
小哦诗章，啼鸟正鸣唱。

品茗意放，人生持昂扬。
岁月奔放，流年若狂猖。

笑傲尘间，诗书怡心房。
叩道扬长，心得微妙间。

谦和心向，共世履桑沧。
一笑之间，无机持襟肠。

32.荣昌集

昨晚蛙鼓均匀

2017-6-5

昨夜蛙鼓均匀，晨起天气正阴。
野鸟清啼鸣，小风走清新。

芒种今日正临，时光飞递快迅。
嗟我已斑鬓，壮志犹堪凭。

努力奋发进行，万里矢穿山岭。
不畏艰苦辛，风雨是常寻。

男儿旷展雄英，看我摩取苍云。
心志何必云，免使众人惊。

晨起鸟语喧唱

2017-6-9

晨起鸟语喧唱，逸意更加扬长。
天气闷热间，小风来不畅。

我自蔼然欢畅，书出心中气象。
绝无张与狂，谦和守心向。

人生百倍情长，况对鸟语花香。
红尘是暂享，清志水云间。

笑意应许展放，共缘履度桑沧。
百年一瞬间，留世有华章。

晨起天气朗晴

2017-6-14

晨起天气朗晴，更有群鸟和鸣。
余意怀高兴，况对风清新。

哦诗原也雅清，舒出中心才情。
人生奋前进，风光览无垠。

岁月于我多情，只是吾已斑鬓。
一笑仍温馨，浩志不必云。

长天幻化白云，朵朵飘行空灵。
诗意中心盈，我欲腾翅行。

33.和平集

涤荡生涯堪讴唱

2017-6-16

涤荡生涯堪讴唱，
心兴此际清昂。

夕风吹来正清凉，
天际霭烟迷漾。

红尘一任幻无疆，
我心恒持定当。
笑容清新而展放，
人生会当扬长。

有情就须放歌唱，
激荡天地久长。
百年生死真茫茫，
天路奋发顽强。

岁月绵绵叠桑沧，
世间是一戏场。
坚持正义之立场，
努力矢向前闯。

一对蝴蝶飞翔

2017-6-18

一对蝴蝶飞翔，引我心神向往。
喜鹊正鸣唱，晨风吹凉爽。

时值仲夏之间，蓝天无比晴朗。
散步惬意向，一任汗微淌。

岁月坎坷回放，人生梦境相仿。
努力去闯荡，铁骨傲且刚。

笑傲尘世无恙，英武持在心间。
叩道不辞艰，苦难有报偿。

窗外歌声嘹亮

2017-6-22

窗外歌声嘹亮，晚风吹来畅爽。
散坐颇安祥，雅然哦诗章。

红尘任起嚣猖，吾心淡守定当。
名利非我向，清志诗书间。

叩道是吾志向，一生奋力闯荡。
风雨任艰苍，一笑还疏朗。

不计年已斑苍，浩志是在云间。
努力旷飞翔，万里未为障。

34.旷远集

晨风清凉

2017-6-25

晨风清凉，天阴无妨我意畅。
野鸟鸣唱，妍丽牵牛红无恙。

岁月悠扬，人生怀志振昂藏。
品读诗章，更发闲情哦扬长。

应将忧忘，人生只是一梦乡。
合时弹唱，捧出情向捧出肠。

赤热心房，理想时刻中心装。
渴望飞翔，去觅山水致远方。

斜晖朗送

2017-6-25

斜晖朗送，心态应许持轻松。
暑意不浓，况有清风长吹送。

鸟啭从容,生活安平堪讴颂。
人生情浓,旷怀雅洁哦清空。

岁月如风,过去年轮凝深重。
回忆苦痛,桑沧幻化俱属梦。

红尘狂疯,名利纵横肆其凶。
心怀空空,矢抛执着悟圆通。

时雨倾降

2017-7-2

时雨倾降,窗外一片哗啦响。
雷儿响亮,振奋人心堪嘉奖。

花儿摧伤,落红使人心嗟怅。
风儿清爽,快意吾心也扬长。

岁月涤荡,老将来迎不悲伤。
奋发昂扬,依然激情怀满腔。

阖家安康,清度日月乐无恙。
努力向上,诗书持身莫颓唐。

35.喜晴集

笑意浮上脸庞

2017-7-21

笑意浮上脸庞,人生得意莫狂。
正义吾强刚,履道践安祥。
窗外炎暑蝉唱,室内空调凉爽。
诗意复来上,雅哦吾扬长。

流年似水何伤,我有理想昂扬。
不屈艰与苍,奋志在遐方。

烟雨只是寻常,桑沧冷眼相向。
百年如履浪,稳舵驰舟航。

天气如烧似炕

2017-7-30

天气如烧似炕,林蝉嘶声歌唱。
无心读文章,散坐享悠闲。

岁月莽莽苍苍,生活变幻交响。
劳碌一生艰,泪水有清淌。

努力奋向前方,人生务展强刚。
汗水不白淌,劳动有荣光。

业绩矢当造创,文明恒进无疆。
智慧务寻访,叩道吾顽强。

四更无眠读书闲

2017-8-2

四更无眠读书闲,
似闻远野虫吟唱。
岁月奋飞急如殇,
老渐来迎吾悠扬。

功名本虚何须向,
水云飘逸润心肠。
淡定浮生志清昂,
努力晨昏哦诗章。

努力晨昏哦诗章,
吐出心地之馨芳。
心怀宇宙广无量,
志凝半生已成钢。

清贫未妨正气扬,
傲立学取梅花桩。
幸有电扇播风凉,
快我心襟真扬长。

快我心襟真扬长,
心事心曲对谁唱。
半世孤旅不言怅,
苦雨苦风是寻常。

散淡未许名利妨,
享受风清并月朗。
百年生死岂虚诳,
努力叩道吾飞扬。

36.和昶集

心曲向谁倾倒

2017-8-5

心曲向谁倾倒,浮生履尽险要。
回首待细瞧,烟云锁微妙。

人生长途奔跑,不惧万里迢迢。
斑苍自来找,哑然余一笑。

红尘徒是扰扰,名利害人狂嚣。
应持清心窍,趋向水云飘。

窗外鸣蝉正叫,散坐余意高蹈。
小哦新诗稿,裁出心襟妙。

闲听秋蝉唱

2017-8-9

闲听秋蝉唱,优雅哦诗行。
岁月荏苒翔,暑意渐销减。
爽风来扬长,我意起舒畅。
悠悠情何旷,心思奏奔放。

心思奏奔放,时光若水淌。
人老渐斑苍,心志仍雄壮。
啼鸟声悠扬,惬我意无限。
辗转尘世间,不必泪双行。

不必泪双行,奋志当慨慷。
男儿荷强壮,展眼云激荡。
努力致遐方,关山任万幢。
红尘任攘攘,性天原清凉。

性天原清凉,水云有徜徉。
诗书立身间,名利辞而抗。
清贫有何妨,我有正气昂。
晨昏哦诗章,一行又一行。

一行又一行,奏出心情况。
人生百年间,希冀在天堂。
叩道任险艰,迎难吾径上。
展翅旷飞翔,摩云过松岗。

喜鹊奏其空清

2017-8-15

喜鹊奏其空清,秋晨爽洁无垠。
早起吾尽兴,诗章脱口吟。

人生奋志殷殷,只是老了苍鬓。
不必嗟叹惊,应当鼓心情。

岁月演绎无尽，生活点滴进行。
百年存美景，用心去追寻。

抛开悲喜之情，云天无限广清。
踏遍关山景，丰富吾心灵。

37.乐康集

野蝉高声唱

2017-8-16

野蝉高声唱，天气燥热间。
清心吾安祥，朗哦是诗章。

斜晖清洒降，秋风吹扬长。
有鸟清鸣唱，有花开芬芳。

散淡持中肠，热血犹未减。
一任鬓斑苍，奋志在遐方。

山水苍且壮，鼓勇我径闯。
艰险无所妨，笑意展清靓。

清夜切鸣蛩

2017-8-17

清夜切鸣蛩，爽洁秋风，
吾意清空，不眠裁心旷哦讽。

年已近成翁，适我心胸，
名利抛空，一腔正气仍刚洪。

雨雨又风风，吾持从容，
淡泊襟胸，叩道深入彼圆通。

享受此金风，不惧成翁，
努力矢冲，前路终会有彩虹。

心志应守清芳

2017-8-17

心志应守清芳，人生合当扬长。
率意叩道藏，用心读文章。

人生届半已殇，玄发渐渐斑苍。
一笑仍扬长，展眼天地苍。

书生秉持温让，谦和一生是尚。
向学骋志刚，著书等身间。

红尘攘攘无疆，太多利锁名缰。
应许听鸟唱，雅洁持襟肠。

38.晴和集

莽情怀何所言唱

2017-8-21

莽情怀何所言唱，
何必多谈世苍凉。
时值孟秋间，天气显澹荡。

小风清新来翔，
校诗何其快畅。
一种闲雅况，一种兴扬长。

人生得志莫狂，
请君听取蝉唱。
无机之襟肠，君子人格仿。

我要努力向上，
克尽一切艰苍。
人生矢昂扬，男儿骋雄壮。

烂漫秋光
2017-8-23

烂漫秋光，初旭正升上。
雀鸟鸣唱，写意清风扬。

我自欢畅，雅然哦诗行。
奏出心向，奏出岁平康。

勿将忧忘，人生奋志强。
前路艰长，鼓勇努力上。

关山万幢，险恶之情状。
我有力量，矢志攀与闯。

享受风清日朗
2017-8-23

享受风清日朗，清听小鸟鸣唱。
快慰心地间，牵牛开娇靓。

孟秋和平气象，蔼然哦我诗章。
一曲闲雅放，舒出我安祥。

人生得意莫狂，谦和理所应当。
奋发我志向，诗书郁昂藏。

前路努力敢上，风雨艰苍寻常。
一笑儒雅芳，男儿显豪强。

39.云山集

白云朵朵清新
2017-8-23

白云朵朵清新，幻化万千情形。
飘逸且多情，一使余开心。

人生向往飞行，去向水云之境。
红尘名利盈，杀人无止停。

秋意烂漫无垠，小鸟娇娇长鸣。
爽风来何清，惬我意与情。

远处鞭炮又鸣，噪噪是此尘境。
心志旷凌云，愿搏长天青。

蓝天白云多清好
2017-8-26

蓝天白云多清好，秋阳正燥燥。
清喜野蝉仍鸣叫，无机之心窍。

散坐闲听鸟啭娇，诗意从心绕。
金风旷来亦逍遥，雅裁南山稿。

岁月飞逝幻不了，惜我斑苍老。
只是心怀仍笑傲，一腔正气高。

清度红尘名利抛，铁骨堪可表。
诗书持身养风骚，情若兰花草。

旷意秋风长吹送
2017-8-27

旷意秋风长吹送，鸟语从容，
云澹天空，散坐清持吾襟胸。

岁月奋飞是无穷，老我苍浓，
成熟心胸，男儿依然鼓刚猛。

不惧年近成老翁，淡展笑容，
品茗哦讽，闲雅心地是清空。

百年人生不是梦，希冀成功，
业绩恢弘，奋发身心若彩虹。

40.耕春集

散淡清持襟肠
        2017-8-27

散淡清持襟肠,何许泪水流淌。
斜照正金黄,秋意显澹荡。

周日心情闲旷,清喜爽风流畅。
享受这平康,哦诗何快畅。

人生惜已斑苍,理想仍持心间。
奋发我雄壮,前路矢攀闯。

无机是我襟肠,素朴是我志向。
济世奋力量,叩道入深艰。

欢声笑语之间
        2017-8-27

欢声笑语之间,一任时光飞殇。
清风正吹畅,吾意喜洋洋。

孟秋天渐凉爽,况值傍晚之间。
夕照闪金黄,鸟语奏悠扬。

和气盈满寰壤,生活安宁无恙。
雅听蝉鸣猖,天籁正堪赏。

市井叫卖声唱,车行也很嚣狷。
长叹一声响,嗟嗟此尘网。

矢将真理寻访
        2017-8-27

矢将真理寻访,清心不容污脏。
人生百年间,岂许名利障。

秋夜清风正畅,灯下展我思想。
情绪饱满间,诗意复清昂。

那就敞开心膛,舒出心中意向。
一种是爽朗,一种淡雅芳。

百年真不久长,我已渐显斑苍。
努力奋志向,万里长驱闯。

41.本真集

四更静悄
        2017-8-28

四更静悄,流风清绕,
蟋蟀鸣叫,余意雅骚,
醒来旷哦是诗稿。

路上灯照,偶有车嚣,
思达广遥,情操堪表,
一种情绪正微妙。

天尚待晓,黎明未到,
五更未造,黑暗当道,
众生沉溺梦中缈。

吾却醒早,哦诗良好,
鸡未啼晓,鸟未鸣叫,
唯有草虫振风骚。

朝旭出东方
        2017-8-28

朝旭出东方,青霭迷漾,
诗意广长,提笔小哦我诗行。

鸟啭娇娇嗓，花开芬芳，
岁月奔放，初秋记起鬓斑苍。

率意悠无恙，风正清爽，
景显雅靓，心情旷起天涯间。

志取彼强刚，不屈艰苍，
奋发昂扬，男儿骋志万里疆。

林羽初显斑黄
2017-8-28

林羽初显斑黄，况值商飙狂放。
木叶逝而降，诗意弥宇间。

散坐享受风凉，安祥持在襟肠。
时光任飞殁，七夕任从访。

孤旅骋尽昂扬，男儿舒发强刚。
傲立若山壮，风雨任嚣猖。

书生意气张扬，诗书持身昂藏。
一笑还舒朗，儒雅君子芳。

42.畅心集

人生未许稍轻狂
2017-9-2

人生未许稍轻狂，沉稳为上，
烟霞放浪，山水田园憩心肠。

红尘从来是攘攘，名争利抢，
刀枪棍棒，混乱不堪演武场。

岁月又值秋清况，天黑灯亮，
散坐思放，脱口而颂一短章。

窗外叫卖声嚷嚷，市井之间，
车熙人攘，雅裁心志水云间。

温柔心性不张狂
2017-9-3

温柔心性不张狂，谦和一身芳。
向学志向也昂扬，哦诗晨昏间。

岁月流变真无恙，不过是桑沧。
觑破世界之真相，幻化似水淌。

红尘自古逞攘攘，名利肆狂猖。
应持慧眼斩魔障，遁身水云间。

窗外鸟语娇娇唱，秋意舒清旷。
爽风清来适意向，展眼云烟漾。

诗书怡襟抱
2017-9-5

诗书怡襟抱，诵读心兴高。
镇日不惮劳，晨昏朗哦好。
岁月逝飞飘，不觉斑苍老。
艰苍何足道，叩道吾遥遨。

叩道吾遥遨，桑沧已经饱。
少年倩影销，老来沉稳饶。
扬长人生道，名利早辞掉。
清贫就颇好，水云中心飘。

水云中心飘，人生不嗟老。
奋志万里道，鼓勇矢前跑。
治学心得饶，著书也玄妙。
知音何处找，孤旅风雨嚣。

孤旅风雨嚣，我不怅怀抱。
灵程正娟好，天国是终标。
神恩富且饶，导引我正道。
胜过魔敌妖，凯歌彻云霄。

凯歌彻云霄，百年吾逍遥。
圣洁至为要，灵粮至美好。
终有坎坷饶，吾不惧险要。
试探任千条，奋志终达标。

奋志终达标，天国何美妙。
永生真正好，福寿且康饶。
颂神讴微妙，灵体永不老。
即此吐心窍，哦诗舒怀抱。

43.荷风集

秋意清娟且安好

2017-9-6

秋意清娟且安好，逍遥我怀抱。
绵绵秋雨已停了，落花倩谁扫？

散坐品茗心兴俏，有鸟正鸣叫。
小风清来也风骚，我意适且妙。

纵情朗哦南山稿，水云中心飘。
远处鞭炮又嚣嚣，红尘徒喧闹。

名利害人驰其巧，务辞务抛掉。
山庄田园寄情窍，秀丽且美好。

闲情舒旷

2017-9-10

闲情舒旷，不必镇日诗书间。
品味休闲，清听秋雨之吟唱。

大千狂放，年轮递进真若狂。
嗟我斑苍，五十二年飞逝殇。

努力昂扬，矢创业绩展辉煌。
不屈强刚，君子人格体豪壮。

叩道无恙，心得缕缕散清芳。
雅哦诗章，舒出情怀之悠扬。

五更晨起听蛩唱

2017-9-14

五更晨起听蛩唱，唧唧清响，
沁人心肠，袅起诗兴真无限。

五更晨起听鸡唱，声声悠扬，
振人情肠，我心我意起舒昂。

岁月又值仲秋间，流年堪伤，
务惜时光，百度秋春转眼殇。

华年逝去入烟障，我已斑苍，
奋志而闯，不畏水恶山万状。

男儿有勇骋雄刚，振志之间，
烟雨沧浪，仰天长啸气何壮。

诗书沉潜心性芳，小哦诗章，
一舒扬长，天人大道矢叩访。

44.朝阳集

云天幻化美无恙
      2017-9-16

云天幻化美无恙,
我心我意起讴扬。
秋意和平盈寰壤,
大地人民乐安祥。
已知商风渐扫荡,
正有落叶飘逝殇。
蹉跎岁月感慨放,
雅哦新诗舒中肠。

云天幻化美无恙,
生活如诗堪称赏。
苦旅艰苍困难放,
磨砺铁骨傲然刚。
谦和儒雅诗书间,
沉潜半世郁昂藏。
一声大风纵情唱,
气韵弥满宇穹苍。

又值斜晖清朗
      2017-9-17

又值斜晖清朗,燥热郁在尘间。
散坐思无恙,品茗心兴畅。

生活演进无疆,人却不断老苍。
仍持少年狂,恒欲去闯荡。

仲秋美景无恙,鸟语花芳正当。
天际霭烟漾,远处嘹讴唱。

市井闹闹嚷嚷,心中水云渴想。
切慕山樵旷,无机享安祥。

清贫并无大妨,我有正义强刚。
诗书郁心芳,裁心哦扬长。

叩道是余志向,问学晨昏不让。
百年虽瞬间,著书垂久长。

城市喧嚣
      2017-9-18

城市喧嚣,胸中须有水云飘。
人生情调,适意安处共缘跑。

百度逍遥,清贫富贵不重要。
正义心窍,悟道良深入玄妙。

展我风骚,晨昏纵情哦诗稿。
心志兰草,质朴清新芳淡飘。

人生不老,青春心态最重要。
不惧鬓萧,沐浴阳光何洒潇。

45.方正集

率意志凝长虹
      2017-9-19

率意志凝长虹,七彩是我心胸。
绝不轻苟从,独立旷迎风。

此生情怀伤痛,苦风苦雨饱浓。
而今斑苍重,淡定持襟胸。

前路不惧坎重,山水清奇无穷。
览尽风光雄,惬意心怀中。

跌倒爬起从容，奋发展我刚雄。
业绩创恢弘，著书垂久永。

晨鸡喔喔啼唱

2017-9-21

晨鸡喔喔啼唱，早起心兴悠扬。
时值五更间，空气鲜无恙。

人生坦坦荡荡，无机是我襟房。
岁月似绵长，回首堪惊伤。

力求德操增长，叩道吾志昂扬。
诗书晨昏间，朗哦吾奔放。

容我充满幻想，希望寄于前方。
天亮待时光，迎接晨曦涨。

窗外歌声展悠扬

2017-9-21

窗外歌声展悠扬，温柔且漫浪。
袅起心情万千放，柔意中心涨。

岁月点滴有清芳，记忆垂为香。
流年飞逝若疯狂，发觉鬓初霜。

依然保有我强刚，旷发男儿爽。
激情依然盈襟肠，发诗讴嘹亮。

纵情人生容涤荡，豪放且狂猖。
我欲大风长哦唱，天地惊相向。

46.奋进集

清风此际舒旷

2017-9-24

清风此际舒旷，惬怀真是无恙。
听听鸟啼唱，赏赏花俊芳。

市场不妨闲逛，睹见人熙人攘。
生活奏平康，心志展悠扬。

小哦我的诗章，舒发我的情向。
人生颇扬长，名利都捐忘。

诗书持身昂扬，男儿血气方刚。
努力振志向，万里无止疆。

心情旷展奔放

2017-9-25

心情旷展奔放，激情此际嚣张。
窗外雨正降，点滴作清响。

岁月清度昂扬，何必介意斑苍。
一笑也清朗，努力致遐方。

人生坦坦荡荡，不屈名利孽障。
清贫吾强刚，正义荷心间。

秋仲天气渐凉，爽风吹来快畅。
思想起狂浪，裁心南山章。

激情如潮清涨

2017-9-26

激情如潮清涨，倾似不尽汪洋。
人生持慨慷，矢把爱寻访。

不管山高水长,风景自有别样。
心兴展清芳,哦歌吾嘹亮。

岁月清显淡荡,清贫无妨志刚。
正义凝襟肠,向学取昂扬。

好汉绝不易当,男儿奋发顽强。
努力去闯荡,旷意畅飞翔。

47.阳刚集

奋志人生安祥

2017-9-26

奋志人生安祥,不取丝毫猖狂。
向学晨昏间,激情朗哦唱。

秋风吹来和祥,小鸟恣意鸣放。
生活感心间,诗意正涌上。

裁出心地张扬,人生奋发向上。
苦旅未为艰,努力致遐方。

神恩感在心间,颂赞从心舒放。
努力灵程闯,灵性洁且芳。

旷然人生向上

2017-9-27

旷然人生向上,我的志向清刚。
往事不必想,前路舒奔放。

流年飞逝猖狂,正值秋深斑苍。
一笑还疏朗,我意田园间。

名利害人无限,清贫养得志刚。
努力奋闯荡,不惧彼艰苍。

风风雨雨寻常,柳暗花明瞬间。
世事共缘放,矢志万里疆。

喜鹊喳喳鸣唱

2017-9-29

喜鹊喳喳鸣唱,似有喜事传扬。
岁月清品尝,秋来心淡荡。

朝日清吐光芒,爽风吹来清凉。
心胸都开敞,裁心哦诗行。

人生得意莫狂,谦和引为榜样。
努力矢前闯,关山岂为障。

向学我志强刚,晨昏纵情哦唱。
奋发男儿壮,叩道体昂扬。

48.德生集

天光大亮鸟鸣唱

2017-10-2

天光大亮鸟鸣唱,风雨萧萧凉。
散坐哦诗也清昂,舒发我心香。

人生得意莫狂猖,谦和理应当。
叩道向学志向昂,诗书晨昏间。

历尽忧患仍向上,不折矢前闯。
山水任叠幻万状,奋志不畏艰。

百年秋春持漫浪,诗意中心间。
忽闻窗外鞭炮响,心事转激昂。

斜晖此际朗照

2017-10-2

斜晖此际朗照，蓝天白云飘飘。
心态意兴高，从容哦诗稿。

一舒南山风标，水云中心清好。
岁月多玄妙，只是渐苍老。

努力奋行前道，山高水深遥道。
红尘胡不好，共缘旷奔跑。

秋深木叶逝飘，假日街上热闹。
散坐吾雅潇，阖家都康好。

闲情此际放旷

2017-10-5

闲情此际放旷，悠听小鸟鸣唱。
心地喜洋洋，生活乐平康。

辗转人生疆场，赢得百折心伤。
红尘是攘攘，清心水云间。

笑容从心展放，矢志我要闯荡。
前路正远长，迈越万重艰。

苦旅生涯闯荡，坚持理想心间。
振翩吾高翔，穿云万里疆。

49.正义集

小鸟惬意清鸣

2017-10-6

小鸟惬意清鸣，蓝天青碧无垠。
流风走清新，散坐闲品茗。

舒出我的心襟，舒出我的激情。
舒出我刚劲，舒出我朗清。

岁月流泻均平，何许嗟我斑鬓。
一笑还爽清，红尘是暂停。

奋志灵程旷进，矢将正道追寻。
净化灵无尽，眼目何其清。

浮生坎坷如梦

2017-10-6

浮生坎坷如梦，赢得伤心重浓。
而今步彩虹，阳光眼目中。

商风清新吹送，木叶飘逝随风。
我心有感动，激情入诗中。

晴朗赞此宇穹，假日心情放松。
写诗舒情浓，安逸盈襟胸。

窗外小鸟鸣颂，阳光灿烂无穷。
清坐思从容，品茗意清空。

云天烂漫多情

2017-10-7

云天烂漫多情，一使吾意奋兴。
朝旭正清新，苍霭四野凝。

晨起心怀清俊，哦诗应许不停。
奋志吾凌云，秋深爽心情。

岁月清好康平，只是老我斑鬓。
一笑还爽清，共缘去旅行。

小鸟娇娇啼鸣，木叶飘逝凋零。
诗意盈胸襟，心怀持空灵。

50.素朴集

晨起朱霞东方

2017-10-8

晨起朱霞东方,此际红旭初上。
野禽欢鼓唱,心兴惬无恙。

今日寒露来访,不觉晚秋之间。
木叶逝飞殇,牵牛开娇靓。

岁月悠悠扬扬,人却渐渐老苍。
一笑还清昂,努力致远方。

山高水远任艰,红尘大千狂放。
名利未许障,裁心水云间。

夕阳此际清好

2017-10-8

夕阳此际清好,远处歌声轻飘。
散淡持心窍,闲适是怀抱。

心曲淡然奇妙,矢志向前奔跑。
关山越迢迢,风光已览饱。

红尘吾当笑傲,清贫有何不好。
书生意气饶,晨昏哦诗稿。

红尘任其扰扰,吾只淡守心窍。
奋行阳关道,不向暗昧瞧。

天气此际多云

2017-10-14

天气此际多云,烂漫是我心情。
红尘嚣不停,吾志裁水云。

秋深雅有意境,林叶斑苍飘零。
诗意在中心,哦诗应不停。

向往乘风飞行,去览五湖风景。
快意在身心,雅洁持空灵。

清坐闲品芳茗,惬听小鸟啼鸣。
清风适意境,花好人多情。

51.春燕集

暇思此际放旷

2017-10-16

暇思此际放旷,晨起天气萧凉。
淡看林羽斑黄,天阴无妨扬长。

岁月清展平康,惬意盈在心房。
清贫未能大妨,我有正气轩昂。

红尘滚滚噪嚷,众生明争暗抢。
吾意水云之乡,早将名利弃光。

诗书持身慨慷,纵情放声哦唱。
木叶纷纷飘荡,诗意弥满寰壤。

不可投机取巧

2017-10-19

不可投机取巧,秉持拙正为要。
奋志入云霄,实干汗水抛。

红尘徒自扰扰,名利害人奇巧。
清心最为要,安贫意不躁。

努力叩道迢迢,深入几微玄妙。
心得入诗稿,雅洁颇可瞧。

夜黑华灯正照，商风吹来清好。
散坐闲思抛，从容吐心窍。

斜晖此际在望

      2017-10-22

斜晖此际在望，温暖和煦尘间。
散淡持心膛，品茗情志芳。

风儿清新歌唱，鸟儿不住鸣放。
花儿开俊芳，生活体安祥。

岁月流变奔放，年轮演绎狂猖。
斑苍今正当，率意颇扬长。

悟道何必多讲，智慧尽力寻访。
明慧持襟间，实用体康强。

52.春蕤集

散淡享受清闲

      2017-10-22

散淡享受清闲，斜阳脉脉在望。
心志正晴朗，逸意狷且狂。

岁月流变桑沧，百感凝聚心房。
半世履艰苍，何必多言讲。

红尘迷烟幻漾，名利杀人狂猖。
智慧充宇间，几人去寻访？

叩道不畏艰长，努力骋我奔放。
寻觅智慧粮，饱食心安康。

蓝天白云清好

      2017-10-25

蓝天白云清好，心地雅清奇妙。
黄花正风骚，月季开妍俏。

人生旷持怀抱，关山履历迢迢。
风雨早经饱，朗然余一笑。

红尘自是扰扰，吾心水云清飘。
叩道不惧老，才调入诗稿。

问学志儿颇高，书山矢攀险要。
扬帆万里遥，风光灿无二。

笑意应许扬长

      2017-11-3

笑意应许扬长，流年任舒奔放。
回首不必怅，斑苍吾扬长。

履世一梦之间，苦痛成为既往。
烟雨并沧浪，悠悠吾哦唱。

岁月坎坷任放，故事烟云花样。
淡泊持心间，无机体昂藏。

人生百年瞬间，名利非吾意向。
裁心叩道藏，慧意蕴襟房。

53.欢歌集

闲情吾持放旷

      2017-11-9

闲情吾持放旷，时光任其流淌。
初冬既萧凉，木叶惜飞殇。

感兴油然升上，人生一梦之间。
秋春转换间，吾已渐老苍。

安祥清度时光，不为名利困障。
清贫正无妨，率意有扬长。

嗟此宇宙广长，人如蟪蚁相仿。
叩道入深艰，情志舒娟扬。

风声啸雨倾嚣

2017-11-17

风声啸雨倾嚣，
清坐室内情雅骚。
落叶飘诗意饶，
初冬景致堪称道。

时光跑人渐老，
心志心灵仍俊俏。
矢奔跑力访造，
天涯风景展微妙。

红尘扰名利抛，
胸中一腔正气高。
矢叩道吾逍遥，
心得体会入诗稿。

天黑了华灯照，
畅舒怀抱裁诗稿。
南山操稍微表，
水云情怀无玄妙。

世事类若浮云

2017-11-18

世事类若浮云，我心何其雅清。
人生矢奋进，不可图利名。

红尘空空是境，灵程奋力前进。
胜过试探凌，心魔克清清。

百年奋发刚劲，英武清持内心。
智慧力访寻，叩道吾倾心。

窗外朔风吹行，木叶飘逝无垠。
旷怀何所萦，心思展空灵。

54.鼓舞集

心志雅洁且空清

2017-11-18

心志雅洁且空清，
孤旅不嗟艰辛。
少年奋志是凌云，
老来心情平静。

天气冷寒不要紧，
守定心中激情。
哦出一种旷而清，
水云飘逸中心。

正气中心充而盈，
履尽尘世风云。
灯下清思有泪盈，
浮生是一梦境。

努力叩道奋勇进，
关山壮丽险峻。
灵程总蒙神导引，
天旅矢当辟进。

心志不嗟桑沧

2017-11-19

心志不嗟桑沧，奋发矢志向上。
人生百年艰，何必嗟茫苍。

裁心小哦诗章，一舒心地清芳。
容我展扬长，共彼清风畅。

半百生涯逝殇，心胆犹然强刚。
任起彼斑苍，一笑仍扬长。

淡泊清持襟肠，情系水云之乡。
享受阳光靓，诗书晨昏唱。

人生浩志雄英

2017-11-25

人生浩志雄英，履尽坎坷艰辛。
有时颇伤心，有时气凌云。

此际冬日正晴，蓝天青碧无云。
享受这雅清，小品彼芳茗。

岁月奋飞不停，嗟我苍苍斑鬓。
人生如梦境，醒来泪双盈。

努力向前奋进，矢将真理访寻。
叩道凭灵心，宇宙旷无垠。

55.同庆集

晨曦启东方

2017-12-8

晨曦启东方，朱霞灿靓。
冷寒纵狂猖，哦诗无恙。

心志正清昂，激情张扬。
人生怀向往，定志远方。

流年是更张，老我斑苍。
依然奋强刚，努力向上。

仲冬之时间，万物凋丧。
思想起狂浪，雅裁诗章。

天日朗晴

2017-12-12

天日朗晴，小鸟娇娇鸣。
心思雅清，裁诗哦不停。

岁月经行，不过桑沧境。
吾持淡定，旷意趋水云。

曾履惊警，血泪洒衣襟。
曾履伤心，苦闷无处鸣。

白云悠行，浪漫我心襟。
心怀高兴，品茗享安宁。

天气此际朗晴

2017-12-31

天气此际朗晴，心中分外高兴。
一年去无影，明日元旦临。

挥洒心志殷殷，人生努力前行。
不图利与名，洒脱是心襟。

岁月不住飘行，惜我苍苍斑鬓。
一笑还朗俊，百年幻电影。

诗书笑傲轻盈，水云中心清映。
傲骨仍刚劲，撑起天青青。

56.青春集

心志总持安祥

2018-1-1

心志总持安祥，任从时光逝淌。
不为名利障，清心堪嘉奖。
明月清风心间，水云胸中清漾。
身虽在尘网，逸意出云间。

元旦心情舒畅，惬听小鸟鸣唱。
心地乐平康，履缘吾奔放。
未来长自瞻望，风云变幻非常。
鼓勇径自闯，关山越万幢。

心志轩昂

2018-1-12

心志轩昂，晨起悠悠吾歌唱。
天寒何妨，东方曙色正增长。

岁月平康，鬓发任添桑与沧。
意向广长，诗书人生奏激昂。

笑意弥上，五十二年已逝殇。
前路远长，百度秋春在指掌。

红尘攘攘，太多曲折与艰苍。
直着心肠，迎着困难敢于上。

心志旷持青春

2018-1-16

心志旷持青春，感谢天父鸿恩。
人生奋驰骋，不惧路艰深。

嗟此旷放红尘，众生名利竞争。
杀机何嚣盛，几人秉清纯？

吾志脱出嚣尘，胸中水云清生。
名利矢不争，定志守天真。

展眼烟雨纷纷，冬日十分清冷。
舒出我精神，哦诗应雅芬。

57.春晖集

暮烟轻起天涯间

2018-1-24

暮烟轻起天涯间，
夕照闪射余光。
灯下写诗亦激昂，
矢志人生奋闯。

苦旅艰深不必怅，
要在志取顽强。
苦寒雪压有梅香，
春来不会久长。

红尘不必说攘攘，
江湖谁不细详。

淡泊心境持安祥,
任起五湖风浪。

努力前路奋飞翔,
烟雨只是寻常。
百年生死存漫浪,
神恩足够安享。

笑意广深
2018-1-25

笑意广深,窗外雪花正纷纷。
抛开痛疼,奋志人生矢前骋。

山高水深,大千风光列成阵。
展翅飞腾,万里宇天乐秋春。

岁月进深,苦难艰深不必论。
心志温存,叩道持真度岁轮。

努力前程,不为名利折腰身。
诗书之城,一方天地永恒春。

卵色青天正晴好
2018-1-30

卵色青天正晴好,舒我怀抱,
舒我怀抱,一篇新诗也奇妙。

岁月任其轻轻飘,不取孤傲,
不取孤傲,叩道向学吾逍遥。

一杯绿茗惬情窍,闲听鸟叫,
闲听鸟叫,阖家康乐多安好。

努力奋发向前道,关山迢迢,
关山迢迢,百度秋春展风骚。

58.开创集

清展我的逍遥
2018-2-4

清展我的逍遥,人生须行正道。
踏遍沧桑人未老,春来吾笑傲。

红尘任其扰扰,名利不许嚣嚣。
清贫无妨我心窍,叩道展风标。

人生风雨经饱,半生苦旅煎熬。
神恩足够且微妙,而今晴正好。

努力开辟前道,万里风光奇巧。
百年不是飘与渺,恢弘待创造。

德操为上
2018-2-4

德操为上,一生老实堪嘉奖。
清贫何妨,我有正气冲天昂。

叩道扬长,春来气宇真轩昂。
夜半时间,不寐人儿情思长。

努力向上,净化灵魂无止疆。
旷志之间,男儿清俊展奔放。

任起险艰,果敢镇定加顽强。
岁月清芳,流年记忆淡淡香。

饱尝半生烟云
2018-2-5

饱尝半生烟云,人生踏实前进。
心志展殷殷,叩道骋刚俊。

男儿合展雄英，摩取绝壁苍劲。
岁月旷进行，不计是斑鬓。

红尘狂嚣不停，名争利夺奇境。
吾却持本心，水云憩胸襟。

展眼春已来临，会当和暖芳馨。
努力惜寸阴，不负是灵明。

59.大同集

岁月清展逍遥

2018-2-6

岁月清展逍遥，人生百年迢迢。
半百已经抛，又迎孟春到。
喜悦从心而绕，阖家康乐安好。
神恩赐丰饶，生活节节高。

向前大力奔跑，越过山水丰标。
风光堪赏瞧，心兴比云高。
风雨任其倾抛，坚贞是我信条。
持正不稍傲，俊骨撑天高。

人生何地不洒潇

2018-2-6

人生何地不洒潇，容我笑傲，
容我笑傲，名利抛去心襟俏。

孟春冷寒渐渐消，煦日高照，
煦日高照，东风行将碧柳条。

野禽畅意欢声叫，心情忒好，
心情忒好，大千世界乐逍遥。

红尘寄居胡不好，展我风标，
展我风标，叩道问学怡情窍。

伫对暮烟苍苍

2018-2-8

伫艰暮烟苍苍，心中感兴茫茫。
春来不觉间，惜我已斑苍。

依然奋志强刚，依然情怀茁壮。
依然向往飞翔，依然志在远方。

岁月绵绵长长，人生百年瞬间。
回首待细望，烟雨锁苍黄。

春风尽情舒放，冷寒不会久长。
应当骋奔放，不负好韶光。

60.阳和集

阳和持在心间

2018-2-10

阳和持在心间，人生百倍情长。
春来气昂藏，冷寒一任放。

希望恒在人间，春风又复吹荡。
乐将诗讴唱，颂赞出襟房。

冬天已成过往，人却渐渐老苍。
一笑还爽朗，情志共风扬。

岁月流变无恙，履度尘缘茫茫。
努力骋奔放，时光勿费浪。

我心切慕白云
2018-2-10

我心切慕白云，自由自在飞行。
饱览彼风景，万里骋意境。

春来心志殷殷，滋长是我心情。
斜阳正清映，冷寒不要紧。

岁月旷飞无垠，吾已不复英俊。
疏朗是心情，遇事多镇定。

此生不求利名，诗书晨昏哦吟。
诗书盈心襟，坦荡是性灵。

心志旷持轻松
2018-2-11

心志旷持轻松，人生矢脱凡庸。
冲决险重重，业绩创恢弘。

名利于我何功，叩道履尽雨风。
矢志往前冲，跌倒任伤痛。

世界沉沦之中，众生陷入迷蒙。
心灯灿无穷，烛照前路永。

奋发胸襟如虹，书生意气豪勇。
百年不是梦，灿烂辉煌中。

61.朴雅集

欣此青碧天空
2018-2-13

欣此青碧天空，朝日清新洒送。
喜鹊鸣声洪，开怀欢笑中。

春意正在孕萌，大千生机待动。
冷寒行匆匆，难阻春意浓。

旷我心襟灵动，赋诗一曲清空。
岁月度从容，不必计斑浓。

红尘大千潮涌，名争利夺何功。
应许清心胸，淡泊秋春中。

心志勿使平庸
2018-2-13

心志勿使平庸，淡定傲立风中。
春意正在萌，乾坤正气浓。
岁月旷展奋勇，人却斑苍重浓。
微微一笑中，往事付云风。

不做多情之种，奋勉踏实从容。
诚恳持心中，矢将正气弘。
努力奋发刚勇，一生清持中庸。
叩道任险重，山巅风景雄。

心志旷如春风
2018-2-15

心志旷如春风，雅将新诗哦诵。
春来情思涌，欢畅除夕中。

流年光阴如风，我已斑苍重浓。
一笑还清空，身心俱灵动。

辗转浮生如梦，平生妙持中庸。
不肯妄行动，时到缘才通。

向往扬飙乘风，饱览山水无穷。
意兴何其浓，如虹绘长空。

62.锄云集

红旭东上霞光万丈
2018-2-17

红旭东上霞光万丈,
东风吹正寒凉。
春禽鼓唱心情欢畅,
雅将新诗哦唱。

岁月奔放流年狂猖,
奋志万里无疆。
不计老苍逸兴奔放,
雄心犹然清壮。

努力前方风雨兼闯,
男儿如铁似钢。
傲立之间眼目清亮,
叩道一生扬长。

弹指之间半世销殇,
油然一笑舒昂。
瞻望遐方风光无恙,
引我矢志飞翔。

清风旷意吹动
2018-2-17

清风旷意吹动,清风旷意吹动。
春来激情倍涌,哦诗谁能感动?

岁月正值春风,心中绘出彩虹。
步履当持凝重,前路万里矢冲。

跨越山水无穷,饱览风光瑰雄。
努力人生奋勇,业绩矢创恢弘。

笑意溢出襟胸,孤旅不言伤痛。
展翅晴空之中,沐浴朗日清风。

五更听得雄鸡唱
2018-2-26

五更听得雄鸡唱,惬余意肠,
惬余意肠,路上华灯犹闪亮。

心情振奋哦诗章,舒出襟房,
舒出襟房,男儿原来持坦荡。

春来意气都扬长,勃勃心间,
勃勃心间,莫负大好之韶光。

瞻望前路万里疆,鼓勇奔放,
鼓勇奔放,矢志创业缔辉煌。

63.爽抱集

清夜读诗声激昂
2018-3-3

清夜读诗声激昂,
春意氤氲遍尘间。
窗外华灯自在放,
室内情思转悠扬。
人生奋志在遐方,
慧心灵性悟玄黄。
平时沉默不声响,
开口世人皆惊惶。

清夜读诗声激昂,
睡意全无二更间。
长远计划谋周详,

脚踏实地奋力闯。
关山任叠万千幢,
其奈我有双翅膀。
摩云乘风何快畅,
沐浴阳光万里翔。

散思闲旷

2018-3-4

散思闲旷,心志正广长。
夜半时间,不眠哦诗章。

情怀谁向,人生不嗟怅。
奋志驱闯,壮怀正豪放。

春来人间,夜色和平漾。
灯下清想,激情盈襟房。

匡世必讲,努力发心光。
照亮前方,正道迈无疆。

闲情放旷

2018-3-6

闲情放旷,休憩我心肠。
雅哦诗章,倾出心与向。

人生昂扬,百感萦襟房。
矢志向上,克尽千重艰。

往事回放,何止是桑沧。
血泪曾淌,苦痛不堪讲。

而今奔放,而今享平康。
大好时光,用心去清享。

64.大雅集

春气和平

2018-3-21

春气和平,天地正朗晴。
吾持开心,哦诗舒心灵。

花开清俊,鸟语复温馨。
东风清新,人民乐无垠。

岁月递进,春分今正临。
惜时心警,努力奋前行。

展眼白云,朵朵飘逸行。
斜晖清映,我意起多情。

清喜灿烂阳光

2018-4-10

清喜灿烂阳光,和平盈满宇间。
鸟语花复芳,惬意心地间。

我有万言欲讲,共彼春风长扬。
万物都生长,生机勃勃放。

解开灵性捆绑,释放爱的能量。
正气天地间,凯歌彻云乡。

清坐品茗清芳,悠悠我要歌唱。
何所之演讲,自由且漫浪。

人生定定当当

2018-4-12

人生定定当当,勿要局促惊慌。
享受这阳光,享受清风旷。

岁月绵绵漫长，回首只似瞬间。
努力骋激昂，发扬吾向上。

节奏须要常讲，忙而不乱恰当。
人生勿匆忙，稳步向前方。

征途万里无疆，风光奇伟非常。
迈步慨而慷，男儿豪情放。

65.中和集

流光飞逝如电影

2018-4-13

流光飞逝如电影，
暮春清展芳情。
心中依然持高兴，
奋志岂属常寻。

笑容清展旷意境，
艰险矢当踏平。
世界大同须缔定，
东西文明和同。

抛弃成见持中庸，
博爱盈满襟胸。
男儿豪情难形容，
独立淡迎长风。

小鸟娇啭鸣从容，
淡定清持心中。
努力奋进兼程冲，
不惧雨雨风风。

圆明觉性未可忘

2018-4-13

圆明觉性未可忘，慧智双修间。
正气干云吾何讲，矢志向天翔。

高歌一曲遏云响，叩道吾昂扬。
人生履历任艰长，终有红太阳。

岁月流逝无止疆，不惧华发苍。
少年心性依刚强，正直立人间。

暮色重浓细雨降，春风吹扬长。
灯下写诗亦情长，婉转付谁唱？

人生须有耐心

2018-4-15

人生须有耐心，春华秋实须明。
天气正朗晴，春风吹清新。

红尘闹吵不停，众生重复争竞。
吾却持清心，松下哦行云。

淡泊是余心襟，向阳磊落光明。
奋志之进行，万里无止境。

张开翅膀飞行，万里晴空碧青。
九霄未可停，宇宙广无垠。

66.浩正集

江山如此多娇

2018-4-17

江山如此多娇，心情谦和须保。
奋发我扬飙，与时间赛跑。

红尘徒自扰扰，我只静守心窍。
名利不重要，正直第一条。

人生履历迢迢，山高水远险要。
展翅旷飞高，万里是坦道。

黄昏景色微妙，春风写意风骚。
鸟语欢鸣叫，我心乐逍遥。

落日如此之红
2018-4-17

落日如此之红，我心为之感动。
写诗诉心胸，情怀如潮涌。

流年光阴飞猛，少年逝去无踪。
感慨在心中，奋志如长虹。

七彩闪耀襟胸，奋发才能成功。
叩道不惧痛，跌倒仍笑容。

世界浑然相共，人类心灵相通。
文明火熊熊，燃烧至久永。

拙正持在心间
2018-4-20

拙正持在心间，务将机巧抛光。
窗外洒春阳，万物舒奔放。

我心充满阳光，爱意溢出心膛。
眼目都明亮，前路万里康。

红尘不许狂猖，清平世界无恙。
神恩大无疆，鸟语花娇芳。

岁月尽兴品尝，一似绿茗清香。
淡雅之心肠，品味岂寻常。

67.红日集

蓝天祥云飘行
2018-4-20

蓝天祥云飘行，暮色形成美景。
我心崇尚光明，文明之火务擎。

人生奋志殷殷，不怕困难险境。
努力去学雄鹰，旷飞绝壁峻岭。

中心刚毅雄英，傲立如山之俊。
不屈名利虚境，对人一片诚心。

此生半百已竟，斑苍无妨宁静。
向上展眼无垠，发现鸟飞成群。

白云缓缓向南翔
2018-4-24

白云缓缓向南翔，
旷意东风清畅。
闲听小鸟鸣且唱，
读书品茗意扬。

人生时光如箭殇，
追悔何法可想。
唯有惜取寸阴芳，
努力骋志昂扬。

暮春惜老花渐丧，
不必稍有颓唐。
会有四月多菲芳，
万物兴旺生长。

世事冷暖不必讲，
谁人不明心间。

更加努力担乾纲,
救度人心向上。

秀美春光
2018-4-25

秀美春光,花开鸟啼唱。
四野霭漾,心境乐平康。

神恩莫忘,点滴感心间。
灵性清芳,烛照前路长。

矢志向上,净化灵无疆。
尘世吵嚷,心地须静闲。

坦坦荡荡,做人傲骨刚。
谦和心向,君子人格彰。

68.素问集

春风清旷
2018-4-27

春风清旷,吹拂我心肠。
逸意扬长,耳畔鸟清唱。

悠品茗芳,心事向谁讲。
矢叩道藏,寻觅灵之粮。

岁月飞扬,往事不必想。
旧有痛伤,风吹去远方。

努力前方,风光瑰且靓。
振翼飞翔,绝不可迷茫。

写意东风吹浩荡
2018-4-30

写意东风吹浩荡,月季正芬芳。
青青小桃旺盛长,心境吾舒扬。

人生得意不张狂,清听啼鸟唱。
心事万千抛远方,逸意正扬长。

天气燥热微汗漾,展眼斜晖朗。
欣逢佳节心欢畅,淡泊且慨慷。

男儿有种骁豪强,千关不能障。
展翅旷飞万里疆,风景清且靓。

又值斜阳在望
2018-5-2

又值斜阳在望,鸟儿自由飞翔。
心境正温良,仰看天青苍。

岁月无比悠扬,不必嗟叹良长。
奋志之所向,万里搏溟沧。

百年人生瞬间,思此有泪流淌。
少年成逝往,回忆影淡放。

仍须鼓勇前闯,奋我身心力量。
人生世界上,未可稍颓丧。

69.开物集

流年光阴迅如飞
2018-5-20

流年光阴迅如飞,未许伤悲,
未许伤悲,须保心地之纯粹。

而今哦诗舒心肺,沉痛微微,
沉痛微微,淡眼天阴云逝飞。

老大光阴转无味,不可颓废,
不可颓废,风雨过后彩虹射。

努力奋行展眼眉,克尽艰危,
克尽艰危,正直为人不卑媚。

红尘笑傲

2018-5-22

红尘笑傲,此生不为名利老。
介意山樵,畅吸清风意态高。
人生易老,斑苍尚容我笑傲。
高洁情操,诗书持身等闲瞧。

展眼烟渺,窗外暑雨正洒潇。
品茗微妙,心志雅洁也安好。
烦闷须抛,乐天知命共缘跑。
履尽迢迢,人世桑沧心观照。

小鸟鸣唱

2018-6-1

小鸟鸣唱,惬余心意真无限。
碧天无恙,流风送来花之芳。

志取清昂,闲品绿茗意兴扬。
一曲欣唱,山河人间美无上。

初暑正当,园圃月季正斗芳。
青桃苗壮,更有粉蝶翩翩翔。

人生扬长,因抛名利水云向。
惬意情肠,晨昏诗书哦昂藏。

70.飞翔集

远处鞭炮又噪响

2018-6-9

远处鞭炮又噪响,闹闹嚷嚷,
闹闹嚷嚷,何处清存水云旷。

人生从来是履浪,坎坷艰苍,
坎坷艰苍,赢得华发两鬓霜。

中心应存闲与旷,清听鸟唱,
清听鸟唱,品茗淡荡吾襟房。

雨后空气多鲜芳,落红堪伤,
落红堪伤,写诗舒发我中肠。

欣看粉蝶翩翩翔

2018-6-10

欣看粉蝶翩翩翔,鸟语悠扬,
花开馨芳,万千牵牛喇叭张。

散思闲来都放旷,展眼云乡,
天气晴朗,仲夏不尽田园芳。

岁月于我体悠闲,心事广长,
哦入诗章,英雄从来志昂藏。

不屈苦难并困障,努力奔放,
万里无疆,风雨艰苍我矢闯。

畅读清词意轻松

2018-6-17

畅读清词意轻松,电扇摇风,
快慰心中,况听窗外鸟鸣颂。

流年光阴逝匆匆，斑苍重浓，
意志沉雄，男儿依持刚与雄。

世上名利闹哄哄，吾心从容，
水云襟胸，晨昏诗书旷哦讽。

大千暑意渐浓重，有蝉鸣颂，
有花开红，清度浮生闲雅中。

71.天工集

岁月舒展奔放
2018-6-17

岁月舒展奔放，不必嗟叹流光。
奋志当昂扬，不计老来访。

烈日斜晖在望，幸喜东风和畅。
小鸟且鸣唱，清坐享安祥。

人生百感俱上，难言世事莽苍。
滚滚红尘间，太多机与奸。

男儿有种强刚，不屈名利孽障。
清贫正义刚，裁心哦扬长。

节届端阳
2018-6-18

节届端阳，晨起爽风正扬长。
天阴无妨，架上牵牛开盛旺。

人生昂扬，因荷志气在心间。
不屈艰苍，红尘桑沧只等闲。

烟云之间，心中始终存漫浪。
清贫何妨，诗书润我肺腑脏。

小鸟啼唱，惬我心意真无限。
清坐安祥，任从思绪起放浪。

蓝天白云正徜徉
2018-6-29

蓝天白云正徜徉，悠悠蝉鸣唱。
天气闷热无风翔，无心读诗章。

雅听小鸟之啼放，闲写小诗章。
心中一种骚雅芳，君子人格彰。

半世履得心千创，回首泪两行。
依然瞻望万里疆，矢志在遐方。

努力耕心不退让，傲立若山壮。
男儿岂被名利障，逸意水云间。

72.怡情集

悠悠岁月吾歌唱
2018-7-10

悠悠岁月吾歌唱，濯足放沧浪。
林野鸣蝉肆交响，散坐思放旷。

一曲中心何所放，只是烟雨艰。
往事回首不堪想，艰难山崖间。

努力前路奋志闯，男儿持豪壮。
名利未许成痴障，清心吾澹荡。

田园村庄恣意向，享受清风翔。
瞻望天际青霭漾，鸟儿啭讴唱。

天放晴

2018-7-11

天放晴，蝉清鸣，
旷荡东风吹清劲。
持开心，憩身心，
享受暑日之清静。

蓝天青，飘白云，
变幻不尽万千形。
花开俊，鸟啭鸣，
田园芳景惬心灵。

红尘境，不必吟，
艰苍困苦桑沧并。
斑苍临，悟性灵，
雅然哦诗吐清新。

奋心情，鼓干劲，
努力前路奋凌云。
搏天青，万里境，
天涯尽头好风景。

爽风清来适意境

2018-7-13

爽风清来适意境，晨鸟清鸣，
晨鸟清鸣，红旭东起值朗晴。

林野蝉噪颇动听，牵牛多情，
牵牛多情，架上昂头开清俊。

我心我意怀奋兴，婉转歌吟，
婉转歌吟，舒出中心之激情。

展眼云天若画境，我欲飞鸣，
我欲飞鸣，自由最快我身心。

73.慨慷集

奋志人生岂常寻

2018-7-15

奋志人生岂常寻，悠悠吾清鸣。
慨慷心地旷意境，意气颇凌云。

平生履尽是惊警，血泪狼烟行。
虎狼当道不太平，折翅桑沧境。

而今康宁享清平，神恩是无垠。
思此感沛在心襟，天路努力进。

窗外野蝉高声鸣，烈日正殷殷。
散坐闲思哦心灵，气宇天震惊。

男儿骋志当豪放

2018-7-16

男儿骋志当豪放，困难未可障。
一似鸟儿旷飞翔，恣掠蓝天苍。

纵有风雨亦何妨，磨炼我刚强。
折翅安心以疗伤，然后继续翔。

尘世太多肮与脏，机关并刀枪。
务持慧眼细辨详，明瞭前路向。

名利不许成痴障，清心堪嘉奖。
叩道艰苍是寻常，慧意细微间。

人生维艰

2018-7-16

人生维艰,心怀意念向谁讲。
苦旅昂扬,不屈磨难志犹刚。

奋发向上,终克千关并万障。
畅意飞翔,自由才是我向往。

我已斑苍,淡定一笑谦和放。
问学无疆,晨昏读书何逍旷。

哦诗万章,只是长舒我襟房。
叩道之间,行舟已过万重岗。

74.崇光集

白云幻化多情

2018-7-18

白云幻化多情,我的心中高兴。
东风吹尽兴,周身都爽清。

野蝉噪噪嘶鸣,斜晖劲朗清映。
生活在市井,心却蹈白云。

身心清持干净,未许名利侵淫。
闲时品芳茗,读书怡心襟。

岁月独自飞行,只是老我苍鬓。
一笑还雅清,浩气正凌云。

清喜流风送畅

2018-7-20

清喜流风送畅,朝日灿烂辉煌。
鸣蝉清声唱,鸟啼啭扬长。

炎暑时节正当,却喜晨间凉爽。
适意哦诗章,心兴舒奔放。

人生岁月慨慷,激情流泻汪洋。
履尽是艰苍,迎来坦平况。

前路奋发顽强,努力迎风破浪。
纵有千重障,我志如铁钢。

雅思裁出空灵

2018-7-20

雅思裁出空灵,哦诗倾吐激情。
炎日正朗晴,清坐听蝉鸣。

小鸟从来多情,清啭多么温馨。
爽风清胸襟,诗意盈于心。

我心秉持空清,叩道悟彻圆明。
微笑且淡定,名利早辞屏。

此生剩有清贫,正义犹持刚劲。
诗书深用心,南山旷意境。

75.圆方集

心曲此际雅弹

2018-7-21

心曲此际雅弹,浮生履尽坷坎。
依然心持浪漫,穿越峻岭重山。

天上白云妙曼,林野鸣蝉嘶喊。
散坐思达广汉,哦诗热情舒展。

人生不畏艰难,奋志作个好汉。
风雨雷电任展,兼程冲决阻拦。

此生斑苍渐展，悟道素朴祥安。
学取流云飞曼，共缘履度尘寰。

岁月于我不再惊

2018-7-21

岁月于我不再惊，
履尽坎坷艰辛。
而今斑苍何所云，
胸心水云清映。

名利我不稍动心，
叩道恣展雄英。
诗书晨昏朗哦吟，
怡养胸襟心灵。

前路任起风与云，
兼程我矢奋进。
览尽关山之风景，
奇险慰我心襟。

窗外野蝉高声鸣，
悠悠似无止境。
斜晖朗照走白云，
旷风吹来清新。

心襟当持洒潇

2018-7-29

心襟当持洒潇，不为尘世所扰。
名利不紧要，心灵第一条。

窗外雨减风消，洒然是我怀抱。
哦诗何所道，吐心乐逍遥。

世事闹闹吵吵，众生争斗瞎搞。
遁入水云渺，清贫亦安好。

诗书持身玄妙，叩道不惧险要。
心得入诗稿，眉眼俱带笑。

76.心光集

燥热尘表

2018-8-2

燥热尘表，满耳灌得蝉鸣噪。
白云幻巧，清坐当风怡心窍。

红尘扰扰，五十三年逝而抛。
积淀诗稿，血泪生涯有写照。

努力扬飙，人生不必惧苍老。
奋发刚傲，君子固贫养德操。

合当笑傲，世事烟云转眼消。
剩有情操，叩道吾心乐逍遥。

秋气初显和平

2018-8-21

秋气初显和平，流云变幻清新。
岁月递变捷迅，斑苍不必心惊。

浩气盈满寰境，脚踏实地要紧。
红尘未可久停，努力灵程奋行。

品茗心态雅清，小鸟啾啾长鸣。
奋发英武刚劲，男儿傲立雄俊。

不屈名利孽境，清贫无妨心襟。
儒雅一生清劲，正直为人空灵。

秋光堪赏

2018-8-21

秋光堪赏,最喜白云曼徜徉。
天气犹亢,挥洒心襟哦诗章。

岁月安祥,流年泻去泪不淌。
苦旅艰苍,神恩足够你我享。

红尘漫浪,心怀清澈遐思想。
努力驱闯,关山任叠万千幢。

展翅飞翔,青天高阔恣奔放。
万里无疆,浩志脱出彼溟沧。

77.火炬集

休闲此际无恙

2018-8-30

休闲此际无恙,不想诵读诗章。
心思散淡安祥,品茗意兴清芳。

流年泻去狂猖,新秋祥云澹荡。
感兴从心升上,一曲短歌旋唱。

人生生涯茫苍,苦难饱经品尝。
斑苍不减清狂,书生意气张扬。

喜鹊径声鸣唱,牵牛开得盛旺。
朝阳灿烂辉煌,生活和平雅康。

天色微明

2018-9-5

天色微明,早起读诗情殷殷。
秋蛩嘶鸣,声声入耳堪动听。

流年不惊,霜华新起意均平。
努力奋进,关山峻岭越无垠。

浮生多警,血泪流洒何苦辛。
而今康平,总赖神恩赐丰盈。

晨鸟清鸣,伴以村鸡啼空灵。
吾意奋兴,力作好汉鼓干劲。

朗星在望

2018-9-10

朗星在望,五更早起觉清凉。
村鸡清唱,草间蟋蟀奏交响。

仲秋之间,心情心境淡而康。
人生昂扬,努力骋志向遐方。

天地广长,万里旷展我思想。
理想心间,一生支撑我驱闯。

岁月绵长,只是老我以斑苍。
奋发贞刚,叩道履尽彼艰苍。

78.星光集

悠悠心志何刚

2018-9-13

悠悠心志何刚,人生奋志矢闯。
不惧山高水长,风光堪可徜徉。

半生时光逝殇,此生渐近夕阳。
努力矢展顽强,力克险关重障。

正气焕发心间,不为名利奔忙。
清心澄意之间,叩道用道昂扬。

人生是一缘放,惜缘造缘必讲。
善意务使增长,卑劣矢抛后方。

烟雨此际生成

2018-9-14

烟雨此际生成,窗前滴沥声声。
雨中闻鸟声,一使余兴奋。

秋意而今显迟,西风吹拂正盛。
牵牛美不胜,娇妍自天成。

清坐思想深深,人生履尽秋春。
红尘任滚滚,桑沧任成阵。

百年只似一瞬,韶华切莫轻扔。
努力奋刚正,尽力去驰骋。

清心洒潇

2018-9-14

清心洒潇,看尽云烟飞绕。
秉志孤傲,一似松长壁峭。

履尽险要,红尘吾已看饱。
人生谙晓,灵程旷志飞逍。

斑苍任老,悟道中心玄妙。
清贫颇好,诗书容我笑傲。

撰写诗稿,清表南山情操。
贞心不二,叩道万里迢迢。

79.灿烂集

呼出长思短痛

2018-9-15

呼出长思短痛,人生此际情浓。
奋志当如长虹,七彩闪现灵动。

岁月清展朦胧,世事纷争沉重。
不为名利所动,叩道成竹在胸。

远处鞭炮嚣动,红尘闹闹哄哄。
心襟不使摇动,诗书沁润心胸。

读书究有何功,慧藏探秘无穷。
人生天地之中,务使慧光劲涌。

秋气清淡

2018-9-22

秋气清淡,云烟展妙曼。
红尘好看,心襟正起澜。

清坐安安,品茗情怀绽。
写诗好玩,心志都舒展。

无雁可看,不必发嗟叹。
清风正展,爽洁这宇寰。

岁月扬帆,不惧征程难。
人生浩瀚,叩道奋前站。

天气朗晴

2018-9-23

天气朗晴,无风经行,
散坐清心,思绪旷起正纷纭。

人生多情，伤尽心灵，
费尽脑筋，叩道不计彼艰辛。

秋意空清，秋分正临，
爽意盈襟，雅将心事入诗吟。

向谁讲明？向谁道尽？
孤怀凄清，奋志人生岂常寻。
红尘苦境，人生梦萦，
几人清醒？思此不由泪沾襟。

80.彩虹集

夕阳在望

2018-9-30

夕阳在望，暮烟渐起天际间。
喇叭声响，市井红尘恒闹嚷。

清心所向，羡慕田园松风扬。
向往山庄，云壑深处泉流淌。

憩身尘壤，名利于我无意向。
诗书之间，男儿觅点真昂藏。

笑意浮上，人生如寄梦寐间。
醒来思想，合与缘字共邀翔。

霓虹闪靓

2018-9-30

霓虹闪靓，天黑华灯万家放。
鞭炮震响，红尘闹嚷是寻常。

心志安祥，内叩肺腑意扬长。
不入尘网，清贫一生无所妨。

介意山乡，长羡松岗云飞翔。
惬情村庄，小桥流水何清芳。

岁月狂放，我已斑苍一笑间。
朗哦诗章，赤子情怀奉献上。

晨霭弥漾

2018-10-2

晨霭弥漾，金色阳光清洒降。
群鸟鸣唱，最喜喜鹊欢鸣放。

清风欣畅，和蔼盈满此尘壤。
歌声飘扬，一使余意起悠旷。

牵牛娇放，点缀秋境也安祥。
余意雅康，欣然小哦新诗行。

岁月康庄，流年风烟不必讲。
努力前方，应许山高水流长。

81.哦松集

心志康平

2018-10-5

心志康平，仰看白云悠悠行。
坦荡胸襟，清听风吹响过林。

秋意和平，灿烂阳光当天顶。
我意旷清，闲雅哦诗适心境。

岁月经行，幻变不止沧桑景。
名利损心，谁持青眼破世情？

大道旷运，万象纷变何殷勤。
叩道用心，仰观俯察培性灵。

天气阴晴之间
2018-10-9

天气阴晴之间,喜鹊高声鸣唱。
秋深感萧凉,晨风吹清爽。
岁月无限莽苍,人生百感俱上。
努力骋志向,山高水又长。

红尘寄居之乡,名利未许成障。
性灵求清靓,叩道吾奔放。
生活和平安祥,人却渐渐老苍。
一笑持爽朗,共缘旷飞翔。

晚霞正红
2018-10-11

晚霞正红,暮烟起朦胧。
宿鸟鸣风,秋意萧瑟中。

灯下哦讽,舒出我情浓。
感慨于胸,有谁能感动?

岁月如风,逝去何匆匆。
斑苍渐浓,积淀盈心胸。

悟透穷通,人生与缘共。
大化谁懂?叩道任雨风。

82.萱风集

蓝天白云朗晴
2018-10-12

蓝天白云朗晴,一使余意开心。
新诗旷哦吟,今天我高兴。

岁月于我多情,不必计较斑鬓。
奋志仍殷殷,万里矢驱进。

秋风吹来清新,午时阳光清俊。
散坐思纷纭,感慨出心襟。
半世已付水行,心中仍怀激情。
向往彼光明,叩道矢不停。

浓霭林野间
2018-10-16

浓霭林野间,毛毛细雨清洒降。
悭听晨鸟唱,我心我意起悠扬。

秋深觉萧凉,奋志人生矢当闯。
吾已渐老苍,依然笑傲此尘壤。

笑意淡浮上,叩道旷发吾扬长。
辗转彼桑沧,世事识破是幻象。

百年苦旅艰,回思往事多感伤。
努力天涯间,绝险风光堪饱赏。

人生履度关千重
2018-10-18

人生履度关千重,感慨盈心胸。
展眼淡望云飞涌,秋风肆意冲。

岁月于我不轻松,心伤复千重。
努力奋斗展刚雄,不屈苦难丛。

男儿有种称豪勇,名利弃而送。
清贫正直有心胸,傲立似竹松。

年已斑苍毅而猛,矢志乘长风。
去向天涯览奇峰,瑰丽真无穷。

83.宣扬集

清坐安祥

2018-10-24

清坐安祥,雅听喜鹊之鸣唱。
秋意萧凉,品茗我情都舒畅。

半世闯荡,赢得华发斑斑苍。
一笑舒扬,人生奋志展贞刚。

名利捐忘,叩道从来奋志向。
正直心肠,鄙视邪恶与奸脏。

朝日正朗,展眼天际霭清漾。
我意扬长,裁心哦诗舒奔放。

宿鸟清鸣

2018-10-25

宿鸟清鸣,惊动我身心。
心志旷清,淡看暮烟凝。

天气正阴,秋深西风行。
灯下哦吟,舒出我心境。

岁月进行,何许计斑鬓。
奋志凌云,奋斗终不停。

名利辞屏,正义盈心襟。
阖家康平,神恩颂无垠。

展眼华灯放

2018-10-25

展眼华灯放,远际歌声扬。
晚秋堪清赏,萧风吹爽畅。

灯下清思想,才思若汪洋。
激情哦诗行,一曲旷扬长。

展眼华灯放,生活乐安祥。
世事已饱尝,感发盈中肠。
艾年何必讲,惜时如金仿。
努力发辉光,烛照前路长。

展眼华灯放,心事启万方。
华年已渐殇,老将来叩访。
奋志依强刚,悟道吾奔放。
济世尽力量,不负生一场。

84.逍遥集

岁月旷展多情

2018-11-2

岁月旷展多情,白云流变清新。
和风吹尽兴,洒然觉空清。

流年于我多辛,苦雨艰苍饱经。
一笑持镇定,胸襟涵水云。

大千正值朗晴,午时阳光清俊。
淡霭远方凝,林野斑驳景。

我心独自高兴,秋深澹泊康宁。
且请品芳茗,读书怡心襟。

岁月清度悠扬

2018-11-4

岁月清度悠扬,名利未许成障。
清贫正义强刚,诗书持身温让。
秋深感兴升上,淡看木叶逝殇。

人生转眼老苍，惜时如金必讲。
奋志旷意飞翔，风雨艰苍矢闯。
红尘不是故乡，世界是一幻象。
修身养性清芳，叩道吾意扬长。
浮生未许孟浪，业绩矢当造创。
辗转桑沧之间，我意更加坚强。
力战邪魔凶魍，公理正义必畅。
心中怀有阳光，向往明媚天堂。
灵性恒加修养，永生寄于彼邦。

孤旅咽尽西风

2018-11-5

孤旅咽尽西风，人生感慨严重。
窗外走金风，木叶飘落中。

岁月幻化空空，行旅应当从容。
浮生浑一梦，灵程当奋勇。

清坐思潮汹涌，斑苍无妨心雄。
高怀向谁送？诗中独哦讽。

淡荡清持心胸，沧桑眉宇之中。
慧意双目涌，叩道我灵动。

85.野逸集

又值昏黄

2018-11-10

又值昏黄，苍烟四野漾。
哦诗舒扬，心志未许萧凉。

岁月莽苍，人渐入老苍。
一笑扬长，清志凝于襟肠。

流年狂猖，又值孟冬间。
万物收藏，木叶飘逝飞扬。

我自慨慷，人生奋昂藏。
努力驱闯，不为名利奔忙。

心志不嗟广深

2018-11-16

心志不嗟广深，人生风雨兼程。
窗外朔风吹阵阵，
木叶凋谢缤纷。

清坐心境安稳，名利未许扰身。
诗书之中奋精神，
此中别有乾坤。

五十三年逝纷，赢得斑苍重沉。
身心依然持清纯，
叩道秉诚雅正。

前路风雨任纷，矢行鼓足精神。
百度秋春化影芬，
诗歌慰我情真。

坦荡身心

2018-12-24

坦荡身心，风云于我不再惊。
人生多辛，苦难磨历吾坚挺。

向阳心境，努力前道奋辟进。
叩道殷殷，艰难困苦吾多情。

岁月均平，老我苍鬓一笑静。
百年生命，灵程矢志向天庭。

冬日喜晴，白云流变其清新。
吾意康平，小哦新诗舒性灵。

86.放意集

心襟潇潇
       2018-12-26

心襟潇潇，从容坦然撰诗稿。
岁月飘飘，写意东风吹微妙。

雨渐止了，冬日晴朗实在少。
展眼远瞧，二三老柳青犹俏。

人生不了，万千故事心头绕。
红尘大好，坎坷沧桑任幻造。

心事飘渺，情怀却向谁人道？
静定心窍，叩道深入玄与妙。

人生旷意而哦讽
       2018-12-27

人生旷意而哦讽，道甚情浓，
道甚情浓，浮生不过是一梦。

年轮逝去渐成翁，一笑轻松，
一笑轻松，世事任他运穷通。

坎坷生涯烟雾浓，沧桑与共，
沧桑与共，功名利碌付秋风。

坦荡情怀讴无穷，山水清空，
山水清空，五湖泛舟乐从容。

情怀谁共
       2019-1-4

情怀谁共？独立寒冬不言中。
偶有哦讽，旷舒情志灿如虹。

质朴之中，长嗟岁月逝无踪。
心有感动，年轮赐我斑鬓浓。

努力行动，不屈磨难万千动。
毅然心胸，果敢顽强奋勇猛。

男儿履风，向往万里恣云空。
不惧雨浓，刚劲铁翅摩苍穹。

87.临风集

悠悠心志平康
       2019-1-5

悠悠心志平康，雅将新诗哦唱。
天气任寒凉，我心舒奔放。

岁月任展苍凉，百度秋春昂扬。
半世付水殇，华发迎风扬。

人生切记慨慷，奋发敢于向上。
名利不屈间，清贫无大妨。

诗书憩我情肠，红尘寄居之乡。
永生在天堂，叩道勿相忘。

人生总持漫浪
       2019-1-6

人生总持漫浪，坎坷任其叠放。
心志未曾颓丧，努力前路奋闯。

履尽山水远长,迎来光明阳光。
红尘暂憩之乡,应许坚持顽强。

心性恒是温良,不屈虎豹豺狼。
提刀敢于冲上,济世乐此未央。

百年顷刻丧亡,我已渐老斑苍。
更应珍惜时光,匡世发热发光。

奋志人生不必讲

2019-1-12

奋志人生不必讲,荷担风雨狂。
回首往事不堪想,泪淌襟袖间。

岁月而今舒慨慷,神恩广无量。
虽然人已渐斑苍,依然奋顽强。

红尘攘攘多机奸,心系水云乡。
未许名利骋其猖,性天正清凉。

浩志由来十万丈,恒冲云霄间。
脚踏实地奋力闯,努力迎难上。

88.书香集

人生正如露凝

2019-1-13

人生正如露凝,苍苍是我心襟。
奋志恒殷殷,苦难吾径迎。

世事变幻阴晴,人易衰老苍鬓。
览尽风与云,一笑总清新。

学取流荡白云,学取老松苍劲。
努力前路行,穿山又越岭。

生涯赢得刚劲,不屈名利孽境。
纵使恒清贫,正义凝心襟。

人生挥洒之间

2019-1-13

人生挥洒之间,履尽千关万障。
不必回首望,流年幻无恙。

夕照正展光芒,人生不觉老苍。
奋志依顽强,不老松相仿。

努力前路驱闯,览尽关山风光。
心襟持舒旷,讴歌吾嘹亮。

居世岂可久长,垂永唯有诗章。
不必多悲伤,悟道吾安康。

流年风烟吾经饱

2019-1-15

流年风烟吾经饱,心襟仍潇潇。
一任三九严寒峭,清坐哦诗稿。

岁月风雨任飘摇,斑苍任衰老。
淡荡人生容含笑,悟道入逍遥。

清贫生涯堪笑傲,五湖风光妙。
田园山庄寄情窍,名利不愿瞧。

书生渐老开怀笑,世事幻渺渺。
桑沧何必细细表,历史入唱稿。

89.心遐集

人生无恙
2019-1-17

人生无恙,风雨艰苍是等闲。
意志成钢,红尘径闯不迷航。

岁月悠扬,斑苍慵和是情况。
欣此冬阳,灿烂清洒其光芒。

淡定襟肠,名利抛弃吾安康。
诗书哦朗,激情流泻讴扬长。

不取狂猖,谦和心性淡淡芳。
正直强刚,清新心地履沧桑。

喜鹊鸣于青苍
2019-1-18

喜鹊鸣于青苍,旷然怡余襟肠。
虽然四九冷寒放,心兴扬长。

东方升起朝阳,雄心倍加增长。
男儿傲骨天涯间,矢志闯荡。

岁月舒展奔放,不必计我老苍。
努力前路奋志向,穿关越嶂。

笑意清新展放,红尘徒是艰苍。
名利弃去我轻装,健行康庄。

逝去的岂止青春
2019-1-19

逝去的岂止青春,
人生血泪生成。
回首旷然哦申,写诗雅洁清芬。

感沛此丰富神恩,
导引灵程驰骋。
向神讴歌真诚,献上我心纯真。

岁月是不断进深,
不觉斑苍已盛。
嗟叹无益心身,叩道当鼓精神。

前路任万里云生,
天涯风光清正。
努力披荆奋争,览尽奇峰峦胜。

90.挺秀集

天气今日清好
2019-1-20

天气今日清好,晨起鸟鸣风骚。
大寒今日报到,冷寒一任其峭。

心地清雅风标,哦诗热情良好。
舒出情怀美妙,天人大道矢找。

浮生未可草草,五十四年飞飙。
回首哑然失笑,关山漫越迢迢。

努力开辟前道,未来风云洒潇。
悟道心志微妙,人生奋发刚傲。

天气真好
2019-1-20

天气真好,蓝天白云飘渺。
心志骚骚,哦诗原也不了。

红尘堪表,大寒时节晴俏。
心情忒好,旷欲展翅飞高。

人生易老,壮心犹持刚傲。
力辟前道,天涯风光堪瞧。

五湖归早,田园可憩怀抱。
山风涤潇,东篱况有菊俏。

红尘多辛
2019-1-25

红尘多辛,此生风雨饱经行。
回首不惊,沧桑岁月吾多情。

人生奋行,绿鬓化为霜华映。
胸怀激情,努力开辟新路径。

天际霭映,冬日清寒悠品茗。
一点芳心,哦诗奋笔舒雷霆。

前行要紧,天涯风光灿无垠。
叩道圆明,手秉慧烛奋心灵。

91.正直集

旷然心境
2019-1-26

旷然心境,仰看云天正多情。
清寒任峻,悠然品茗雅哦吟。

人生经行,笑我苍苍白了鬓。
心怀镇定,览尽世态之烟云。

奋发刚劲,天人大道矢追寻。
英武心襟,持正不屈名利凌。

淡泊康宁,清贫一生骋意境。
诗书浸淫,胸襟涵有水云清。

天气晴朗
2019-1-27

天气晴朗,阖家谈笑喜而康。
季冬之间,感慨人生趋老苍。

岁月扬长,流年正似落花殇。
心志强刚,奋发人生骋奔放。

悠悠扬扬,品茗心意都开敞。
小哦诗行,旷舒意气冲天昂。

坦荡襟肠,持正原无媚与奸。
情操阳光,天人大道矢叩访。

心志苍茫
2019-2-1

心志苍茫,人生坎坷任叠放。
依然强刚,不屈傲立人生场。

斜阳正放,人近老苍何所讲。
共缘履翔,诗意秋春容讴唱。

感兴升上,悠悠情怀向谁旷?
行旅桑沧,淡淡微笑吾安祥。

年关即将,辞旧迎新心舒畅。
立春将访,会有生意天涯间。

92.和同集

晨起雅听风怒号
　　　　　　　　　　2019-2-7

晨起雅听风怒号，春来心俏，
春来心俏，耳际小鸟正鸣叫。

岁月旷展其丰饶，奋力行好，
奋力行好，秋春飞递余诗稿。

清喜冷寒不算峭，迎春开了，
迎春开了，冬已辞去无影销。

红尘大千容笑傲，心境洒潇，
心境洒潇，男儿俊骨似钢造。

峭寒正殷
　　　　　　　　　　2019-2-12

峭寒正殷，东风舒展其多情。
春来芳心，写诗旷哦我激情。

履尽阴晴，而今一笑正清明。
岁月经行，老我苍鬓心镇定。

喜鹊长鸣，喳喳叫唤动人心。
心怀高兴，情志共春舞不停。

努力前行，关山清展其风云。
览尽风景，天涯风光契我心。

潇潇浮生旷意向
　　　　　　　　　　2019-2-14

潇潇浮生旷意向，人生任坎怆。
天地生气正增长，孟春任寒凉。

灯下清思放万丈，激情中心涨。
岁月赐我以萧凉，中心不怅惘。

奋志人生骋刚强，豪情冲天壮。
名利弃去吾安康，诗书怡襟肠。

红尘不是久留乡，百年成荒唐。
叩道一生吾昂扬，悠悠哦奔放。

93.慧心集

清坐安祥
　　　　　　　　　　2019-3-2

清坐安祥，履历人生不孟浪。
春风浩荡，天阴雅闻鸟鸣唱。

半世消殇，余得斑苍一笑扬。
世事狂荡，名缰利锁害人肠。

书生意畅，清心涤意诗书间。
惬意哦唱，舒出情意也扬长。

阖家安康，一生清贫也无妨。
志取昂藏，不入世网入溟沧。

清风徐旷
　　　　　　　　　　2019-3-2

清风徐旷，阴霭迷烟四野漾。
哦诗扬长，激情流泻真无恙。

人生慨慷，春来情志都增长。
碧柳舒芳，鹅黄淡烟堪欣赏。

奋发激昂，努力前路长驱闯。
攻关克障，天涯写意风光靓。

一笑淡荡,心性尚如少年狂。
努力奔放,学取飞鸟遨天翔。

心怀意念与谁同
2019-3-3

心怀意念与谁同?履历春风,
履历春风,孤旅人生不言中。

不必计较近成翁,心志中庸,
心志中庸,随缘履度持平慵。

岁月逝去正匆匆,应许从容,
应许从容,叩道情怀不苟同。

红尘谁是多情种?痛彻心胸,
痛彻心胸,五湖归来咏春风。

94.自由集

心志旷展平康
2019-3-7

心志旷展平康,惬听小鸟鸣唱。
仲春今正当,柳已笼鹅黄。

东风悠来清畅,品茗意兴昂扬。
人生正情长,婉转赋诗行。

岁月绵绵飞翔,笑我华发斑苍。
努力奋志向,履道舒奔放。

青天蓝碧堪赏,生活和平安祥。
阳和天地间,雅思也良长。

喜鹊喳喳大鸣
2019-3-11

喜鹊喳喳大鸣,旷余意兴,
旷余意兴,欣然哦诗赋激情。

春来我自多情,东风正行,
东风正行,柳烟淡笼碧芳青。

人生奋志而行,穿山越岭,
穿山越岭,磨炼刚健之身心。

红尘攘攘之境,应许清心,
应许清心,达悟大道入空清。

悠然心向
2019-3-16

悠然心向,履尽坎坷觉平常。
江湖闯荡,正直身心淡泊间。

名利弃放,剩有清贫何所妨。
烟霞放浪,田园山庄惬情肠。

春来心旷,展眼云烟多激荡。
万物生长,鼓舞情志岂寻常。

人生安康,秉持良知不张狂。
谦和心向,憩意诗书养襟房。

95.微笑集

心志阳光
2019-3-21

心志阳光,春来情怀共风扬。
春分正当,喜悦盈心哦诗章。

华灯初放,灯下容我理思想。
人生扬长,为因名利都弃放。

微笑浮上,淡泊心性水云间。
诗书昂扬,体道奋发展贞刚。

不屈顽强,一似岭上松生长。
不持孟浪,正直身心有理想。

桃红柳绿堪欣赏

2019-3-27

桃红柳绿堪欣赏,
春来心志清昂。
旷听喜鹊欢鸣唱,
诗意中心成长。

人生未许费彷徨,
合当努力驱闯。
前路关山任万幢,
矢志攀越险嶂。

衷情我欲放歌唱,
声震九重霄间。
浩志从来是轩昂,
名利未许成障。

此生任从斑苍涨,
英武凝于胸腔。
展眼田园若画廊,
心胸无比旷广。

东风浩荡

2019-3-30

东风浩荡,写意红尘逞漫浪。
心怀痴狂,镇日哦诗为哪桩。

人生情长,百折思绪如风扬。
春来奔放,花红柳绿堪讴唱。

不必嗟伤,年光正如水流殇。
且听鸟唱,享受当下之春光。

斑苍无妨,随缘吾且取悠闲。
水云心间,不受名利之炙伤。

淡荡情肠,聊歌岁月之舒扬。
志凝襟房,男儿英武天地间。

儒雅扬长,诗书沉潜吾昂扬。
知行之间,正直人生颇坦荡。

前路艰苍,一声嗨唱果敢上。
风云渺茫,坎坷旅程情志壮。

笑意浮上,觑破红尘吾何讲。
激越胸腔,叩道一生展悠扬。

96.至和集

雅将心事谈唱

2019-4-9

雅将心事谈唱,人生奋志昂扬。
春来情志都开敞,
窗外一任风狂。

中心怀有漫浪，已度苦旅千障。
一笑依然淡淡芳，
男儿也有情长。

努力向前向上，风雨岂许成障。
奋发意志胜铁钢，
磨难未许阻挡。

灯下清坐安祥，思想时起狂浪。
百年生死不必忙，
应该定定当当。

安祥心间
2019-4-16

安祥心间，一任时光恣流淌。
老有何妨，吾已饱谙人生场。

红尘狂猖，尽多利锁与名缰。
务持清肠，遁向田园与山乡。

阴云正放，暮春情景不堪讲。
花儿凋丧，诗人心兴有发扬。

哦出襟房，正义盈胸我昂扬。
不折奋闯，山高水长原无恙。

旷志扬长
2019-4-30

旷志扬长，人生履尽风雨艰。
暮春正当，风吹迷烟四野漾。

心境慨慷，耳际鸟语娇娇唱。
有花清芳，红尘大千逞漫浪。

奋发向上，抛却名利身心畅。
正义昂扬，诗书人生舒奔放。

身心气象，柔和原无机与奸。
一腔刚肠，努力万里天涯间。

97.雄思集

云淡天青
2019-5-1

云淡天青，春风恣意旷吹行。
小鸟娇鸣，倍添生活情与景。

红尘多辛，辞去名利吾清俊。
诗书经营，著作等身也雅清。

笑我多情，百折心灵伤了心。
豁达才行，觑破尘世之俗情。

努力驱进，叩道路上多险峻。
坚贞心性，奋志凌云摩天行。

心志未许沉沦
2019-5-4

心志未许沉沦，奋发人生刚正。
清听鸟鸣纯，我意旷雅芬。

红尘浊浪滚滚，众生沉溺深深。
名利务抛扔，清心叩道诚。

岁月不断进深，斑苍无妨纯真。
努力向前骋，风光历清正。

笑意淡淡清生，安度适意浮生。
风雨任其生，潇潇心性温。

爽风清新

2019-5-6

爽风清新，初暑余心持淡定。
天上流云，斜晖清照也多情。

世事损心，何不憩向松萝境。
安于清贫，正义盈心也雅清。

浩气凌云，君子人格端而俊。
矢志前行，不惧艰苍风雨凌。

窗外鸟鸣，声声宛转多动听。
心怀白云，不入名利之险境。

98.拙正集

旷展悠悠心襟

2019-5-7

旷展悠悠心襟，人生怀着奋兴。
初暑值天晴，喜鹊欢高鸣。

人生何必多情，风雨使人伤心。
落红不必惊，共缘去旅行。

岁月侵上双鬓，老来心情镇定。
淡泊利与名，清心安清贫。

诗书纵情哦吟，叩道一生倾心。
宇宙广无垠，奥妙任探寻。

昨夜蛙鼓激烈敲

2019-5-13

昨夜蛙鼓激烈敲，一夜睡眠好。
晨起清听鸟鸣叫，暑风写意骚。

人生应该不骄傲，谦和养德操。
行尽山水桑沧饶，朗然余一笑。

斑苍无妨心性傲，铁骨堪可表。
辞去名利水云飘，松风适怀抱。

雅思旷然撰诗稿，一奏幽兰操。
君子人格质朴饶，端方在尘表。

人生情怀知多少

2019-5-14

人生情怀知多少，胸襟水云飘。
叩道昂藏无玄奥，无机质朴饶。

窗外野禽欢鸣叫，晨风吹来好。
读书哦诗亦清妙，旷发我风骚。

红尘由来多胡搞，名利害人巧。
何不清心学高蹈，化外气象妙。

老来身心堪可表，览尽风云造。
淡定身心不讨巧，德操力培造。

99.陶然集

清思此际生成

2019-5-14

清思此际生成，初暑夜半时分。
月华照乾坤，远际蛙鸣纯。

灯下清坐思深，人生难以定论。
奋志在红尘，持正力驰骋。

不为名利奋争，不入世俗之城。
胸襟水云生，君子人格正。

笑我斑苍清生,豪气充盈乾坤。
诗书伴晨昏,朗吟有精神。

旷喜流风清畅

2019-5-16

旷喜流风清畅,我心欢乐未央。
天阴何所妨,我志正昂扬。

落红不必忧伤,随缘安处应当。
岁月骋奔放,我已值斑苍。

一笑爽然安祥,神恩如此广长。
一生风雨艰,积淀是思想。

哦诗舒发思想,叩道用心衡量。
修行秋春间,正气恒生长。

闲情聊舒旷

2019-5-18

闲情聊舒旷,灯下哦诗体激昂。
清夜颇安祥,远近未闻蛙鼓唱。

人生骋志向,越尽万千之关障。
岁月真奔放,转眼吾已值斑苍。

一笑爽然畅,随缘履历吾悠扬。
不入名利场,身心空灵是澹荡。

辗转桑与沧,世事阅历浮烟漾。
沉潜诗书间,总凭良知叩道藏。

100.天和集

红尘多辛何必表

2019-5-21

红尘多辛何必表,谁不知道,
谁不知道,壮志凌云奋前跑。
关山万千朗度了,风景清好,
风景清好,赢得呵呵展一笑。

窗外清风走风骚,喜鹊鸣叫,
喜鹊鸣叫,蓝天白云真美妙。
远际歌声略嫌吵,市井噪噪,
市井噪噪,身心勿忘水云操。

休憩身心

2019-6-4

休憩身心,何必整日耽讴吟。
请听鸟鸣,享受朗日与风清。

岁月进行,悠然品我之芳茗。
世事问寻,叩道天人无止境。

雅持身心,绝不放荡胡乱行。
秉持贞定,向阳心地冰雪清。

红尘险境,太多机关与陷阱。
务必镇定,胸中须怀大光明。

清骋志向入诗章

2019-6-8

清骋志向入诗章,
人生曷不扬长?

岁月桑沧有余芳,
斑苍一笑爽朗。

晚风清新恣意翔,
惬我心意无限。
心地诗意在荡漾,
从心小哦诗章。

红尘太多机与奸,
我心素朴清芳。
不图尘世名利脏,
淡泊处心安康。

诗书晨昏旷哦唱,
心志悠悠扬扬。
享受风清明月光,
性天原也清凉。

101.秀雅集

人生悠悠持心襟

2019-6-11

人生悠悠持心襟,奋志正凌云。
红尘由来多苦辛,一笑也爽清。

辗转桑沧吾何云?心境持镇定。
不惧风雨与雷霆,秉持我良心。

斑苍之境余思寻,叩道奋辟进。
心得点点入诗吟,履尽是风云。

岁月苍苍无止停,回思唯烟云。
瞻望前景壮无垠,努力去追寻。

坦荡身心

2019-6-15

坦荡身心,叠遭风雨吾不惊。
岁月多情,履度桑沧一笑凝。

耳际鸟鸣,休憩身心品芳茗。
风来舒情,惬我胸心启空灵。

心志殷殷,少年壮志心中凝。
世事觑明,淡定远辞彼利名。

诗书怡情,匡扶正义吾坚定。
不必大鸣,万里征途实践行。

人生况味知多少

2019-6-20

人生况味知多少,
惬意东风清绕。
更有小鸟恣鸣叫,
品茗我意雅骚。

红尘娟娟清好,无意名利洒潇。
诗书怡我襟抱,烟霞一生笑傲。

岁月清展风标,老我斑苍一笑。
独立秉持情操,向阳心志遥遥。

五湖归来应早,濯足洗我尘嚣。
叩道乐天不傲,持正谦和力保。

102.绿窗集

鸟语噪噪
2019-6-23

鸟语噪噪,蛙鸣灌耳,
写意晨风正清绕,
朗月迎人展微笑。

晨起正早,适我襟抱,
何妨哦诗舒情窍,
一腔正气弥尘表。

质朴无傲,雅持情操,
人生奋行阳关道,
风雨兼程矢志跑。

关山迢迢,风光大好,
五湖归来应宜早,
东篱黄菊培奇妙。

闲雅心间
2019-6-24

闲雅心间,淡看流云飞翔。
野禽欢唱,仲暑晨风清凉。

岁月飞狂,老我斑苍何妨。
一笑淡荡,人生奋志而闯。

履尽艰苍,依然铁骨如钢。
矢志顽强,傲立如山之壮。

笑彼强梁,只是一时狂猖。
时到消亡,天道运行恒昌。

坦荡襟怀吾不惊
2019-6-25

坦荡襟怀吾不惊,
笑对人生风云。
心志从来奋殷殷,
正气直可干云。

岁月清芬变阴晴,
回思仍有余情。
吾已斑苍心清静,
叩道觅取圆明。

大千世界是幻境,
名利损人性灵。
憩意诗书旷哦吟,
舒出淡荡心襟。

红尘由来多苦辛,
万里征途驱进。
努力灵程启灵明,
对准天国飞行。

103.和畅集

人生雅淡平康
2019-6-26

人生雅淡平康,履尽烟雨沧浪。
天上流云翔,惬意我襟房。

向阳清持襟肠,正直一生是向。
不畏旅途艰,迎难敢于上。

笑意淡淡浮上，悟道吾心不狂。
谦和秋春间，晨昏纵哦唱。

岁月清展澹荡，世事幻变桑沧。
古今展眼望，烟云叠迷茫。

心襟平旷

2019-6-27

心襟平旷，萧萧风雨成过往。
迎来阳光，神赐恩典岂寻常。

努力向上，叩道克尽千重艰。
一笑爽朗，斑苍无妨我扬长。

红尘狂荡，正直身心履安祥。
诗书之间，养育心灵真无量。

展眼长望，天际霭烟正迷漾。
想学鸟翔，去向天涯觅风光。

心志未可狂猖

2019-6-30

心志未可狂猖，坚守正直情肠。
人生吾悠扬，风雨履艰苍。

而今一笑爽朗，神恩感在心房。
窗外鸟鸣唱，写意和风翔。

市井闹闹嚷嚷，心须平静安祥。
叩道未可忘，践履日用间。

努力关山奋闯，名利弃去光光。
天涯灿风光，矢志去寻访。

104.远志集

清夜蛙鼓悠扬

2019-7-2

清夜蛙鼓悠扬，复有流风送畅。
四更不眠间，裁心哦诗章。

岁月清展扬长，只是老我华霜。
淡泊且安康，心襟骋奔放。

大千无限广长，叩道几微之间。
神恩真无限，导引入康庄。

百年岂是久长，回首一瞬相仿。
微笑吾温良，共缘销复涨。

清心静定为要

2019-7-3

清心静定为要，人生秉持情操。
永远不骄傲，正直吾风标。

岁月清展逍遥，吾心洒脱潇潇。
风雨任艰饶，矢志奋长跑。

关山履度迢迢，风光已经谙饱。
五湖归来早，诗书怡情抱。

展眼寰球渺小，世界是神所造。
叩道入险要，灵程旷扬飙。

人生经历艰辛

2019-7-4

人生经历艰辛，大化弄人谁醒。
奋志正殷殷，万里长驱进。

时正三更蛙吟,犬吠点缀和平。
不眠人儿醒,路上车轰鸣。

岁月使人奋兴,不觉已是斑鬓。
依然怀心情,骋志风雨境。

笑我书生痴情,耽于诗书苦境。
镇日费哦吟,陶冶真性灵。

105.英爽集

心志均平
2019-7-5

心志均平,履尽人生阴与晴。
胸襟淡定,世事不过是浮云。
展眼霭凝,清劲斜阳正辉映。
有蝉噪鸣,炎暑清喜风畅行。

聊品芳茗,古往今来付烟景。
斑苍之境,应持豁达之心灵。
仍须奋进,不屈人生鼓干劲。
万里驱行,沿途风光化诗吟。

人生漫漫
2019-7-6

人生漫漫,履尽困苦与艰难。
一笑雅安,神恩赐下已丰赡。

心怀浪漫,只是红尘多坷坎。
终有平坦,雨后彩虹七彩绽。

鸟啼妙曼,风儿却自狂呼喊。
清坐思展,理想中心撑铁胆。

不做好汉,中庸之道最和善。
鲁莽不敢,谦和正直保平安。

人生履历艰苍
2019-7-7

人生履历艰苍,赢得心襟潇爽。
清贫何所妨,正义吾强刚。

窗外清风舒畅,远野传来蝉唱。
清坐理心簧,化为诗流畅。

岁月尽展莽苍,心志未可萧凉。
努力旷意向,万里长驱闯。

抛弃名利肮脏,清心我意扬长。
心襟持坦荡,悠度岁月芳。

106.素心集

流年清新旷意境
2019-7-8

流年清新旷意境,心志均平,
心志均平,共缘履历也雅清。

东风舒展天值阴,鸟语娇俊,
鸟语娇俊,清喜牵牛开殷勤。

人生奋发是雄心,努力前行,
努力前行,征途莽苍雄浑峻。

面对风云合淡定,雅洁持心,
雅洁持心,化外气象宜探寻。

适意红尘惬怀抱

2019-7-9

适意红尘惬怀抱，有风潇潇，
有雨骚骚，磨炼意志如钢造。
岁月清展彼逍遥，心情大好，
旷展洒潇，窗外雅闻鸟鸣叫。

人生合当展刚傲，名利弃掉，
水云胸飘，化外情调共渔樵。
诗书平生体微妙，叩道迢迢，
深入玄窍，更裁心志化诗稿。

闲雅平生

2019-7-12

闲雅平生，履历太多艰与深。
奋志红尘，不为名利折腰身。

清贫刚正，诗书朗哦在晨昏。
体道清芬，心得缕缕入诗申。

道义人生，乐天知命何忧生？
平淡雅正，君子人格旷裁成。

岁月缤纷，世事饱谙吾不争。
共缘驰骋，清度雅洁百度春。

107.郁秀集

鸟啭情长

2019-7-15

鸟啭情长，蝉噪狂猖，
天暑清喜风凉爽，
吃瓜品茗惬意向。

岁月飞翔，人易斑苍，
一笑清怀持澹荡，
红尘原由神主掌。

奋志昂扬，关山驱闯，
不畏虎豹与豺狼，
提刀力上井阳岗。

人生贞刚，傲立昂藏，
叩道秋春风雨间，
哦诗清越吾扬长。

淡定人生浑如梦

2019-7-16

淡定人生浑如梦，心志从容，
心志从容，不惧雨来不惧风。

老来情怀与谁同？独立之中，
独立之中，叩道秉持我中庸。

奋志依然如长虹，七彩闪动，
七彩闪动，努力旷展吾刚勇。

红尘漫浪多情种，济世行动，
济世行动，大同世界缔造中。

清骋心志入诗章

2019-7-17

清骋心志入诗章，悠意扬长，
悠意扬长，人生曷不舒奔放？

履尽艰苍一笑扬，慧意心间，
慧意心间，人世不过幻桑沧。

红尘自古称攘攘,利夺名抢,
利夺名抢,何不放弃向松岗?

大千世界广无量,胸襟宜敞,
胸襟宜敞,开阔视野妙无疆。

108.忠诚集

清意此际生成

2019-7-28

清意此际生成,一任烈日炎蒸。
雅品茗芳芬,耳际灌蝉声。

岁月如飞驰骋,老我斑苍何论。
一笑展温存,人格持清正。

红尘浊浪滚滚,太多名利纷争。
雅度秋与春,清贫浑不论。

胸心旷发浩正,展眼世事纭纷。
努力奋前程,山水越雄浑。

蓝天幻化白云

2019-8-3

蓝天幻化白云,雅听野蝉清鸣。
斜晖正清俊,炎暑犹然凌。

岁月旷自飞行,年轮催促斑鬓。
一笑还朗清,共缘去旅行。

小风其来清新,心怀雅兴哦吟。
人生如驹行,百年幻美景。

曾经苦雨风劲,磨得意志钢硬。
英武是心襟,浩志纵凌云。

金风清起天涯间

2019-8-12

金风清起天涯间,人生怀感想。
岁月流转不愁怅,奋发吾刚强。

心志不必诉千状,要在行动间。
努力前旅不惧苍,心事有漫浪。

红尘自古称荒唐,名利骋嚣张。
谁持慧眼水云间?澹荡己心房。

老来心怀未颓唐,诗书晨昏唱。
时有隐忧袭襟房,展眼云飞扬。

109.向学集

清夜无眠

2019-9-20

清夜无眠,叩我本心,
人生贵在恒前行,
山高水深越无垠。

岁月进行,不嗟斑鬓,
红尘由来是多辛,
男儿从来展刚劲。

秋风清新,蛩鸣殷殷,
爽然此际有心情,
雅哦新诗舒性灵。

心志空清,何所言云?
不许名利袭与侵,
心中时刻怀水云。

清夜无眠叩本心
2019-10-15

清夜无眠叩本心，雅思空灵，
雅思空灵，奋发人生旷意境。

履尽山水一笑盈，桑沧幻境，
桑沧幻境，百年不忘是性灵。

修心养德真无垠，正义心襟，
正义心襟，不屈艰苍矢志行。

秋深夜静风清行，灯下哦吟，
灯下哦吟，舒出胸心也雅清。

心情舒畅
2019-10-16

心情舒畅，乐享人生之平康。
秋风清凉，夜黑灯下展思想。

奋发昂扬，不为物欲所缠障。
阖家安康，讴颂神恩之奔放。

岁月淡荡，风雨毕竟成过往。
彩虹心间，正义心灵怀阳光。

努力驱闯，无限业绩待造创。
灿烂遐方，天涯风景堪清赏。

110.寻芳集

心志安祥
2019-10-20

心志安祥，惬听远际之歌唱。
夜风清爽，晚秋意境真无恙。

世事平康，放眼世界风云旷。
一笑坦荡，大道原来运流畅。

不计老苍，依然奋志向遐方。
山水之间，万千风景待细赏。

孤旅昂扬，须知男儿似铁钢。
苦雨艰苍，于我不过是寻常。

岁月清芬
2019-10-22

岁月清芬，清爽度世吾秉诚。
名利辞扔，正义心襟何雅温。
秋风清生，欣赏落叶飘成阵。
黄花正芬，品茗读书陶醉生。

淡荡秋春，五十四载化烟尘。
记忆犹深，童年情景铭心身。
向前驰奔，万里征程足下证。
烟雨浮生，患难艰苦不足论。

何必镇日捧书向
2019-10-24

何必镇日捧书向，不妨扬长，
不妨扬长，清赏园圃菊金黄。

岁月清新且澹荡，哦歌昂扬，
哦歌昂扬，心地始终存阳光。

红尘清度不孟浪，正直情肠，
正直情肠，挥洒热情作诗章。

秋深掩卷旷思想，大道奔放，
大道奔放，天人之间存雅量。

111.磊落集

万家灯火旺

2019-10-24

万家灯火旺，心志展奔放。
小哦诗章，小哦诗章，
舒出情怀之俊朗。

人生旷昂扬，不屈艰与苍。
岁月飘荡，岁月飘荡，
少年倩影记忆间。

努力奋向上，克尽千重艰。
关山万幢，关山万幢，
大好风景堪清赏。

得意莫狂狷，持心贞洁间。
男儿豪放，男儿豪放，
叩道著书永留芳。

岁月清享

2019-10-27

岁月清享，展眼云烟飞澹荡。
叠变桑沧，红尘清居吾安祥。

秋晚烟苍，惬看落叶飞翻降。
诗意尘壤，市井生活任喧嚷。

清坐平康，打开灯光书奔放。
裁心诗章，舒出人生之气昂。

百年飞旷，我已斑苍逸意扬。
正直情肠，不屈磨难似松桩。

我是一株独树孤长

2019-11-2

秋夜难寐，披衣起坐，发我中怀，
时初五更，东方晨鸡已唱。

我是一株独树孤长，
经历风吹雨打盛旺。
虽然心中充满苦怅，
依然不屈不挠向上。

我是一株独树孤长，
仰赖四季风雨阳光。
卓然成为参天巨壮，
摇曳多姿茂盛青苍。

我是一株独树孤长，
心中充满正义力量。
虽然承受弃样目光，
坚定意念矢志张扬。

我是一株独树孤长，
傲立原野尽情成长。
向天张开怀抱开敞，
呼吸雨雾空气清芳。

我是一株独树孤长，
经历苦难从不绝望。
年轮虽巨心怀阳光，
一生追求正大气象。

我是一株独树孤长，
顶住突起雨暴风狂。
彰显生命焕然力量，
讴颂天地自然清芳。

我是一株独树孤长，
意志坚强泪不下淌。
无朋无友绝不凄惶，
内心坚贞充满明光。

我是一株独树孤长，
四季静吸天露滋养。
盛夏冬夜清展顽强，
最爱春和日丽景象。

我是一株独树孤长，
心中时时切祷上苍。
世界变得和蔼安祥，
阳光雨露按时倾降。

我是一株独树孤长，
命运安排雅然承当。
经历生尘不负期望，
安然生长舒发颜芳。

我是一株独树孤长，
对于明天充满希望。
终有一日根枯丧亡，
化为朽木也自安祥。

我是一株独树孤长，
纵展思想拥抱上苍。
生命于我只有一趟，
努力生长努力奔放。

112.清思集

岁月流畅

2019-11-2

岁月流畅，晚秋时节享清闲。
喜鹊鸣唱，林野色彩斑斓放。

清坐淡荡，享受清风自在航。
诗书之间，惬我情怀何悠扬。

人生奔放，名利抛尽心安康。
剩有情肠，婉转扬思入云间。

豁达安祥，悟彻世道幻泡仿。
正义贞刚，荷负道德立昂藏。

噪噪尘壤

2019-11-4

噪噪尘壤，太多物欲损襟房。
努力向上，不许名利骋狂猖。

心须定当，当知化外有气象。
脱出尘网，别有洞天岂寻常。

百年时光，矢将真理来寻访。
不辞艰苍，血泪纵洒不颓唐。

展眼旷望，宇宙辽广真无限。
蛋丸相仿，小小地球渺无疆。

心志勿取狂猖

2019-11-8

心志勿取狂猖，奋然展我气象。
人生骋志是昂扬，
力克险阻奋上。

岁月迷烟相仿,惜我已是斑苍。
和蔼情志乐安祥,
清度日月平康。

回首往事烟障,少年倩影何方。
不必旷展彼愁怅,
希望恒在前方。

努力奋发张扬,不屈烟雨艰苍。
红尘不过幻桑沧,
宇宙进化无疆。

人生寄托思想,力将正道弘扬。
真理真知必通畅,
欺骗难以久长。

叩道是余志向,向学晨昏无恙。
开口纵情余哦唱,
声震林野远长。

113.和熹集

世事履历艰苍

2019-11-9

世事履历艰苍,不折是余心向。
奋发矢展顽强,不惧险风恶浪。

人生百炼成钢,清展笑容温让。
红尘汹涌奔放,看我稳舵远航。

岁月莽莽苍苍,人世幻变桑沧。
百年真似瞬间,青春转眼逝殇。

老来倍加刚强,一似松梅相仿。
傲寒斗雪坚壮,更加苍翠花芳。

心志不取狂猖

2019-11-12

心志不取狂猖,淡泊是余情况。
谦和清持心肠,向上奋展昂扬。

有时心血奔放,有时热情张扬。
有时微感愁怅,有时悲愤交张。

人生就是这样,一如骑马飞狂。
又似放舟远航,难免遭到恶浪。

老来感悟非常,淡定清享安祥。
世事不过桑沧,老夫绝不颠狂。

万事顺理成章,一似吟哦诗行。
起承转合之间,正如水流无疆。

只是人生不长,转眼发觉斑苍。
信心依然不减,正道恒在人间。

心志雅清

2019-11-26

心志雅清,人生总持是淡定。
世事浮云,名利只是欺人心。

安于清贫,正义人生吾奋劲。
诗书浸淫,不老身心也空灵。

又值天阴,朔风吹袭冷寒峻。
散思纷纭,小哦新诗舒心情。

鼓志前行,标的天涯风光俊。
辗转阴晴,一笑爽然怀奋兴。

114.山香集

雅将心灵谈唱
       2019-11-29

雅将心灵谈唱,舒出人生意向。
云烟深处风光靓,
座座青峰苣壮。

岁月多么莽苍,郁我男儿刚强。
不畏风雨之艰长,
相信天会晴朗。

红尘不是故乡,浮生如梦相仿。
正如客旅之模样,
万事应都下放。

不许名利缠障,容我性光清亮。
诗书人生纵激昂,
正直一生扬长。

旷意红尘吾漫浪
       2019-12-8

旷意红尘吾漫浪,不惧苦艰,
不惧苦艰,坚贞心性持刚强。

冬来天气惜寒凉,心不猖狂,
心不猖狂,谦和儒雅学文章。

心性挥洒吾奔放,努力遐方,
努力遐方,风雨磨炼一笑扬。

岁月于我履淡荡,名利弃放,
名利弃放,辗转桑沧只等闲。

逍然心襟
       2019-12-10

逍然心襟,面对雾霾吾不惊。
心志镇定,览尽尘世之烟云。

红尘艰辛,人生不过是泡影。
电闪雷鸣,其中所历多酸辛。

岁月进行,我已斑苍何所云?
一笑爽清,悟彻玄道启圆明。

空空是境,应许不执于闲情。
慧光内酝,眼目原来是清新。

115.清讴集

喜鹊鸣唱
       2019-12-25

喜鹊鸣唱,圣诞佳节心欢畅。
神恩广长,赐我心灵有力量。

前路奋闯,抛弃名利轻身上。
浪漫心间,灵程道路凯歌扬。

岁月飞翔,不计老苍情志壮。
奋发图强,男儿热血振慨慷。

天阴何妨,细雨轻洒心温让。
正气昂扬,来年计划预筹量。

窗外冬雨起清响
       2020-1-7

窗外冬雨起清响,华灯灿然放。
清坐从容哦诗章,一曲体昂扬。

人生快慰心地间,发出为讴唱。
新年舒发我感想,悠悠是诗行。

大千世界存思想,体道吾清昂。
奋发情志矢去闯,山水越清长。

旧年往事不必讲,一似水流殇。
要在前路贞志刚,不屈风雨艰。

坦荡心胸　　　　　　2020-1-7

坦荡心胸,原无傲气在其中。
窗外雨风,室内和暖清哦讽。

人生从容,悟彻元机与穷通。
一笑和幢,淡定清持在襟胸。

努力前冲,不畏风雨之烈猛。
英武刚雄,天下容我长横纵。

不计斑浓,男儿奋志寰宇中。
真的英雄,创造历史树新风。

116.南窗集

心志和平　　　　　　2020-1-11

心志和平,畅意东风正经行。
天气惜阴,更有雾霾浮而萦。

坎坷生平,朗然心境一笑盈。
叩道进行,圆明觉性悟无垠。

前路奋进,山高水长风光峻。
百年生命,追求灵修无止境。

向上飞行,克尽千难穿云岭。
天涯之境,灿烂风光岂常寻。

红尘险境,太多名利诱人行。
心须看紧,不可失陷入阴阱。

世事浮云,道德人生鼓志行。
大同前景,总赖仁人共推进。

情志舒畅　　　　　　2020-1-12

情志舒畅,雅将新诗来哦唱。
岁月清芳,心怀理想恒茁壮。

向前向上,男儿岂畏千重艰。
胜利在望,鼓舞身心矢去闯。

淡定心肠,不为名利屈身向。
水云襟房,向阳情操持悠扬。

鞭炮震响,吉日寰宇多欢畅。
展眼天广,我欲振翼乘云上。

心志奔放　　　　　　2020-1-17

心志奔放,人生迎难吾径闯。
红尘万丈,正好磨炼心性刚。

夜幕升上,灯下清坐余思想。
慨慷之间,从容哦诗舒激昂。

冷寒之间,中心火热性情爽。
新年瞻望,大好前景展辉煌。

微笑浮上,悟道余心持扬长。
岁月舒扬,流年正如老酒香。

胸襟坦荡，正直为人不张狂。
矢志向上，奋发克尽千重艰。

天涯无恙，灿烂风光定清爽。
惬我意向，努力万里驱而上。

117.茂昌集

激情岁月聊写照
        2020-2-4

激情岁月聊写照，慨哦诗稿，
慨哦诗稿，舒出南山之风标。

立春今日喜来到，晴日高照，
晴日高照，写意东风吹巧妙。

雅听喜鹊欢鸣叫，怡我情抱，
怡我情抱，情思娟娟放飞了。

人生情怀真大好，努力驱造，
努力驱造，千山万水踏遍了。

人生风采长扬
        2020-2-4

人生风采长扬，奋志向上，
奋志向上，此生不畏千重艰。

立春今日来访，喜悦心间，
喜悦心间，努力奋展吾慨慷。

红尘多有漫浪，彩霞襟房，
彩霞襟房，纵有风雨亦何妨。

风中小鸟欢唱，天日晴朗，
天日晴朗，迎春花儿正怒放。

旷展心襟
        2020-2-10

旷展心襟，人生奋志属常寻。
孟春已临，共春鼓荡我心情。

小鸟娇鸣，惬我心意并心灵。
晨风清新，只是冷寒犹峭峻。

红尘多辛，英雄奋展刚与劲。
不屈矢进，高山流水越无垠。

哦诗空清，舒出情志向白云。
天涯风景，时刻召唤我前行。

118.纯正集

人生情调知多少
        2020-2-10

人生情调知多少，南山容笑傲。
清度红尘何不好，名利宜当抛。

诗书晨昏纵怀抱，怡我情与窍。
乐天知命吾逍遥，叩道任迢迢。

春来小鸟恣鸣叫，黄昏落日照。
清哦新诗适情抱，淡泊吾康好。

五十五载虚度了，而今日渐老。
宜当开怀纵一笑，千载余诗稿。

小鸟恣意鸣叫
        2020-2-12

小鸟恣意鸣叫，天日晴好，
天日晴好，更有东风写意绕。

散坐心情娟好，品茗意逍，
品茗意逍，容我小撰新诗稿。

岁月如此丰饶，奋志奔跑，
奋志奔跑，千山万水越过了。

洒脱微微一笑，悟彻玄妙，
悟彻玄妙，天人之间存大道。

风声舒狂
2020-2-15

风声舒狂，雨却渐减。
散坐心志怀平康，
一任时光清流淌。

孟春无恙，冷寒任彰。
天气终将艳阳放，
和煦天日滋草长。

心怀坦荡，无有机奸。
两袖清风真爽畅，
一身正气何清昂。

书生气象，无机扬长。
镇日哦诗为哪桩？
何不观赏云飞荡？

119.清素集

人生情怀吾娟好
2020-2-16

人生情怀吾娟好，心境微妙，
心境微妙，容我从容撰诗稿。

春来东风吹清渺，朗日高照，
朗日高照，青碧蓝天白云飘。

周日无事品茗逍，乐哦怀抱，
乐哦怀抱，讴出生活之情调。

快慰心情无法表，安乐逍遥，
安乐逍遥，旷望碧柳裁新条。

潇潇心襟
2020-2-17

潇潇心襟，面对风云吾不惊。
一笑怀情，雅知春天已来临。
朗日正晴，蓝天飘泊彼白云。
爽风何清，快慰吾之心与灵。

岁月奋兴，百草排芽旷启青。
绿水波平，有否渔郎钓竿平？
散思旷运，哦诗舒展余热情。
不老心境，淡泊尘世利与名。

心志不取苍凉
2020-2-20

心志不取苍凉，奋发人生力量。
虽然红尘险陷，神恩总赐广长。

春来心怀漫浪，鸟语娇娇唱响。
清风沁人心肠，能不写诗讴唱？

此生虽履坎苍，志向仍持贞刚。
瞻望天涯遐方，远航尽我力量。

此际阳光和畅，熙熙和平宇间。
淡荡清持襟房，正直一生扬长。

120.峥嵘集

喜鹊噪噪

2020-2-22

喜鹊噪噪,晨起心情分外好。
朝暾升了,清风写意吹来妙。

岁月轻飘,人生不觉已苍老。
合当一笑,随缘履历也雅骚。

诗书哦了,激情岁月留写照。
展眼远瞧,孟春世界入画稿。

正义襟抱,清怀不入世俗道。
介意田樵,不图名利格自高。

安度岁月吾平康

2020-2-22

安度岁月吾平康,诗书费平章。
人生已是近夕阳,心志展贞刚。

清喜春来东风旷,喜悦我襟房。
灯下清思放无疆,人生正气昂。

前路不畏山叠障,努力奋去闯。
沿途风光险且壮,雅契我心肠。

红尘亦存有漫浪,但须用心访。
淡眼桑沧幻化强,平正且安祥。

雅思旷展良长

2020-2-23

雅思旷展良长,人生舒发感想。
攘攘红尘间,性天须清凉。

百年一似飞殇,名争利夺险脏。
何不持清向?远辞名利场!

岁月旷展淡荡,只是老我斑苍。
未许慵襟房,奋志以强刚。

阳光煦和晴朗,春日喜鹊鸣唱。
清风来何畅,舒适我心肠。

三. 阳光书屋诗集

1.曙光集

雅思既是良长

2020-2-23

雅思既是良长,心襟原也悠扬。
人生纵情歌唱,春来和蔼宇间。

岁月清展奔放,不老身心清旷。
斑苍不减清狂,诗书笑傲讴唱。

世界人生容想,正义心襟昂扬。
叩道深入险艰,慧烛始终擎掌。

夜深灯下思放,一曲短歌扬长。
舒出情思玄畅,和婉心地安祥。

人生易老天难老

2020-2-25

人生易老天难老,
春来情思转俏。
斑苍不减心志傲,
奋然新诗哦了。

夜来新雨膏芳草，
晨起清风吹袅。
意兴旷然真洒潇，
激情盈满心窍。

坦荡人生原雅好，
桑沧不过了了。
奋志依然在远道，
风雨艰苍一笑。
诗书容我深潜造，
哦诗舒出气豪。
瞻望前路风云渺，
努力步步行好。

淡定人生吾扬长

2020-2-28

淡定人生吾扬长，
春来情志共风漾。
无执于心享澹荡，
清怀向阳正直彰。
不屈名利与强梁，
始终叩道致遐方。
清坐内叩心与肠，
一腔热血倾诗章。

淡定人生吾扬长，
老来情怀弥刚强。
五十五载化飞殇，
爽然一笑也安祥。
饱经世事之桑沧，
人生原属于苍凉。
大化匆匆舒奔放，
玄机谁解其机簧？

淡定人生吾扬长，
中心才思旷发扬。
哦出千章向谁讲？
孤旅萧寂独自尝。
人生是缘不必讲，
奋志依然万里疆。
好借东风慰情肠，
愿化飞鸟傲天翔。

淡定人生吾扬长，
天阴清坐展思想。
孟春依然有寒凉，
爽风清来适意向。
诗书抛去独自想，
情怀理来难细详。
一曲中心悠悠唱，
淡定人生吾扬长。

2.闲云集

人生情怀知多少

2020-3-10

人生情怀知多少，
春来雅有情调。
清听喜鹊旷鸣叫，
云天苍霭清绕。

最喜柳烟鹅黄罩，
毵毵碧柳条条。
诗人意兴有雅骚，
新诗朗哦不了。

红尘春来胡不好，
万物生机丰饶。
碧波清漾涨春潮，
引我诗兴发了。

岁月飞展如逝飙，
斑苍赢得一笑。
豁达人生若云飘，
飞向山中遥逍。

碧野新芳

2020-3-11

碧野新芳，春来情思展淡荡。
向阳襟房，正直人生吾扬长。
名利弃放，剩有清贫吾自享。
水云之间，放浪性灵如鸥翔。

有鸟鸣唱，有风清新自在航。
清坐思想，人生随缘舒奔放。
不取狂狷，谦和心性还自强。
叩道贞刚，傲立如松苍且壮。

心志不取消沉

2020-3-13

心志不取消沉，奋发人生刚正。
履尽烟雨缤纷，心意坦平安稳。
一生唯赖神恩，导引正道驰骋。
不惧山高水深，终抵康庄清芬。

心志不取消沉，春来情志清生。
天阴朔风吹呈，品茗淡泊心身。
耳际鸟鸣温存，河畔碧柳飘芬。
向上是我心身，天国乐园永恒。

心志不取消沉，一生领受神恩。
思想旷展雅芬，不入世俗泥尘。
名利矢志抛扔，清贫无妨心身。
坦腹哦诗安稳，无机心地清纯。

心志不取消沉，努力前路驱骋。
于无人处自审，于世俗中奋争。
自强不息奋身，道义一生敬遵。
任起困障丛生，坚贞冬夏秋春。

3.秋爽集

平淡度昏晓

2020-3-14

平淡度昏晓，抛弃名利格自高。
向阳持情操，一任风雨洒与抛。

红尘真热闹，太多猴儿争着跳。
应持智慧瞧，人生不过是缘造。

努力奋前道，不惧山高险又峭。
扬长我心窍，风雨兼程力访造。

观心最重要，持拙本是人生宝。
性光应显耀，湛湛天良应可表。

积德修心无恙

2020-3-30

积德修心无恙，前路正长，
前路正长，步履山水吾奔放。

人生勿计短长，共缘而翔，
共缘而翔，神恩足够你我享。

灵思务必增长，慧目清张，
慧目清张，世界宇宙存真相。

四大并非幻象，意义显彰，
意义显彰，度人审心费思量。

和合用心衡量，不计险艰，
不计险艰，文明进步永无疆。

大同是余向往，熙熙其象，
熙熙其象，天下万民乐未央。

气场相摩荡

2020-3-30

气场相摩荡，造化岂是寻常。
因缘必须讲，报应由来不爽。

红尘是攘攘，众生务明方向。
矢志奋向上，克尽千重艰苍。

试探一任放，我已意志成钢。
努力叩道藏，努力修心无疆。

百年一瞬间，尘世只是道场。
韶华勿费浪，时光如水逝淌。

4.含煦集

休憩身心

2020-4-1

休憩身心，抛开书本且品茗。
长嗅风清，雅听小鸟之清鸣。

春天意境，最喜漫野菜花金。
红尘多辛，应可休憩我身心。

叩道进行，履历山水多清新。
览尽浮云，识得名利是虚境。

奋志追寻，天国美景乐无垠。
体道均平，向往大同之妙境。

悠悠心襟

2020-4-5

悠悠心襟，吞吐山河吾不惊。
岁月清平，老我斑苍一笑盈。

此生多情，履尽苦雨并艰辛。
奋志凌云，胸怀天下意雅清。

嗟此生平，太多狼烟吾经行。
不屈困境，努力穿风冒雨进。

叩道进行，心得化作诗哦吟。
舒发感情，晚春朗日风清新。

闲情聊舒旷

2020-5-3

闲情聊舒旷，清听鸟唱。
远际歌声扬，暮春正当。

月季最妍芳，小桃成长。
田园似画廊，云飞澹荡。

悠悠和风漾，品茗意畅。
写诗适情肠，婉转心间。

人生合扬长，万事俱放。
名利不必讲，处心安祥。

5.怀远集

清意流风正送畅
2020-5-10

清意流风正送畅,喜鹊高鸣唱。
散坐心事费平章,一杯绿茗芳。

读书意兴真无恙,小撰新诗行。
舒出情志也慨慷,人生正气昂。

不屈磨难万千放,男儿豪情壮。
一任斑苍渐增长,努力万里疆。

不图名利自豪强,叩道展贞刚。
笑看天下之攘攘,性天自清凉。

红尘由来走马场,名利肆狂猖。
多少英雄屈身向,心陷污泥间。

余意率兴哦扬长,不入名利场。
身贫清度也安祥,白云胸中漾。

旷意人生吾驰骋
2020-5-11

旷意人生吾驰骋,心志发刚正。
清听鸟儿啼清纯,风吹絮儿奔。

蓝天白云自在纷,清坐思深沉。
人生理想胸中存,努力万里程。

娇艳月季开正芬,园圃美不胜。
诗书之中雅意生,沉醉深又深。

平生饱经桑沧阵,一笑还馨温。
正直不惧风雨盛,雨后虹会生。

云天闲望
2020-5-15

云天闲望,初暑百禽竞鸣唱。
爽风来航,细嗅原来有花香。

心志清昂,人生振奋我情肠。
不屈艰苍,努力恣展我顽强。

华发初霜,呵呵一笑也安祥。
神恩无恙,导引正路奋启航。

向前向上,不计名利吾平康。
红尘虚妄,太多迷雾与烟障。

淡定之间,不觉已度千关嶂。
微笑雅娴,诗书容我深研访。

叩道奔放,心得心志入诗唱。
道义广长,正必胜邪闪金光。

6.芳翰集

心志深广
2020-5-15

心志深广,履历人生正气昂。
率意诗章,舒出中心烟霞旷。

初暑正当,惬听野鸟欢鸣唱。
清风来航,大千云天何澹祥。

散思平康,人生时刻怀向往。
大同之邦,一生景仰长瞻向。

正义昂藏,力战恶邪不计艰。
奋发顽强,神恩宽广且无量。

岁月清享，不计老苍骋清刚。
笑意舒放，正必胜邪民安康。

灵程奋闯，克尽千关与魔挡。
顺利归航，天国乐园何安祥。

喜鹊喳喳以鸣放
2020-5-20

喜鹊喳喳以鸣放，小满正当，
天气爽朗，况有清风写意航。

清坐思想费平章，人生昂扬，
奋发向上，挥洒情志慨而慷。

岁月清度吾悠扬，不许名妨，
不准利狂，清贫度日以平康。

诗书是我性命粮，纵声哦唱，
激越奔放，人生正意入诗章。

心志向谁弹并唱？孤旅扬长，
不计苍凉，五十五载入云间。

回首人生不怅惘，奋志所向，
天涯矢闯，叩道踏遍彼莽苍。

悠悠哦唱不凄凉，性天凉爽，
悟彻玄黄，秉持身心是淡荡。

前旅奋发展贞刚，一笑雅芳，
圆明心间，世界广大容舒放。

晨间闻得子规唱
2020-5-23

晨间闻得子规唱，惊动我心肠。
人生时刻怀向往，旷飞无止疆。

小满过后天初亢，总赖爽风扬。
读书写诗真悠扬，正义盈襟房。

平生履尽是艰苍，不必多言讲。
要在前路奋慨慷，长驱天涯间。

此际暮色浓重降，灯下哦华章。
一曲中心舒扬长，婉转复清昂。

7.清昶集

蓝天云飘
2020-5-24

蓝天云飘，写意红尘多风标。
子规啼叫，大好田园堪画描。

月季开俏，七彩舒芳艳丽饶。
茁壮青桃，生长枝上正娇好。

人生情抛，闲写新诗乐逍遥。
岁月风标，赐我斑苍也雅骚。

歌声轻飘，涤我心魂真无二。
清坐洒潇，旷意清风舒心窍。

诗意憩息在尘嚣
2020-5-27

诗意憩息在尘嚣，世界闹吵，
心须静悄，无机情怀也雅骚。

清风其来适怀抱，新诗哦了，
雅闻鸟叫，旷怀激越慨慷造。

远处鞭炮又嚣嚣，市井喧闹，
诗书为要，不为名利折身腰。

高怀不必世人晓,水云胸飘,
淡荡情窍,正意原有天知道。

奋发胸襟万里道,江山多娇,
奋发刚傲,济世叩道吾逍遥。

历尽艰困还一笑,神恩丰饶,
平安昏晓,振奋精神灵程造。

五湖归来何所道,风光清晓,
斑苍任老,舒写心迹入诗稿。

南山情调原风标,名利抛了,
身心洒潇,无机雅讴田园妙。

心志宁静

2020-5-27

心志宁静,惬听鸟清鸣。
风来爽俊,胸襟旷无垠。

正意盈襟,远辞彼俗情。
无机之境,君子才能领。

悟彻空清,尘世是幻境。
百年生命,如烟之飞行。

努力前进,业绩创无垠。
大化之境,慧意运空灵。

岁月进行,人入斑苍境。
笑意且盈,神恩领不尽。

欢呼尽兴,灵程我奋行。
叩道之境,层峦掩复映。

8.迪志集

粉蝶翩翔

2020-5-27

粉蝶翩翔,蓝天云旷,
夕烟初苍,心事不尽入诗章。

情怀畅朗,散步悠闲,
生活安康,车水马龙熙复攘。

人生平章,云行相仿,
是缘在放,潮起潮落何必讲。

小鸟啼唱,暑风清爽,
远际歌唱,激动我之心与肠。

岁月更张,流年狂猖,
年老瞬间,斑苍中庸心志康。

奋向前闯,骋志强刚,
风雨艰苍,磨砺我之贞与刚。

红尘无恙,雅思良长,
新诗哦唱,舒展情怀正扬长。

胸襟奔放,寰宇包藏,
踏实去闯,坚信前路有阳光。

流年光阴催人老

2020-5-28

流年光阴催人老,不取高傲,
谦和怀抱,振节人生奋前道。

此际和风正清绕,阳光洒照,
雀鸟鸣叫,更有花香适襟抱。

品茗三杯意兴逍,气冲云表,
哦出雅骚,别致新诗脱口造。

百度秋春莫草草,正直为要,
向学问道,清守气运吾洒潇。

展眼天上白云飘,爽洁尘嚣,
不惧苍老,学取苍鹰向天遨。

前路任起风雨饶,不入歧道,
攀越险要,关山风情吾知晓。

豁达呵呵展一笑,怡我情抱,
共缘逍遥,人格俱向诗中描。

人生虽如草上飘,转眼逝消,
踪迹飘渺,传世不朽是诗稿。

闲适无恙

2020-5-31

闲适无恙,初暑风光惬意肠。
鸟语花芳,写意人间清风旷。

我自悠扬,品茗心志更舒畅。
朗哦词章,激情岁月聊舒狂。

我已斑苍,少年情景记忆间。
前路瞻望,关山风云依旧壮。

努力奋上,叩道不畏千重艰。
名利弃放,轻身上阵何慨慷。

9.野吟集

未可老了身心

2020-6-4

未可老了身心,人生奋志前行。
天气任阴晴,洒脱持心灵。

红尘由来多辛,苦难磨历常寻。
意志当分明,努力向前进。

不为物欲分心,时常内叩心灵。
宇宙广无垠,灵妙岂常寻。

万物秉持心灵,进化无有止境。
天人合一境,妙运难言云。

此际清坐思萦,爽快是余心灵。
神恩总无垠,灵程旷飞行。

叩道深入圆明,妙悟裁之于心。
正气旷凌云,济世存于心。

努力奋发刚劲,前冲万里险境。
攀山我摩云,览尽奇风景。

一笑还自清新,谦和人生奋进。
斑苍不要紧,贵在怀童心。

心襟未许萧凉

2020-6-19

心襟未许萧凉,晴天正爽,
云烟淡荡,雨霁鸟鸣花开放。

散坐思想平康,人生昂扬,
不屈艰障,努力前驱奋慨慷。

红尘名利狂猖，务弃务放，
清心扬长，诗书容我清徜徉。

纵情哦诗奔放，激越张扬，
情怀涤荡，悠悠万年烟雨苍。

蓝天云翔
2020-6-30

蓝天云翔，清听鸟歌唱。
小风来爽，浴后写诗舒流畅。

淡淡荡荡，中心无所藏。
无机之间，履尽千山与万障。

岁月品尝，百感蕴心间。
人生扬长，为因名利全弃放。

恣意诗章，纵情吾哦唱。
正气盈腔，勃发情志入云间。

10.烟峦集

莳花弄草真尽兴
2020-7-1

莳花弄草真尽兴，有汗微微沁。
蓝天飘泊彼白云，斜照展清俊。

人生奋志是殷殷，诗书恒用劲。
哦出身心如风清，原也颇雅俊。

岁月于我是多情，览尽关山云。
斑苍之境何所云，一笑也爽清。

园圃群花灿无垠，引我开怀襟。
欣然赋诗诉心灵，淡荡处生平。

闲适心地雅哦唱
2020-7-2

闲适心地雅哦唱，
风中清递蛙鸣放。
五更早起清欢畅，
一篇新诗出指掌。
岁月由来展奔放，
不计老苍心茁壮。
奋发情志吾宣讲，
正义心襟舒昂扬。

闲适心地雅哦唱，
吐出胸心如兰香。
一生不屈尘世网，
矢志冲决名利障。
正直平生不骄狂，
虚伪欺诳切齿间。
叩道万里兼程闯，
沐尽风雨并凄凉。

闲适心地雅哦唱，
老来心境入康庄。
神恩所赐岂平常，
慧意入心化诗章。
万首舒出义端方，
婉转情思共风扬。
一笑温和雅无量，
儒雅君子风度娴。

闲适心地雅哦唱，
窗外天还没有亮。
吐出胸心明媚漾，
手中仗剑天下闯。

斩尽妖魔并鬼魍，
还我世界太平康。
百年生死度等闲，
不负华年逝飞殇。

丝雨洒飘

2020-7-19

丝雨洒飘，清风吹好，
有鸟啼叫，园圃落红堪嗟悼。

心志逍遥，洒脱情潇，
新诗哦了，舒出旷雅之情调。

岁月如飙，不必嗟老，
奋志刚傲，前路万里须行好。

正义风标，力战魔妖，
山河清好，世界乃是神所造。

微微一笑，心胸洒潇，
名利弃掉，叩道一生水云飘。

淡荡才好，无机心窍，
努力前道，山水风光堪饱瞧。

红尘险道，不惧艰饶，
神恩笼罩，灵程振翅旷飞高。

天国美好，人间幻造，
共缘涨销，坦然胸襟乐无二。

11.爽朗集

心志悠扬

2020-7-19

心志悠扬，耳际传来越剧唱。
夜风凉爽，清静暑夜也安祥。

享受休闲，雅将新诗来哦唱。
情怀泻淌，舒出中心之狂猖。

人生扬长，为因无执于心间。
名利欺诳，清心憩向水云乡。

红尘攘攘，众生太多陷迷茫。
济世必讲，振节人生舒奔放。

奋发雄英

2020-7-27

奋发雄英，不嗟坎坷之生平。
喜鹊清鸣，振兴余之心与灵。

天气正阴，爽风清来余多情。
牵牛开俊，喇叭向天笑吟吟。

生活和平，须防突然起阴晴。
世事幻境，总凭慧心观分明。

桑沧无垠，只是人生百年景。
努力前行，积累道德无止境。

心志勿狂猖

2020-8-15

心志勿狂猖，请听蛙唱，
请听蛩唱，天气秋来犹燥冘。

五更放思想，哦诗奔放，
激情张扬，灯下情怀真无恙。

岁月辗转间，人不萧苍，
心未萧凉，奋志依然在远疆。
红尘正狂荡，利锁名缰，
杀人嚣猖，化外水云容憩享。

12.风标集

浮生旷展意向

2020-8-15

浮生旷展意向，志取清昂，
志取清昂，矢志奋力向上。

夜幕此际又降，华灯点上，
华灯点上，哦诗舒我激昂。

心志应许扬长，名利辞放，
名利辞放，高蹈水云之乡。

红尘徒是攘攘，利锁名缰，
利锁名缰，害人何其狂猖。

向学吾志强刚，晨昏哦唱，
晨昏哦唱，舒出我之心芳。

叩道矢展顽强，不屈强梁，
不屈强梁，真理必当通畅。

神恩无比广长，导引向上，
导引向上，天国才是家邦。

百年总存漫浪，心怀理想，
心怀理想，正义必胜恶奸。

微笑此际浮上，有风来翔，
有风来翔，心潮起伏无恙。

路上车行熙攘，霓虹闪靓，
霓虹闪靓，生活演奏乐章。

人生奋持理想

2020-8-16

人生奋持理想，不怕困难苦障。
努力去闯荡，山水越远长。

笑意清新展放，悟道吾享安康。
天地正气昂，神恩赐广长。

斑苍无妨扬长，淡定清持志向。
济世乐无恙，大同践履间。

天气任其炎亢，吾只淡守平常。
诗书须研访，识见日增长。

心志总持爽清

2020-8-16

心志总持爽清，不许名利扰侵。
淡定我心灵，水云存意境。

享受生活和平，清贫并不要紧。
叩道穿云岭，心得化诗吟。

胸襟如花之俊，七彩是余心灵。
质朴且刚劲，叩道风雨行。

人生百年之境，一似电影运行。
桑沧任叠并，过去入烟景。

13.潇洒集

天气虽然晴朗

2020-8-17

天气虽然晴朗,雾霾却很狂狷。
清听蝉鸣唱,热汗任沁淌。

岁月舒展奔放,初秋仍很燥亢。
切求甘霖降,万物渴慕间。

人生奋志昂扬,已履山水青苍。
困障任叠放,微笑风雨间。

捧出是我心房,炽热并且淡荡。
悠悠余讴唱,心思展平旷。

心情中正之间

2020-8-18

心情中正之间,人生温和无恙。
天气任燥亢,水云存观想。

夕阳正展茫苍,市井闹闹嚷嚷。
清坐颇安祥,电扇播风凉。

哦诗激越慨慷,旷舒男儿气象。
一种是阳刚,一种是柔肠。

初秋来到人间,天气终将凉爽。
不惧老来访,奋发我顽强。

修身养性颇要紧

2020-8-19

修身养性颇要紧,
人生动魄惊心。

长驱履尽阴与晴,
关山饱经险峻。

而今淡荡盈心襟,
一笑也还雅清。
奋志依然凌青云,
敢作敢为镇定。

诗书晨昏深用劲,
淡度秋春清平。
苦风凄雨是过境,
桑沧幻化均平。

展眼天际苍霭凝,
天空飘着白云。
初秋景致颇清新,
清坐哦诗尽兴。

14.冲浪集

东方微吐一线红

2020-8-20

东方微吐一线红,时正五更中。
旷听田野蛩鸣颂,写意走金风。

早起心境持轻松,哦诗吐清空。
只是诉出我襟胸,诉出我情浓。

岁月进展正从容,惜我年斑慵。
窗外传来鸟之颂,怡悦我心胸。

路灯犹亮辉光送,静坐思潮涌。
振志人生不平庸,努力奋前冲。

习习凉风骋意境

2020-8-26

习习凉风骋意境，天气又阴，
天气又阴，野外小鸟正娇鸣。

清坐思绪正无垠，人生奋进，
人生奋进，越尽关山览尽云。

心志由来持空清，远辞利名，
远辞利名，高蹈胸襟入白云。

岁月桑沧何必云，不会暂停，
不会暂停，生活正似水流行。

旷起诗意并豪情，振节哦吟，
振节哦吟，一吐胸襟世震惊。

男儿刚武展心境，奋志凌云，
奋志凌云，努力风雨兼程行。

傲立世界吾清俊，虎狼成群，
虎狼成群，鼓勇提刀奋辟进。

五湖归来何所云，一笑爽清，
一笑爽清，人生是共缘去行。

心志广辽

2020-8-29

心志广辽，淡眼天际走飞鸟。
白云飘渺，清喜金风吹来了。

散坐遥道，放飞心瀚若飞鸟。
人生草草，五十五载逝去了。

吾且高蹈，水云清幽憩心窍。
乐共田樵，谈点闲话道声好。

岁月清飘，过去年轮何处找？
呵呵一笑，人生原是缘之跑。

15.松篁集

天气阴晴之间

2020-8-30

天气阴晴之间，心境却很晴朗。
有鸟清啼唱，有风吹清畅。

秋花烂漫开放，引余中心欣赏。
洁白玉簪芳，妍红牵牛旷。

人生志取强刚，不为名利奔忙。
叩心真无恙，发现真宝藏。

叩道奋发昂扬，心得缕缕清芳。
哦诗当激昂，舒展慨与慷。

蓝天流变白云

2020-9-6

蓝天流变白云，爽洁我之心灵。
心志裁均平，校诗也雅清。

秋意和平空清，牵牛开得娇俊。
奋志当凌云，努力向前行。

人生当展豪英，叩道永不止停。
正义盈心襟，情操洁若云。

鼓勇矢当驱进，关山履历风云。
壮我之身心，境界辟无垠。

人生雅意横纵

2020-9-6

人生雅意横纵，奋发展我刚雄。
努力奋前冲，关山越万重。

此生履尽雨风，赢得心襟如虹。
质朴且清空，坦荡复和慵。

人生不妄行动，思想凝聚无穷。
智慧蕴心胸，展眼苍云动。

独立我自哦讽，舒出心中情浓。
岁月逝匆匆，微笑吾持中。

16.同济集

窗外歌声靓

2020-9-7

窗外歌声靓，引我心志起激昂。
人生奋向上，矢志克尽千重艰。

晚风正吹翔，灯下校诗也悠扬。
身心舒奔放，不为物欲所蔽障。

慧目务须张，灵心叩道几微间。
文明恒向上，努力开辟新路向。

天国是家邦，神创宇宙妙无限。
欢呼应尽量，人生总是有指望。

早起五更

2020-9-21

早起五更，窗外蟋蟀鸣声声。
岁月进深，明日不觉已秋分。

心事清芬，向阳情操正茁盛。
努力前奔，山水履历彼清正。

旷怀清诚，叩道一生不惧疼。
感谢神恩，赐我平安之旅程。

阖家馨温，感沛丰富之神恩。
欢呼声声，圣洁心灵奋灵程。

情怀雅淡

2020-9-22

情怀雅淡，何必高声鸣喊。
沉默实干，汗水浇出丰产。

人生扬帆，畅快我之心胆。
万里艰难，总赖神恩丰赠。

东风正展，清我精神心肝。
哦诗浪漫，少年心襟可看。

小鸟鸣喊，惬余胸心恬然。
愿学鸥泛，搏击江风沙滩。

17.青阳集

人生矢向上

2020-9-23

人生矢向上，岂惧苦艰，
岂惧苦艰，爽然大笑清无恙。

蓝天云徜徉，秋意淡荡，
秋意淡荡，清坐品茗理思想。

岁月奋飞扬，不计斑苍，
不计斑苍，心性犹如少年仿。

展眼田园旷,万类荣昌,
万类荣昌,欣欣生意美无上。

秋风渐将落叶扫

2020-9-25

秋风渐将落叶扫,心志吾逍遥。
叩道深入彼险要,原也无机巧。

红尘任其幻扰扰,清心最为要。
正直人生吾风标,铁骨撑天高。

路上摩托又鸣叫,噪噪令人恼。
中心水云有清飘,淡荡持心窍。

岁月奋进如飞飙,不必惧苍老。
开怀容我展颜笑,心志正年少。

窗外秋虫正吟唱

2020-9-28

窗外秋虫正吟唱,小风来爽,
小风来爽,路上车行却狂猖。

几声犬吠展凶狂,不必忧伤,
不必忧伤,神恩赐下总丰穰。

灯下清思也扬长,人生贞刚,
人生贞刚,不畏风雨不畏艰。

豪情冲天放万丈,名利弃放,
名利弃放,努力叩道奋发闯。

山高水长风光靓,一路欢唱,
一路欢唱,脚下铁鞋备十双。

百年生死呈漫浪,一曲悠扬,
一曲悠扬,辗转桑沧吾定当。

18.高尚集

浩荡东风吹清旷

2020-10-1

浩荡东风吹清旷,喜气洋洋,
喜气洋洋,万民乐享此平康。

欣喜中秋今日访,蓝天无恙,
蓝天无恙,欢乐小鸟尽情唱。

中心激情舒奔放,正气昂扬,
正气昂扬,力斩魔敌凯歌唱。

人间天堂缔造间,大同之邦,
大同之邦,八十亿人讴扬长。

心情快畅

2020-10-5

心情快畅,雅将新诗哦唱。
小鸟鸣放,自得乐其所向。

秋阳灿放,蓝天白云徜徉。
我心向往,乘云万里旅航。

心境温让,君子人格培养。
正直端方,努力保有天良。

岁月飞旷,青春心态张扬。
心志奔放,渴望振翼飞翔。

天气阴晴不定

2020-10-5

天气阴晴不定,我心坚贞镇定。
名利都辞屏,心志怀光明。

小鸟娇娇啼鸣，人生太多艰辛。
豁达持心襟，叩道吾奋进。

岁月绵绵递进，秋仲是此情景。
散坐思纷纭，浴后吾爽清。

中心蓄满高兴，悟道达至雅清。
正义吾刚劲，努力万里行。

19.东风集

正义盈襟

2020-10-7

正义盈襟，奋发男儿之刚劲。
涤腐启新，文明进步无止境。

窗外鸟鸣，写意秋风吹清劲。
天气惜阴，旷喜花红柏苍俊。

岁月进行，努力前路万里行。
道义凝心，济世救人乐无垠。

世界有病，阴邪太多陷沉沦。
傲立乾坤，广布阳和复阳春。

休憩身心

2020-10-13

休憩身心，抛开书本不经营。
人生艰辛，应能休养我心灵。

华灯点明，城市霓虹闪魅影。
清坐安宁，写诗聊以舒中情。

快慰吾心，一生总蒙神引领。
叩道进行，矢创新章启文明。

开辟路径，层层山路入云岭。
赞叹风景，我心怡悦且多情。

灯下哦诗真诚

2020-10-13

灯下哦诗真诚，舒出我的心身。
窗外响歌声，噪噪震惊人。

岁月日渐进深，秋深感悟何芬。
人生蒙神恩，正路奋前骋。

名利欺人太甚，我已全部弃扔。
清贫奋刚正，诗书潜深沉。

哦诗雅洁清芬，真情应可感人。
斑苍任加增，心比少年纯。

20.春葩集

心志总持安祥

2020-10-16

心志总持安祥，人生不怕风浪。
风雨任艰苍，努力往前闯。

此生已克千障，关山攀越险艰。
笑容依然放，青春心志扬。

秋阴无有稍妨，落叶任其逝降。
时节近重阳，菊花行将芳。

心地阳光明亮，霞彩闪在襟房。
浩志已成钢，矢志克虎狼。

旷展我的思想

2020-10-17

旷展我的思想,秋色无比苍茫。
小鸟自由飞翔,搏击云天何畅。

我心充满感想,向往自由飞翔。
去向高天远长,坚决不回头望。

罪恶必须灭光,神恩普照世间。
魔鬼无处躲藏,现出丑恶形象。

天父就是阳光,照亮我的心房。
灵程努力向上,回归天国故邦。

阳和心地间

2020-10-18

阳和心地间,远抛机奸。
无机之心肠,正直贞刚。

阳光洒尘壤,云天漂亮。
秋色任苍苍,林叶飞殇。

散坐放思想,人生顽强。
济世用力量,悟彻玄黄。

裁心哦诗章,一曲奔放。
窗外鸟语唱,宛转悠扬。

21.灯台集

人生不计艰辛

2020-10-19

人生不计艰辛,奋发我之雄英。
野外小鸟鸣,风吹正爽清。

天气阴晴不定,我心却是朗晴。
中心怀多情,矢志万里行。

笑我苍苍斑鬓,依然怀有激情。
少年之心性,纯真持心灵。

岁月催人何劲,秋风吹来惊警。
务当奋志行,时光如水迅。

暮色此际苍苍

2020-10-22

暮色此际苍苍,心际却很悠扬。
人生共缘而往,坚贞是我志向。

不屈世之尘网,要在旷飞向上。
高天无比广长,尽我双展翅膀。

笑意清新浮上,秋风任其扫荡。
落叶诗意下降,林野斑斓无恙。

中心充满理想,努力要去闯荡。
百年不惧艰苍,迈越烟雨卓浪。

木叶飘逝随秋风

2020-10-29

木叶飘逝随秋风,心志吾清空。
天阴品茗意轻松,爽洁持襟胸。

一篇新诗脱口颂,诉出我情浓。
人生正气如长虹,七彩在闪动。

平生风雨任艰浓,淡泊一笑送。
五十五载逝随风,华发斑苍浓。

重阳过后晚秋中,心志向谁送?
独立展眼霭烟浓,田野鸟鸣颂。

22.崇光集

清怀雅淡哦诗章

2020-10-30

清怀雅淡哦诗章,人生奋昂扬。
不屈苦难与重障,坚决往前闯。

关山履历万千幢,风光览无限。
五湖归来一笑扬,清澈是襟肠。

窗外小鸟清啼唱,秋风正扫荡。
落叶飘逝诗意彰,容我撰诗行。

人渐苍老却何讲,心志展悠扬。
努力发热又发光,不负韶年芳。

人生履尽坷坎

2020-11-8

人生履尽坷坎,
心志仍怀浪漫。
初冬天气正清淡,
落叶飘逝翻翻。

红尘颇是好玩,
名争利夺巧善。
失蹄多少英雄汉,
后悔长嗟泪潸。

我自心襟浩瀚,
不向名利展眼。
胸襟水云清新绽,
雅洁乃是当然。

夕照此际正展,
市井生活平凡。
信口哦诗激情展,
一曲向谁歌喊。

旷展心襟

2020-11-10

旷展心襟,历尽风云余泰定。
宠辱不惊,世事不过是烟云。

斜晖清映,世界温暖且和平。
初冬情景,林野斑斓成灿景。

岁月进行,老我斑苍一笑俊。
不惑之心,名利欺人抛其清。

高蹈清贫,诗书怡人秋春境。
叩道矢行,不畏艰难困苦并。

23.入云集

岁月总有清芬

2020-11-10

岁月总有清芬,窗外霓虹正逞。
初冬天气温,灯下哦真诚。

人生况味纷纷,舒出心中精诚。
正义吾刚正,不共世沉沦。

名利何足细论,吾只中庸是问。
共缘行旅程,山水乐缤纷。

道义一生敬遵,无机心地雅芬。
修心务秉诚,人格力培成。

逸意飞扬

2020-11-14

逸意飞扬,漫哦诗章,
激情狂泻向谁讲?孤旅不嗟怅。

红尘攘攘,水云何方?
胸怀正气谁能挡?独立讴扬长。

诗书研讲,胸襟汪洋,
济世情怀乐无恙,正义恒宣扬。

世界苍茫,名利欺诳,
清心正意吾安祥,不惧岁苍凉。

履历红尘

2020-11-26

履历红尘,豁达人生心不疼。
一笑清生,淡泊康宁持清正。

岁月进深,斑苍无妨我精诚。
叩道奋身,心得体会入诗申。

红尘滚滚,机奸巧诈真不胜。
无机心芬,遁向田园并山村。

辞去纷争,清贫度世原安稳。
正直一生,积德自是雅十分。

24.心光集

人生奋志昂扬

2020-11-26

人生奋志昂扬,不取萧凉,
不取萧凉,万里迎难纵马狂。

窗外霓虹闪亮,清坐安祥,
清坐安祥,写诗舒发我中肠。

流年似水之殇,引我遐想,
引我遐想,人生意义在何方?

正直一生履艰,果敢顽强,
果敢顽强,不屈奸邪不怕狼。

朔风萧萧

2020-12-1

朔风萧萧,天阴木叶曼逝飘。
清坐兴高,从容哦诗适情窍。

人生奋跑,赢得霜华并衰老。
容我洒潇,诗书晨昏朗哦了。

岁月飞飘,世事桑沧觑破了。
淡然一笑,缘起缘落正如潮。

红尘谙饱,名利争夺不必瞧。
在意田樵,松间小径意何道。

积雪岂肯销融

2020-12-30

积雪岂肯销融,天气冷寒正重。
劲吹是朔风,天晴阳光送。

不计年近成翁,奋发男儿刚雄。
惬意诗书中,容我旷哦讽。

人生是有情钟,华发任其飘风。
一笑还和憹,激情中心涌。

展望来年情动,未来任起雨风。
洒脱持襟胸,共缘也从容。

25.旷思集

岁月舒其清芬　　　　2021-1-1

岁月舒其清芬,新年又启征程。
窗外鞭炮正声声,喜气盈乾坤。

品茗心意扬升,哦诗热情生成。
努力前路风光纯,秀出我精诚。

困难苦恼勿论,人生长足精神。
一生沐浴是神恩,努力走灵程。

笑我华发清生,心性依持拙正。
叩道不计艰与深,圆明觉性纯。

时节正然在隆冬　　　　2021-1-6

时节正然在隆冬,峭寒十分重。
早起读诗激越中,朝暾启从容。

野间小鸟欢鸣颂,畅我情怀浓。
新年努力奋前冲,业绩创恢弘。

岁月递变真匆匆,揽镜觉斑浓。
爽然一笑淡荡中,豁达原无穷。

惬意诗书旷哦讽,叩道吾英勇。
困苦艰难付烟浓,人生笑谈中。

岁月逝飘　　　　2021-1-18

岁月逝飘,腊月四九寒不峭。
夕照清好,洒然快意撰诗稿。

爽然心窍,人生情怀未许傲。
谦和风标,端方品性一生造。

雅怀倩巧,哦出新诗质朴饶。
类若芳草,又似云飞向山道。

不惧苍老,开颜我且欢心笑。
共缘洒潇,百年生死乐逍遥。

26.风怀集

奋志人生吾刚劲　　　　2021-1-19

奋志人生吾刚劲,
不屈暴雨雷鸣。
老来心境持坦平,
胸怀清新白云。

红尘不过是幻境,
应抛些许利名。
清贫一生不要紧,
叩道晨昏用劲。

清思旷发如风行,
哦诗洒脱热情。
几声啼鸟唤幽清,
诗人大有心情。

远野土歌不堪听,
悠品杯中芳茗。
清喜斜阳洒清俊,
和蔼我之身心。

逸致闲情
2021-1-24

逸致闲情,人生旷志而哦吟。
舒出性灵,舒出正气纵凌云。

红尘惊警,太多迷烟雾笼行。
努力辟进,慧目圆睁辨细明。

冬寒正临,期待春天之来临。
天气又阴,清坐室内悠品茗。

阖家温馨,忙年气氛渐浓殷。
讴歌升平,清度岁月也均平。

和雅持身心
2021-1-31

和雅持身心,体道沐浴彼光明。
此际怀奋兴,小哦新诗舒心灵。
冷寒不峭峻,和煦斜照辉光映。
阖家都温馨,父母康健乐安平。

清贫不要紧,高蹈诗书吾用劲。
耽于哦与吟,怡养情怀爽心灵。
岁月展多情,五十六载入烟影。
瞻望未来景,努力耕心奋殷勤。

27.歌呼集

洒脱人生奋志行
2021-1-31

洒脱人生奋志行,
辉煌灿烂心襟。

浩志从来是凌云,
不屈尘世艰辛。

此际休憩我身心,
窗外斜阳清俊。
和风吹来颇清新,
残冬冷寒不峻。

岁月飞逝真惊心,
揽镜发觉苍鬓。
努力惜时如惜金,
实干旷展豪情。

男儿绝无卑媚情,
傲岸如松之挺。
风雨袭击炼心襟,
万里长驱奋进。

晨起听见鸟喧鸣
2021-2-2

晨起听见鸟喧鸣,冷寒任峻,
冷寒任峻,明日立春将来临。

心志裁出是空清,奋发凌云,
奋发凌云,男儿有种万里行。

征程莽莽堪险峻,风光秀俊,
风光秀俊,攀山越岭纵豪情。

风雨洗涤我心灵,一笑爽清,
一笑爽清,豁达身心旷无垠。

又听喜鹊欢鸣唱

2021-2-9

又听喜鹊欢鸣唱,
激动我之心房。
东方红旭正生长,
孟春寒气犹彰。
清听百鸟和鸣唱,
春来情志悠扬。
临近春节心欢畅,
新诗脱口吟放。

阖家康健神恩壮,
雅将颂赞献上。
灵程路上奋勇闯,
胜过试探艰苍。
人生百年非虚诳,
实干方显豪强。
时光不可稍费浪,
叩道奋展贞刚。

28.红旭集

大雾漫天鸟清鸣

2021-2-11

大雾漫天鸟清鸣,除夕今日临。
喜悦余之心与境,新诗脱口吟。

奋志旷发是凌云,男儿纵横行。
岁月霜华任侵鬓,爽然一笑盈。

叩道渐入艰深境,悟彻彼圆明。
名利矢志抛其清,诗书体刚劲。

正义心襟长舒情,春来慰心灵。
努力大干惜寸阴,韶华飞逝行。

中心喜悦放歌唱

2021-2-12

中心喜悦放歌唱,新年新气象。
牛年来临心志昂,努力矢向上。

辞旧迎新海内畅,鞭炮响又响。
岁月丰登乐平康,能不讴颂扬?

切勿辜负韶华芳,春光飞逝忙。
努力耕心惜寸光,沉潜诗书间。

瞻望前景心慨慷,男儿气昂藏。
大干快干忙一场,秋后收盈仓。

积德绝不可忘

2021-2-12

积德绝不可忘,宽恕他人为上。
修心是无疆,博爱怀心间。

世界莽莽苍苍,东西文明共襄。
理想持襟房,大同是方向。

此生履尽艰苍,心怀光明太阳。
不屈世尘网,名利徒肮脏。

清贫有何大妨,我有诗书万方。
镇日纵哦唱,心志舒昂扬。

29.吟红集

时节正届芳春　　　　　2021-2-12

时节正届芳春，心志无比升腾。
鸟语歌声声，东风吹清纯。

赞此写意红尘，皆是神所创成。
今日春节正，万民俱欢腾。

心志温和温存，窗外鞭炮听闻。
哦诗舒心身，吐出是雅芬。

岁月远辞青春，老我斑苍何论。
一笑还和温，清志旷生成。

心襟清持灵动　　　　　2021-2-12

心襟清持灵动，展我温和笑容。
人生付情钟，风雨兼程冲。

老来心襟持重，不为名利所动。
诗书恒用功，上进奋刚勇。

天下和平茂丰，人民安乐从容。
德操一生重，修心秋春中。

向往奋志长虹，七彩闪射当空。
踏实去行动，汗水收全功。

岁月舒其清苍　　　　　2021-2-14

岁月舒其清苍，芳春又临人间。
窗外细雨降，室内喜洋洋。

人生无比奔放，因我怀有理想。
正气舒昂藏，向上奋贞刚。

努力前路奋闯，越过高山险嶂。
风光览无限，心情大舒昂。

五湖归来何讲，豁达一笑扬长。
人生百年间，清心最为上。

30.倾情集

仁厚本应当　　　　　2021-2-14

仁厚本应当，修身吾要尽量。
窗外春风漾，大地生机正旺。

岁月舒奔放，老我斑苍何妨。
人生是戏场，正直一生力倡。

笑意清浮上，未可得意狂猖。
清心内省间，发现真正天良。

红尘是攘攘，太多机巧肮脏。
务持慧心肠，辨明前路方向。

清思旷然生成　　　　　2021-2-15

清思旷然生成，人生从容驰奔。
春来心志清芬，遐思放飞远程。

小鸟娇啭啼纯，夕风吹来爽神。
市景繁荣甚，街上喧噪声。

清坐哦诗雅芬，舒出自我精诚。
知音会是何人？孤旅奋进驱骋。

岁月不断进深，斑苍依持纯真。
笑意从心而生，讴颂春光繁盛。

祥和是此尘壤

2021-2-15

祥和是此尘壤，春来心情温让。
笑意从心浮上，新诗尽情哦唱。

路上车行狂狷，生活演奏乐章。
名利未许为障，我的性天清凉。

叩道晨昏不让，诗书一生讲唱。
正义心襟奔放，不屈尘世沧桑。

悠悠放我歌唱，人生在世瞬间。
正如雁过声响，业绩矢当造创。

31.春帆集

漫天晴朗

2021-2-16

漫天晴朗，鞭炮轰鸣震天响。
人民欢畅，春来生机勃兴间。

红尘攘攘，未许名利肆狂狷。
正意心间，叩道用道也扬长。

岁月清芳，流年记忆淡淡香。
努力奋闯，关山风景览无恙。

人生世间，当创业绩灿辉煌。
切勿匆忙，万里行旅享平康。

淡泊人生吾安祥

2021-2-17

淡泊人生吾安祥，
履尽世宇风浪。
此际春风吹扬长，
早起旷哦诗章。

一曲中心放讴唱，
颂此明媚春光。
大地人民俱欢畅，
领受神恩无限。

岁月渐趋平与康，
正气天地之间。
努力叩道吾奔放，
勿负华年韶光。

未来长望我豪放，
关山峻岭雄壮。
奋志铁鞋备十双，
万里无有止疆。

嚣嚣尘境

2021-2-17

嚣嚣尘境，未许损我心襟。
壮志豪情，闪耀七彩心灵。

春来奋兴，新诗纵情哦吟。
舒出性灵，舒出我的空清。

此际夜静，窗外华灯亮明。
路上车行，噪噪未有止停。

人生前进，节制物欲才行。
标举灵明，注重自我内心。

修身力行，君子人格遵循。
坦荡持心，正如清风过境。

世事浮云，人生百年梦境。
务须看清，辨明方向才行。

32.清风集

洒脱是余心襟
      2021-2-23

洒脱是余心襟，春来此际动情。
煦日洒天顶，浮云飘荡行。
骑车顶风而行，快慰是余胸心。
柳笼黄碧青，旷余意与兴。

岁月使人奋兴，流年多有美景。
未来催人进，努力奋前行。
红尘客旅之境，韶华飞逝而行。
笑我星星鬓，旷怀少年情。

闲情袅袅
      2021-2-28

闲情袅袅，春来旷舒我怀抱。
东风荡浩，涤我身心真无二。

开怀大笑，天空喜鹊欢鸣叫。
人生晴好，欣喜春光太美妙。

努力前道，不为名利折身腰。
清贫就好，诗书人生容笑傲。

南山风标，振节容我哦吟好。
切莫草草，叩道一生乐逍遥。

柳展新芳
      2021-2-28

柳展新芳，风吹浩荡，
万物生长，春来生机勃兴昂。

新诗哦唱，情怀畅扬，
人生慨慷，大好韶光勿费浪。

努力驱闯，奋发向上，
叩道贞刚，不畏风雨不畏艰。

浩志扬长，展眼遐方，
风光无限，男儿万里无止疆。

果敢之间，情怀飞旷，
力战邪奸，正气盈满天地间。

微笑浮上，得志不狂，
谦和心房，一生不忘力修养。

33.优雅集

心地沉静
      2021-2-28

心地沉静，未许躁狂与争竞。
坦平心襟，旷怀怡养是灵明。

读书用劲，坎坷人生悟空清。
叩道进行，清心明志也雅净。

春来多情，窗外细雨洒均平。
绿柳摇青，写意红尘美无尽。

岁月飞行，笑我华发初星星。
觉性圆明，不计风雨与阴晴。

放散闲情

2021-3-1

放散闲情,四更醒来吾哦吟。
空气鲜新,窗外小雨细洒行。

芳春正临,不眠心志起殷殷。
旷志欲鸣,写诗长舒我身心。

岁月经行,正似老酒芳醇清。
斑苍之境,爽然一笑豁无垠。

名利空境,百年之后何所凭?
坦腹爽清,力修德操向上行。

人生履道平康

2021-3-25

人生履道平康,任起烟雨茫茫。
努力长驱闯,迈越关山障。

春来心襟开敞,哦诗热情奔放。
海棠开妍芳,桃花艳丽彰。

蓝天青碧无恙,东风其来何畅。
清坐吾安祥,阖家喜洋洋。

品茗兴致裒上,胸襟宇宙包藏。
振节哦扬长,志气舒慨慷。

34.诚恳集

樱花行将开放

2021-3-27

樱花行将开放,迎春却已凋丧。
桃花开正芳,海棠笑脸向。

昨夜雨打菲芳,落红漫地堪怅。
东风吹清狂,细嗅有芳香。

岁月仲春正当,心襟旷展悠扬。
人生怀向往,春来气昂藏。

听见喜鹊鸣唱,百鸟和鸣安祥。
世界沐春光,万物均舒畅。

旷志飞扬哦诗章

2021-3-27

旷志飞扬哦诗章,
舒出人生之昂扬。
清风传来喜鹊唱,
品茗意兴都增长。

岁月清芬何必讲,
人生短暂若飞殇。
珍惜年华铭心间,
情志哦咏入诗行。

情志哦咏入诗行,
一点质朴淡淡芳。
半世已入烟雾间,
未来长待奋发闯。

关山叠嶂风光靓,
风雨嚣猖亦等闲。
男儿豪勇持襟间,
万里长征踏莽苍。

万里长征踏莽苍,
五湖归来何所讲。
世事桑沧入平章,
人情冷暖用心量。

淡荡生尘名弃放，
追求正义利抛光。
雅享清贫吾安祥，
诗书之间奋研讲。

诗书之间奋研讲，
老来华发初斑苍。
一笑依然体顽强，
叩道从来是志向。

和同三教必然讲，
大同世界力提倡。
百度秋春存漫浪，
时代进步无止疆。

莳花种草真快畅

2021-3-28

莳花种草真快畅，心地喜洋洋。
东风清来何雅芳，园圃胜画廊。

岁月悠走吾安祥，名利无意向。
读书写诗也清狂，振襟叩道藏。

修心一生恒向上，克尽千重艰。
风雨任起嚣与苍，奋志向前闯。

红尘故事演千章，不必费平章。
世事不过是桑沧，弹指华年殇。

35.心悟集

心志旷展贞刚

2021-3-28

心志旷展贞刚，人生矢志向上。
克尽千重艰，心怀舒奔放。

春色明媚襟房，哦诗热情昂扬。
展眼这宇间，花红柳绿芳。

心襟不可孟浪，清真守我温良。
天地多宽广，叩道任深艰。

向上张开翅膀，掠过云天飞翔。
天涯风光靓，矢志去寻访。

旷展我的身心

2021-4-3

旷展我的身心，人生怀有意兴。
春风开我心襟，耳际雅闻鸟鸣。

细雨洒降清新，红雨不必震惊。
仲春行将销尽，明日又值清明。

岁月使人奋兴，此生桑沧饱经。
爽然一笑空清，世事如梦飘行。

正道必然昌兴，鬼魅妖氛消尽。
人生百度经行，浩然是我身心。

努力前路驱行，迈越关山峻岭。
欢歌发出自心，神恩讴歌难尽。

叩道是我生平，履经患难艰辛。
心志缕缕清平，哦诗热情尽兴。

展眼世界尘境，太多名利争竞。
何不放下利名，遁入田园乡境？

一笑雅洁淡定，业绩矢当创寻。
诗书沉潜殷勤，心得淡泊空灵。

著书等身常寻，知音后侪可寻。
不计此生浮名，努力前路奋行。

此际洒脱心情，品茗添我意兴。
灿烂是余身心，欢歌并入鸟鸣。

履历秋春

2021-4-3

履历秋春，心志旷然持雅芬。
觑破红尘，名利只是损害人。

请闻鸟声，请赏花开之缤纷。
畅意风骋，春意美妙浸心身。

雨停时分，片片云飞向南奔。
落红成阵，嗟叹中心无法论。

红尘滚滚，时光如飞长驰骋。
往事难论，何必嗟怅忆深沉？

漫展高论，叩道人生奋精诚。
百年秋春，华发迎风心清纯。

岁月进深，大千故事演不胜。
一笑清芬，共缘而行也安稳。

36.雄峻集

坦坦荡荡是人生

2021-4-3

坦坦荡荡是人生，
由来秉持真诚。
风风雨雨任清生，
兼程而闯奋争。

斑苍任其初生成，
一笑依然清纯。
哦诗舒发我精诚，
谎言绝无半分。

辗转艰苍磨炼深，
意志如钢精纯。
抛去名利奋心身，
叩道长途驱骋。

深入几微与方寸，
妙悟难以细论。
心得时时入诗申，
胸襟原无纤尘。

此时春夜正二更，
灯下思想生成。
窗外华灯并噪声，
点缀心境缤纷。

一篇诗成自慰问，
孤旅万里征程。
心迹心志诗中证，
知音生与未生？

奋志向上

2021-4-4

　　人生是不断犯错的过程，这是免不了的，重要的不是我们绝不犯错，而是要尽力不犯错和少犯错，并且知错及时改正，绝不文过饰非，这对于我们的人生是至关重要的。今日思此，有感而发诗矣。

奋志向上，知错就改务必讲。
人生昂扬，步履坚正风雨间。

此生艰苍，偶尔心志会迷茫。
大雾之间，神会导引正方向。

坎坷寻常，前旅终有坦平放。
彩虹光芒，闪在雨后现吉祥。

斑苍何讲，世事桑沧履平常。
秋春安享，富足人生放哦唱。

正道广长，前旅曲折任其放。
不屈奋闯，履尽关山好风光。

悟道良长，心志质朴无机奸。
创缘奔放，良知正见作主张。

天机难讲，总凭灵心去叩访。
正意心间，胸襟天地都包藏。

善良无恙，好人恒受天葆奖。
名利孽障，务弃务抛务下放。

清贫何妨，我有诗书架满行。
晨昏哦唱，清度秋春何安祥。

一笑扬长，悟彻世宇之机簧。
神恩无量，见证丰富与丰穰。

灵程奋闯，修身养性原无疆。
前旅慨慷，不惧试探之险艰。

凯歌纵唱，圣洁清持己心肠。
天国故邦，永生福乐欢无恙。

夕烟初苍

2021-4-4

夕烟初苍，西沉是煦阳。
温和心间，清度好春光。

风来清翔，鸟鸣却奔放。
品味清闲，写诗舒流畅。

舒出心向，舒出我昂扬。
舒出情肠，舒出我安祥。

人生向往，是在大同邦。
和乐人间，万民享安康。

神恩广长，导引正方向。
灵程奋闯，穿越雨雾茫。

淡笑清爽，豁达真无恙。
人生世上，无机持襟房。

高远理想，支撑我前闯。
用脚去量，山水越无疆。

一声嗨唱，震动天地间。
英武心肠，原也质朴香。

修身向上，克己持雅量。
体道贞刚，用道是圆方。

春来情长，惬意真无限。
慨哦诗行，一曲泻狂猖。

37.新绿集

悠然心地间

2021-4-4

悠然心地间，情思何旷。
夕烟任增长，落日橙黄。

东风正鼓荡，惬我心向。
人生情意扬，共春奔放。

仲春悄然往，清明今当。
时光若水淌，骋志清刚。

贞志何苗壮，向前恒闯。
风雨兼程间，穿越险嶂。

辗转人生场，名利抛放。
正义之襟房，洒脱昂扬。

一笑爽无恙，远抛机奸。
修心养德间，不惧斑苍。

闲情放旷

2021-4-10

闲情放旷，容我纵展思想。
人生扬长，春来情志开敞。

名利弃放，天地无比广长。
正义情肠，原也不容恶奸。

岁月悠长，笑我华发轻苍。
志取强刚，人生晚晴奋闯。

夕照辉煌，东风吹展奔放。
生活平康，惬意诗文平章。

雅持怀抱

2021-4-10

雅持怀抱，颂赞神恩之丰饶。
叩道洒潇，不惧艰苍与雨嚣。

朗然一笑，岁月正值芳春到。
萋萋芳草，田园美妙难画描。

有鸟啼叫，惬我心志旷逍遥。
有花开妙，清嗅淡香乐陶陶。

哦出风标，正义人生吾刚傲。
奋力长跑，万里关山越迢迢。

38.阳光集

人生旷展意向

2021-4-13

人生旷展意向，不惧坎坷艰苍。
奋志之所向，万里无止疆。
此际华灯灿放，霓虹闪烁非常。
夜风吹清爽，远际歌声唱。

芳春和蔼无恙，引我诗兴畅放。
慨哦新诗行，曲曲尽舒昂。
岁月清展奔放，人生不计斑苍。
爽然一笑间，叩道骋志向。

远辞青春无恙，依然情怀苗壮。
诗书纵哦唱，名利早捐放。

我有情志悠扬，惬意田园山庄。
烟霞舒奔放，五湖泛卓浪。

喜鹊清鸣

2021-4-17

喜鹊清鸣，爽我之身心。
天气喜晴，蓝天正碧青。

芳春之境，心志起奋兴。
田园画境，菜花黄胜金。

岁月进行，欢快一笑盈。
奋志前进，览尽关山云。

红尘艰辛，名利损性灵。
豁达盈襟，淡处村野境。

淡泊持心，诗书纵哦吟。
舒出闲情，舒出正气凝。

百年生命，飞逝如电影。
努力驱行，辉煌创无垠。

人生易老天难老

2021-4-17

人生易老天难老，风雨飘飘，
风雨飘飘，五十六载飞逝了。

一任斑苍情怀俏，世事悟了，
世事悟了，名利公案入谈笑。

红尘因缘何其好，不是幻造，
不是幻造，步履坚贞共缘潇。

平生乐叩彼大道，履尽迢迢，
履尽迢迢，心志清芬哦诗造。

五湖归来何所道，爽然一笑，
爽然一笑，南山志向何清逍。

诗书人生容笑傲，远离尘嚣，
远离尘嚣，清心适意吾风标。

振节哦唱雅意骚，舒展情抱，
舒展情抱，呵呵展颜微微笑。

讴歌神恩盛且饶，灵程扬飙，
灵程扬飙，胜过魔敌与仇妖。

前路漫步应洒潇，关山险要，
关山险要，饱览风光何清好。

天涯远方怀心窍，奋辟前道，
奋辟前道，不负人生之芳韶。

39.秀美集

写意是此清风

2021-4-18

写意是此清风，和畅雅持襟胸。
春来开心胸，展眼云飘空。

惬意花香鸟颂，享受和温东风。
笑我斑苍重，心犹为春动。

诗意盈于襟胸，化为长河奔涌。
多言有何功？实干才奏功。

披荆斩棘矢冲，万里风光恢弘。
男儿奋刚勇，茁壮志如虹。

天阴胡不好

2021-4-23

天阴胡不好,旷赞此写意尘嚣。
雀鸟欢鸣叫,田园画境难绘描。

品茗性致高,舒发心兴入诗稿。
木香新开俏,更有月季七色饶。

阖家康且好,颂赞神恩之笼罩。
灵程努力跑,叩道奋展我逍遥。

人生不怕老,豁达情抱余一笑。
秋春朗度了,健步共缘涨与销。

心中有光

2021-4-24

心中有光,灿烂正无量。
叩道贞刚,心得哦入诗中间。

心志清昂,斑苍展顽强。
努力向上,克尽前旅千重艰。

风雨何妨,定志如磐壮。
兼程奋闯,览尽大好之风光。

岁月有芳,回味于心间。
少年已往,不必泪水化双行。

壮怀激昂,大道矢叩访。
深入圆方,妙悟中心岂寻常。

笑意微放,豁达真无恙。
春在人间,心花怒放吾心房。

40.茁壮集

晨星启于东方

2021-4-26

晨星启于东方,天还没有亮,
风来清爽,鸟放歌唱,
逸意盈心房。

岁月清展茫苍,华发初染霜,
一笑爽朗,放怀讴唱,
人生该这样。

时值暮春之间,天气展和祥,
万物生长,生机勃放,
欣慰我心肠。

人生奋志前闯,山水越万方,
风雨无妨,兼程奔放,
览尽风光之雄壮。

晨鸡喔喔唱

2021-4-26

晨鸡喔喔唱,五更之时间。
野禽均鸣放,一片吱喳响。
早起撰诗章,旷舒我意向。
春风展悠扬,惬怀真无限。

惬怀真无限,人生吾安享。
履尽风雨艰,心若红太阳。
神恩敷广长,思此颂赞放。
一曲应铿锵,激情似水淌。

激情似水淌,华年奋飞翔。
寸阴珍惜间,努力叩道藏。

正直人生场,旷志纵飞扬。
清贫有何妨,笑意吾微放。

笑意吾微放,得意不猖狂。
谦和立身间,修心勿稍忘。
挺身天涯向,风雨无法挡。
雄心放万丈,眼目俱明亮。

眼目俱明亮,慧意盈心间。
没有机与奸,名利已弃放。
心志持贞刚,力胜恶虎狼。
还我清平壤,万民乐安祥。

万民乐安祥,欢度岁月畅。
暮春情怀漾,纵哦是诗章。
清坐展思想,欣欣是意向。
人生舒奔放,正如鸟飞翔。

德操最为重要
2021-5-2

德操最为重要,才情其实第二。
向学志堪瞧,胸心不骄傲。

叩道步履迢迢,穿越关山险要。
绝不回头瞧,天涯风光妙。

五十六载烟消,赢得斑苍初老。
爽然余一笑,传世有诗稿。

奋发志向逍遥,困障岂可阻挠。
清展我微笑,豁达出尘表。

41.春晓集

人生最贵清静
2021-5-3

人生最贵清静,勿为物欲分心。
中心持淡定,欢乐真无垠。

此际残春将尽,风声吹击何紧。
清坐思萦萦,哦诗吐空清。

岁月不必惊心,不过桑沧幻并。
百年应清心,雅洁度生平。

人生忧患饱经,而今享受安宁。
清贫不要紧,贵在奋心灵。

叩道努力奋进,不计艰苍苦境。
心得入诗吟,缕缕有芳馨。

大道坦平康俊,普覆世宇均平。
韶华逝何勤,勿负此寸阴。

流风适我意向
2021-5-5

流风适我意向,惬我情肠,
惬我情肠,清喜初夏值晴朗。

小鸟娇娇鸣唱,白云飘翔,
白云飘翔,赞此大好之寰壤。

人生恒怀向往,向前闯荡,
向前闯荡,关山纵越万千幢。

微微一笑何妨,人生安祥,
人生安祥,为因正气荷心间。

悠悠发我哦唱,情思绵长,
情思绵长,亘古历史容畅想。

未来道路广长,奋发强刚,
奋发强刚,男儿从来有豪放。

闲情堪表

2021-5-5

闲情堪表,逸意吾风骚。
惬听鸟叫,品茗情怀妙。

哦诗良好,舒了情怀抱。
人生晴好,风雨曾经饱。

神恩笼罩,乐叩彼大道。
正义风标,男儿展刚豪。

斜日朗照,孟夏时节好。
清风来潇,适我意无二。

力驱前道,风雨何足表。
人生遥遨,关山朗度了。

红尘笑傲,名利全抛掉。
诗书潜造,心得自丰饶。

42.晨光集

清怀雅靓

2021-5-15

清怀雅靓,清听雨声之歌唱。
闷雷连响,原不震动吾心肠。

岁月悠扬,老我斑苍不必讲。
志取昂藏,男儿奋展强与刚。

大千奔放,世事叠变真桑沧。
微笑浮上,已知万物是幻象。

淡定之间,履尽尘世千重浪。
辗转艰苍,心中始终怀阳刚。

铁骨堪讲,力战邪恶无媚奸。
撑住天苍,心志原比松还刚。

人生扬长,无意名利清贫享。
诗书平章,共世推移也安祥。

善加守护心灵

2021-5-25

善加守护心灵,不为物欲动情。
正义盈心襟,奋发向前行。

窗外旷闻鸟鸣,早起余持开心。
孟夏之情景,爽风正吹行。

岁月流变殷殷,不变是我心灵。
标的天国行,神恩广无垠。

人生秉持多情,不可沾惹闲情。
邪曲可不行,叩道奋刚劲。

雨已止降

2021-5-26

雨已止降,流云旷飞翔。
有鸟啼唱,有风吹扬长。

心志奔放,人生怀向往。
披荆奋上,万里无止疆。

理想心间,导我向前闯。
高山万幢,雄浑且莽苍。

一笑爽朗，豪情冲天壤。
男儿强刚，绝不会投降。

名利虚诳，弃之必然间。
清贫何妨，正义吾何壮。

老我斑苍，情怀犹茁壮。
傲立贞刚，一似老松苍。

43.澄心集

雅洁心身

2021-5-26

雅洁心身，人生奋志以驰骋。
广茂神恩，导引灵程之丰盛。
叩道诚贞，力战魔敌之纷纷。
正义必胜，圣徒讴颂彻云层。

奋不顾身，前旅艰苍不足论。
天涯景纯，灿烂风光何妙正。
努力前程，风雨容我纵兼程。
一笑纯真，赤子之心何清芬。

休闲无恙

2021-5-29

休闲无恙，名利未许成障。
清听鸟唱，惬意盈于心肠。

天气晴朗，火风自南来翔。
电扇清凉，爽我意兴无限。

云飞澹荡，田园画廊一样。
吾心感上，讴颂神恩广长。

人生世间，须明前进方向。
物欲孽障，害人正如阱陷。

慧心有光，烛照前路明亮。
神亲导航，指引人生正向。

叩道贞刚，奋发展我顽强。
清贫何妨，男儿傲立豪壮。

人生应能淡定

2021-6-28

人生应能淡定，不为名利分心。
保持正直身心，叩道奋勇前进。

此际旷听鸟鸣，清风其来爽兴。
晨朝天气朗晴，暑意不甚酷凌。

几声蝉噪嘶鸣，点缀生活清平。
神恩铭感于心，灵程力胜魔境。

清贫并不要紧，诗书怡我性灵。
微笑爽洁空清，雅度秋春安宁。

有时风雨经行，磨炼我之刚劲。
男儿奋展身心，不屈试探艰辛。

岁月飞泻奔行，霜华渐渐分明。
坎坷付与烟影，贵在持有身心。

艰苍年轮转运，桑沧只是幻境。
故事演绎不停，历史恒久运行。

百年一瞬匆行，勿负身心灵明。
正直为人要紧，努力守护身心。

喜鹊讴歌多情，振兴我之心襟。
人生奋向前行，不惧艰危苦境。

笑傲尘世幻境，学问真谛找寻。
著书快我身心，知音后侪可寻。

44.雅思集

人生雅怀意向
2021-7-11

人生雅怀意向，
容我纵情哦唱。
历尽天苍又地广，
此生不言苍凉。

此际天暑蝉唱，
风来发觉滚烫。
清坐适意从容唱，
一曲天地悠扬。

人生怀情向往，
正义普覆人间。
总赖神恩赐奔放，
大地人民欢畅。

笑意清新浮上，
得意此生不狂。
谦和正直履人间，
诗书沉潜无恙。

适意人生
2021-7-30

适意人生，潇潇洒洒往前奔。
风雨历程，不过磨炼我刚正。

旷风清骋，耳际蝉噪声又声。
蓝天云纷，多情鸟语惬心神。

散坐意芬，小哦新诗舒真诚。
心志雅温，君子人格赖培成。

人生难论，随缘履历桑沧阵。
一笑温存，旷怀共风入云层。

夕照辉煌
2021-7-31

夕照辉煌，心志吾奔放。
爽风扬长，惬我意无限。

小鸟鸣唱，啾啾何悠扬。
暮蝉噪响，嘶嘶无止疆。

我自淡荡，读书哦诗章。
展眼旷望，天际霭烟漾。

人生疆场，奋发展贞刚。
微笑浮上，愉悦在心间。

生活坎苍，不必介意向。
共缘而往，风雨兼程闯。

红尘狂猖，太多锁与缰。
慧目务亮，注目正前方。

拂开雾障，才能见阳光。
名利弃放，性光才发扬。

坦坦荡荡，做人无机奸。
胸襟豪爽，正直在人间。

45.正己集

独立秋风意萧骚
2021-8-31

独立秋风意萧骚,
耳际旷听鸣蝉叫。
苍天云度淡意飘,
人生晴好雅情俏。
不执名利吾洒潇,
清平度日自逍遥。
诗书嗜好不知老,
赢取华章积富饶。

独立秋风意萧骚,
阵阵啼鸟鸣声高。
市井热闹不须表,
身心清洁孤还妙。
越过桑沧余一笑,
恩仇泯灭华年销。
世事云烟幻化饶,
正意心襟入诗稿。

独立秋风意萧骚,
华年弹指无处找。
少年时日付烟渺,
此际情兴共秋高。
几茎白发添诗料,
人生故事感慨饶。
斜照入眼辉煌好,
大地人民应欢笑。

独立秋风意萧骚,
历史回想付一笑。
苍茫心志何须表,
奋发年轮转微妙。
展眼云天鸟飞高,
壮怀不灭难磨掉。
内叩身心朗声啸,
青滩苇村容笑傲。

清坐安宁
2021-9-5

清坐安宁,五更天际犹未明。
路灯明净,秋雨倾降泻其凌。

人生宁静,不为名利分身心。
诗书哦吟,中心志节似流云。

岁月进行,老我斑苍一笑凝。
觑破世情,不过幻化桑沧景。

心怀镇定,临危何惧天在顶。
胸襟泰定,宇宙进化正顺行。

红尘险境,太多忧患易损心。
虎狼嚣行,坑蒙拐骗多经营。

慧目须明,清正持心拂雾境。
阳光终临,世界人生沐朗晴。

秋雨止停
2021-9-5

秋雨止停,西风吹爽净。
怡然心情,雅哦新诗具空灵。

心志殷殷,奋辟前路行。
高山峻岭,磨炼身心之刚劲。

红尘多辛，笑意具分明。
神恩无垠，导引前路俱康平。

大化运行，桑沧幻不停。
百年生命，切勿虚度铭心襟。

旷怀雅清，叩道领意境。
悟彻圆明，共缘旅行也安宁。

正直身心，污秽远抛清。
玉质兰心，哦出胸襟正如云。

46.年少集

淡眼云飘

2021-9-25

淡眼云飘，喜鹊飞得高。
秋风骚骚，爽洁我心抱。

人生欢笑，清度乐洒潇。
正义襟抱，原也颇刚傲。

诗书怡窍，清贫胡不好。
人生逍遥，天旷容飞跑。

风雨曾饶，身心曾跌倒。
神恩丰饶，赐我还初好。

努力前道，天涯风光渺。
不入险道，不为名利倒。

奋发襟抱，男儿纵情啸。
展眼远瞧，天际苍烟绕。

苍云飘空

2021-10-6

苍云飘空，心志吾从容。
假日之中，休闲享轻松。

人生情钟，诗书长哦咏。
奋志刚洪，不屈世邪风。

往事回讽，只是烟雨浓。
未来履风，向往天涯冲。

步履凝重，名利弃空空。
正义襟胸，人格最为重。

笑意清动，旷达真无穷。
百年如梦，共缘大化中。

叩道奋勇，难关征服中。
气宇恢弘，精光凝眸中。

心志不取清狂

2021-10-10

心志不取清狂，人生奋展意向。
胸襟有力量，怀烛向前闯。

此际秋风吹畅，雨后天气萧爽。
清坐理思想，一曲出中肠。

岁月颇是流畅，故事演绎千章。
一笑微微放，我已悟机簧。

人生怀着梦想，努力践行无恙。
万里征莽苍，风雨何阻妨。

窗外喜鹊鸣唱，惬我心胸意向。
风起又猖狂，林野沙沙响。

中心远抛机奸,无机心地昂扬。
困难不必讲,叩道骋贞刚。

红尘暂驻之间,百年匆似瞬间。
勿为名利诳,慧眼睁圆亮。

宇宙无比广长,灵妙难以细详。
神恩敷无量,赐福何康强。

47.求知集

写意红尘存漫浪

2021-10-10

写意红尘存漫浪,
但须用心寻访。
人生征途领莽苍,
不计困难艰障。

晚秋天气正萧爽,
况复风雨交唱。
清心静坐哦诗章,
热情于中显彰。

天道深处费思想,
世事正道桑沧。
百年不必嗟茫苍,
须奋心灵力量。

辗转岁月余鬓霜,
一笑还颇安祥。
正义襟肠矢向上,
终将凯歌唱响。

清心雅致哦诗章

2021-10-19

清心雅致哦诗章,秋夜清爽,
秋夜清爽,灯下旷放我思想。

人生骋志当昂扬,跃马纵狂,
跃马纵狂,不惧风雨不惧艰。

老来一笑颇澹荡,信心倍彰,
信心倍彰,任从世事幻桑沧。

天涯风光唤我闯,男儿豪强,
男儿豪强,万里长驱何平康。

心志旷展沉静

2021-11-3

心志旷展沉静,人生奋勇前行。
落叶逝飘零,诗意弥满襟。

阳光灿然洒俊,喜鹊高声朗鸣。
中心怀激情,况复品佳茗。

初冬行将来临,时光惊叹飞行。
不计苍苍鬓,心境辟无垠。

黄菊东篱开俊,清新朵朵鲜明。
岁月有美景,乐我心与情。

48.多情集

时雨飒然降

2021-11-7

时雨飒然降,哗啦作响。
立冬时正当,落叶飘殇。

旷怀真无恙，品茗情长。
岁月流逝狂，笑我星霜。

振节哦昂藏，人生奔放。
不为名利忙，东篱菊芳。

淡荡吾襟房，悠悠哦唱。
中心怀理想，不灭有光。

红尘运桑沧，故事千章。
百年匆匆忙，定定当当。

共缘而驱闯，胸襟茁壮。
坎坷有何妨，信心倍彰。

神恩赐广长，普覆无疆。
天国是标向，灵程奋闯。

修心养德间，不计年苍。
风雨任清狂，信步安祥。

休憩心襟

2021-11-13

休憩心襟，仰望彼白云。
初冬意境，落叶纷飘零。

我自高兴，新诗脱口吟。
振奋胸心，旷怀真无垠。

人生朗晴，神恩赐丰盈。
灵程奋行，领略风光俊。

坎坷生平，狼烟曾横行。
血泪曾零，呼天吁不平。

老来晚晴，诗书奋志吟。
叩道苍劲，心得自分明。

红尘多辛，百年幻化境。
回思生平，一笑也旷清。

瞻望前景，关山壮风云。
天涯妙景，矢志去追寻。

名利分心，何不弃之清。
剩有清贫，高蹈入烟云。

芳怀清好

2021-12-8

芳怀清好，欢度岁月也逍遥。
名利弃抛，剩有清贫免不了。

诗书哦了，清风明月涤襟抱。
大化飞飙，老我斑苍余一笑。

红尘娟好，神恩时时以笼罩。
灵程奋跑，叩道用道吾洒潇。

展眼远瞧，青天白云曼自飘。
有鸟鸣叫，惬我情思真微妙。

心志高蹈，市井寄居乐无二。
春秋换了，依然情怀少年俏。

辗转尘嚣，不惹污脏吾风骚。
向阳情操，冰雪襟肠有云飘。

49.彩云集

笑容清新温让

2021-12-19

笑容清新温让，惬意持在心间。
鸟语自娟芳，冬阳洒煦光。

努力耕心无恙，未可浪费时间。
人生不久长，修心切勿忘。

中心怀着漫浪，情思共风娟扬。
安度好时光，神恩铭襟房。

人生履尽艰苍，困苦重叠锁障。
而今沐阳光，而今享平康。

清展我的心襟

2021-12-19

清展我的心襟，人生放旷而鸣。
爽风正清新，夕照闪光明。

鸟语添我意兴，哦诗舒出灵明。
努力奋前行，风雨兼程进。

胸心大有光明，远抛黑暗无明。
叩道恒进行，心得岂常寻。

笑意浮上清映，岁月快慰心襟。
人生近晚晴，豁达盈肺心。

人生奋展顽强

2021-12-19

人生奋展顽强，舒出我的贞刚。
一任鬓染霜，努力奋前闯。
展眼灯火正旺，冬夜颇是安祥。
灯下清坐间，哦诗万千章。

此生何许回放，故事掩入桑沧。
应向未来望，风光当清靓。
迷烟未许成障，慧目圆睁清亮。
努力叩道藏，努力绽心光。

50.探思集

东方红霞灿光

2021-12-20

东方红霞灿光，天气冷寒正当。
早起情激昂，何不颂诗章。

明日冬至将访，时光惊讶飞殇。
奋志当强刚，努力莫相让。

红尘演绎桑沧，须知只是幻象。
正心诚意向，修心晨昏间。

向学志取昂扬，书山矢志攀上。
积淀我思想，识见岂凡常。

品茗意兴清逍

2021-12-24

品茗意兴清逍，灵程步履迢迢。
圣灵作中保，前行步步高。

此生绝不骄傲，谦和养我德操。
向学志刚傲，哦咏怡情操。

岁月侵人以老，开怀赢得一笑。
豁达真无二，修心朗心窍。

匡世力行前道，圣洁清持心窍。
世界存美好，努力去创造。

心志不取苍苍

2021-12-25

心志不取苍苍，人生奋发力量。
濯足讴沧浪，四海尽家乡。

此际夕照在望,天地冷寒正猖。
清思展悠扬,裁意哦诗章。

中心何所思想?正气容我昂扬。
叩道骋志向,万里踏莽苍。

百年不必匆忙,务辨前路方向。
关山脚下闯,风光阅清靓。

51.欢笑集

人生清怀知多少

2021-12-29

人生清怀知多少,容我撰诗稿。
修心路迢迢,鄙吝应全消。

此际清听鸟叫,红日东方正照。
冷寒一任峭,心志吾洒潇。

红尘太多烦恼,心志应须静悄。
物欲未许扰,清心第一条。

向上奋展刚傲,叩道山水奇妙。
风雨任洒嚣,兼程吾力跑。

晨曦东方展

2021-12-30

晨曦东方展,曙光先绽。
天气任冷寒,鸟鸣溅溅。

早起心妥安,诗书把玩。
哦出我心坎,一曲浪漫。

岁月扬风帆,又近年关。
一年回首观,浪卷云翻。

奋志往前赶,履尽关山。
一笑也平淡,慵和心胆。

神恩颂当然,恩重如山。
灵程奋前站,风雨兼赶。

天国是彼岸,永生欢然。
叩道奋心肝,圆明妙善。

人生修心无疆

2021-12-30

人生修心无疆,谦正清持心肠。
向上吾尽量,众教和同间。

此际阳光清朗,蓝天白云浮漾。
雀鸟放歌唱,天地祥和张。

情志此际高涨,新诗哦出奔放。
舒出我昂扬,舒出情志芳。

前路任起坎苍,胸襟不怕苍凉。
奋发贞志刚,万里斩荆创。

52.明媚集

人生须有耐心

2021-12-30

人生须有耐心,明媚清持胸襟。
阳光自心灵,眼目慧光映。

岁月无比芳馨,浪漫用心找寻。
天气任寒清,煦日正光明。

蓝天幻着白云,朵朵飘逸清新。
小鸟啾啾鸣,我心何温馨。

品茗舒发意兴,哦出新诗空清。
岁月正进行,惜时铭于襟。

东方又出曙光

2022-1-6

东方又出曙光,心地蔼然欢畅。
天气冷寒间,火热持襟房。

人生向前向上,克尽无数险艰。
心怀红太阳,散发热与光。

叩道奋我贞刚,男儿旷展豪强。
力战魔之帮,胜利回天堂。

灵魂洁净放光,眼目清澈明亮。
前途万里闯,风光是悠扬。

遐思旷行

2022-1-7

遐思旷行,圣灵中心正运行。
圣洁雅清,叩道时刻在进行。

心志殷殷,向往正道得通行。
大同之境,和乐熙熙何清明。

努力前行,力斩魔敌与魔兵。
还我清平,正义光芒照人心。

红尘幻境,莫为名利损身心。
努力清心,抛去污秽与不净。

53.朴实集

圣灵于心中运行

2022-1-9

圣灵于心中运行,慧光内蕴,
慧光内蕴,遐思放旷真无垠。

火热是我之身心,叩道进行,
叩道进行,天人合一也知情。

中心由来持淡定,物欲分心,
物欲分心,名利只是损性灵。

高歌一曲向天鸣,济世才情,
济世才情,努力奋斗鼓干劲。

心志旷清

2022-1-9

心志旷清,圣灵心中巧运行。
悟道之境,山穷水尽又复明。

晨起心宁,雅听小鸟之清鸣。
天还没明,灯下清思也纷纭。

人生多情,纵展壮志与豪情。
济世奋行,不惧万里艰险并。

阳光中心,情志中心腹广蕴。
天地运行,叩道用道凭本心。

怡养心襟

2022-1-9

怡养心襟,赏花种草并品茗。
正义心灵,叩道奋发矢前行。

神恩无垠，导引灵程正路进。
天国福盈，圣徒欢歌颂恩情。

心志殷殷，抛弃旧我重启新。
海内清平，万邦同乐庆升平。

我心高兴，欣看大同之妙景。
开辟新境，未来丰富可亲临。

54.广宇集

写意清风微寒凉

2022-1-23

写意清风微寒凉，爽洁情肠，
爽洁情肠，更有时雨洒然降。

清心正意哦诗章，倾若汪洋，
倾若汪洋，舒出情志之奔放。

季冬冷寒任其彰，春将来访，
春将来访，百花满园待欣赏。

几声鸟语啭情长，惬我意向，
惬我意向，抬头挺胸向前闯。

旷怀清正

2022-1-25

旷怀清正，叩道奋不顾身。
清度世尘，一尘不染纯真。

岁月进深，依然心志刚正。
不老青春，神恩如此丰盛。

笑意清生，耳际鸟语娟纯。
风来阵阵，爽我心情意神。

奋向前骋，岂惧山高水深。
阳光心生，慧目光映有神。

一人一对翅膀

2022-1-29

一人一对翅膀，共同飞向天堂。
人间是暂享，太多迷与茫。

胸中信心何壮，神亲导引航向。
天国是家邦，永生福无疆。

奋发意志强刚，力斩虎豹豺狼。
还我清平壤，灵性大解放。

大同缔造之间，众教和同无恙。
前路是康庄，万民欢讴放。

55.心亨集

心境应可放松

2022-1-31

心境应可放松，自由一生情钟。
红尘不是梦，理想践行中。

物欲勿视太重，名利抛去空空。
灵性增长中，神恩赐无穷。

人生不惧成翁，青春心志中庸。
共缘而行动，妙悟获圆通。

此际阳光清送，世界鸟语从容。
万民欢声动，生活福分浓。

人生情怀不老

2022-2-1

人生情怀不老，还我青春年少。
秋春乐逍遥，书香醉陶陶。

正月初一已到，此际四更清好。
城市鞭炮啸，灯下清思饶。

阖家俱是康好，神恩何其丰饶。
哦诗吐风骚，颂神声应高。

红尘原非扰扰，清心静意首条。
叩道奋前道，万里行旅潇。

心志十分舒畅

2022-2-1

心志十分舒畅，新春鞭炮震响。
海内乐平康，人民喜洋洋。

天光还未透亮，灯下舒展思想。
人生奋志刚，万里迎难上。

此生克尽艰苍，心志十分晴朗。
匡扶正义旺，黑暗败退藏。

黎明行将舒光，红日东方会上。
天地亮堂堂，风清日会朗。

56.清华集

施展我的灵动

2022-2-1

施展我的灵动，施展我的清空。
人生奋志冲，山水越无穷。

美丽清持心中，正义一生刚洪。
微展清笑容，谦和持中庸。

春节气氛正浓，鸟语何其从容。
朝日光芒送，东风吹轻松。

世界人民讴颂，神恩无比丰隆。
颂赞出心胸，真理覆寰中。

雅洁清持襟胸

2022-2-1

雅洁清持襟胸，人生奋志刚雄。
矢志奋发冲，万里骋勇猛。

一生是有情钟，恣意诗书哦咏。
沉潜书海中，陶陶乐无穷。

大化谁能真懂，事业成竹在胸。
向阳心志洪，傲立如山峰。

此际清吹东风，芳美世界宇穹。
人民乐融融，欢歌放讴颂。

心志总持平常

2022-2-2

心志总持平常，人生奋发向上。
天涯在远方，旷志畅飞翔。

笑意清漾脸上，神恩无限广长。
欢呼我尽量，讴颂这春光。

东风吹来清爽，畅意盈满心间。
阖家俱平康，父母健在堂。

展眼远处眺望，前旅一马康庄。
事业正兴旺，努力晨昏间。

57.恒永集

青春心态不会老
2022-2-2

青春心态不会老,
奋志展我刚傲。
红尘清度我逍遥,
振襟哦唱风骚。

春来东风吹袅袅,
迎春开得正俏。
煦日光明朗洒照,
远处鞭炮鸣叫。

新年气氛犹笼罩,
欢天喜地热闹。
阖家康乐庆岁好,
青春心志永保。

旷发襟怀向远瞧,
田园正如画稿。
海内平康齐颂祷,
神恩赐福丰饶。

不为外缘所侵
2022-2-2

不为外缘所侵,善于调节心情。
正义盈心灵,和慈踏实行。

人生奋发雷霆,污秽必须扫清。
天地均清平,真理通人情。

后日立春将临,行将百花开屏。
喜气盈寰境,万民都高兴。

努力读书适情,哦出胸心意境。
不求掌声鸣,无愧是良心。

神恩切莫相忘
2022-2-7

神恩切莫相忘,奋志在此尘壤。
瑞雪正清降,我心喜洋洋。

小鸟欢快鸣唱,冷寒并不猖狂。
春已来人间,绿水碧波漾。

心志无比慨慷,人生振奋情肠。
向上我尽量,灵程享荣光。

青春心志不亡,还我少年模样。
清思发扬长,哦歌以奔放。

58.初春集

秉持自然之道
2022-2-10

秉持自然之道,人生奋志扬飙。
人生乐逍遥,红尘清度好。

清听小鸟鸣叫,我心写意风骚。
东风吹奇妙,迎春开正俏。

心境平安美好,品茗兴味倍饶。
叩道奋志跑,向学志向高。

晨昏朗哦诗稿,书海扬帆洒潇。
真理恒寻找,心怀不骄傲。

天气阴晴之间

2022-2-12

天气阴晴之间，我心爽然快畅。
品茗心悠闲，慧光大发扬。

东风吹来浩荡，芳春多么奔放。
小鸟欢鸣唱，万物欣生长。

红尘清度无恙，济世挥洒阳刚。
不屈这艰苍，正意茁心间。

叩道是我特长，用道悟彻圆方。
微笑上脸庞，青春心性芳。

淡定人生吾无恨

2022-2-19

淡定人生吾无恨，春风吹温存。
煦日光辉正洒呈，哦诗声复声。

鸟语宛转啼声声，欢快我心身。
振志奋发是人生，努力前旅程。

苦难于我何须论，心志总青春。
少年心迹入诗申，旷飞万里程。

行旅艰苍不足论，一笑是和温。
君子人格秉诚真，济世奋刚贞。

59.自由集

心志聊舒广长

2022-2-20

心志聊舒广长，悟道明于心间。
几微方寸间，用心细衡量。

煦日洒放光芒，春意无法阻挡。
青碧蓝天旷，东风吹奔放。

微寒有何碍妨，生气天地之间。
心志展清昂，努力去闯荡。

高飞直至远疆，天涯风光清靓。
男儿怀贞刚，旷展我顽强。

少年已矣心不老

2022-2-21

少年已矣心不老，
红尘容我笑傲。
人生从来持怀抱，
征途万里迢迢。

春来人间开怀笑，
灯下清撰诗稿。
舒出正气颇丰饶，
刚正一生方好。

尘世太多纷与扰，
名利合当辞掉。
高蹈雄心水云渺，
田园山村逍遥。

雅洁情思哦不了，
奋志旷怀孤傲。
独立人生长驱跑，
风雨兼程开道。

优雅是我心胸

2022-2-22

优雅是我心胸，良知正见从容。
呼吸这清风，春意渐浓重。
鸟语欢快轻松，阳光洒得和煦。
品茗意清空，哦诗适襟胸。

人生情意所钟，是在山水无穷。
不妄去行动，心志秉中庸。
世宇和同相共，大道普覆宇穹。
叩道志凝胸，踏实往前冲。

60.奋飞集

人生旷展力量

2022-2-24

人生旷展力量，清展我之贞刚。
春日洒煦阳，雀鸟欢鸣唱。

风来何其馨芳，蓝天云飞淡荡。
红尘美无恙，神恩赐广长。

欢呼我要尽量，人生努力舒昂。
万里之疆场，长驱以奔放。

岁月清新芬芳，故事老酒相仿。
未来长瞻望，风云驰茁壮。

浪漫清持心间

2022-2-27

浪漫清持心间，春来情思娟扬。
小哦诗章，小哦诗章，
三更醒转费思想。

清夜静悄安祥，灯下思放千章。
人生昂扬，人生昂扬，
斑苍不减我清狂。

少年倩影何方，人生履历艰苍。
红尘无恙，红尘无恙，
风浪洗涤我心肠。

依然振志哦唱，依然情怀向往。
欣欣意向，欣欣意向，
欢度芳春何激昂。

流年恣意更张

2022-3-1

流年恣意更张，又值春临人间。
心志不迷茫，灵程奋发闯。

阴阳和合无恙，大化运行精详。
一笑爽然畅，豁达盈襟房。

岁月舒其清芳，文明进步无疆。
努力发心光，博爱未可忘。

前路尽力飞翔，万里搏击云苍。
风光何清靓，天涯是方向。

61.美好集

季春无恙

2022-4-9

季春无恙，东风清吹正浩荡。
天喜晴朗，小鸟和鸣也惬肠。

人生昂扬，展眼天涯正平旷。
微笑浮上，悟彻世事吾安祥。

岁月舒芳，流年似酒何必讲。
应许扬长，不执名利自澹荡。

何处歌唱？引我情思长悠扬。
心志奔放，漫眼菜花开金黄。

蓝天青碧正无恙

2022-5-4

蓝天青碧正无恙，悠悠清风旷。
春将逝去无影彰，流光电影间。

几声鸟语宛转唱，惬我意与肠。
裁心小哦新诗行，一舒闲情况。

生活品味岂寻常，故事入平章。
弹指流年飞逝狂，星星白鬓霜。

雅然一笑君子芳，心中白云翔。
淡眼尘世桑叠沧，本心持安祥。

正襟哦歌诗千章，激情似水淌。
内叩心胸广无量，修心晨昏间。

男儿志向放万丈，诗书沉潜向。
悟彻古今吾思想，实干最为上。

人生畅意向

2022-5-8

人生畅意向，往事何必回想。
此际东风旷，鸟语何其清靓。

天日喜晴朗，蓝天白云悠逛。
信口哦诗章，一曲悠悠扬扬。

男儿是好钢，万里长途驱闯。
关山风云壮，风雨兼程奔放。

笑意从心上，豁达人生无恙。
任起星星霜，不减少年清狂。

62.骋志集

心志旷展扬长

2022-5-8

心志旷展扬长，人生矢志向上。
不惧风雨艰，信步吾安祥。

情怀不取张扬，沉默实干为上。
汗水不白淌，收获会盈仓。

展眼天际旷望，烟云袅袅飞翔。
心意展苍茫，百感一齐上。

人生怀有理想，坚贞不屈风浪。
不为名利狂，清心吾雅靓。

红尘不唯扰扰

2022-5-9

红尘不唯扰扰，含有澄清妙道。
用心去寻找，几微辨分晓。

此际清听鸟叫，享受风来清妙。
意兴何洒潇，品茗情怀俏。

人生乐叩大道，心得自是丰饶。
努力去奔跑，关山越迢迢。

此生忧患经饱，赢得朗然一笑。
淡泊盈心窍，诗书一生造。

青春往事记忆中

2022-5-13

青春往事记忆中,
只是岁月匆匆。
此际霜华初初浓,
爽然一笑从容。

鸟语风吹意轻松,
坦腹哦诗清空。
天阴无妨情思涌,
惬品芳茗意动。

应能舒出意奔涌,
旷怀真是无穷。
岂为名利损心胸,
君子不为所动。

雅洁情思共风动,
天涯一生情钟。
恣意诗书晨昏诵,
向往山野清风。

63.贞刚集

雅洁清持心中

2022-5-14

雅洁清持心中,人生奋志刚洪。
远际歌声动,打动我心胸。

清听鸟之鸣颂,惬意怀在襟中。
岁月飞匆匆,笑我斑苍浓。

中心情志奋勇,不为名利狂疯。
朗哦晨昏中,书城我坐拥。

品茗逸兴飞动,人生应许从容。
天晴云飘空,安乐吾和慵。

人生情怀茁壮

2022-5-21

人生情怀茁壮,履尽苦雨深艰。
不为所障,不为所障,
依然奋志向前闯。

名利已经抛放,高蹈雄心山间。
松风清爽,松风清爽,
怡我情思真无限。

淡荡是我襟房,向阳心志奔放。
傲立强刚,傲立强刚,
君子人格一生讲。

平生不卑不亢,笑容清新雅靓。
和蔼心间,和蔼心间,
豁达胸心真悠扬。

袅起闲思无限

2022-5-21

袅起闲思无限,哦出我的心肠。
鸟语娟靓,鸟语娟靓,
天日晴朗东风旷。

人生不必张扬,实干方显豪强。
坚持理想,坚持理想,
抵抗诱惑不孟浪。

此生履尽苦艰,依然一笑淡荡。
客旅人间,客旅人间,
名利虚诞务弃放。

闭门著书何妨？哦出胸心奔放。
心志贞刚，心志贞刚，
胸襟愈老愈顽强。

64.践履集

四更醒转小风清

2022-5-22

四更醒转小风清，阁阁闻蛙鸣。
浴后迎风吾爽清，月华正吐明。

路上车行噪可听，灯下清思凝。
人生奋志而前行，关山越苍峻。

而今初老吾何云？坦然无愧心。
不负天地与灵明，刚正吾多情。

君子独立合高鸣，震醒世人心。
济世挥洒我才情，不图利与名。

淡眼云烟缭绕

2022-5-27

淡眼云烟缭绕，喜鹊带头大叫。
旷风吹清浩，愉悦我情窍。

人生奋志而跑，履历山水迢迢。
风光多俊好，风雨任烈暴。

心襟旷持洒潇，不为名利倾倒。
修心养德操，叩道乐逍遥。

清坐思展骚骚，哦出新诗美妙。
质朴心地饶，厚道还孤傲。

惬听鸟鸣颂

2022-5-28

惬听鸟鸣颂，霭气弥空。
远际歌声动，袅起心胸。

旷意裁东风，和平宇穹。
周末心志慵，品茗哦咏。

人生情怀动，知音何从。
孤旅不言痛，努力前冲。

坦荡盈襟胸，无机情浓。
焕发真襟胸，傲骨天纵。

诗书怡心胸，付谁感动。
天伦乐无穷，君子固穷。

红尘真汹涌，桑沧叠重。
无机持心胸，清哦从容。

岁月余感动，笑我霜浓。
淡泊盈胸中，吐出清空。

遐方鞭炮动，点缀宇穹。
清意满襟胸，浮起笑容。

多言有何功，沉默为重。
旷听鸟鸣颂，怡情于中。

困障历重重，神恩恢弘。
平安在心中，灵程奋勇。

流年入烟朦，往事回送。
不必泪双涌，应抛沉痛。

未来阔无穷，天涯灿浓。
穿雨又破风，兼程矢冲。

雅思付谁懂，内叩襟胸。
展眼烟霭浓，应抛怅痛。

65.理想集

心胸应许更广
2022-5-28

心胸应许更广，
雅量正宜增长。
宇宙无限之深广，
人生渺小无疆。

名利徒属虚诳，
只是害人失陷。
吾心清澈如水仿，
不容一丝污脏。

修心岂有止疆，
人生尽力向上。
克尽千关吾径闯，
天涯唯一标向。

百年履尽苍茫，
赢得身心潇爽。
豁达盈襟房，
眼目清无恙。

历劫生死悟空清
2022-5-31

历劫生死悟空清，
随缘履历均平。
胸襟从来持雅净，
不惹俗世利名。

心志此际正殷殷，
百感盈积心襟。
何妨哦歌舒雅情，
一曲原也动听。

红尘自古是惊心，
演绎桑沧幻境。
笑我趋老斑苍境，
淡泊豁然于心。

诗书人生吾多情，
努力修养身心。
岁月飞逝惜寸阴，
晨昏纵我哦吟。

蓝天幻着白云
2022-6-19

蓝天幻着白云，云烟飘荡空清。
清风舒多情，蝉呼鸟又鸣。
心志雅怀殷殷，努力前路驱行。
穿山又越岭，风光览无垠。

中心怀着光明，济世挥洒热情。
名利何要紧，害人真无尽。
诗书人生清劲，男儿是有豪情。
汗水是必经，秋收会仓盈。

66.希望集

晨起天阴鸟雀鸣
2022-6-20

晨起天阴鸟雀鸣，惬我心襟，
惬我心襟，更将新诗雅哦吟。

197

东风舒展其空清，爽洁盈心，
爽洁盈心，欢快吐语真无垠。

人生快慰价如金，读书怡情，
读书怡情，陶冶潇潇之心灵。

岁月奋飞如电迅，霜华之境，
霜华之境，聊慰心志值晚晴。

优雅人生

2022-6-23

优雅人生，不为名利而奋争。
淡泊秋春，养得襟怀如菊芬。
滚滚红尘，磨炼丰沛之人生。
微笑清生，悟彻世事是七分。

奋不顾身，叩道秉具我真诚。
矢志力争，持正击邪奋刚贞。
努力前程，一路风景览清纯。
万里征程，潇潇心志如云奔。

清度浊世红尘

2022-6-27

清度浊世红尘，保持心灵纯真。
名利徒扰纷，害人深又深。

吾心旷持雅正，遁向田园山村。
胸中水云芬，向学在晨昏。

耳际鸟语啼纯，旷风吹来爽神。
品茗意兴奋，新诗纵哦成。

淡定是我心身，不为名利纷争。
清贫吾雅温，君子人格正。

岁月飞迅驰奔，老我斑苍日盛。
叩道力奋争，坐拥我书城。

大千幻化缤纷，朴素吾秉精诚。
桑沧任叠成，无机心地芬。

67.开心集

不为物欲牵引

2022-6-29

不为物欲牵引，内叩自己身心。
叩道吾奋勤，修养志凌云。

此际小鸟娇鸣，和风吹来清新。
浴后吾爽清，新诗雅哦吟。

红尘徒是险境，吾只秉持清心。
抛弃利与名，悠享是淡定。

岁月恣意飞行，年轮运转均平。
斑苍不要紧，晚晴胜黄金。

履历人生吾多情

2022-7-9

履历人生吾多情，奋志修行，
奋志修行，拂去云翳见性灵。

心志从来启殷殷，不惧艰辛，
不惧艰辛，困难于我是常寻。

红尘太多试炼境，勃勃心襟，
勃勃心襟，君子人格旷然清。

一生不计利与名，微笑清映，
微笑清映，叩道用道吾圆明。

勃勃是我心襟

2022-7-28

勃勃是我心襟，人生奋志前行。
天晴蝉噪鸣，花开亦娇俊。

晨起心境殷殷，雅将新诗哦吟。
舒出我闲情，舒出我中心。

岁月飞逝鲜明，叩道鼓勇奋进。
山水越苍俊，微笑吾爽清。

大千幻化无垠，桑沧叠变奇景。
百年匆匆行，漫步吾多情。

68.遂志集

人生何必多情

2022-7-30

人生何必多情，苦难吾已饱经。
爽然一笑清，共缘而旅行。

人生依然多情，旷展志向凌云。
努力去追寻，真理恒仰景。

此际雅思清明，耳际灌满蝉鸣。
长风吹清新，逸意盈中心。

小鸟啾啾娇鸣，斜照依然劲挺。
散思化诗吟，一曲付谁听。

心胸应能更广

2022-8-6

心胸应能更广，奋展志向昂扬。
不畏惧艰苍，努力向前闯。

名利吾无意向，晨昏雅哦诗章。
真理力寻访，正义矢弘扬。

岁月无比清芳，神恩丰富无量。
叩道万里疆，心灵洁无恙。

修心养德无疆，前途无限广长。
人生客旅间，雁过留声响。

闲时著写诗章，舒出心灵意向。
知音何处访，孤旅奋扬长。

辗转桑沧叠障，心怀光明力量。
眼目凝辉光，正道迈康庄。

人生奋展顽强

2022-8-7

人生奋展顽强，冲决风雨艰苍。
心怀恒晴朗，神恩是广长。

炎暑炽热蝉唱，立秋今日正访。
休憩我情肠，雅洁盈襟房。

不为名利猖狂，君子固穷何妨。
贞志颇强刚，叩道奋力量。

人生长途奔忙，履尽关山清苍。
心地正雅闲，哦诗适意向。

69.刚中集

清展心灵力量

2022-8-7

清展心灵力量，人生奋志强刚。
不畏惧艰苍，风雨中歌唱。

心中怀着阳光，神恩无比茁壮。
努力矢向上，克己有荣光。

修心吾要尽量，养德胸襟有芳。
谦和是情肠，正直吾端方。

岁月飞逝扬长，老我霜华新涨。
心志裁奔放，哦歌天地苍。

人生旷意无限
2022-8-10

人生旷意无限，清展我的扬长。
奋发贞刚，奋发贞刚，矢展顽强。

岁月清显澹荡，红尘不是故乡。
叩道奔放，叩道奔放，风雨兼闯。

向阳是我襟房，眼目凝聚慧光。
一笑清畅，一笑清畅，得意不狂。

信心百倍高涨，万里纵马奋闯。
关山万幢，关山万幢，显我豪强。

人生不急不躁
2022-8-10

人生不急不躁，修心之路迢迢。
坚决不骄傲，谦和一生保。
此际奋志刚傲，叩道攀入险要。
红尘有娟好，用心去观照。

岁月飞逝逍遥，人生容易苍老。
身心须力保，心志奋年少。
笑意清展微妙，质朴心地风骚。
正义履迢迢，前路须行好。

70.济物集

人生不求福报
2022-8-10

人生不求福报，福报自然来到。
绝不可讨巧，透支可不好。

一生叩求大道，正义清展风标。
向阳是我情操，淡泊雅盈心窍。

此生绝不骄傲，谦和贞定为要。
因果勿小瞧，福田种丰饶。

积德趋入微妙，行善合乎正道。
济世吾洒潇，英武奋刚傲。

未可贪求利名
2022-8-11

未可贪求利名，但应脱出因循。
奋志当殷殷，努力去追寻。

淡泊是余肺心，雅度秋春和平。
叩道奋进行，意境用心领。

小鸟啾啾长鸣，蝉语似乎无垠。
初秋有意境，澹荡是心情。

人生慨慷以进，一生物欲辞屏。
高蹈我雄心，水云憩心灵。

朗月照在东方
2022-8-12

朗月照在东方，七月十五正当。
清风来悠旷，灯下放思想。

人生百倍情长，风雨不损襟房。
阳光且奔放，叩道吾雅闲。

正直一生方刚，儒雅向学清昂。
晨昏放哦唱，写诗适情肠。

红尘熙熙攘攘，心怀水云之乡。
秋虫呢咙唱，打动我心房。

71.大亨集

爽风清来开意境

2022-8-13

爽风清来开意境，中心多情，
雅持淡定，新诗哦出我豪俊。

岁月增添我激情，奋志凌云，
辞去利名，叩道用道乐无垠。

感谢神恩之丰盈，赐我康平，
引我前进，阖家幸福享温馨。

秋夜野蚤唧唧吟，添我诗兴，
新诗纵吟，舒出胸心之灵明。

人生慎重为上

2022-8-13

人生慎重为上，脚踏实地去闯。
浩志吾清昂，人格力培养。

修心无有止疆，正道尽力弘扬。
神恩是广长，思此颂赞放。

一生努力向上，冲决黑暗阻挡。
光明心地间，眼目凝慧光。

远抛无明机奸，拙正质朴应当。
叩道奋贞刚，思想清无恙。

越过苦难重障

2022-8-17

越过苦难重障，心境坦平安祥。
人生回味久长，理想中心茁壮。

不必计较艰苍，心怀光明太阳。
人生是一缘放，共缘吾取安祥。

正邪搏击艰长，大道普覆宇间。
神恩无比丰穰，导我灵程前闯。

济世是我理想，大同缔造无恙。
众教和同奔放，文明进步无疆。

72.泽物集

爽风清来开意境

2022-8-28

爽风清来开意境，
我的心中雅清。
秋意澹荡且和平，
牵牛花儿开俊。

清思旷发悠品茗，
人生雅怀意兴。
不惧千里关山峻，
男儿矢展刚劲。

红尘履历是艰辛，
淡然一笑温馨。

君子人格育无垠,
正直挺身而行。

淡泊不惹利与名,
何妨终身清贫。
诗书人生也清心,
胸涵大千水云。

孝敬父母勿忘

2022-9-3

孝敬父母不忘,保守纯洁天良。
心志展清昂,人生不张狂。

清展心灵力量,奋发吾之强刚。
灵程不退让,奋战凯歌畅。

此际清听蝉唱,秋风其来清爽。
心怀真无恙,颂赞神恩壮。

人生并不漫长,百年真似瞬间。
惜时不可忘,修心当尽量。

享受生活平康

2022-9-6

享受生活平康,感谢神恩广长。
心志缤纷放,灵程吾慨慷。

秋蝉振声鸣唱,风来何其旷畅。
清心享悠闲,品茗情志扬。

人生注目远方,不为名利动荡。
清贫何所妨,灵性吾清芳。

慧烛务须秉掌,万里征程无疆。
人生矢向上,不计千重艰。

73.炳文集

稳定心神为上

2022-9-7

稳定心神为上,不为外缘疯狂。
贞志早成钢,叩道吾顽强。

红尘熙熙攘攘,众生名利争抢。
吾意持淡荡,诗书哦悠扬。

早起清听蚤唱,白露今日正当。
时光惊飞殇,努力振志向。

人生不取狂狷,男儿纵展豪放。
摩云旷飞翔,自由何快畅。

人生活力无穷

2022-9-11

人生活力无穷,挥洒志气刚洪。
不惧渐成翁,爽然一笑中。

淡泊是余襟胸,雅洁秋春从容。
名利弃空空,水云涵心中。

秋云飘荡从风,鸟语宛转轻松。
散坐品茗中,诗意生心胸。

哦出吾之清空,人生正气恢弘。
不妄去行动,待时哦大风。

人生须行正道

2022-9-12

人生须行正道,谦和一生方好。
不可稍骄傲,叩道吾逍遥。

红尘胡不娟好,风雨吾已经饱。
爽然余一笑,豁达在尘表。

人生淡定洒潇,名利害人丰饶。
应弃应当抛,清心何美妙。

诗书一生潜造,哦咏吐出玄妙。
质朴无机巧,正义吾风标。

74.居正集

心志不取轻狂

2022-9-13

心志不取轻狂,奋发人生向上。
此际清听鸟鸣唱,
爽意秋风吹畅。

红尘本是无恙,辞去名利安祥。
无妨雄心百倍涨,
男儿合展豪强。

叩道一生贞刚,放马万里疆场。
努力修心真无量,
君子荷德清芳。

岁月清展扬长,星星斑苍何妨。
雅然一笑是悠扬,
淡泊盈于襟房。

清怀雅正之间

2022-9-15

清怀雅正之间,人生奋志昂扬。
千关已经闯,豪情纵心间。

人生未可狂狷,清真守我情肠。
红尘任攘攘,水云不相忘。

窗外秋雨萧狂,清心吾守安祥。
读书真无恙,哦诗舒清芳。

百年秋春奔放,华发不计苍凉。
努力振翅向,高天万里航。

秋风写意骚骚

2022-9-18

秋风写意骚骚,我的心襟大好。
粉蝶飞飘飘,流云荡逍遥。

周日闲暇清妙,读书写诗怡抱。
红尘原美好,但须用心找。

履尽风雨艰饱,而今朗晴心窍。
展颜吾微笑,旷志未可挠。

努力长途驱跑,关山越历迢迢。
风光真大好,天涯丽且俏。

75.文蔚集

不为物欲而动心

2022-9-23

不为物欲而动心,
爽洁是余心灵。
红尘高蹈余淡定,
名利害人无垠。

耳际清听小鸟鸣,
秋云烂漫飘行。

商风吹击也清劲,
惬我心意心襟。

岁月进行不止停,
斑苍无妨刚俊。
叩道胸襟存水云,
悠悠哦歌空灵。

大千世界费思寻,
叩道奋展雄心。
不为物欲损性灵,
心襟雅洁如云。

坎坷艰苍不必表

2022-9-24

坎坷艰苍不必表,
红尘吾已谙饱。
赢得爽然是一笑,
名利矢志抛掉。

秋仲清听鸟鸣叫,
享受商风清浩。
休闲情志也洒潇,
诗书朗声哦了。

阖家康乐神恩饶,
清贫胡不娟好。
随缘遇合也逍遥,
百年秋春飞渺。

传世积淀是诗稿,
舒出正气丰饶。
不屈邪恶与奸巧,
拙正是余心窍。

寂寞身心不愁怅

2022-9-25

寂寞身心不愁怅,
灯下清展思想。
晚风其来正清凉,
爽我意兴情肠。

岁月历尽是莽苍,
容我悠悠哦唱。
风雨凄苍吾悠扬,
神恩总是奔放。

人生客旅宜欢畅,
不必计较艰苍。
清贫无妨正气刚,
男儿一生豪放。

婉转情思入诗唱,
孤旅骋志昂扬。
辗转桑沧心定当,
胸襟恒怀希望。

76.开朗集

人生清裁是诗章

2022-10-2

人生清裁是诗章,闲雅心地间。
秋燥无妨我意向,清心读诗章。

红尘气焰放万丈,名利何嚣猖。
定志趋向水云间,烟霞中心漾。

鸟语娇啭惬心肠,风吹何扬长。
清坐思想天涯间,男儿怀志向。

品茗豪情冲天上，振襟舒奔放。
一曲泻出若水淌，情志何轩昂。

天气如此燥亢

2022-10-2

天气如此燥亢，草木多萎黄。
心地难以安祥，难以读诗章。

抬眼向天旷望，蓝天云徜徉。
何时甘霖始降，杀此旱之狂。

岁月无比奔放，流走似飞殇。
华发渐渐添涨，不必多愁怅。

人生应持雅闲，客旅天地间。
唯有道德文章，可垂之久长。

悠悠放我思想，一曲展情长。
窗外小鸟歌唱，打动我心肠。

辗转尘世艰苍，身心未有妨。
定志叩道贞刚，真理力寻访。

人心多有机奸，虚伪不堪尝。
正直立身昂扬，我志何旷放。

纵展奇思妙想，注入于诗章。
淡定人生无恙，履缘吾扬长。

心襟爽然潇

2022-10-4

心襟爽然潇，淡看碧野柳飘。
闲云飞逍遥，秋风吹击荡浩。

心事付谁晓？孤旅独行远道。
苍茫心观照，内蕴化为诗稿。

清听喜鹊叫，惬怀真是无二。
秋意多萧骚，东篱菊犹未俏。

安度此尘嚣，不为名利所扰。
诗书沉潜造，智慧一生寻找。

77.和乐集

淡定人生场

2022-10-4

淡定人生场，不取张扬。
寂寞心地间，孤旅扬长。

岁月泻流畅，幻化无恙。
心志取安祥，履缘平常。

诗书镇日向，哦咏激昂。
苦痛务抛光，淡泊情肠。

斑苍复何妨，悠悠扬扬。
步履阴晴间，天涯矢闯。

红尘原无恙，幻化无疆。
人生百年放，正似瞬间。

韶华惜心间，切莫费浪。
不可稍颓唐，奋发向上。

真理力寻访，慧目圆张。
力抛机与奸，无机奔放。

正直吾昂扬，傲立强刚。
不卑复不亢，中庸襟房。

洒脱心襟

2022-11-12

洒脱心襟，笑傲尘世吾清醒。
处变不惊，清贫无损我身心。
初冬来临，雷声连串时雨行。
休憩心灵，淡定安祥且品茗。

岁月飞行，老我斑苍一笑清。
豁达生平，不屈艰苍万里行。
黄花开俊，落叶漫野恣飘零。
诗意弥心，从容哦咏也多情。

休闲无恙

2022-11-14

休闲无恙，初冬阳光正灿放。
雀鸟鸣唱，写意木叶飞而降。

心不嗟怅，奋志人生吾贞刚。
男儿豪旷，踏遍山水领清苍。

骋志顽强，不为名利俯首向。
叩道向上，客旅生涯微笑放。

红尘狂狷，众生争竞陷死伤。
清心雅靓，慧意明辨几微间。

78.栖云集

檐前雨响

2022-11-19

檐前雨响，东风吹浩荡。
冬日安祥，写诗舒情肠。

人生悠旷，不必计苍凉。
茁壮襟房，原也存理想。

向前向上，高远至无疆。
不事张扬，书海扬帆航。

斑苍无恙，一笑是澹荡。
诗意心间，哦咏晨昏间。

人生情长，履遇恶风浪。
定志之向，万里天涯间。

奋发贞刚，迎难吾径上。
豪勇顽强，清展男儿样。

流年更张，智慧日添涨。
共缘启航，辗转桑沧间。

心志平旷，胸襟不起浪。
和蔼心间，清赏菊花黄。

木叶飘荡，诗意寰宇间。
清坐思想，能不哦奔放？

振襟昂扬，百年存漫浪。
用心寻访，正道在人间。

踏遍莽苍无恙

2022-11-26

踏遍莽苍无恙，蔼然一笑爽朗。
心志澹澹荡荡，中心坚持理想。

只是生涯悲壮，履尽坎坷艰苍。
依然一笑顽强，清展吾之贞刚。

不肯屈己媚上，男儿是有豪放。
努力叩道向上，正直一生阳刚。

一似山巅松长,顶住风雨狂狷。
傲骨无比强刚,撑住蓝天青苍。

向阳是吾襟房,不向名利投降。
终生清贫何妨,传世留有华章。

岁月侵袭不慌,定志果敢奔放。
揽镜华发苍苍,心襟恒持坦荡。

此际清听鸟唱

2022-11-26

此际清听鸟唱,享受悠闲时光。
品茗惬我意向,读书意气洋洋。

只是流年更张,又值初冬时光。
林野尽显萧苍,阴霭笼罩尘间。

散淡是我襟房,人生刻意向上。
抛去名利肮脏,倾心田园清芳。

五十七载飞殇,赢得华发轻苍。
身心依然健康,叩道奋展顽强。

红尘不是故乡,客旅定定当当。
挥洒心志奔放,不留污迹秽脏。

眼目凝聚慧光,岂为物欲遮障。
定志无穷远方,真理一生寻访。

79.天青集

薄阴天气正当

2022-11-26

薄阴天气正当,暮色此际初访。
诉出闲情况,初冬不寒凉。

清爽北风吹放,扫荡林野萧苍。
城市人熙攘,热闹岂凡常。

心地无比奔放,不为物欲羁缰。
思想放无疆,理想恒苦壮。
只是心地情长,尘世履尽艰苍。
一笑仍爽朗,清怀贞无恙。

讴颂神恩广长,赐我心灵力量。
灵程奋闯荡,正意盈襟房。
宿鸟欢声鸣唱,打动余之心房。
人生快慰间,惊讶流年殇。

雅注清气入诗行

2022-12-3

雅注清气入诗行,
人生正意昂扬。
不畏惧困苦艰苍,
心怀光明太阳。

一任这尘世苦艰,
男儿心志遐方。
悠悠我骋志闯荡,
履历山水险苍。

心怀中始终无恙,
总赖神恩奔放。
灵程我勇敢前闯,
力战邪恶强梁。

岁月他淡荡清芳,
流年醇酒相仿。
笑意我清展扬长,
温和心地之间。

人生履尽艰苍

2022-12-3

人生履尽艰苍,旷怀岂是有限。
步履迈坚壮,风雨无法障。

心志无比雄壮,一任试炼成行。
跌倒依然上,万里奋驱闯。

此心活泼难讲,清心映出天良。
君子儒雅间,诗书一生唱。

红尘不是故乡,肉体岂可久长。
不受欺与诳,灵程奋力向。

80.山居集

人生雅意横纵

2022-12-5

人生雅意横纵,容我从心哦讽。
喜鹊正鸣颂,冷寒是朔风。

时节正届初冬,心境与谁相同?
坦腹以哦诵,清心不平庸。

正意盈于襟胸,人生旷怀无穷。
不为名利动,淡泊清贫中。

只是人生情浓,孤旅不忘奋勇。
岁月瞻望中,不必计斑慵。

悠悠清度人生

2022-12-10

悠悠清度人生,旷怀无比雅正。
灵程叩道诚真,心得清雅清芬。

清度浊世红尘,身心不受污损。
奋发男儿刚贞,努力前面旅程。

山水自是雄浑,风雨一任嚣盛。
兼程努力驰骋,面容刚毅拙正。

冲决虎狼之阵,世界是神创成。
美妙难以细论,讴颂出自心身。

大道普覆乾坤,奸邪未许炽盛。
秉持正直心身,致力荣归天城。

百年生命迅奔,叹如只似一瞬。
韶华用心惜珍,修身秋春晨昏。

清持正直身心

2022-12-13

清持正直身心,人生向往光明。
红尘履尽艰辛,依然志取凌云。

努力修养身心,陶冶我之性灵。
岁月多么空清,年华冉冉逝行。

斑苍不复清俊,远辞少年倩影。
何必嗟叹于心,应能奋志远行。

仲冬已经来临,爽风吹来何清。
小鸟娟娟啼鸣,岁末感慨于心。

81.扪云集

人生情重

2022-12-17

人生情重,履尽烟雨苍浓。
英武襟胸,原不计较苦痛。

岁月如风，赐我斑鬓重浓。
一笑从容，人生淡定之中。

红尘汹涌，共彼大化运动。
和惴心胸，叩道秉持中庸。

抛开苦痛，听取朔风号动。
煦日晴空，更有喜鹊鸣风。

时值仲冬，冷寒继续加重。
品茗意动，读书写诗情浓。

百年空空，唯有业绩垂永。
共缘行动，平和心地淡讽。

休憩身心

2022-12-23

休憩身心，享受阳光之鲜明。
冬日朗晴，朔风吹击是寒清。

且品芳茗，旷读诗书吾怡情。
阖家安宁，神恩颂赞出心灵。

岁月进行，爽怀逸志豁无垠。
振奋心灵，努力前驱关山峻。

小鸟娇鸣，声声打动我心襟。
写诗讴吟，舒出心境也空灵。

心志不取狂猖

2022-12-31

心志不取狂猖，人生奋发力量。
辞旧迎新间，哦诗舒奔放。

岁月旷自飞翔，不必计较斑苍。
努力以向上，修心养德芳。

困厄不会久长，春来百花会放。
天气会晴朗，清风会来翔。

此际清坐安祥，品茗舒适意向。
激越未可减，提笔撰诗章。

82.茗香集

辞旧迎新

2023-1-1

辞旧迎新，克服困难矢前进。
柳暗花明，文明进步恒进行。

鸟语声声，远处鞭炮响阵阵。
焕发心身，鼓舞情志旷驰骋。

山高水深，览尽风光之奇胜。
胸襟平正，天人大道努力遵。

品茗意生，哦出新诗舒情诚。
激情时分，奋欲展翅入霄层。

情思不取张扬

2023-1-25

情思不取张扬，人生收敛心向。
内叩己襟房，发见有慧光。

冬寒正值狂猖，夜晚华灯闪亮。
清坐理心簧，哦出诗奔放。

人生闲雅之间，清贫无伤大妨。
骋志天涯间，岂为名利障。

红尘熙熙攘攘，太多利欲机陷。
一笑微微放，正见盈心房。

闭门读书也安稳

2023-1-26

闭门读书也安稳,闲情堪称,
闲情堪称,清贫无妨志清纯。

正月初五今日正,鞭炮声声,
鞭炮声声,天气冷寒鸟啼纯。

努力前面灵旅程,叩道奋争,
叩道奋争,万里风云览清正。

笑意从心而浮生,豁达秋春,
豁达秋春,正意磅礴度人生。

83.清远集

人生雅具情调

2023-1-26

人生雅具情调,心志清好,
心志清好,努力万里扬飙。

新年初五今到,激情聊表,
激情聊表,奋意撰写诗稿。

红尘熙熙嚣嚣,众生闹吵,
众生闹吵,名利争竞不了。

旷持水云情抱,悠怀潇潇,
悠怀潇潇,读书品茗意俏。

豪情万丈在我胸

2023-1-27

豪情万丈在我胸,正气存于中。
努力实干奋力冲,矢志克奸雄。

新年开局志恢弘,神恩赐丰隆。
不计霜华渐浓重,天下谈笑中。

男儿怀情旷无穷,茁壮是心胸。
济世叩道也英勇,处世运圆通。

灯下哦诗舒沉雄,万里瞻望中。
冷寒袭击任重浓,春来正匆匆。

人生天地之间

2023-2-5

人生天地之间,勿为名利所障。
性天吾清凉,春来情勃放。

阳光穿透雾障,清风其来何畅。
正义吾昂扬,努力克艰苍。

岁月澹澹荡荡,世事桑桑沧沧。
中心怀畅想,理想恒茁壮。

流年多么奔放,小鸟衷心歌唱。
春来气昂藏,男儿胸心壮。

84.就鸥集

情怀吾雅靓

2023-2-5

情怀吾雅靓,呼出心地情长。
春来气志昂,哦诗热情显彰。

喜鹊欢鸣唱,田野清风舒旷。
天日喜晴朗,爽坐品茗何畅。

心胸持澹荡,无机雅洁堪讲。
叩道奋贞刚,原也不计艰苍。

笑我霜华苍，依然激情心间。
一似少年郎，万里天涯瞻望。

处世安祥

2023-2-11

处世安祥，名利无意向。
忍辱为上，清贫无所妨。

正义强刚，不屈于风浪。
男儿豪旷，鼓勇骋力上。

万里疆场，风光正悠扬。
跌倒再上，哦咏诗千章。

红尘攘攘，众生陷狂猖。
心襟须旷，觑破世真相。

春来扬长，野禽欢鼓唱。
东风奔放，草芽茁壮长。

坦腹哦唱，舒出我昂扬。
人生世间，客旅正相仿。

无机情肠，孤旅咽凄凉。
振襟向上，克己修心芳。

百年漫浪，世事回味长。
最贵思想，最贵是理想。

风雨一任生成

2023-2-12

风雨一任生成，冷寒一任其盛。
清坐思深深，哦诗也馨芬。

一生感谢神恩，导我灵性旅程。
天国美不胜，努力求永生。

修心步履艰深，名利矢志弃扔。
清风来慰问，爽我心无伦。

时节既属孟春，迎春行将开盛。
新芽逐渐生，欢快我心神。

85.红雨集

时雨洒然潇潇

2023-2-12

时雨洒然潇潇，风适情抱，
小鸟鸣叫，春来怡我心窍。

红尘旷然美妙，是神所造，
正义丰饶，真理通达尘表。

人生思想迢迢，努力前道，
风雨兼造，清赏风光奇妙。

雅洁是余情窍，污脏力抛，
正直洒潇，不为名利所扰。

人生适意安祥

2023-2-13

人生适意安祥，不惧苦风恶浪。
神恩赐下奔放，笑意从心展放。

五十八载一瞬，斑苍心志清纯。
努力灵性旅程，叩道矢志前骋。

内叩自己心身，明光内映充分。
天良发现真正，悟道雅洁清芬。

写意是此红尘，大千幻化缤纷。
名利彻底抛扔，心怀世界乾坤。

济世奋我刚正，力战魔敌凶狠。
还我山河清纯，宇宙是神创成。

灵妙心襟哦骋，舒出男儿热诚。
不畏前旅艰深，笑傲浊世红尘。

英武是我心身，儒雅清度秋春。
风雨晨昏不论，朗哦新诗兴奋。

此际春夜时分，灯下思想生成。
舒出心灵清纯，颂赞丰沛神恩。

正意朗彻乾坤

2023-2-15

正意朗彻乾坤，春来生机勃盛。
东风清吹骋，鸟语何温存。

心怀雅洁无伦，读书品茗意生。
新诗哦真诚，倾吐我心身。

清度是我人生，履历关山成阵。
绝无卑媚生，傲骨何坚贞。

流年飞度迅奔，华发依旧清纯。
努力灵旅程，叩道吾沉稳。

86.友鹿集

春来情志生成

2023-2-16

春来情志生成，惬听鸟语啼纯。
心志回复青春，呼吸清风爽神。

红尘浊浪滚滚，应许清心生成。
不惹名利心芬，雅洁叩道真诚。

迎春花初开盛，惬我情志十分。
天气朗晴云纷，品茗哦诗怡神。

笑容舒展真正，悟道豁度秋春。
不负清雅人生，著书应许等身。

闲雅意境纵生成

2023-2-18

闲雅意境纵生成，
惬意中心缤纷。
春来喜鹊欢鸣骋，
爽我心襟十分。

天阴东风淡荡生，
呼吸快我心身。
品茗读书享人生，
名利合弃合扔。

岁月不断以进深，
老我斑苍何论。
挥洒中心之精诚，
叩道鼓勇奋争。

快慰中心哦清芬，
舒出气象刚正。
男儿绝无卑媚生，
浩气充盈乾坤。

心志旷然生成

2023-2-19

心志旷然生成，人生雅具诚真。
春来气发浩正，清风爽我心神。

小鸟娇鸣阵阵，喜鹊欢声何振。
读书意生成，品茗惬无伦。

红尘从容驰骋，不为名利分神。
淡定拥书城，清雅度秋春。

任起浊浪滚滚，我只清守纯真。
斑苍任清生，微笑秉清纯。

87.兰风集

红尘履历吾多辛

2023-2-21

红尘履历吾多辛，旷志分明，
旷志分明，人生骋志努力行。

此生履尽是艰辛，风雨经行，
风雨经行，兼程奋进笑意俊。

大千幻化桑沧频，悟道于心，
悟道于心，乐达天人也温馨。

半生逝去斑苍盈，爽意无垠，
爽意无垠，辗转秋春正气凝。

心志旷展无限

2023-3-4

心志旷展无限，春来情意张扬。
雅听鸟之唱，享受风清爽。

柳芽初初舒芳，煦日祥和寰壤。
乐意享休闲，雅将诗哦唱。

人生情意扬长，况听春禽鸣放。
诗意袭心间，展眼天无限。

思想应放无疆，冲决俗世罗网。
振志万里疆，风雨不必讲。

矢沿正道前进

2023-3-4

矢沿正道前进，未许物欲损心。
岁月喜值春境，野禽欢歌多情。

坦腹容我哦吟，舒出正气刚劲。
男儿应展雄英，不为名利争竞。

清贫并无大紧，贵在奋发心灵。
叩道努力挺进，山水风光无垠。

穿越迷雾之境，心中阳光朗明。
乐叩天人之境，大道普覆宇庭。

88.红豆集

逸意人生

2023-3-4

逸意人生，惬度此红尘。
春来情振，哦诗激越声又声。

东风清纯，啼鸟唤成阵。
暮烟初生，旷怀雅洁正无伦。

岁月清芬，演绎故事放层层。
百度秋春，正意盈襟叩道诚。

不妄纷争，静心定意养德芬。
名利弃扔，骚雅意气展纵横。

心志吾取安祥

2023-3-12

心志吾取安祥，不为名利起浪。
静定内叩襟房，发见明光慧亮。

人生骋志昂扬，叩道奋发向上。
名利合当弃放，正义一生强刚。

岁月清展澹荡，五十八载瞬间。
行旅咽尽桑沧，爽然一笑奔放。

仲春美好无恙，一片鸟语碧放。
风儿多么爽朗，快慰余之心肠。

天意深处谁人晓

2023-3-19

天意深处谁人晓，
唯凭灵心寻找。
叩道清展吾逍遥，
体道无限风标。

远际鞭炮又鸣叫，
红尘太多热闹。
清心远离此尘嚣，
不为名利所扰。

淡泊叩求彼大道，
风风雨雨经饱。
爽然雅洁展一笑，
人生客旅逍遥。

振襟哦唱吾风骚，
君子人格缔造。
岁月侵鬓心不老，
旷怀无比美妙。

89.晴野集

日落西山逞晚照

2023-3-19

日落西山逞晚照，
心境洒然奇妙。
春仲真宜人情抱，
东风吹来清好。

岁月侵人不言老，
奋志依然刚傲。
不屈磨难并仇妖，
努力灵程扬飙。

此际清坐舒心窍，
正意原也丰饶。
一腔热情何美好，
济世尽力奋跑。

履历关山多美妙，
心情心志洒潇。
览尽风光之奇巧，
朗我身心无二。

心怀澹荡

2023-3-22

心怀澹荡，正直人生场。
不卑不亢，和柔心地间。

春雨既降，喜鹊复鸣唱。
风来清旷，心志展扬长。

和蔼心间，共缘去旅航。
坦坦荡荡，力抛机与奸。

修身向上，振奋是情肠。
诗书雅享，哦出我慨慷。

处世安祥，履尽恶风浪。
一笑淡荡，神恩是广长。

思想无疆，天地多宽广。
寻觅灵粮，努力万里疆。

人生奔放，不羁情志间。
清平安享，风云入心间。

宇宙无限，灵妙无法讲。
慧智寻访，心灯燃明亮。

正邪之间，搏击何艰苍。
血战玄黄，历史览无恙。

前旅任艰，骋志奋刚强。
心襟温让，人格作保障。

克己有芳，养德岂有疆。
振志向上，无明抛弃间。

名利有妨，看淡方为上。
风雨兼闯，豪情天涯间。

人生悠展心旷

2023-3-23

人生悠展心旷，春来勃发情肠。
暮烟此际清涨，野禽不停歌唱。

风来何其爽朗，田园美妙风光。
中心嗟叹赞赏，讴颂神恩无量。

理想充满心间，万里奋志闯荡。
利锁名缰弃光，清心优雅扬长。

心志雅怀奔放，诗书倾心研讲。
哦出正义心房，原也清新雅靓。

90.快心集

天气阴晴颇不定

2023-3-24

天气阴晴颇不定，
我心却持朗晴。
悠悠清品此芳茗，
写诗旷怀雅情。

岁月喜值仲春景，
欢快吾之身心。
田野芳美生机盈，
野禽欢唱声俊。

一曲从心放讴吟，
君子人格显明。
不执尘世之利名，
淡守吾之清贫。

诗书晨昏吾哦吟，
男儿是怀远情。
天涯风光唤我行，
穿越关山峻岭。

岁月如此妖娆

2023-3-26

岁月如此妖娆，引我勃发襟抱。
春来情意清好，新诗朗声哦了。

东风适余心窍，喜鹊鸣声何妙。
振意天际远瞧，但见鸟飞云霄。

红尘胡不美好，百年飞度洒潇。
人生正意丰饶，叩道用道风标。

向阳是余情操，矢沿正道扬飙。
不为名利倾倒，雅怀正直刚傲。

红尘履历吾多情

2023-4-20

红尘履历吾多情，
欢快盈满肺心。
一生领受神恩劲，
雅安是余心灵。

谷雨不觉今已临，
清风怡我心境。
爽怀雅听鸟清吟，
展眼田园画境。

人生奋志当殷殷，
不可贪恋利名。
高蹈余心入水云，
享受村野风情。

诗书人生悠悠行，
览尽大千风景。
一笑爽清且雅净，
心志向何人云。

91.飞霞集

人生不妄纷争

2023-4-22

人生不妄纷争，清心憩度红尘。
百年如电驰奔，转眼桑沧生成。

此际正值暮春，欣听风声阵阵。
膏雨洒降纷纷，哦诗吐我雅芬。

人生奋志刚正，行旅淡泊心身。
不为名利奋身，倾心诗书怡神。

坐拥缤纷书城，心襟欢快十分。
清度冬夏秋春，不计霜华生成。

微风吹来和畅

2023-4-23

微风吹来和畅，凉爽惬人意肠。
春禽恣意鼓唱，雨后田园葱昌。

心志万丈勃放，向往天涯遐方。
不为物欲所障，性命双修昂扬。

人生悠悠哦唱，情志雅怀爽朗。
思想清展力量，烛照前方远长。

岁月履尽苍凉，依然振奋情肠。
努力风雨兼闯，览尽万千风光。

心志体道安祥

2023-4-28

心志体道安祥，不为物欲起浪。
乐天知命之间，雅度秋春澹荡。

初夏又将来访，惊叹时光飞殇。
野禽欢声鼓唱，东风其来悠扬。

暮春百草俱芳，老柳氉氉摆荡。
野外蛙鼓响亮，喜鹊欢歌奏唱。

心灵矢志向上，叩道一生奔放。
履尽岁月桑沧，不减情怀俊朗。

92.活水集

蓝天青碧正无伦
2023-4-30

蓝天青碧正无伦,心志奋刚正。
东风清来爽心神,哦诗声又声。

暮春心志颇振奋,努力往前骋。
越过山高水又深,风光阅清纯。

斑苍不减我风神,傲立在乾坤。
男儿不为名利生,叩道奋晨昏。

清度秋春不沉沦,诗书沉潜深。
修身养德无止程,旷怀岂有伦。

人生量力而行
2023-5-7

人生量力而行,正意心中鲜明。
向阳奋我心襟,鼓舞情志前行。

一生心志殷殷,努力万里驱行。
览取关山风景,胸怀爽雅清平。

振志匡世力行,诗书怡我心襟。
困难苦障浮云,人生共缘挺进。

晨昏奋我身心,慎独不忘于心。
修身致力秉勤,豁怀正是无垠。

心志谦和平正
2023-5-10

心志谦和平正,奋发展我刚贞。
人生努力驰骋,不惧山高水深。

啼鸟鸣唱何纯,清风又来慰问。
孟夏清和温存,五更蛙鼓犹逞。

远村偶啼鸡声,路上渐有行人。
早起哦诗舒申,清展精气灵魂。

岁月日渐进深,华发素朴清纯。
心灵依然纯真,不染浊世凡尘。

93.成务集

人生勿散淡
2023-5-11

人生勿散淡,旷展正气入霄汉。
鸟语啼绵蛮,爽风其来也清淡。

品茗写诗玩,舒出男儿气浩瀚。
叩道履艰难,迎风沐雨奋前站。

我是好儿男,抛弃名利持果敢。
诗书晨昏翻,力寻真理何傲岸。

心志存浪漫,向往天国之彼岸。
客旅人生展,清怀爽洁且雅淡。

弹指华年逝殇
2023-5-14

弹指华年逝殇,人生笑对桑沧。
百年不须匆忙,定志享受安祥。

此际心境温让,享受风来爽畅。
中夜蛙鼓何响,野虫放声吟唱。

孟夏妙丽时光,四更不眠长想。
人生未可孟浪,不可忘记理想。

正意清持襟房，男儿志取远方。
名利徒为欺诳，物欲惹人丧亡。

叩道一生雅闲，心灵心志奔放。
努力加强修养，寻觅智慧灵粮。

岁月积淀广长，斑苍不减清狂。
依然少年相仿，蓬勃并且茁壮。

杨柳摇风

2023-5-14

杨柳摇风，田园一片青葱。
孟夏情浓，哦诗舒出清空。
人生奋冲，万里风云入胸。
名利何功，应能弃之空空。

爽雅心胸，正意原也丰隆。
卑弱抛空，剩有英武襟胸。
风雨任猛，男儿兼程矢冲。
笑傲之中，华年逝去匆匆。

气宇如虹，七彩闪于心胸。
身心灵动，哦咏情怀妙用。
男儿情钟，济世奋发行动。
淡定之中，叩道趋入圆通。

94.崇高集

胸襟雅具气象

2023-5-14

胸襟雅具气象，世界尽都包藏。
正义吾昂扬，仗剑天涯间。

心怀原也清靓，不为名利颠狂。
性天吾清凉，慧意盈襟房。

悠怀周日无恙，写诗畅发中肠。
无机之心房，正直持扬长。

窗外小鸟吟唱，东风递来凉爽。
有絮轻飞扬，月季开正芳。

人生百炼成钢

2023-5-15

人生百炼成钢，心灵充满力量。
努力奋发向上，旷飞天壤无疆。

正意由来昂扬，不屈困难重障。
力战魔敌妖魍，灵程奋发闯荡。

叩道是余志向，秋春清度安祥。
领受神恩奔放，惬意晨昏哦唱。

此际初暑时光，朝日闪射光芒。
清听鸟语欢畅，享受东风清旷。

笑意从心而放，人生得意不狂。
谦正是余情肠，努力万里疆场。

不为名利奔忙，定志诗书之间。
纵情展我哦唱，声入云天广长。

心志雅爽

2023-5-28

心志雅爽，惬听啼鸟唱。
不畏艰苍，奋发以向上。

人生世间，勿为物欲障。
善良情肠，修心骋贞刚。

应取安祥，共缘旷飞翔。
微笑淡放，豁怀真无恙。

小风来访，天气闷热间。
清坐思想，品茗畅意向。

正义心间，未可卑弱放。
天涯遐方，努力以驱闯。

感慨心间，向谁谈并唱？
孤旅昂扬，男儿振意向。

世事狂猖，太多机与奸。
慧目务亮，细辨前路向。

坦坦荡荡，无机之襟房。
修身尽量，人格天葆奖。

名利捐放，诗书倾意向。
晨昏哦唱，声震入云间。

华年逝殇，不必计老苍。
逸兴清狂，骚雅入华章。

舒发感想，耳际鸟歌唱。
粉蝶飞翔，妙丽无法讲。

初暑时光，万物竞生长。
展眼长望，胸襟正茁壮。

95.致远集

旷怀无限

2023-5-30

旷怀无限，为因名利尽弃放。
清贫安享，诗书人生也悠扬。

红尘狂猖，世界因病走炎凉。
病因细访，原在人心之污脏。

正义力倡，哲学宗教吾研访。
心得心间，哦诗舒出意昂扬。

努力向上，物欲害人必裁减。
安祥情肠，体道秋春正气昂。

君子人格修成

2023-6-2

君子人格修成，心志雅淡清芬。
清度此人生，正意奋刚贞。

红尘浊浪滚滚，未许机奸生成。
端方以立身，名利合抛扔。

岁月旷自进深，笑我华发清生。
一笑还馨温，正直已生根。

展眼云天昏昏，人生奋发驰骋。
山水越旷正，不必计艰深。

心灵心志雅芬

2023-6-3

心灵心志雅芬，人生旷意生成。
清度秋春不沉沦，奋志刚贞。

鸟语何其馨温，风来何其爽神。
青天幻化彼云层，清坐安稳。

雅思旷放层层，哦诗舒出心身。
男儿慨慷兼沉稳，努力前程。

微笑安度人生，风雨之中兼程。
名利何功合弃扔，诗书怡神。

履历艰苍何论，阴晴任其幻生。
鼓舞情志放歌声，神恩丰盛。

岁月日渐进深，华发飘飞惜生。
韶华务须珍十分，豪勇晨昏。

96.鼓舞集

天气任其燥燥

2023-6-9

天气任其燥燥，心志静定为要。
天真力守保，正义奋刚傲。

红尘履尽迢迢，开怀依然大笑。
苦痛应全抛，清心叩道妙。

澹荡盈满心窍，人生奋志驱跑。
名利不紧要，正直勿弃掉。

步履光明大道，风雨兼程洒潇。
风光领大好，哦诗怡情抱。

铁骨刚正

2023-6-13

铁骨刚正，未许卑媚生成。
爽雅心身，原也浩志云层。

坎坷人生，何必回望深沉。
万里征程，前瞻我意茁盛。

笑我此生，依然坚持诚真。
叩道奋身，傲立滚滚红尘。

吐辞和温，君子人格显逞。
窗外鸟声，惬我情怀十分。

清度滚滚红尘

2023-6-15

清度滚滚红尘，心志旷然生成。
爽风清来阵阵，啼鸟打动心身。

蓝天白云纷纷，美妙画廊真正。
清坐品茗心芬，雅将新诗哦成。

履经风浪沉稳，避过礁丛层层。
扬帆万里征程，胸怀旷雅清诚。

时值仲暑炎生，切莫躁动心身。
安静是我灵魂，努力灵程奋争。

97.贞明集

舒展吾之闲情

2023-6-16

舒展吾之闲情，爽风吹展正清。
喜鹊高声啼鸣，百鸟欢歌何俊。

心境旷展多情，人生吾颇劲挺。
此生不图利名，水云涵于胸襟。

履尽沧浪心平，微笑淡雅清新。
斑苍心怀依俊，向往天涯风景。

我要努力追寻，叩道一生奋进。
真理正道显明，普覆天下宇庭。

爽风清来开意境

2023-6-19

爽风清来开意境，
中心清持雅净。

不为名利妄操心，
胸襟一片朗晴。

耳际听得蛙鼓鸣，
喜鹊欢歌尽兴。
细雨轻洒也清心，
田野一片葱青。

清度岁月吾怀情，
哦诗吐出心灵。
人生唯赖神恩劲，
赐下福分安宁。

阖家康好心怀俊，
颂赞神恩丰盈。
雅享岁月之温馨，
天伦之乐无垠。

逸意旷然生成

2023-6-20

逸意旷然生成，人生不妄纷争。
听取鸟鸣纯，开心是真正。

时间正值五更，远野蛙鼓清芬。
鸡鸣复听闻，爽风来怡神。

清心雅度秋春，不畏风雨嚣盛。
心志持温存，眼目慧光生。

努力叩道奋身，力寻真理十分。
傲立于乾坤，如松之刚正。

98.无咎集

又闻布谷清鸣

2023-6-20

又闻布谷清鸣，喜悦余之身心。
五更鸟欢吟，村鸡讴声劲。

远野蛙鼓堪听，点缀世宇清平。
早起怀意兴，新诗雅哦吟。

舒出人生奋兴，舒出吾之心灵。
舒出正气凌，舒出优雅情。

旷怀自是无垠，理想导我前行。
脚踏实地行，风雨不止停。

东风旷意清骋

2023-6-25

东风旷意清骋，哦歌吾之人生。
闲时听取鸟声，享受岁月清芬。

抛开苦痛阵阵，豁怀应取十分。
人生共缘驰骋，不为名利纷争。

远辞是我青春，霜华渐渐生成。
依然一笑和温，刚正盈满心身。

红尘浊浪滚滚，清心不取沉沦。
振意万里长奔，天涯风光清纯。

不畏尘世艰苍

2023-6-25

不畏尘世艰苍，心志始终阳光。
人生振志讴唱，歌颂神恩广长。

心怀充满力量，灵程奋发闯荡。
魔敌妄图阻挡，只是归于消亡。

身心明媚无恙，中心情思张扬。
五十八载瞬间，感慨心中增长。

时雨清新洒降，爽我意向情肠。
销此仲暑炎猖，天地一片清凉。

99.扬眉集

享受雨后凉爽
2023-6-25

享受雨后凉爽，快乐暇闲时光。
清听鸟语鸣放，书本抛开不望。

品茗惬我意向，纵情新诗哦唱。
心志悠悠扬扬，无机体道奔放。

一切顺理成章，共缘坦腹安祥。
任起风雨风浪，切祷神恩赐降。

心灵心志阳光，明媚盈满心房。
振志我要闯荡，寻觅天涯风光。

心志旷展多情
2023-6-28

心志旷展多情，人生履尽酸辛。
君子独立大鸣，吾欲唤醒人心。

此际晨鸡初鸣，四更蛙鼓蝉吟。
早起振奋身心，新诗哦吟均平。

路上华灯正明，清夜小风清心。
偶有车声噪鸣，点缀世宇安平。

人生努力前行，履度关山苍峻。
微笑清浮爽净，豁怀无比朗晴。

人生淡淡定定
2023-7-1

人生淡淡定定，心志旷雅如云。
斜照正辉映，鸟语复蝉鸣。

写意暑风何清，蓝天清幻白云。
心地怀多情，雅将诗哦吟。

舒出心中高兴，舒出我的激情。
舒出烂漫心襟，舒出正义心灵。

辗转桑沧何云，淡泊复持镇定。
一任起苍云，一任风雨劲。

100.光明集

清度流年时光
2023-7-2

清度流年时光，不为名利狂猖。
贞定是我气象，读书慰吾情肠。

闲时听取鸟唱，清风拂我心房。
惬意哦成诗章，原也清新雅靓。

奋志万里疆场，男儿纵展豪放。
不屈世之艰苍，心怀晴朗无恙。

百年飞逝迅狂，务须珍惜韶光。
不为名利狂猖，边走边歌边唱。

红尘履度吾逍遥

2023-7-5

红尘履度吾逍遥,
豁达是余情窍。
暑仲清听蝉之噪,
清风怡余怀抱。

开怀何妨吾大笑,
清度尘世颇好。
一生领受神恩饶,
灵程奋志迅跑。

履尽坎苍何必道,
此际心怀正俏。
乐天知命吾洒潇,
读书哦诗清妙。

天气朗晴鸟飞高,
林野青茂美好。
愿学飞鸟入云霄,
万里云天访造。

岁月侵人霜华老,
红尘容我展笑傲。
不为名利扰,
胸襟水云飘。

一生乐叩彼大道,
正义心襟吾逍遥。
红尘胡不好,
前路灿且妙。

人生情怀知多少

2023-7-7

人生情怀知多少,
暑来从容撰诗稿。
清怀颇洒潇,
爽意听啼鸟。

身心未可稍骄傲,
君子谦和尽力保。
山水越险要,
五湖风光饶。

第二部

松风书屋诗集

1.冲远集

人生意洒潇

2023-7-7

人生意洒潇,正义风标。
力战魔敌妖,奋展刚傲。

苦难已经饱,爽然一笑。
前路任风暴,骋志逍遥。

暑意正炎嚣,热浪来骚。
蝉鸣伴鸟噪,点缀安好。

振意展眼瞧,白云流飘。
红尘胡不好,运化玄妙。

正志心间

2023-7-7

正志心间,不为名利狂猖。
水云情肠,惬意田野松岗。

高远理想,支撑我往前闯。
万里无疆,人生振意何刚。

微笑清扬,不畏风雨巨浪。
把舵远航,天父指引方向。

圣洁襟房,力抛无明污脏。
明慧目光,显现真正天良。

有蝉嘶鸣唱

2023-7-8

有蝉嘶鸣唱,噪无止疆。
热风吹猖狂,炎蒸寰壤。

赤膊求清凉,头昏脑胀。
品茗惬意向,西瓜爽肠。

季夏何炎猖,何处清凉?
白云曼悠荡,袅起诗肠。

喜鹊高鸣放,声震林间。
散思聊放旷,化为诗章。

天热如蒸

2023-7-8

天热如蒸,热浪致人昏昏。
蝉语听闻,世界高烧狂盛。

休憩心身,悠悠品茗清芬。
雅致人生,努力持心平正。

鸟语声声,喜鹊高鸣亢奋。
阖家馨温,闲话家常欢逞。

岁月进深,霜华清染不论。
奋志刚贞,男儿傲立乾坤。

适意人生场

2023-7-9

适意人生场,履尽风狂。
淡定立身间,一笑安祥。

领受神恩壮,颂赞献上。
天气喜晴朗,鹊噪蝉唱。

岁月是飞扬,不嗟华霜。
振志仍方刚,万里奋闯。

名利无意向,贞怀悠扬。
一生叩道藏,正志茁壮。

胸怀雅量

2023-7-9

胸怀雅量，正义人生场。
心志清昂，不屈世艰苍。

红尘是攘攘，太多机陷。
漩涡力避间，把舵稳航。

人生矢向上，迎难而闯。
心地有阳光，和蔼温让。

聊展情思狂，化作诗章。
蝉鸣是响亮，燥热尘间。

炎热尘嚣

2023-7-9

炎热尘嚣，清喜爽风吹浩。
知了鸣叫，镇日不知疲劳。

心志洒潇，展眼淡看云飘。
鸟纵飞高，引我情致盈抱。

淡泊心窍，不为名利所扰。
水云情操，诗书容我读饱。

人生正道，览尽桑沧奇好。
展颜微笑，逸意扬长逍遥。

雅思生成

2023-7-9

雅思生成，人生从心而论。
客旅行程，心境应持清芬。

感沛神恩，导引心灵旅程。
心志缤纷，七彩如虹之胜。

暑意正盛，清听蝉鼓声声。
风来爽神，鸟语鹊噪雅闻。

休闲意骋，哦诗正好怡神。
淡泊人生，秉持心怀清正。

人生悠悠行

2023-7-9

人生悠悠行，履尽烟云。
蝉噪鸟复鸣，爽我心襟。

袅起诗意境，纵情哦吟。
不屈世艰辛，胸怀激情。

白云飞尽兴，画廊清映。
爽风来何俊，逸意盈襟。

周日享意境，休憩身心。
行旅持心清，壮志凌云。

端正身心

2023-7-9

端正身心，奋志以殷勤。
讴咏不停，正义之心襟。

岁月进行，季夏有意境。
鸣蝉呼劲，旷风爽心灵。

人生前行，览尽关山云。
风雨艰辛，不必计于心。

未来瞻凝，壮志怀于襟。
踏实追寻，叩道领意境。

人生不急不躁

2023-7-9

人生不急不躁，清度岁月逍遥。
坚决不骄傲，谦正是情操。

红尘徒是噪噪，众生争竞瞎搞。
世事是嚣嚣，恶业比天高。

应能静守心窍，清持情志雅好。
叩道乐无二，正义吾风标。

中心阳光充饶，眼目光芒堪瞧。
不为名利扰，天涯矢访造。

逸致闲情生成

2023-7-9

逸致闲情生成，人生容我纵论。
周日休憩心身，享受清风阵阵。

蝉语林野清震，云飞澹荡纷逞。
清坐思想缤纷，人生振志前骋。

领尽尘世艰深，爽然一笑清芬。
名利徒是欺人，清贫无妨刚正。

读书写诗怡神，快慰情志雅芬。
积淀思想深沉，著书应能等身。

雅洁是我身心

2023-7-9

雅洁是我身心，奋志一生殷殷。
不畏困厄艰辛，旷展刚正坚定。

暑意笼此寰境，蝉语鸟噪分明。
幸有南风浩劲，爽我淡泊心襟。

岁月挺进均平，未许老我身心。
依持少年心性，不畏困厄艰辛。

努力前路驱行，斩杀虎狼成群。
还我天下清平，万民和煦安宁。

贯彻中庸之道

2023-7-9

贯彻中庸之道，人生正直为要。
无机清持心窍，胸襟真光朗耀。

不向权贵讨好，清贫并不紧要。
努力守护情抱，水云飘逸美好。

清听蝉鸣鸟噪，季暑任其燥燥。
清坐思展逍遥，恒怀天涯远道。

振志人生驱跑，关山何妨迢迢。
人生是一长跑，标的明于襟抱。

人生纵展思想

2023-7-9

人生纵展思想，此生容我扬长。
冲决困厄艰障，神恩丰穰无限。

心志旷展清昂，人生纵马而闯。
力斩虎豹犲狼，还我天下安祥。

诗书哦咏温让，振志挥洒情长。
呼出正义襟房，不屈凶恶强梁。

灵程努力闯荡，胜过试探深艰。
前路奶蜜流淌，天国永生何壮。

保持心灵纯净

2023-7-9

保持心灵纯净，未可污损心襟。
时时内省身心，务使正意充盈。

修身趋于宁静，祥和盈我肺心。
努力前路挺进，叩道一生刚劲。

红尘幻化之境，太多苦闷艰辛。
慧意盈于胸襟，细辨前行路径。

不为浓雾迷心，穿越艰险之境。
神恩无比丰盈，赐下康乐安平。

火风进行

2023-7-9

火风进行，火风旷然进行。
逸致心襟，逸致盈于心襟。

娇娇鸟鸣，打动吾之身心。
噪噪蝉吟，点缀世宇安平。

雅持身心，憩于淡泊之境。
休闲情境，欣赏天上流云。

岁月飞俊，何许老我心灵。
振志前行，豪情充于肺心。

步履人生迢迢

2023-7-9

步履人生迢迢，无惧风雨艰饶。
旷展吾之刚傲，努力万里驱跑。

世界充满玄妙，我要用心去找。
尘世只是扰扰，清心静意为要。

此生绝不骄傲，谦和一生方好。
诗书终生潜造，积淀智慧丰饶。

此际清风来潇，鸟语伴以蝉噪。
清坐思展逍遥，雅怀水云情操。

雅持清空意向

2023-7-9

雅持清空意向，不为名利奔忙。
淡定盈满中肠，豁怀岂是有限。

贞洁一生向上，力抛无明机奸。
正义人生方刚，力战虎豹豺狼。

神将世界造创，灵妙自是难讲。
天国唯一家邦，我要努力寻访。

振志人生强刚，灵程不畏苦艰。
微笑浮现面庞，得意人生不狂。

雅度吾之人生

2023-7-9

雅度吾之人生，心志无比清纯。
此际清听蝉振，热风狂吹成阵。

斜照朗然正逞，白云幻化缤纷。
浴后爽我心神，哦咏新诗清芬。

舒出吾之刚正，舒出吾之情诚。
舒出人生兴奋，舒出胸襟欢腾。

心志闲雅清生，清坐思发温存。
人生客旅振奋，万里矢志远征。

岂为名利所动

2023-7-9

岂为名利所动,贞定气象豪雄。
人生奋志前冲,领略关山伟重。

历尽红尘汹涌,依然情有独钟。
叩道展我刚雄,不畏苦难千重。

老来心襟凝重,不受尘世欺哄。
心怀水云灵动,向往田野清风。

身处市井之中,淡泊晨昏哦讽。
持心中正中庸,微笑豁达无穷。

淡泊人生

2023-7-9

淡泊人生,情怀雅持刚正。
不屈奋争,努力灵性旅程。

苦旅艰深,唯赖丰沛神恩。
叩道历程,穿越迷雾层层。

身心灵动,新诗哦出无穷。
展我心胸,原也旷雅如风。

清听蝉颂,写意是此南风。
炎暑正浓,清坐思展凝重。

心襟良好

2023-7-9

心襟良好,奋志以逍遥。
不入歧道,矢沿正道跑。

身心洒潇,名利早已抛。
诗书潜造,心得入诗稿。

南山情操,芳怀水云飘。
振襟叩道,历尽山水遥。

红尘幻造,因缘难细表。
共缘奔跑,不为物欲扰。

芳美人生

2023-7-9

芳美人生,情志雅秉诚。
努力驰骋,叩道以奋身。

神恩丰盛,起死并回生。
颂出心身,赞美这宇城。

人生刚正,持心以纯真。
名利扰纷,合弃合抛扔。

高蹈心身,清贫不足论。
诗书秋春,朗放读书声。

世界炎蒸

2023-7-9

世界炎蒸,总赖清心生成。
电扇风骋,落日灿红辉盛。

清坐安稳,诗意中心生成。
哦出心芬,哦出人生刚正。

人生奋争,不为名利是真。
叩道历程,悟彻世事十分。

暮蝉嘶振,噪噪世界闹腾。
雅意心身,胸怀水云不闷。

爽意心襟
2023-7-10

爽意心襟，惬看彼流云。
东风吹劲，旷怀雅无垠。

清听鸟鸣，清听蝉之吟。
朗日正晴，炎暑吾淡定。

世事浮云，何必辨细清。
内省心灵，振志吾前行。

关山风云，茁壮吾胸心。
浩歌入云，男儿撑天青。

心志平静
2023-7-10

心志平静，悠悠听取鸟鸣。
蝉噪无垠，热浪蒸人惊心。

爽风进行，惬我心意心灵。
坦腹哦吟，舒出吾之闲情。

季暑炎劲，白云流变清新。
田野茂青，老柳摇摆多情。

振奋心灵，人生持志挺进。
胸怀豪情，不屈困难艰辛。

蛙声聒耳
2023-7-11

蛙声聒耳，雨后空气鲜且好。
晨鸟鸣叫，写意东风畅袅袅。

心地洒潇，旷将新诗哦成了。
闷雷开道，恐怕时雨又将嚣。

人生行道，关山风景领略饱。
微微一笑，世事机簧识破了。

修心悟道，内叩心弦哦昏晓。
诗书修造，君子人格郁兰操。

悠然心襟
2023-7-14

悠然心襟，惬听蝉鸣鸟吟。
闷热尘境，总赖爽风进行。

心志坦平，不为名利争竞。
诗书生平，体道悠悠清宁。

红尘旅行，振志天涯挺进。
关山风云，壮我心境心襟。

斑苍之境，微笑浮上淡定。
览尽烟云，胸怀水云雅清。

贞志从容
2023-7-20

贞志从容，履尽烟云吾凝重。
不妄行动，淡定清持盈襟胸。

红尘汹涌，众生沉沦陷苦痛。
正志心中，一腔刚洪待时动。

人生情钟，不为名利之打动。
微笑从中，豁怀趋向水云风。

坎坷历浓，身心百折多伤痛。
神恩恢弘，步履灵程彩霞中。

处心平正

2023-7-23

处心平正,豁怀无伦。
时正四更,哦读声声。
电扇风骋,路上车声。
远野蛙震,惬我心身。

处心平正,人生奋骋。
名利弃扔,轻装上阵。
风雨任深,兼程而奔。
微笑清生,神恩丰盛。

正义人生

2023-7-23

正义人生,总赖灵明支撑。
叩道刚贞,合当奋不顾身。

大暑今正,林蝉噪嚷声声。
小风慰问,涤我心襟十分。

岁月进深,老我斑苍何论。
何许心疼,豁达清度秋春。

紫薇花芬,灿若霞彩之盛。
品茗时分,哦诗聊适心身。

爽风劲行

2023-7-30

爽风劲行,弹指华年逝无垠。
季暑之境,清听野蝉之唤吟。

读书尽兴,人生最贵是多情。
哦咏进行,舒出正意也凌云。

红尘艰辛,唯赖神恩赐丰盈。
进入康平,豁达微笑面清映。

小鸟娇鸣,天上白云悠悠行。
心志空清,不图尘世利与名。

白云流漾

2023-8-2

白云流漾,清听蝉吟唱。
品茗安祥,人生乐无恙。

耳际鸟唱,爽风清扬长。
快慰之间,雅将诗哦旷。

岁月飞翔,季暑不觉间。
人生感想,袭起心地间。

韶光金仿,未可稍费浪。
振襟向上,努力去闯荡。

激越人生

2023-8-2

激越人生,须以坦荡为本。
无机心身,总以正直为尊。

岁月进深,霜华清涨勿论。
奋发刚正,努力万里旅程。

大千红尘,幻化万象缤纷。
秉持纯真,叩道热情显遑。

笑意清生,旷怀清雅无伦。
蝉鸣鸟振,惬我心志十分。

骋志安祥

2023-8-2

骋志安祥,奋发人生场。
展眼旷望,天际烟云苍。

蝉鸣鸟唱,风来亦清爽。
逸意心间,能不哦诗章?

正意昂扬,男儿展豪放。
名利弃放,努力以向上。

修心无疆,德操力加强。
内叩襟房,发见有慧光。

心志平康

2023-8-2

心志平康,天气闷热复何妨。
宿鸟鸣唱,更有野蝉唤猖狂。

清坐安祥,正襟清理我心簧。
化为哦唱,心地无邪纯真漾。

前骋昂扬,男儿雅怀贞志向。
济世必讲,万里风沙任莽苍。

西天霞光,时近立秋惊叹间。
努力向上,修身养德岂有疆。

休憩心襟

2023-8-3

休憩心襟,雅听蝉之鸣。
白云游行,爽风鼓清劲。

心志凌云,努力去追寻。
踏实前行,不惧风雨凌。

岁月进行,欢快盈心灵。
神恩丰俊,讴呼应不停。

阖家康平,享受此安宁。
颂赞于心,叩道奋挺进。

斜阳骄好

2023-8-3

斜阳骄好,天上白云流飘。
林蝉鸣叫,写意风来骚骚。

我自逍遥,品茗读书怡抱。
心志洒潇,不为名利所扰。

旷怀无二,人生奋志驱跑。
履尽险要,开怀爽然一笑。

红尘幻造,大千缤纷美妙。
质朴心窍,无机心地雅巧。

心志清朗

2023-8-3

心志清朗,奋发力向上。
胜过艰苍,心怀红太阳。

人生坎怆,总赖神恩壮。
欢呼无限,恩典何浩荡。

季暑风光,蝉鸣鸟欢唱。
爽风悠扬,清坐展思想。

人生扬长,胸襟恒苴壮。
万里驱闯,旷展男儿刚。

蓝天清秀白云

2023-8-4

蓝天清秀白云,幻化无垠,
幻化无垠,袅起中心多情。

蝉噪无有止停,倾耳细听,
倾耳细听,万类俱含本心。

人生振奋前行,穿山越岭,
穿山越岭,不畏风雨艰辛。

浩志早已凌云,踏实追寻,
踏实追寻,叩道尽余心灵。

心志广长

2023-8-4

心志广长,聊以放哦唱。
蓝天云翔,清风惬意向。

品茗神涨,耳际蝉声放。
季暑无恙,立秋数日间。

情思安祥,淡定人生场。
名利弃放,骋怀水云乡。

红尘攘攘,太多机与奸。
务须扫荡,还我清平壤。

正意昂扬,人生驱马狂。
风雨艰苍,于我属寻常。

宇宙无限,灵妙无法讲。
人生向上,不为物欲障。

性天清凉,微笑浮现间。
豁达情肠,共缘以履航。

展眼旷望,有鸟掠青苍。
神情俱涨,哦诗复激昂。

2.约美集

清听鸟唱

2023-8-4

清听鸟唱,享受此悠闲。
天气任亢,性天吾清凉。

夕照辉煌,蓝天云飘荡。
野蝉震响,心志持平康。

人生向上,修心尽力量。
正义情肠,克己有清芳。

岁月流旷,老我似瞬间。
一笑安祥,胸襟盈坦荡。

心志清好

2023-8-5

心志清好,淡眼看飞鸟。
人生扰扰,清心最为要。

蝉鸣鸟噪,爽风涤情抱。
读书怡窍,哦咏亦逍遥。

岁月逝飘,不必计苍老。
红尘笑傲,振志矢奔跑。

履尽险要,风光开襟抱。
世界美好,乃是神所造。

立秋将到,时光飞渺渺。
天犹炎燥,切盼时雨浇。

人生洒潇，不为名利扰。
内叩心窍，真光正朗照。

心志凝重
       2023-8-5

心志凝重，人生沐浴雨风。
神恩恢弘，恩典务须妙用。

灵性清空，处世运以圆通。
奋志长虹，七彩闪耀心胸。

鸟语鸣颂，蝉噪似是无穷。
燥热之中，读书写诗灵动。

君子固穷，淡荡水云之中。
持心中庸，豁怀步履穷通。

天气闷蒸
       2023-8-6

天气闷蒸，燥热此乾坤。
鸟鸣振奋，蝉语亦精诚。

心志清芬，朗放读书声。
哦出心身，哦出我刚贞。

红尘滚滚，物欲污损人。
名利弃扔，修心履征程。

桑沧成阵，回首烟云生。
未来奋骋，鼓我精气神。

神恩丰盛，天使伴全程。
胜过艰深，胜过试探阵。

微笑清生，豁怀岂有伦。
步履灵程，体道秉清纯。

时雨洒然进行
       2023-8-6

时雨洒然进行，杀此干旱尽情。
窗外爆响轰鸣，清坐思放坦平。
人生快慰心襟，努力万里驱行。
不计风雨阴晴，荷负神恩丰盈。

天气喜初凉
       2023-8-7

天气喜初凉，蛙鼓敲响。
爽风复清畅，快慰襟房。

天阴复何妨，逸意扬长。
明日立秋访，时光飞畅。

正意人生场，不敢狂猖。
谦贞心地间，努力向上。

万里风沙扬，兼程驱闯。
微笑眉眼间，神恩广长。

百年若飞狂，霜华清涨。
寸阴珍惜间，晨昏哦唱。

鸟语啼娟靓，点缀安祥。
心灯务点亮，切勿迷茫。

长风吹旷
       2023-8-7

长风吹旷，林野沙沙响。
心境悠扬，惬意真无恙。

暑去无彰，明日立秋访。
惊讶之间，心怀持晴朗。

雅思良长，人生怀向往。
红尘奔放，骋志天涯间。

名利淡放，振节哦昂扬。
神恩浩荡，灵程奋力闯。

流年清新
2023-8-7

流年清新，清度岁月吾多情。
听取鸟鸣，暑蝉鼓噪心清宁。

浩志凌云，不为名利所侵凌。
心怀水云，悠悠情志荷雅清。

岁月进行，大千故事演不停。
悲喜之境，豁怀淡泊且刚劲。

红尘多辛，勿为物欲入陷阱。
振翼飞行，万里长天乘风轻。

清展思想力量
2023-8-7

清展思想力量，人生奋志向上。
不畏尘世艰苍，心怀光明太阳。
洒脱心地安祥，荷负神恩奔放。
三教和同必讲，世界进入康庄。

爽风进行
2023-8-7

爽风进行，心志吾朗晴。
天上流云，林野鸟娇鸣。

读书尽兴，哦咏亦多情。
人生情景，雅意入诗吟。

斜照苍劲，市井漾和平。
和蔼身心，雅思运空灵。

淡泊心襟，吐出气如云。
心地空清，物欲已辞屏。

日落从容
2023-8-7

日落从容，晚霞烧正红。
诗书哦讽，激情盈于胸。

雀鸟鸣颂，路上车如疯。
生活平庸，淡荡盈于胸。

岁月如风，不必嗟伤痛。
奋志矢冲，壮志盈于胸。

坎坷回送，神恩颂赞中。
灵程雨风，豁达盈于胸。

立秋今日正
2023-8-8

立秋今日正，时初五更。
野蛩唤声声，村鸡啼振。

清风来慰问，爽我心神。
写诗适心身，聊吐和温。

岁月是进深，斑苍不论。
振奋我精神，努力奋骋。

神恩赐广盛，导引灵程。
奋发我刚贞，尽力修身。

心志生成
2023-8-9

心志生成，秋蝉声又声。
读书怡神，写诗亦馨芬。

岁月进深，霜华惜生成。
一笑和温，振志旷驰骋。

人生难论，履尽桑沧阵。
清度红尘，修心无止程。

清坐安稳，思想入云层。
名利弃扔，纵展吾刚贞。

闲雅心襟
2023-8-15

闲雅心襟，清听蝉之鸣。
鸟语娇俊，牵牛花开何清新。

流云飘行，小风浪漫运。
裁思空灵，哦咏新诗吾多情。

阖家康平，神恩中心领。
奋志前行，原不计较利与名。

高蹈胸心，系念水云境。
体道清平，旷怀天下正气凝。

人生振奋情肠
2023-8-16

人生振奋情肠，清喜漫天晴朗。
品茗悠悠向，哦诗亦激昂。

心怀千千向往，努力奋发闯荡。
不为名利障，骋志向遐方。

辗转尘世桑沧，赢得情怀俊朗。
讴呼神恩壮，世界沐恩光。

淡定立身昂扬，胸怀世界无恙。
正气何清昂，男儿展豪壮。

雅旷心地间
2023-8-16

雅旷心地间，激情发扬。
秋蝉既鸣唱，鸟亦啭芳。

情思吾扬长，兴致奔放。
撰诗适情肠，舒出雅靓。

红尘履安祥，心不起浪。
万里风光旷，矢志闯荡。

岁月迅飞翔，不计斑苍。
男儿荷意向，傲立若岗。

小风来爽
2023-8-16

小风来爽，初秋正燥亢。
天喜晴朗，白云悠悠翔。

合当休闲，品茗惬意向。
书本抛放，写诗宜情肠。

人生安祥，正志持理想。
不作张狂，谦贞心地间。

牵牛花放，妍丽真无双。
岁月飞翔，清赏这漫浪。

历劫人生
2023-8-17

历劫人生,心襟保守纯真。
叩道诚真,堪谓奋不顾身。

秋意初骋,蓝天青碧宜人。
鸟语啼芬,牵牛旷意开盛。

阳光洒逞,燥热笼此乾坤。
清坐思深,哦诗热情吐逞。

红尘滚滚,太多故事生成。
静定心身,恒是共缘驰骋。

风花不动
2023-8-18

风花不动,天气闷热中。
晨起哦讽,一舒我情浓。

人生情钟,时常有感动。
正义盈胸,男儿呼大风。

岁月如风,清度吾从容。
名利何功?吾不为所动。

淡泊清空,诗书沉潜中。
一任斑慵,依然正气洪。

蝉鸣响亮
2023-8-18

蝉鸣响亮,心地觉情长。
秋气高爽,白云悠悠翔。

读书气昂,写诗亦流畅。
正意情肠,原也持雅闲。

人生旷放,利名抛弃间。
修养心房,正直且端方。

心不起浪,静默叩慧光。
胸蕴宝藏,慧意原奔放。

秋蝉雅放鸣唱
2023-8-19

秋蝉雅放鸣唱,风来爽朗,
风来爽朗,蓝天白云流漾。

周末心地平康,惬怀无上,
惬怀无上,悠悠情志何壮。

感谢神恩奔放,导引慈航,
导引慈航,人生美好安享。

奋志是在远疆,不惧艰苍,
不惧艰苍,男儿万里驱闯。

岁月旷然进行
2023-8-19

岁月旷然进行,人生快慰身心。
体道吾均平,立身颇淡定。

秋燥正然当境,野蝉高声嘶鸣。
小风怡心襟,清坐理心灵。

天上白云游行,田野荣昌茂景。
万物享和平,神恩大无垠。

难抑心中高兴,雅将新诗哦吟。
舒出我激情,舒出我性灵。

悠听鸟鸣

2023-8-19

悠听鸟鸣,享受风之清。
休憩心襟,书本抛弃不经营。

秋燥正劲,七月绣巧云。
蝉嘶振兴,品茗吾自怀雅情。

阖家康平,总赖神恩俊。
人生前行,叩道不计彼艰辛。

爽雅心灵,合当讴与吟。
呼出奋兴,呼出气宇之凌云。

烈日燥燥

2023-8-19

烈日燥燥,身心雅持静好。
东风宜抱,递来蝉鸣鸟噪。

白云悠飘,幻变万千奇巧。
意取洒潇,享受休闲逍遥。

人生奋跑,万水千山迢迢。
风光领饱,赢得开怀大笑。

曾经跌倒,神恩赐下丰饶。
灵程扬飙,力胜仇敌魔妖。

逸意生成

2023-8-19

逸意生成,旷对白云缤纷。
斜晖朗逞,燥热笼此乾坤。

蝉噪声声,点缀和平十分。
爽风阵阵,惬我心志意神。

休闲时分,清心雅意纵横。
岁月进深,初秋替换暑盛。

心志倾逞,哦诗适我心身。
奋发人生,正意舒展刚贞。

爽风来畅

2023-8-19

爽风来畅,人生适意安祥。
夕照辉煌,生活和平无恙。

休憩襟房,听听音乐流畅。
袅起情肠,雅将新诗哦唱。

人生疆场,未可耽于安祥。
正意强刚,努力振志飞翔。

老我瞬间,时光真似水淌。
天涯旷望,坚贞步履昂扬。

秋蝉嘶鸣叫

2023-8-20

秋蝉嘶鸣叫,蓝天白云清好。
牵牛开得妙,引余观赏不了。

东风写意道,惬我情思怀抱。
休闲心境好,品茗意取雅骚。

生活步步高,一生神恩笼罩。
努力奋前道,山水履历迢迢。

人生荷志高,向学修心力造。
著书也洒潇,记录思想风标。

人生奋发意向

2023-8-20

人生奋发意向，心志吾清昂。
流风鼓舞其畅，蝉鸟双鸣唱。

秋云澹荡飘翔，流变万千状。
心境雅持平康，从容哦诗章。

信心百倍强刚，万里迎难上。
不畏惧彼艰苍，心襟怀阳光。

情思悠悠衮上，共彼风同旷。
激情盈满中肠，振志何豪壮。

白云流变清新

2023-8-20

白云流变清新，岁月惬人心襟。
秋风爽来鼓劲，野蝉朗声叫鸣。

淡泊盈满肺心，人生雅享清平。
男儿振奋身心，未可耽于安宁。

努力前路挺进，领略关山风云。
悠悠哦唱动情，新诗舒出空清。

岁月侵人双鬓，斑苍不减多情。
天人大道叩寻，此生不图利名。

适意安祥

2023-8-20

适意安祥，一任时光轻淌。
休暇时光，原也无比扬长。

鸣蝉响亮，爽风其来何畅。
雨霁天朗，斜照闪射清光。

岁月飞旷，五十八载瞬间。
何必回望，未来正自广长。

努力向上，人生克尽险艰。
天国故邦，矢志回归安享。

人生雅秉多情

2023-8-20

人生雅秉多情，悠悠是我身心。
此际振奋心灵，新诗纵情哦吟。

爽风其来清新，惬我心襟无垠。
野蝉高声唤鸣，点缀生活安平。

岁月奋自进行，演绎桑沧无尽。
人生百年情景，思此不必伤心。

雅度客旅生平，矢将正气聚凝。
努力灵程挺进，修身养性清平。

珍惜流年时光

2023-8-20

珍惜流年时光，人生骋志向上。
岁月悠悠奔放，转眼华发斑苍。

心志应许旷放，不屈名利锁缰。
男儿雅怀贞刚，迎战险风巨浪。

正邪搏击艰苍，困苦磨难寻常。
天父就是阳光，救度苦难向上。

天国唯一家邦，永生幸福何康。
圣洁才能得上，欢歌直至无疆。

人生悠展意向

2023-8-20

人生悠展意向，振奋吾之情肠。
名利弃之路旁，修身荷德贞刚。

不屈尘世罗网，眼目凝聚慧光。
定志灵程闯荡，冲决困阻重障。

心志雅放无恙，男儿豪勇顽强。
前路奶蜜流淌，天使伴我向上。

天父倚门正望，等待我们回乡。
尘世只是暂享，客旅生涯瞬间。

西风清起天涯间

2023-8-23

西风清起天涯间，秋意显彰，
处暑正当，晨起天气喜晴朗。

牵牛欢乐万千放，娇丽无双，
色调雅靓，惬我情怀真无上。

红尘高蹈怀漫浪，鸟语鸣唱，
虫儿叫响，大地山河壮无恙。

神恩中心颂赞放，努力向上，
万里驱闯，男儿纵展吾豪放。

人生旷展意向

2023-8-23

人生旷展意向，舒出我的扬长。
心地怀情无限，清听鸟语蛩唱。

蓝天青碧无上，初秋心志安祥。
努力骋志向上，男儿合展阳刚。

此生履尽苦艰，依然心怀阳光。
神恩无比广长，叩道一生茁壮。

中心颂赞献上，灵程奋志闯荡。
世界客旅之间，应许定定当当。

喜鹊喳喳鸣放

2023-8-23

喜鹊喳喳鸣放，讴此秋光，
欢乐未央，天气喜分早晚凉。

处暑今日正当，心怀晴朗，
振奋情肠，园圃牵牛动心肠。

人生向上奔放，努力驱闯，
不畏险艰，不为名利而狂猖。

定志守我心房，胸怀雅量，
正气昂扬，展眼天涯风云壮。

惬意风畅

2023-8-23

惬意风畅，我心雅持悠扬。
小鸟鸣放，天气清喜晴朗。

秋意澹荡，心境正是无恙。
人生安享，不为名利狂猖。

岁月飞旷，不必惊讶心间。
霜华清涨，呵呵一笑爽朗。

雅思旷放，化为新诗流畅。
中心讴唱，神恩无比广长。

心志体道均平

2023-8-23

心志体道均平，岂为名利动心。
秋蝉旷自嘶鸣，晴日西风经行。

爽朗是我心襟，悠悠雅淡品茗。
读书写诗意兴，欢快盈满肺心。

坎坷不必回映，未来风光正凝。
努力万里驱行，爽我胸心无垠。

不惧高山峻岭，不怕风雨雹凌。
男儿纵展豪英，傲立挺身何俊。

履历的是人生

2023-8-23

履历的是人生，奋志在此红尘。
不畏苦旅艰深，坦荡奋我精诚。

一生沐浴神恩，努力奋行灵程。
履尽山水高深，身心清朗平正。

此际秋风吹骋，爽快吾之心身。
蓝天白云飘纷，野蝉鸣唱声声。

振奋吾之精神，胸怀正气刚贞。
清度浊世红尘，努力回归天城。

人生情志所向

2023-8-23

人生情志所向，是在天涯遐方。
努力万里驱闯，穿越风雨艰苍。

心志怀有阳光，奔放是我情肠。
名利非我意向，心胸旷放无疆。

中心无有嗟怅，坦平是我心况。
人生客旅之间，德操修养尽量。

展眼野外旷望，万类自由生长。
田畴茂盛荣昌，一片生机茁壮。

夕照灿光

2023-8-23

夕照灿光，爽风流畅，
惬意心间，初秋好风光。

柳丝毵荡，野蝉鸣放，
市井熙攘，淡定持情肠。

生活平章，神恩雅享，
奋志向上，不畏惧艰苍。

情志阳光，男儿豪放，
骋勇驱闯，万里无止疆。

宿鸟鸣唱

2023-8-23

宿鸟鸣唱，宛然骋意向。
天苍地广，秋意初显彰。

好风送爽，身心都清凉。
振志昂扬，哦诗舒慨慷。

人生奔放，恒怀彼理想。
正意心间，无机持淡荡。

夕阳西降，心兴吾无恙。
林蝉奏响，激情堪欣赏。

阖家平康

2023-8-23

阖家平康,神恩感无疆。
人生雅享,和蔼心地间。

灵程奋闯,修心力向上。
大道奔放,运行也无恙。

高远理想,支撑我前闯。
不畏险艰,微笑眉眼间。

履尽坎苍,荷负神恩壮。
欢呼尽量,未来尽康庄。

3.化冶集

蝉鸣响亮

2023-8-24

蝉鸣响亮,蟋蟀亦奏唱。
秋意高爽,旷风清无恙。

校对诗章,情志都轩昂。
人生向上,不为物欲障。

红尘奔放,故事演无疆。
幻变桑沧,正如走马场。

笑意漾上,豁怀真无限。
努力驱闯,叩道骋志向。

旷怀悠扬

2023-8-25

旷怀悠扬,人生骋志向上。
欢愉心间,哦诗亦自昂扬。

小鸟鸣唱,写意秋风清爽。
落日西降,市井一片喧嚷。

心志安祥,不为名利起浪。
岁月平章,正如老酒相仿。

辗转桑沧,一笑依然爽朗。
神恩广长,思此颂赞献上。

清听音乐灵动

2023-8-25

清听音乐灵动,喜悦心胸,
喜悦心胸,哦诗舒我清空。

秋夜爽风来动,心志轻松,
心志轻松,休闲雅洁盈胸。

红尘漫步从容,不为名动,
不为利动,高蹈吾之襟胸。

神恩感沛于胸,幸福盈中,
幸福盈中,人生步履彩虹。

秋夜清平

2023-8-26

秋夜清平,蟋蟀朗声吟。
小风清新,惬我意无垠。

三更无眠,写诗舒雅情。
短章就行,旷展我豪英。

人生前行,男儿怀远景。
天涯挺进,不惧风雨凌。

辗转阴晴,豁然持心境。
微笑浮萦,无机之心灵。

奋我心志心灵

2023-8-26

奋我心志心灵，人生矢志前行。
风雨不要紧，男儿旷挺进。

初秋天气爽清，鸟语何其娇俊。
安坐且品茗，悠悠怀心情。

履度崇山峻岭，领受神恩丰盈。
而今享坦平，而今心康宁。

百年飞逝何劲，笑我华发霜鬓。
依然怀激情，依然具雄心。

云天苍茫

2023-8-26

云天苍茫，金风清吹旷。
小鸟鸣唱，天阴享爽凉。

周末安祥，读书意奔放。
兴致倍涨，声震入穹苍。

人生扬长，逸意水云乡。
修心向上，名利抛弃间。

怡养襟房，情怀真无恙。
红尘狂荡，磨炼我贞刚。

高远理想，支撑我前闯。
山水万方，风光何清靓。

辗转桑沧，一笑也舒昂。
男儿豪放，天下心中装。

秋意均平

2023-8-26

秋意均平，总赖爽风进行。
野蝉嘶鸣，蓝天幻化白云。

我自多情，哦诗舒发身心。
勃勃心襟，原也雅洁空清。

正义凌云，傲岸是我心灵。
甘于清贫，甘于忍受艰辛。

鸟语倩鸣，打动我之身心。
享受康宁，享受休暇意境。

心志聊表

2023-8-26

心志聊表，人生莫付草草。
奋发刚傲，万里长途驱跑。

谦正情操，向学晨昏潜造。
旷雅心窍，素朴正如兰草。

红尘险要，心襟未可稍躁。
静定为要，修心养德风标。

时光飞飙，初秋不觉来到。
蝉鸣鸟叫，点缀生活清好。

惬意听啼鸟

2023-8-26

惬意听啼鸟，蝉鼓风骚。
天气又阴了，金风吹浩。

休闲心微妙，情志清好。
阖家平安饶，神恩领饱。

心志骋高傲，万里征讨。
天涯风光俏，将我唤召。

风雨任艰嚣，不为所扰。
定志以奋跑，迈越迢迢。

心定自乘凉
2023-8-26

心定自乘凉，逸意心间。
暮烟既清涨，天阴凉爽。

写诗诉情肠，原也慨慷。
人生振意向，越过艰苍。

往事不必想，应瞻前方。
天涯风光壮，矢志前往。

男儿骋豪强，一生张扬。
风雨任嚣猖，兼程驱闯。

鸣蝉响亮
2023-8-26

鸣蝉响亮，夜黑华灯放。
秋风清爽，惬我之情肠。

品味休闲，心志享定当。
不思不想，悠扬情志畅。

岁月飞狂，华年易逝殇。
人虽斑苍，心仍少年仿。

写诗流畅，注入我思想。
正志昂扬，男儿骋豪放。

洒脱心胸
2023-8-27

洒脱心胸，惬意听鸣蛩。
爽朗秋风，吹来何清空。

五更之中，早起鸟鸣颂。
心志和慵，雅将诗哦讽。

人生情钟，不甘于平庸。
振志前冲，万里破雨风。

微笑从中，七彩盈襟胸。
眉眼灵动，讴歌这宇穹。

晨鸡既啼唱
2023-8-27

晨鸡既啼唱，鸟复讴扬。
野蛩一片响，秋风清畅。

早起情无恙，温和襟房。
灵动在心间，化为诗放。

天色初明亮，路上车嚷。
生活费平章，演绎幻象。

心志不迷茫，人生前闯。
关山越莽苍，心怀阳光。

此际无风
2023-8-27

此际无风，阴云密布宇穹。
雀鸟鸣颂，野蛩叫唤情浓。

写意心胸，哦诗舒出清空。
向往乘风，万里天涯前冲。

岁月如风，步履人生从容。
名利何功？吾心不为所动。

笑意浮动，豁怀清雅无穷。
真的英雄，原不在意穷通。

旷怀悠扬

2023-8-27

旷怀悠扬，爽风正清畅。
天值凉爽，惬意听鸟唱。

天阴无妨，情志勃勃放。
休闲无恙，体味秋境况。

品茗兴上，读书意洋洋。
时光逝淌，诗意中心间。

时雨将降，旱情将缓减。
牵牛开芳，振奋人情肠。

爽风清劲

2023-8-27

爽风清劲，惬我身心无垠。
牵牛开俊，展现奔放热情。

中心高兴，雅将新诗哦吟。
吐出心襟，吐出气宇凌云。

红尘艰辛，人生磨难经行。
神恩丰盈，导引进入康平。

欢呼中心，讴颂秋光清平。
努力前行，穿越崇山峻岭。

人生雅怀意兴

2023-8-27

人生雅怀意兴，秋风正自经行。
爽我胸襟无垠，难抑心中高兴。

阖家清享康平，神恩铭感于心。
奋志前路驱行，不计风雨艰辛。

坦腹我自讴吟，舒出中心激情。
人生快慰情景，化为新诗抒情。

野地鸟语娇俊，天阴凉爽宜心。
体道心志均平，不忘振奋心灵。

秋风惬我意向

2023-8-27

秋风惬我意向，爽洁盈满中肠。
人生快慰无恙，情怀无比奔放。

此生履历坎艰，体尽世道苍凉。
唯赖神恩丰穰，赐下平安吉祥。

前路努力闯荡，中心怀有阳光。
松风惬余襟房，明媚眉眼之间。

呼出正义心肠，展我男儿豪放。
万里疆场宽广，纵马恣意昂扬。

人生适意安祥

2023-8-27

人生适意安祥，览尽流云万状。
阴晴是寻常，风雷任激荡。

心志明媚阳光，男儿豪勇顽强。
万里长驱闯，关山阅雄壮。

百年匆若瞬间，纵我豪情万丈。
英武且强刚，谦正盈襟肠。

秋风又复吹畅，时雨清新洒降。
周日享暇闲，叩心化诗章。

旷雅是我情肠

2023-8-27

旷雅是我情肠，人生舒展意向。
秋风吹清畅，时雨洒然降。

雨中小鸟鸣唱，打动我的心房。
新诗出心肠，哦出我清昂。

任从人生坎艰，心志舒展奔放。
一似云飞翔，一似柳摆荡。

心灵心志安祥，不为名利起浪。
百年飞若狂，向上尽力量。

人生振奋情肠

2023-8-27

人生振奋情肠，心灵充满力量。
窗外秋雨洒降，西风惬意奔放。

浩志早已成钢，努力万里驱闯。
风雨之中昂扬，微笑展现面庞。

意志百倍强壮，身心不受炙烫。
名利吾已弃放，胸襟水云清漾。

心怀不取狂猖，谦正是我襟肠。
身心持有雅量，胸怀世界广长。

秋窗风雨今生成

2023-8-27

秋窗风雨今生成，
心志向谁细论？
人生奋志不沉沦，
履尽山高水深。

一生荷负神之恩，
身心明媚清芬。
努力灵程旷飞奔，
胜过魔敌凶狠。

秋风秋雨惬心神，
新诗哦咏兴奋。
持正身心颇安稳，
共缘旷自驰骋。

曾履身心之痛疼，
天父亲来慰问。
而今潇洒之心身，
欢快雅度秋春。

时雨激烈抛

2023-8-27

时雨激烈抛，心志洒潇。
散坐我逍遥，清撰诗稿。

南山之情调，人格朗傲。
不屈艰苍饶，万里驱跑。

名利不紧要，正直风标。
力战魔敌妖，灵程朗造。

神恩是笼罩，阖家康好。
诗书恒潜造，叩道用道。

秋意舒清好,爽风来潇。
和平盈尘表,心怀堪表。

人生遐思饶,振志欲啸。
男儿具怀抱,不屈不挠。

洒脱心地无尘

2023-8-27

洒脱心地无尘,人生奋我刚贞。
履尽世事依清纯,
保有天良雅正。

感谢天父鸿恩,导引人生旅程。
不畏惧世界艰深,
努力奋行灵程。

窗外秋雨洒逞,爽风其来清纯。
哦诗舒出精气神,
男儿一生刚正。

正直是我人生,奸伪矢志抛扔。
眉眼之间秉真诚,
叩道奋不顾身。

弹指华年逝殇

2023-8-27

弹指华年逝殇,此际秋风吹旷。
万千牵牛开放,心地晴朗无恙。

只是秋雨又降,檐前滴沥清响。
正襟危坐之间,雅将心灵讴唱。

世事履历艰苍,苦痛苦难寻常。
神恩无比丰穰,正如煦日阳光。

心志挥洒奔放,冲决魔敌阻挡。
天国才是家邦,努力奋志向上。

心灵心地阳光

2023-8-27

心灵心地阳光,人生骋志向上。
尘世充满苦艰,男儿纵展豪放。

微微一笑无恙,晴朗是我襟房。
男儿慨慷阳刚,岂屈名利锁障。

前路无比广长,心怀无比扬长。
风雨艰苍何妨,兼程万里奔放。

秋意来到人间,风雨清洒安祥。
矢将真理寻访,济世充满力量。

爽风进行

2023-8-27

爽风进行,心志欢快无垠。
秋风经行,畅意世界清平。

苦难饱经,而今享受安宁。
欢呼尽兴,神恩无限丰盈。

人生奋进,跌倒无妨雄英。
振奋前行,闯关夺嶂豪俊。

淡泊盈心,此生不图利名。
雅享清贫,贵在正义持心。

秋雨绵绵下不穷

2023-8-27

秋雨绵绵下不穷,
心志雅持中庸。

淡泊情怀水云风，
一生正直和慵。

不惧年轮渐成翁，
一笑雅持清空。
读书写诗兴无穷，
雅度春夏秋冬。

红尘大千幻汹涌，
演绎故事重重。
内叩身心慧光萌，
不为外缘所动。

男儿刚贞奋英勇，
矢向天涯径冲。
风风雨雨任浓重，
兼程果敢豪雄。

烟雨重浓
2023-8-27

烟雨重浓，容我裁心哦讽。
舒出情浓，舒出正义心胸。

秋意清空，爽凉世界灵动。
散思从容，快慰盈满襟中。

向往乘风，去向天涯云空。
向往大同，天下熙熙和慵。

岁月如风，不必伤怀沉痛。
未来无穷，激情盈满肺胸。

人生情浓
2023-8-27

人生情浓，舒出我之感动。
尘世雨风，一任舒展重浓。

淡泊盈中，人生步履从容。
名利何功？长是害人无穷。

窗外雨浓，清吹是此秋风。
和平心胸，写诗感慨浓重。

坦腹哦讽，人生未许平庸。
英武襟胸，叩道奋我刚雄。

时雨烈猛
2023-8-27

时雨烈猛，暝色重浓，
灯下哦讽，淡泊情志凝胸。

大化从容，人生持中，
奋发刚雄，毅然傲立挺胸。

苦难任重，艰苍任浓，
一笑和慵，共缘坦荡襟胸。

岁月逝风，秋初清空，
心境轻松，快慰盈满心胸。

雨夜蛙鼓响亮
2023-8-27

雨夜蛙鼓响亮，引我心旌动荡。
秋意正平旷，爽凉天地间。

人生雅享安祥，周日休憩情肠。
淡荡心地间，无机颇扬长。

心怀清具力量，雅怀理想茁壮。
努力矢闯荡，不畏艰与障。

红尘梦幻之乡，人生客旅一趟。
勿为名利障，性光当显亮。

有雷震响

2023-8-27

有雷震响，时雨奋倾降。
蛙鼓悠扬，秋风清吹畅。

初更正当，灯下放思想。
人生向上，雅具我理想。

正气昂扬，奋发向前闯。
山水险艰，尽我力与量。

心怀悠旷，慧烛手中掌。
穿越雾障，前面有阳光。

岁月淡荡，回忆有何妨。
男儿强刚，挥洒我奔放。

前路远长，风光是雄壮。
心怀雅量，微笑眉眼间。

万里步量，汗水不惧淌。
坎坷艰苍，磨炼意成钢。

豪情万丈，领略神恩壮。
灵程无恙，叩道入深艰。

试探任放，我心是贞刚。
越过艰长，坦平可安享。

神恩不忘，欢呼出襟房。
沐浴阳光，身心何欢畅。

岁月飞翔，不必计斑苍。
振志疆场，纵展我豪放。

天国故邦，标的明心间。
双展翅膀，畅意以遨翔。

彩虹心间，霞彩眉眼放。
圣洁情肠，原无机与奸。

胜过魔帮，凯歌彻云间。
回归天堂，共父万年康。

颂出心间，灵歌衷情唱。
激情发扬，雅哦入诗章。

用心度量，人生客旅间。
共缘启航，随遇皆安祥。

心不起浪，不为物欲障。
淡淡荡荡，清度好时光。

诗书平章，修心尽力量。
文明无疆，恒是矢向上。

此际雅享，窗外雨正唱。
爽洁情肠，何其快无恙。

打住为上，不复多言讲。
秋夜平旷，秋风递凉爽。

四更无眠

2023-8-28

四更无眠，清听蛙之鸣。
蛩歌多情，秋雨已止停。

灯下思盈，万感凝于心。
人生前行，何许计利名。

风吹清新，爽意盈心灵。
提笔哦吟，舒出我心境。

岁月进行，人趋苍老境。
一笑含情，豁怀持雅清。

爽意人生
2023-8-28

爽意人生，清持吾之纯真。
奋行灵程，胜过试炼艰深。

金风吹骋，快慰吾之心身。
读书怡神，心志何其馨芬。

浊世浮尘，名利害人何深。
务持雅正，淡泊清度秋春。

天气阴沉，野境鸟语纷纷。
振奋心身，哦咏新诗温存。

旷意秋风清好
2023-8-29

旷意秋风清好，心志洒潇，
心志洒潇，裁心哦出诗稿。

小鸟啾啾鸣叫，白云流飘，
白云流飘，牵牛开得曼妙。

人生迈越险要，风光宜抱，
风光宜抱，展颜微微一笑。

红尘原自美妙，桑沧幻造，
桑沧幻造，人生百年逍遥。

暮烟重浓
2023-8-29

暮烟重浓，夕照灿无穷。
心事谁懂？唯哦入诗中。

雀鸟鸣颂，写意来金风。
快慰心胸，舒出我感动。

人生前冲，万里破雨风。
不为名动，不为利所耸。

淡定持中，微笑展从容。
时光若风，感慨盈襟胸。

朗月正明
2023-8-30

朗月正明，三更听蛩吟。
秋夜静宁，爽意盈心襟。

读书怡情，哦诗舒心灵。
体道振兴，原也雅无垠。

人生怀情，容易损心灵。
尘世风云，幻变何骤迅。

内叩身心，淡泊且雅清。
不起纷纭，圆明是本性。

四更复不眠
2023-8-30

四更复不眠，诗人怀情。
野境蟋蟀鸣，朗月何明。

小风来爽清，天地和平。
惬意真无垠，袭起诗兴。

呼出我心灵,呼出奋兴。
呼出正义情,呼出刚劲。

男儿具雄心,万里挺进。
不计较阴晴,兼程奋行。

4.怀香集

蟋蟀雅自鸣唱

2023-8-30

蟋蟀雅自鸣唱,东方旭日初上。
雀鸟以鸣放,金风爽情肠。

早起哦咏诗章,舒出正意昂扬。
人生纵马闯,不畏惧险艰。

天上流云澹荡,写意是此寰壤。
万类享安祥,和蔼天地间。

明媚是我襟房,一似牵牛开放。
热情倍显彰,炽热真无恙。

激情盈胸

2023-8-30

激情盈胸,舒出正义情浓。
雀鸟鸣颂,秋色澹荡清空。

白云流动,野地蛩儿歌咏。
适意清风,惬人意向灵动。

读书情衷,朗声递入云空。
心怀平慵,原也不与世同。

人生前冲,展我男儿英勇。
岁月逝风,感慨增长无穷。

爽清意向

2023-8-30

爽清意向,人生雅持情肠。
悠悠心旷,惬听鸟鸣蛩唱。

牵牛花芳,引余心襟神往。
云天澹荡,秋意清新无恙。

红尘狂放,老我似乎瞬间。
百年苍茫,一切顺理成章。

神恩奔放,正如活水倾淌。
讴颂献上,灵程叩道奔放。

秋阳洒照

2023-8-31

秋阳洒照,蓝天云飘,
心情十分好,惬听鸟鸣叫。

牵牛开俏,爽我情抱,
写诗复遥道,品茗意更饶。

人生扬飙,万里驱跑,
名利已弃抛,修心养德操。

红尘扰扰,清心为要,
叩道吾洒潇,朗度岁月妙。

云淡天青

2023-8-31

云淡天青,爽意盈襟,
读书尽兴,耳际小鸟啾啾鸣。

人生雄英,履尽艰辛,
一笑爽清,振志依然壮入云。

岁月进行，秋意和平，
中心高兴，雅哦新诗诉心灵。

牵牛开俊，惬余心襟，
人生多情，微笑清浮爽无垠。

和煦阳光
      2023-8-31

和煦阳光，洒照心田上。
秋意平旷，心境蔼然畅。

欣赏花芳，清听鸟歌唱。
悠看云翔，享受风爽凉。

红尘无恙，乃是神所创。
灵妙无限，大道运奔放。

正义情肠，努力奋向上。
灵程力闯，不计彼艰苍。

秋蝉鸣唱
      2023-8-31

秋蝉鸣唱，我意享悠闲。
清风来旷，惬怀真无上。

阳光寰壤，万类竞奔放。
白云流漾，世界美无恙。

神恩广长，思此颂赞放。
万里驱闯，男儿骋阳刚。

红尘攘攘，勿忘水云乡。
性天敞亮，慧光务发扬。

清志生成
      2023-8-31

清志生成，旷哦新诗真诚。
窗外鸟声，写意秋风清骋。

品茗意芬，人生胸怀刚正。
努力奋争，叩道风雨兼程。

红尘滚滚，太多浊浪袭人。
务秉雅正，不为名利侵损。

安守本份，修心养德晨昏。
朗放书声，陶冶情操真正。

辽天广长
      2023-8-31

辽天广长，鸽群旷飞翔。
夕照苍茫，野鸟欢奏唱。

感兴升上，秋意正漾荡。
淡霭浮漾，悠扬持心肠。

人生向往，是在天涯间。
矢志闯荡，岂惧关千幢。

情志安祥，神恩感茁壮。
努力向上，骋志舒奔放。

鼓志人生
      2023-8-31

鼓志人生，雅持吾之纯真。
叩道诚恳，合当奋不顾身。

秋意清逸，爽风其来阵阵。
华灯灿盛，夜晚野蝉犹振。

人生纵论，一生荷负神恩。
导引灵程，百折千回驰骋。

奋发刚正，胜过魔敌凶狠。
试炼任深，吾心无比坚贞。

讴呼尽量

2023-8-31

讴呼尽量，神恩丰盛丰穰。
我志慨慷，颂赞出自心房。

秋夜安祥，城市华灯灿放。
蝉鸣蛩唱，点缀生活平康。

激越情肠，心怀无限向往。
大同之邦，我心一生倾仰。

坦腹哦唱，舒出情志奔放。
人生昂扬，万里长途驱闯。

村鸡啼唱

2023-9-1

村鸡啼唱，时值五更间。
早起悠扬，清听鸟鸣放。

朗月在望，秋风吹清凉。
逸意扬长，裁心哦诗行。

人生理想，时刻未相忘。
正见心间，努力以闯荡。

挥洒强刚，挥洒吾奔放。
男儿豪壮，不畏惧艰苍。

清气盈乾坤

2023-9-1

清气盈乾坤，爽度人生。
秋风吹清纯，朝日和温。

雀鸟啼阵阵，惬我心身。
蓝天白云纷，澹荡生成。

读书也心芬，品茗意振。
哦诗舒精诚，旷雅无伦。

心怀持平正，努力前程。
风雨力兼程，天涯驰奔。

爽意人生

2023-9-1

爽意人生，正志始终生成。
风雨艰深，正好磨炼刚贞。

秋意清逞，清风其来宜人。
鸟啭娇声，牵牛开得何盛。

蓝天云纷，烂漫吾之心身。
思想缤纷，哦诗热情显逞。

坎坷平生，所赖唯是神恩。
丰富灵程，风光美妙不胜。

阳光朗照

2023-9-1

阳光朗照，心志吾清好。
秋风骚骚，窗外响啼鸟。

不取高傲，人生谦怀抱。
力辟前道，山水越迢迢。

红尘娟好，任从艰苍饶。
神恩笼罩，灵程奋扬飙。

淡定方好，不为名利扰。
水云情操，悟道乐逍遥。

秋蝉鸣放

2023-9-1

秋蝉鸣放，田园真画廊。
楼上眺望，心志感苍茫。

人生无恙，百年客旅间。
匆若水殇，名利徒欺诳。

应持安祥，内叩心与肠。
慧意发扬，光明眉眼间。

秉持贞刚，舒展吾奔放。
合当扬长，悠入水云间。

落日正红

2023-9-1

落日正红，燥热笼宇穹。
汽车如疯，市井闹嚷中。

静守心胸，不为外缘动。
雅持中庸，人生正气浓。

履尽雨风，一笑还从容。
神恩恢弘，长使余感动。

诗书哦讽，舒出我襟胸。
男儿情钟，天涯矢志冲。

秋夜深沉

2023-9-2

秋夜深沉，野蛩鸣振，
时正三更，不眠人儿思深深。

朗月正逞，内叩心身，
撰诗真诚，舒出情志之兴奋。

人生驰骋，山高水深，
历尽险程，一生丰沛领神恩。

而今馨芬，而今安稳，
淡定心生，努力长驱万里程。

小风清爽

2023-9-2

小风清爽，惬意我情肠。
云天潆荡，秋蝉高声唱。

逸意心间，能不把诗唱。
一曲激昂，一曲体悠旷。

休闲无恙，身心都扬长。
理想心间，未可稍遗忘。

努力向上，发热发光芒。
济世必讲，男儿纵豪放。

闲适人生

2023-9-2

闲适人生，不惹名利是真。
诗书晨昏，叩道倾我精诚。

窗外蝉声，风吹云儿在奔。
树上鸟声，秋风淡荡清纯。

品茗意芬，写诗舒出心身。
霞彩人生，穿越风雨驰骋。

赞此宇城，多么灵妙缤纷。
努力灵程，努力奋发刚正。

天又转阴
2023-9-2

天又转阴，逸意盈满身心。
清听鸟鸣，还有秋蝉振兴。

名利辞屏，剩有优游之心。
高蹈清贫，诗书晨昏哦吟。

处变不惊，岁月使人奋兴。
斑苍之境，悠悠一笑清新。

人生前行，无非穿山越岭。
天涯风景，召唤我往前进。

斜晖又复朗照
2023-9-2

斜晖又复朗照，心境清好，
心境清好，淡定清持怀抱。

向阳是余情操，力奋前道，
力奋前道，履度关山逍遥。

五十八载逝抛，坦然一笑，
坦然一笑，人生共缘洒潇。

正襟朗哦声高，胡不风骚，
胡不风骚，男儿旷持刚傲。

秋夜静宁
2023-9-2

秋夜静宁，雅闻蟋蟀之鸣。
朗月正明，心地一片空灵。

哦咏多情，舒出我的心襟。
人生振兴，原也不计利名。

淡泊心灵，叩道时刻挺进。
向往雷霆，向往万里飙行。

快意身心，注重自我修行。
诗书浸淫，寻觅真理无垠。

三更醒转爽意境
2023-9-3

三更醒转爽意境，朗月正明，
野地蛩吟，诗人今夜有心情。

应能从心以哦吟，舒出心灵，
讴出奋兴，天人大道矢叩寻。

人生履尽是阴晴，依然怀情，
仍持雅兴，万里江山入点评。

努力长途以驰行，天涯灿境，
风光无垠，不畏风雨力挺进。

荷负神恩真丰盈，赐下坦平，
心怀温馨，享受幸福与安宁。

阖家天伦乐无垠，喜悦于心，
讴颂出襟，灵程合当奋力行。

世界人生存美景，理想盈襟，
壮志于心，一生努力以追寻。

笑意从心发芬馨,力胜魔兵,
试探任凌,标的天国永生境。

多言无功当止停,一曲清新,
雅思旷运,男儿从来怀远情。

小风秋意正经营,爽我心襟,
惬我心灵,搁笔何必多言云。

五更村鸡又唱

2023-9-3

五更村鸡又唱,蛩吟一片交响。
秋气正清凉,早起吾悠扬。

情思婉转成章,雅将新诗哦唱。
舒出闲情况,舒出正气昂。

人生雅怀向往,理想心襟茁壮。
奋发志向闯,山水越雄壮。

不计鬓发已苍,展我男儿雄刚。
大风一生唱,迈越万重艰。

鸟语奔放

2023-9-3

鸟语奔放,五更甫毕间。
天初明亮,村鸡犹啼唱。

小风来航,秋意惬人肠。
蛩鸣交响,点缀此安祥。

身心俱畅,新诗纵哦放。
一曲激昂,一曲骋悠扬。

人生向上,难免多阻障。
披荆前闯,万里无止疆。

金风清起天涯间

2023-9-3

金风清起天涯间,
袅起意兴扬长。
天阴清听啼鸟唱,
情怀无比奔放。

岁月经行余漫浪,
坎坷不必回放。
振意天涯长驱闯,
英武盈满中肠。

微笑浮现于面庞,
人生淡定温良。
谦正心襟不张狂,
向学沉潜无恙。

只是此生近老苍,
淡淡微有悲伤。
应许旷怀天下装,
济世尽我力量。

散淡持心

2023-9-3

散淡持心,何妨志取凌云。
小酌怡情,周日雅怀高兴。

清听鸟鸣,享受秋风之清。
优雅心襟,读书写诗多情。

岁月旷进,年轮运转何迅。
不计斑鬓,男儿奋展刚劲。

天气又阴,展眼览尽层云。
哦出奋兴,呼出正义心灵。

情思旷展

2023-9-3

情思旷展，人生气冲霄汉。
不畏艰难，堂堂正正好汉。

尘世饱谙，不过桑沧开展。
百年妙曼，不惹名利之案。

诗书潜玩，坚持正道向善。
努力前站，胜过风雨嚣缠。

窗外鸟喊，秋风写意雅淡。
我心欢绽，哦咏新诗舒胆。

天气凉爽

2023-9-3

天气凉爽，喜鹊欢鸣唱。
惬意心间，雅哦新诗章。

天阴无妨，逸意正扬长。
澹荡情肠，共秋同悠旷。

合展强刚，男儿骋志向。
不畏困艰，迎难敢于上。

风雨艰苍，磨炼我翅膀。
天涯遐方，一生系向往。

休憩情肠

2023-9-3

休憩情肠，雅享风之清旷。
雀鸟鸣唱，啾啾自得其向。

牵牛开芳，朵朵热情显彰。
烂漫心间，击节讴唱诗章。

红尘无恙，运化不尽桑沧。
神恩无量，导引灵程向上。

我意慨慷，矢志脱出尘网。
利锁名缰，应弃应抛应放。

闲情聊表

2023-9-3

闲情聊表，人生不取高傲。
谦正情操，雅若蕙兰芳草。

秋意风骚，云天澹荡清好。
野鸟啼叫，喜鹊鸣声最高。

散坐逍遥，清思无限飘渺。
向往远道，矢志天涯朗造。

风雨任饶，兼程奋力奔跑。
山水迢迢，欣赏风光美妙。

蓝天明靓

2023-9-3

蓝天明靓，白云淡飘翔。
斜晖清朗，秋蝉犹振唱。

生活安祥，悠悠持情肠。
神恩无限，颂赞理应当。

履尽艰苍，迎来坦平况。
风雨凄狂，雨后彩虹放。

我已斑苍，情怀豁而壮。
诗书昂扬，振节讴嘹亮。

履历红尘吾多辛

2023-9-3

履历红尘吾多辛,坦腹哦均平。
向阳情操持镇定,不惹利与名。

修身体道意殷勤,诗书晨昏吟。
雅度秋春也多情,享受心清宁。

神恩丰沛真无垠,思此颂赞并。
灵程路上凯归营,天国恒春景。

秋意此际正清平,爽风来惬心。
鸟语花香宜人境,休闲欢心灵。

阳光洒照这宇城

2023-9-3

阳光洒照这宇城,秋蝉犹清振。
风儿写意旷来奔,听见鸟鸣声。

生活安享吾天真,清贫不足论。
贵在叩道奋精诚,努力灵旅程。

胜过魔敌之凶狠,万里入云层。
圣洁中心眼目纯,灵歌讴诚真。

标的天国之圣城,圣父正在等。
永生福乐真无伦,共父万年春。

一片蛩吟

2023-9-4

一片蛩吟,晨起清喜天晴。
彩霞东映,村鸡犹在啼鸣。

鸟语多情,爽意西风何清。
快意心襟,欣彼牵牛开俊。

初秋意境,澹荡并且空清。
人生奋行,总持勃勃雄心。

名利辞屏,高蹈诗书之境。
挥洒才情,哦咏新诗倾心。

旷怀堪表

2023-9-4

旷怀堪表,心地吾雅骚。
雀鸟鸣叫,写意秋风饶。

晨起兴高,新诗哦不了。
云天澹妙,野蛩吟逍遥。

阖家康好,神恩感襟抱。
颂赞声高,灵程奋志跑。

关山迢迢,人生不惧老。
年轮洒潇,桑沧幻奇妙。

享受暇闲

2023-9-4

享受暇闲,心地乐无上。
秋蝉振唱,爽风清无恙。

淡品茗芳,感兴油然放。
中心讴唱,天人亲无限。

胸襟情长,向谁倾奔放?
孤旅扬长,心起无名怅。

世界辽广,心胸应坦荡。
正义昂扬,努力长驱闯。

不计斑苍,展我男儿壮。
风雨凄凉,磨炼意强刚。

无机心房，力弃机与奸。
向阳情肠，微笑眉眼间。

窗外鸟唱，打动我襟房。
新诗哦放，情志轩无疆。

天阴无妨，心胸持晴朗。
向前向上，高远无极限。

小风慰问

2023-9-4

小风慰问，天气犹热闷。
品茗意芬，心襟持平正。

红尘滚滚，太多机生成。
吾持雅正，心灵秉纯真。

不妄纷争，人生客旅程。
百年飞奔，匆若似一瞬。

叩道秉诚，修心在晨昏。
诗书人生，淡泊且清芬。

旷怀悠扬

2023-9-4

旷怀悠扬，雅洁心地间。
天阴风畅，清坐思无恙。

人生奔放，因我有理想。
名利欺诳，弃之理应当。

展我扬长，新诗哦昂藏。
人生茁壮，不屈世艰苍。

秋春飞翔，故事演桑沧。
一笑之间，豁怀清无限。

谨慎身心

2023-9-4

谨慎身心，叩道路艰辛。
奋我殷勤，努力万里行。

关山峻岭，磨炼我刚劲。
风光雄俊，畅我之胸襟。

人生旅行，标的务须明。
物欲幻境，应弃应抛屏。

心襟振兴，展眼看层云。
有鸟飞行，自由欢无垠。

5.清遒集

不为名利折身腰

2023-9-4

不为名利折身腰，淡泊吾清好。
畅怀清听宿鸟叫，金风走萧骚。

西天晚霞红正烧，路上车行嚣。
清坐写诗也洒潇，人生吾逍遥。

五十八载逝去了，斑苍不惧老。
容我开怀展一笑，南山具情调。

内叩身心发朗啸，声震入云霄。
憩身红尘胡不好，叩道奋深造。

秉持中庸之道

2023-9-4

秉持中庸之道，不为名利烦恼。
清贫不紧要，诗书吾高蹈。

此生绝不骄傲，谦和向学骚骚。
身心力看好，正直质朴饶。

无机是我情窍，人生拙正方好。
吃亏不必道，坦然展一笑。

努力奋发叩道，不计艰苍困扰。
神恩赐丰饶，平安度昏晓。

人生振襟前行
       2023-9-5

人生振襟前行，雅度秋春多情。
秋意正清新，蚤吟并鸟鸣。

天气惜乎正阴，却有爽风经行。
快慰我心襟，哦诗吐空灵。

坦平是我心灵，雅持无机胸襟。
正意纵凌云，矢脱世罗井。

岁月赐我丰盈，华发有何要紧。
奋志以挺进，天涯好风景。

人生未可毛躁
       2023-9-5

人生未可毛躁，平心静气首条。
万里路迢迢，沉稳至为要。

野境秋蚤鸣叫，西风其来萧骚。
爽意盈襟抱，淡泊听啼鸟。

红尘太多机巧，务必全部抛掉。
质朴持心窍，正直吾风标。

努力奋辟前道，风雨兼程而跑。
开怀展一笑，天涯风光饶。

心志生成
       2023-9-5

心志生成，人生奋力以骋。
山水成阵，爽然一笑和温。

清度红尘，勿为名利奋争。
内叩心身，发见慧光映逞。

红尘滚滚，人生是一旅程。
烟云清生，幻化桑沧精准。

共缘而奔，应许秉持精诚。
淡泊秋春，心怀水云清芬。

旷怀雅正
       2023-9-5

旷怀雅正，心地吾清纯。
雀鸟声声，金风爽心身。

人生奋争，万里驰长征。
风雨凄生，意志磨刚正。

铁骨铮铮，绝无媚生成。
名利弃扔，男儿雅十分。

夕照清逞，蓝天云烟纷。
有蝉犹振，点缀世宇芬。

人生持正
       2023-9-5

人生持正，履尽烟雨缤纷。
感沛神恩，导引吾之灵程。

讴呼诚真，舒出男儿刚正。
不屈世尘，不屈名利之阵。

笑意清生，旷怀雅洁清芬。
诗书秋春，赢得新诗哦成。

体道晨昏，感悟自是无伦。
向前力骋，标的天国永生。

天气阴晴不定
2023-9-5

天气阴晴不定，我心雅持朗晴。
振奋我心灵，写诗不止停。

人生艰苍旅程，风雨侵袭心身。
神亲自慰问，丰沛是灵恩。

过往不必细论，未来瞻望情生。
努力万里程，步步须行稳。

胜过试探艰深，不惧虎狼成阵。
圣徒尽力争，凯歌彻云层。

蓝天巧幻白云
2023-9-5

蓝天巧幻白云，喜鹊独立大鸣。
愉悦吾心灵，新诗从心吟。

此际爽风正清，暮烟渐渐结凝。
蝉噪不止停，心志体均平。

难抑心中高兴，我欲向天啸鸣。
呼出中心情，呼出气凌云。

辗转艰苍之境，而今领受安平。
神恩颂不尽，奋志灵程行。

清风旷来适怀抱
2023-9-6

清风旷来适怀抱，心志吾清好。
四更清听村鸡叫，蟋蟀鸣风骚。

四野一片都静悄，灯下吾思考。
初秋清平神思饶，时光莫轻抛。

振志人生奋刚傲，力抛机与巧。
叩道展我之洒潇，风雨中奔跑。

行年若飙初衰老，心胸犹可瞧。
诗书一生也逍遥，著书奋力造。

秋蛩朗振
2023-9-6

秋蛩朗振，清风来慰问。
四更时分，不眠有精神。

远处鸡声，路上车行声。
初秋清纯，爽我真无伦。

内叩心身，修身在晨昏。
奋志刚正，万里之旅程。

名利欺人，应弃应抛扔。
清心怡神，水云中心芬。

朗日天晴
2023-9-6

朗日天晴，雀鸟以欢鸣。
牵牛开俊，秋风展意境。

心志空清，无妨意凌云。
踏实追寻，晨昏纵哦吟。

心怀高兴，振志欲长鸣。
努力前行，山水踏苍峻。

红尘艰辛，百年匆匆行。
不必惊心，处缘以淡定。

霾烟又放
2023-9-6

霾烟又放，嗟叹心地间。
污染祸殃，罪恶真无限。

正义情肠，发诗奏交响。
一曲玄畅，一曲雅无恙。

窗外鸟唱，远处音乐放。
清坐思想，亘古无极限。

人生奔放，不为物欲障。
矢志向上，克尽千重艰。

红尘攘攘，不是我故乡。
天国家邦，永生福无疆。

神恩广长，赐我以力量。
努力闯荡，发热发光芒。

适然心襟
2023-9-6

适然心襟，浴后吾爽清。
喜鹊喳鸣，西风吹清劲。

秋意和平，蓝天云飘行。
朝日朗晴，和煦盈宇庭。

心志坦平，共缘雅去行。
不计利名，诗书旷哦吟。

人生安宁，履尽风雨境。
神恩丰盈，赐下这康平。

云烟袅行
2023-9-6

云烟袅行，蓝天青无垠。
雀鸟奏鸣，写意秋风清。

欢快盈襟，化为诗讴吟。
品茗奋兴，畅意享均平。

人生意境，辗转阴与晴。
柳暗花明，百折而前进。

穿山越岭，显我男儿俊。
展眼烟凝，浩气充宇庭。

激情岁月留写照
2023-9-6

激情岁月留写照，
清撰吾之诗稿。
南山情调吾洒潇，
名利抛弃为妙。

蓝天白云多奇巧，
金风吹来荡浩。
品茗怡我之情窍，
精神振奋美好。

舒出一种正气傲，
闲雅是余情抱。
读书写诗乐未了，
不计老将来到。

高蹈心襟水云逍,
田园山村丽妙。
羡樵慕渔无机巧,
清度秋春安好。

心胸宜宽广
2023-9-6

心胸宜宽广,宇宙均包藏。
琐碎须抛光,纲举目才张。

叩道奋贞刚,男儿心雄壮。
不为名利障,骋志天涯间。

诗书吾温让,儒雅人格芳。
修身当尽量,不惧试炼艰。

人生迎难上,磨炼任成行。
大器晚成间,豁怀清无恙。

鸽群飞翔
2023-9-6

鸽群飞翔,自由搏击青苍。
我心向往,特意写诗讴扬。

斜晖清朗,秋风吹来爽朗。
闷热犹彰,紫茉莉花芬芳。

心情悠旷,为花浇水安祥。
田园碧漾,生机一片盛旺。

胸襟温让,君子人格堪讲。
加强修养,培德未有止疆。

清志堪表
2023-9-6

清志堪表,人生莫付草草。
西风洒潇,心襟雅旷美好。

夕烟清绕,蓝天白云飘渺。
萋萋芳草,初秋茂盛丰饶。

岁月如飙,赐我斑苍初老。
心怀孤傲,更应奋发远道。

黄昏清妙,灿烂夕阳朗照。
清思骚骚,遐想万里之遥。

落日朗照
2023-9-6

落日朗照,夕阳无限好。
市井热闹,车水马龙嚣。

静持心窍,诗书哦风标。
秋风来潇,爽意盈襟抱。

浮上微笑,豁达度昏晓。
秋春逝飙,不惧人苍老。

正襟欲啸,忍住方为妙。
淡定情操,优雅若兰草。

喜鹊鸣叫
2023-9-6

喜鹊鸣叫,写意且风骚。
黄昏堪表,朗然展夕照。

心志清好,写诗舒不了。
蕙兰情操,名利早弃了。

不持高傲，谦正须力保。
诗书潜造，著书亦玄妙。

人生奋跑，踏遍天涯草。
志取洒潇，不为物欲扰。

宿鸟既鸣唱

2023-9-6

宿鸟既鸣唱，吱喳一片交响。
秋蝉犹鸣放，野地唧唧奏响。

暝色浓无恙，西天散射余光。
灯下清思想，人生正意昂扬。

五十八载放，华发星星何妨。
要在志强刚，矢展顽强向上。

修心岂有疆，叩道一生奔放。
灵程力闯荡，胜过试炼艰苍。

何处音乐放

2023-9-6

何处音乐放？打动我的襟房。
远野夜蝉唱，秋风动地清凉。

灯下展哦唱，舒出吾之昂藏。
男儿是好钢，不屈艰苍困障。

努力向前闯，不惧关山万幢。
山水任苍凉，纵展吾之豪放。

年轮运无恙，斑苍不减清狂。
哦出诗万章，讴尽人世沧桑。

休憩心襟

2023-9-6

休憩心襟，劳作过份可不行。
享受雅清，享受心志之坦平。

华灯正明，灯下不必思营营。
清听蛩吟，此物适宜养心灵。

人生情景，桑沧幻变叠阴晴。
风雨艰辛，总赖神恩赐丰盈。

叩道进行，渐趋圆通圆明境。
无机心襟，胸怀始终存水云。

霾烟浓重

2023-9-7

霾烟浓重，心境不轻松。
雀鸟鸣诵，自得乐其中。

晨起哦讽，舒出我情浓。
正义刚洪，男儿骋豪猛。

努力前冲，不计雨与风。
万里鼓勇，风光览无穷。

人生持中，名利弃空空。
和平襟胸，原也含灵动。

喜鹊大鸣

2023-9-7

喜鹊大鸣，惬余心志并心灵。
旷飞天青，自由烂漫之身心。

秋意均平，牵牛妍红开娇俊。
田园清新，茂盛野景赏不尽。

中心高兴，雅哦新诗舒性灵。
一腔热情，不灭情志万里行。

风雨艰辛，爽然一笑持镇定。
神恩丰盈，导引灵程之挺进。

无风之晨
2023-9-8

无风之晨，霾烟笼罩乾坤。
白露今正，雀鸣且又花芬。

早起怡神，品茗慰心时分。
新诗哦成，舒出吾之精诚。

人生奋争，修心养德晨昏。
清度秋春，不计老之将遑。

岁月飞奔，世界桑沧幻成。
一笑和温，神恩总是无伦。

人生远辞烦恼
2023-9-8

人生远辞烦恼，容我淡浮微笑。
秋来清我怀抱，爽听喜鹊鸣叫。

蓝天白云飘渺，清朗阳光洒照。
好风其来萧骚，诗书人生清傲。

清持正义心窍，不向名利张瞧。
倾心水云之妙，切慕松风山道。

红尘客旅逍遥，清贫有何不好。
洒脱是余情抱，叩道深入迢迢。

勃发心志雅无伦
2023-9-8

勃发心志雅无伦，
我的心地纯真。
秋来清听蛩啼诚，
欣赏白云流纷。

淡雅是余之心身，
向学哦唱晨昏。
不计名利辞十分，
清新叩道诚真。

斑苍不减精诚，为人秉持纯正。
无机持心神，质朴守本份。

展眼云烟纷呈，老柳迎风摆身。
田园妙不胜，引我折腰身。

蓝天白云多清好
2023-9-8

蓝天白云多清好，心志容高蹈。
秋蝉嘶嘶以鸣叫，东风爽来潇。

清度红尘胡不好，开怀吾大笑。
不许名利肆狂嚣，情系水云渺。

书生意气纵丰饶，万里关山造。
不惧风雨之嚣暴，神恩赐美妙。

此际镇定持心窍，哦诗适情抱。
品茗清兴发不了，斜阳正朗照。

闲情聊表　　　　　　　2023-9-8

闲情聊表,振意撰诗稿。
南山情调,颇具美与妙。

正意风骚,不为名利扰。
清心叩道,体会积丰饶。

初秋去了,白露今访造。
心怀渺渺,向谁诉分晓。

万里艰饶,奋志以奔跑。
关山险要,饱赏风光好。

闲雅多情　　　　　　　2023-9-8

闲雅多情,修心上进启无垠。
向学志俊,书山攀登吾倾情。

心志殷殷,不为名利倾寸心。
秋蝉朗吟,爽风怡抱好开心。

岁月进行,斑苍不减少年情。
天涯挺进,摩云穿越青松岭。

白云飘行,幻化奇妙惬心襟。
悠悠品茗,男儿雅持淡泊心。

蟋蟀雅鸣唱　　　　　　2023-9-9

蟋蟀雅鸣唱,晨鸡引吭。
五更早起间,情志悠扬。

小风来舒爽,惬我意向。
野鸟复啼唱,微闻人响。

心志持安祥,撰写华章。
舒出情奔放,舒出扬长。

人生怀理想,胸襟慨慷。
努力振志向,万里驱闯。

山水越高长,激越情肠。
坦腹吾哦唱,天苍地广。

神恩赐无量,颂赞献上。
灵程叩道间,不计老访。

心怀吾雅靓,辗转桑沧。
嘹歌也昂扬,男儿豪放。

世界是无恙,正道康庄。
炎凉是平常,幻化无疆。

微笑眉眼间,无机情肠。
正直立身间,人格必讲。

加强吾修养,开拓向上。
诗书费平章,晨昏哦唱。

何必多言讲,实干为尚。
汗水不白淌,秋收盈仓。

天还没有亮,发此演讲。
搁笔乃为上,悠听蛩唱。

秋仲无恙　　　　　　　2023-9-9

秋仲无恙,晨起清听蛩鸟唱。
村鸡鸣放,写意小风递清凉。

哦读诗章,激情岁月逝若狂。
镇定情肠,人生原属幻化间。

骋志向上，叩道用道吾奔放。
不计艰苍，心怀始终存阳光。

胸襟温让，君子人格培端方。
力斩豺狼，还我天下之平康。

东天灿光
2023-9-9

东天灿光，天色初明亮。
雀鸟鸣唱，欢乐真无恙。

我自悠扬，清听蛰吟放。
风儿凉爽，快我之情肠。

远村鸡唱，振奋吾意向。
秋仲安祥，美好真无上。

神恩奔放，讴颂出心间。
阖家安康，欢愉享无限。

音乐悠扬
2023-9-9

音乐悠扬，旷我心襟无限。
朝日初上，天地敷满明光。

鸟语欢唱，自由安乐无恙。
云飞澹荡，秋仲多么清爽。

我意扬长，能不把诗哦唱？
字里行间，激越胸心跳荡。

人生情长，难免遭遇心伤。
神恩丰穰，赐下平安吉祥。

心志温存
2023-9-9

心志温存，清享秋意平正。
鸟语何芬，牵牛花开何盛。

人生奋骋，山水履历雄浑。
风光清纯，涤我心襟雅芬。

往事回问，一笑回味深沉。
未来启程，风雨艰深不论。

百年飞奔，桑沧幻化千层。
雅度红尘，不为名利奋争。

心志聊表
2023-9-9

心志聊表，旷意吾骚骚。
红尘清好，雅度吾逍遥。

风雨经饱，身心曾跌倒。
神恩丰饶，赐我福分好。

而今洒潇，灵程奋行跑。
山水迢迢，显我男儿豪。

展眼远瞧，天际苍烟飘。
秋蝉朗叫，秋风涤襟抱。

秋仲美好
2023-9-9

秋仲美好，旷意听啼鸟。
野蝉犹叫，心志吾洒潇。

白云逝飘，蓝天多晴好。
煦日洒照，和暖这尘表。

谦正情操,向学履迢迢。
心得丰饶,雅哦入诗稿。

容我逍遥,遁入水云潇。
红尘清好,豁达方为妙。

雅骚人生

2023-9-9

雅骚人生,履尽风雨艰深。
红尘滚滚,大浪淘沙是真。

秉持清纯,叩道奋发刚正。
力冲魔阵,斩杀豺狼纷纷。

秋意平正,蓝天白云飘纷。
爽风来逞,闻得鸟语蝉振。

笑意清生,品茗意气都振。
新诗哦成,舒出闲雅心身。

燥热宇宙间

2023-9-9

燥热宇宙间,电扇转风凉。
读书惬意向,奋笔书千行。
心志吾清昂,爱好作诗章。
舒出意昂藏,千载具遗响。

燥热宇宙间,情志吾清凉。
不为物欲障,性天豁而爽。
叩道奋贞刚,万里长驱闯。
关山不为障,天涯灿风光。

6.烟村集

艰苍岁月吾何讲

2023-9-9

艰苍岁月吾何讲,
努力不惹一丝脏。
奋志人生恒向上,
不为物欲而疯狂。
秋意澹荡清风畅,
爽洁人间鸟啭芳。
斜晖朗照听蝉唱,
洒然思想放无疆。

烈日如烘

2023-9-9

烈日如烘,斜晖朗照这宇穹。
清坐从容,吃点瓜果意轻松。

容我讽颂,人生一腔正气洪。
力战魔凶,还我天下安乐中。

红尘汹涌,太多试炼与苦痛。
神恩恢弘,导引灵程径直冲。

步履彩虹,心中霞彩不胜浓。
雨雨风风,只是插曲之播送。

玉簪花芳

2023-9-9

玉簪花芳,洁白且漂亮。
秋风清旷,传来蝉鸟唱。

散步闲逛,河水正汤汤。
老柳摆荡,青苇水旁长。

热闹熙攘，生活真无恙。
心志广长，聊哦新诗章。

夕照昏黄，感兴心地间。
情系无疆，天涯矢志闯。

晨鸡又唱

2023-9-10

晨鸡又唱，早起五更情悠扬。
东风清畅，带来秋意爽心肠。

遍野蛩唱，点缀世界美无恙。
心地感上，从容小哦我诗行。

人生情长，此生履尽坎与艰。
一笑澹荡，悟彻世事之机簧。

胸襟无量，合将世界都装上。
振志昂扬，万里江山费平章。

矢志闯荡，人生勿为名利障。
努力之间，览尽天下奇景靓。

坦坦荡荡，无机襟怀何所装？
正直安祥，处缘随处是家乡。

路上灯亮，偶有车行微唱响。
静悄宇间，写诗舒出意流畅。

心怀奔放，不羁人生纵马放。
万里无疆，展翅摩云恣青苍。

时有痛伤，自我安慰疗襟房。
奋飞天壤，我是男儿有豪强。

百年飞旷，惜时如金必须讲。
记录感想，未知知音在何方。

孤旅扬长，咽尽凄凉情茁壮。
踏遍山岗，微微一笑也爽畅。

前履康庄，胸怀正气谁能挡。
风雨艰苍，不必计较彼凄凉。

努力向上，修身养德不能忘。
诗书研讲，矢志深入彼三藏。

切勿狂猖，谦正人生吾昂扬。
人格必讲，君子男儿儒雅芳。

朝暾既出兮霞彩生

2023-9-10

朝暾既出兮霞彩生，
清风徐拂兮秋蛩振。
心怀旷朗兮哦诗诚，
鸟啭娇嗓兮牵牛盛。
远际歌声兮婉转逞，
引我感慨兮心中生。
慨当以慷兮奋前程，
万里风云兮足下证。

心志清骋

2023-9-10

心志清骋，人生奋发刚正。
清度红尘，共君不忘修身。

秋仲时分，天气均和平正。
牵牛既盛，玉簪洁白清芬。

休闲心身，品茗意取温存。
哦咏精诚，舒出一腔热忱。

人生纵论，慧目应须圆睁。
名利合扔，物欲致人昏昏。

红霞东天烧
2023-9-11

红霞东天烧，清听蚤鸟叫。
秋晨何美好，小风适怀抱。

村鸡犹朗叫，惬我情怀好。
写意红尘潇，雅度乐昏晓。

写诗适襟抱，开朗我洒潇。
努力叩大道，灵程奋志跑。

年华逝渺渺，人生不惧老。
心怀犹年少，振志天涯造。

勿为物欲牵引
2023-9-11

勿为物欲牵引，务须守好寸心。
灵明最要紧，不为名利侵。

晨起清听鸟鸣，遍野一片蚤吟。
村鸡啼振兴，爽风来进行。

秋仲十分和平，红霞东天正殷。
振奋我心灵，新诗从心吟。

岁月奋然进行，笑我华发斑鬓。
依然持劲挺，依然志凌云。

不持妄想
2023-9-11

不持妄想，本色人生吾安祥。
悠悠心旷，淡泊度日享平康。

远际歌唱，打动吾之襟与肠。
野鸟鸣放，一片秋蚤奏清响。

天初明亮，爽风其来惬意向。
红霞东方，瑰丽天空堪清赏。

牵牛盛放，紫薇花儿色明靓。
玉簪洁芳，三角梅儿丽无双。

我自悠扬，情思化为诗哦唱。
字里行间，赤子之心奉献上。

岁月奔放，演绎大千桑叠沧。
勃勃情肠，朗造天涯骋志向。

朝日舒光
2023-9-11

朝日舒光，心地正气昂。
清听鸟唱，白云流潇荡。

情志悠扬，品茗意气畅。
秋花清芳，引余长欣赏。

人生奔放，骋志天涯向。
风雨艰苍，不过是寻常。

心怀安祥，灵明放慧光。
努力驱闯，风景阅莽苍。

小风来行
2023-9-11

小风来行，心志体均平。
品茗奋兴，秋蝉正嘶鸣。

阳光清俊，世宇沐和平。
小鸟娇鸣，宛转舒多情。

读书怡情，心怀都振兴。
人生前行，穿越关山云。

回首不惊，履尽彼艰辛。
神恩无垠，赐我安与宁。

品味人生

2023-9-11

品味人生，正如老酒之纯。
心志清骋，万里风云奋身。

名利弃扔，高蹈诗书清芬。
叩道诚真，履历山水之阵。

旷意缤纷，哦诗舒出诚正。
胸襟雅芬，微笑秋春晨昏。

世事评论，只是桑沧幻成。
共缘驰骋，悟入圆明觉证。

旷怀何讲

2023-9-11

旷怀何讲，人生正意昂扬。
虚怀清朗，情志雅持奔放。

向前向上，叩道不计深艰。
红尘攘攘，水云是我襟房。

展眼长望，天际青霭浮漾。
禽鸟欢唱，云天无比安祥。

秋蝉奏响，点缀世宇平康。
好风来畅，诗意从心袤上。

雅洁是我人生

2023-9-11

雅洁是我人生，心灵清持平正。
白云流变缤纷，世界桑沧生成。

清听秋蝉声声，鸟语宛转动人。
清风其来慰问，爽我心志心神。

散步心意旷生，从容清度秋春。
情操秉持纯真，向学朗哦晨昏。

向阳心志清骋，何计风雨艰盛。
一笑清新温存，君子端方清诚。

展眼霭烟漾

2023-9-11

展眼霭烟漾，秋意清旷。
雀鸟奋飞翔，一掠天苍。

清坐展思想，情意悠扬。
心志向谁讲？雅哦诗章。

人生孤旅间，不计艰苍。
奋发男儿刚，力战强梁。

血泪任潸淌，体道奔放。
神恩赐无限，导引慈航。

别致人生

2023-9-11

别致人生，不惹名利是真。
诗书清芬，万里旷意驱骋。

风雨晨昏，朗放读书之声。
心志雅骋，是向书山攀登。

红尘滚滚，磨炼心襟刚贞。
不屈世尘，君子男儿豪正。

秋意平正，鸟语花香温存。
野蝉朗振，点缀世宇十分。

爽风清畅

2023-9-11

爽风清畅，心志乐未央。
耳际鸟唱，袅起意悠扬。

人生慨慷，能不放哦唱。
万里驱闯，不为名利障。

修心不忘，书海扬帆航。
绕过礁障，顺利搏风浪。

惊心回放，曾履风雨狂。
神恩无限，赐我以平康。

爽风清来开意境（之一）

2023-9-11

爽风清来开意境，心志吾均平。
天气久旱盼甘霖，草野焦黄境。

秋蝉不知愁嘶鸣，噪噪振热情。
白云流变也清新，牵牛开倩俊。

清坐思想展无垠，多言妨精进。
贵在实干最要紧，万里矢前行。

诗书沉潜吾多情，志取彼凌云。
点点心得入诗吟，雅具旷与清。

时雨将行

2023-9-11

时雨将行，天气正然阴。
小风来勤，爽我之心灵。

久旱燥境，切盼降甘霖。
静定心襟，默祷神恩临。

岁月进行，秋仲意均平。
田野茂境，万物繁盛景。

市井噪境，汽车行不停。
心怀悄静，写诗舒雅情。

志意生成

2023-9-11

志意生成，人生纵情而论。
努力前程，名利矢志弃扔。

感沛神恩，导引我之灵程。
丰美丰盛，奶蜜流淌清纯。

欢呼声声，写诗舒发心身。
叩道奋身，胜过试探艰深。

浊世红尘，磨炼吾之刚正。
笑意清生，前景妙丽不胜。

旷怀雅正

2023-9-11

旷怀雅正，人生奋志以骋。
冲决魔阵，力斩虎狼凶狠。

努力灵程，天使伴我奋争。
圣洁心身，眼目明亮清纯。

秋仲时分，天阴爽风清骋。
清坐思深，新诗从心哦成。

阖家安稳，衷心感沛神恩。
颂出心身，步履正道沉稳。

人生简朴为上

2023-9-11

人生简朴为上，豪华难以久长。
心志振清昂，德操修无限。

质朴心地之间，无机是我情肠。
红尘任攘攘，心怀水云乡。

骋志一生奔放，履尽山水艰苍。
一笑还昂藏，男儿纵豪放。

风来何其爽朗，天阴心怀明靓。
纵情以歌唱，正义敷平康。

秋风吹荡

2023-9-12

秋风吹荡，一片爽与凉。
晨起悠扬，尽兴讴诗章。

天阴无妨，牵牛花盛放。
引余欣赏，逸意旷无疆。

岁月淡荡，不计老即将。
倾意诗章，哦咏晨昏间。

人生昂扬，不为物欲障。
矢志向上，修心养德芳。

豪放人生

2023-9-12

豪放人生，雅秉我纯真。
岁月进深，绝不可沉沦。

叩道诚真，风雨任清生。
努力灵程，奋发吾刚正。

清度世尘，一笑还清芬。
正直人生，不惹一丝尘。

红尘滚滚，太多磨炼人。
务须纯正，务须掌慧灯。

爽意人生

2023-9-12

爽意人生，不惹名利清芬。
奋志刚正，矢向天涯力奔。

济世心身，匡怀一腔热诚。
伪饰抛扔，正直尽力修身。

笑意清生，诗书朗哦秋春。
惬意晨昏，豁达情怀无伦。

红尘滚滚，雅意共缘驰骋。
清心诚贞，叩道雅意纵横。

洒脱心襟

2023-9-12

洒脱心襟，纵展气宇凌云。
物欲辞屏，高蹈吾之心襟。

心志殷殷，向学晨昏哦吟。
努力修心，正义充满胸襟。

岁月均平，故事任演千钧。
坦平心境，仰荷神恩无垠。

仲秋之境，天阴清风爽行。
雅品芳茗，读书振奋心灵。

心襟安好
2023-9-12

心襟安好，人生诗意憩尘表。
秋意骚骚，写意清风吹荡浩。

不惧苍老，开怀淡雅且大笑。
奋志洒潇，著书应许等身饶。

红尘美妙，神恩时刻以笼罩。
灵程扬飙，力战魔敌与仇妖。

岁月逝飘，青春心志不会老。
诗书清好，一生真理力寻找。

从容人生
2023-9-12

从容人生，奋发吾之刚贞。
不屈奋争，矢展吾之纯正。

感谢神恩，救度一生丰盛。
努力灵程，胜过风雨艰深。

秋仲时分，清风爽我心神。
淡荡心身，哦诗雅洁清芬。

秋花开盛，最喜牵牛缤纷。
嗟赞哦成，新诗雅具诚真。

雅旷人生
2023-9-12

雅旷人生，心志不忘温存。
和蔼心生，淡泊清度晨昏。

诗书清骋，不分冬夏秋春。
老将来逞，呵呵一笑清芬。

秋仲时分，天气爽雅宜人。
朗放书声，惬怀正是无伦。

天正阴沉，习习凉风吹盛。
花开缤纷，牵牛紫薇双胜。

心志均平
2023-9-12

心志均平，悠听蝉之鸣。
胸襟多情，诗书雅哦吟。

人生振兴，穿越关山峻。
天涯挺进，览尽奇风云。

中心高兴，旷雅度生平。
老渐来临，一笑也温馨。

神恩丰盈，赐下安与宁。
心怀朗晴，旷志正分明。

秋意清凉
2023-9-12

秋意清凉，时雨洒然降。
野花清芳，娇妍不张狂。

骑车悠扬，穿过市井间。
爽风快畅，忧烦全抛光。

逸致升上，雅哦我诗章。
舒出奔放，舒出吾昂扬。

人生向上，克尽千重艰。
骋志贞刚，迎难敢于闯。

秋夜清静
2023-9-12

秋夜清静，时雨滴沥行。
灯下清心，不眠读书吾怀情。

人生经行，览尽桑沧境。
一笑多情，人间正道是奋进。

莫执利与名，此物损性灵。
修得潇潇心，放旷神思叩道勤。

未可守因循，努力辟新境。
时代进步无止境，振志力前行。

秋雨既清降兮
2023-9-13

秋雨既清降兮，绵绵不穷。
晨起余怀情兮，新诗哦诵。

雨打滴沥响兮，似在歌颂。
爽风其旷来兮，惬意襟胸。

人生当奋发兮，振志前冲。
万里克险难兮，展我勇猛。

五更已初毕兮，听雨意浓。
天犹未启亮兮，舒志讴咏。

雨中喜鹊大鸣
2023-9-13

雨中喜鹊大鸣，振奋余之心襟。
清听雨之吟，秋风爽心灵。

晨起心志殷殷，雅将新诗哦吟。
舒出气均平，舒出志凌云。

人生鼓足干劲，努力旷去追寻。
不止为利名，德操最要紧。

抓紧时间修心，理想导我前进。
天涯灿美景，一路风光凝。

秋窗风雨喜生成
2023-9-13

秋窗风雨喜生成，
旱情消除十分。
清听一片噼啪声，
清风其来怡神。

清品芳茗也安稳，
遐思容我纵骋。
呼出一腔气刚正，
男儿矢志远征。

此生名利已弃扔，
烟霞憩我心身。
诗书晨昏沉潜深，
心得自是缤纷。

倾出心身向谁论？
孤旅自我慰问。
岁月不断以进深，
笑我霜华清生。

洒脱心襟

2023-9-13

洒脱心襟，纵展志向凌云。
清听雨吟，秋意无比和平。

雅怀高兴，舒出吾之清劲。
向学志俊，哦吟晨昏多情。

鼓足干劲，万里长途旅行。
关山风景，惬余心意心灵。

管束心襟，一生振志修心。
雅洁心灵，饱含济世激情。

人生雅怀意向

2023-9-13

人生雅怀意向，舒出我的昂扬。
一生恒持向往，是在大同之邦。

秋风秋雨扬长，我的心志澹荡。
写诗舒发感想，孤旅骋志奔放。

名利非我意向，倾心诗书之壤。
春秋晨昏哦唱，抓紧一切时间。

岁月侵人华霜，一笑颇自安祥。
人生客旅之间，应许心怀清朗。

展眼平望

2023-9-13

展眼平望，天际烟正苍。
秋雨绵降，心志持澹荡。

胸襟奔放，因我有理想。
救世必讲，奋发以图强。

红尘攘攘，太多机与奸。
无机情肠，原也持慨慷。

向前向上，克己修心芳。
振志昂扬，不畏惧艰苍。

年华逝去无彰

2023-9-13

年华逝去无彰，不必悲伤，
不必悲伤，智慧积淀已盈仓。

笑意从心舒放，人生疆场，
人生疆场，男儿畅意天涯向。

关山履历雄壮，风光雅靓，
风光雅靓，惬我心襟真无限。

感沛神恩奔放，导引慈航，
导引慈航，天国家邦福寿康。

爽风清来开意境（之二）

2023-9-13

爽风清来开意境，秋雨洒均平。
清坐思想也无垠，哦诗舒热情。

难抑中心之高兴，努力奋前行。
穿山越岭阅雄峻，男儿展雄英。

不为名利曲身心，正直吾劲挺。
历尽霜寒开清俊，如菊如梅清。

微笑清浮吾淡定，享受心和平。
人生百年悠悠行，濯足沧浪匀。

清听雨唱

2023-9-13

清听雨唱，风来何浩爽。
秋意清凉，雅洁盈襟房。

人生旷放，不为物欲障。
骋志之间，履尽关山苍。

时光逝殇，五十八年放。
回头细望，烟云锁苍茫。

向前瞻望，风云多激荡。
中心理想，支撑我前闯。

正意昂扬，岂屈虎与狼。
世界神创，正义必敷畅。

心怀安祥，修心力向上。
步履坚强，不惧风雨狂。

7.青芦集

云往南行

2023-9-13

云往南行，天气行将晴。
喜鹊清鸣，振奋余心灵。

秋蝉又鸣，点缀世安平。
爽风来俊，一片清凉境。

写诗舒情，捧出我胸心。
正义凌云，不屈世艰辛。

高蹈清贫，诗书润肺心。
微笑浮萦，豁达持清平。

秋夜静宁

2023-9-14

秋夜静宁，三更醒转听蛩吟。
西风爽清，初具凉意惬心灵。

心志和平，人生贵在享清静。
物欲辞屏，心襟雅清怀白云。

勿守因循，体道务须奋发行。
开辟新境，文明进步不止停。

坦然心境，无机正直持灵明。
向往光明，一生力掌慧烛行。

路上车行，噪噪打破夜清宁。
灯下思萦，哦诗温和复温馨。

岁月进行，正值秋仲不必惊。
霜华清映，慨慷心志盈胸襟。

努力挺进，前路山水多意境。
孤旅笑映，爽洁雅倩持心灵。

展我豪英，岂屈名利之虚境。
正义心灵，鼓足干劲天涯行。

悠悠此心，活泼难灭是激情。
青春心境，不尽情志洒无垠。

四围平静，天籁秋虫淡荡吟。
我自清心，裁意哦诗吐空灵。

青霞东方涨

2023-9-14

青霞东方涨，逸意成章。
雀鸟欢鸣唱，金风舒爽。

野地蛰鸣放，一片交响。
牵牛开妍芳，娇美无上。

心志吾奔放，快乐心间。
清度好辰光，悠旷情肠。

勿可耽安祥，奋发向上。
诗书力研讲，朝昏哦唱。

云淡天朗
        2023-9-14

云淡天朗，清喜金风舒旷。
和蔼心间，能不把诗哦唱？

野禽鼓唱，朝暾出于东方。
天地安祥，和平盈于寰壤。

激越情肠，时刻想去飞翔。
天涯遐方，寄托吾之理想。

心怀感想，应能哦入诗章。
一曲张扬，一曲和缓扬长。

云天晴朗
        2023-9-14

云天晴朗，白云漫自飞翔。
幻化尘壤，大地人民欢畅。

秋来人间，西风吹来凉爽。
野蝉奏唱，点缀世宇平康。

心事广长，雅哦吟入诗章。
正气盈腔，不惧生尘艰苍。

力战豺狼，世界是神所创。
正义必昌，罪恶归于消亡。

人生前行
        2023-9-14

人生前行，难免翻山越岭。
不惧艰辛，洒然一笑多情。

秋意均平，萧爽西风清劲。
牵牛妍俊，娇美难以容形。

心志开屏，新诗纵情哦吟。
悠悠品茗，不计时光飞迅。

老我苍鬓，坦然一笑镇定。
济世才情，待时方展高鸣。

云淡天青
        2023-9-14

云淡天青，雅放吾之歌吟。
一曲多情，舒出正义心灵。

斜晖清俊，世界和平宁静。
洒脱身心，纵展气宇凌云。

读书尽兴，怡养吾之心襟。
君子陶情，努力修养身心。

好风来行，爽洁真是无垠。
快慰心襟，旷欲向天飞行。

彩云漫空
        2023-9-14

彩云漫空，宿鸟欢鸣颂。
写意尘中，金风清吹送。

灯下哦讽，舒出我情浓。
裁意中庸，人格展无穷。

岁月逝风，长令余感动。
桑沧幻浓，不尽伤与痛。

神恩恢弘，赐下福分重。
中心讴咏，叩道奋刚雄。

暮蝉嘶鸣
        2023-9-14

暮蝉嘶鸣，噪噪无止境。
苍烟结凝，西天晚霞明。

旷自哦吟，歌颂此升平。
神恩丰盈，导引灵程行。

岁月均平，年轮转运勤。
笑我斑鬓，依然持多情。

秋意空清，爽风来清劲。
惬怀无尽，雅入诗中吟。

又值四更
        2023-9-15

又值四更，不眠之时分。
村鸡声声，野蛩复鸣振。

灯下思深，人生奋志骋。
山水高深，显我男儿正。

岁月如奔，时已近秋分。
不必惊震，努力前旅程。

淡泊心身，雅洁且清芬。
书山攀登，壮志豪十分。

淡荡生尘
        2023-9-15

淡荡生尘，名利不足细论。
尽力修身，诗书润我心神。

浊世红尘，磨炼优雅心身。
叩道诚真，悟彻世事十分。

努力前骋，心怀雅洁清芬。
山水雄浑，怡我心襟缤纷。

一笑清生，五湖归来温存。
哦诗纯真，君子人格显逞。

人生没有怨怅
        2023-9-15

人生没有怨怅，随缘吾取安祥。
百年匆匆向，定志叩道藏。

心志无比奔放，不为利锁名缰。
清贫吾雅享，诗书奋志向。

此际秋仲无恙，天阴爽风来畅。
清坐展思想，写诗舒扬长。

一曲中心唱响，应许地久天长。
神恩赐广长，明媚心地间。

天阴无风
        2023-9-15

天阴无风，闷热郁长空。
雀鸟鸣颂，自得乐无穷。

雅秉中庸，力抛苦与痛。
人生情钟，奋志展刚洪。

男儿和懦，不为名利动。
骋志矢冲，穿越雨与风。

红尘汹涌，大化谁真懂？
叩道奋勇，心得入诗诵。

旷意来小风
2023-9-15

旷意来小风，惬我心胸。
写诗舒情浓，雅意横纵。

不惧渐成翁，一笑持中。
万变不离宗，淡定从容。

名利属空空，勿为所怂。
朗月明心中，性光涌动。

人生行匆匆，百年如梦。
奋志灵程中，天国恒永。

畅意以讴咏
2023-9-15

畅意以讴咏，感发襟胸。
正义吾情浓，努力前冲。

情志勃发中，千篇劲涌。
男儿豪且勇，笔下灵动。

秋意初浓重，爽风来从。
天阴旷意讽，一展情钟。

立身以从容，平和心中。
展眼鸟飞空，自由堪颂。

秋风吹清畅
2023-9-15

秋风吹清畅，感时吾不伤。
远际歌声唱，打动我心房。

夜黑华灯放，灯下展思想。
人生奋志向，力克千重艰。

讴颂神恩旷，灵程努力闯。
力战魔与魍，凯歌纵情唱。

不计坎与苍，铁志早成钢。
微笑从容放，男儿胸襟广。

人生稳重为上
2023-9-15

人生稳重为上，未可局促慌张。
沉静心地间，迈越万里疆。

此生履尽艰苍，迎难奋发敢上。
力斩虎与狼，还我天下康。

岁月秋仲正当，夜黑华灯闪亮。
心怀展无限，慨慷放哦唱。

舒出心地激昂，舒出一腔情肠。
舒出我豪放，舒出我扬长。

挺直脊梁做人
2023-9-15

挺直脊梁做人，卑媚全部抛光。
正直吾清昂，力战魔恶奸。

灵程奋志闯荡，叩道展我贞刚。
提刀努力上，斩杀豺尽光。

男儿一生豪壮，果敢加上顽强。
不畏惧风浪，不惧怕艰苍。

心怀光明太阳，矢志救度世艰。
人格毕显彰，儒雅吾清芳。

人生遐思奔放
2023-9-16

人生遐思奔放，晨起旷听鸟唱。
写意金风扬，爽洁岂有限。

村鸡偶闻啼唱，惬我心意情肠。
心怀真无恙，哦诗也悠扬。

人生得意莫狂，谦贞守我心向。
万里长途闯，稳健方为上。

履尽风雨艰苍，中心一笑爽朗。
神恩赐无疆，颂赞出心房。

心志淡荡
2023-9-16

心志淡荡，聊放吾之哦唱。
秋风吹荡，天阴雅享凉爽。

野蝉鸣放，雀鸟欢声歌唱。
逸致升上，况复品茗悠扬。

旷哦诗章，舒出一腔奔放。
才思汪洋，人生恣意张扬。

婉转之间，清展正意强刚。
人生向上，不屈世道强梁。

红尘无恙，只是幻化之场。
利锁名缰，不准将人捆绑。

性天清凉，识知世事幻相。
灵程奋闯，叩道一生贞刚。

人生易老
2023-9-19

人生易老，惊叹秋又来到。
奋志刚傲，不屈磨难矢奋跑。

关山迢迢，风光吾已经饱。
开怀一笑，男儿气象纵英豪。

雾霾笼罩，灿烂牵牛妍俏。
雀鸟鸣叫，闷热无风此尘嚣。

读书志高，朗哦声入云霄。
绝无悲悼，神恩一生享丰饶。

玉洁冰清
2023-9-19

玉洁冰清，吾不为世俗所侵。
雅持淡定，微笑看流云。

秋意空清，啼鸟声声花清新。
散坐思萦，哦诗吐空灵。

悠悠品茗，裹起诗人之意兴。
旷欲长鸣，天际烟正凝。

阖家康平，神恩丰沛感不尽。
讴颂于心，灵程努力行。

秋光未老
2023-9-19

秋光未老，心志情思清好。
苍霭笼罩，天阴小风吹绕。

秋分近了，时光飞逝俊跑。
不惧衰老，纵展才思哦巧。

舒出情抱，舒出正义刚饶。
舒出爽豪，舒出柔肠纤袅。

我是男儿，一生不骋机巧。
质朴刚傲，君子人格缔造。

苍山越了，赢得开怀大笑。
未来迢迢，更须努力行好。

岁月丰标，桑沧演化岂了。
振志矢跑，标的天涯朗造。

不须讨巧，拙正是我情操。
清贫就好，修得茁壮心窍。

持正扬飙，直上天际云霄。
旷怀风标，坚守良知不二。

时值天阴

2023-9-21

时值天阴，喜鹊旷自高鸣。
爽风来行，品茗惬我身心。

秋气均平，牵牛开得倩俊。
使余开心，讴颂出于胸襟。

奋志凌云，更应踏实追寻。
风雨艰辛，爽然一笑清新。

岁月进行，后日秋分将临。
讴呼尽兴，清度人生雅净。

寂寞人生场

2023-9-21

寂寞人生场，我意昂扬。
此际听鸟唱，暝色苍苍。

灯下展哦唱，舒出志向。
人生怀向往，贞志何刚。

岁月是奔放，华发初霜。
一笑吾爽朗，正义襟房。

努力以向上，克尽艰苍。
不留恋过往，未来广长。

秋气高爽

2023-9-22

秋气高爽，云儿淡飘翔。
小鸟歌唱，和风来悠扬。

情志轩畅，小哦我诗章。
人生扬长，舒放是慨慷。

秋分明访，时光真如殇。
淡淡荡荡，正直人生场。

青天广长，鸟儿纵飞翔。
和平寰壤，万类俱欢畅。

秋花灿放，最喜牵牛芳。
喇叭开张，妍红真无上。

品茗悠闲，无机之情肠。
勿忘理想，勿忘振志向。

鸟啭娇簧

2023-9-22

鸟啭娇簧，云天灿无恙。
白云流淌，秋仲喜晴朗。

逸意升上，诗兴从心涨。
哦出万章，倾出闲情况。

人生昂扬，千关径须闯。
豪放心间，力克艰与苍。

胸襟坦荡，自信复自强。
展眼平望，天际苍烟旷。

心志和平

2023-9-23

心志和平，秋分今日雅临。
天气正阴，袅袅西风经行。

悠品芳茗，惬听小鸟娇鸣。
牵牛清俊，爽我心意无垠。

阖家康宁，感沛神恩丰盈。
灵程挺进，力战魔敌仇兵。

凯归天庭，辞去红尘艰辛。
胜利讴吟，灵歌欢唱从心。

逸意旷然生成

2023-9-23

逸意旷然生成，今日喜值秋分。
天气清和平正，田野鸟语花芬。

讴咏舒出真诚，赞美丰沛神恩。
灵程美妙不胜，力战魔敌凶狠。

努力回归天城，圣洁自己心身。
眼目慧光清纯，天使伴我全程。

世事并不平正，多有艰辛生成。
唯赖神恩丰盛，定然克敌制胜。

天气均平

2023-9-23

天气均平，爽雅是我身心。
清听鸟鸣，享受风鼓清新。

秋分正临，和平盈满肺心。
岁月奋进，不必计较斑鬓。

英武心灵，力铲世间不平。
努力前行，览尽万里风云。

愉悦心襟，领受神恩丰盈。
不计利名，轻装天涯挺进。

讴咏多情，男儿洒脱身心。
百年飞俊，矢将业绩创寻。

彩虹心映，努力圣洁心灵。
步履刚劲，风风雨雨常寻。

刚正情操

2023-9-23

刚正情操，心灵雅洁骚骚。
诗书情抱，叩道努力修造。

岁月如飙，年华逝去渺渺。
华发飘飘，爽然清展一笑。

红尘娟好，请听鸟语娇妙。
花开妍俏，灿烂余之心窍。

清风涤抱，和平盈此尘表。
秋分今到，澹荡品茗洒潇。

散淡身心
2023-9-23

散淡身心，原不计较利名。
秋风多情，爽雅余之心灵。

情怀朗俊，诗书从容哦吟。
写诗尽兴，舒出吾之胸襟。

正义刚劲，力战魔敌妖兵。
凯旋归营，天国充满美景。

澹荡行云，鸟语旷展空清。
浩志充盈，万里披荆挺进。

爽意心襟（之一）
2023-9-23

爽意心襟，妙悟世事俱浮云。
秋气空清，澹澹荡荡走行云。

好风来清，惬我心意与心灵。
野鸟娇鸣，适我胸襟真无垠。

诗书之境，寂寞叩道吾安宁。
振奋心灵，力战魔敌与邪兵。

岁月进行，秋分今日又来临。
不必惊心，世事推移是缘行。

世事空清
2023-9-23

世事空清，须知名利俱幻境。
害人无垠，物欲诱人入陷阱。

雅持清心，遁向水云清幽境。
微笑浮萦，豁达人生叩道行。

正义心灵，绝无卑媚虚伪情。
力战魔兵，还我天下之清平。

神恩无垠，思此颂赞发心灵。
悟道圆明，修养身心吾秉勤。

爽意心襟（之二）
2023-9-23

爽意心襟，雅持吾之淡定。
秋意清平，野蝉犹在朗鸣。

鸟啭多情，惬我心灵无垠。
风来怡心，品茗浩起旷情。

人生经行，一切均属幻境。
勿贪利名，此物害人身心。

悠悠心旌，向往天涯美景。
努力前行，不计风雨艰辛。

修心向上
2023-9-23

修心向上，何许计世事艰苍。
骋志奔放，原不为名利奔忙。

雅听蝉唱，逸意中心正扬长。
悠享平康，清贫无妨志贞刚。

天地平旷，一生沐浴神恩壮。
努力飞翔，胜过试探与险艰。

红尘攘攘，中心雅怀水云乡。
诗书评唱，倾心定志叩道藏。

正义心襟

2023-9-23

正义心襟,雅持吾澹荡心灵。
秋清之境,淡泊且品吾芳茗。

注重修心,一生恒穿山越岭。
度过险境,此生蒙神恩丰盈。

讴出心灵,灵程路奋力前行。
胜过魔兵,凯归我天国大营。

斑苍清映,微笑我豁怀清宁。
抛弃利名,诗书且放声哦吟。

坦荡身心

2023-9-23

坦荡身心,人生正义吾坚挺。
力战妖兵,胜过试探与艰辛。

岁月清新,风雨洗涤我心灵。
圣洁心襟,修心步履迈坚定。

悠悠此心,向往长天搏击行。
自由之境,才契我心并我灵。

慨慷持心,振志一生力挺进。
天涯灿境,风光雄峻唤我行。

雀鸟鸣唱

2023-9-23

雀鸟鸣唱,数喜鹊最为奔放。
秋意澹荡,清享此爽风清凉。

意兴衷上,容我哦新诗数章。
热情张扬,舒出人生正意昂。

情志安祥,辞去名利享平康。
水云情肠,正直一生旷慨慷。

无机襟房,吃亏修心矢向上。
力抛污脏,清心明慧万里疆。

温让持心

2023-9-23

温让持心,随缘履度吾清平。
秋意爽清,噪噪喜鹊鸣不停。

天气正阴,展眼田园正画境。
心志雅净,写诗舒出中心情。

人生前行,风雨艰苍领意境。
神恩丰盈,我心我意享安宁。

胸怀激情,不图名利焕身心。
万里挺进,天涯风光爽心灵。

8.飞红集

名利何功(之一)

2023-9-23

名利何功?只是扰人心胸。
未许躁动,应许静定从容。

秋意清空,正好怡我心胸。
清听鸟颂,享受澹荡清风。

闲雅襟胸,人生奋志刚洪。
冲决雨风,不受物欲缠哄。

身心情浓,男儿合哦大风。
正直挺胸,岂屈罪恶魔凶。

厚德载物铭于心

2023-9-23

厚德载物铭于心，
人生雅旷胸襟。
应许努力修心灵，
万里搏击风云。

不为名利折身心，
男儿傲立劲挺。
一似老松之苍峻，
迎风迎雨淡定。

红尘由来多惊心，
总赖神恩丰盈。
灵程奋进矢志行，
力战魔敌妖兵。

胜利凯歌彻霄云，
圣徒大队挺进。
还我天下之康平，
万民讴呼尽兴。

寂寞人生场

2023-9-23

寂寞人生场，心襟温让。
人格力讲唱，正义情肠。

时遇恶诡奸，傲立茁壮。
不屈名利缰，旷放无恙。

有时怀忧伤，心存悲怅。
真神赐力量，降下平康。

灵程努力闯，克尽艰苍。
天国是故邦，永生安祥。

淡定安祥

2023-9-23

淡定安祥，吾中心不起风浪。
享受平康，享受此清秋澹荡。

宿鸟啼唱，城市灯火已点亮。
灯下思想，从容雅哦我诗章。

人生向上，一定会遭遇阻艰。
奋志贞刚，定然会克尽艰苍。

红尘无恙，世界只是试炼场。
磨炼襟房，努力圣洁己心肠。

顺从命运导引

2023-9-23

顺从命运导引，不必追求利名。
妥为安放心灵，人生振志前行。

顺从圣灵导引，灵程旷意飞行。
胜过试炼艰辛，胸怀彩虹鲜明。

顺从内心导引，人生不妄分心。
名利是为妄境，物欲合当辞屏。

顺从岁月导引，人生柳暗花明。
天涯灿烂风景，召唤我奋挺进。

持心雅正

2023-9-24

持心雅正，岂屈你魔敌缤纷。
正气刚贞，力战彼仇敌凶狠。

步我灵程，风风雨雨足下证。
矢往天城，永生福乐是无伦。

秋阴时分，野境喜鹊旷啼纯。
惬我心身，周日休憩养精神。

品茗意振，新诗脱口哦咏诚。
沉潜书城，人生只争朝与昏。

秋意渐深

2023-9-24

秋意渐深，爽气盈满乾坤。
天惜阴沉，却有清风吹逞。

花开缤纷，最喜牵牛茂盛。
品茗时分，耳际鸟语娇纯。

淡定心身，诗书容我纵骋。
名利弃扔，高蹈水云清芬。

红尘滚滚，太多浊浪生成。
修身晨昏，雅洁哦诗精诚。

天阴无妨我悠扬

2023-9-24

天阴无妨我悠扬，
人生振志向上。
秋仲天气好凉爽，
惬意吾之情肠。

桑沧辗转吾无恙，
领受神恩奔放。
清心正意晨昏间，
诗书纵情哦唱。

不为名利妨扬长，
心系水云之乡。

正直立身战虎狼，
世界是神造创。

远际鞭炮又震响，
市井是有吵嚷。
内叩心襟觅慧光，
修心养志昂扬。

柔和心襟

2023-9-24

柔和心襟，无妨志取凌云。
天气虽阴，我心却持朗晴。

奋发殷殷，人生矢志上进。
不图利名，修得潇潇身心。

红尘艰辛，太多虎狼横行。
力斩魔兵，还我山河清净。

神恩丰盈，导引灵程挺进。
关山风景，愉悦吾之心灵。

正义人生（之一）

2023-9-24

正义人生，旷雅从心生成。
微笑清芬，秋正爽洁宜人。

鸟语阵阵，凉风吹来提神。
新诗哦成，舒出一腔刚正。

提刀前骋，力斩虎狼成阵。
奋我青春，奋我豪情纵横。

岁月进深，斑苍不减清纯。
努力修身，努力圣洁灵魂。

天阴无妨
2023-9-24

天阴无妨,浩志早已成钢。
商风吹荡,我意焕发慨慷。

不取张扬,人生踏实去闯。
山水万方,磨炼意志坚强。

微笑淡放,豁怀真是无恙。
未来广长,尽我畅意飞旷。

红尘梦乡,不必系恋过往。
履缘安祥,明媚盈满襟房。

正义人生（之二）
2023-9-24

正义人生,一生仰赖神恩。
奋发刚贞,努力行好灵程。

秋意渐深,商风吹击正盛。
天气阴沉,鸟语却很欣芬。

我心温存,修心养德晨昏。
淡泊心身,不计名利力骋。

旷怀无伦,品茗惬意十分。
哦咏真诚,吐出心地清纯。

雅度人生
2023-9-24

雅度人生,勿为名利奋争。
淡泊秋春,应许内叩心身。

修心诚真,踏实清心做人。
正直一生,吃亏受苦不论。

斑苍清生,呵呵一笑和温。
人生显逞,哦咏新诗缤纷。

素朴晨昏,平静清守灵魂。
诗书潜沉,寻觅真理清芬。

多言有妨
2023-9-24

多言有妨,何不默守清肠。
听听鸟唱,享受休暇时光。

秋雨洒降,冷风吹击狂猖。
心志安祥,品茗读书上网。

岁月奔放,老我似乎瞬间。
心志不亡,依然振奋顽强。

不为物丧,内守纯洁襟房。
正义阳刚,男儿傲立雄壮。

雅度秋春
2023-9-24

雅度秋春,心志绝不沉沦。
物欲弃扔,名利是幻非真。

吾持清纯,矢为真理奋身。
清度世尘,力战虎狼凶狠。

秋意生成,林野斑黄初逞。
喜鹊声声,点缀世宇平正。

内叩心身,力保我心纯正。
慧意清芬,努力叩道旅程。

淡定是我心身

2023-9-24

淡定是我心身,名利致人昏昏。
此物害人至深,合当抛弃全扔。

清贫无妨雅正,诗书哦唱秋春。
一生叩道刚正,不畏艰苍奋骋。

秋风清吹雅芬,鸟语耳际噪振。
周日休闲时分,清心慧意生成。

努力灵性旅程,标的天国精准。
世界豺狼纵横,提刀奋力抗争。

神恩丰富丰盛,灵程美妙不胜。
步履彩虹历程,胜过试探艰深。

欢呼发自心身,坦荡清度晨昏。
男儿热情旺盛,颂赞神恩无伦。

畅意人生

2023-9-24

畅意人生,须知平淡是真。
心怀纯正,不为物欲所损。

秉持精诚,矢向书山攀登。
风光清纯,积淀智慧凝身。

窗外鸟声,天阴秋风吹逞。
林羽斑生,气温微觉寒冷。

心志平正,不畏风雨历程。
鼓志前骋,脚下步履坚贞。

何须争强好胜

2023-9-24

何须争强好胜,淡泊守我天真。
窗外秋雨清洒逞,
室内清坐安稳。

人生奋志刚贞,不为名利而争。
诗书之中意境存,
朗哦冬夏秋春。

高蹈心襟清芬,水云中心留存。
勿为物欲而献身,
应许叩道真诚。

前路风光雄浑,风雨任其生成。
洒脱人生奋前骋,
万里足下印证。

秋雨清降

2023-9-24

秋雨清降,天气喜凉爽。
灯下思想,人生正气昂。

名利欺诳,只是害人肠。
烟霞明靓,滋润人心房。

振志向上,不畏惧艰苍。
红尘幻相,履缘吾安祥。

淡泊情肠,不容许机奸。
无机向上,叩道矢奔放。

又复早起五更

2023-9-25

又复早起五更，
窗外滴沥秋雨声。
心志沉稳，写诗聊以适心身。

人生容我纵论，
未许卑媚之生成。
奋我刚贞，正直谦和度秋春。

岁月不断进深，
斑苍无妨我精神。
立志纯真，修身雅淡哦晨昏。

名利害人至深，
何妨弃之与抛扔。
清心雅芬，叩道用道骋人生。

名利何功（之二）

2023-9-25

名利何功，只是扰人心胸。
诱人无穷，害人入其彀中。

吾持清空，胸怀水云灵动。
读书持中，不为物欲所耸。

淡定穷通，人生共缘而动。
修心奋勇，立德立言立功。

秋雨洒送，商风畅意吹动。
和柔襟胸，写诗雅意横纵。

清裁志向入诗章

2023-9-25

清裁志向入诗章，
舒出吾之昂扬。
晨起雨中鸟鸣唱，
风吹何其安祥。

尘世苦痛何必讲，
仰赖神恩奔放。
一生灵程努力闯，
力战魔敌妖魍。

秋意渐深天凉爽，
林羽初显斑黄。
心怀意念吾平康，
读书写诗上网。

振奋情志矢前闯，
名利非我意向。
叩道悟入圆明间，
慧烛努力秉掌。

未可过份牵强

2023-9-25

未可过份牵强，随缘履历平常。
闲时听取鸟唱，品茗心襟澹荡。

秋雨拂拂扬扬，鸟歌动人情肠。
意兴油然衷上，纵哦新诗数章。

岁月清度安康，风风雨雨寻常。
振志天涯闯荡，不畏险恶豺狼。

血洒疆场何妨，世界是神所创。
不准魔敌狂猖，提刀奋斩妖魍。

屏除干扰

2023-9-25

屏除干扰,人生努力奋跑。
静定心窍,不向名利多瞧。

诗书怡抱,我是正直男儿。
一生风标,叩道秋春洒潇。

绝不稍傲,谦和贞定情操。
叩道逍遥,不怕深入险要。

神恩丰饶,赐下平安盈抱。
天国美好,召唤我往前跑。

淡放微笑

2023-9-25

淡放微笑,人生情怀良好。
喜鹊鸣叫,秋风秋雨洒潇。

心襟美好,雅哦新诗玄妙。
舒出情窍,舒出正义怀抱。

淡度昏朝,读书意境领了。
深入迢迢,山水风光旷浩。

我是男儿,不为名利屈腰。
清贫就好,一身正意丰饶。

心志雅持安祥

2023-9-25

心志雅持安祥,人生蓬勃向上。
不为名利所诳,骋志天涯奔放。

向学晨昏哦唱,纵情写诗流畅。
男儿贞刚心间,不忘水云之乡。

豪情纵展狂放,傲立如松之壮。
苟且全部抛光,一生挺直脊梁。

谦和心地之间,君子人格修养。
身心端正端方,微笑秋春无恙。

豪情荡漾

2023-9-25

豪情荡漾,旷听喜鹊唱。
天阴无妨,商风惬情肠。

逸意心间,能不发讴唱。
吐出襟房,吐出志昂扬。

处世安祥,任缘之销涨。
红尘无恙,人生客旅间。

向前向上,高远至天堂。
永生何壮,幸福是无疆。

坚忍为上

2023-9-25

坚忍为上,大度将万有包藏。
不计过往,努力向未来闯荡。

秋仲正放,天阴我心持晴朗。
雀鸟鸣放,惬意西风爽情肠。

心志安康,镇日诗书纵哦唱。
激情奔放,旷欲直入云霄上。

雅意心间,君子人格力培养。
正义阳刚,力斩豺虎与凶狼。

推崇道德至上

2023-9-25

推崇道德至上，努力耕心飞扬。
正意心地之间，雅哦新诗奔放。

履尽人生苦艰，爽然一笑和畅。
神恩无比茁壮，思此颂赞献上。

岁月莽莽苍苍，心灵力求向上。
祛除私欲肮脏，追求大道通畅。

真理一生寻访，不计风雨凄怆。
中心怀有阳光，明媚盈满襟房。

雅将良心收藏

2023-9-25

雅将良心收藏，人生正义奔放。
力战仇敌妖魍，胸襟雅怀气象。

标的唯是天堂，物欲徒为欺诳。
淡眼小丑跳梁，世事太多混帐。

天父就是阳光，真理雅怀心间。
向前努力敢闯，胜过试探艰苍。

坚信真理必畅，骗子终将灭光。
大道普覆人间，万民欢乐安祥。

豁怀无上

2023-9-25

豁怀无上，人生处缘安祥。
优游尘间，不为名利所诳。

水云襟房，向学晨昏不让。
光明情肠，无机正直阳刚。

旷展扬长，舒出思想力量。
正义奔放，胜过魔敌奸魍。

百年不长，人生真如瞬间。
袅起感想，哦诗舒发莽苍。

芳美人生

2023-9-25

芳美人生，总赖神恩丰盛。
努力灵程，步履坚实平正。

秋夜思深，灯下情绪生成。
激昂心身，矢志叩道诚真。

岁月驰奔，幻化桑沧成阵。
一笑清生，人生务持沉稳。

名利弃扔，容我轻身奋骋。
心志纯正，力向天涯飞奔。

逸意人生

2023-9-26

逸意人生，不惹名利力保真。
惬意红尘，风雨磨炼我刚正。

清听鸟声，商风其来爽心神。
天任阴沉，万千牵牛开妍盛。

品茗意芬，休闲叩心自慰问。
哦诗真诚，吐出心地之雅纯。

岁月飞奔，斑苍无妨我精神。
努力前骋，山高水深浑不论。

心志雅守平常

2023-9-26

心志雅守平常，此际容我休闲。
不必镇日诗书间，
且品绿茗芳香。

商风吹来悠扬，喜鹊放声高唱。
一种闲情天地间，
且许我旷澹荡。

名利于人有妨，应许性光显亮。
世界存在着艰苍，
努力鼓勇奋闯。

淡定盈满襟房，人生雅怀力量。
真理一生力寻访，
不受欺骗之诳。

明媚是我心肠，力将人格修养。
正义普覆天地间，
岂容鬼魅狂猖。

神思纵展奔放，新诗哦出铿锵。
男儿果敢且顽强，
不屈尘世罗网。

向前向上无疆，天涯灿具风光。
披荆斩棘往前闯，
阅览风景无恙。

心地时有痛伤，事过境迁就忘。
豁怀应将天下装，
正气盈满寰壤。

苍烟清骋

2023-9-26

苍烟清骋，淡泊情志生成。
雀鸟啼纯，写意西风爽神。

天正阴沉，凉爽却很宜人。
品茗时分，心怀意念深沉。

人生纵论，冲决名利困城。
旷飞鹏程，自由天壤纵横。

坎坷生尘，赢得华发斑盛。
一笑和温，人生客旅行程。

心志向上

2023-9-26

心志向上，讴出吾之昂扬。
清听鸟唱，爽快我之襟房。

辗转艰苍，赢来一笑爽朗。
神恩广长，赐我秋春平康。

坦腹哦唱，舒出激情狂猖。
正义情肠，原也无机雅靓。

质朴何妨，简单生活为尚。
淡荡心房，不忘高远理想。

清意人生

2023-9-26

清意人生，容我淡荡生成。
不折驰奔，万里风云历程。

清度红尘，心襟不受污损。
正义清芬，向阳情操刚贞。

嗟此世尘，太多物欲损人。
合当抛扔，轻身万里旅程。

岁月飞骋，不老是我心身。
旷意哦申，君子人格显逞。

旷怀雅正

2023-9-26

旷怀雅正，人生奋力而骋。
山水高深，增我阅历十分。

宿鸟啼纯，商风吹来阵阵。
暮烟笼城，灯下思展深深。

人生纵论，只是黄粱一枕。
天国永生，才有福分永恒。

岁月进深，斑苍不减清纯。
雅意哦申，新诗咏出真诚。

开拓创新

2023-9-27

开拓创新，文明才能前进。
守旧因循，徒惹败坏无垠。

世事浮云，莫为名利锢禁。
冲决才行，旷飞自由凌云。

雅守清贫，德操一生推行。
修养身心，浩意盈满寰境。

岁月进行，秋深爽清心灵。
哦诗舒情，振志万里挺进。

寂寞身心自慰问

2023-9-28

寂寞身心自慰问，
孤旅不嗟艰深。
时近中秋意清芬，
哦诗吐出精诚。

窗外喜鹊啼声振，
惬我心意十分。
况复品茗意境生，
激情此际生成。

人生恒是客旅程，
烟云过眼纷纷。
莫为名利损心身，
应许淡度红尘。

感沛真神之鸿恩，
赐下幸福安稳。
讴颂中心奋灵程，
胜过试探层层。

入世不必太深

2023-9-28

入世不必太深，名利合当弃扔。
清心雅意倩芬，豁达清度秋春。

岁月滚滚风尘，演绎桑沧生成。
笑意从心而生，努力灵性旅程。

勿为物欲所损，高蹈心襟清纯。
水云胸中清生，俗虑合当减损。

清贫我心刚正，力战魔敌凶狠。
世界是神创成，大道普覆乾坤。

天气又阴

2023-9-28

天气又阴,却有凉爽风行。
秋意空清,喜鹊振声高鸣。

中秋明临,时光如此飞迅。
笑我苍鬓,依然奋志坚挺。

志取凌云,不为名利损侵。
高蹈心襟,向往松风山径。

努力前行,览取关山风景。
男儿豪英,旷怀济世激情。

9.瓣香集

心志均平

2023-9-29

心志均平,中秋今日喜临。
天气正阴,凉爽宜人之境。

雀鸟欢鸣,牵牛开得鲜俊。
雅怀心情,品茗旷余意境。

人生多情,未许损了心襟。
淡泊空灵,清度岁月安宁。

微笑浮萦,清喜阖家康平。
振志前行,万里领略风云。

秋雨洒降

2023-9-29

秋雨洒降,烟雨一片迷茫。
清听雨唱,袅起我意悠扬。

心志安祥,清喜中秋来访。
情怀妥放,从容哦读诗章。

人生昂扬,胸怀正气清旷。
不屈奋闯,冲决利锁名缰。

红尘攘攘,心怀野径山乡。
水云情肠,原也无机澹荡。

不可入世太深

2023-9-29

不可入世太深,保守吾之天真。
一生感沛神恩,圣洁清持心身。

窗外秋雨洒逞,小风其来怡人。
清坐哦诗真诚,舒出吾之心芬。

向阳情志清纯,不为名利倾身。
人生客旅行程,物欲合当弃扔。

高蹈心襟十分,南山情调生成。
诗书一生潜沉,修得心灵纯正。

心襟未可失陷

2023-9-29

心襟未可失陷,名利诱人狂猖。
红尘不是故乡,务须奋发向上。

天国才是家邦,永生福乐无限。
圣洁才能前往,选民大队浩荡。

胜过试探艰苍,冲决魔敌阻障。
天父就是阳光,赐福丰沛无量。

讴歌从心而放,中秋喜悦心间。
窗外秋雨清唱,心地无比雅旷。

秋意渐深

2023-9-29

秋意渐深,展眼秋雨生成。
中秋今正,余意清雅缤纷。

哦出心身,正义并且刚贞。
清度世尘,努力振奋精神。

名利扰纷,未许损我清纯。
淡泊清芬,向阳心志奋骋。

山高水深,万里风云雄浑。
矢志驱骋,旷怀无比雅正。

人生秉诚,学取风生云奔。
淡荡秋春,共缘漫自驰骋。

抛去心疼,豁达清度晨昏。
诗书平生,陶冶情操真正。

红尘滚滚,烟云过眼纷纷。
一笑清生,觑破世相十分。

内叩心身,求取智慧纯正。
心意安稳,中和中庸中正。

窗外雨骋,鸟语犹然听闻。
小风爽神,惬我心志灵魂。

品茗意盛,纵哦新诗雅芬。
舒出心神,温和并且温存。

心胸应许更广

2023-9-30

心胸应许更广,雅将世界包藏。
人生客旅一趟,应能心情快畅。

不为名利所诳,清心叩求慧藏。
水云清涵心房,骋志天涯之间。

红尘是很狂猖,众生攘攘失陷。
慧目务须圆张,冲决迷雾困障。

岁月淡荡清芳,流年故事奔放。
清净盈满襟房,正意秋春安祥。

清淡浮生

2023-9-30

清淡浮生,勿为名利失本真。
持心平正,享受淡泊之秋春。

诗书清骋,思想积淀以生成。
智慧人生,胸襟清雅出世尘。

秋意旷逞,林野落叶飘纷纷。
喜鹊啼纯,一使余心起振奋。

抛开苦疼,正义人生力驰骋。
山高水深,磨炼心襟之刚正。

红尘滚滚,太多迷烟损精神。
慧目圆睁,细辨前路履平正。

百年飞奔,回首感慨中心生。
未来历程,风雨无妨我奋骋。

心地情长

2023-10-1

心地情长,三更不眠复上网。
夜正清凉,虫声微闻车却嚷。

灯下思想,人生情志振慨慷。
努力向上,矢志克尽千重艰。

一心向往，世界大同乐万邦。
人民欢畅，博爱为怀天下康。

岁月飞旷，秋仲不必嗟斑苍。
率意昂扬，前履万里风云壮。

心志雅守清芬

2023-10-1

心志雅守清芬，清度世界缤纷。
素朴是我心身，不染俗世污尘。

向阳心志清纯，万里长途驱骋。
不计山高水深，爽然一笑温存。

男儿豪勇心生，力战虎狼成阵。
还我山河平正，世界是神创成。

百年飞逝狂奔，老我斑苍一瞬。
努力振奋精神，傲立挺胸刚正。

云淡天青

2023-10-1

云淡天青，秋日喜此朗晴。
休憩身心，享受爽雅心境。

悠悠品茗，舒展我之意兴。
新诗哦吟，舒出一腔热情。

振志前行，人生穿山越岭。
不畏艰辛，不畏困难苦境。

奋志凌云，高蹈我的心襟。
诗书经营，男儿豪勇刚劲。

爽意人生

2023-10-1

爽意人生，抛弃名利才成。
正意秋春，诗书朗哦晨昏。

秋意爽神，清风吹来阵阵。
煦日和温，蓝天白云宜人。

清度红尘，雅听鸟语纷纷。
适意生成，哦咏新诗怡神。

淡荡世尘，未许物欲扰人。
清贫雅正，君子人格端诚。

清雅人生

2023-10-1

清雅人生，名利纷扰宜抛扔。
正义刚贞，力战魔敌之凶狠。

丰沛神恩，导引灵程美不胜。
百度秋春，风光大好是宜人。

风雨任生，男儿持勇旷驰骋。
不计艰深，万里纵横何雅正。

坦荡心身，力抛无明智慧生。
微笑清生，豁达秋春与朝昏。

心志静定

2023-10-1

心志静定，不妄起彼纷纭。
名利抛清，高蹈吾之清贫。

秋意空清，小鸟娇娇啼鸣。
煦日和平，白云悠悠闲行。

爽意心襟，澹荡悠品清茗。
商风吹清，木叶淡淡飘零。

阖家康平，神恩铭感于心。
讴颂多情，灵程努力挺进。

人生雅持多情
      2023-10-1

人生雅持多情，舒出我的开心。
秋风吹来尽兴，天上白云流行。

浴后心襟爽清，欣听小鸟娇鸣。
写诗聊适胸心，一片闲雅之情。

假日我享幽清，读书并且品茗。
澹荡盈满肺心，生活清平清宁。

旷裁心志空清，人生振志去行。
穿越关山峻岭，品味世界风情。

努力回归天城
      2023-10-1

努力回归天城，圣洁自己心身。
眼目慧光清纯，天使伴我全程。

世事并不平正，多有艰辛生成。
唯赖丰富神恩，必然克敌制胜。

窗外秋风吹骋，蓝天白云飘纷。
旷怀清持雅正，哦咏新诗温存。

岁月如飞驰奔，霜华笑我染成。
依然多情意芬，笑傲浊世红尘。

夕烟旷起天涯间
      2023-10-1

夕烟旷起天涯间，
感兴从心袭上。
爽意金风清吹荡，
木叶飘逝而降。

清坐思想展无疆，
人生正意昂扬。
不为名利倾身向，
男儿傲立强刚。

岁月舒展是奔放，
世界幻化桑沧。
清度红尘吾安祥，
神恩一生雅享。

振奋情志往前闯，
风风雨雨寻常。
微笑浮现于面庞，
意志坚贞茁壮。

不做名利孬种
      2023-10-1

不做名利孬种，清展正义心胸。
男儿豪情襟中，冲决迷雾重重。

世界波涛汹涌，太多欺骗诳哄。
中心清持灵动，眼目慧光清涌。

叩道矢展奋勇，不为物欲所动。
贞静是我襟胸，微笑从心而涌。

岁月清度从容，雅守吾之贫穷。
诗书晨昏哦讽，激情迸发无穷。

人生未可躁动

2023-10-2

人生未可躁动,吾秉纯真笑容。
静定清持心中,耕心矢脱凡庸。

此际秋夜之中,四更静悄宇穹。
醒转写诗讴颂,赞此大化从容。

人生天地之中,务须秉持中庸。
勿为名利所动,修心内叩襟胸。

振志气吐长虹,踏实万里履风。
穿越风雨艰浓,定会遇见彩虹。

秋意澹荡

2023-10-2

秋意澹荡,天地清展苍茫。
喜鹊鸣唱,牵牛正自妍芳。

我自昂扬,镇日诗书相向。
不计艰苍,万里迎难径闯。

岁月飞旷,何许计较斑霜。
心境悠扬,豁意弥满寰壤。

振志向上,修心岂有穷疆。
逸意扬长,品茗惬怀无上。

小风清来开意境

2023-10-2

小风清来开意境,
世宇清喜和平。
假日休闲吾开心,
读书悠品芳茗。

田园野境惬心灵,
欣听鸟语娇俊。
秋花烂漫何妍新,
牵牛最为多情。

岁月奋进是无垠,
人生短暂情景。
不负华年奋志行,
努力修心养性。

振奋情志我哦吟,
舒出正义心襟。
力战虎狼与豹群,
还我天下清宁。

世界日日启新境,
桑沧幻化不尽。
随缘履度吾空清,
悟彻圆通圆明。

一曲中心舒空灵,
向神敞开心灵。
灵程风光多雄峻,
奋向天国挺进。

岁月是展空清

2023-10-2

岁月是展空清,老柳垂垂芳青。
耳际小鸟娇鸣,秋意澹荡爽心。

品茗袅起意兴,新诗从心哦吟。
舒出男儿心襟,一腔正义热情。

不为名利动心,矢志天涯挺进。
穿越关山峻岭,风光涤我身心。

豪情盈满肺心，微笑多么清新。
素朴情肠爽净，悠悠哦歌多情。

天气正阴
2023-10-2

天气正阴，却有爽风吹行。
休闲情景，读书写诗品茗。

雀鸟娇鸣，远处鞭炮又吟。
澹荡秋情，惬我心志心灵。

雅放歌吟，舒出坦适心襟。
阖家康平，颂赞神恩无垠。

振奋胸襟，人生莫忘前行。
关山风景，舒适我之身心。

矢志挺进，领略世界风情。
风雨任凌，男儿豪勇刚劲。

坦平心境，无机趋向圆明。
悟道之境，层层烟峦掩映。

适意人生吾安好
2023-10-2

适意人生吾安好，
一生神恩笼罩。
步履灵程奋扬飙，
力克魔敌仇妖。

此际秋光展清妙，
田园美如画稿。
鸟语花香何清好，
惬我心志风骚。

纵情哦诗宜情窍，
振我情志情操。
南山风光何美妙，
诗书涤我襟抱。

不为名利俯身腰，
男儿纵展刚豪。
谦和向学志雅骚，
叩道履历迢迢。

逸意人生
2023-10-2

逸意人生，不惹名利守纯真。
惬听鸟声，享受清风吹阵阵。

沉静心身，淡泊力向诗书骋。
叩道诚正，力斩虎狼之纷纷。

红尘滚滚，清度流年吾秉纯。
雅洁秋春，朗放清澈读书声。

休闲时分，品茗意兴正无伦。
新诗哦成，舒出一腔之拙正。

世事一任纷纭
2023-10-2

世事一任纷纭，吾只清守静定。
注重是修心，因果自分明。

不必心怀不平，神恩享受充盈。
灵程努力行，胜过魔敌群。

清贫并不要紧，富有是我心灵。
诗书镇日吟，秋春度安平。

中心充满高兴，人生奋志凌云。
叩道领意境，山水穷不尽。

勃勃是我心襟

2023-10-2

勃勃是我心襟，人生奋志前行。
穿越关山峻岭，览尽无限风景。

胸怀正气充盈，此生不图利名。
加强修身养性，努力灵程奋行。

力战魔敌妖兵，胜利凯归大营。
天国富有美景，永生福乐无垠。

窗外小鸟娇鸣，写意秋风何清。
品茗添我意兴，哦咏新诗多情。

流年任更张

2023-10-2

流年任更张，心志雅取安祥。
秋风正吹荡，心怀意念舒畅。

不为名利诳，清真守我心房。
向上尽力量，努力加强修养。

克尽彼艰苍，心怀光明太阳。
博爱不相忘，虚伪全部抛光。

灵程奋闯荡，斩尽拦路虎狼。
天国永安康，天父充满慈祥。

爽风此际经行

2023-10-2

爽风此际经行，心境雅享康宁。
斜晖朗照正映，悠悠行走白云。

休闲心怀雅净，读书写诗怡情。
时光如飞逝行，不觉已是斑鬓。

奋志依然劲挺，人生不畏艰辛。
努力万里驱行，旷览风光雄峻。

情志不惹利名，清真固守清贫。
男儿是怀远景，一生坚贞坚定。

雅守流年平常

2023-10-2

雅守流年平常，中心不起波浪。
惬听喜鹊鸣唱，享受风来爽凉。

秋仲旷展意向，林野初显斑黄。
心境自是无恙，休闲读书扬长。

人生雅怀志向，是在天涯遐方。
定志矢去闯荡，饱览无尽风光。

风雨兼程前闯，力斩拦路虎狼。
神恩丰穰无限，赐福康强茁壮。

清意从心生成

2023-10-2

清意从心生成，人生奋志而骋。
阅历山水雄浑，呵呵一笑温存。

心志由来沉稳，不惧风雨艰深。
男儿是怀刚贞，一生奋发飞腾。

脚踏实地驰奔，风雨努力兼程。
灵程试探任生，心胸如磐坚正。

五十八载历程，回首嗟讶惊震。
更应瞻望前程，神恩无比丰盛。

远际又嘹歌唱

2023-10-2

远际又嘹歌唱,天色夜幕初降。
秋意无比清爽,澹荡盈满中肠。

人生骋志向上,克尽一切阻艰。
清怀向阳襟房,舒展一腔奔放。

红尘客旅一趟,应许悠悠扬扬。
勿为物欲所障,性光豁然清亮。

骋志天涯遐方,岂为名利锁缰。
思想旷放无疆,奋飞自由天壤。

神恩无比广长,赐下福分非常。
一生心灵安祥,标的天国故邦。

胜过魔敌诡奸,力战恶鬼凶魍。
步履彩虹向上,一路飞往天堂。

秋夜宁静

2023-10-2

秋夜宁静,蛩儿振声鸣。
爽风清新,涤我之心灵。

灯下多情,读书放高吟。
人生奋兴,况值此秋清。

雅享清平,勿忘奋心灵。
物欲辞屏,努力万里行。

笑意爽清,人生悟圆明。
无机心境,正义奋刚劲。

晨鸡又唱

2023-10-3

晨鸡又唱,早起吾悠扬。
五更之间,雀鸟放鸣唱。

心怀向往,人生振志向。
物欲锁缰,勿被捆与绑。

淡泊情肠,自由恒景仰。
高远遐方,畅我意与向。

追求理想,万里长驱闯。
踏遍莽苍,野境任萧凉。

斩杀虎狼,风雨是平常。
坚贞志向,不为困所障。

微笑淡放,男儿豪勇壮。
冲决艰苍,雨后虹会翔。

心志不狂,淡定盈中肠。
和慵襟房,原也持雅靓。

尘世暂享,百年飞若狂。
务须思想,人生该怎样。

寻求慧藏,灵烛吾秉掌。
穿越雾茫,避过暗礁障。

心怀太阳,眼目凝慧光。
振志前闯,风光涤襟肠。

世界艰苍,漩涡力避间。
不为所诳,贞定盈襟房。

心志磐壮,人生旷向上。
万里无疆,畅意以飞扬。

爽意人生
2023-10-3

爽意人生，心志纵然生成。
天气阴沉，却有清风成阵。

雀鸟啼纯，品茗吾意雅芬。
假日怡神，读书写诗安分。

岁月进深，秋仲美好时分。
霜华清生，微微一笑和温。

人生奋骋，辞去名利轻身。
万里征程，展我男儿刚正。

人生静定为要
2023-10-3

人生静定为要，默守吾之心窍。
不为名利所扰，清心雅芬逍遥。

清度尘世洒潇，正直一生力保。
清贫并不紧要，诗书陶我风骚。

向学攀登险要，风光历览大好。
力战魔敌仇妖，胜利凯歌云霄。

辗转桑沧不倒，傲立如松之峭。
清展淡荡微笑，神恩领受丰饶。

流风此际来畅
2023-10-3

流风此际来畅，心地更加温让。
秋仲美好无恙，喜鹊高声鸣唱。

牵牛开得芬芳，俊美自是异常。
引余衷心叹赏，更于诗中讴扬。

阖家清喜平康，神恩铭感襟房。
人生努力向上，力抛污浊肮脏。

骋志天涯闯荡，岂惧风雨艰苍。
襟胸无比茁壮，眼目凝聚慧光。

心灵振志向上
2023-10-3

心灵振志向上，冲决一切阻艰。
红尘客旅奔放，守定中心慧光。

骋志是在遐方，抛弃名利应当。
轻身展我健壮，风雨兼程奋闯。

雅意听取鸟唱，享受休闲时光。
秋仲美好安祥，诗书纵情哦唱。

淡淡时有忧伤，万事看开为上。
标的唯是天堂，永生唯一指望。

天阴流风鼓畅
2023-10-3

天阴流风鼓畅，休闲雅享平康。
人生淡守平常，名利徒是欺诳。

操守贞定安祥，不为物欲起浪。
世事惊涛骇浪，神恩无比广长。

人生大半已殇，斑苍依旧扬长。
定志天涯闯荡，不屈世态艰苍。

红尘任起万丈，奋发进取顽强。
叩道是我志向，不向名利投降。

清贫有何大妨，诗书一生哦唱。
男儿纵展豪放，力战恶虎凶狼。

世界是神所创，大道运行流畅。
人生贵在思想，不可迷失方向。

清怀无比昂扬，霜华不减清狂。
正直傲岸阳光，荷负神恩茁壮。

眼目凝聚慧光，把舵泛舟远航。
饱览大好风光，胸襟开阔辽旷。

10.裁云集

整束身心

2023-10-3

整束身心，过于放旷可不行。
才思均平，秋仲容我哦心灵。

岁月进行，天阴清风徐徐行。
喜鹊高鸣，市井车行人嚷境。

雅持清平，人生振奋意境行。
纵展豪情，万里江山入点评。

斑苍之境，没有颓唐奋志行。
风雨凄紧，正好磨炼我心襟。

大千旷运，不尽桑沧幻无垠。
百年光景，正似云烟之袅行。

努力前行，男儿壮怀岂有尽。
关山风云，洗涤心志并心灵。

神恩丰俊，赐下安稳并安平。
灵程挺进，智慧增长福满盈。

心志安宁，不妄追逐利与名。
高蹈心襟，诗书晨昏放哦吟。

人生不畏艰辛

2023-10-3

人生不畏艰辛，奋志万里挺进。
旷展吾之雄英，傲岸如松之劲。

岁月侵人双鬓，豁怀清持朗俊。
名利不必争竞，共缘雅去旅行。

神恩赐下丰盈，身心焕发朗晴。
步履灵程前进，胜过魔敌妖兵。

凯歌响彻行云，圣洁是我心灵。
天国妙丽之境，永生福乐无垠。

早起五更

2023-10-4

早起五更，晨鸡朗放声声。
蛩吟听闻，星月朗照乾坤。

清凉宜人，鸟语宛转娇纯。
灯下思深，新诗哦出心身。

秋已渐深，不复炎热躁人。
时光飞奔，何许震惊心神。

人生刚正，傲立劲挺十分。
努力驰骋，履历山高水深。

标的精准，修心迢迢历程。
天国永生，福乐无尽真正。

天父鸿恩，导引灵性旅程。
圣洁心身，加强修养灵魂。

适意人生安祥

2023-10-4

适意人生安祥,清享吾之淡荡。
秋日清喜晴朗,和风吹来舒畅。

悠悠品茗之间,不计时光流殇。
斑苍依然奔放,率意哦写诗章。

人生奋志而闯,冲决利锁名缰。
高天无限广长,尽我双展翅膀。

红尘一任攘攘,心怀清静平康。
架上诗书成行,陶冶性灵雅芳。

爽意是此秋风

2023-10-4

爽意是此秋风,天气和平和愞。
散淡是我襟胸,窗外小鸟鸣颂。

赞此写意宇穹,多么妙丽神通。
努力奋行英勇,欣赏沿途景浓。

洒脱清持心胸,正志春夏秋冬。
不为名利所动,清宁雅洁襟中。

展眼白云飘空,牵牛开得妍红。
假日休闲之中,诗书尽情哦咏。

挺立人生

2023-10-4

挺立人生,原不在意贫困。
英武清生,力战魔敌凶狠。

清度世尘,履尽浊浪滚滚。
屏弃浮尘,不为名利所损。

正志刚贞,万里长途驱骋。
山水丰盛,涤我心襟灵魂。

岁月飞奔,秋仲西风成阵。
休憩心身,新诗雅哦真诚。

清听鸟之歌唱

2023-10-4

清听鸟之歌唱,享受休暇时光。
秋仲美好安祥,况复漫天晴朗。

心灵心志舒畅,不为名利狂猖。
守定中心志向,水云清涵襟房。

向上尽我力量,克尽一切艰苍。
不计困难阻挡,斩杀拦路虎狼。

一生神恩清享,灵程长途驱闯。
心怀意念明靓,眼目闪射清光。

秋风惬人意向

2023-10-4

秋风惬人意向,爽快吾之情肠。
木叶飘飞逝降,诗意弥满襟房。

耳际鸟语奔放,田园丽若画廊。
假日雅享休闲,心怀无限漫浪。

心怀贞定安常,不为世事起浪。
名利徒属欺诳,我心不为所妨。

步履大道康庄,神恩多么广长。
世界只是幻相,慧目务须圆张。

人生无非履艰

2023-10-4

人生无非履艰，早已意志成钢。
走过千山万嶂，爽然一笑扬长。

跌倒容我再上，折断翅膀疗伤。
任从血泪潸淌，坚决不屈强梁。

红尘也有漫浪，用心细去寻访。
春花秋月之间，美妙无法言讲。

人生骋志向上，天国乃是故邦。
神恩丰富无限，导引选民飞翔。

清度畅意人生

2023-10-4

清度畅意人生，苦难任其生成。
一生仰荷神恩，奋发行走灵程。

此际秋风吹骋，喜鹊高鸣声声。
天阴惬意清生，写诗自我慰问。

瞻望未来前程，风光自是雄浑。
男儿鼓勇奋争，只争朝夕秋春。

岁月不断进深，笑我霜华染成。
依然激情飞进，矢志天涯驱骋。

又值暮之阴

2023-10-4

又值暮之阴，未许沉痛心襟。
人生焕意境，前路努力追寻。

岁月值秋情，野鸟畅意欢鸣。
写诗舒心情，原也雅涵空清。

无意名利竞，享受心地安宁。
物欲合辞屏，高蹈吾之身心。

路上汽车鸣，城市噪噪之境。
内叩我心灵，旷舍正义激情。

悠享此康平，诗书纵情哦吟。
时光飞急劲，霜华笑我清映。

大千多美景，唤起我的雄心。
天涯力挺进，山水惬我胸襟。

人生领略意境

2023-10-5

人生领略意境，此际清听蛩吟。
夜风其来爽清，袅起诗意无垠。

中心感兴多情，却有谁人倾听？
孤旅独自挺进，览取山水风情。

远处村鸡又鸣，点缀秋夜安宁。
灯下写诗舒情，一曲原也雅清。

心中不尽空灵，苍茫兴起无尽。
人生奋志而行，悠悠是余心灵。

人生雅享意境

2023-10-5

人生雅享意境，红尘一任艰辛。
旷展志向凌云，一生努力追寻。

不必耽于利名，轻身才好前行。
风风雨雨常寻，磨炼芳美心襟。

岁月侵我双鬓，人生依然多情。
悠悠放我歌吟，舒出正义心灵。

秋意多么空清，爽风其来惬心。
散思旷放无垠，清怀爽朗清宁。

秋意渐深
2023-10-6

秋意渐深，将到寒露时分。
天又阴沉，雀鸟却啼旷正。

心志生成，人生奋发以骋。
山水高深，显我英武精诚。

红尘滚滚，未许机奸生成。
正意人生，努力叩道雅芬。

休憩心身，淡泊清哦晨昏。
品茗意振，展眼旷怀无伦。

秋仲意境
2023-10-6

秋仲意境，天气清和清平。
今日正阴，爽风其来清新。

淡泊心境，闲暇悠品芳茗。
平正心襟，雅度晨昏安宁。

思想飞行，恒怀天涯远景。
努力追寻，英武盈满肺心。

不图利名，清雅是我心灵。
红尘虚境，矢向天国挺进。

步履平正
2023-10-6

步履平正，清度悠悠人生。
思想生成，原也雅洁清芬。

清度世尘，抛弃名利轻身。
洒脱心身，振志万里驱骋。

憩向书城，纵情哦唱晨昏。
旷度秋春，微笑豁怀无伦。

乐享天伦，清喜阖家安稳。
和美人生，叩道用道奋身。

内叩吾之心身
2023-10-6

内叩吾之心身，慧光内蕴深沉。
人生努力驰骋，万里风雨兼程。

此际秋意正逞，林野斑黄生成。
西风吹来怡神，清心惬度晨昏。

履尽红尘滚滚，未可失陷沉沦。
神恩浩大丰盛，导引人生旅程。

灵程奋发以骋，力胜魔敌凶狠。
凯歌响彻云层，圣徒飞往天城。

人生雅如行云
2023-10-6

人生雅如行云，淡荡是我心灵。
写意并且空清，自由自在飞行。

岁月旷意进行，不觉老了苍鬓。
依然一笑多情，依然奋志凌云。

红尘是为苦境，太多磨炼伤心。
应持豁达心灵，万事看开才行。

不必执着利名，物欲合当辞屏。
高蹈我之身心，水云雅享幽清。

抛开一切痛疼

2023-10-6

抛开一切痛疼，雅守中心纯真。
岁月烂漫缤纷，清守素朴心身。

清度浊世红尘，努力保持纯正。
不为物欲污损，眼目慧光清纯。

洒脱雅度秋春，诗书纵情哦骋。
舒出情怀刚正，男儿豪勇诚真。

五十八载一瞬，幻化是此世尘。
人生百年飞奔，努力德行加增。

流风此际鼓畅

2023-10-6

流风此际鼓畅，清度休闲时光。
秋仲天阴凉爽，木叶烂漫飘降。

心志吾持清昂，欣赏牵牛盛放。
妍红真是无双，多情万千开张。

岁月舒展奔放，人生不觉老苍。
爽然一笑扬长，豁达世事桑沧。

神恩领受丰穰，阖家健康无恙。
灵程努力向上，胜过试探艰苍。

心怀光明太阳

2023-10-6

心怀光明太阳，穿越世界雾障。
定志万里闯荡，不畏艰苦苍凉。

情怀岂是有限，男儿豪旷心间。
微笑从心浮漾，天涯风光无恙。

力战吃人虎狼，还我天下平康。
世界乃是神创，岂许霸道强梁。

正义必然通畅，大道普覆宇间。
人民喜气洋洋，颂神晨昏讴唱。

人生振奋精神

2023-10-6

人生振奋精神，心灵心志生成。
清风吹来阵阵，秋意无限爽神。

奋发情志前骋，山水履历艰深。
清度浊世红尘，焕发英武心身。

不受欺哄诚正，叩道雅度秋春。
名利抛弃轻身，矢向天涯力奔。

斩杀虎狼凶狠，旷怀天下苍生。
领受神恩丰盛，步履灵程沉稳。

清度正义人生

2023-10-6

清度正义人生，挥洒我的刚贞。
不屈苦难纷纷，力战魔敌凶狠。

浩志旷展清纯，万里长途驱骋。
风雨任其艰盛，努力前面旅程。

不计山高水深，洒然一笑温存。
男儿豪勇刚正，儒雅并且清芬。

叩道尽我一生，真理尽力敬遵。
颂赞丰沛神恩，赐下福分何盛。

心灵心志安稳
2023-10-6

心灵心志安稳，不为名利纷争。
笑傲浊世红尘，洒然一笑清芬。

世界两军对阵，善恶必然相争。
努力灵性旅程，克敌必然制胜。

天父赐下鸿恩，矢沿正道驰奔。
克尽魔敌凶狠，胜利凯归天城。

天国福分永恒，圣洁才能攀登。
努力洁净灵魂，颂父恩典丰盛。

岁月不断进深，心中感慨生成。
神能起死回生，圣徒蒙福感恩。

不惧试探艰深，秉持慧烛驰奔。
步履彩虹真正，眼目辉光清纯。

细雨洒降
2023-10-6

细雨洒降，秋仲具意向。
雨中鸟唱，暮色掩苍茫。

兴致袭上，从容哦诗章。
人生向上，振奋我情肠。

红尘无恙，正是试炼场。
柔和心肠，正意舒奔放。

试探任艰，贞志磐石壮。
努力飞翔，叩道任艰苍。

世事艰辛
2023-10-7

世事艰辛，豺狼纵横行。
力战魔兵，血泪任殷殷。

神造宇庭，正义敷均平。
大道广运，真理必通行。

心志清宁，晨起听鸟吟。
秋风爽净，惬我身心灵。

哦诗刚劲，舒出我豪情。
努力前行，关山领风云。

正义盈襟
2023-10-7

正义盈襟，岂屈你魔敌妖兵。
奋战刚劲，任血泪清洒潸零。

清听鸟鸣，田野秋蛩犹清吟。
早起振兴，朗哦新诗适心灵。

人生艰辛，总赖神恩赐丰盈。
力战仇兵，魔敌败退归销零。

欢呼尽兴，圣徒讴颂出心灵。
大队归营，胜利凯歌彻行云。

天国美景，妙丽不胜福无垠。
努力挺进，步履彩虹与白云。

试探任凌，叵耐我心持坚定。
灵程奋进，大好风光领不尽。

心志坦平，胸怀正气志凌云。
踏实去行，万里江山入点评。

豪气充盈，我是男儿怀远情。
叩道力行，身心觉悟入圆明。

时光飞逝惊心

2023-10-7

时光飞逝惊心，雅持吾之淡定。
窗外秋雨进行，风中落叶飘零。

感慨升起从心，人生奋志凌云。
不可守旧因循，贵在奋发雷霆。

努力前路挺进，标的天涯远景。
奋展吾之身心，济世刚柔并行。

君子人格鲜明，一生努力修行。
理想支撑前进，不计风雨艰辛。

此生苦难饱经，心志依然劲挺。
神恩无比丰盈，导引灵程前行。

岁月多么空清，演绎桑沧不尽。
人生短暂急迅，珍惜时光才行。

此际雅放哦吟，舒出我的心襟。
向上尽力尽心，奋飞对准天庭。

世事只是浮云，共缘漫去旅行。
心中雅怀白云，悠悠飞越山岭。

松风涤我心襟，雅意兰操均平。
微微一笑爽清，正志趋向圆明。

淡荡盈满中心，豁达放我歌吟。
时雨任其经行，中心晴朗光明。

尘世坎坷之境，世路并不清平。
焕发吾之雄心，乐天安享清宁。

内叩吾之身心，慧意积聚心灵。
叩道领取意境，悲喜抛开清心。

清喜阖家安平，父母健康在庭。
欢呼溢出中心，颂赞神恩丰盈。

小鸟啾啾清鸣，爽我心襟心灵。
秋意何其雅清，我心我意安宁。

心襟雅持平常

2023-10-7

心襟雅持平常，人生淡定意向。
窗外喜鹊鸣唱，雨霁清喜晴朗。

秋仲不觉逝殇，明日寒露将访。
西风吹来爽畅，惬我心灵无限。

雅将心灵谈唱，人生正志昂扬。
不畏关山险艰，努力万里驱闯。

不为名利妨障，清心叩取慧藏。
叩道贞定志向，神恩无比丰穰。

向前向上无疆，世界多么宽广。
展翅旷意飞翔，自由宝贵无上。

力战魔敌奸魍，胜利凯歌纵唱。
灵性无比清靓，晶莹闪射明光。

高远飞向天堂，灵程不是好闯。
多有试探艰苍，仇敌步步阻挡。

清展心灵力量，圣洁是我襟房。
天使伴我向上，对准天国无恙。

人生大半已殇，心怀无比悠扬。
履尽尘世桑沧，微笑浮上面庞。

不为物欲所诳，正直无机奔放。
男儿豪勇刚强，岂屈罪恶强梁。

山水踏遍莽苍，五湖归来豪爽。
哦诗无比扬长，清怀南山志向。

清喜阖家平康，神恩感在心房。
欢呼旷展无限，天人大道玄畅。

振志灵程闯荡，过去何必回望。
未来无比广长，步履彩虹坚壮。

百年生死苍茫，中心没有忧伤。
欢快秋春无恙，追求永生安祥。

雅爽是我人生

2023-10-7

雅爽是我人生，心志从心生成。
西风吹来清冷，雀鸟鸣啼何盛。

清喜牵牛开芬，惬我意向温存。
秋意渐显深沉，落英飘零缤纷。

写意是此红尘，神恩无比丰盛。
努力行走灵程，圣洁清持心身。

叩道奋不顾身，污秽矢志抛扔。
慧意中心清正，圆明圆通悟证。

不可媚世求荣

2023-10-7

不可媚世求荣，旷展我的心胸。
人生正义刚洪，叩道一生奋勇。

力战魔敌狠凶，神恩赐下丰隆。
圣洁清持襟胸，圣徒努力冲锋。

岁月飞逝如风，秋阴爽风吹送。
惬意盈满襟中，况听鸟语灵动。

人生奋斗之中，不惧尘世艰浓。
振奋情志前冲，胜过艰险浓重。

天涯风景灿浓，召唤我去寻踪。
名利徒然欺哄，我不为之所动。

中心彩霞映浓，眼目清光慧涌。
向往万里雨风，恣意旅途恢弘。

不惧年近成翁，旷意晨昏哦讽。
颂赞神恩无穷，灵程奋飞乘风。

百年逝去匆匆，淡荡是我肺胸。
远抛一切苦痛，天国永生福隆。

不可贪恋红尘

2023-10-7

不可贪恋红尘，世事是幻非真。
名利害人太深，合当全部弃扔。

秋意渐显深沉，心志沉静雅芬。
哦诗舒我真诚，努力灵程奋骋。

悠悠哦唱温存，男儿人格纯正。
秉持良知真正，冲决世俗困城。

坎坷何必重论，要在未来奋争。
叩道领略人生，振志飞往天城。

清度正义人生

2023-10-7

清度正义人生，万里旷志奋骋。
履历山高水深，不畏艰苍成阵。

岁月日渐进深，霜华不减真诚。
名利何关人生，应抛应弃应扔。

轻装容我上阵，力斩魔敌缤纷。
圣洁是我心身，领受丰沛神恩。

灵程妙丽丰盛，天使伴我全程。
对准天国飞奔，永生福乐恒春。

宿鸟欢鸣唱
2023-10-7

宿鸟欢鸣唱，夜幕掩上。
华灯灿烂放，欢乐安康。

岁月舒奔放，霜华惜苍。
一笑持澹荡，无机情肠。

红尘非故乡，人生暂享。
天国是故邦，永生安祥。

振志放讴唱，一曲悠扬。
雅度好时光，神恩清享。

神思飞扬
2023-10-7

神思飞扬，妙放好华章。
精神毕彰，正意舒昂扬。

人生奋闯，关山履万幢。
红尘无恙，清怀万里疆。

振志向上，克尽彼艰苍。
岁月平康，情怀享悠扬。

夜暮正降，灯下放哦唱。
婉转情长，心志向谁讲？

11.松韵集

小鸟旷志以高鸣
2023-10-8

小鸟旷志以高鸣，
天气值此寒清。
寒露今日正来临，
清喜漫天朗晴。

牵牛开得多妍俊，
一使余意开心。
早起写诗舒心灵，
振奋情志前行。

人生穿山又越岭，
悠悠旷放无垠。
勿为名利拘身心，
烟霞优游爽心。

岁月进行展意境，
桑沧是为常寻。
不可忘记修身心，
圣洁是为要领。

远际嘹歌唱
2023-10-8

远际嘹歌唱，撩动我情肠。
天气喜晴朗，朝阳灿洒光。

寒露今日访，野鸟欢鸣放。
西风吹萧凉，秋深不愁怅。

牵牛开俊芳，引我折腰赏。
岁月走悠扬，不必嗟华霜。

一笑情志畅，人生客旅间。
骋志水云间，优游何欢畅。

人生情怀雅靓

2023-10-8

人生情怀雅靓，何不讴呼奔放。
此际清听鸟唱，朝阳洒射清光。

逸意升起心间，淡眼尘世桑沧。
不为名利所诳，清真守我襟房。

人生正意昂扬，诗书一生雅享。
万事顺理成章，共缘似水流淌。

因果报应非常，善意恒持心房。
努力向前闯荡，不畏山高水艰。

天气值寒清

2023-10-8

天气值寒清，潇旷心襟。
雀鸟正啼鸣，花开妍俊。

心志起殷殷，奋发上进。
不追求利名，洒脱盈心。

红尘是险境，充满艰辛。
神恩赐丰盈，赐下安平。

豁怀正无垠，朗度阴晴。
心意是清宁，诗书沉浸。

放我之朗吟，舒出心灵。
正意盈心襟，万里挺进。

天涯灿风景，一生仰景。
焕发我雄心，跨山越岭。

飘逸我的心襟

2023-10-8

飘逸我的心襟，纵展志向凌云。
不为名利分心，叩道领取意境。

秋阳洒得均平，小鸟惬意高鸣。
写意风来何清，爽雅吾之心灵。

清喜牵牛娇俊，月季多么芳清。
紫茉莉花清新，三角梅儿红映。

心怀雅洁空清，享受生活安平。
正义盈于肺心，努力振志前行。

人生守我分定

2023-10-8

人生守我分定，不可妄逐利名。
物欲损人心襟，合弃合抛合屏。

高蹈吾之身心，正义纵展凌云。
固守吾之清贫，君子人格鲜明。

向上我要尽心，穿越云天飞行。
天涯灿有风景，一生奋发前进。

人生雅怀柔情，万水千山常寻。
矢志向前挺进，不畏风雨艰辛。

岿然不动

2023-10-8

岿然不动，任魔敌围困重重。
坦平心胸，神恩赐下何厚丰。

努力前冲，灵程沐浴雨与风。
一笑从中，和蔼心志吾从容。

清听鸟颂，秋意和平澹无穷。
阳光洒送，畅意西风适心胸。

人生情钟，力战鬼魔与恶凶。
必然成功，天国永生福何隆。

叩心之境
2023-10-8

叩心之境，领略万重云岭。
人生经行，不计千重艰辛。

蓝天白云，秋意多么爽清。
惬品芳茗，袅起悠悠心境。

畅意哦吟，人生快慰心襟。
不计利名，高蹈吾之心灵。

矢向前行，穿越桑沧幻境。
天国美景，永生福乐无垠。

人生振志向上
2023-10-8

人生振志向上，履尽万千险艰。
心怀光明太阳，冲决无明暗障。

不为名利失陷，清思无比悠扬。
叩道兼程奋闯，不惧风雨萧苍。

岁月侵人华霜，依然不减清狂。
男儿豪勇贞刚，力战吃人虎狼。

神恩无比广长，赐下幸福安康。
魔敌败退消亡，世界步入康庄。

心志旷然清好
2023-10-8

心志旷然清好，人生奋展刚傲。
不屈仇敌魔妖，挥洒刚正情操。

坚持人格不倒，不为物欲侵扰。
清心叩道雅好，步履康庄正道。

风雨阴晴均好，淡浮清新微笑。
矢向天涯奔跑，领略风光奇妙。

百年生命迢迢，回首只似一朝。
春花秋月均好，雅享人生美妙。

丰沛人生
2023-10-9

丰沛人生，雅守我的纯真。
清度世尘，努力弃假归真。

岁月缤纷，赐我斑苍生成。
一笑和温，君子人格清芬。

秋已渐深，夜色此际笼城。
灿放华灯，灯下容我哦哂。

感谢神恩，导引灵性旅程。
心志秉诚，叩道奋力而奔。

风雨历程，磨炼我心刚正。
不屈艰深，努力奋志兼程。

苦难任盛，仰荷丰富神恩。
心怀虔诚，矢持正直秋春。

放我歌声，舒出慨慷心身。
正义精诚，不屈桑沧之阵。

伪饰抛扔,素朴无机晨昏。
豁怀无伦,清新旷度红尘。

晨起天未亮

2023-10-10

晨起天未亮,村鸡清唱。
蟋蟀鸣无恙,野禽鼓放。

秋风吹清凉,爽我意向。
振奋吾情肠,小哦诗行。

人生怀向往,恒在远疆。
不计较过往,未来瞻望。

灯下清思想,心志奔放。
心灵怀力量,正义昂扬。

路上车声响,打破安祥。
人声渐起间,生活开唱。

不为名利诳,素朴襟房。
贞意吾何刚,矢志前闯。

雅平心襟

2023-10-10

雅平心襟,惬意听取鸟鸣。
风来爽清,林野斑黄之境。

岁月进行,晚秋渲染意境。
牵牛开俊,旷使余持开心。

淡品芳茗,袅起不尽诗兴。
裁思哦吟,舒出吾之心襟。

阖家康平,神恩铭感于心。
欢呼尽兴,努力灵程挺进。

不畏艰辛,奋志纵展凌云。
百年生命,切莫虚度光阴。

微笑清映,男儿坦荡心灵。
振志修心,层层深入云岭。

天气阴晴颇不定

2023-10-10

天气阴晴颇不定,
舒展悠悠心襟。
风中递来鸟之鸣,
心志心怀安宁。

岁月何曾稍止停,
不觉老我苍鬓。
爽然一笑持多情,
依然奋志凌云。

不计人生之艰辛,
努力灵程挺进。
一生所计唯修心,
道德尽力遵循。

秋深清展其意境,
萧瑟是此野景。
品茗心中怀奋兴,
坦腹容我哦吟。

思想生成

2023-10-10

思想生成,人生朝夕相争。
名利弃扔,清守素朴心身。

清度世尘，不为物欲奋争。
淡泊秋春，雅放读书之声。

秉持纯真，叩道履历缤纷。
烟雨征程，力战魔敌凶狠。

感谢神恩，丰美妙丽不胜。
天国永生，福乐才算真正。

感秋茫茫
2023-10-11

感秋茫茫，秋具萧瑟之意向。
西风爽畅，牵牛花开犹奔放。

天阴无恙，晨起清心听鸟唱。
意兴扬长，人生共缘而澹荡。

正义阳刚，力战恶虎与凶猖。
清平寰壤，未许豺豹肆狂猖。

微笑浮上，清度人生持安祥。
岁月飞旷，老我霜华不愁怅。

世道艰苍
2023-10-11

世道艰苍，吾不屈虎豹豺狼。
任血潸淌，正义傲岸吾阳刚。

神恩奔放，一似彼光明太阳。
平安赐降，圣洁清守吾安祥。

秋深时间，木叶飘逝吾不怅。
奋志顽强，矢向诗书觅慧藏。

努力奋闯，关山不惧万千幢。
旷意向上，坚贞修心壮无疆。

喜鹊鸣唱
2023-10-11

喜鹊鸣唱，动人情肠真无恙。
秋深不怅，天阴木叶飘飞荡。

感兴升上，清哦新诗适情肠。
人生奔放，坚决不入名利场。

淡淡荡荡，无机素朴守襟房。
灵程矢闯，克尽鬼魅并妖魍。

红尘幻相，太多物欲与机奸。
不入罗网，轻飞直入云霄上。

天国家邦，时刻铭记我心房。
神恩广长，赐我心灵以力量。

高远无疆，一生理想恒苦壮。
实干为强，旷意天涯用脚量。

岁月舒昂，老我斑苍一笑放。
率意平章，正义必然敷强刚。

魔敌败亡，圣徒凯歌纵情唱。
畅意飞翔，步履彩虹径向上。

永生何康，圣洁才能得安享。
力修心房，不惧试探之险艰。

努力归航，天使伴我全程闯。
天父慈祥，时时接引赐康庄。

心怀悠扬，不尽灵歌哦嘹亮。
情怀激昂，标的天国永生场。

向前向上，不重物欲轻身闯。
正直阳刚，和柔情志秋春间。

慧烛力掌，不惧黑暗并雾障。
慧目有光，始终坚持正方向。

雅享安康，中心灵秀兰蕙芳。
力展贞刚，德操清正且端方。

正意人生场

2023-10-11

正意人生场，胸襟宜旷。
此际西风畅，秋意萧爽。

清坐享安祥，聊哦诗章。
一曲纵情唱，声入云间。

木叶诗意降，感兴升上。
晚秋菊未黄，牵牛正芳。

辗转秋春间，远抛感伤。
振志往前闯，山水远长。

名利徒欺诳，不上其当。
贞定守平常，诗书平章。

桑沧不相忘，人世艰苍。
世界有虎狼，吃人狂猖。

岁月畅飞翔，百年瞬间。
回首烟云帐，锁住过往。

应向未来望，宇宙无限。
修心矢向上，叩道奔放。

一笑是坦荡，无机心房。
灵性恒修养，物欲抛放。

天国是故邦，永生何康。
圣洁己襟房，必享荣光。

秋风抒情

2023-10-11

秋风抒情，感应我心襟。
爽清意境，木叶逝飘零。

未许伤情，振奋我心灵。
人生挺进，傲立若松劲。

斑苍清映，微笑吾浮萦。
不执利名，高蹈持清心。

烟霞仰景，水云涵胸襟。
淡泊生平，诗书潜经营。

早起四更

2023-10-12

早起四更，听闻村鸡声声。
野蛮犹振，秋风爽洁宜人。

灯下思深，人生振志而骋。
山高水深，方显男儿刚正。

世态缤纷，勿为名利沉沦。
叩道诚真，努力修养心身。

岁月进深，霜华任其清生。
一笑和温，君子人格生成。

晴和尘表

2023-10-12

晴和尘表，雀鸟欢鸣叫。
西风吹萧，木叶逝飞飘。

情怀娟好，朝旭东升了。
牵牛开俏，使我开怀笑。

岁月丰标，何必计苍老。
年华逝销，积淀是诗稿。

展眼远瞧，田园若画稿。
老柳飘飘，风情犹未老。

世事不过是桑沧
2023-10-13

世事不过是桑沧，
华年弹指一挥间。
秋深展意向，鸟鸣黄叶间。

爽清西风清扫荡，
欣喜牵牛仍开放。
妍红真无双，惬我情与肠。

读书品茗吾悠扬，
舒志聊发我狂猖。
新诗纵情唱，曲曲振清响。

岁月侵人染华霜，
不必嗟叹或悲怅。
人生试炼场，力向天国航。

慧意人生
2023-10-13

慧意人生，雅守素朴纯真。
名利弃扔，灵程容我奋身。

清度红尘，觑破世事十分。
弃假归真，一生仰赖神恩。

鸟语声声，秋意无比爽神。
清风阵阵，惬我心志灵魂。

岁月驰奔，不必嗟老伤神。
前路奋争，天国是有永生。

清听鸟唱
2023-10-13

清听鸟唱，享受休闲时光。
心志清芳，不为物欲所障。

坦腹哦唱，舒出正意昂扬。
人生疆场，未可卑媚失陷。

利锁名缰，吾已弃之尽光。
诗书雅享，春花秋月怡肠。

展眼旷望，天际霭烟浮漾。
愿学鸟翔，奋飞自由天壤。

忍辱精进
2023-10-13

忍辱精进，人生冲决因循。
矢志创新，文明进步无垠。

力战魔兵，守护纯正心灵。
神恩丰盈，导引灵程挺进。

高呼奋兴，天使伴我前行。
凯归大营，天国妙丽难云。

微笑浮萦，豁怀旷雅清宁。
处世安平，中庸中和持心。

奋志凌云
2023-10-13

奋志凌云，冲决尘世困境。
名利抛屏，高蹈吾之身心。

叩道进行，渐趋圆通圆明。
平正持心，晨昏雅放哦吟。

秋深之境，西风吹来爽清。
有叶飘零，诗意弥满心襟。

斑苍清映，不减壮志豪情。
胜利挺进，履度关山峻岭。

心志不取消沉

2023-10-13

心志不取消沉，奋发人生刚正。
秋意任加增，木叶任逝纷。

读书怡我心芬，向阳情操坚贞。
不屈这红尘，修心历层层。

履尽山高水深，胜过试炼深沉。
心志吾秉诚，人格儒雅淳。

淡度浊世缤纷，不为名利陷损。
旷怀水云芬，哦吟在晨昏。

岁月不断进深，霜华笑我渐增。
豁怀正无伦，清新度秋春。

闲时品茗意奋，清喜父母康盛。
神恩领丰盛，努力灵程奔。

世界只是暂蹲，百年飞逝迅奔。
不老是心身，正直眼目纯。

力战魔敌凶狠，唯赖丰沛神恩。
天国有永生，美妙万年春。

此际天气阴沉，暮色初初生成。
灯下我哦申，呼出情志芬。

中心雅秉坦诚，和谐无机真正。
光明中心盛，风雨兼程奔。

回思坎坷生尘，不必泪下纷纷。
苦旅是艰深，正义终于胜。

前路应许平正，终有风暴何论。
天使伴全程，矢志脱红尘。

悠悠心志舒申，雅洁情怀坦诚。
向上我力争，对准天国奔。

五十八载一瞬，应许瞻望前程。
晚晴是真正，颂赞神之恩。

时光飞逝迅奔，业绩努力创成。
著书应等身，大写是人生。

世界幻化层层，一切如电相等。
桑沧不必论，恒永是灵魂。

闲去田野瞧

2023-10-14

闲去田野瞧，发觉青葭已老。
有鸟纵飞高，西风吹来荡浩。

老柳毵毵摇，风情依然娟好。
丰收景象饶，玉米枯黄堪表。

岁月侵人老，容我旷持笑傲。
年轮若飞飙，不必计较分毫。

奋志往前跑，人生客旅逍遥。
名利合弃抛，高蹈身心美好。

心志静定

2023-10-15

心志静定，勿为外缘所侵。
内叩身心，努力追求灵明。

五更宁静，野外秋蛩低吟。
天尚未明，晨鸟却已清鸣。

灯下清心，写诗舒出心灵。
人生前行，境界重重云岭。

名利辞屏，无妨正义心襟。
高远无垠，矢向天涯挺进。

心襟勿使浮动

2023-10-15

心襟勿使浮动，淡守雅洁襟胸。
沉静守和愹，无妨志凝中。

人生容易成翁，洒然一笑从容。
秋风正吹送，五更爽无穷。

清听蛩鸣灵动，耳际鸟语轻松。
灯下我哦讽，激情若潮涌。

岁月赐人斑浓，五十八载逝风。
感慨于襟中，男儿呼大风。

读书怡情

2023-10-15

读书怡情，快慰吾之身心。
坦平意境，无机正义心灵。

岁月进行，斑苍消减英俊。
一笑淡定，雅听村鸡之鸣。

秋意空清，五更灯下哦吟。
虫儿低吟，鸟语宛转多情。

感发于心，旷怀依然劲挺。
不学浮云，坚贞若松之峻。

五更静宁

2023-10-15

五更静宁，早起雅持清心。
风来何清，秋爽怡人无垠。

草虫轻鸣，村鸡又放啼吟。
鸟啭空清，路上初有人行。

不复年青，依然心怀激情。
只是斑鬓，时时催人警醒。

奋志凌云，男儿焕发身心。
努力追寻，天涯灿有美景。

灯下哦吟

2023-10-15

灯下哦吟，舒出心襟灵明。
秉正持心，不为名利争竞。

淡泊清心，雅守吾之静宁。
叩道之境，无机之心先行。

道德遵循，一生不守因循。
奋发雷霆，涤腐启新必行。

开拓新境，文明进步无垠。
众教和凝，文化若炬坚擎。

心襟灵动

2023-10-15

心襟灵动，人生矢脱凡庸。
正义凝胸，力战魔敌鬼凶。

已近成翁，爽然一笑从中。
不妄行动，看准才可发功。

努力前冲，领取关山景浓。
风雨任重，兼程旷展英勇。

男儿豪雄，不做名利孬种。
淡守贫穷，诗书纵情哦诵。

心志如风，七彩是我襟胸。
质朴之中，万里迈步凝重。

秋意清空，五更一篇清咏。
舒出心胸，舒出意气如虹。

12.敲松集

秋气均平

2023-10-15

秋气均平，只是雾霾又临。
心志空清，悠听啼鸟空灵。

休憩心襟，校诗何其康平。
淡品芳茗，振起我之意兴。

纵情哦吟，舒出人生心灵。
不屈艰辛，奋展志向凌云。

洒脱清新，沉潜诗书之境。
君子固贫，不计老之将临。

不必心怀不平

2023-10-15

不必心怀不平，万事皆有分定。
因果岂常寻，体道善用心。

正直一生遵循，履尽风雨艰辛。
不屈世纷纭，淡泊守初心。

秋意深沉爽清，天气正值多云。
有鸟纵啼鸣，有风吹清劲。

周日休闲之境，旷哦诗书怡情。
阖家俱康平，神恩感心襟。

何须贪恋红尘

2023-10-15

何须贪恋红尘，物欲唯是损人。
合当弃假归真，叩道雅秉纯正。

此际秋意渐深，斜晖朗照乾坤。
心志旷然生成，哦诗吐出诚真。

人生奋志而骋，畅意万里前奔。
抛弃名利轻身，万里足下亲证。

心灵心志清芬，向阳情操温存。
君子人格端正，正直清度秋春。

调心无恙

2023-10-15

调心无恙，心志吾安康。
小哦诗章，一舒闲情况。

灯下思想，人生正气昂。
秋意澹荡，心志持安祥。

奋发向上，冲决艰危障。
自由奔放，思想旷无限。

不为物障，淡定吾安享。
性天清亮，慧意蕴襟房。

高远理想，支撑我前闯。
斩杀虎狼，还我清平壤。

世界神创，道义敷康强。
正义必昌，罪恶归消亡。

文明向上，进步无止疆。
一似火光，一似彼太阳。

叩道贞刚，道德力提倡。
魔敌败亡，世界入康庄。

辗转桑沧，心志不衰减。
男儿豪放，正直体道旷。

微笑展放，身心明媚芳。
一似松刚，一似流云仿。

仰高风若木心兮

2023-10-16

　　友人兼同事许亚红女士从微信上发来网上介绍已故浙江诗人兼画家木心先生的视屏一段，观之，泪流满面，感动心襟；木心先生，久闻其名，以为泛泛之流，一直未曾探究及深入了解，今观视屏，觉其为人品行纯正，尤其是先生清澈的眼神，给余留下深刻难以忘怀之印象，因作短诗，抒写心怀，并从网上发送亚红主任一阅，特此以记因由。

仰高风若木心兮，感动余心。
人生客旅之行兮，纫兰为襟。

岁月恒自演进兮，桑沧无垠。
百年生死警醒兮，悟道空清。

颂前贤之芬襟兮，奋志前行。
不必计彼利名兮，洒脱盈心。

正直之人冰清兮，无机心灵。
世事清浊自定兮，一笑雅清。

晨鸡又清唱兮

2023-10-17

晨鸡又清唱兮，早起五更间。
心志吾扬长兮，讴咏彼诗章。

秋深渐清凉兮，感发吾中肠。
人生骋奔放兮，振志以向上。

不屈彼艰苍兮，矢展吾顽强。
男儿怀贞刚兮，力挽此颓纲。

世事不必讲兮，徒幻彼桑沧。
正道必荣昌兮，文明恒茁壮。

清怀展悠扬兮，情向谁倾放？
孤旅骋昂扬兮，履尽彼险艰。

神恩赐广长兮，心怀彼力量。
天路奋闯荡兮，努力以飞翔。

克尽鬼与魍兮，胜利启归航。
天国是故邦兮，荣美享安祥。

永生真无恙兮，福乐无法讲。
圣洁才能往兮，门小路艰长。

我心怀向往兮，胜过试炼艰。
步履彩虹翔兮，灵歌讴清朗。

尘世徒苦艰兮，是修心之场。
天使伴我航兮，对准彼天堂。

心地怀明光兮，慧目是闪亮。
穿越彼雾障兮，前路洒阳光。

百年是漫长兮，又似一瞬间。
步履迈坚壮兮，灵程奋慨慷。

喜鹊放讴唱

2023-10-18

喜鹊放讴唱，天喜晴朗。
雾霾又迷漾，无奈心间。

菊花行将芳，重阳即将。
秋意多茫苍，木叶飞殇。

感兴心地间，振节哦唱。
人生天地间，正义昂扬。

一生骋奔放，力战恶奸。
不屈名利网，叩道向上。

品茗悠意向，读书安祥。
神恩何辽壮，讴颂襟房。

百年飞迅忙，最贵思想。
德操力修养，无机情肠。

人生惬意向

2023-10-18

人生惬意向，悠听鸟唱。
写意风来翔，旷余意向。

秋深萧瑟间，牵牛开芳。
振奋余情肠，雅哦诗章。

名利无意向，内叩襟房。
寻觅智慧粮，万里奋闯。

微笑浮面庞，人格力倡。
道德敷奔放，正义必畅。

心志安祥

2023-10-18

心志安祥，秋深没有愁怅。
木叶斑黄，随风飘舞飞殇。

煦日澹荡，流云飘飘飞翔。
雀鸟鸣唱，和蔼盈满寰壤。

人生向上，努力舒展奔放。
正义贞刚，不屈虎豹强梁。

叩道履艰，心灯尽力秉掌。
风雨艰苍，心志不稍迷茫。

灵程驱闯，冲决试炼艰苍。
神恩广长，赐我心灵力量。

辗转桑沧，人生客旅无恙。
天国康庄，永生福乐何壮。

闲雅人生

2023-10-18

闲雅人生，清持正义灵魂。
秋阳洒逗，耳际鸟语缤纷。

东风旷骋，惬我心志十分。
心志和温，写诗讴诉真诚。

人生驰奔，不为名利奋争。
淡度秋春，哦咏朝暮晨昏。

憩此红尘，人生客旅真正。
努力灵程，努力叩道奋身。

清贫无妨

2023-10-18

清贫无妨，正义吾坚强。
试炼任艰，胸襟如磐壮。

岁月奔放，演绎彼桑沧。
百年迅忙，转眼觉华霜。

秋深无恙，夜晚吾悠扬。
灯下思想，舒出我情肠。

远际歌唱，打动我心房。
旷怀扬长，清享此澹荡。

岁月磨炼心襟

2023-10-19

岁月磨炼心襟，灵程试炼艰辛。
努力守护心灵，圣洁清光辉映。

此际晨鸡又鸣，秋深爽风进行。
年迈不减豪情，雅将新诗哦吟。

重阳已经接近，黄花行将开屏。
岁月侵人双鬓，呵呵一笑镇定。

野境小鸟娇鸣，打动余之身心。
爽然是余心境，讴颂神恩无垠。

努力奋发挺进，穿越高山峻岭。
力斩虎狼成群，还我江山清平。

正义必当通行，光明盈满内心。
男儿如松之挺，傲岸迎向风云。

洒脱身心

2023-10-19

洒脱身心，何许计较利名。
风雨阴晴，磨炼吾之刚劲。

正气凌云，傲立一生劲挺。
力战魔兵，血泪任洒殷殷。

秋深天阴，西风吹来多情。
小鸟娇鸣，惬余心意心襟。

红尘艰辛，所赖神恩丰盈。
灵程奋行，冲决拦路妖兵。

一笑空清，人生客旅之行。
物欲抛屏，高蹈余之心灵。

大千妙运，叠变桑沧无垠。
百年生命，真如闪电之行。

正义人生

2023-10-19

正义人生，奋发吾之刚贞。
试炼任生，吾心秉具雄浑。

秋意渐深，天阴冷风吹逞。
木叶逝纷，休憩吾之精神。

人生奋争，修心履历层层。
奋不顾身，努力叩道旅程。

矢走灵程，神恩赐下丰盛。
魔敌败遁，圣徒讴呼声声。

振志人生
2023-10-19

振志人生，不惧山高水深。
努力驰骋，弃却名利轻身。

微笑清生，一生荷负神恩。
奋行灵程，胜过鬼魔妖氛。

秉持精诚，叩道冬夏秋春。
一生坦诚，无机心地清芬。

秋意深沉，天阴昏暗乾坤。
灯下思深，哦诗舒出心身。

岁月进深
2023-10-19

岁月进深，老我斑苍何须论。
不屈困顿，坚持人格之纯正。

力战妖氛，胜利凯歌彻云层。
神恩丰盛，步履灵程美不胜。

魔敌败遁，百般诡计均不成。
圣徒讴振，矢沿正道长驱骋。

天国永生，福乐难以言精准。
万年恒春，共父同在讴真诚。

善恶两军对阵
2023-10-19

善恶两军对阵，圣徒奋行灵程。
仰赖丰富神恩，必然克敌制胜。

秉持中心纯正，努力守护心身。
穿越风雨艰深，胜过魔敌缤纷。

圣洁是我心身，叩道履历层层。
不怕试炼深深，天使护我全程。

鬼魅必然败遁，圣徒大队驰奔。
步履彩虹真正，荣归天国永生。

世事险艰
2023-10-19

世事险艰，依然持正义奔放。
力战恶奸，男儿铁胆何坚壮。

秋雨洒降，灯下清展吾思想。
阖家安康，颂赞神恩赐无恙。

岁月舒旷，时近重阳气温降。
感兴苍茫，情怀激昂不悲怅。

红尘之间，世界不过幻桑沧。
灵程奋闯，胜过试探之深艰。

天国辉煌，圣洁灵魂才能访。
修心向上，力克私欲之污脏。

叩道贞刚，道德一生力修养。
寻觅灵粮，矢沿正路奋慨慷。

灯下清思生成
2023-10-19

灯下清思生成，人生自我慰问。
孤旅不嗟艰深，时雨洒降正逞。
时节已是秋深，感时心不嗟疼。
奋志依然刚正，万里披荆前骋。

灯下清思生成，内叩自我心身。
五十八载一瞬，霜华日渐加深。
依持少年心身，焕发男儿纯正。
努力前面路程，不畏山高水深。

灯下清思生成，往事何必回问。
瞻望未来行程，希冀充满心身。
不计斑苍之盛，雄心勃勃清纯。
叩道风雨兼程，修心养德秋春。

灯下清思生成，颂赞神恩丰盛。
赐下幸福安稳，阖家平安真正。
努力灵性旅程，冲决拦阻之阵。
天国故邦真正，永生福乐十分。

灯下清思生成，感慨哦诗清芬。
向阳心志清骋，朝气蓬勃晨昏。
力战魔敌凶狠，还我山河平正。
天父亲临战阵，圣徒讴呼山震。

灯下清思生成，正邪搏击艰深。
已近重阳时分，黄花行将开盛。
没有送酒之人，诗书聊以解闷。
快慰时有七分，振奋情志前骋。

灯下清思生成，中心霞彩清生。
回思少年时分，往事烟锁层层。
而今晚晴真正，荷负丰沛神恩。
更应奋发精诚，发热发光十分。

灯下清思生成，窗外夜雨纷纷。
四围静悄安顿，唯闻檐前雨声。
心潮起伏如奔，激情似瀑倾逞。
旷欲高歌出声，乘风飞入云层。

灯下清思生成，应许安稳心身。
人生贵在温存，和平中正朝昏。
诗书一生潜骋，寻觅真理秋春。
慧意积淀十分，矢沿正路驰奔。

灯下清思生成，人生苦痛宜扔。
抛弃名利轻身，物欲是为害人。
秉持正直心身，无机清度一生。
天国才有永生，天父倚门正等。

灯下清思生成，此际情思振奋。
风云际会时分，遐思如云飘奔。
雨声如歌之逞，心灵惬意十分。
平和安稳真正，吐出胸襟清纯。

灯下清思生成，雅意飘然驰骋。
窗外雨声加增，心情愉悦时分。
未可忘记神恩，安享平安福分。
更应灵程奋身，努力回归天城。

一夜睡眠好
2023-10-20

一夜睡眠好，晨起精神饱。
村鸡朗然叫，五更啼群鸟。
秋风适情抱，雨后空气妙。
深吸是为妙，哦诗怡情窍。

一夜睡眠好，精神泰而妙。
颂赞神恩饶，阖家俱康好。
奋行灵程道，力战魔敌妖。
试炼任艰饶，意志磐石造。

一夜睡眠好，爽然是情抱。
人生正气饶，傲立若松标。
强梁肆毒嚣，刚贞战仇妖。
神恩赐丰饶，胜利凯歌飘。

一夜睡眠好，思绪清而飘。
正意哦风标，舒出我洒潇。
清贫就颇好，叩道入云霄。
前旅任艰饶，旷志兼程造。

人生旷怀雅正兮

2023-10-20

人生旷怀雅正兮，淡度秋春。
此际正值秋晨兮，雀鸟啼纯。

心灵心志振奋兮，努力前程。
不为名利纷争兮，雅洁心身。

一生沐浴神恩兮，奋行灵程。
力战魔敌缤纷兮，守护灵魂。

圣洁尽力修身兮，纫兰清芬。
诗书哦吟晨昏兮，著书等身。

岁月任其飞骋兮，辞我青春。
老其冉冉来奔兮，一笑纯真。

展眼秋意渐深兮，木叶逝纷。
清喜黄花将盛兮，愉悦心身。

时时检点心灵

2023-10-20

时时检点心灵，不许魔鬼插进。
努力圣洁身心，步履灵程上进。

红尘太多艰辛，苦难岁月饱经。
总赖神恩丰盈，赐下平安康宁。

讴颂神之恩情，胜过试探困境。
矢向天国挺进，战胜仇敌妖兵。

此际秋风吹劲，蓝天清幻白云。
我的心中多情，雅将新诗哦吟。

斜晖朗照乾坤

2023-10-20

斜晖朗照乾坤，惬意从心生成。
哦出心志缤纷，人生秉持诚真。

努力奋行灵程，不计风雨艰盛。
晨昏尽力修身，诗书哦咏和温。

感慨从心生成，秋深意境正逞。
北风吹得正盛，木叶飘逝纷纷。

清喜黄花开芬，朵朵灿烂纷呈。
欣悦余之精神，赞美溢出心身。

心志安宁

2023-10-21

心志安宁，何许为名利操心。
晨鸡正鸣，秋深早起天未明。

心怀雅净，正意人生志分明。
叩道挺进，不畏艰难试炼凌。

重阳已近，清喜黄花已开屏。
岁月进行，淡泊清度秋春平。

微笑清映，风风雨雨是常寻。
振志前行，大千世界风光凝。

红日东方
2023-10-21

红日东方，舒其灿烂光芒。
喜鹊鸣唱，一使余意慨慷。

天薄寒凉，商风清新吹荡。
林野斑黄，却喜菊花绽芳。

岁月飞旷，中心雅怀安祥。
振志奔放，不为名利所诳。

中心坦荡，诗书镇日哦唱。
时起激昂，正意中心清漾。

遁世无闷
2023-10-21

遁世无闷，保守我天真。
奋志刚正，原也具雅芬。

秋意深深，林野斑黄盛。
煦阳和温，雀鸟啼清纯。

淡泊心身，叩道历艰深。
身处红尘，名利弃而扔。

诗书哦骋，舒出我兴奋。
正意乾坤，神恩领丰盛。

灿烂阳光
2023-10-21

灿烂阳光，洒在心田上。
意取悠扬，品茗且澹荡。

商风吹狂，木叶逝而降。
有菊清芳，有鸟恣歌唱。

情志坦荡，远辞机与奸。
正气轩昂，人生策马狂。

风雨凄凉，不过是寻常。
神恩广长，赐我以力量。

惬怀无恙
2023-10-21

惬怀无恙，品茗意兴放。
晚秋天朗，煦日灿奔放。

喜鹊鸣唱，愉悦我心房。
东篱菊芳，点缀此安祥。

情思袅上，激情哦诗章。
人生向上，持正击邪奸。

岁月飞旷，何许计华霜。
人生疆场，努力骋志向。

心志澄明
2023-10-21

心志澄明，人生奋发以前行。
风雨艰境，正好磨炼我心灵。

秋深天晴，朗日照耀何鲜明。
清思旷运，裁意哦诗吐空灵。

一点心情，无机正直是要领。
翻山越岭，胸襟挥洒看风景。

云烟袤行，更有飞鸟旷啼鸣。
写意风清，东篱黄花初开俊。

善加守护心灵

2023-10-21

善加守护心灵，力战魔兵，
力战魔兵，胜利凯歌纵入云。

岁月多么空清，心怀振兴，
心怀振兴，努力修养身心灵。

两军对垒艰辛，杀伐何凌，
杀伐何凌，圣父恩典赐无垠。

正邪搏击拚命，鼓我身心，
鼓我身心，大获全胜恃圣灵。

夕照闪射余光

2023-10-21

夕照闪射余光，心志雅闲，
心志雅闲，展眼秋野情澹荡。

商风吹来萧凉，爽我情肠，
爽我情肠，写诗舒发我感想。

人生正气昂扬，不为物妨，
不为物妨，努力叩道矢向上。

历尽坎坷艰苍，心怀阳光，
心怀阳光，正直一生吾奔放。

红尘杀伐之场，搏击艰苍，
搏击艰苍，正必胜邪凯歌扬。

天父恩典无限，暖我心房，
暖我心房，颂赞鸿恩理应当。

阖家平安吉祥，感恩心间，
感恩心间，矢沿正路奔天堂。

世界太多肮脏，利锁名缰，
利锁名缰，务必全部弃尽光。

云天淡荡

2023-10-21

云天淡荡，商风吹清凉。
林野萧苍，菊花绽清芳。

重阳行将，时光真飞殇。
星星染霜，一笑也安祥。

振志疆场，力战恶虎狼。
清贫雅享，正义心地间。

神恩广长，心灵怀力量。
慧烛秉掌，矢沿正路闯。

红尘无恙，不是我故乡。
百年暂享，天国是家邦。

奋发向上，克尽千重艰。
荣归故邦，福乐真无限。

13.俯仰集

子夜时分

2023-10-22

子夜时分，校诗哦咏也精诚。
灯下思深，秋意西风吹清纯。

没有人声，微微展我读书声。
岁月飞骋，不计名利心平正。

感谢神恩，赐下恩典美不胜。
阖家馨温，欢乐安享此天伦。

正意刚贞，不屈虎狼之成阵。
冲决魔阵，圣灵中保凯声腾。

朝旭既舒光兮

2023-10-22

朝旭既舒光兮，雀鸟鸣唱。
远际响歌唱兮，撩动襟房。

秋风吹清凉兮，木叶逝殇。
有菊开清芳兮，惬余情肠。

早起读诗章兮，心境悠扬。
人生振奔放兮，鼓志前闯。

山水履雄旷兮，不计险艰。
一笑余澹荡兮，神恩饱享。

处心吾平正

2023-10-22

处心吾平正，不惧坎坷艰深。
正意弥乾坤，力战魔敌凶狠。

秋意渐深沉，清喜黄花开盛。
喜鹊鸣清纯，蓝天白云飘纷。

商风吹爽神，品茗休闲时分。
读书意气振，朗哦声入云层。

努力修心身，名利矢志抛扔。
胸襟雅十分，水云情怀清芬。

闲情聊表

2023-10-22

闲情聊表，激越撰诗稿。
东篱菊俏，明日重阳到。

心怀谁晓？雅撰我诗稿。
南山情调，原也具孤傲。

洒脱情抱，振志入云霄。
一点心潇，水云怡心窍。

红尘扰扰，名利何紧要。
合当弃抛，叩道吾逍遥。

世道艰苍

2023-10-22

世道艰苍，有鬼魅肆行嚣张。
奋志贞刚，力战彼虎豹豺狼。

心灯燃亮，前进穿越彼雾障。
中心阳光，更有天使护我航。

灵程向上，修心养德启无疆。
振志奔放，傲立强健若松桩。

岁月舒昂，已渐斑苍一笑放。
君子端方，不屈不挠挺顽强。

灿烂秋阳

2023-10-22

灿烂秋阳，清洒此光芒万丈。
心志安祥，从容雅哦我诗章。

林野斑黄，色泽浓厚堪欣赏。
晚秋无恙，时节飞逝惊心肠。

正意昂扬，读书写诗骋志向。
心怀清芳，不许名利扰襟房。

淡淡荡荡，中心无机素朴漾。
正直阳刚，力战凶恶之豺狼。

暮烟正浓
2023-10-22

暮烟正浓，城市灿霓虹。
宿鸟鸣颂，灯下我哦讽。

舒出情浓，舒出正气洪。
舒出清空，舒出意万重。

人生矢冲，万里沐雨风。
名利弃空，高蹈余心胸。

岁月逝风，往事余感动。
斑苍任浓，一笑雅无穷。

秋夜既深兮心志生成
2023-10-22

秋夜既深兮心志生成，
聊以哦诗兮舒我真诚。
四围静悄兮内叩心身，
正志朗逞兮发语温存。
人生奋发兮万里驱骋，
风雨冰霜兮在所不论。
如松坚贞兮傲立刚正，
如水长流兮不息奔腾。
岁月进深兮斑苍何论，
时光敬珍兮努力奋争。
诗书清骋兮冬夏秋春，
著书积淀兮应许等身。
明日重阳兮东篱菊盛，
心迹聊表兮自我慰问。
发光发热兮尽我一生。
如风如电兮人生驰奔。
寻觅真理兮秉烛前骋，
穿越艰深兮虎狼成阵。
提刀奋搏兮血洒层层，
仰荷神恩兮起死回生。
五十八载兮迅若一瞬，
转首回望兮烟锁深深。
更应瞻望兮未来行程，
鼓志骋心兮蓬勃心身。
不畏苦难兮微笑清生，
百年飞度兮业绩创成。
世事桑沧兮幻化不胜，
唯有德操兮垂范后人。
愿学清泉兮进涌奔腾，
愿学流风兮自由一生。
愿如飞鸟兮穿越云层，
愿如虬松兮挺拔刚正。
人生在世兮名利何论，
清贫清苦兮志取坚贞。
君子固贫兮修养力增，
叩道体道兮奋志一生。
清裁心志兮讴咏真诚，
心灵若花兮开放缤纷。
人生晚晴兮思想生成，
多言何必兮不复再论。

爽意人生

2023-10-23

爽意人生，努力保守天真。
重阳今正，感慨盈满心身。

早起时分，村鸡啼唤声声。
雀鸟鸣纯，小风吹来宜人。

岁月进深，思想积淀深沉。
人生驰骋，不为名利纷争。

大千红尘，幻化桑沧永恒。
百度秋春，人生正似一瞬。

奋志刚正，矢沿正道驰奔。
山高水深，吾不惧其艰盛。

韶华敬珍，诗书尽力潜沉。
讴咏晨昏，不计霜华生成。

秋意爽心

2023-10-23

秋意爽心，重阳今日临。
朝旭鲜明，只是雾霾又盈。

正志分明，人生力挺进。
山水雄峻，旷余心襟意灵。

岁月飞行，不必计斑鬓。
一笑爽清，持正击邪刚劲。

喜鹊欢鸣，商风鼓干劲。
层林惬心，黄花怒放开屏。

和善为本

2023-10-25

和善为本，清度正义人生。
朗日乾坤，雀鸟欢欣啼纯。

秋意渐深，林野萧瑟日盛。
黄花绽芬，喜悦余之心身。

傲立人生，原无卑媚生成。
无机刚贞，叩道奋我晨昏。

红尘滚滚，太多迷烟伤神。
神恩丰盛，导引灵程平正。

世事恒空洞

2023-10-25

世事恒空洞，勿为名利所哄。
惬听鸟鸣颂，秉持正直心胸。

德操力修中，知错必改为重。
前旅步从容，不计困苦艰浓。

斑苍一任重，呵呵一笑轻松。
人生奋勇猛，叩道穿越雨风。

秋深走爽风，涤我心襟灵动。
写诗舒襟胸，雅具质朴清空。

东篱菊芳吾悠扬

2023-10-26

东篱菊芳吾悠扬，
晚晴时节情志旷。
读书品茗写华章，
舒出一种正气昂。

天晴日朗鸟鸣唱，
休闲心境持坦荡。
不为名利而狂猖，
清贞自守叩道藏。

正志人生

2023-10-26

正志人生，远离名利纷争。
清贫雅芬，君子固贫守贞。

黄花开盛，晚秋天晴时分。
雀鸟啼纯，惬我心意十分。

品茗意生，雅将新诗哦成。
霾锁乾坤，污染糟糕害人。

叹息良生，努力守护心身。
振志前骋，不畏山高水深。

晚秋正好

2023-10-26

晚秋正好，黄花东篱开了。
清持雅抱，哦诗舒出情窍。

惬听鸟叫，享受绿茗之妙。
读书怡抱，林野斑斓美好。

神恩丰饶，导引人生正道。
名利弃抛，高蹈身心渺渺。

商风吹潇，涤我心襟微妙。
雾霾笼罩，谁持慧帚清扫？

谦和心襟

2023-10-26

谦和心襟，人生正意鲜明。
守护身心，秉持慧烛前行。

尘世风云，洗涤吾之心灵。
圣洁魂灵，矢沿正路挺进。

力克魔兵，仰赖神恩丰盈。
颂赞于心，天路奋志追寻。

百年飞劲，老我苍鬓殷殷。
一笑爽清，豁怀清朗无垠。

裁心无恙

2023-10-26

裁心无恙，人生奋志向上。
穿越险艰，心地无机坦荡。

秋意澹荡，西风吹来爽肠。
和平襟房，恒以中庸为尚。

力战强梁，还我山河平康。
情志悠扬，神恩赐下奔放。

灯下思想，哦诗舒出激昂。
万家灯亮，生活雅奏乐章。

远际歌声嘹

2023-10-26

远际歌声嘹，心志清好。
夜晚华灯照，商风吹潇。

哦诗吾洒潇，情思不了。
激情比天高，旷欲朗啸。

红尘多扰扰，静定为要。
叩道是紧要，矢志驱跑。

关山越险要，风云大好。
开怀我微笑，正意风标。

贞定人生场

2023-10-26

贞定人生场，抵抗诱惑狂猖。
守护我心房，不为物欲所障。

性光持清亮，烛照前路方向。
正义吾强刚，力战恶虎凶狼。

世事岂平常，多有雾锁烟障。
神恩赐奔放，一似光明太阳。

努力奋向上，克尽万千险艰。
天国是标向，冲决魔敌阻挡。

心志安祥

2023-10-26

心志安祥，灯下清思发扬。
舒发感想，容我哦写诗行。

人生向上，必然遭遇阻艰。
矢志贞刚，神必赐与力量。

灵程奋闯，不惧试探深艰。
心灵有光，烛照前进方向。

穿越雾障，前路必有阳光。
万里驱闯，山水豁余襟房。

正义人生

2023-10-27

正义人生，奋发吾之刚贞。
傲立乾坤，清展男儿雄浑。

飞迅秋春，老我斑苍何论。
一笑纯真，依持心志清诚。

努力驰骋，不计山水艰深。
天涯景纯，召唤我往前奔。

此际秋深，此际夜值三更。
思想生成，化为新诗涌迸。

心志聊旷

2023-10-27

心志聊旷，淡眼世事桑沧。
不须匆忙，叩道定定当当。

人生安祥，坚持正直情肠。
力抛伪奸，无机心地贞刚。

矢志向上，修心岂有穷疆。
养德清芳，一似东篱菊黄。

淡淡荡荡，中心何所遮藏。
眼目明亮，力沿正道驰闯。

流年更张

2023-10-27

流年更张，心志不取苍茫。
秋意萧苍，林野斑斓色相。

天喜晴朗，喜鹊高声鸣放。
心境无恙，雅将新诗哦唱。

情志坦荡，人生悠怀意向。
振发情肠，鼓志万里驱闯。

履尽艰苍，依然心怀阳光。
尽力向上，修心养德加强。

小风舒爽

2023-10-27

小风舒爽，蓝天煦阳灿放。
落叶飘荡，晚秋萧瑟景象。

有菊清芳，惬我情思飞扬。
品茗无恙，读书意气洋洋。

新诗哦唱，无非舒写志向。
人生向上，力克万千险艰。

岁月飞旷，不觉霜华添涨。
意气逸扬，豁怀清持奔放。

朗日天晴

2023-10-27

朗日天晴，蓝天灿绣白云。
悠悠品茗，袅起余之意兴。

写诗舒情，一曲中正持心。
人生前行，合当弃去利名。

高蹈余心，趋向水云之境。
红尘惊心，太多机关陷阱。

化外风情，烟霞契我心襟。
叩道振兴，努力修身养性。

喜鹊既清鸣兮天日喜晴

2023-10-28

喜鹊既清鸣兮天日喜晴，
黄花开清俊兮喜悦余心。
晨起怀殷殷兮哦诗吐情，
一曲舒扬长兮旷意雅清。
蓝天流白云兮和风来俊，
晚秋心无恙兮读书怡情。
瞻望余淡定兮向往飞行，
一搏彼云天兮惬余心灵。

阳光普照

2023-10-28

阳光普照，和风清新绕。
心境清好，容我舒逍遥。

人生洒潇，矢沿正路跑。
修心为要，风光历迢迢。

振襟朗啸，声震入云霄。
男儿怀抱，正直为首条。

红尘扰扰，名利不紧要。
修养德操，颐养我心窍。

正意人生场

2023-10-28

正意人生场，努力向上。
不计路途艰，奋发闯荡。

柔和心地间，悠悠哦唱。
舒出我情肠，一似菊芳。

岁月旷飞翔，笑我华霜。
骋志当强刚，傲立茁壮。

中正未可忘，力戒躁狂。
谦和晨昏间，无机昂扬。

惜缘惜福未可忘

2023-10-28

惜缘惜福未可忘，
人生振志向上。
叩道不惧千重艰，
持正矢志顽强。

秋深商风清扫荡，
木叶飘逝飞荡。
清喜蓝天白云翔，
东篱菊花正黄。

岁月进深吾何讲，
微微一笑澹荡。
人生意义力寻访，
努力修心奔放。

君子人格力培养，
秉诚守护襟房。
无机正直秋春间，
标的天国归航。

云淡天青

2023-10-28

云淡天青，爽风吹来多情。
温和心性，哦诗雅舒胸襟。

岁月进行，晚秋怡人情景。
黄花开屏，林野斑斓灿俊。

淡泊心襟，原不在意利名。
雅守清贫，君子注重修心。

振奋心灵，人生秉志前行。
关山风景，增我阅历雄劲。

秋光清好

2023-10-28

秋光清好，爽风畅意来到。
斜照怡抱，读书惬我心窍。

人生晴好，风风雨雨经饱。
开怀一笑，人世客旅微妙。

红尘扰扰，众生陷入胡搞。
物欲嚣嚣，害人伤亡跌倒。

神恩丰饶，指引正路逍遥。
乐叩大道，正直旷展风标。

黄菊清新

2023-10-28

黄菊清新，落叶写意飘多情。
斜照朗俊，蓝天浪漫浮白云。

风来何清，爽我心意并心灵。
纵情哦吟，舒出人生之奋兴。

雅品芳茗，悠怀清旷怀意境。
人生经行，原不在意利与名。

岁月何劲，磨炼我之真心性。
追求灵明，追求淡泊之雅情。

人生奋志前行

2023-10-28

人生奋志前行，穿越关山峻岭。
风光涤心灵，旷怀雅无垠。

此际朗月正明，秋夜无比爽清。
远际歌声吟，动我之心襟。

灯下放志哦吟，舒出人生奋兴。
斑苍不要紧，贵在奋心灵。

前路不惧艰辛，男儿怀有激情。
一路放歌吟，天涯灿风景。

修身养性

2023-10-29

修身养性，矢沿正道前进。
力胜魔兵，冲决黑暗困境。

神恩无垠，赐我身心光明。
灵程挺进，对准天国飞行。

心志殷殷，不计困难险境。
奋发刚劲，斩杀虎狼成群。

圣洁心襟，体道悟彻圆明。
远抛俗情，远离名利陷阱。

时近五更

2023-10-29

时近五更，醒转之时分。
雅发心身，哦诗吐纯真。

秋已经深，时光真迅奔。
不老心身，骋志奋刚贞。

人生秉诚，叩道吾奋争。
朝夕晨昏，朗放读书声。

正直秋春，名利弃而扔。
清怀雅芬，如菊之开盛。

闲情聊表

2023-10-29

闲情聊表，振意哦诗稿。
天气晴好，晚秋黄花俏。

品茗意潇，淡泊盈心窍。
人生行跑，拙正持襟抱。

旷听啼鸟，喜鹊声最高。
落叶飘飘，诗意弥尘表。

合当高蹈，名利何紧要。
修心迢迢，步履须行好。

关山朗造，开怀吾大笑。
客旅逍遥，标的须明瞭。

风雨经饱，意志如钢造。
持心雅骚，何许稍骄傲。

谦正情操，向学振风标。
诗章哦了，旷欲向天啸。

展颜微笑，豁怀原美妙。
憩此尘表，最贵是逍遥。

洒脱在尘表

2023-10-29

洒脱在尘表，未许名利扰心窍。
人生乐逍遥，为因矢沿正道跑。

爽然展一笑，秋清天晴响啼鸟。
读书怡襟抱，更哦新诗雅且骚。

阖家俱康好，神恩丰赡且丰饶。
灵程努力造，胜过试探之艰饶。

东风写意潇，田野斑斓富色调。
正襟品茗妙，君子人格一生造。

清意人生
2023-10-29

清意人生，未许燥热生成。
雅度秋春，诗书朗哦晨昏。

朗日正逞，啼鸟叫唤声声。
爽风来骋，惬我心意心身。

晚秋时分，野景斑斓动人。
黄花开盛，烂漫余意十分。

红尘困城，名利徒扰人生。
慧目务睁，清净自我灵魂。

阳光既清朗兮心地无恙
2023-10-29

阳光既清朗兮心地无恙，
浴后怀意向兮旷哦诗章。
秋风径扫荡兮木叶逝降，
蓝天白云漾兮引余遐想。
人生奋志向兮不为物障，
性天持敞亮兮叩道向上。
几声啼鸟响兮点缀尘壤，
悠品清茗畅兮聊发感想。

凯风既旷兮心境清朗
2023-10-29

凯风既旷兮心境清朗，
层林染黄兮斑斓色相。
秋深叶殇兮随风飘降，
东篱菊芳兮灿其金黄。
休闲暇想兮聊哦诗行，
一曲舒昂兮体道奔放。
人生振志兮莫忘闯荡，
秉心持正兮万里驱闯。
山高水长兮风光清靓，
叠遭艰苍兮一笑安祥。
坦平心肠兮悟彻既往，
未来广长兮裁意扬长。
和柔心房兮中正端庄，
修身向上兮心怀阳光。
展眼长望兮天际烟苍，
愿学鸟翔兮摩云松岗。

14.存诚集

闲去田野望
2023-10-29

闲去田野望，又见粉蝶飞翔。
漫地落叶苍，一片丰收景象。

斜照洒辉煌，商风吹来潇爽。
散步悠悠逛，心志淡泊安祥。

岁月飞无恙，已近立冬时间。
不必惊华霜，人生正意强刚。

红尘客旅间，名利骗人之象。
内叩襟与肠，发见慧光明亮。

又值黄昏
2023-10-29

又值黄昏，夕阳朗照乾坤。
和平宇城，秋风畅意吹逞。

心志生成，新诗哦咏真诚。
人生奋争，辞去名利轻身。

红尘滚滚，太多机巧斗争。
吾持雅正，心怀水云清芬。

百年飞奔，五十八载一瞬。
淡笑清生，共缘旷去驰骋。

人生莫骋机巧
2023-10-29

人生莫骋机巧，淡泊为要，
淡泊为要，拙正持心方好。

黄昏清展夕照，心志微妙，
心志微妙，惬意听取啼鸟。

商风吹来裹裹，木叶逝飘，
木叶逝飘，心怀雅持风骚。

哦诗舒出情抱，原也良好，
原也良好，豁达微展一笑。

持心悠闲
2023-10-29

持心悠闲，淡立在松岗。
观眼世间，一片乱茫茫。

应持清肠，勿为名利诳。
贞定之间，叩道奋向上。

百年无恙，真神导方向。
灵程奋闯，胜过试探艰。

微笑浮上，清怀真扬长。
哦诗激昂，舒出我奔放。

人生不觉晚晴间
2023-10-29

人生不觉晚晴间，心志悠扬，
心志悠扬，万事看淡共缘翔。

此际暮烟渐渐涨，宿鸟啼唱，
宿鸟啼唱，市井和平之景象。

灯下写诗舒意向，一曲张扬，
一曲张扬，人生正意何刚强。

胸襟依然持茁壮，傲骨贞刚，
傲骨贞刚，如松如柏之劲苍。

宿鸟一片喳喳叫（之一）
2023-10-29

宿鸟一片喳喳叫，暝色天地罩。
灯下写诗舒不了，情怀茂且饶。

人生纵展正气高，力战魔敌妖。
胜利凯歌入云霄，矢沿正路跑。

关山峻岭越险要，风光惬心窍。
人生未可稍讨巧，拙正叩大道。

秋深落叶诗意飘，红尘原清好。
不为名利而折腰，正直吾洒潇。

毅然傲挺

2023-10-29

毅然傲挺，如松之虬劲。
不惧艰辛，奋志以前进。

秋深怀情，灯下吾哦吟。
心怀清宁，雅淡且康平。

人生振兴，不可贪利名。
高蹈身心，清洁若白云。

岁月进行，身心吾雅清。
淡淡定定，领取道意境。

雅秉心身

2023-10-30

雅秉心身，人生奋志吾刚正。
冲决困城，名利损身合须扔。

灵程驰骋，力战魔敌之凶狠。
山河平正，不许鬼魅肆纵横。

仰赖神恩，赐我平安之福分。
飞往天城，共父永生万年春。

净化灵魂，力抛污秽求纯真。
秉持慧灯，矢沿正路驰与奔。

时既三更

2023-10-30

时既三更，醒转之时分。
写诗怡神，舒出我诚真。

秋夜爽神，四围静闻针。
灯下思深，人生振志骋。

感沛神恩，导引我人生。
叩道奋身，不计艰与深。

正直心身，无机秉纯真。
人格修成，淡雅若菊芬。

端正身心

2023-10-30

端正身心，人生奋志前行。
天喜朗晴，今日分外开心。

雀鸟娇鸣，写意商风何清。
蓝天白云，妙曼裁剪多情。

旷志哦吟，舒出男儿心襟。
辞去利名，高蹈余之心灵。

水云心映，眼目坚贞坚定。
努力挺进，览尽关山风云。

爽风进行

2023-10-30

爽风进行，心志吾雅清。
阳光灿俊，落叶恣飘零。

小酌怡情，读书意振兴。
写诗适襟，旷宇都包并。

正气凌云，傲立若松劲。
力战魔兵，守护吾心灵。

灵程挺进，叩道雅无垠。
神恩丰盈，赐下安与平。

淡泊身心
2023-10-30

淡泊身心，应能忍辱精进。
叩道之境，领略柳暗花明。

旷然心境，何许计较利名。
雅守清贫，固守质朴本心。

正义鲜明，识破世界虚境。
一笑雅清，客旅人生如云。

红尘幻境，桑沧变换殷勤。
百年生命，如露如电如影。

激越人生
2023-10-30

激越人生，总赖心志生成。
雅度秋春，正意朗哦晨昏。

诗书清骋，淡泊名利清芬。
修心奋争，叩道矢志驰奔。

静定心身，辞去物欲扰纷。
慧意生成，豁怀正是无伦。

无机精诚，坦腹哦出刚贞。
一笑意纯，君子人格和温。

秋夜灿华灯
2023-10-30

秋夜灿华灯，清思生成。
远际嘹歌声，动我心身。

爽风来吹逞，惬意十分。
哦诗也清芬，舒出精诚。

人生奋驰骋，山水成阵。
不畏惧艰深，傲骨刚贞。

一笑淡淡生，豁度秋春。
名利合弃扔，害人至深。

持心清净
2023-10-30

持心清净，淡眼尘世风云。
情志殷殷，步履前程奋兴。

辞去利名，正直是我身心。
坦荡空灵，叩道兼程挺进。

此际心宁，灯下哦咏舒情。
雅淡胸襟，素朴如菊之清。

立冬将临，时光旷飞何迅。
珍惜寸阴，矢沿正道前行。

人生雅持安祥
2023-10-30

人生雅持安祥，静定是我情肠。
不畏尘世险艰，仰荷神恩奔放。

淡泊是余心襟，此生不图利名。
努力修身养性，一生追求上进。

诗书容我倾心，晨昏放志哦吟。
舒出人生奋兴，舒出正义心灵。

此生已值晚晴，微笑心怀淡定。
雅洁是余身心，体道趋入圆明。

远际淮剧嘹歌唱

2023-10-30

远际淮剧嘹歌唱,
引我心襟动悠扬。
岁月如此舒奔放,
身心激越入诗行。
一生正直若松长,
挺立傲岸何茁壮。
力战魔敌与奸魁,
致力灵程奋飞翔。

雅正情操

2023-10-30

雅正情操,心志舒广辽。
未许骄傲,未许稍狂躁。

心境堪表,人生若芳草。
质朴丰饶,野火烧不了。

岁月飞潇,赐我斑苍老。
爽雅一笑,远抛机与巧。

红尘扰扰,名利务弃掉。
清心高蹈,田园惬襟抱。

正义人生

2023-10-30

正义人生,原无卑媚生成。
傲立乾坤,豪情旷入云层。

秋夜情生,雅听远际歌声。
爽风来逗,惬我心意十分。

灯下思深,人生意义探问。
物欲勿盛,清心正意秋春。

叩道驰骋,阅历山水雄浑。
回首惊震,已越烟峦层层。

世宇苍茫

2023-10-30

世宇苍茫,晚秋正值间。
心志清昂,人生振志闯。

红尘烟障,名利害人肠。
慧目擦亮,明辨正方向。

努力闯荡,关山越千幢。
开我襟房,胸怀阔且壮。

悠悠情肠,婉转以歌唱。
何须张扬,静默聚力量。

晨鸡朗吟

2023-10-31

晨鸡朗吟,四更早起情志殷。
南天月明,更有爽风吹多情。

灯下哦吟,舒出人生之奋兴。
正志前行,苦风凄雨不要紧。

守护心灵,质朴心地持空灵。
未许利名,损我身心之清明。

岁月进行,晚秋时节余怀情。
惜时铭襟,晨昏注重修心灵。

天日晴朗

2023-11-1

天日晴朗,放吾之讴唱。
逸意扬长,耳畔喜鹊鸣响亮。

商风来翔,落叶轻飘荡。
品茗悠扬,诗意弥满我襟房。

正意昂扬,人生鼓勇闯。
山水雄壮,大好风光涤心肠。

人生奔放,名利无意向。
振志向上,历尽艰苍心茁壮。

爽风来畅

2023-11-1

爽风来畅,心地吾无恙。
阳光洒放,晚秋天地旷。

情志轩昂,人生正志向。
和平宇间,心胸守安祥。

贞怀向上,物欲未许障。
修心奔放,叩道尽力量。

红尘攘攘,心怀水云间。
遁世扬长,君子人格彰。

阳光洒照

2023-11-1

阳光洒照,心志吾清好。
南风潇潇,木叶恣意飘。

正襟洒潇,矢沿正道跑。
和平襟抱,不受名利扰。

红尘险要,正邪杀伐高。
神恩丰饶,凯歌彻云霄。

身心看好,叩道路迢迢。
山水清妙,壮我心襟骚。

清意人生

2023-11-1

清意人生,秉持正念晨昏。
不妄纷争,中庸中和中正。

岁月进深,晚秋黄花缤纷。
朗日清逞,和平世宇安稳。

读书清芬,哦诗旷舒心身。
振奋精神,努力灵程飞奔。

名利弃扔,清心正意雅芬。
笑意纯正,淡度康馨生尘。

爽风进行

2023-11-1

爽风进行,心志吾轻盈。
写诗舒情,正意旷无垠。

朗日天晴,雀鸟奋和鸣。
中心高兴,新诗哦不停。

人生情景,穿越试炼境。
诚正心襟,雅洁且空灵。

立冬将临,黄花开清俊。
木叶飘零,点缀世康平。

持正人生

2023-11-1

持正人生，不惧苦难生成。
总赖神恩，赐下平安福分。

奋行灵程，胜过魔敌妖氛。
天旅行程，雅持圣洁心身。

风雨晨昏，朗放读书之声。
惬意生尘，叩道体道真诚。

妙持心身，不为物欲奋争。
淡泊秋春，矢沿正道驰骋。

心定自乘凉

2023-11-2

心定自乘凉，悠悠扬扬。
四更不眠间，小哦诗章。

岁月自清芳，流年更张。
晚秋清无恙，灯下思想。

立冬行即将，未许惊怅。
人生正志刚，努力向上。

情志吾澹荡，名利弃放。
骋意著书间，真理宣扬。

夜风微微漾，星斗灿光。
四围静悄间，神思张扬。

多言何必讲，简捷为上。
实干方为强，业绩矢创。

岁月进行

2023-11-2

岁月进行，奋展人生刚劲。
五更情殷，旷听鸟语鸡鸣。

天犹未明，灯下思放空灵。
哦诗清劲，舒出正义心襟。

秋深意境，爽风吹来清新。
振奋心灵，人生鼓志前行。

立冬将临，时光飞逝何迅。
一笑淡定，人生只是旅行。

持心无恙

2023-11-2

持心无恙，容我哦咏诗行。
晨风清爽，只是天犹未亮。

路上车响，林野鸟语欢畅。
远村鸡唱，点缀世态平康。

早起安祥，读书写诗意旷。
人生昂扬，务须珍惜韶光。

只是斑苍，年值晚晴时间。
一笑澹荡，人生骋志向上。

红尘历练之境

2023-11-2

红尘奋练之境，雅秉吾之良心。
正义盈心灵，不屈艰苍境。

此际阳光洒俊，南风吹来爽清。
心志是和平，哦诗适心襟。

晚秋情思朗俊，淡眼木叶飘零。
感发于身心，化为诗哦吟。

务当奋志前行，克尽旅途艰辛。
矢沿正道行，慧目睁圆明。

清净己心
2023-11-3

清净己心，物欲合当辞屏。
名利云云，只是诱人陷阱。

正志凌云，旷展吾之雄心。
诗书意境，领略风味清俊。

岁月空清，华年逝去殷殷。
不老心襟，鼓舞情志前行。

一笑温馨，君子人格显明。
叩道进行，越过万山千岭。

休憩身心
2023-11-3

休憩身心，放下书本不经营。
爽风清新，涤我心襟并心灵。

红尘之境，太多狼烟之经行。
总持淡定，不为名利损胸心。

晚秋之景，林野萧瑟斑斓境。
黄花开俊，更有群鸟旷飞鸣。

内叩身心，人生真理矢追寻。
名利辞屏，趋向水云意何清。

贞志清刚
2023-11-3

贞志清刚，绝不向名利投降。
红尘万丈，正好磨炼我心房。

正义奔放，力战魔敌与凶魈。
浩意汪洋，下笔倾心化诗章。

岁月清芳，世界只是试炼场。
持心向上，天国遐方是故邦。

淡淡荡荡，无机正直盈心房。
儒雅安祥，清度晨昏放哦唱。

处心安宁
2023-11-3

处心安宁，任从世事纷纭。
雅守静定，中心莲花开屏。

世界风云，坚贞坚定持心。
努力修心，祛除私欲力行。

岁月飞行，晚秋朔风吹劲。
淡泊心灵，品茗读书怡情。

萧瑟野景，却有黄花芳俊。
坦平心襟，共缘朗去前行。

摧伏魔军
2023-11-3

摧伏魔军，守护吾之心灵。
雅正盈心，不许邪意入侵。

叩道矢进，不必计较艰辛。
试炼之境，总赖神恩丰盈。

秋深风劲，木叶飘飘逝零。
天气惜阴，雾霾笼此尘境。

雀鸟娇鸣，镇日奋其殷勤。
哦诗舒情，中心骚意鲜明。

悠然人生
2023-11-3

悠然人生，淡泊情志吾纯真。
正直一生，穿越山水之雄浑。

暝烟清骋，宿鸟归飞鸣振奋。
灯下哦申，舒出心襟之雅芬。

红尘滚滚，太多磨炼艰且深。
丰沛神恩，导引妙丽之灵程。

阖家安稳，欢愉度日享康顺。
颂出心身，努力奋心走灵程。

心志贞定
2023-11-3

心志贞定，浮躁可不行。
勿图利名，清心最要紧。

叩道进行，时时省心灵。
奋发挺进，胜过试炼凌。

神恩丰俊，赐下此康平。
讴哦尽兴，灵程努力行。

裁思哦吟，呼出我心情。
人生经行，切勿图利名。

不急不躁
2023-11-4

不急不躁，旷意听啼鸟。
朔风萧骚，木叶恣意飘。

心襟雅好，休闲何美妙。
品茗意高，舒情撰诗稿。

南山情抱，黄花开正俏。
洒脱潇潇，人生不惧老。

坎坷任饶，持心平且逍。
名利弃了，高蹈水云骚。

雅意人生
2023-11-4

雅意人生，秉持吾之纯真。
清度秋春，努力修心秉诚。

山高水深，奋志力行灵程。
丰沛神恩，赐下平安妥稳。

此际秋深，天阴朔风成阵。
飘叶逝纷，感慨积淀心身。

人生驰骋，标的天国精准。
冲决魔氛，圣徒讴咏兴奋。

暮阴时分
2023-11-4

暮阴时分，敞心吾何论。
心志缤纷，清听啼鸟声。

灯下思深，人生不沉沦。
奋发刚正，努力灵旅程。

和柔心身,谦谦君子芬。
向上力争,修心在晨昏。

朗放书声,哦咏也怡神。
清度秋春,书山力攀登。

宿鸟一片喳喳叫（之二）
2023-11-4

宿鸟一片喳喳叫,心志清好,
心志清好,从容雅撰我诗稿。

此际暝烟苍苍绕,夜幕笼罩,
夜幕笼罩,晚秋朔风吹劲萧。

心怀安稳闲思俏,人生奋跑,
人生奋跑,努力修心叩大道。

世界原来存奇妙,用心寻找,
用心寻找,真理悟彻微微笑。

持心平正
2023-11-4

持心平正,不为物欲妄纷争。
秉持真诚,修心叩道在晨昏。

试炼任深,总赖神恩赐丰盛。
步我灵程,旷飞冲决魔敌阵。

灯下思生,哦咏新诗吐诚正。
一曲清芬,舒出情志也温存。

努力前骋,人生标的须精准。
天国永生,福乐安稳是真正。

15.烂漫集

调心无恙
2023-11-4

调心无恙,不为物欲所障。
正义襟房,力战魔敌妖魍。

灵程奋闯,山水履历远长。
彩虹心间,步履坚贞坚壮。

试炼任艰,我心如磐相仿。
微笑浮上,豁达心志安祥。

红尘攘攘,不是我之故乡。
天国家邦,永生福乐无限。

鼓足干劲前骋
2023-11-4

鼓足干劲前骋,人生奋志刚正。
不必畏惧艰深,旷怀雅靓诚真。
岁月是渐进深,霜华任其清增。
一笑温和温存,只争朝夕晨昏。

爽风来行
2023-11-5

爽风来行,心志吾清明。
喜鹊高鸣,天气惜乎阴。

残秋之景,木叶肆飘零。
朔风鼓劲,寒流行将临。

立冬既近,黄花旷开屏。
田野萧境,老柳舞清新。

散思空灵，哦诗复振兴。
休闲多情，况复品清茗。

惊雷震响

2023-11-5

惊雷震响，秋雨萧萧降。
打开灯光，撰写我华章。

岁月飞旷，残秋朔风荡。
心志安祥，不必计华霜。

老我即将，独立展思想。
人生贞刚，力战恶虎狼。

神恩广长，赐我以力量。
灵程奋闯，冲决试探艰。

暴雨倾降

2023-11-5

暴雨倾降，伴以雷声炸响。
感秋茫茫，立冬即将来访。

心怀激荡，黄花慰我情肠。
人生向上，著书记录思想。

客旅之间，华年逝去如狂。
今已斑苍，积淀唯有思想。

修心奔放，努力逆水而上。
正志昂扬，冲决试炼之艰。

黄花后凋兮傲立迎霜

2023-11-5

黄花后凋兮傲立迎霜，
时雨清降兮雷复炸响。
清展神思兮哦出昂扬，
人生奋发兮挺立顽强。
经行风雨兮独立敢闯，
万里迎难兮鼓志奔放。
霜华清涨兮一笑澹荡，
君子人格兮若兰之芳。

烟雨茫茫

2023-11-5

烟雨茫茫，窗外一片嚣响。
感发心间，残秋恣展意向。

黄花清芳，舒出烂漫安祥。
骋志斗霜，品格真堪赞赏。

岁月飞旷，未许悲秋愁怅。
人值斑苍，裁心雅取澹荡。

名利弃放，甘守清贫扬长。
诗书哦唱，自乐得其所向。

人生奔放，体道修心向上。
固穷守常，人格雅洁高尚。

中庸为尚，未可偏激恃刚。
柔和情肠，不减男儿气象。

辞去世界肮脏

2023-11-5

辞去世界肮脏，保守心襟志向。
力战魔敌妖魍，奋志灵程向上。

秋深绵绵雨降，灯下清展思想。
人生正气昂扬，不屈罪恶强梁。

努力骋心奔放，傲立如松似岗。
男儿豪勇强壮，正直一生坦荡。

红尘是有艰苍，不惧试炼深艰。
神恩敷布广长，赐与心灵力量。

适然心襟

2023-11-6

适然心襟，雅持吾之静定。
朔风萧行，朝日光辉灿映。

听取鸟鸣，中心写意空清。
淡定品茗，不为名利所侵。

人生经行，穿越万重山岭。
神恩丰盈，赐下阖家康平。

讴呼多情，人生客旅之行。
快慰心灵，矢沿灵程挺进。

朗日天晴

2023-11-6

朗日天晴，萧瑟秋风正劲行。
散思妙运，写诗聊舒中心情。

雀鸟喧鸣，点缀世宇也清平。
振奋心襟，人生努力以前行。

弃去利名，高蹈水云清虚境。
读书怡情，不计年日之飞迅。

苍苍斑鬓，回首人生吾镇定。
瞻望前景，依然中心怀激情。

朔风吹紧

2023-11-6

朔风吹紧，寒气袭来殷殷。
天喜朗晴，蓝天青碧无云。

残秋萧境，层林斑斓多情。
黄花开俊，聊慰余之心灵。

心怀淡定，饱历尘世风云。
霜华清映，温和雅洁心襟。

慨慷振兴，哦咏新诗舒情。
奋志凌云，男儿朗怀豪情。

坚持气节不倒

2023-11-6

坚持气节不倒，人生履尽险要。
心志依然潇潇，朗哦余之诗稿。

舒出情志风标，男儿如松之峭。
岁月赐人衰老，依持淡然微笑。

此际朔风骚骚，晚秋天日晴好。
雀鸟欢欣鸣叫，东篱黄花开俏。

品茗意兴清高，聊写闲适情抱。
身心未可衰老，振奋心灵驱跑。

谋定而后动

2023-11-6

谋定而后动，吾持从容。
不惧渐成翁，一笑持中。

晚秋朔风浓，木叶飘空。
天晴悦心胸，裁意哦咏。

岁月逝如风，往事回讽。
未来瞻眺中，努力前冲。

不计较伤痛，男儿豪勇。
旷怀雅无穷，傲立若松。

老柳舞风
      2023-11-6

老柳舞风，写意此长空。
秋意浓重，木叶飘零中。

遐思清涌，化为新诗颂。
正意重浓，激情凝于胸。

岁月逝风，行将临立冬。
惊讶之中，斑苍惜增重。

持志中庸，人生务凝重。
淡泊襟胸，哦讽晨昏中。

心志清好（之一）
      2023-11-6

心志清好，不为名利动摇。
淡泊襟窍，清度秋春逍遥。

秋已经老，后日立冬将到。
灯下思骚，远际歌声响嘹。

人渐苍老，容我开怀一笑。
红尘飘渺，客旅人生洒潇。

情志不老，青春心态力保。
哦诗雅俏，质朴心地雅骚。

心志清明
      2023-11-6

心志清明，人生雅怀镇定。
名利辞屏，一生总持淡定。

岁月进行，残秋灯下思萦。
人值晚晴，合当豁达心灵。

履尽阴晴，风雨雷雾饱经。
神恩丰盈，赐下康乐安宁。

灵程奋进，力胜魔敌妖兵。
开辟新境，文明进步无垠。

努力前行，览尽关山风景。
一笑爽清，客旅人生多情。

老我斑鬓，身心依然劲挺。
情志殷殷，万里披荆奋进。

又值五更
      2023-11-7

又值五更，早起之时分。
四围无声，时钟声听闻。

聊哦心身，人生雅秉正。
一路驰骋，阅历山水阵。

岁月飞奔，此际秋已深。
感慨心生，时光真迅奋。

共缘而振，切莫稍沉沦。
持心中正，向上吾力争。

霜华惜生，不老是心身。
远辞青春，德操务积增。

叩道诚真，心志吾缤纷。
质朴晨昏，诗书怡十分。

朗度秋春，明日立冬正。
韶光务珍，切莫稍弃扔。

百年人生，真似一转瞬。
标的须准，努力走灵程。

振志人生

2023-11-7

振志人生，总以实干为准。
一生沉稳，未许吹嘘生成。

此际秋深，此际甫毕五更。
早起思深，旷怀雅洁清纯。

感谢神恩，导引人生旅程。
灵程飞奔，标的对准天城。

浩志乾坤，力战魔敌凶狠。
傲立刚正，如松苍翠茁生。

内叩心身

2023-11-7

内叩心身，前驱力秉慧灯。
穿越夜深，光明心地安稳。

感沛神恩，屡屡起死回生。
导引灵程，胜过魔敌妖氛。

步履人生，奋发吾之刚正。
加强修身，抛弃污秽十分。

雅洁心生，君子人格端正。
不屈世尘，对准天国驰奔。

红尘任其滚滚

2023-11-7

红尘任其滚滚，吾只清守雅芬。
努力加强修身，奋志行走灵程。

魔敌肆其凶狠，圣徒列队成阵。
天使亲来督阵，凯歌响彻云层。

五十八载一瞬，华发飘风纷纷。
爽然一笑安稳，正直清度秋春。

晨昏朗哦声声，诗书容我清骋。
寻觅真理清纯，追求天国永生。

晨曦微启东方

2023-11-7

晨曦微启东方，早起心志清昂。
哦诗舒出心簧，一腔正气何刚。

时光既是飞殇，斑苍顺理成章。
不计霜华清涨，男儿矢展顽强。

叩道尽我力量，一生注重思想。
不为名利奔忙，倾心书山攀闯。

心怀光明太阳，奋发灵程向上。
天国乃是故邦，人生只是暂享。

尘世苦海茫茫，太多机巧构陷。
慧目务睁圆亮，识破诡计诈奸。

力战魔敌凶魉，世界是神所创。
正义必敷人间，真理通行顺畅。

红霞灿于东方

2023-11-7

红霞灿于东方,天地初初明亮。
远方村鸡啼唱,路上车声嚣响。

早起应许三光,撰写新诗数章。
舒出心地情长,婉转兼具奔放。

人生奋发向上,勿为名利所诳。
定志清心昂扬,贞洁雅守襟房。

思想清具力量,旷飞万里无疆。
矢将真理寻访,身心充满明光。

穿越黑暗遮障,慧烛始终秉掌。
前路任生坎艰,风雨兼程力闯。

人生已近老苍,爽然一笑安祥。
不为物欲狂猖,清真雅具气象。

正义人生场

2023-11-7

正义人生场,何许计较深艰。
挺立吾茁壮,男儿原是好钢。

红尘是攘攘,力抛无明机奸。
修心恒向上,儒雅君子清芳。

秋去是扬长,蓝天青碧无恙。
明日立冬访,木叶随风逝降。

散步以闲逛,中心悠悠扬扬。
生活雅清享,神恩赐下丰穰。

心志清好（之二）

2023-11-7

心志清好,阳光正洒照。
品茗意逍,洒脱撰诗稿。

秋将去了,时光飞渺渺。
人却苍老,何不听啼鸟?

应取逍遥,名利不紧要。
正意怀抱,淡泊水云潇。

红尘扰扰,百年迅飞跑。
修心重要,内叩襟与窍。

淡淡定定人生场

2023-11-7

淡淡定定人生场,心志吾平康。
散步悠悠听鸟唱,阳光正灿放。

情志旷展哦悠扬,舒出意清芳。
君子人格培端方,名利合弃放。

写意秋风清扫荡,有菊开金黄。
心境烂漫化哦唱,正直吾强刚。

努力叩道振奔放,万里长驱闯。
慧烛秉掌向前方,眼目明而亮。

清白人生场

2023-11-7

清白人生场,远抛污脏。
守护我襟房,心灯燃亮。

心志展清昂,叩道向上。
无机之心肠,正直阳刚。

西风旷吹畅，木叶飘降。
黄花开正芳，灿其荣光。

人生试炼场，名利欺诳。
性光务明亮，飞往天堂。

心志吾安祥 2023-11-7

心志吾安祥，人生履浪。
从容作诗章，舒出激昂。

午时阳光靓，青碧天壤。
小风来悠扬，惬意襟房。

品茗逸意上，淡淡荡荡。
展眼以旷望，林野萧苍。

明日立冬访，秋去无彰。
慨慷心地间，振志奔放。

寂寞人生场 2023-11-7

寂寞人生场，心志悠扬。
不为名利诳，处心安祥。

有时有感伤，谁慰襟房？
孤旅独闯荡，不屈艰苍。

男儿怀阳刚，傲立茁壮。
身心屡受伤，神恩奔放。

百年似漫长，实属飞殇。
霜华惜清涨，无奈心间。

秋去无影响，木叶飘降。
幸有菊花芳，慰我情肠。

展眼这尘壤，故事千章。
舒情哦诗章，百感俱上。

多言或有妨，裁思短章。
叩道领深艰，试探任放。

切祷叩上苍，神恩安享。
努力向天堂，奋发飞翔。

朗日天晴 2023-11-8

朗日天晴，云淡风且清。
立冬今临，悠悠持心境。

人值斑鬓，未许多伤情。
振志而行，婉转放歌吟。

人生挺进，穿山又越岭。
大好风景，愉悦余心灵。

耳际鸟鸣，东篱菊开俊。
爽我身心，况复正品茗。

天和日朗 2023-11-8

天和日朗，立冬今日正当。
喜鹊鸣唱，爽风其来潇畅。

木叶逝殇，东篱菊正怒放。
逸意扬长，慨慷哦咏诗章。

岁月安祥，风雨已成过往。
未来瞻望，信心百倍刚强。

蓝天云荡，品茗悠展意向。
舒出奔放，舒出男儿豪旷。

此际清思生成

2023-11-9

此际清思生成,夜已值三更。
四围静悄无声,醒转意深沉。

人生旷怀雅正,不妄去纷争。
名利合当弃扔,心志持清纯。

努力前路奋争,山水历雄浑。
男儿清展刚正,不屈世缤纷。

质朴雅淡心身,无机吾清芬。
秉持中庸中正,万里以驰骋。

村鸡又叫

2023-11-9

村鸡又叫,五更起得早。
鸟鸣骚骚,惬余之情抱。

立冬过了,晨起寒不饶。
灯下思俏,从容撰诗稿。

时光飞渺,黄花正风标。
不计衰老,情志犹朗俏。

小风飘飘,畅吸方为妙。
快马奋跑,人生万里道。

红尘扰扰,持心最重要。
正直首条,勿为名利恼。

清心重要,沉静须力保。
真理寻找,踏破关山峭。

振志人生

2023-11-9

振志人生,绝不允许沉沦。
奋发刚正,男儿努力前骋。

历尽艰深,展颜一笑纯真。
天父鸿恩,导引灵性旅程。

早起意振,耳际响彻鸟声。
初冬时分,爽风其来怡神。

傲立乾坤,原无卑媚生成。
机巧抛扔,质朴清度秋春。

五更甫毕天未亮

2023-11-9

五更甫毕天未亮,早起是三光。
清听鸟语鸣奔放,爽风来悠扬。

初冬天气值寒凉,心境持舒爽。
远际荒鸡啼清靓,点缀世宇康。

雅洁旷舒余思想,淡淡有清芳。
辞去世界水云间,化外饶气象。

阖家康平神恩壮,颂赞理应当。
努力灵程奋志闯,胜过试炼艰。

晨曦东方兮微放霞光

2023-11-9

晨曦东方兮微放霞光,
雀鸟欢腾兮歌唱林间。
早起怀情兮撰写诗章,
一曲奔放兮舒出扬长。

人生向上兮定遇阻艰，
力胜试炼兮心志刚强。
红尘攘攘兮淡定襟房，
旷怀悠扬兮淡立松岗。

质朴人生

2023-11-11

质朴人生，未许机巧生成。
淡度秋春，旷意诗书清骋。

努力修身，知错必改诚正。
名利弃扔，轻装万里驱骋。

初冬时分，天阴朔风成阵。
清坐思深，哦诗怡我心神。

霜华任生，呵呵一笑温存。
体道晨昏，内叩自我心身。

人生裁志中庸

2023-11-12

人生裁志中庸，旷度尘世从容。
万物随缘而动，清持雅洁襟胸。
诗书容我哦讽，淡泊名利弃空。
剩有优游心胸，化外气象云风。

冬日休闲

2023-11-12

冬日休闲，晒晒彼阳光。
朔风吹畅，蓝天白云翔。

岁月奔放，霜华渐增长。
持心安祥，不妄起风浪。

心怀向上，奋发我贞刚。
万里驱闯，老马振意向。

红尘攘攘，胸襟吾澹荡。
修养心量，万有俱包藏。

振志人生场

2023-11-12

振志人生场，享受安祥。
冬日正煦阳，灿烂心间。

时光是飞殇，初冬正当。
木叶已逝降，黄花清芳。

散思展悠扬，惬意襟房。
裁意撰诗章，舒出昂扬。

人生往前闯，力克关障。
微笑眉眼间，乐观向上。

斜晖此际朗照

2023-11-12

斜晖此际朗照，心情吾很清好。
阖家康乐欢笑，天伦之乐美妙。
神恩无比丰饶，努力灵程奋跑。
越过关山险要，步履彩虹正道。

又值黄昏

2023-11-12

又值黄昏，夕照辉煌清纯。
烂漫心身，休闲原也安稳。

路上车声，点缀世宇平升。
写诗怡神，人生勿忘奋骋。

履尽艰深，依然一笑纯真。
斑苍任生，少年意志清芬。

朔风成阵，吹飘落叶缤纷。
雅思生成，哦出吾之兴奋。

16.南天集

厚道待人
2023-11-12

厚道待人，未可刻薄生成。
努力修身，奋发上进诚真。

此际夜深，城市灿放华灯。
远际歌声，点缀和平气氛。

内叩心身，君子人格生成。
奋行灵程，对准天国驰奔。

感谢神恩，赐下福分丰盛。
阖家安稳，天伦之乐温存。

世界一片苍茫
2023-11-16

世界一片苍茫，秉持吾之志向。
不为物欲丧亡，清守心灵安祥。

初冬木叶逝殇，黄花开得俊芳。
心地悠悠扬扬，雅将新诗哦唱。

一切顺理成章，仰赖神恩奔放。
努力灵程闯荡，胜过试炼艰苍。

百年真不漫长，五十八裁瞬间。
微笑从心浮上，豁怀清取扬长。

涤荡生尘
2023-11-16

涤荡生尘，仰赖丰沛神恩。
力保纯真，努力奋走灵程。

初冬时分，清思淡荡生成。
阳光洒逞，朔风吹袭成阵。

心境雅芬，人生奋力驰骋。
回味此生，讴颂丰美神恩。

阖家安稳，天伦之乐馨温。
欢快晨昏，哦诗舒我兴奋。

欢乐从心漾
2023-11-18

欢乐从心漾，人生向上。
冬日喜晴朗，青碧天壤。

朔风旷吹翔，寒气未央。
黄花犹俊朗，灿其怒放。

阖家喜洋洋，度日安祥。
神恩铭襟房，颂赞献上。

人生奋志向，莫忘闯荡。
未可耽悠闲，努力舒昂。

守心无恙
2023-11-18

守心无恙，正直吾温让。
冬日阳光，洒在心田上。

清听鸟唱，品茗且悠扬。
哦读诗章，自在何洋洋。

神恩奔放，颂赞心地间。
阖家平康，天伦真无上。

岁月飞旷，何许计斑霜。
一笑澹荡，人生奋前闯。

暮色又苍

2023-11-18

暮色又苍，天有薄寒凉。
感兴升上，从容哦诗章。

初冬正当，黄花笑清芳。
意取平常，闲雅晨昏间。

岁月流旷，心志不嗟怅。
努力前闯，前方风光靓。

骋志强刚，男儿是好钢。
傲立坚壮，不惧风与霜。

人生不必嗟老

2023-11-19

人生不必嗟老，东篱黄花正俏。
此际清新展夕照，
爽风吹来洒潇。

清思旷展逍遥，人生心地晴好。
不畏风雨之艰饶，
努力长途驱跑。

此生履尽险要，雅然灿放微笑。
红尘清度胡不好，
一生神恩笼罩。

晚晴人生奋跑，旅途风光清妙。

豁怀澹荡清且骚，
不为名利倾倒。

东风辽旷

2023-11-20

东风辽旷，浴后吾清爽。
雅撰诗章，舒出情澹荡。

黄花怒放，蓝天青碧漾。
心境舒畅，颂赞神恩壮。

努力向上，修身真无恙。
试炼任艰，奋志以前闯。

红尘万丈，名利肆嚣张。
清心之向，是在水云间。

心志吾和平

2023-11-20

心志吾和平，东风正清。
清喜天朗晴，蓝天凝青。

品茗起雅兴，哦诗空灵。
舒出我心灵，一曲振兴。

努力以前行，穿越山岭。
风光叠苍清，爽我胸襟。

旷怀真无垠，笑傲风云。
人生怀奋兴，化为歌吟。

和乐人生

2023-11-20

和乐人生，履尽患难是真。
奋不顾身，叩道展我诚贞。

红尘滚滚，努力修心晨昏。
雅度秋春，诗书容我清骋。

此际冬正，十月和暖如春。
爽风慰问，自得安祥心身。

正志刚贞，力战魔敌凶狠。
不负平生，养德缕缕清芬。

此际值四更

2023-11-21

此际值四更，醒转时分。
路上响车声，冬夜清冷。

灯下思深深，人生奋骋。
不畏惧艰深，奋我刚正。

五十八秋春，飞似一瞬。
霜华惜清生，一笑温存。

一生蒙神恩，导引灵程。
正直吾纯真，努力修身。

冬夜醒转复难眠

2023-11-21

冬夜醒转复难眠，灯下思清，
灯下思清，读书写诗奋殷勤。

人生旷展吾刚劲，冲决因循，
冲决因循，正义心襟也多情。

履尽苦艰一笑凝，神恩丰盈，
神恩丰盈，赐下平安福分并。

努力灵程力挺进，胜过魔兵，
胜过魔兵，对准天国矢前行。

喜鹊又复鸣唱

2023-11-21

喜鹊又复鸣唱，
天日清喜晴朗。
激情岁月恣流淌，
明日小雪来访。

人生不取张扬，
谦正是我情肠。
一生诗书沉潜间，
著书等身无恙。

清听鸟语鸣放，
好风吹来悠扬。
裁思化作诗千行，
记录心踪奔放。

中庸贯彻之间，
豁怀清取扬长。
惬意人生吾安祥，
正直叩道向上。

漫天晴朗

2023-11-21

漫天晴朗，煦阳灿其光芒。
好风流畅，初冬天不寒凉。

情志悠扬，人生淡淡荡荡。
奋志之向，仍在万里远方。

不折奋闯，攀越高山万幢。
风光清靓，涤我肺腑情肠。

阖家安康，神恩敷下广长。
欢呼奔放，矢沿灵程闯荡。

节俭理应当

2023-11-21

节俭理应当，奢华未可提倡。
修心矢向上，克尽试炼艰苍。

此际洒煦阳，南风其来舒畅。
雀鸟欢鸣唱，漫地落叶堪伤。

初冬和暖间，品茗意兴悠长。
读书写诗章，生活欢乐安祥。

不为名利诳，守我清贞襟房。
向上尽力量，对准天国飞翔。

血气和畅

2023-11-21

血气和畅，阳光正灿放。
心境悠扬，和蔼心地间。

诗兴袭上，从容哦华章。
南风兴旷，拂我心与肠。

和暖尘间，初冬不寒凉。
黄花怒放，愉悦我襟房。

岁月飞翔，霜华任增长。
鼓志奔放，万里长驱闯。

风和日朗

2023-11-21

风和日朗，惬怀岂是有限。
闲适襟房，读书品茗悠扬。

初冬无恙，老柳梳风澹荡。
菊花清芳，怒放精神张扬。

我自慨慷，人生振志前闯。
不畏艰苍，骋意万里奔放。

红尘狂放，太多迷烟锁障。
慧目擦亮，矢沿正道履航。

雅意人生

2023-11-21

雅意人生，不惹名利是真。
恣意求真，虚伪努力抛扔。

暮烟正骋，雀鸟欢腾声声。
灯下思深，化为诗句清芬。

人生刚正，力战魔敌凶狠。
秉持清纯，不惹污泥俗尘。

岁月进深，华发迎风飘纷。
一笑纯真，君子人格温存。

朗晴天空

2023-11-22

朗晴天空，听见喜鹊鸣颂。
浩荡清风，惬我意向无穷。

岁月逝风，流年使余感动。
红尘汹涌，大化恒永运动。

裁志中庸，和平盈满襟胸。
名利何功，合当弃之空空。

努力前冲，履度关山壮雄。
一笑从中，君子旷雅如风。

裁思人生

2023-11-22

裁思人生，千万勿失纯真。
秉持诚正，修心养德晨昏。

小雪今正，和煦阳光洒遑。
和风吹温，爽我心襟十分。

岁月进深，斑苍任其加增。
奋志驰骋，山高水远不论。

清度世尘，不惹名利是真。
济世刚贞，男儿理想清纯。

爽风进行

2023-11-22

爽风进行，惬意我的心襟。
欢快无垠，淡雅品余清茗。

初冬天晴，木叶纷纷凋零。
黄花芳俊，怒放愉悦吾心。

人生怀情，履尽尘世风云。
辞去利名，高蹈水云胸襟。

奋志前行，领略关山风景。
一笑空清，雅洁是余心灵。

雅知名利是空

2023-11-22

雅知名利是空，应能弃之从容。
奋志叩道持中，不做物欲奴庸。

诗书一生清讽，男儿豪勇出众。
淡泊情志清空，胸怀大千云动。

红尘任其幻动，吾只秉守和慵。
坚持真理奋勇，力战魔敌仇凶。

胸襟怀有彩虹，灵程越过雨风。
天父恩典无穷，标的天国直冲。

天气正然阴

2023-11-22

天气正然阴，心志吾和平。
读书以怡情，爽风适心灵。

人生奋前进，朗度关山云。
身心怀奋兴，神恩荷无垠。

力战魔之兵，凯歌彻行云。
心志秉纯清，污秽矢抛屏。

展颜一笑明，旷雅吾多情。
正直傲骨俊，叩道万里行。

适然人生

2023-11-22

适然人生，努力弃假归真。
天父鸿恩，导引灵性旅程。

暮阴时分，宿鸟清鸣成阵。
爽风清骋，惬意从心而生。

灯下哦申，舒出人生精诚。
努力前骋，万里迎难奋身。

冲决魔阵，天使伴我全程。
天国永生，才是福分真正。

勿蚀本根

2023-11-22

勿蚀本根，人生拙正才成。
厚重秋春，君子努力修身。

感谢神恩，丰美并且丰盛。
赐下安稳，旷意奋行灵程。

此际夜深，灯下醒转时分。
思想生成，记录心灵之芬。

瞻望前程，应许风云茁生。
步履坚正，叩道奋不顾身。

晨起天阴

2023-11-23

晨起天阴，薄雾笼野境。
冷风吹行，爽我心与灵。

情志振兴，旷欲放歌吟。
人生前行，攀越关与岭。

霜华清映，一笑吾分明。
快慰心襟，豁达真无垠。

努力修心，修养我灵明。
不畏艰辛，万里力挺进。

人生淡淡定定

2023-11-23

人生淡淡定定，此生不图利名。
身心最要紧，努力奋志行。

旷展心志殷殷，人生努力追寻。
内叩身心灵，矢沿正路进。

雅思清展空灵，哦出气宇凌云。
男儿气节明，傲立若松劲。

初冬清喜朗晴，朔风吹击正紧。
喜鹊噪不停，心境适无垠。

拙朴人生

2023-11-23

拙朴人生，秉持信念诚真。
伪饰弃扔，雅秉吾之纯正。

淡荡生尘，不畏风雨艰盛。
奋志刚贞，努力前面旅程。

一笑馨温，君子人格显逞。
万里驱骋，山高水远不论。

淡度红尘，抛弃名利轻身。
水云清芬，惬我心意十分。

芳华人生

2023-11-23

芳华人生，履尽患难成阵。
依然纯真，依然笑容清芬。

鼓我精诚，努力灵程奋身。
克敌制胜，胜过试炼艰深。

岁月飞奔，霜华清涨不论。
如钢之纯，如松之劲挺生。

万里长征，磨炼意志之盛。
天国永生，何其福乐缤纷。

暮色重浓　　　　　　　2023-11-23

暮色重浓，心志雅持从容。
宿鸟鸣风，华灯灿然清送。

人生奋勇，努力穿越雨风。
振志刚洪，男儿不做孬种。

名利何功，害人甚为浓重。
弃之轻松，万里兼程矢冲。

时值初冬，朔风冷寒径送。
灯下情浓，聊赋短诗哦讽。

心志平静　　　　　　　2023-11-23

心志平静，淡眼尘世风云。
辞去利名，叩道奋身挺进。

冬夜静宁，心襟无比和平。
灯下思清，雅放吾之歌吟。

神恩丰盈，导引灵程奋进。
胜过魔兵，胜过试探艰辛。

阖家康平，父母健康在庭。
讴呼尽兴，感沛神恩充盈。

持心雅清　　　　　　　2023-11-23

持心雅清，人生吾静定。
所谓利名，只是清虚境。

正义心襟，奋发以远行。
山水旷境，涤我心与灵。

百年生命，迅若一电影。
高蹈身心，淡泊若行云。

一笑爽清，豁怀正淡定。
世事浮云，叩道领意境。

雅持正义心襟　　　　　2023-11-24

雅持正义心襟，灿放吾之心灵。
人生奋志行，山水览苍清。

名利并不要紧，贵在奋我心灵。
努力以修心，养德应无垠。

此际初冬正临，早起五更心清。
哦出气凌云，哦出我振兴。

五十八载生平，赢得华发斑鬓。
豁然一笑清，男儿怀心情。

晨曦清涨　　　　　　　2023-11-24

晨曦清涨，东方初明亮。
初冬无恙，早起吾三光。

情志悠扬，天有薄寒凉。
灯下思想，灯下哦张扬。

路上车响，生活又开场。
奋志之向，仍在万里疆。

不取猖狂，谦正守襟房。
正义昂扬，力战虎与狼。

活泼身心

2023-11-24

活泼身心，努力修养灵性。
不执利名，雅守吾之清贫。

奋志凌云，男儿奋身远行。
穿山越岭，真理一生追寻。

初冬情景，朔风鼓寒吹行。
东方初明，野鸟讴其歌吟。

早起多情，读书写诗奋兴。
振志而行，不惧艰苍困境。

初日茁生

2023-11-24

初日茁生，霞光万道清骋。
雀鸟啼纯，初冬冷寒正盛。

心志缤纷，哦咏新诗振奋。
人生奋骋，履历山水高深。

惬意红尘，淡泊清度秋春。
百年人生，努力挥洒刚正。

笑意清生，豁怀正是无伦。
愿学鸟奔，飞向天涯霄层。

初日舒光

2023-11-24

初日舒光，远际又嘹歌唱。
鸟语欢唱，冷寒任其狂猖。

早起悠扬，品茗意兴洋洋。
黄花犹芳，漫地落叶苍苍。

意兴袭上，哦出新诗奔放。
字里行间，赤子之心跳荡。

人生向上，万里长驱昂扬。
修心贞刚，辞去名利澹荡。

喜值天晴

2023-11-24

喜值天晴，蓝天青碧无云。
朔风吹劲，漫地落叶堪惊。

心志开屏，早起吾心振兴。
淡品芳茗，袭起诗意无垠。

阖家康平，名利未许侵凌。
雅洁心襟，悠怀无比空灵。

读书怀情，矢将真理追寻。
百年生命，惜缘珍缘于心。

人生经行

2023-11-24

人生经行，雅意放我歌吟。
悠悠心襟，裁思讴出空灵。

朝日光明，天气冷寒交并。
初冬情景，东篱黄花犹俊。

散思旷运，思想无比空清。
振志前行，穿山越岭常寻。

霜华清映，微微一笑淡定。
尘世浮云，幻化桑沧无垠。

悠扬人生场
2023-11-24

悠扬人生场，心志平康。
此际煦阳放，朔风吹狂。

绿茗淡品间，时光飞殇。
不计老即将，微笑浮上。

红尘是无恙，试炼之场。
物欲合弃放，修心向上。

岂惧尘世艰，男儿豪放。
正志果敢间，力战强梁。

世界苍茫
2023-11-24

世界苍茫，吾不为名利所诳。
定志之向，是奋沿灵程闯荡。

此际煦阳，此际朔风正吹狂。
此际菊芳，此际品茗吾悠扬。

初冬无恙，天伦之乐吾雅享。
欢愉心间，感谢神恩赐奔放。

心志安祥，叩道旷展我贞刚。
努力向上，不畏前路万重艰。

蓝天悠幻白云
2023-11-24

蓝天悠幻白云，我的心中爽清。
斜晖朗照清俊，朔风吹来多情。

初冬世宇清平，心境分外鲜明。
讴颂神恩丰盈，赐我阖家康平。

努力灵程挺进，不计翻山越岭。
胜过魔敌妖兵，标的荣美天庭。

红尘充满艰辛，试炼一任其凌。
鼓足吾之干劲，矢沿正道奋行。

不为名利所扰
2023-11-24

不为名利所扰，人生静定为要。
叩道之路迢迢，千山万水行好。

夜晚华灯点照，冬夜安祥美好。
阖家雅享清妙，感谢神恩丰饶。

努力步履前道，风雨艰苍兼跑。
不畏困苦雷暴，心境慨慷洒潇。

五十八载飞飘，而今斑苍渐老。
爽然开怀一笑，人生夕阳朗照。

17.自在集

心境不取纤巧
2023-11-24

心境不取纤巧，总以拙重为要。
人生履尽险要，踏破青山峻峭。

五湖归来应早，洒脱是余情抱。
名利合当弃掉，清心正意逍遥。

东篱黄花正俏，初冬夜晚思骚。
哦出心志良好，晴朗是余襟窍。

叩道乐度尘嚣，诗书一生潜造。
著书等身方好，记录思想玄妙。

村鸡清唱
2023-11-25

村鸡清唱,早起五更甫毕间。
远犬汪汪,点缀冬夜也安祥。

人生向上,不必计较千关障。
努力奋闯,战胜强梁与豺狼。

微笑淡放,悟彻世事之机簧。
不惹污脏,红尘清度吾贞刚。

灯下思想,慨慷一曲舒奔放。
正意昂扬,晚晴岁月任激荡。

东方晨曦红
2023-11-25

东方晨曦红,裁思从容。
薄寒不严重,冷风清送。

灯下哦声洪,激情于中。
人生努力冲,万里关重。

岁月逝如风,霜华任浓。
淡泊之襟胸,雅洁清空。

红尘任汹涌,幻化雨风。
百年飞若梦,悟道中庸。

红日跃然上
2023-11-25

红日跃然上,喷薄万丈。
冬晨有寒凉,冷风吹狂。

清坐展思想,一曲平章。
舒出志昂扬,不屈关障。

红尘是攘攘,太多机陷。
慧目吾擦亮,正视前方。

人生不算长,半世已殇。
一笑吾澹荡,修心向上。

时节正值初冬
2023-11-25

时节正值初冬,冷寒并不严重。
阳光洒和懪,朔风劲吹送。

心志坦荡从容,不为名利所动。
清守我襟胸,叩道奋勇猛。

人生况味回讽,五十八载雨风。
一笑也轻松,神恩领丰隆。

奋志万里前冲,不计险阻艰浓。
世事任幻动,共缘履圆通。

休憩身心(之一)
2023-11-25

休憩身心,午时阳光正鲜明。
雅品清茗,袅起诗兴也无垠。

初冬情景,冷风吹击萧萧行。
落叶飘零,万物索缩黄花俊。

微笑浮萦,豁达人生吾多情。
穿越艰辛,心灵心志持坦平。

努力前行,一路放歌余振兴。
神恩丰盈,导引灵程入康宁。

朔风号唱

2023-11-25

朔风号唱,初冬冷寒袭未央。
午时阳光,洒照阳台温无上。

悠悠情向,骋志人生领涤荡。
风雨艰苍,于我不过是寻常。

世事桑沧,弹指华年逝而殇。
年已斑苍,依然不减少年狂。

正志之向,是沿灵程奋发闯。
力战强梁,胜过试炼之险艰。

悠展心量

2023-11-25

悠展心量,世间万事俱下放。
体道向上,振志人生吾奔放。

窗外风唱,初冬冷寒袭击间。
正午阳光,洒照室内爽无恙。

品茗之间,修身养性哦华章。
时光飞殇,老我斑苍一笑扬。

往事回放,逝去旧往烟水间。
未来瞻望,应许山高水远长。

慵和情肠

2023-11-25

慵和情肠,品茗惬意真无限。
冬日晴朗,蓝天白云妙无恙。

只是风狂,只是冷寒袭未央。
休憩襟房,书本暂且抛而放。

身心慨慷,人生莫忘振意向。
万水千嶂,正好磨炼意志强。

心襟平康,一生领受神恩壮。
灵程奋闯,矢沿正路骋强刚。

挺立人生

2023-11-25

挺立人生,不屈患难是真。
思想生成,奋发吾之刚贞。

浊世红尘,磨炼意志纯真。
百度秋春,未许心灵沉沦。

努力灵程,叩道秉我精诚。
丰沛神恩,赐下平安丰盛。

冬夜深沉,灯下清思生成。
哦诗清芬,舒出精气精神。

思想生成

2023-11-25

思想生成,淡淡定定人生。
名利弃扔,剩有一腔刚贞。

叩道诚真,不惧试炼艰深。
微笑清生,豁怀悟达天人。

霜华渐增,阅历添我深沉。
真理敬遵,克己努力修身。

清贫勿论,君子固穷守正。
世事纵论,因果因缘浑成。

无风之晨

2023-11-26

无风之晨，雀鸟鼓其欢声。
天惜阴沉，初冬木叶飘纷。

心境和温，哦诗舒出精诚。
有点馨芬，有点雅洁精神。

人生驰骋，履过山高水深。
晚晴时分，呵呵一笑清纯。

名利弃扔，高蹈心灵山村。
修养心身，德操尽力加增。

人生旷展意境

2023-11-26

人生旷展意境，心志吾很雅清。
天气任其阴，朔风任吹行。

悠悠品吾芳茗，周日休闲心襟。
岁月多空清，中心悟圆明。

心怀容我奋兴，人生奋发上进。
不必图利名，清心最要紧。

红尘是一旅行，雅怀澹荡心情。
豁达持心境，优雅若行云。

矢沿正道挺进

2023-11-26

矢沿正道挺进，人生不畏艰辛。
奋志之意境，山水旷无垠。

此际朔风吹行，初冬又值天阴。
黄花犹清俊，老柳犹芳青。

心志正如开屏，澹荡且品芳茗。
名利不要紧，贵在奋心灵。

叩道领取意境，走过万水千岭。
一笑展分明，快慰盈心襟。

爽意人生

2023-11-26

爽意人生，雅秉信念诚真。
清度秋春，诗书一生奋骋。

天阴时分，休闲惬意生成。
正义刚贞，力战魔敌凶狠。

奋行灵程，不惧试炼之深。
男儿纯正，仰荷丰沛神恩。

岁月驰奔，老我斑苍不论。
一笑和温，厚重积德修身。

流年使余感动

2023-11-26

流年使余感动，心志灿烂如虹。
此际又值初冬，木叶飘零随风。

心胸妙发无穷，哦诗舒出清空。
窗外鸟语鸣颂，天阴无妨情浓。

振意万里冲锋，履越关山叠重。
旷然一笑从容，此生不惧雨风。

男儿是有襟胸，正意何其重浓。
远际音乐灵动，打动我的心胸。

早起四更

2023-11-29

早起四更，感谢丰沛神恩。
赐福康盛，阖家温馨平稳。

努力灵程，矢为真理奋身。
冲决魔氛，步履彩虹历程。

岁月进深，斑苍不减清纯。
诗书清骋，朗放哦咏之声。

远野鸡声，路上响着车声。
灯下思深，讴颂丰沛神恩。

晨鸡清唱

2023-12-3

晨鸡清唱，讴颂神恩壮。
欢呼心间，阖家俱康强。

四更之间，灯下清思想。
人生奔放，努力向前闯。

初冬无恙，室内不寒凉。
心境温让，和蔼盈寰壤。

岁月飞旷，流年不觉间。
微笑浮上，正意作导航。

奋志人生

2023-12-3

奋志人生，力展吾之刚贞。
叩道力争，合当奋不顾身。

感谢神恩，赐下如此丰盛。
努力灵程，努力穿越艰深。

远野鸡振，打破宁静五更。
冬夜寒冷，灯下思展深深。

振志力骋，斩杀虎狼成阵。
重整乾坤，大道普覆纯正。

持心静定

2023-12-3

持心静定，不为名利分心。
内叩身心，秉持纯正灵明。

努力前进，克服困难之境。
前路光明，神恩无限丰盈。

灵程挺进，胜过魔敌妖兵。
欢呼尽兴，凯歌彻于行云。

早起振兴，初冬天尚未明。
灯下思萦，撰诗舒我心灵。

享受阳光

2023-12-3

享受阳光，享受神恩丰穰。
迈步前方，中心充满力量。

岁月绵长，人生修心之场。
振志向上，不为物欲遮障。

舒展奔放，一似花朵开放。
傲骨贞刚，如松顽强苴壮。

体道昂扬，妙悟凝于襟房。
挥洒慨慷，奋飞对准天堂。

持心平静

2023-12-3

持心平静，恳求圣灵驻心灵。
心志殷殷，矢沿灵程奋前行。

风雨艰辛，正好磨炼我心襟。
神恩充盈，赐下康乐与安平。

岁月进行，老我斑苍一笑凝。
阖家温馨，颂赞神恩美无垠。

处心安宁，享受生活之妙境。
讴呼多情，天人大道力遵循。

休憩身心（之二）

2023-12-4

休憩身心，颂赞神恩出心灵。
讴呼尽兴，灵程路上慨慷行。

岁月多情，任从斑苍趋老境。
一笑分明，悟道持心秉清净。

人生挺进，胜过试探艰苍凝。
神恩丰盈，赐下康乐与坦平。

心志鲜明，矢沿正道奋前进。
胜过魔兵，凯歌响入彼行云。

光明心地间

2023-12-4

光明心地间，领受神恩广长。
灵程奋闯荡，穿越千山万障。

红尘是无恙，人生修心之场。
向上奋力量，胸心百倍强壮。

初冬时正当，天阴木叶凋丧。
清坐品茗间，感发中心情肠。

岁月多阔壮，斑苍无妨贞刚。
男儿怀雅量，济世纵展豪强。

厚重待人

2023-12-4

厚重待人，心灵未可沉沦。
奋志刚贞，努力圣洁灵魂。

叩道诚真，应当奋不顾身。
万法归真，圆明圆通妙证。

岁月进深，智慧日日加增。
丰沛神恩，导引吾之灵程。

阖家安稳，颂赞神恩丰盛。
欢乐晨昏，雅放读书之声。

清展正义心襟

2023-12-4

清展正义心襟，人生奋志前行。
努力穿山越岭，饱览大好风景。

奋志合当凌云，男儿纵展豪英。
秉持纯正心灵，努力加强修心。

红尘是多艰辛，神恩总是充盈。
努力灵程挺进，不畏试炼艰凌。

百年是一旅行，合当悠展心襟。
行旅应当如云，飘逸洒脱空清。

卯青天壤

2023-12-4

卯青天壤，白云漫自飘翔。
心境悠扬，雅将新诗哦唱。

神恩奔放，思此颂赞献上。
阖家安康，父母健康在堂。

努力向上，灵程奋发闯荡。
山高水长，天使伴我启航。

欢呼旷放，正道普覆人间。
乐享平康，感谢神恩无疆。

心志未可毛糙

2023-12-5

心志未可毛糙，静定是为首条。
人生奋前道，风光领大好。

风风雨雨任嚣，男儿兼程力跑。
仰天我大笑，豪情冲天高。

名利并不紧要，努力守好心窍。
正意吾风骚，叩道乐逍遥。

红尘胡不娟好，灵程扬起风飙。
步履彩虹道，旷飞入云霄。

智慧人生

2023-12-6

智慧人生，总赖信仰真诚。
丰沛神恩，导引吾之灵程。

讴呼真诚，舒出吾之兴奋。
努力驰骋，不计山高水深。

时光飞奔，老我霜华渐盛。
一笑和温，君子人格显逞。

红尘滚滚，只是幻化之阵。
明心时分，悟彻大道真正。

斜日舒光

2023-12-6

斜日舒光，向晚初显苍茫。
朔风吹狂，木叶漫天飘扬。

阖家安康，颂赞神恩苦壮。
努力向上，矢沿灵程闯荡。

岁月飞旷，不必计较艰苍。
心怀阳光，矢寻真理灵粮。

大雪明访，初冬行将辞往。
心怀温良，正直为人奔放。

喜悦心地间

2023-12-6

喜悦心地间，荷负神恩丰穰。
灯下放歌唱，颂赞生活平康。

人生奋前闯，辞去名利肮脏。
圣洁襟怀壮，努力灵程向上。

越过彩虹旁，前路洒满阳光。
天国美无上，永生幸福无疆。

裁心哦诗章，舒出男儿昂扬。
不畏路途艰，豪情激越心间。

励志人生

2023-12-6

励志人生,努力秉持诚真。
真理敬遵,叩求大道奋身。

考验任深,唯赖神恩丰盛。
灵程奋身,力战魔敌凶狠。

微笑清纯,男儿保持纯正。
心志清芬,读书写诗晨昏。

岁月飞奔,老我斑苍真正。
豁怀无伦,悟彻妙道十分。

努力洁净心灵

2023-12-6

努力洁净心灵,圣洁自己内心。
神恩赐下丰盈,领受平安身心。

人生奋志殷殷,矢沿灵程挺进。
胜过魔敌仇兵,不怕试炼艰辛。

红尘是为幻境,百年生命空清。
务必叩道尽心,努力追求灵明。

修心奋志而行,有错必改遵行。
圣洁自己内心,眼目纯洁光明。

步履坚定之人生

2023-12-6

步履坚定之人生,领略神恩,
领略神恩,灵程丰美真不胜。

此际愉悦盈心身,讴唱真诚,
讴唱真诚,颂赞神恩之丰盛。

冬夜清寒放歌声,努力前骋,
努力前骋,尽心尽力奔天城。

阖家欢乐且安稳,笑盈心身,
笑盈心身,圣洁灵魂力修身。

醒转时分值三更

2023-12-7

醒转时分值三更,心志生成,
妙悟心生,哦诗中心舒真诚。

今日节届大雪正,冬夜清冷,
灯下思深,内心火热颂神恩。

人生奋志以驰骋,山高水深,
不畏艰深,努力灵性之旅程。

胜过魔敌之凶狠,神亲慰问,
凯旋归城,天国家邦美无伦。

红尘浊浪任滚滚,心志平正,
奋发刚贞,男儿豪勇中心生。

辞去名利心志纯,雅洁心生,
轻装上阵,不惧试炼之深沉。

前面彩虹之旅程,步履平稳,
灵歌纵声,天使伴我行全程。

五十八载似一瞬,回首惊震,
瞻望前程,应许奶蜜流充分。

微笑从心而生成,修心历程,
豁怀无伦,君子人格力培成。

儒雅持中是人生,诗书潜沉,
朗哦晨昏,正直温和度秋春。

晨起灿烂心襟

2023-12-7

晨起灿烂心襟，天色犹未明。
节届大雪冬境，冷寒并不凌。

灯下思发殷殷，哦诗适心灵。
人生振奋情境，努力以耕心。

读书怡我身心，快慰真无垠。
向阳情志开屏，神恩领丰盈。

灵程道路挺进，风光历雄峻。
讴呼欢声多情，跨越山与岭。

红日灿光

2023-12-7

红日灿光，心地吾雅靓。
纵情讴唱，颂赞神恩壮。

冬晨寒凉，情志却轩畅。
听取鸟唱，喜鹊大鸣放。

鼓舞心间，努力奋闯荡。
不畏险艰，发热发光芒。

济世情肠，素朴无机奸。
努力向上，努力旷飞扬。

清喜天日晴朗

2023-12-7

清喜天日晴朗，阳光煦然灿放。
雀鸟欢鸣唱，喜悦心地间。

和风吹来爽朗，节届大雪无恙。
人生振意向，努力向前方。

不为困厄所障，男儿纵展豪放。
果敢心地间，骋志天涯向。

万事顺理成章，因果岂是寻常。
持善奋向上，叩道入莽苍。

旷志逸意生成

2023-12-7

旷志逸意生成，人生纵情而论。
十月小阳春，东风吹清纯。

阳光明媚和温，窗外鸟语声声。
阖家享安稳，欢乐度生辰。

红尘浊浪滚滚，文明进步永恒。
丰沛是神恩，导引我灵程。

努力奋志飞腾，万里云霄遨骋。
风光美不胜，欢呼出心身。

修心修德修身

2023-12-7

修心修德修身，人生奋志乾坤。
岁月日进深，心事感深沉。

感谢丰沛神恩，导引人生旅程。
灵程美不胜，天国有永生。

在世只是旅程，名利徒然欺人。
大化运精准，桑沧幻丰盛。

努力奋向上升，未可耽于红尘。
宇宙妙无伦，颂神出心身。

东风舒旷
2023-12-7

东风舒旷，十月小春妙无上。
和暖煦阳，洒照世界也安康。

和平心间，讴颂神恩之奔放。
努力向上，辞去世界名利脏。

修身清芳，君子人格育无疆。
振奋情肠，秋春晨昏哦诗章。

心志舒扬，欢乐宇宙正气张。
天人无间，体道用道吾慨慷。

黄花犹俊
2023-12-7

黄花犹俊，大雪今届临。
东风舒情，天气喜朗晴。

仲冬来临，时日觉寒清。
老柳犹青，毵毵摇芳情。

我欲高鸣，旷志万里云。
红尘多辛，神恩赐无垠。

中心高兴，哦诗以抒情。
振奋心襟，男儿展豪情。

18.娱心集

正意人生场
2023-12-7

正意人生场，心志安祥。
努力奋向上，光明襟房。

不为物欲障，灵性清亮。
慧目以闪光，灵秀情肠。

哦诗舒奔放，热血盈腔。
正直以闯荡，不畏艰苍。

红尘客旅间，情志悠扬。
叩道展贞刚，定定当当。

斜日朗照
2023-12-7

斜日朗照，心志吾清好。
人生情俏，沐浴神恩饶。

努力行好，灵程奋扬飙。
不为物扰，定志万里遥。

不行险道，拙正是首条。
叩道逍遥，艰苍不紧要。

红尘娟好，太多奇与妙。
神恩丰饶，导引我奋跑。

休憩吾之情肠
2023-12-7

休憩吾之情肠，心襟充满温让。
君子人格显彰，儒雅是有清芳。

努力修身向上，克己正气张扬。
力战魔敌妖魍，标的天国故邦。

灵程并不好闯，多有险阻艰障。
胜过试炼艰长，心怀光明太阳。

岁月多么莽苍，演绎故事万章。
清守正直襟房，心怀充满力量。

注重心灵成长

2023-12-7

注重心灵成长，培植灵性清靓。
物欲应许下放，清心雅思扬长。

人生努力向上，克服艰难险障。
冲决魔敌阻挡，对准天国飞翔。

客旅人生安祥，信心百倍增长。
神恩无比广长，奶蜜充足流淌。

眼目无比清亮，慧意蕴于襟房。
红尘不是故乡，名利徒为孽障。

夕风清新

2023-12-7

夕风清新，散步吾多情。
落日鲜明，木叶逝飘零。

有鸟飞行，水面波光粼。
蒲草枯零，垂柳摆风情。

心志开屏，野景惬心灵。
中心高兴，诗意盈胸襟。

合当振兴，人生奋前行。
万里远境，风光定灿俊。

笑意人生

2023-12-8

笑意人生，总赖正见支撑。
叩道刚贞，胜过试探深沉。

冬夜清冷，灯下清思生成。
人生驰骋，履历山水高深。

客旅生辰，名利合当弃扔。
内叩心身，慧意圆明清芬。

高蹈世尘，趋向水云深深。
激情时分，哦咏新诗真诚。

东天晨曦红

2023-12-8

东天晨曦红，瑰丽无穷。
清风复吹送，惬我心胸。

早起听鸟颂，愉快心中。
人生兴冲冲，哦咏情浓。

时已值仲冬，冷寒不重。
岁月飞朦胧，赐我斑慵。

一笑蔼于中，淡泊襟胸。
不为名利动，水云清讽。

约束身心

2023-12-8

约束身心，过于放旷可不行。
天气喜晴，和蔼阳光洒温馨。

心志坦平，人生奋志以前行。
穿山越岭，胸怀正气纵凌云。

微笑浮萦，豁达人生不嗟贫。
神恩丰盈，导引灵程奋挺进。

喜鹊高鸣，声声鼓舞我心襟。
生活安平，闲雅度日欢无垠。

老柳梳风

2023-12-8

老柳梳风，蓝天白云飞灵动。
斜晖朗送，散步惬意盈心胸。

时值仲冬，天气和暖凯风送。
雀鸟鸣空，点缀世宇妙无穷。

落叶飘空，诗意升上我襟中。
慨然哦讽，舒出心中正意浓。

神恩盈丰，导引灵程径直冲。
安稳之中，享受生活之赡荣。

祥云漫空

2023-12-9

祥云漫空，心地吾持从容。
喜鹊鸣颂，天晴旷来和风。

木叶飘空，仲冬冷寒不重。
心志清空，人生乐观和慵。

奋志前冲，领略关山雨风。
名利何功，合当弃之空空。

红尘汹涌，太多试炼艰浓。
男儿豪勇，万里摩云凌空。

人生适然安祥

2023-12-9

人生适然安祥，心灯已经点亮。
努力灵程闯荡，不畏风雨艰苍。

神恩多么奔放，赐与心灵力量。
努力驱向前方，万里风光雅靓。

红尘清度无恙，人生正义情肠。
力战邪恶污奸，标的天国家邦。

微笑浮上面庞，豁怀多么扬长。
诗书纵情哦唱，旷意地久天长。

旷怀悠扬

2023-12-9

旷怀悠扬，人生奋志向上。
雾霾任放，慧目透视穹苍。

男儿豪放，果敢并且顽强。
努力舒扬，不为物欲所障。

定志之向，是在天涯遐方。
风雨艰苍，不过磨炼襟房。

清展阳刚，卑媚矢志扫光。
正义情肠，修身叩道奔放。

朔风号寒吾无恙

2023-12-10

朔风号寒吾无恙，休憩情肠，
休憩情肠，书本暂且抛而放。

天阴木叶多凋丧，秃木摇晃，
秃木摇晃，仲冬恐有时雨降。

灯下清坐暖洋洋，意气张扬，
意气张扬，人生快马以奋闯。

骋意流年何迅忙，老我斑苍，
老我斑苍，爽然一笑何扬长。

喜鹊喳鸣

2023-12-10

喜鹊喳鸣，天气任沉阴。
爽风进行，愉悦我身心。

仲冬之境，木叶多凋零。
苍茫野景，打动我心灵。

悠悠品茗，惬怀真无垠。
神恩充劲，鼓舞我前行。

阖家康平，父母健在庭。
颂赞于心，神恩领丰盈。

小酌怡情

2023-12-10

小酌怡情，心地吾和平。
朔风进行，木叶都凋零。

爽快心襟，体道吾安宁。
奋志前行，不畏风雨凌。

红尘艰辛，磨炼我心襟。
纵展豪英，匡世慨慷行。

仲冬正临，冷寒不要紧。
傲骨贞劲，如松斗寒俊。

丰美人生

2023-12-10

丰美人生，领受饶盛神恩。
努力灵程，不怕试炼艰深。

时雨洒逞，野外传来鸟声。
仲冬时分，朔风鼓吹成阵。

灯下思深，火热是我心身。
奋发刚正，叩道秉持真诚。

笑意清生，阖家欢乐安稳。
惬度生辰，仰赖天国永生。

风声雨声

2023-12-11

风声雨声，五更早起听闻。
仲冬时分，冷寒交击生成。

灯下思深，人生合当驰骋。
山水高深，旷显吾之精神。

人生纵论，只是客旅行程。
名利弃扔，剩有一腔刚正。

奋不顾身，叩道展我精诚。
笑意清生，豁怀岂是有伦。

内叩心襟

2023-12-11

内叩心襟，心志容我澄明。
追求灵明，尘世只是旅行。

风雨夜紧，仲冬冷寒交并。
天正黎明，早起情志殷殷。

岁月进行，斑苍任其加侵。
一笑爽清，正义盈满肺心。

人生挺进，边走边唱入云。
风光雄峻，涤我心襟心灵。

淡淡定定人生场

2023-12-11

淡淡定定人生场，清听雨唱，
清听雨唱，仲冬晨起天寒凉。

人生未可稍狂猖，谦正情肠，
谦正情肠，不计困厄努力闯。

五十八载是飞殇，霜华清涨，
霜华清涨，呵呵一笑也潇荡。

情系天涯多莽苍，济世无恙，
济世无恙，男儿纵展我豪刚。

人生苍苍吾初老

2023-12-11

人生苍苍吾初老，爽然一笑，
爽然一笑，豁达秋春也洒潇。

窗外雨唱风又叫，仲冬美妙，
仲冬美妙，冷寒袭击任其嚣。

晨起清听彼鸣鸟，喳喳清叫，
喳喳清叫，惬我心襟真无二。

此生不为名利扰，叩道迢迢，
叩道迢迢，领略风光之大好。

朔风号紧

2023-12-11

朔风号紧，雨复洒清新。
晨鸟啼鸣，冷寒袭殷殷。

仲冬情景，万物萧瑟并。
黄花犹俊，松柏正苍劲。

骚雅心襟，早起哦不停。
舒出心灵，舒出正气凌。

岁月空清，桑沧俱幻境。
雅持心情，欢快度生平。

悠然人生场

2023-12-11

悠然人生场，情志不取张扬。
红尘清度间，览尽万千情况。

此际冬雨降，此际朔风狂猖。
此际哦诗章，此际激情发扬。

人生奋向上，克尽一切艰苍。
心志怀阳光，矢沿灵程闯荡。

阖家喜安康，神恩荷负奔放。
欢呼心地间，享受大好辰光。

爽意人生

2023-12-11

爽意人生，雅持真理诚真。
鼓志前骋，越过山水高深。

微笑清生，潇荡从心生成。
名利弃扔，高蹈吾之心身。

仲冬时分，冷寒任其加增。
室内暖温，品茗读书意芬。

讴颂神恩，导引灵程妙胜。
彩虹历程，对准天国飞奔。

心胸应许更广

2023-12-11

心胸应许更广，抛弃名利向上。
克尽困厄与艰障，
慧目圆睁明亮。

冬雨任其倾降，朔风任其号狂。
清坐室内展思想，
哦咏新诗奔放。

人生莫忘理想，一生努力闯荡。
览尽尘世之桑沧，
一笑何其澹荡。

心灵心志安祥，荷负神恩辽壮。
努力灵程矢向上，
胜过鬼魔妖魍。

人生情思苍茫

2023-12-11

人生情思苍茫，振志吾要向上。
掠过天地之苍广，
飞向无穷远疆。

履尽人生坎艰，依然心怀阳光。
一生沐浴神恩壮，
灵程对准天堂。

心境无比温让，人格一生修养。
正襟之间存雅量，
救世济世必讲。

诗书晨昏哦唱，舒出我的情长。
男儿纵展豪与旷，
胜过试炼艰苍。

心志雅持清旷

2023-12-11

心志雅持清旷，人生奋发向上。
红尘一任险艰，骋志天涯遐方。

我心充满漫浪，不畏尘世困障。
领受神恩丰穰，灵程矢志闯荡。

试探一任其艰，我心磐石之壮。
力战鬼魅妖魍，回归天国家邦。

此际仲冬之间，冷寒袭击未央。
室内清坐思想，哦诗适我情肠。

历劫是我人生

2023-12-11

历劫是我人生，努力奋发刚贞。
清度浊世红尘，不忘尽力修身。

世界桑沧成阵，幻化真是无伦。
名利徒是欺人，合当弃假归真。

天国家邦真正，努力奋行灵程。
不畏试炼艰深，男儿豪勇刚正。

红尘风烟滚滚，心灯燃亮前骋。
穿越雾霾之阵，前面阳光洒逞。

叩道前行

2023-12-11

叩道前行，不必计较艰辛。
心志殷殷，努力灵程挺进。

胜过魔兵，圣洁盈满肺心。
讴呼尽兴，驾云飞向天庭。

朔风号行,天气冷寒交并。
仲冬情景,万物萧瑟冷清。

思想开屏,讴颂神恩无垠。
努力前行,穿山越岭多情。

时雨经行纷纷
2023-12-11

时雨经行纷纷,洒脱清度秋春。
此际仲冬时分,窗外朔风号呻。

灯下哦诗清纯,思想如潮生成。
人生正志刚贞,力战魔敌妖氛。

此生不怕困顿,丰沛领略神恩。
努力前面灵程,步履彩虹真正。

笑意从心生成,豁怀正是无伦。
阖家欢乐晨昏,讴颂神恩丰盛。

流年任其更张
2023-12-11

流年任其更张,清度红尘无恙。
笑容清展温让,君子人格显彰。

人生努力向上,修身晨昏之间。
勤俭节约必讲,奢华浪费弃光。

百年真不漫长,我已霜华斑苍。
更应奋发向上,标的天国归航。

胜过试探艰苍,胜过鬼魔阻挡。
圣洁清持襟房,眼目闪射明光。

朔风号寒号寒
2023-12-11

朔风号寒号寒,门窗合当闭关。
清坐室内妥安,品茗意兴开展。

红尘太多闯关,不必计较艰难。
神恩无比丰赡,赐下丰美平安。

努力万里迎难,克尽艰深试探。
天国荣美非凡,圣洁才能抵岸。

岁月侵人漫漫,笑我华发苍斑。
一笑爽然雅安,标的天国归返。

天气行将放晴
2023-12-12

天气行将放晴,人生快慰心襟。
红尘一任多辛,男儿旷志凌云。

此生履历苦境,总赖神恩丰盈。
导引灵程挺进,风光妙丽无垠。

微笑浮现爽劲,斑苍不减豪情。
纯真依如少俊,叩道趋向圆明。

心灵雅持平静,冲决困厄艰凌。
前路终有坦平,雨后彩虹会映。

心意不持郁闷
2023-12-12

心意不持郁闷,人生奋志以骋。
履尽山高水深,雅怀爽俊清纯。

一笑依然纯正,不失人生本真。
尘世一任浊浑,心灵天地清澄。

感谢天父鸿恩，导引灵性旅程。
胜过魔敌围困，步履彩虹坚正。

五十八载一瞬，此际又值冬深。
清夜灯下思骋，激情如潮奔腾。

休闲真是无恙

2023-12-12

休闲真是无恙，积聚心灵力量。
努力灵程向上，冲决困苦艰苍。

魔敌拚命阻挡，围困用尽肮脏。
圣洁清持襟房，神恩丰沛无量。

杀伐尽我力量，舒发心灵之光。
冲破黑暗围障，前面光明无限。

灵歌纵情哦唱，澎湃是我心房。
激越人生慨慷，标的天国启航。

人生振志何刚

2023-12-12

人生振志何刚，清展吾之顽强。
不屈不挠向上，胜过鬼魅污脏。

圣灵护我前闯，越过高山万幢。
一路风光无限，激情盈满襟房。

哈利路亚必唱，圣洁人生奔放。
前路奶蜜流淌，洒照光明太阳。

天父就是阳光，无限慈爱慈祥。
赐我心灵力量，胜过试炼艰苍。

呼吸清风快畅

2023-12-12

呼吸清风快畅，空气多么鲜芳。
人生努力向上，振志鲜明奔放。

此生履尽险艰，心怀光明太阳。
不屈尘世厄障，领受神恩无限。

魔敌凶狠诡奸，圣徒冲决围障。
杀伐一任悲壮，胜利凯歌纵唱。

天父鸿恩广长，导此灵程正向。
腾云飞翔何畅，经过彩虹桥梁。

质朴人生

2023-12-12

质朴人生，秉持吾之纯真。
红尘滚滚，太多磨炼心身。

不计艰深，奋发男儿刚正。
步履坚贞，叩道情操雅诚。

冬夜正深，灯下思发深深。
静悄之城，没有一丝音声。

旷发真诚，舒出吾之心身。
人生力骋，领略风光雄浑。

冬夜深沉

2023-12-12

冬夜深沉，四更静无声。
思想生成，舒出我刚贞。

人生飞奔，勿为名利骋。
叩道奋争，物欲合弃扔。

水云清芬，休憩我心身。
微笑清生，豁达度秋春。

哦唱晨昏，诗书我清骋。
朗晴心身，眼目俱清纯。

努力积德深广

2023-12-12

努力积德深广，努力积德深广。
道德人生力倡，努力积德深广。

人生心志清昂，奋发敢于闯荡。
不畏风雨艰苍，力战邪恶强梁。

红尘无比混茫，太多欺骗奸诳。
慧目务须擦亮，穿越浓雾霾障。

定志是在前方，天涯风光清靓。
骋志矢向前闯，穿越高山万幢。

适意人生吾安祥

2023-12-12

适意人生吾安祥，
不为名利之所诳。
高蹈情志水云间，
诗书沉潜觅灵粮。

岁月日渐以增长，
笑我华发迎风扬。
豁然情思真无恙，
叩道用道也扬长。

圆明圆通悟心间，
正义一生舒奔放。

力战豺虎与强梁，
不屈邪恶与奸脏。

豪情冲天放万丈，
男儿有勇天涯向。
五湖归来一笑畅，
人生倾意在华章。

心境清描

2023-12-12

心境清描，人生不取孤傲。
谦正情操，向学叩道洒潇。

冬夜静悄，思想正起狂潮。
灯下哦骚，舒出正意丰饶。

人生长跑，攀越关山险峭。
展我微笑，神恩领受富饶。

艰苍经饱，磨得心志逍遥。
洒脱襟抱，正眼名利不瞧。

人生不惧老

2023-12-12

人生不惧老，心志吾清好。
向阳是情操，万里征程潇。

此际冬夜悄，灯下思逍遥。
清展我微笑，圆融悟心窍。

真理力寻找，风雨任艰嚣。
力战豺当道，斩杀手提刀。

前路风光饶，神恩赐丰标。
男儿纵英豪，山河一担挑。

人生何许计多艰
       2023-12-12

人生何许计多艰，奋力吾闯荡。
真理正道有坦当，济世奋强刚。

心灵心志展清昂，力战彼强梁。
任从血泪潸潸淌，坚决不退让。

世界乃是神所创，灵妙无法讲。
天国永生福无限，矢志还故乡。

尘世磨历非寻常，困厄任其放。
坚贞心性放明光，冲决雾之障。

一笑洒然豪情壮，颂赞神恩广。
男儿正意天涯间，努力向前方。

冬夜清寒放思想，正意作诗章。
一曲舒出奏清响，情意作导航。

淡荡清度人生场，名利矢志放。
诗书秋春哦奔放，君子人格彰。

19.远大集

冬日寒峭
       2023-12-12

冬日寒峭，今天起得早。
四围静悄，校诗吾微笑。

红尘娟好，人生是飞跑。
斑苍渐老，容我开怀笑。

叩求大道，人生莫草草。
修身迢迢，道德力朗造。

洒脱尘表，名利不紧要。
正道寻找，天国是终标。

天色初明亮
       2023-12-12

天色初明亮，心境慨慷。
天气冷寒间，振奋情肠。

早起情志昂，读书温让。
一杯热茶香，温暖心房。

人生振意向，万里闯荡。
不畏惧艰苍，心志阳光。

斑苍任其涨，一笑澹荡。
人生该这样，悠扬定当。

品茗之间
       2023-12-12

品茗之间，不计时光流淌。
天阴任放，冷寒任其狂猖。

骋志之向，依然是在远疆。
斑苍任涨，理想正见心间。

红尘狂放，叠变万千桑沧。
名利欺诳，只是害人情肠。

贞定心间，叩道心灯燃亮。
努力前方，风雨艰苍兼闯。

笑意清展从容
       2023-12-12

笑意清展从容，人生豁达心胸。
冷寒任浓重，天阴鸟鸣颂。

哦诗舒我情浓，人生正气刚洪。
努力往前冲，男儿骋勇猛。

不为名利所动，叩道情有独钟。
雨雨与风风，磨炼我襟胸。

喜鹊鸣声何洪，点缀世宇妙浓。
心志七彩虹，实干才成功。

舒展心志灵动

2023-12-12

舒展心志灵动，瑰丽是我襟胸。
奋发吾之刚雄，人生骋志前冲。

不畏风雨重猛，男儿是有豪勇。
灵程努力冲锋，胜过撒旦魔凶。

试探不惧重浓，贞志如磐如松。
前路终有彩虹，天国妙美无穷。

天父鸿恩赐送，平安领受心中。
阖家康乐从容，努力灵程奋勇。

人生情志清骋

2023-12-12

人生情志清骋，奋发吾之刚正。
红尘履历艰深，一笑依然单纯。

不为名利所困，率意脱出世尘。
清真心灵之骋，水云淡荡生辰。

诗书晨昏哦申，舒出人生兴奋。
叩道迢迢旅程，不畏风雨艰盛。

岁月飞逝纷纷，老我霜华真正。
一笑依然纯真，人生秉持雅诚。

人生骋志向上

2023-12-12

人生骋志向上，矢展吾之顽强。
未可稍存孟浪，男儿纵展豪放。

前旅任起艰苍，果敢吾且贞刚。
力战魔敌妖帮，标的天国故邦。

灵程不是好上，多有试炼困障。
定志如石如钢，矢沿正道履航。

天父就是阳光，黑暗因此退藏。
欢呼从心而放，努力圣洁襟房。

正义是我人生

2023-12-12

正义是我人生，此心不惧艰深。
奋发吾之刚贞，努力灵程启航。

清展吾之奔放，胜过魔敌诡奸。
抛弃无明之障，光明心地之间。

红尘任起万丈，不惧试炼之艰。
名利徒为欺诳，物欲务须消减。

眼目闪射慧光，穿越前旅雾障。
真理正道寻访，天父就是阳光。

心灵心志吾向上

2023-12-13

心灵心志吾向上，
努力舒展奔放。
不惧尘世之苍凉，
总赖神恩广长。

岁月侵人华发苍，
一笑依然爽朗。
人生苦海奋渡间，
标的天国家邦。

名利物欲徒欺诳，
性天合守清凉。
心灯燃亮烛前方，
穿越黑夜无恙。

大千世界幻桑沧，
正见支撑理想。
济世乐建大同邦，
宗教和同必讲。

心灵心志向上
2023-12-13

心灵心志向上，克己有荣光。
私欲祛除无恙，公义心地间。

人生须怀理想，名利无意向。
晨昏读书之间，不计时光淌。

老我霜华渐苍，豁怀持扬长。
晚晴依然奔放，男儿恒茁壮。

一似老松生长，虬劲且茂昌。
迎风斗雨顽强，君子人格彰。

心灵应能更广
2023-12-13

心灵应能更广，
正志人生吾昂扬。
平生体道奔放，
一任流年风烟荡。

五十八载瞬间，
鼓舞情志矢前闯。
抛弃名利心刚，
济世骋心乐未央。

欢乐年华泻狂，
正直身心不敢忘。
沐浴神恩何壮，
起死回生赐刚强。

努力灵程以闯荡，
胜过魔敌之帮。
凯歌纵唱彻云乡，
圣洁是我襟房。

心志坦荡
2023-12-13

心志坦荡，风雨人生场。
持心安祥，不为名利诳。

诗书哦唱，舒出激情张。
正见理想，鼓舞我前闯。

穿越艰苍，心志怀阳光。
神恩广长，导引入平康。

微笑浮上，豁怀正扬长。
展眼桑沧，只是幻之象。

振意人生场（之一）
2023-12-13

振意人生场，心怀雅靓。
努力以向上，克尽艰苍。

红尘是攘攘，骋志阳刚。
坚贞心地间，不忘理想。

名利务弃放，害人情肠。
君子固贫间，理想茁壮。

霜华渐渐苍，一笑澹荡。
人生客旅间，天国家邦。

振意人生场（之二）
　　　　　　　　　2023-12-13

振意人生场，红尘履历不计艰。
努力以飞扬，坚贞叩道奋向上。

只是尘世苍，太多欺骗与诡奸。
慧目务擦亮，心灯务须燃得旺。

神恩敷广长，导引灵程美无恙。
魔敌败退间，圣洁精进歌奔放。

务须有理想，大同世界美无上。
宗教合一讲，真神创世赐福康。

晨鸡清唱
　　　　　　　　　2023-12-13

晨鸡清唱，心志怀阳刚。
正见襟间，眼目闪明光。

不忘闯荡，中心怀理想。
冲决艰苍，冲决困与障。

红尘无恙，世界是神创。
圣洁情肠，讴颂神恩壮。

灵程向上，战胜试炼艰。
鬼魔遁亡，圣徒彩虹间。

远际鞭炮震响
　　　　　　　　　2023-12-13

远际鞭炮震响，惬我情肠。
人生正见理想，切莫稍忘。

努力奋发闯荡，关山任苍。
红尘清度无恙，天国家邦。

尘世热闹之间，慧目务张。
勿为名利所诳，坚贞向上。

时有苦难困障，切祷上苍。
神必赐下安祥，赐与力量。

心襟不使摇晃
　　　　　　　　　2023-12-13

心襟不使摇晃，贞定是我情肠。
人生雅怀理想，是在大同之邦。

此生履尽困障，依然赤子心房。
神恩无比广长，赐下幸福安康。

此心不再迷茫，坚贞且有力量。
矢沿灵程向上，对准天国启航。

胜过魔敌阻障，胜过诡计花样。
质朴心地之间，叩道一生奔放。

心襟雅持平常
　　　　　　　　　2023-12-13

心襟雅持平常，人生履尽风浪。
荷负神恩非常，享受平安吉祥。

此心不再孟浪，坚贞持有理想。
一生努力闯荡，不计关山叠苍。

笑容满面清靓，穿过浓雾前闯。
坦平心地之间，没有诡计诈奸。

无机是我情肠，正直阳光向上。
君子人格培养，端方儒雅贞刚。

清心正意之间
2023-12-13

清心正意之间，不为物欲所障。
尘世客旅无恙，万事看开为上。

轻装容我奔放，万里风雨兼闯。
边走边歌边唱，不忘中心理想。

一身正气何刚，力战虎豹豺狼。
坚贞矢志向上，豪情激越心间。

天国乃是故邦，努力回归家乡。
灵程妙丽无上，步履彩虹飞翔。

正义人生吾风标
2023-12-13

正义人生吾风标，
前路努力行好。
不畏艰难不骄躁，
旷展男儿爽豪。

此际仲冬寒正峭，
灯下清思骚骚。
远野村鸡正鸣叫，
点缀世宇安好。

岁月侵人双鬓老，
更应奋发前道。

名利害人合弃抛，
高蹈身心洒潇。

标的天国灵程道，
力战魔敌仇妖。
胜利凯歌彻云飘，
圣洁心灵堪表。

人生正义吾丰饶
2023-12-13

人生正义吾丰饶，
履历尽尘世险要。
一任他艰苍涤抱，
坚持正直吾洒潇。

红尘由来是扰扰，
名利害人太奇巧。
男儿清展正气豪，
君子人格一生造。

努力奋心叩大道，
扬长万里任雨嚣。
坚持真理不稍躁，
谦和一生尽力保。

向学晨昏哦声高，
诗书清裁也微妙。
书生意气何逍遥，
不避艰难不恃巧。

骚骚心志生成
2023-12-13

骚骚心志生成，人生奋发驰骋。
山水多么雄浑，涤我心志精神。

一笑何其馨温，人格尽都显逞。
男儿豪勇心生，真理尽力循遵。

红尘不惧艰深，唯赖神恩丰盛。
导此灵性旅程，胜过魔敌妖氛。

世界风烟滚滚，太多奸诈生成。
秉持纯洁心身，努力步履灵程。

天阴无妨

2023-12-13

天阴无妨，雀鸟放歌唱。
人生昂扬，冷寒任狂猖。

仲冬之间，朔风吹嚣张。
室内安祥，和暖心地间。

纵情哦唱，颂赞神恩旷。
导我慈航，矢沿正向闯。

天国故邦，努力回归向。
试炼任艰，定志磐石仿。

雅将心灵献上

2023-12-13

雅将心灵献上，颂赞神恩无量。
人生天地之间，领受神恩广长。

灵程奋发闯荡，力战鬼魔嚣张。
奋我心灵力量，克尽试炼艰苍。

火热是我情肠，向神敞开襟房。
矢沿正向飞翔，步履彩虹向上。

天国乃是家邦，矢志回归天堂。
永生福乐无疆，共父万年久长。

人生裁志奔放

2023-12-13

人生裁志奔放，是在山水远疆。
风雨兼程闯荡，一路风光清靓。

男儿纵展豪壮，提刀斩杀虎狼。
还我天下清旷，万民颂神安祥。

宇宙是神独创，正义敷覆无恙。
克尽魔敌凶魍，天下大同平康。

济世尽我力量，文明之火盛旺。
和同宗教必讲，真理之光勃放。

万物萧条

2023-12-13

万物萧条，老柳半枯了。
松柏苍峭，青翠犹然好。

散步逍遥，冷风堪醒脑。
天气阴了，仲冬存美好。

旷然意俏，哦诗复洒潇。
正意骚骚，叩道奋志跑。

阖家康好，神恩赐丰饶。
灵程美妙，风光历丰标。

人生振志吾洒潇

2023-12-13

人生振志吾洒潇，红尘多逍遥。
此际冬雨洒萧骚，冷寒均来到。

清展神思哦怀抱，人生胡不好。
一生神恩是笼罩，灵程奋扬飙。

克尽困难万千条，行走阳关道。
不图名利我笑傲，水云中心飘。

室内和暖品茗潇，诗意中心饶。
淡荡生尘激情骚，叩道正气高。

不为名利所动
        2023-12-13

不为名利所动，清真展我笑容。
灯下容我哦讽，室外冬雨从容。

红尘任其汹涌，澹荡盈满心中。
不为名利所动，诗书晨昏咏诵。

阖家安稳和慵，神恩赐下恢弘。
灵程努力前冲，胜过鬼魔孽种。

大化恒自运动，共缘起伏潮涌。
平静祥和心中，颂赞神恩丰隆。

清持雅洁心身
        2023-12-13

清持雅洁心身，人生未可沉沦。
感谢天父鸿恩，导引心灵历程。

努力前面旅程，风光大好清纯。
中心颂赞献逞，歌颂神的恩深。

岁月日渐进深，华发迎风飘纷。
远辞火红青春，不老是我心身。

男儿焕发刚贞，力战魔敌凶狠。
步履彩虹真正，标的天国永生。

清净己心
        2023-12-13

清净己心，勿为名利争竞。
焕发雄英，振志叩道多情。

鬓已凋零，华发替换青鬓。
一笑爽情，人生快慰心灵。

神恩无垠，赐我阖家康平。
讴呼尽兴，努力灵程挺进。

胜过魔兵，不屈艰难困辛。
气宇凌云，对准天国飞行。

休憩情肠
        2023-12-13

休憩情肠，人生吾温让。
清听鸟唱，窗外雨正降。

打开灯光，写诗舒心肠。
人生奔放，自由恒向往。

不为物障，不为名利妨。
叩求道藏，神恩敷广长。

食用灵粮，灵性恒增长。
天国故邦，努力回归向。

定定当当人生场
        2023-12-13

定定当当人生场，追光向上，
追光向上，君子人格培端方。

此生履尽是苦艰，一笑爽朗，
一笑爽朗，领受神恩何其壮。

趋老年华放讴唱,激越情肠,
激越情肠,讴颂正道恒康庄。

共缘履历是桑沧,淡淡荡荡,
淡淡荡荡,无机心地正意刚。

时雨进行
2023-12-13

时雨进行,檐前敲击清新。
萧瑟野境,仲冬老柳半青。

心志空清,人生奋志前行。
不计艰辛,炼得丰沛心襟。

红尘苦境,太多试探艰凌。
合当抛清,轻装全力前进。

山水空灵,涤我心襟无垠。
剩有高兴,新诗纵哦不停。

修炼身心
2023-12-13

修炼身心,柔和坚韧交并。
洒脱空清,悟道领略圆明。

天人之境,一生叩求仰景。
奋志凌云,脚踏实地追寻。

勿寻利名,此物损人心襟。
合当抛清,高蹈志向水云。

红尘炼境,幻灭无常艰辛。
百年生命,矢向天国挺进。

烟雨濛濛
2023-12-13

烟雨濛濛,灯下裁思灵动。
仲冬之中,冷寒一任严重。

红尘汹涌,大化谁能真懂。
叩道奋勇,努力灵程直冲。

岁月如风,赐我斑苍重浓。
一笑持中,君子淡泊从容。

名利何功,应能弃之空空。
旷然襟胸,中和中正中庸。

时雨加强
2023-12-13

时雨加强,窗外一片哗啦响。
暮暝之间,打开灯光撰诗章。

人生奔放,不为名利所遮障。
性光清亮,追寻真理我茁壮。

如松生长,斗风斗雨斗寒猖。
如梅之放,幽雅淡淡散清香。

红尘狂放,努力灵程奋闯荡。
山水无疆,矢沿正道以履航。

心志和平
2023-12-14

心志和平,窗外夜雨正潸零。
灯下清听,仲冬五更也冷清。

早起殷殷,哦诗舒出我心灵。
人生振兴,莫忘理想时刻铭。

山水多情，天涯风光一生景。
努力追寻，踏破青山一笑凝。

红尘之境，幻化无比之艰辛。
神恩充劲，导引灵程入坦平。

檐前雨声
2023-12-14

檐前雨声，打动吾之心身。
灯下五更，冬夜舒出精诚。

人生驰骋，履越山高水深。
意境清芬，时或领略雄浑。

艰险不论，神恩赐下丰盛。
平安心生，灵程意境缤纷。

心志平正，不入名利之阵。
诱惑任盛，叵耐我心贞纯。

中正人生
2023-12-14

中正人生，仰赖丰沛神恩。
人生旅程，总以性灵为尊。

叩道艰深，试炼叠放层层。
冲决魔氛，骋志奋不顾身。

红尘滚滚，只是幻化之阵。
天国永生，才有福分真正。

窗外雨逞，打动余之心身。
冬夜清冷，五更哦放声声。

五更已毕心志清
2023-12-14

五更已毕心志清，灯下哦吟，
舒写心灵，焕发人生正气凌。

五十八载若电影，往事难寻，
记忆堪凭，更应瞻望未来景。

男儿奋志纵入云，名利辞屏，
高蹈心襟，济世救世鼓干劲。

诗书人生清雅境，晨昏哦吟，
秋春怡情，努力修心持均平。

天尚未明
2023-12-14

天尚未明，灯下裁思空灵。
一点心情，哦入诗中清新。

窗外雨零，冬晨四围安静。
内叩心灵，发觉真光辉映。

真理追寻，踏遍山水苍峻。
一笑爽清，正志支撑心灵。

红尘幻境，勿为名利欺凌。
挥洒才情，济世乐建太平。

红尘步步惊心
2023-12-14

红尘步步惊心，履历太多险境。
应持坦平心襟，神恩总是丰盈。

冬晨灯下哦吟，舒出男儿豪情。
此生不计利名，努力勤加耕心。

叩道领取意境，千山万水经行。
峰回路转心领，柳暗花明怡情。

一笑适然多情，不受物欲欺凌。
清贫并不要紧，贵在富裕心灵。

清听雨打起清响

2023-12-14

清听雨打起清响，
冬夜路上华灯放。
五更已毕天未亮，
早起人儿哦华章。
岁月侵人两鬓苍，
爽然一笑意气扬。
人生纵马以驰闯，
踏破山水之清苍。

笑意满面不苍凉，
人生豪情心地间。
五湖归来心志爽，
觑破尘世之景象。
一生沐浴神恩壮，
思此感发于中肠。
讴颂神恩之丰穰，
导引灵程入康庄。

红尘屡起滔天浪，
轻舟避过礁石放。
中心情志恒增长，
济世情怀乐未央。
人虽初老不惊惶，
定定当当人生场。

共时履缘坦平间，
天意弄人也无恙。

贞定情操真堪讲，
君子人格一生养。
端正心志无机奸，
雅持良知践履间。
读书写诗意雅闲，
人生坚决不放浪。
叩道体道用道间，
圆融圆通圆明漾。

20.凿火集

窗外雨声

2023-12-14

窗外雨声，情思情意吾缤纷。
灯下思深，化为新诗哦清芬。

人生驰骋，历尽山水之高深。
瞻望前程，灵程风光美不胜。

一笑清生，豁达人生妙无伦。
共缘而奔，圆明心志雅十分。

通达天人，不为物欲起纷争。
坦平心身，晨昏雅放读书声。

人生雅十分

2023-12-14

人生雅十分，哦咏真诚。
情志正缤纷，儒雅清芬。

努力以修身，名利辞扔。
高蹈水云芬，养怡精神。

读书一生骋，真理寻遵。
叩道之历程，烟雨艰深。

回味我人生，一笑坦诚。
领受神之恩，奋行灵程。

漫漫冬夜犹未尽
2023-12-14

漫漫冬夜犹未尽，
五更灯火燃明。
读书写诗开意境，
朗声放我哦吟。

窗外雨打多清新，
路上偶有车行。
城市此际也安静，
众生都入睡眠。

早起人儿心清醒，
旷展神思雅清。
救世济世乐心灵，
鼓舞情志前行。

风雨艰深不要紧，
贵在持有心灵。
儒雅中正且和平，
力抛机奸无明。

人生振志前行
2023-12-14

人生振志前行，雅持灿烂心襟。
红尘妙无垠，恒是试炼境。

此生不守因循，努力奋发心灵。
正志盈于心，叩道力挺进。

神恩自是丰盈，赐我阖家康平。
讴颂出于心，灵程旷飞行。

窗外雨打空清，冬夜冷寒交并。
灯下思意盈，新诗哦不停。

天色初明
2023-12-14

天色初明，雨犹下不停。
冷寒之境，仲冬万物萧条并。

心志开屏，人生奋心灵。
哦诗爽俊，舒出儒雅之闲情。

快慰情景，豁怀享康平。
灯下舒情，纵展正志以凌云。

合当讴吟，平和之心襟。
汽车清鸣，点缀生活也温馨。

物欲勿使过盛
2023-12-14

物欲勿使过盛，名利合当弃扔。
高蹈吾之心身，水云何其清芬。

心灵心志清纯，叩道奋志十分。
悟彻圆明时分，明光洒照乾坤。

神恩无比丰盛，导引灵性旅程。
天国才有永生，享受福分真正。

努力弃假归真，胜过黑暗妖氛。
沐浴光明兴奋，振志万里驰骋。

勿失本真

2023-12-14

勿失本真，澹荡从心生成。
清度世尘，优雅如光清纯。

岁月侵身，霜华不减精诚。
一生和温，人格眼目显逞。

奋我人生，矢为真理奋身。
物欲弃扔，高蹈心灵清芬。

红尘滚滚，太多奸伪侵人。
慧目务睁，细辨前进路程。

领略烟雨迷蒙

2023-12-14

领略烟雨迷蒙，
洒脱心志吾清空。
散步沐浴雨风，
快慰盈满我襟胸。

人生情有独钟，
爱好诗书吾浸泳。
哦出心怀沉雄，
男儿合唱彼大风。

往事太多沉痛，
灵程雨风太烈猛。
唯赖神恩广洪，
赐下平安何恢弘。

情志裁以中庸，
和平盈满我心胸。
正直秋春之中，
人生绝不取平庸。

挺直身腰

2023-12-14

挺直身腰，正直为人是首条。
心志逍遥，胸怀水云吾洒潇。

未可稍傲，谦正情怀儒雅风。
诗书哦巧，一身风雅吾和同。

红尘汹涌，一生仰赖神恩隆。
灵程奋勇，胜过魔敌之险凶。

奋发刚雄，救世济世乐无穷。
不做孬种，贪图名利有何功。

洒脱尘嚣

2023-12-14

洒脱尘嚣，人生情志清好。
叩道迢迢，展我男儿怀抱。

绝不讨巧，拙正是为首条。
绝不稍傲，谦正一身风骚。

诗书昏晓，朗放哦唱声高。
情怀渺渺，心事向谁诉晓。

红尘扰扰，太多机关陷巧。
努力前道，旷飞扬起风飙。

时雨进行

2023-12-14

时雨进行，时雨仍在进行。
心志均平，午睡过后清醒。

且品芳茗，袅起悠悠意境。
穷而开心，此生不计利名。

高蹈身心，沉潜诗书之境。
纵情哦吟，舒适吾之心襟。

阖家康平，神恩铭感于心。
颂赞于襟，讴咏神之恩情。

亲情使余感动
         2023-12-14

亲情使余感动，敬祝父母寿隆。
天父恩典赐送，阖家安康从容。

窗外冬雨洒送，室内品茗和慵。
颂赞天父恩洪，矢沿灵程直冲。

克尽魔敌恶凶，胜利步履彩虹。
天国幸福无穷，颂父万年久永。

时光飞逝匆匆，霜华渐渐增浓。
一笑爽然于胸，雅洁盈满襟中。

雅持正义心灵
         2023-12-14

雅持正义心灵，人生骋志以行。
山水穿越无垠，悠悠涤我心襟。

岁月赐我斑鬓，心怀雅持镇定。
人生快慰情景，蒙恩幸福无垠。

仲冬之季已临，窗外雨洒均平。
清坐思想开屏，遐思哦咏空灵。

不为名利分心，沉潜诗书之境。
闲时聊品芳茗，悠悠使余开心。

人生纵情而论
         2023-12-14

人生纵情而论，雅靓是我心身。
灵程奋志而骋，风光历历雄浑。

战胜魔敌凶狠，步履丰美灵程。
冲决试炼艰深，心怀丰沛无伦。

救世奋我精诚，努力匡世秋春。
诗书润我心身，哦咏冬夏晨昏。

岁月日渐加增，斑苍不减清纯。
男儿奋志刚正，万里风雨兼程。

洒脱心襟
         2023-12-14

洒脱心襟，人生豪气干云。
踏实追寻，真理正道叩请。

诗书哦吟，呼出我的热情。
红尘惊心，灵程步履彩云。

神恩无垠，赐我阖家康平。
感沛于心，矢沿正道挺进。

风雨艰辛，正好磨我刚劲。
笑意清新，豁达天人之境。

世事难料
         2023-12-14

世事难料，风雨艰苍经饱。
爽然一笑，神的恩典来到。

红尘胡搞，众生利夺名吵。
吾持清窍，遁向水云渺渺。

岁月丰饶，演绎故事丰标。
人生易老，何不开怀大笑。

豁怀堪表，人生步履正道。
诗书美妙，润我情肠风骚。

放志讴吟
2023-12-14

放志讴吟，人生正意鲜明。
名利辞屏，不减勃勃胸心。

心怀镇定，览尽尘世浮云。
岁月清新，赐我华发斑鬓。

雅思空灵，哦诗舒出激情。
坦腹哦吟，无机正直空灵。

微笑浮萦，清度人生爽清。
不惹利名，君子悠悠固贫。

激越情肠
2023-12-14

激越情肠，冲破烟雨艰苍。
率意哦唱，舒出人生贞刚。

人生向上，不必计较苍凉。
红尘无恙，灵程奔赴天堂。

百年苍茫，尘世惊涛万丈。
稳渡安航，神亲导引方向。

微笑浮上，豁怀清取昂扬。
努力奔放，努力旷意飞翔。

旷志从心生成
2023-12-14

旷志从心生成，人生美好纵论。
享受天父鸿恩，努力奋行灵程。

艰难困苦不论，纵横由我驰骋。
天马腾空历程，风雨努力兼奔。

此际夜色生成，灯下清意哦申。
舒出人生刚正，清澈是我灵魂。

岁月日渐加深，霜华映照真正。
一笑淡然清纯，晚晴辉煌时分。

时雨倾降烈猛
2023-12-14

时雨倾降烈猛，心境吾持轻松。
放怀从心讴咏，舒出人生情浓。

正意一腔刚洪，力战魔敌仇凶。
胜利凯歌讴咏，歌颂神恩丰隆。

灵程步履彩虹，美丽是我心胸。
正直一生矢冲，天涯风光灿宏。

心怀雅持灵动，新诗奏出襟胸。
名利已弃空空，天国财宝正丰。

烟雨濛濛
2023-12-14

烟雨濛濛，心志吾和慵。
仲冬之中，冷寒不严重。

洒脱襟胸，阖家温馨浓。
神恩丰隆，平安吉祥送。

裁志哦讽，人生正意浓。
沐尽雨风，快慰我心胸。

红尘汹涌，大浪滔沙猛。
秉持中庸，淡荡秋春中。

身心不老

2023-12-14

身心不老，人生容我笑傲。
挥洒才调，新诗晨昏哦巧。

旷展风骚，君子人格朗造。
修身重要，努力诚真力保。

向阳心窍，不为名利倾倒。
正直为要，卑媚未许侵扰。

履尽险要，坦平中心富饶。
神恩盈抱，讴颂赞美昏晓。

心志不平庸

2023-12-14

心志不平庸，奋展吾之刚雄。
男儿合有种，矢为真理冲锋。

夜色初初送，城市华灯灿动。
七彩是霓虹，闪耀迷人心踪。

质朴心地中，人生雅秉灵动。
心志七彩虹，明朗阳光轻松。

努力振志冲，坦平是我心胸。
正直立如松，不畏风雨艰浓。

历劫人生

2023-12-14

历劫人生，展我笑容纯真。
秉持诚正，努力加强修身。

丰沛神恩，导引妙丽灵程。
飞向天城，冲决围困艰深。

试探任生，叵耐我心沉稳。
旷展刚贞，对准天国驰奔。

浊世红尘，磨炼心襟真正。
男儿清纯，蒙福何其丰盛，

骋志人生

2023-12-14

骋志人生，冲决一切困顿。
跨出围城，矢向天涯驰奔。

风雨晨昏，朗放读书之声。
诗书润身，男儿恒永修身。

心志缤纷，七彩是我心身。
质朴刚正，不为名利倾身。

一笑纯真，安稳清度秋春。
奋不顾身，济世救世奋争。

清雅人生

2023-12-14

清雅人生，不为名利奋争。
淡度红尘，洒脱哦咏晨昏。

感谢神恩，人生步履坚正。
妙行灵程，战胜鬼魔缤纷。

凯歌清纯，圣洁飞向天城。
叩道履深，风风雨雨不论。

处心真诚，无机质朴心身。
正直刚贞，迎难鼓志前骋。

雨打起清响

2023-12-14

雨打起清响，绵绵不停下放。
灯下展思想，激情如潮之涨。

心志不孟浪，矢沿正道闯荡。
不惧风与浪，贞定盈满襟房。

红尘太狂荡，欺骗伪奸奔放。
神恩赐广长，导引灵程向上。

天国是故邦，务须努力回乡。
物欲是孽障，务弃务抛务放。

谦正是我情操

2023-12-14

谦正是我情操，人生雅意骚骚。
努力万里奔跑，风雨兼程开道。

力战魔敌仇妖，步履彩虹之道。
中心圣洁丰饶，神恩如泉灌浇。

人生客旅逍遥，不为名利所扰。
轻装才宜奋跑，风光赏鉴美妙。

天国永生福饶，颂父万年久辽。
华年易逝如飙，努力修身叩道。

寂寞人生场

2023-12-14

寂寞人生场，知音何方？
孤旅不愁怅，奋发向上。

岁月走流畅，霜华惜涨。
中心怀感想，哦咏奔放。

向神敞心房，颂赞献上。
灵程奋闯荡，战胜艰苍。

魔敌拼命挡，力挥刀枪。
凯旋归故乡，荣美天堂。

风雨之中洒潇

2023-12-14

风雨之中洒潇，人生经行美好。
神恩如此丰饶，赐下平安美妙。

此际灯光朗照，心志洒然奇妙。
振志朗哦风骚，舒出正意刚傲。

人生不骋机巧，拙正是我心窍。
风雨阴晴均好，矢志灵程朗造。

天国才是终标，故乡福乐充饶。
天父恩典洒浇，颂父万年久辽。

踏遍青山人未老

2023-12-14

踏遍青山人未老，
五湖归来笑傲。
清度尘世胡不好，
神恩原也笼罩。

心灵心志吾洒潇，
不为名利所扰。
清贫正义也丰饶，
刚正是我情操。

坦平持心奋前道，
不计阴晴风暴。
斩杀豺狼与虎豹，
还我山河清俏。

人生正意盈骚骚，
叩道领略奇妙。
圣洁情怀何美好，
无机展颜微笑。

时雨仍洒潇

2023-12-14

时雨仍洒潇，灯下清思逍遥。
心情怀美妙，哦诗热情娟好。

时光若飞飙，仲冬冷寒不峭。
人生若长跑，笑我霜华渐老。

心志持笑傲，卑视名利如草。
意若幽兰骚，正直果敢风标。

音乐空灵飘，感动余之襟窍。
世界存美好，但须用心寻找。

音乐流畅

2023-12-14

音乐流畅，感动我心房。
激越情肠，写诗舒奔放。

心志清昂，人生快慰间。
不为物障，清心叩道藏。

心有明光，烛照前路向。
黑暗退藏，前路努力闯。

山水万方，显我男儿壮。
果敢顽强，力斩拦路狼。

喜鹊又鸣叫

2023-12-14

喜鹊又鸣叫，天气行将晴了。
远处鞭炮啸，生活和平安好。

人生不稍傲，谦和一生力保。
真理矢寻找，叩道吾心洒潇。

心志多奇妙，不为物欲所扰。
简单生活好，名利务须弃抛。

轻装兼程跑，一任风雨飘萧。
灵程奋扬飙，对准天国直造。

昂扬人生

2023-12-14

昂扬人生，雅持信念诚真。
叩道刚贞，困苦艰苍不论。

心性坚贞，污浊矢志抛扔。
清心洁圣，叩道力秉纯真。

我心雅诚，万里风云览胜。
微笑清生，乐度客旅人生。

淡荡秋春，仰赖神恩丰盛。
阖家安稳，祥和心地平正。

人生清意生成

2023-12-14

人生清意生成，雅秉吾之纯真。
努力弃假归真，奋志行走灵程。

艰难困苦不论，男儿豪勇心生。
胜过试探艰深，前路奶蜜充分。

感谢天父鸿恩，起死回生何盛。
努力前面旅程，步履彩虹真正。

绕过暗礁前骋，扬帆万里风顺。
凯归天国故城，福乐万年久盛。

裁志人生

2023-12-14

裁志人生，贪婪务必抛扔。
一腔刚正，清意盈满乾坤。

憩身红尘，淡荡中心生成。
名利弃扔，胸怀朗朗乾坤。

奋行灵程，旅途美妙不胜。
试探任生，心灵如磐之正。

笑意清生，领受丰沛神恩。
旷怀雅正，济世努力晨昏。

音乐灵动

2023-12-14

音乐灵动，苍茫吾之心胸。
放意讴咏，歌颂神恩丰隆。

心襟凝重，不为物欲所动。
灵程奋勇，一马当先前冲。

试探任浓，坚贞心性中庸。
豺狼狠凶，斩杀尽光才中。

红尘汹涌，大化精准运动。
叩道圆通，共缘起伏圆融。

人生固应放松

2023-12-14

人生固应放松，勿以名利为重。
应能裁意中庸，和平盈满襟胸。

心志放飞彩虹，七彩灿我心胸。
踏实追求成功，风雨兼程前冲。

客旅桑沧幻重，不许物欲进攻。
清守圣洁襟胸，理想激起心中。

尘世并不轻松，多有虎豹狠凶。
圣父恩典无穷，赐我平安始终。

休憩理所应当

2023-12-14

休憩理所应当，何必镇日匆忙。
清心适意之间，才能步履定当。

放飞心灵志向，七彩人生辉煌。
抛弃名利应当，轻装何其扬长。

灵程不是好闯，多有魔敌阻挡。
圣洁清持心间，门小路窄闯荡。

红尘汹涌万丈，神必平息风浪。
赐我一生安祥，步履彩虹向上。

生活矢脱平庸

2023-12-14

生活矢脱平庸，贵在振志前冲。
人生旷展英勇，奋发沐雨破风。

不必惧怕成翁，年轮运转从容。
灵程多有阻重，定志努力冲锋。

坎坷艰难任重，神恩更加丰隆。
导引灵程直冲，斩杀鬼魔成丛。

天国多么恢弘，言语难以形容。
永生福乐无穷，共父万年久永。

岁月淡荡如风

2023-12-14

岁月淡荡如风，世事桑沧幻浓。
不惧年近成翁，裁志和平中庸。

远野鞭炮又动，打破宁静时空。
冬夜时雨清送，灯下哦咏从容。

时光飞逝如涌，华年迅捷入梦。
不必惊叹心中，共缘履历穷通。

济世乐于行动，神恩赐下恢弘。
矢志灵程前冲，努力缔造大同。

岁月赐我凝重

2023-12-14

岁月赐我凝重，步履风雨彩虹。
七彩是我心胸，讴咏舒出灵动。

冬夜静悄之中，听得鞭炮响动。
引我心潮汹涌，感发哦诗舒中。

人生奋发刚勇，百折不挠前冲。
叩道穿越雨风，心灯燃得通红。

不怕暗夜雾浓，细辨前路从容。
神恩赐下恢弘，柳暗花明畅通。

21.洁白集

夜雨正洒萧萧

2023-12-15

夜雨正洒萧萧，使我心地骚骚。
三更寒正峭，醒转撰诗稿。

一杯牛奶喝了，热气腾腾正好。
志发如春草，诗意盈心窍。

仲冬绵绵雨嚣，晴日何时来到？
闲思正不了，叩心悟大道。

人生正意丰饶，诗书润我情抱。
人格力铸造，修身儒雅潇。

风雨重浓

2023-12-15

风雨重浓，冷寒袭击严重。
四更之中，室内温暖融融。

校诗从容，感慨发于心中。
人生如风，霜华惜乎浓重。

努力前冲，不计关山雨风。
一笑从中，君子人格和同。

淡荡之中，修身向上奋勇。
诗书哦颂，男儿合呼大风。

人生不计艰浓

2023-12-15

人生不计艰浓，奋发展我刚勇。
窗外冬雨正猛，四更醒转哦咏。

冷寒一任其重，中心火热从容。
哦诗舒我灵动，不为物欲所怂。

淡定红尘之中，叩道步履凝重。
心得哦入诗中，雅洁并且清空。

圆融悟入心胸，济世奋勇前冲。
共缘履历穷通，天父恩典无穷。

正意雅放骚骚

2023-12-15

正意雅放骚骚，人生情怀大好。
晨起天寒峭，雀鸟旷鸣叫。

合当舒写情抱，万里长驱朗造。
关障不紧要，定志天涯潇。

灵程奋发扬飙，一切妖魔尽扫。
天地正气饶，神恩大敷罩。

晴和是我心窍，正直无机洒潇。
人生勿讨巧，拙正是为要。

人生洒脱潇潇

2023-12-15

人生洒脱潇潇，乐叩丰美大道。
正义持心窍，万里步逍遥。

红尘胡不娟好，神恩无限笼罩。
远处鞭炮啸，晨起爽情抱。

隆冬冷寒峭峭，万物尽都萧条。
火热之情抱，颂神讴声高。

步履灵程正道，克尽一切魔妖。
正气天下饶，万民乐洒潇。

人生志向饶

2023-12-15

人生志向饶，更须踏实行好。
风雨中洒潇，朗哦新诗声高。

仲冬寒料峭，细雨洒降逍遥。
朔风鼓劲道，清坐品茗意骚。

颂赞神恩高，努力步履正道。
不惧试探饶，定志天涯朗造。

晨鸟鸣声高，惬我心意丰标。
写诗舒不了，激情泻若狂潮。

人生乐享安祥

2023-12-15

人生乐享安祥，不为名利起浪。
此际悠听晨鸟唱，
风雨寒峭何妨。

定志万里闯荡，不畏风雨严霜。
男儿是有大顽强，
如松挺直生长。

一生神恩奔放，讴颂出于心间。
灵程胜过试炼艰，
标的天国故邦。

红尘多有激荡，时起严酷情况。

中心向天长仰望，
神必赐与力量。

人生向上力骋
2023-12-15

人生向上力骋，不必惧怕艰深。
神恩如此丰盛，导此灵程平顺。

冬雨正自洒逞，朔风吹袭寒冷。
清坐思想生成，人生正意刚贞。

努力前面旅程，不畏风雨之盛。
男儿志荷清纯，矢为真理奋身。

清度浊世红尘，努力加强修身。
回归天国圣城，永生福乐充分。

雨止天犹未朗
2023-12-15

雨止天犹未朗，阴云正自激荡。
朔风输寒狂猖，散步经行无恙。

岁月多么奔放，不必计较斑苍。
一笑率意扬长，人生豁达情肠。

五湖归来意畅，名利合当弃光。
高蹈雄心万丈，诗书纵情哦唱。

呼出正义情肠，人生雅持向往。
大同是余理想，仰赖神恩广长。

雨中喜鹊鸣叫
2023-12-15

雨中喜鹊鸣叫，老柳舞其风骚。
散步经行良好，朔风输寒微峭。

舒展心襟怀抱，人生晴朗心窍。
奋志扬长远道，不计风雨艰饶。

红尘容我逍遥，名利吾已抛掉。
身心尽情高蹈，诗书一生哦潇。

岁月清度美妙，积淀唯有诗稿。
舒出南山风标，君子人格铸造。

薄寒使余清醒
2023-12-15

薄寒使余清醒，空气多么鲜新。
天气惜乎沉阴，朔风输寒正劲。

散步聊以经行，生活澹荡和平。
神恩赐下丰盈，心地恬淡安宁。

阖家雅享温馨，天伦之乐充盈。
父母健康在庭，孝顺之心奉敬。

向阳心志开屏，人生努力前行。
朗度关山风云，大好是我心襟。

不为名利所动
2023-12-15

不为名利所动，清真展我笑容。
红尘雅度凝重，俭德奉行始终。

人生并不轻松，时有考验艰浓。
神恩赐下恢弘，领受平安心中。

奋志旷如彩虹，七彩闪耀襟中。
眼目慧光灵动，矢志天涯径冲。

老我斑苍和慵，裁志雅哦仲冬。
冷寒任其加重，室内和暖堪讽。

心志堪讽堪讽

2023-12-15

心志堪讽堪讽，人生情有独钟。
仲冬冷寒之中，火热是我心胸。

圣灵恒在运动，万变不离其宗。
真理正义畅通，魔敌败退遁容。

红尘暗潮汹涌，正见涵于心中。
努力冲破雨风，天涯凯歌声动。

不为名利所动，静定是我襟胸。
叩道奋展英勇，不怕考验烈浓。

正见支撑理想

2023-12-15

正见支撑理想，不畏风雨巨浪。
人生栽志奋闯，关山履度雄壮。

五湖归来何讲，朗然一笑扬长。
世界存在真相，神恩无限奔放。

济世尽我力量，心灯燃亮闪光。
烛照前路远长，步履坚贞坚壮。

心怀充满力量，大道叩请无恙。
傲立如山之壮，不屈尘世艰苍。

闲适人生无恙

2023-12-15

闲适人生无恙，心志未可放浪。
坚贞清持理想，努力一生向上。

此际阴云激荡，朔风吹击嚣狷。
清坐室内思想，品茗意气洋洋。

人生合当奔放，不为物欲所障。
冲决苦难艰苍，心怀光明太阳。

神必赐我力量，济世挥洒光芒。
荣神益人之间，不计华发斑苍。

红尘不缺情种

2023-12-15

红尘不缺情种，清展纯真笑容。
虽然年近成翁，心灵灿烂灵动。

仲冬朔风吹送，冷寒任其加重。
天阴无妨情钟，一杯绿茗从容。

写诗舒发潮涌，激情奔腾心中。
思想类若彩虹，七彩闪耀无穷。

展望未来情涌，努力挥洒刚雄。
天人大道遵从，大同世界妙浓。

心志清展沉雄

2023-12-15

心志清展沉雄，窗外风吹呼隆。
时节正届仲冬，冷寒继续加重。

心怀意念和恿，理想激情奔涌。
济世奋发前冲，神恩赐下恢弘。

笑我华发飘风，青春心志凝胸。
展眼冬野哦讽，舒出情怀重浓。

不图名利清空，理想苦壮如峰。
男儿顽强奋勇，救世必然成功。

天意深处容哦讽

2023-12-15

天意深处容哦讽,
人生最贵灵动。
勿使物欲妨心胸,
水云憩意轻松。

红尘大化恒运动,
天人大道从容。
百年生命飞如梦,
务必清醒于胸。

灵程努力奋前冲,
克尽鬼魔妖丛。
胜利步履彼彩虹,
天国永生福隆。

正见支撑我襟胸,
名利究有何功。
读书润我心无穷,
眉眼慧意凝重。

裁思无恙

2023-12-15

裁思无恙,哦咏新诗奔放。
舒出情肠,舒出心灵力量。

红尘狂放,太多曲折构陷。
吾持清肠,水云中心涵养。

向前向上,高远直至无疆。
天国遐方,才是我之故邦。

努力舒放,一似花朵开张。
神恩无量,赐下福分安康。

呼吸清风快畅

2023-12-15

呼吸清风快畅,
冷寒任其加强。
仲冬时节天寒凉,
骑车奋行舒畅。

大雪拂拂扬扬,
朔风鼓吹狂猖。
精神情志都增长,
诗意盈满人间。

情怀哦入诗章,
激发人生张扬。
一腔热血都奔放,
旷欲向天飞翔。

红尘自是无恙,
人生内叩情肠。
正意从来盈寰壤,
天意用心衡量。

致力灵性成长

2023-12-15

致力灵性成长,人生奋发向上。
红尘太多艰苍,冲决物欲魔障。

内叩自己襟房,发见灵光闪亮。
注重自我修养,不为外缘所障。

定志灵程闯荡,阳光自我心房。
神必赐与力量,导引正路方向。

红尘客旅之乡,天国永恒故邦。
努力奋志向上,回归永生天堂。

红尘艰深

2023-12-15

红尘艰深，奋发心志刚贞。
名利弃扔，努力灵性旅程。

正直人生，伪饰尽力抛扔。
弃假归真，天父恩典赐盛。

骋志奋争，努力秉掌心灯。
烛照前程，穿越浓雾深沉。

天国永生，共父万年恒春。
修心历程，努力圣洁灵魂。

舒展我的灵动

2023-12-15

舒展我的灵动，舒展吾之清空。
人生奋志刚雄，灵程奋发前冲。

克尽鬼魔孽种，圣洁自我心胸。
哦诗舒发情衷，感慨积淀厚丰。

我是多情之种，不为名利所动。
浩志入云之中，脱离尘世凡庸。

恣意沐雨破风，万里兼程奋勇。
汗水浇灌成功，步履灵程彩虹。

勿负韶华时光

2023-12-15

勿负韶华时光，寸阴寸金相仿。
时节仲冬之间，灯下旷意思想。

冷寒袭击狂猖，火热是我情肠。
领受神恩奔放，努力灵程闯荡。

红尘不是故乡，只是修心之场。
天国永恒之邦，永生福乐无限。

注重灵性修养，辞去物欲之障。
心光闪烁非常，烛照前进路向。

激越人生慨慷

2023-12-15

激越人生慨慷，奋志万里闯荡。
此生履尽艰苍，血泪潸潸流淌。

天父就是阳光，真理正道灵粮。
赐我平安吉祥，努力灵程向上。

克尽魔敌妖魍，奋志回归天堂。
骋心尽力奔放，圣洁灵魂清靓。

物欲徒为孽障，诱人入于丧亡。
定志如磐之壮，旷志乘风破浪。

宇宙奥秘无限

2023-12-15

宇宙奥秘无限，尽是神之所创。
我要用心寻访，必得神之葆奖。

矢沿灵程向上，冲决魔敌阻挡。
不怕试炼艰苍，心灵圣洁安祥。

天父赐与力量，胜过一切孽障。
努力回归天堂，永生享受平康。

岁月飞逝迅忙，务须抓紧时间。
人生在世不长，百年如电如霜。

平生不事张扬

2023-12-15

平生不事张扬,沉默实干为上。
汗水不会白淌,秋收会盈满仓。

读书沉潜安祥,华年逝去奔放。
灵性渐次培养,智慧日日增长。

写诗哦出中肠,不求华美辞章。
荣神益人无恙,知音后侪无量。

我心充满力量,济世纵展豪刚。
大同是余理想,践履实干为强。

红尘幻变无穷

2023-12-15

红尘幻变无穷,桑沧亘古叠重。
人生百年迅猛,弹指华发成翁。

修心努力奋勇,叩道用道中庸。
努力追求成功,灵程步履彩虹。

不怕风雨烈猛,试探任其艰浓。
神恩赐下恢弘,导引灵程前冲。

坦平盈满心中,微笑和蔼从容。
中心充满灵动,化为新诗哦讽。

心志旷持从容

2023-12-15

心志旷持从容,哦诗舒我灵动。
人生感慨盈中,斑苍任其加重。

时节既是仲冬,冷寒一任严重。
灯下尽情哦讽,正意舒发无穷。

多言究有何功,简捷为美才中。
灵程多有雨风,男儿纵展刚勇。

此际心怀中庸,平和是我襟胸。
微笑浮上面容,淡泊并且清空。

人生矢志向上

2023-12-15

人生矢志向上,心意不取清狂。
谦和一生奔放,努力修心尽量。

德操尽力加强,名利务须弃放。
清贫一生何妨,济世纵展刚强。

诗书晨昏哦唱,激励人生前闯。
不计风雨艰苍,心怀光明阳光。

神恩无比广长,颂神理所应当。
矢沿灵程奋闯,冲决迷雾霾障。

振志人生

2023-12-15

振志人生,雅持信仰诚真。
力行灵程,意气风发刚正。

努力奋身,圣洁自我灵魂。
加强修身,德操日日加增。

坎坷生辰,不为名利奋争。
物欲弃扔,轻装清心前骋。

红尘滚滚,浊世试炼之阵。
冲决困顿,冲决迷雾之城。

人生情志无恙

2023-12-15

人生情志无恙,清展笑意广长。
此生幸福无疆,全赖神恩奔放。

真神赐我力量,灵程奋发向上。
克尽鬼魔妖魍,凯旋回归天堂。

淡泊是我心房,心灯已经燃旺。
烛照前路明亮,步履平顺安祥。

冬夜虽然寒凉,灯下火热情肠。
哦诗热情张扬,舒出正意盈腔。

淡定人生场

2023-12-15

淡定人生场,悠悠扬扬。
激情心地间,慨当以慷。

心志吾清昂,骋志向上。
灵程奋力量,战胜魔障。

名利是欺诳,合当弃光。
慧心吾雅闲,诗书润肠。

天国是故邦,永生何康。
共父万年长,无有止疆。

晨鸡又清鸣

2023-12-16

晨鸡又清鸣,天寒四更冷清。
早起情殷殷,雅放吾之哦吟。

红尘是多辛,踏破山水常寻。
一笑合淡定,尘世只是浮云。

叩道当清心,万事看开才行。
内叩身心灵,正直无机兼并。

雅怀旷无垠,抛弃一切利名。
高蹈是心襟,共缘起伏经行。

惜福于内心,努力加强修心。
妄意合抛屏,诗书润我胸襟。

情志宜清宁,淡泊一似行云。
微笑出于心,豁达生活康平。

心灵挥洒力量

2023-12-16

心灵挥洒力量,正直无机刚强。
向神敞开心房,神必赐福无限。

灵程努力闯荡,克尽一切艰苍。
红尘清度无恙,世界试炼之场。

修心尽我力量,向上奋发飞翔。
物欲务必克减,简单生活为上。

书海扬帆而航,识破一切欺诳。
定志叩求道藏,奋飞对准天堂。

爽雅人生

2023-12-16

爽雅人生,力秉吾之纯真。
尽力修身,污秽尽力抛扔。

正直心身,诗书一生清骋。
儒雅清芬,南山情调生成。

朗唱声声,何妨声入云层。
风来慰问,人生客旅行程。

红尘滚滚，太多欺骗艰深。
慧目务睁，细辨前进路程。

时既五更兮心志生成
2023-12-16

时既五更兮心志生成，
旷怀雅正兮写诗缤纷。
四围静悄兮冬夜寒冷，
中心火热兮一腔热忱。
人生持志兮奋发以骋，
山水履历兮不计高深。
清度红尘兮不惹污尘，
正直为人兮身心坦诚。
修身上进兮诗书潜沉，
哦唱晨昏兮冬夏秋春。
慨当以慷兮一笑清纯，
悟彻世事兮圆融心身。
多言何必兮静默三分，
待时高鸣兮济世乾坤。
男儿有种兮名利弃扔，
处心淡定兮烟霞清芬。
化外风光兮惬我心神，
愿学流云兮四海驰奔。
百年生命兮顷是一瞬，
寸阴寸金兮务必惜珍。
华年不再兮霜华渐生，
识见增长兮更须加增。
叩道一生兮努力发奋，
正思正见兮支撑人生。
念念相续兮法界知闻，
大化恒运兮赞此宇城。

丰沛不尽兮讴颂神恩，
努力骋心兮奋走灵程。
天国终标兮福乐永生，
圣洁灵魂兮才能抵登。

读书多情
2023-12-16

读书多情，朗声哦吟。
激越心襟，骋志空灵。
仲冬情景，灯下思清。
五更初竟，天色未明。

雅思既旷展兮
2023-12-16

雅思既旷展兮，人生骋志。
冬夜清寒甚兮，读书不已。
路上车声响兮，远野啼鸡。
欢快盈身心兮，写诗聊以。
正直之人生兮，奋发惟驰。
风雨任艰深兮，兼程不止。
一笑也和温兮，人格显彼。
努力勤修身兮，悟道良以。

不为名利扰
2023-12-16

不为名利扰，逸意逍遥。
今日天晴好，雪未融销。

哦诗激情高，窗外鸟叫。
朔风鼓嚣嚣，寒潮已到。

人生不稍躁，静守心窍。
合时展风骚，舒我志高。

叩心乐大道，履历迢迢。
正意度昏晓，朗读声高。

倾心诗章兮
2023-12-16

倾心诗章兮，哦咏奔放。
天气寒猖兮，无妨鸟唱。
心怀张扬兮，意志舒狂。
一曲激昂兮，吐泻情肠。
人生安祥兮，叩道向上。
不屈艰苍兮，骋志阳刚。
冲风破浪兮，矢志前闯。
微笑清扬兮，人格显彰。

阖家安康兮
2023-12-16

阖家安康兮，父母健壮。
神恩赐降兮，幸福吉祥。
修心向上兮，叩道无疆。
百年瞬间兮，灵程奋闯。
时光飞旷兮，霜华惜涨。
仲冬寒猖兮，正志奔放。
步履险艰兮，战胜虎狼。
标的天邦兮，荣归天堂。

东天舒光日出朗
2023-12-16

东天舒光日出朗，
朔风鼓寒仲冬间。
残雪未融白茫茫，
大地山河披银装。

红尘自古多激荡，
几多英雄折腰殇。
感慨聊发哦中肠，
鼓志灵程奋发闯。

鼓志灵程奋发闯，
力战凶恶之虎狼。
不惧试炼火样放，
定志磐石之相仿。

世界本是神所创，
不许魔怪作嚣猖。
坚贞坚定是理想，
大同世界万民康。

22.草香集

悠悠人生
2023-12-16

悠悠人生，放怀吾清骋。
心志清纯，叩道持诚真。

保守天真，名利矢志扔。
剩有刚贞，儒雅且清芬。

冲决围城，灵程吾奋争。
天国永生，福分是真正。

微笑清生，豁怀正无伦。
内叩心身，性光正生成。

天寒地冻

2023-12-16

天寒地冻，积雪岂肯销融。
朔风吹动，野境萧瑟浓重。

心志和慵，品茗逸意灵动。
哦诗清空，旷舒吾之襟胸。

岁月飞猛，华年逝去空空。
回首泪涌，人生正如一梦。

灵程奋勇，追求永生福隆。
神恩恢弘，导引前路直冲。

卵青天壤

2023-12-16

卵青天壤，喜鹊高声鸣唱。
灿放阳光，室内和暖无恙。

昨日雪降，销融尚待时间。
冷寒激荡，朔风鼓吹狂猖。

周末清闲，读书写诗上网。
情志安祥，中心不起波浪。

人生向上，未可稍微放浪。
振奋志向，努力耕心奔放。

爽意人生场

2023-12-16

爽意人生场，激情张扬。
努力正意向，奋发向上。

尘世多艰苍，苦难叠放。
神恩赐奔放，导引慈航。

骋心当方刚，慧灯燃亮。
穿越浓雾障，坦平前方。

红尘清度间，不惹污脏。
圣洁心地间，飞往天堂。

微笑眉眼间

2023-12-16

微笑眉眼间，豁达情肠。
人生奋发闯，共缘履航。

诗书哦温让，道德力倡。
努力作华章，舒出思想。

裁志奋向上，冲决艰苍。
不畏惧虎狼，提刀敢闯。

万里克难艰，中心阳光。
济世乐无恙，实干顽强。

灿烂冬阳

2023-12-16

灿烂冬阳，洒照心田无恙。
白云流淌，雀鸟欢声鸣唱。

写意尘壤，萧瑟野景苍凉。
生活平康，品茗写诗何畅。

人生向上，道德文章力倡。
加强修养，辞去利锁名缰。

百年漫长，多有试炼艰苍。
神恩广长，导引我往前闯。

窗外风号声声

2023-12-16

窗外风号声声,鼓起余之兴奋。
心志旷展缤纷,哦诗热情显逞。

悠然品茗时分,仲冬阳光洒呈。
怡然休养精神,心怀意念纯正。

前路奋力驰奔,历尽山水险程。
斩杀虎狼成阵,还我清朗乾坤。

济世奋我精诚,颂赞丰美神恩。
灵程妙美不胜,笑容满面清生。

妙美身心

2023-12-16

妙美身心,感恩无垠。
灵程挺进,穿山越岭。
奋志而行,历尽艰辛。
终有坦平,讴颂歌吟。

平安心中

2023-12-16

平安心中,喜乐吾从容。
神恩恢弘,赐福何浓重。

前驱奋勇,灵程步彩虹。
雨雨风风,磨炼我心胸。

奋志刚雄,力战魔敌凶。
凯歌声动,圣徒讴而颂。

岁月如风,流年余感动。
一曲舒中,激情如潮涌。

人生不惧艰饶

2023-12-16

人生不惧艰饶,奋展吾之刚傲。
前旅努力行好,一任风雨嚣嚣。
红尘原有美妙,细细用心寻找。
峰回路转山道,松风涤我情抱。

松风涤我情抱,修心之路迢迢。
晨昏对心观照,知错速改首条。
人生振奋前跑,万里叩道逍遥。
不计困难险道,终抵天国洒潇。

力抛无明机奸

2023-12-16

力抛无明机奸,慧灯务必燃亮。
矢沿正道奋闯,性光清新爽靓。

心志未许狂猖,男儿贞定情肠。
向上致力奔放,叩道晨昏之间。

心怀意念漫浪,尘世险恶何妨。
天父就是阳光,恩典赐降丰穰。

高远直至无疆,矢志回归天堂。
永生妙乐无限,颂父万年久长。

红尘履历从容

2023-12-16

红尘履历从容,不怕艰险重浓。
奋发志向前冲,越过山水浑雄。
心襟灿若彩虹,男儿踏实奋勇。
微笑浮上面容,豁达春夏秋冬。

骋志人生吾英勇

2023-12-16

骋志人生吾英勇,讴歌这宇穹。
神造世界妙无穷,叩道我矢冲。

澹荡盈满我心胸,不为名利动。
男儿济世合有种,力战虎狼凶。

还我天下之和慵,大同缔造中。
万民欢乐以讴颂,幸福至久永。

一生道德力推崇,灵程吾奋勇。
宗教务必讲和同,合一才能中。

正志凝聚我心中

2023-12-16

正志凝聚我心中,类若彩虹,
类若彩虹,矢沿灵程奋勇冲。

人生不惧渐成翁,一笑从容,
一笑从容,诗书哦唱晨昏中。

世界正邪搏击浓,两军对攻,
两军对攻,圣父亲临战阵中。

魔敌败遁凯歌动,圣徒讴咏,
圣徒讴咏,人间乐园福昌隆。

朔风输寒

2023-12-16

朔风输寒,心襟不减浪漫。
阳光灿烂,雀鸟旷意鸣喊。

人生雅安,蒙福我心灿烂。
哦诗妙曼,呼出正义情澜。

奋赴前站,灵程不减鏖战。
战胜试探,天国永生何安。

岁月扬帆,斑苍依然傲岸。
胜过魔缠,领受神恩丰赡。

人生意取沉雄

2023-12-16

人生意取沉雄,舒发吾之灵动。
感慨积淀于胸,哦诗激情汹涌。

大化运转从容,此生蒙福重浓。
身心类若彩虹,七彩闪现心中。

克服困难前冲,不计雨雨风风。
一笑洒脱于中,男儿合是有种。

和平盈满心胸,正意丰赡何浓。
叩道奋发英勇,胜过试探烈猛。

天气寒冷

2023-12-16

天气寒冷,无妨心志清纯。
室内和温,雅放读书之声。

叩道奋身,抛弃名利十分。
淡定前骋,风雨何计其盛。

人生奋争,力战魔敌凶狠。
丰沛神恩,导引吾之灵程。

笑意清芬,豁怀正是无伦。
天国永生,是我追求真正。

人生旷志向

2023-12-16

人生旷志向,冲决烟雨艰苍。
奋发展顽强,力战恶虎凶狼。

华发任斑苍,不减少年意向。
诗书一生向,哦咏晨昏不让。

名利无意向,物欲尽量克减。
质朴心地间,叩道努力向上。

心境怀温让,君子人格力倡。
培养我端方,正直谦和无恙。

蓝天白云

2023-12-16

蓝天白云,旷展其清新。
朔风吹劲,冷寒交加并。

室内温馨,悠悠以品茗。
哦诗空灵,吐出我心襟。

正气凌云,不屈世艰辛。
困苦之境,磨炼我身心。

岁月进行,仲冬冷寒境。
心志和平,胸襟雅且清。

人生务秉良心

2023-12-17

人生务秉良心,不可贪图利名。
放旷志向去行,踏遍山水苍清。

此心活泼难云,空灵并且雅清。
一生正气凌云,傲立如松之挺。

诗书晨昏哦吟,温让是我心襟。
纵展男儿豪情,力战魔敌仇兵。

还我山河清新,还我天下康平。
神恩丰富丰盈,万民蒙福何幸。

人生合当持重

2023-12-17

人生合当持重,展我灿烂笑容。
岁月并不清空,德操垂范久永。

奋发志向行动,济世欢乐无穷。
克尽魔敌鬼凶,大同缔造之中。

思想旷发浓重,名利究有何功。
性灵德操推崇,灵程奋发勇猛。

天国何其恢弘,永生安乐从容。
圣洁是我心胸,努力修心奋勇。

正意作导航

2023-12-17

正意作导航,人生奋发向上。
蓬勃心地间,克除私欲必讲。

圣洁最堪奖,天父赐福无限。
污秽须抛光,灵魂清澈明靓。

修心晨昏间,心灯务燃明亮。
道德力提倡,正义天下通畅。

冬夜冷寒间,不眠哦诗奔放。
舒出我情肠,原也清新安祥。

真神赐下葆奖
2023-12-17

真神赐下葆奖，沐浴雨露阳光。
奋发灵程闯荡，克尽试炼艰苍。

此心充满力量，正气凌云何壮。
战胜吃人虎狼，还我天下平康。

世界是神造创，大道普覆无恙。
万民蒙福无疆，永生唯一指望。

天父就是阳光，就是真理灵粮。
讴颂理所应当，奉献感恩心肠。

奋志是我人生
2023-12-17

奋志是我人生，努力舒展刚贞。
灵程尽力驰骋，胜过试探艰深。

度过浊世红尘，不失我之纯真。
天父倚门正等，我要回归天城。

永生福乐无伦，全是圣洁灵魂。
共父万年恒春，讴咏歌至永恒。

宇宙是神创成，灵妙自是难论。
努力净化灵魂，天国乐园荣奔。

人生雅具气象
2023-12-17

人生雅具气象，尽力修身向上。
处世存心温良，人格正直无恙。

不为物欲所诳，定志清心贞刚。
努力加强修养，德操一生力倡。

向上尽我力量，战胜魔敌狂猖。
奔赴荣美天堂，永生福乐无疆。

天父必然葆奖，前路奶蜜流淌。
生活平静安祥，微笑从心漾上。

人生务遵天命
2023-12-17

人生务遵天命，更应焕发身心。
修福修慧修心，努力改换运命。

晨昏读书怡情，哦咏舒出心灵。
合当正气凌云，前驱鼓足干劲。

不怕试炼艰凌，神必加以导引。
矢沿正路前进，终抵天国康平。

心志焕发殷殷，叩道吾奋以勤。
努力加以修心，福乐必然来临。

生命如此丰盛
2023-12-17

生命如此丰盛，向神献上感恩。
努力奋行灵程，标的天国精准。

战胜魔敌缤纷，克尽诡计艰深。
奋发男儿刚正，旷飞对准天城。

一路彩云纷呈，心志灿烂和温。
欢乐安祥十分，不怕试炼来骋。

红尘浊浪滚滚，辞去名利轻身。
灵程旷意上升，彩虹是为见证。

心志均平

2023-12-17

心志均平,享受此宁静。
三更无眠,哦诗旷意境。

冷寒交并,空调适无垠。
讴呼中心,向神献心灵。

努力前行,灵程奋挺进。
战胜魔兵,凯歌彻霄云。

岁月进行,斑苍不要紧。
奋志凌云,努力赴天庭。

人生趋老之境

2023-12-17

人生趋老之境,享受心志康平。
灵程奋发挺进,不畏高山峻岭。

试炼一任其凌,其奈我心坚定。
神恩丰富丰盈,赐下平安温馨。

魔敌诡计经营,诱人入于陷阱。
物欲徒然蒙心,名利害人无垠。

吾秉雅清心灵,振志灵程力行。
凯归天国圣庭,颂父万年清宁。

人生骋志向上

2023-12-17

人生骋志向上,不畏尘世萧凉。
神恩总是广长,赐与心灵力量。

此际三更之间,不眠旷放思想。
哦出正意诗章,奉献一腔热肠。

努力奋展贞刚,胜过世界强梁。
男儿傲立雄壮,一似苍松之长。

魔敌诡计狡奸,引人入其罗网。
神必尽行释放,拯救灵魂无恙。

红尘莽莽苍苍

2023-12-17

红尘莽莽苍苍,心灵淡淡荡荡。
诗书人生安祥,不为名利奔忙。

此心充满力量,圣灵入驻其间。
欢乐晨昏哦唱,歌咏神恩广长。

岁月多有风霜,前进路上昂扬。
冲决风雨苍凉,圣洁灵魂发光。

灵程不是好上,魔敌必然阻挡。
天父赐与力量,必胜邪恶强梁。

荣归天国故邦,凯歌声动何畅。
幸福永久安康,共父万年久长。

中心充满希望,我要努力向上。
天父恩典无限,颂父理所应当。

激情盈中

2023-12-17

激情盈中,诗意人生吾从容。
叩道灵动,天意深处吾雅从。

天人和同,持正击邪吾奋勇。
必然成功,克敌制胜神恩隆。

步履彩虹,灵程道上任雨风。
奶蜜流充,天父应许不落空。

天国恢弘，永生福乐真无穷。
圣徒讴咏，颂父万年至久永。

人生雅旷
2023-12-17

人生雅旷，激情岁月入诗唱。
合费平章，风雨艰苍是寻常。

奋发闯荡，矢沿灵程径直上。
力战豺狼，还我山河之平康。

神恩广长，赐我心灵以力量。
微笑浮上，领受鸿恩何浩荡。

流年狂猖，华发迎风心澹荡。
颂神心间，大同世界缔无恙。

人生向上
2023-12-17

人生向上，心灵裁思舒奔放。
合哦诗章，一腔正气何昂扬。

四更无恙，不眠人儿展思想。
一曲激荡，冲决冷寒热血淌。

奋志之向，是在万里之远疆。
男儿豪放，不为名利所遮障。

慧灯燃亮，烛照前进正方向。
穿越雾障，神恩敷覆何广长。

人生心志吾阳光
2023-12-17

人生心志吾阳光，矢沿正道闯。
关山重叠任万幢，努力向前方。

一生荷负神恩壮，颂赞出心房。
正义人生骋阳刚，力战魔敌狂。

谦和心态诗书间，镇日纵哦唱。
舒出情志也奔放，人格毕显彰。

修心秉勤力向上，尘世客旅间。
物欲合当力裁减，戒定慧必讲。

时已五更间
2023-12-17

时已五更间，冷寒嚣猖。
灯下清思想，雅哦诗章。

人生正气昂，不屈关障。
力战彼强梁，任血溍淌。

唯赖神恩壮，灵程奋闯。
克尽彼艰苍，身心安祥。

不为名利狂，骋志向上。
天国是故邦，力启归航。

骋志人生
2023-12-17

骋志人生，费我吟哦深深。
奋发刚贞，叩道奋不顾身。

此际冬深，此际五更时分。
冷寒任盛，灯下思想深沉。

人生驰奔，勿为名利所骋。
淡定清芬，秉持自我心身。

努力修身，应如幽兰开盛。
清香袭人，雅淡并且宜人。

觉悟是我人生

2023-12-17

觉悟是我人生，圆明妙证。
超脱尘世时分，烟霞憩身。

不为名利奋争，叩道诚真。
修心迢迢历程，试探任生。

正志盈我心身，诗书清骋。
晨昏朗哦声声，响入云层。

冬夜虽然寒冷，火热心身。
感沛丰美神恩，导引灵程。

漫放情志哦真诚

2023-12-17

漫放情志哦真诚，
晨起天气甚寒冷。
一杯热茶暖心身，
吃点面包也馨温。
五更甫毕无行人，
天色未明灿路灯。
时节正届冬之盛，
清寒世界觉其冷。

寒意正峭

2023-12-17

寒意正峭，今日吾起早。
哦诗不了，东方曙色好。

岁月飞飘，霜华惜乎早。
人生笑傲，学取菊不老。

展颜微笑，何必嗟苍老。
振志洒潇，晴和持心窍。

晚晴堪表，淡泊度昏晓。
著书玄妙，何妨等身高。

日出东方

2023-12-17

日出东方，灿其华光。
峭寒何妨，心志舒昂。
雅怀理想，振志向上。
黄花傲霜，梅花将芳。

持心无恙

2023-12-17

持心无恙，淡泊吾安康。
晒晒太阳，享受此辰光。

时间飞殇，不必计斑苍。
霜华任涨，叩道吾顽强。

人生向上，散发我光芒。
修心尽量，不屈彼艰苍。

红尘奔放，试炼之疆场。
骋志张扬，活出个人样。

心存漫浪

2023-12-17

心存漫浪，世界任艰苍。
矢展顽强，努力长驱闯。

心怀阳光，逼退黑暗藏。
红尘万丈，不是我故乡。

天国家邦，永生何安祥。
天父慈祥，赐福真无量。

奋发向上，灵程克虎狼。
试炼任艰，我心如磐壮。

鼓舞情志哦诗章

2023-12-17

鼓舞情志哦诗章，
舒出吾之志向。
人生奋发以闯荡，
叩道展我贞刚。

不为名利之所诳，
一生倾心诗章。
书海容我扬帆航，
心得收获盈仓。

百年生辰似瞬间，
我已霜华清涨。
爽然一笑颇潇荡，
水云胸中清漾。

君子固贫持安祥，
心志温和无恙。
一生神恩领奔放，
努力回归天堂。

写诗切勿花哨

2023-12-17

写诗切勿花哨，清空是为首条。
正志人生重要，素朴方为良好。
书海沉潜勿躁，积淀愈深愈妙。
厚积薄发雅骚，舒出意气丰饶。

舒出意气丰饶，人生理想重要。
一生譬若长跑，标的须明心窍。
风雨艰苍开道，阳光盈满情抱。
笑意清新朗造，百度生辰风标。

23.天曙集

妙美人生

2023-12-17

妙美人生，心志雅放刚贞。
不屈红尘，不屈困障丛生。

矢志前骋，关山越过雄浑。
风光清纯，涤我心志灵魂。

红尘滚滚，磨炼我心坚正。
微笑清生，豁怀正是无伦。

感沛神恩，丰富丰美丰盛。
奔赴永生，天国乐园真正。

白云漫空以浮动

2023-12-17

白云漫空以浮动，
秀丽并且从容。
冬日阳光洒和慵，
烂漫余之心胸。

心怀意念持清空，
人生感慨浓重。
又值岁末回首中，
时光飞逝匆匆。

抬首未来瞻望中，苗壮风云动。
未许岁华损心胸，正气须凝重。

红尘大千多激动，桑沧幻无穷。
修心向上持中庸，不为名利动。

闲暇颇好

2023-12-17

闲暇颇好，倾心撰诗稿。
舒出逍遥，舒出正气饶。

履尽险要，开怀余一笑。
红尘扰扰，名利不紧要。

雅持心窍，秋春吾洒潇。
诗书笑傲，固贫也安好。

展我风骚，人格也风标。
步履前道，山水乐朗造。

心灵旷雅清芬

2023-12-17

心灵旷雅清芬，悠度浊世红尘。
虽然天气寒冷，火热是我心身。

灯下思展深沉，人生努力驰骋。
不惧山高水深，匡怀济世热忱。

岁月日渐进深，老我斑苍何论。
叩道一生刚贞，无机正直沉稳。

笑意从心生成，豁怀悟达天人。
道德良知敬遵，妙悟圆明觉证。

振志人生

2023-12-18

振志人生，五更早起听鸡声。
天气寒冷，灯下朗放读书声。

人生奋争，抛弃名利叩道诚。
一点心芬，一点意向秉纯真。

红尘滚滚，太多艰难磨炼人。
奋展刚贞，男儿济世立乾坤。

仲冬时分，万物萧瑟风吹冷。
激情心身，努力万里奋驰奔。

正义人生

2023-12-18

正义人生，朗放吾之刚贞。
虎狼成阵，努力提刀驰骋。

风光清胜，美妙吾之心身。
风雨艰深，不过磨炼精诚。

奋不顾身，男儿傲立乾坤。
叩道秉诚，乐与大道同骋。

浊世红尘，太多欺骗阱坑。
慧目务睁，奋志行走灵程。

心怀激昂

2023-12-18

心怀激昂，人生奋发向上。
鞭炮晨唱，激越吾之情肠。

奋展贞刚，岂为名利所诳。
清真志向，济世努力奔放。

红尘攘攘，太多机巧污脏。
挥洒强壮，力斩虎豹豺狼。

还我平康，世界是神所创。
欺骗消光，步履灵程慨慷。

人生正意充盈
        2023-12-18

人生正意充盈，天惜冷清，
早起寒凌，五更甫毕未明。

读书舒发心襟，更发哦吟，
振志凌云，此生不计利名。

晨鸟初啼爽清，动我心襟，
惬我心灵，裁思写诗不停。

万里迎难挺进，不屈艰辛，
男儿豪英，如松之直之劲。

潇洒人生
        2023-12-18

潇洒人生，莫被名利缚捆。
旷飞升腾，水云之地何芬。

岁月进深，斑苍不减清纯。
人生纵论，骋心奋归天城。

大千红尘，乃是幻化之城。
物欲害人，应弃应抛应扔。

一腔刚正，叩道奋志乾坤。
微笑清生，雅洁并且青春。

心志体道均平
        2023-12-19

心志体道均平，人生奋发上进。
不畏尘世艰辛，男儿果敢镇定。

览尽岁月风云，一笑旷雅如云。
名利吾已弃屏，高蹈豁怀水云。

此际冬夜寒凌，四更醒转爽清。
哦诗讴咏心灵，舒出一腔刚劲。

此心不缺柔情，向阳是吾心襟。
清度人生热情，济世不忘于心。

觉悟人生
        2023-12-19

觉悟人生，内叩心灵诚真。
心志纯正，不为名利奋争。

尽力修身，清净自我灵魂。
污秽抛扔，爽雅清度秋春。

此际冬深，此际初值五更。
早起哦芬，舒出精气精诚。

人生驰骋，万里风云缤纷。
一笑清生，豁哦诗书晨昏。

慧意人生
        2023-12-19

慧意人生，注重自我修身。
不妄纷争，世事容我纵论。

淡度秋春，不惹名利是真。
雅秉心身，内叩自我灵魂。

岁月进深，霜华清涨不论。
韶华惜珍，时光若水之奔。

坦腹哦申，冬夜五更时分。
不计寒冷，火热舒我精诚。

清度人生

2023-12-19

清度人生，淡定冬夏秋春。
感沛神恩，丰富丰美丰盛。

红尘清骋，只是客旅之程。
弃假归真，正直洒脱晨昏。

奋行灵程，力战魔敌凶狠。
冲决围城，自由无价之珍。

岁月进深，积淀思想厚沉。
一笑和温，君子人格生成。

人生正意饶

2023-12-19

人生正意饶，芳怀清好。
坚决不稍傲，谦和情操。

冬夜寒既峭，空调风骚。
惬我意向饶，哦诗不了。

五更刚刚到，精神正好。
舒发我洒潇，若水流逍。

红尘原安好，神恩笼罩。
努力行正道，奸邪力抛。

人生合洒潇

2023-12-19

人生合洒潇，名利须弃抛。
内叩我心窍，爽雅度昏晓。

正直方为好，贵在具情操。
人生若长跑，标的最重要。

灵程努力造，风雨任艰饶。
克尽魔敌妖，凯歌彻云霄。

清展吾微笑，豁达不骄傲。
叩道乐逍遥，无机盈怀抱。

心志凝重

2023-12-19

心志凝重，不受世俗欺哄。
我是情种，一生叩道奋勇。

岁月如风，逝去年轮飙涌。
坦腹哦中，正直人生情浓。

红尘汹涌，不为名利所动。
淡泊之中，水云情志从容。

此正隆冬，时值五更寒重。
灯下哦讽，舒出心志无穷。

岁月清空

2023-12-19

岁月清空，流年逝去如风。
往事回讽，掩在烟雨丛中。

瞻望从容，努力前路奋勇。
力战魔凶，还我世宇晴空。

神恩恢弘，导引灵程直冲。
步履彩虹，心灵心志灿浓。

无机心胸，正直一生和同。
霜华任浓，依持少年心胸。

雅意人生
2023-12-19

雅意人生，丰美自是无伦。
振志乾坤，济世奋我刚贞。

魔敌凶狠，诡计百般奸逞。
慧目圆睁，努力弃假归真。

天父导程，灵程美妙不胜。
克敌制胜，步履彩虹历程。

风雨任盛，男儿努力兼程。
放我歌声，响彻云霄云层。

持心无恙
2023-12-19

持心无恙，旷放男儿志向。
心志清昂，哦放吾之阳刚。

力战魔帮，力战世之强梁。
灵程奋闯，神恩自是无量。

向前向上，高远直至天堂。
永生之邦，福乐难以想象。

心怀温让，人格一生培养。
体道端方，迎战恶虎凶狼。

红尘狂放，不是我之故乡。
客旅无恙，边走边歌奔放。

冬夜寒凉，空调温暖非常。
打开灯光，哦诗舒发情肠。

人生条畅
2023-12-19

人生条畅，不为名利奔忙。
内叩情肠，心灵雅澹安祥。

五更无恙，清哦吾之诗章。
冬夜寒凉，所幸空调暖漾。

清思扬长，舒发吾之思想。
正意昂藏，力战吃人虎狼。

世界神创，不许鬼魔狂猖。
贞定心间，原也叩道无疆。

人生驰奔
2023-12-19

人生驰奔，清度此浊世红尘。
焕发刚正，不被名利所驱骋。

岁月清芬，幻化桑沧是永恒。
百年生辰，匆匆正似一转瞬。

叩道奋争，觑破世界吾秉诚。
雅度秋春，修心养德无止程。

霜华任生，一笑依然有馨芬。
人格生成，君子端方心志纯。

思想无疆
2023-12-19

思想无疆，人生振志奔放。
冲决艰苍，旷意一笑爽朗。

红尘无恙，正是试炼之场。
修心向上，克尽一切阻挡。

坦腹安祥，人生正意贞刚。
些许风浪，定志安如磐壮。

岁月奔放，百年正似飞殇。
珍惜流光，珍惜缘之消涨。

人生不计艰苍

2023-12-19

人生不计艰苍，奋发向上。
体道展我顽强，骋志奔放。

晨起清听鸟唱，天寒狂猖。
大地素裹银装，昨日雪降。

红尘清度无恙，浩志心间。
正意扬帆启航，冲决风浪。

微笑展现面庞，豁怀贞刚。
济世尽我力量，正义昂藏。

人生合展志向

2023-12-19

人生合展志向，体道向上。
不为名利遮障，蔽损性光。

烂漫是我襟房，冲决艰障。
骋志天涯遐方，风光灿靓。

风雨兼程前闯，力战虎狼。
血洒潸潸何妨，心志阳刚。

神恩沐浴奔放，讴颂心间。
灵程旷意飞翔，对准天堂。

人生正意作导航

2023-12-19

人生正意作导航，倾心哦诗章。
舒出情志之昂扬，不求名利昌。

身心雅洁且澹荡，正义之襟房。
力战魔敌之恶奸，大道覆宇间。

红尘由来是攘攘，众生多失陷。
智慧人生奋向上，天国是故邦。

岁月清新演绎间，世事幻万象。
持心正直吾安祥，神恩领广长。

流年涤荡

2023-12-19

流年涤荡，心志骋我阳刚。
光明襟房，冲决黑暗围障。

向前向上，风雨兼程而闯。
高远无疆，灵程奋飞天堂。

仲冬之间，冷寒正自狂猖。
积雪融淌，清坐思想发扬。

人生贞刚，岂屈罪恶强梁。
旷舒奔放，傲立如松如岗。

人生正志吾风骚

2023-12-19

人生正志吾风骚，力战魔妖，
力战魔妖，努力奋沿灵程跑。

胜利凯歌彻云霄，努力前道，
努力前道，天国家园何美妙。

远处鞭炮又鸣叫，天气晴好。
天气晴好，残雪销融寒气峭。

室内和暖乐洒潇，写诗不了，
写诗不了，舒出正义之情抱。

淡定人生

2023-12-20

淡定人生，名利是假非真。
弃假归真，努力叩道奋争。

天气寒冷，晨起鸟语声声。
放我哦申，舒出心地精诚。

人生驰骋，领受丰富神恩。
灵程飞奔，战胜魔敌凶狠。

浊世红尘，磨炼我心刚贞。
微笑清生，悟彻世宇时分。

人生情怀吾清好

2023-12-20

人生情怀吾清好，洒脱尘表，
洒脱尘表，诗书一生恒潜造。

仲冬清晨听鸟叫，红日升了，
红日升了，只是冷寒正料峭。

内叩身心哦逍遥，人生晴好，
人生晴好，一生神恩领丰饶。

努力奋行阳关道，风雨兼跑，
风雨兼跑，踏遍关山人不老。

人生不惧老

2023-12-20

人生不惧老，容我开怀笑。
红尘胡不好，神恩是笼罩。

冬日天晴好，红旭刚升了。
清心听啼鸟，冷寒任其峭。

骋心叩大道，灵程奋扬飙。
不惧试炼饶，坚贞奋志跑。

一笑也微妙，温和我风骚。
正志人生道，名利合弃抛。

洒脱心志吾无恙

2023-12-20

洒脱心志吾无恙，正直人生场。
虽然一生履艰苍，心怀仍阳光。

领略神恩是无量，努力奋前方。
灵程道路风光靓，彩虹心地间。

胜过魔敌之凶奸，凯歌纵情唱。
红尘不是我故乡，力归永生场。

岁月飞逝真匆忙，华发渐斑苍。
一笑情志裁安祥，发热发光芒。

逸意生成

2023-12-20

逸意生成，旷怀纵展雅正。
人生奋骋，何计山高水深。

奋我刚诚，叩道风雨历程。
心志清芬，力战魔敌凶狠。

丰沛神恩，赐下如此丰盛。
平安心身，讴咏每一晨昏。

岁月进深，回首心不惊震。
未来力争，努力加强修身。

欢愉清度人生
      2023-12-20

欢愉清度人生，感沛丰富神恩。
灵程妙丽不胜，努力步步行稳。

岁月如此清芬，风雨任其清生。
努力步履灵程，胜过试炼艰深。

红尘浊浪滚滚，心志无机温存。
一生努力修身，眼目灿光清纯。

微笑豁然生成，悟彻世界十分。
桑沧幻灭永恒，奋志回归天城。

烟雨人生
      2023-12-21

烟雨人生，雅持心志纯真。
清度秋春，不惹污浊泥尘。

岁月进深，又值仲冬时分。
冷寒任盛，四更灯下思深。

人生驰骋，风雨之中兼程。
艰困不论，力战虎狼凶狠。

神造乾坤，灵妙自是难论。
天国永生，才是家园真正。

持心平正
      2023-12-21

持心平正，不入歧道危城。
叩道奋争，合当奋不顾身。

行走灵程，冲决试炼深沉。
一笑馨芬，人生展我纯真。

大千红尘，幻化桑沧成阵。
百度秋春，清度秉持诚真。

叩道晨昏，诗书尽情潜沉。
哦咏声声，舒出情志精神。

和柔心地间
      2023-12-21

和柔心地间，人生振志慨慷。
不畏惧艰障，努力奋发闯荡。

红尘是无羔，只是暂憩之场。
天国永生场，才是我之故邦。

努力奋向上，克尽一切艰苍。
魔敌拼命挡，圣徒挥舞刀枪。

杀伐任悲壮，前履彩虹桥梁。
圣洁放光芒，逼退黑暗之藏。

雅放吾之歌唱
      2023-12-21

雅放吾之歌唱，冷寒任其嚣猖。
中心存有阳光，努力奋发向上。

此际四更之间，不眠展我思想。
人生振志昂扬，哦诗舒我奔放。

空调温馨无恙，身心和暖舒畅。
颂神理所应当，未可耽于安祥。

奋发男儿贞刚，矢沿灵程闯荡。
不惧试炼之艰，定志如磐之壮。

细腻人生
2023-12-21

细腻人生，原也秉具雅诚。
叩道奋身，几微之间显逞。

红尘滚滚，太多试炼艰深。
神恩丰盛，赐下平安真正。

岁月清芬，往事回味深沉。
桑沧幻生，过去掩入烟城。

激情心生，瞻望未来深沉。
风云纭纷，鼓我情志前骋。

人生持正
2023-12-21

人生持正，冲决烟雨艰深。
天正寒冷，火热是我心身。

心志清芬，努力奋行灵程。
克敌制胜，圣徒讴咏真诚。

丰沛神恩，屡屡起死回生。
讴呼兴奋，颂赞吐我精诚。

天路历程，门小路窄难登。
努力驰骋，努力奋我心身。

雅意哦吟
2023-12-21

雅意哦吟，舒出人生奋兴。
心志均平，峭寒无妨身心。

阳光朗俊，冬日欣此爽晴。
思展无垠，哦咏新诗多情。

岁月苍清，老我斑苍何云。
一笑淡定，人生履尽阴晴。

神恩无垠，导引灵程奋进。
战胜魔兵，凯歌声彻行云。

洒脱人生
2023-12-21

洒脱人生，正志早已生成。
努力驰骋，标的天国精准。

风雨历程，磨炼我心纯正。
一笑馨温，君子人格生成。

冬寒正盛，室内温暖如春。
喜鹊啼纯，惬我心意十分。

朝日洒逞，爽雅是我心身。
哦诗舒申，展我男儿刚正。

一杯热茶暖身心
2023-12-21

一杯热茶暖身心，
天气峭寒任峻。
仲冬清喜天朗晴，
朝日洒放光明。

奋发情志启殷殷，
冲决困难险境。
中心怀有大光明，
神恩赐正丰盈。

努力灵程奋前行，
胜过魔敌妖兵。
心灵心志持奋兴，
旷意一身朗晴。

哦咏新诗吐均平，
男儿是怀豪英。
匡济天下我力行，
提剑虎狼斩清。

阖家康平

2023-12-21

阖家康平，颂赞神恩无垠。
心怀温馨，父母健康在庭。

朝日光明，窗外喜鹊大鸣。
天惜寒清，明日冬至又临。

心志奋兴，人生骋志前行。
不畏艰辛，冲天是我豪情。

胜利挺进，对准天国飞行。
彩霞中心，神恩赐下丰盈。

24.揖风集

一阳初放

2023-12-22

一阳初放，冬至今日正当。
天喜晴朗，峭寒一任其猖。

心志定当，人生雅享悠闲。
读书澹荡，品茗茶烟袅上。

阖家安康，颂赞神恩奔放。
努力向上，修身未有止疆。

高远天堂，一生系念所向。
灵程奋闯，战胜黑暗妖魍。

清怀聊表

2023-12-22

清怀聊表，人生容我舒一笑。
冬至今到，午时阳光喜朗照。

天气寒峭，却有喜鹊大鸣叫。
蓝天美好，青碧天宇无云飘。

诗书笑傲，奋寻真理万里遥。
内叩心窍，正直人生乐洒潇。

红尘扰扰，名利只是缘之造。
幻象弃抛，共缘起落吾逍遥。

真理寻找，踏破青山人未老。
归来微笑，东篱黄菊犹未凋。

学取松傲，学取流云写意飘。
学取风跑，学取山水气自饶。

心志清骋

2023-12-22

心志清骋，愉悦清度秋春。
正义人生，总赖思想支撑。

冬寒时分，灯下思展深沉。
自我慰问，孤旅旷志驰骋。

雅思生成，岁月赐我雄浑。
努力奋争，一生真理叩问。

名利弃扔，前履容我轻身。
万里烟程，览尽风光妙胜。

峭寒正当

2023-12-23

峭寒正当，清喜天气是晴朗。
周末休闲，品茗惬意也无疆。

人生向上，未可久耽此安祥。
奋志书间，朗声放我之哦唱。

岁月舒昂，老我斑苍一笑扬。
风光清靓，览尽世事之奔放。

红尘无恙，持心正直理应当。
不计艰苍，叩道用道骋贞刚。

落日灿光

2023-12-23

落日灿光，心志吾苍茫。
仲冬正当，冷寒任狂猖。

人生无恙，努力向前闯。
高山万幢，显我男儿刚。

奋志顽强，冲决风与浪。
一笑安祥，神恩领无量。

流年泻淌，霜华任增长。
不老心房，济世奋力量。

振奋身心

2023-12-23

振奋身心，人生矢志挺进。
风雨艰辛，不损吾之豪情。

冷寒任劲，清坐思展无垠。
新诗哦吟，舒出吾之激情。

红尘艰辛，澹荡是余心灵。
振志前行，悠悠清展心襟。

世事洞明，不必叹息于心。
一笑淡定，共缘起落经营。

清悟人生

2023-12-23

清悟人生，世界是幻非真。
世事纭纷，正好磨炼心身。

红尘滚滚，冲决苦难艰深。
微笑雅芬，豁怀正是无伦。

冬日寒盛，室内品茗时分。
和暖心身，讴颂神恩真诚。

前路奋骋，越过山水高深。
一路平顺，天国家园力奔。

爽雅身心
2023-12-23

爽雅身心,正志舒我凌云。
淡淡定定,不急不忙前行。

红尘苦境,太多磨炼艰辛。
傲骨刚劲,不屈虎狼豹群。

雅思空清,此生已弃利名。
高蹈雄心,诗书之间经行。

暮烟初凝,灯下哦诗舒情。
一曲振兴,胸怀冲天激情。

正见支撑理想
2023-12-23

正见支撑理想,人生奋发向上。
不必计较艰苍,神恩赐下丰穰。

前履灵程无恙,笑意从心漾上。
人生奋志贞刚,努力践履理想。

大道普覆广长,心襟焕发力量。
力战凶恶虎狼,还我世界平康。

又值岁尾回望,往事掩入桑沧。
更向未来瞻望,风云万里茁壮。

休憩情肠
2023-12-23

休憩情肠,不必镇日诗书向。
谈谈家常,享受心志之安祥。

暮烟清涨,冬日冷寒正狂狷。
灯下澹荡,舒出情志也清芳。

人生扬长,弃去名利轻身闯。
万里风光,涤我肺腑与胸膛。

雅荷希望,大同世界缔造间。
万民平康,享受生活之康庄。

淡定淡定
2023-12-23

淡定淡定,人生容我淡定。
何许利名,扰乱吾之心襟。

情志殷殷,一生向往光明。
努力前行,不计风雨艰辛。

叩道挺进,几微之间用心。
物欲辞屏,高蹈心怀水云。

不必伤心,世事只是浮云。
天国仰景,矢沿灵程奋行。

持心无恙
2023-12-23

持心无恙,灯下清展思想。
绝不狂放,谦正守我情肠。

人生向上,定会遇到阻艰。
贞志强刚,努力劈波斩浪。

红尘攘攘,不是吾之故乡。
无朋何妨,孤旅水云放旷。

诗书倾向,一生纵情哦唱。
舒出襟房,舒出人生感想。

岁月雅具清芬

2023-12-23

岁月雅具清芬，淡泊心志纯正。
红尘浊浪滚滚，力保吾心沉稳。

灵程奋不顾身，男儿胸怀诚真。
叩道履历艰深，神恩更加丰盛。

此际夜色初生，灯下哦咏人生。
感慨从心而生，一腔怀有刚贞。

坦腹无机心身，正直傲立乾坤。
不许卑媚生成，豪勇振志前骋。

骋志人生

2023-12-23

骋志人生，不忘力保纯真。
风雨晨昏，朗放哦咏之声。

岁月进深，何许蹉跎生成。
一笑馨芬，努力修身秋春。

情志雅正，诗书润我心身。
不畏艰深，奋行叩道历程。

世界抛扔，名利害人何深。
固贫安分，待时春雷生成。

心志旷雅诚真

2023-12-23

心志旷雅诚真，人生奋发以骋。
越过山高水深，览尽风光雄浑。

此际清思生成，灯下哦咏真诚。
仲冬任其寒冷，火热是我心身。

叩道秉具真诚，灵程努力奋争。
不屈艰苍成阵，力战魔敌凶狠。

岁月不断进深，老我斑苍不论。
豁达清度秋春，舒发正义刚贞。

默默地领受命运

2023-12-24

默默地领受命运，
人生履尽艰辛。
红尘徒然是苦境，
幻化生死无垠。

此际值天寒冷清，
清喜阳光洒俊。
品茗以惬我身心，
哦咏新诗多情。

思想支撑我前行，
越过苍山峻岭。
悠悠放哦歌入云，
纵展男儿豪情。

未许苍凉入心襟，
神恩赐下丰盈。
天国家园乐康平，
我要努力追寻。

裁心无恙

2023-12-24

裁心无恙，清哦新诗奔放。
冷寒任彰，舒展热情向上。

人生安康,领受神恩无限。
风雨艰苍,磨炼意志强刚。

鞭炮鸣放,点缀世宇和祥。
生活激荡,雅持正直情肠。

名利弃放,安度红尘万丈。
向前向上,理想践履无恙。

人生振志前行

2023-12-24

人生振志前行,努力穿山越岭。
风雨雷暴常寻,悠悠放我歌吟。

微笑展现爽清,豁怀雅洁无垠。
人生振志前行,此生不计利名。

和蔼是我心襟,向阳追求光明。
神恩领受于心,颂赞出于心灵。

讴呼我自多情,清平清宁心襟。
冷寒并不要紧,火热盈满身心。

冬日喜晴朗

2023-12-24

冬日喜晴朗,只是霾烟又狂狼。
心志雅无恙,裁意小哦新诗章。

人生奋发闯,克尽千关与万障。
信心体顽强,灵程奋志战虎狼。

世界是神创,大道普覆无止疆。
中心荷向往,天国永生乐安康。

远处鞭炮响,生活激越若诗章。
微笑从心上,百折不挠贞志刚。

雅持良心

2023-12-24

雅持良心,人生正志分明。
红尘惊警,太多虎狼嚣行。

此际心平,哦咏新诗多情。
阳光朗俊,生活怡安静宁。

神恩心领,颂赞出于心襟。
放我歌吟,舒出淡荡身心。

岁月进行,故事演绎不停。
悲喜抛清,正直无机心灵。

人生持正

2023-12-24

人生持正,心志吾雅芬。
努力奋骋,山水越高深。

清度世尘,心灵秉纯真。
污浊抛扔,一腔刚与贞。

叩道奋争,似马之奔腾。
灵程力骋,不畏惧艰深。

笑意清生,豁怀正无伦。
雅度秋春,朗哦晨与昏。

弹指流年逝淌

2023-12-24

弹指流年逝淌,华发增我斑苍。
豁然是余襟房,万事看淡为上。
世界桑沧叠荡,缘起缘落瞬间。
百年履尽苍茫,一笑也自安祥。

弹指流年逝淌，又到岁末之间。
往事细细思想，感发哦入诗章。
未来旷自瞻望，应许风云茁壮
因果原非寻常，叩心雅意良长。

弹指流年逝淌，哦歌舒我奔放。
五十八载烟漾，赢得新诗万章。
人生意义寻访，踏破山水烟嶂。
微微一笑澹荡，正意容我扬长。

弹指流年逝淌，名利抛开为上。
天人大道研讲，原在中和之间。
时中之意无上，中庸中正无恙。
修心努力向上，克己私欲贞刚。

拷问自我灵魂
2023-12-24

拷问自我灵魂，是否保有纯真。
努力圣洁心身，矢志奋行灵程。

感谢天父鸿恩，导引人生旅程。
不为名利奋争，淡泊清度秋春。

此际冬寒正盛，清坐思展清芬。
向阳情志清骋，万里风光雄浑。

诗书哦唱声声，纵展胸襟真诚。
叩道问道一生，心灵心志雅芬。

落日又苍
2023-12-24

落日又苍，冷寒袭未央。
打开灯光，哦诗舒情肠。

奋发志向，努力克艰苍。
人生向上，尽我之力量。

百度辰光，似水匆匆淌。
转眼老苍，转眼是夕阳。

未可悲伤，合当振志向。
灵程奋闯，天国是家邦。

西天灿光
2023-12-24

西天灿光，落日缓缓降。
心志苍茫，冷寒袭击间。

年华已苍，感兴入诗章。
字里行间，激越情志旷。

流年泻狂，老我似瞬间。
不必悲伤，人生客旅航。

向前向上，高远至天堂。
永生之邦，福乐何奔放。

平安之夜激情涌
2023-12-24

平安之夜激情涌，
我心灿若长虹。
空调室内暖融融，
雅思旷放无穷。

人生不惧渐成翁，
中心将神讴颂。
创化宇宙何伟功，
赐福人类丰隆。

矢沿灵程奋前冲，
克尽鬼魔恶凶。
胜利步履彼彩虹，
天国永生福隆。

尘世百年度从容，
身心雅持和融。
正直无机持心胸，
向学志取刚洪。

多言有妨不中用，
简章搁笔持中。
淡荡人生悟穷通，
名利弃之空空。

君子人格培无穷，
勇毅和柔心中。
晨昏展我之哦颂，
何妨声振云空。

爽快心襟

2023-12-25

爽快心襟，圣诞今日正临。
漫天朗晴，更有喜鹊唤鸣。

天寒之境，阖家雅享康平。
悠悠品茗，读书写诗舒情。

人生高兴，因有神之指引。
灵程奋进，胜过试探艰辛。

岁月丰盈，赐我斑斑苍鬓。
一笑多情，慨慷心志振兴。

清意人生

2023-12-25

清意人生，总以踏实为准。
努力奋身，叩道叩心晨昏。

此际冬深，此际灯下思骋。
岁月飞奔，我已霜华生成。

一笑和温，正志支撑人生。
名利弃扔，儒雅清度秋春。

空调暖温，惬我意向十分。
情思雅芬，哦咏新诗真诚。

朗日天晴

2023-12-26

朗日天晴，只是雾霾又凝。
雀鸟欢鸣，喜鹊旷奏舒情。

中心高兴，雅将新诗哦吟。
东风多情，袅袅拂余心襟。

振志凌云，男儿合当横行。
叩道鼓劲，万里迎难挺进。

阖家康平，神恩铭感于襟。
颂出心灵，努力灵程奋行。

激情岁月若燃烧

2023-12-26

激情岁月若燃烧，心志吾逍遥。
天寒地冻不紧要，
奋发人生刚傲。

红尘原也存清好，用心去寻找。
踏破青山不嗟老，
开怀容我一笑。

此际天晴云淡飘，雀鸟欢鸣叫。
品茗吾意持洒潇，
哦诗舒出情窍。

时光珍惜莫轻抛，努力奋前道。
关山履历任迢迢，
男儿是钢所造。

未可局促慌张

2023-12-26

未可局促慌张，人生定定当当。
心志清展贞刚，努力奋发向上。

又到年关之间，人生回首长望。
往事何必嗟怅，万里风云瞻望。

未来尚自广长，清展心灵力量。
灵程穿越艰苍，标的天国家邦。

天际迷烟任漾，慧目且自擦亮。
神恩丰沛无量，导引前进正向。

冬夜值清寒

2023-12-26

冬夜值清寒，门窗俱已闭关。
阖家欢乐绽，心灵心志舒坦。

人生不畏难，奋发万里迎战。
克尽彼险关，一路风光丰赡。

岁月旷起澜，岁末合应前瞻。
奋发吾心胆，矢志劈波扬帆。

红尘是好玩，翻转名利之案。
持心务恬淡，共缘消涨雅安。

道德人生

2023-12-26

道德人生，履尽烟雨纷纷。
依然沉稳，依然保有纯真。

此际冬深，此际夜正寒冷。
哦诗真诚，吐出精气精神。

室内和温，空调堪称宜人。
不眠思深，人生振志前骋。

风云任生，不畏前旅艰深。
丰沛神恩，导引灵程平顺。

履历人生

2023-12-26

履历人生，不过山高水深。
浊世红尘，磨炼我心刚正。

夜已三更，四围静悄无声。
思绪生成，哦诗雅洁清芬。

岁月驰奔，斑苍不减精诚。
叩道奋身，穿越风雨艰深。

一笑清生，人生雅秉真诚。
伪饰抛扔，儒雅清度秋春。

晨鸡清唱

2023-12-27

晨鸡清唱，早起五更吾无恙。
天值寒凉，振奋情志哦诗章。

心志清昂，人生合当放马闯。
红尘万丈，容我纵横六合间。

履尽苍茫，身心始终逗激昂。
神恩广长，赐我灵程舒奔放。

向前向上，高远直至彼无疆。
披荆驱闯，清展男儿豪情壮。

天国家邦，时刻铭记我心房。
胜过魔帮，胜过试探与险艰。

一笑澹荡，清怀正义何强刚。
不怕困障，不怕迷雾与山嶂。

骋志之间，山水险恶均不妨。
心怀定当，领受神恩之丰壮。

百年苍茫，中心欢愉放歌唱。
叩道贞刚，豁达人生履安祥。

谦和人生

2023-12-27

谦和人生，爽雅是余心身。
早起五更，不怕冷寒之盛。

振奋精神，朗放读书之声。
惬余意芬，写诗舒出精诚。

红尘滚滚，大化太多弄人。
名利弃扔，剩有一腔刚贞。

叩道奋身，岂惧险恶行程。
豪勇心生，万里纵横驰骋。

天寒正峭

2023-12-27

天寒正峭，五更吾起早。
读书怡窍，空调何美好。

情怀大好，写诗也娟妙。
岁月逝飘，年关又将到。

情思不了，向谁洒并飘？
孤旅朗造，讴唱昏与朝。

红尘扰扰，心态最为要。
清心静悄，岁月乐逍遥。

天气冷寒甚

2023-12-27

天气冷寒甚，焕发心身。
早起值五更，朗放书声。

路上无行人，雅闻车声。
清思旷生成，人生纵论。

男儿志刚正，傲立乾坤。
原无卑媚生，一腔热忱。

努力向前骋，山水雄浑。
一笑也和温，人格显逞。

天意深处难追问

2023-12-27

天意深处难追问，淡定立身，
淡定立身，共缘消涨度秋春。

仲冬冷寒正其盛，火热心身，
火热心身，早起读书哦诚真。

人生莫忘神之恩，导引灵程，
导引灵程，美妙丰沛且丰盛。

努力前面之旅程，风雨不论，
风雨不论，奋发男儿之刚贞。

日出灿光兮冷寒消减

2023-12-27

日出灿光兮冷寒消减，
云天澹荡兮雀鸟讴唱。
情志增长兮人生向上，
克尽艰苍兮奋发以闯。
豪情满腔兮正气万丈，
激越哦咏兮万千诗章。
红尘清度兮吾持安祥，
任起风浪兮稳渡安航。

喜鹊又鸣唱

2023-12-27

喜鹊又鸣唱，惬我心志无限。
爽风来扬长，适我心襟意向。

冬日喜晴朗，蓝天云飘澹荡。
生活奏平康，街上叫卖声唱。

红尘自攘攘，人生客旅一趟。
莫为名利诳，清真守我情肠。

向上振意向，叩道领略艰苍。
百年履莽苍，一笑颇自豪爽。

25.燃犀集

觅尽世态万象

2023-12-27

觅尽世态万象，一笑心地之间。
岁月多悠扬，冬日清风旷。

晴朗天气无恙，野禽欢声鼓唱。
惬我意与向，新诗哦奔放。

人生履尽萧凉，依然心怀豪爽。
振志矢向上，不计彼艰苍。

神恩何其广长，讴颂发自心房。
灵程努力闯，关山越万幢。

爽意人生场

2023-12-27

爽意人生场，总以清静为上。
振志作文章，践履思想昂扬。

岁月旷飞翔，心志未可迷茫。
名利是欺诳，心灯务燃明亮。

世事有嚣张，幻变不尽桑沧。
内叩我襟房，觉性觉悟增长。

红尘是无恙，世界是神造创。
矢沿灵程闯，努力回归天堂。

雅正人生

2023-12-27

雅正人生，拙朴是我心身。
奋力驰骋，冲决艰苍之阵。

诗书润身,温和儒雅清芬。
笑意温存,淡荡清度红尘。

讴咏秋春,不计华发斑盛。
心志青春,依然如松之贞。

冬寒正盛,蓝天白云飘纷。
清坐思深,化为新诗哦逞。

骋志人生
2023-12-27

骋志人生,履尽孤寂艰深。
奋不顾身,叩道秉持诚真。

此际冬深,清夜灯下思深。
路上车声,远野鞭炮清震。

岁月进深,霜华渐渐染成。
一笑雅温,人生慨慷兴奋。

万里驱骋,冲决风雨猖盛。
风光雄浑,涤我心志灵魂。

闲情聊表
2023-12-27

闲情聊表,人生振志逍遥。
乐叩大道,妙悟圆通洒潇。

不取高傲,谦和情操力保。
诗书怡抱,晨昏朗哦声高。

展眼前瞧,万里风光微妙。
风雨嚣嚣,正好磨炼心窍。

红尘娟好,处处存在奇妙。
天涯朗造,赢得开怀一笑。

此际二更
2023-12-27

此际二更,灯下思绪生成。
人生纵论,男儿合展刚贞。

名利弃扔,剩有身心纯正。
清贫不论,君子固穷秋春。

嗟此乾坤,大化太多弄人。
圆明悟证,叩道清展人生。

冬仲时分,冷寒自是十分。
空调馨温,惬我心襟意神。

读书意芬,写诗自我慰问。
豁怀无伦,悟彻世事艰深。

丰沛神恩,导引灵性旅程。
旷志飞奔,胜过试炼之深。

斑苍惜生,一笑原也和温。
正志人生,不许卑媚生成。

红尘滚滚,只是幻化之逞。
天国永生,才是福分真正。

大雾漫天涨
2023-12-28

大雾漫天涨,天气冷寒之间。
早起撰诗章,舒出情志悠扬。

一九时正当,年关却是即将。
心志展清昂,长向未来瞻望。

人生放马闯,履尽关山万幢。
年已值斑苍,依然一笑爽朗。

红尘清度间，不惹名利孽障。
诗书骋无恙，矢寻智慧宝藏。

觉知人生
       2023-12-28

觉知人生，悟道步步求证。
智慧心生，前行力秉心灯。

物欲弃扔，清贫一生刚正。
诗书清骋，哦咏冬夏秋春。

年已斑盛，此际回味人生。
风雨历程，仰赖丰沛神恩。

奋行灵程，标的天国永生。
微笑清生，悟彻世事十分。

淡荡人生
       2023-12-28

淡荡人生，领略尽痛苦艰深。
依然纯真，依然叩道奋刚贞。

回思人生，风风雨雨磨炼人。
高蹈心身，奋发志向走灵程。

世事幻生，莫为名利损精诚。
田园憩身，诗书哦咏也清芬。

呼出兴奋，呼出人生意向振。
呼出诚真，呼出正义之心身。

感谢神恩，屡屡起死并回生。
导引前程，风光美妙真不胜。

心志生成，任从迷雾弥乾坤。
矢秉慧灯，万里长途力驰骋。

人生未许嗟怅兮
       2023-12-28

人生未许嗟怅兮，奋发以闯。
值此年关之间兮，心志张扬。
晨起浓雾清涨兮，情志悠扬。
撰写新诗数章兮，记录感想。
来年将临瞻望兮，信心倍涨。
鼓勇骋志遐方兮，努力向上。
淡定沉稳心房兮，叩道奔放。
仰荷神恩赐降兮，阖家安康。

坦步人生
       2023-12-28

坦步人生，履历烟雨艰深。
一笑馨温，领受丰沛神恩。

回思青春，痛苦运转年轮。
跌倒埃尘，生命系于一瞬。

神恩丰盛，起死回生何温。
灵程奋身，矢将真理追问。

岁月进深，此际心志沉稳。
颂赞神恩，讴咏新诗真诚。

人生未可稍躁兮
       2023-12-28

人生未可稍躁兮，
恒以静定为要。
一年既已近了兮，
瞻望未来方好。
修身上进洒潇兮，
悟道吾享逍遥。

浓雾弥天笼罩兮,
叩心吾欲长啸。

天气萧凉兮浓雾以涨

2023-12-28

天气萧凉兮浓雾以涨,
清风拂膛兮情志慨慷。
朗哦诗章兮激情水淌,
流年奔放兮岁末畅想。
未来瞻望兮壮怀激昂,
人生向上兮立志贞刚。
迎难奋闯兮任从雨苍,
男儿豪壮兮万里克艰。

淡定人生场

2023-12-28

淡定人生场,吾雅观世态万象。
一片烟苍茫,一片剑影刀光。

叩心问上苍,世界为何会这样?
大道亘古放,起承转合无恙。

慧眼透穿苍,直揭人之心与肠。
无明是孽障,陷入生死之间。

神恩赐无量,指引前进正方向。
标的天国闯,灵程扬帆奋航。

修心力向上,抛弃污秽与肮脏。
名利害人肠,物欲务当克减。

岁月是飞狂,人生转眼易老苍。
努力奋心肠,正直无机贞刚。

大道普万邦,和同宗教必须讲。
真理何奔放,济度万民康庄。

岁末旷瞻望,容我激情怀满腔。
大同是理想,践履思想昂扬。

多言有妨

2023-12-28

多言有妨,何不沉默守安祥。
岁末回望,流年风烟也激荡。

内叩情肠,人生应当学阳光。
光明无量,照彻大地山河壮。

实干为上,正直良知作导航。
修身尽量,书海扬帆万里航。

心胸须广,雅将世界存襟房。
耕心向上,汗水原不会白淌。

持心平正

2023-12-28

持心平正,未许伪饰生成。
质朴心身,雅度冬夏秋春。

心志刚贞,坚决不可沉沦。
人生力骋,迎战困难艰深。

世事纵论,只是桑沧幻阵。
我心安稳,努力灵程奋争。

岁月进深,人易衰老深沉。
务秉纯真,务秉简朴单纯。

踏实前行

2023-12-28

踏实前行,步履更加坚定。
焕发心襟,人生奋志凌云。

哦诗舒情,吐出吾之心灵。
人生振兴,合时当展刚劲。

仲冬经行,天际阴云笼境。
喜鹊清鸣,旷使余心高兴。

雅持清平,不为琐事分心。
万里挺进,济世挥洒才情。

人生总以淡定为上

2023-12-28

人生总以淡定为上,
对于名利勿争勿抢。
世事正如浮云一样,
万事看开持心安祥。
百年生命切勿匆忙,
万里行旅定当当。
风雨艰苍恒属过往,
须知雨后彩虹会翔。

人生总以淡定为上,
读书明理智慧为尚。
红尘桑沧只是幻象,
务须叩道寻觅灵粮。
知识增长无有极限,
正义情肠力加葆奖。
微笑从心发出扬长,
逍遥心地豁达平康。

历劫人生

2023-12-28

历劫人生,未可贪恋红尘。
救世诚真,合当奋不顾身。

历劫人生,努力保持纯真。
心志清芬,正如莲花开盛。

历劫人生,旷展吾之刚贞。
诗书清骋,朗哦冬夏秋春。

历劫人生,不畏风雨艰深。
神恩丰盛,导此灵性旅程。

历劫人生,履尽困苦痛疼。
微笑清生,豁达正是无伦。

历劫人生,笑傲浊世红尘。
名利弃扔,高蹈吾之心身。

历劫人生,努力振奋精神。
万里驱骋,矢将文明扬升。

历劫人生,秉持质朴灵魂。
谦和中正,向学叩道勤奋。

历劫人生,仰荷丰沛神恩。
起死回生,颂赞出我心身。

历劫人生,淡泊清度秋春。
光明心身,傲立若松虬正。

夜深无眠

2023-12-28

夜深无眠,精神颇振兴。
新诗哦吟,旷舒我心襟。

仲冬之境，天气值寒清。
内叩心灵，修身启无垠。

人生经行，未可图利名。
诗书经营，陶冶真性灵。

雅思空灵，合展我才情。
人生抒情，真善美奉行。

人生雅好

2023-12-28

人生雅好，情思正不了。
未可急躁，淡定须力保。

前旅迢迢，关山风光妙。
奋志驱跑，不畏惧艰饶。

红尘险要，太多机关巧。
质朴心窍，持正吾洒潇。

不为名扰，不为利所骚。
诗书润抱，君子人格造。

清夜难眠

2023-12-28

清夜难眠，百感盈心襟。
读书无心，浮动是心灵。

四围安静，仲冬夜寒清。
灯下思萦，哦诗也多情。

人生情景，斑苍发凋零。
依然振兴，依然志凌云。

旷怀高兴，瞻望未来景。
心志均平，努力奋前行。

激越心襟

2023-12-28

激越心襟，慨慷之心灵。
男儿奋兴，新诗哦不停。

岁月进行，年末冷寒境。
灯下思萦，情志若开屏。

纵展豪情，万里长驱行。
清夜难眠，咏出诗空灵。

难以平静，不知是何因。
三更已近，精神大振兴。

聊以撰诗章

2023-12-28

聊以撰诗章，舒写志向。
大同是理想，和同万邦。

岁月流无恙，我已斑苍。
心中激情涨，一似河江。

人生履坎艰，叠遭风浪。
蒙受神恩壮，导引慈航。

而今我畅想，泪流双行。
矢志尽力量，奋发向上。

力战魔与魍，灵程奋闯。
凯歌彻云乡，荣归天堂。

在世不久长，百年瞬间。
更应惜时光，发热发光。

心志合悠扬，冲决困障。
万里山河壮，涤我情肠。

人生勿张狂，谦贞情肠。
修心须尽量，正意襟房。

正邪搏击艰，血洒苍黄。
圣洁天葆奖，荣获安康。

淡定人生场，名利弃放。
一笑也澹荡，慧意心间。

神恩何丰壮，赐下灵粮。
圣徒扬帆航，对准天堂。

慧烛力秉掌，穿越雾障。
前路定有光，阳光洒靓。

红尘是无恙，故事万章。
桑沧徒幻象，共缘消涨。

心灵怀力量，骋志阳光。
大道敷万方，人民欢畅。

此际五更宁静兮

2023-12-29

此际五更宁静兮，早起吾清心。
冬晨时正寒峻兮，裁心以讴吟。
路上车声偶鸣兮，点缀此和平，
人生情志振兴兮，新诗哦不停。

此际五更宁静兮，灯下思均平。
岁末吾怀朗俊兮，聊回首舒情。
未来岁月将临兮，激发余心灵。
合当努力前行兮，展男儿豪俊。

此际五更宁静兮，君子以叩心。
人生矢志上进兮，奋发以凌云。

往事既若流云兮，固逝去爽清。
斑苍依具雄心兮，济世乐无垠。

此际五更宁静兮，灯下展空灵。
百度春秋飞劲兮，韶华惜于心。
来年更当奋兴兮，万里以前行。
风雨难阻挺进兮，放歌声入云。

此际五更宁静兮，神恩颂于心。
赐福分何丰盈兮，感恩享温馨。
阖家安宁康平兮，父母健在庭。
天伦之乐何俊兮，微笑出心灵。

此际五更宁静兮，心志雅且清。
裁思聊以吐情兮，欢愉盈于襟。
困障难止上进兮，正直若松劲。
叩道一生殷殷兮，人格毕显明。

此际五更宁静兮，远野无鸡鸣。
天色犹未稍明兮，冷寒又相侵。
省心发为哦吟兮，坦白以舒情。
快慰是余身心兮，前行莫止停。

此际五更宁静兮，神思若行云。
空言无益宜禁兮，聊短章怡情。
要言重申简劲兮，持中道前行。
叩道用道用心兮，名利矢弃屏。

此际五更宁静兮，时光若水行。
人生积德丰盈兮，福分才会临。
修心尽力尽性兮，吾趋入圆明。
圆通圆融于心兮，独立以清鸣。

此际五更宁静兮，微笑以浮萦。
豁达人生奋进兮，风雨不止停。

前履万里风云兮，余处以淡定。
胸怀世界多情兮，济世鼓干劲。

天犹未明

2023-12-29

天犹未明，鸟却放讴吟。
冷寒之境，工作何殷勤。

灯下舒情，一曲聊振兴。
快慰心襟，向神敞心灵。

人生挺进，览尽关山云。
欢愉身心，颂此均与平。

时光惊心，岁末省心灵。
努力上进，努力修身心。

人生裁思奔放兮

2023-12-29

人生裁思奔放兮，
清展心之力量。
此生履尽艰苍兮，
依然心志阳光。

神恩无比广长兮，
赐我起死安康。
向神献上心房兮，
努力灵程闯荡。

人生裁思奔放兮，
晨起清听鸟唱。
冷寒任其狂猖兮，
吾处之以定当。

灯下聊发感想兮，
情怀化为诗章。
一曲中心畅放兮，
心襟雅持安祥。

振志人生向上兮

2023-12-29

振志人生向上兮，心不嗟怅。
坦平盈满襟房兮，悠悠哦唱。
仲冬冷寒狂猖兮，野禽鸣放。
晨起激情盈腔兮，叠化诗章。
天气又阴何妨兮，热情慨慷。
男儿豪情旷放兮，努力前闯。
高山任叠万幢兮，显我强刚。
不折不挠飞翔兮，一掠天苍。

人生向上兮定遇阻艰

2023-12-29

人生向上兮定遇阻艰，
奋发顽强兮矢志以刚。
努力旷放兮风雨兼闯，
不屈艰苍兮果敢豪壮。
岁月飞旷兮人易老苍，
豁怀扬长兮名利弃放。
叩道贞刚兮如松之长，
万里克难兮标的遐方。

休憩情肠

2023-12-29

休憩情肠，且自品茗芳。
听听鸟唱，享受此休闲。

岁月平康，神恩赐奔放。
感恩献上，灵程努力闯。

红尘万丈，清心最堪奖。
物欲弃放，诗书倾心向。

微笑浮上，心怀持安祥。
天阴无妨，情志正茁壮。

定定当当
2023-12-29

定定当当，步我人生场。
风雨艰苍，任其来与往。

心志阳光，沐浴神恩壮。
努力向上，一似鸟飞翔。

自由无上，思想堪葆奖。
骋志奔放，不为羁与缰。

情怀雅靓，豁达生死间。
叩道悠扬，圆融日增长。

人生共缘行动
2023-12-29

人生共缘行动，心志展我沉雄。
喜鹊鸣声正洪，爽来清新晨风。
思想旷展无穷，振奋情志前冲。
沐尽关山雨风，一笑豁达清空。

人生共缘行动，悟彻尘世穷通。
叩道雅秉中庸，实干显我豪雄。
多言究有何功，莫如沉默于胸。
淡定才能成功，万里风光灿宏。

人生悠悠扬扬
2023-12-29

人生悠悠扬扬，一似风吹柳荡。
万事顺理成章，着急徒然受伤。

窗外鸟语雅靓，小风其来何爽。
仲冬天不寒凉，惬我意向情肠。

写诗心襟开敞，原也存有清芳。
人生正意昂扬，男儿合当闯荡。

江山多么雄壮，灿烂余之襟房。
大风高声哦唱，抒写时代新章。

静默是我心胸
2023-12-29

静默是我心胸，哦诗舒出灵动。
人生感慨厚丰，化为诗句迸涌。
正义一生凝重，不为名利奋勇。
淡泊清度尘中，不妄追求成功。

静默是我心胸，感发于此仲冬。
斑苍日渐加浓，爽然一笑从容。
世事本来履空，名利弃之轻松。
远处鞭炮声动，点缀和平宇穹。

静默是我心胸，吾已悟彻穷通。
红尘大化汹涌，演绎桑沧重浓。
人生百年如梦，勿为物欲所笼。
应叩自我心胸，道德修养厚重。

静默是我心胸，雅思旷若飙风。
激情时常潮涌，哦咏新诗情钟。
七彩灿于襟中，追求新奇无穷。
文明进化之中，努力破浪乘风。

心志单纯

2023-12-29

心志单纯，人生雅秉诚正。
修养心身，旷展吾之雄浑。

名利莫争，此物害人至深。
应当弃扔，清心雅享久恒。

奋志前奔，越过山高水深。
风光何盛，惬我心志灵魂。

红尘滚滚，务必淡定立身。
不为物骋，努力加强修身。

诚为立身之本

2023-12-29

诚为立身之本，伪饰尽量抛扔。
心志务秉刚正，不屈不挠奋争。
淡泊名利爽身，叩道用道前骋。
履尽山水雄浑，五湖归来清芬。

诚为立身之本，中和中庸勿扔。
谦虚向学勤奋，朗放读书之声。
岁月赐我丰盛，斑苍不减精神。
傲骨由来刚贞，如松之长昌盛。

26.崇善集

尘世是多艰深

2023-12-29

尘世是多艰深，人生奋志红尘。
莫为名利所乘，善保汝之心身。

叩道奋志驰骋，履尽风光雄浑。
清持拙朴心身，雅淡豁度秋春。

坎坷艰苍不论，心怀光明纯正。
丰沛自有神恩，赐下甘美丰盛。

灵程容我奋身，标的天国精准。
战胜试探深沉，无惧风雨凄盛。

流年清度吾安康

2023-12-29

流年清度吾安康，
得失付之寻常。
总结人生恒向上，
万里叩道莽苍。

天阴却有喜鹊唱，
爽风其来清凉。
惬意情怀真慨慷，
雅将新诗哦唱。

岁月风雨不必讲，
心灵享受安祥。
领受神恩之奔放，
灵程骋志强刚。

豁达微笑浮面庞，
此生不取轻狂。
谦和凝重人生场，
诗书一生研讲。

持心平常
2023-12-29

持心平常，勿为名利所诳。
处心安祥，人生雅享平康。

世事如浪，高低起伏寻常。
桑沧幻象，弃假归真必讲。

人生向上，天国才是家邦。
永生何畅，有福才能荣享。

修心尽量，道德尽力提倡。
践履思想，实干方显豪强。

时时检点心灵
2023-12-29

时时检点心灵，远抛得失机心。
素朴清雅安宁，正义合时高鸣。

岁月多有风云，磨炼吾之心襟。
宁愿一生清贫，不入名利陷阱。

君子清心固贫，贞洁自守良心。
天意旷自运行，赐福必然充盈。

神恩多么丰劲，感恩颂出于心。
努力灵程奋行，胜过试炼艰辛。

浑厚人生
2023-12-29

浑厚人生，总以道德为尊。
向上力争，努力加强修身。

此际寒盛，内叩自己心身。
奋发刚正，万里叩道长骋。

仲冬时分，天气惜乎阴沉。
清坐思深，品茗温馨自身。

旷雅诚真，不图名利丰盛。
内省心身，君子人格培成。

清静己心
2023-12-29

清静己心，自在如影随形。
心怀镇定，不逐尘世利名。

读书怡情，清听音乐空灵。
洗涤我心，爽雅并且多情。

人生振兴，叩道努力前行。
不计艰辛，磨炼我心刚劲。

世事浮云，人生务须清醒。
天国远景，矢志努力追寻。

音乐幽清
2023-12-29

音乐幽清，爽吾之心灵。
我心感应，化为诗哦吟。

人生经行，孤旅力挺进。
关山风情，壮我胸与襟。

红尘艰辛，物欲须辞屏。
远弃利名，高蹈余身心。

水云之境，才惬余之心。
百年生命，与大化共进。

物欲滞人灵性

2023-12-29

物欲滞人灵性,务须抛屏,
务须抛屏,水云之境宜身心。

岁月增人奋兴,诗书润心,
诗书润心,君子人格培殷勤。

清听音乐爽清,快慰余心,
快慰余心,写诗聊适吾胸襟。

淡泊奋志去行,不图利名,
不图利名,救济人心入清平。

音乐既爽听兮

2023-12-29

音乐既爽听兮,余心清净。
古琴其幽清兮,袭我性灵。

发诗以哦心兮,一舒余情。
年关正接近兮,激情盈襟。

快慰是余心兮,正意鲜明。
得失任缘行兮,淡泊平心。

天气阴云凝兮,仲冬寒清。
清坐思无垠兮,化为诗吟。

三更醒转神爽兮

2023-12-30

三更醒转神爽兮,
复哦吾之诗章。
舒出情志清芳兮,
吾中心持淡荡。
岁末回首长望兮,
有感慨于襟房。
流年未许怅惘兮,
吾振志于遐方。

三更醒转神爽兮,
吐出吾之激昂。
未来奋发闯荡兮,
岂计较彼艰苍。
心地心怀安祥兮,
当舒发吾奔放。
中心一曲唱响兮,
矢践履我理想。

独立览尽苍茫兮

2023-12-30

独立览尽苍茫兮,
吾振志且慨慷。
冬夜发此清响兮,
寄知音于何方。
身心历尽艰苍兮,
吾一笑以响亮。
豁怀持道向上兮,
度浮生于瞬间。

独立览尽苍茫兮,
五湖归来何讲。
世事徒然梦乡兮,
名利是为欺诳。
贞志清持贞刚兮,
向南山以骋望。
岁末不应感伤兮,
当瞻眺于遐方。

节俭人生

2023-12-30

节俭人生，总以道德为尊。
奢华弃扔，谦正清度秋春。

诗书哦骋，陶冶心志清芬。
光明心身，沐浴神恩丰盛。

灵程奋骋，历尽山高水深。
磨炼心身，平和并且坦诚。

奋不顾身，叩道一生刚正。
笑意清纯，雅具人格诚贞。

远处鞭炮又鸣

2023-12-30

远处鞭炮又鸣，天气惜阴，
有雨飘零，假日休闲也多情。

心志此际振兴，胸襟朗晴，
人生奋行，踏破山水之雄峻。

斑苍不减豪情，振奋心灵，
努力挺进，叩道领取彼意境。

岁月雅具爽清，添我激情，
新诗朗吟，瞻望未来笑意盈。

心境清描

2023-12-30

心境清描，人生振志吾洒潇。
未可稍傲，谦和正直是情操。

爽风来潇，惬我情志与怀抱。
太阳开了，万民沐浴光芒照。

鞭炮啸叫，点缀生活也安好。
奋志前道，踏破山水吾逍遥。

红尘娟好，乃是真神所创造。
充满灵妙，天人大道力寻找。

振志人生

2023-12-30

振志人生，绝不可以沉沦。
名利弃扔，清持一腔刚贞。

红尘滚滚，太多磨炼艰深。
叩道奋身，轻装步履灵程。

岁月清芬，回思一笑温存。
丰沛神恩，赐下平安丰盛。

前旅奋争，风雨容我兼程。
洒脱心身，原也美妙无伦。

红尘履历兮吾秉清心

2023-12-30

红尘履历兮吾秉清心，
物欲弃扔兮高蹈身心。
窗外喜鹊兮朗鸣清新，
爽风其来兮惬余心灵。
人生奋行兮全力挺进，
关山朗度兮风光何俊。
一笑多情兮坦平心襟，
世事经行兮磨炼胸心。

红尘履历兮吾秉清心，
名利何功兮合当抛屏。
诗书用心兮晨昏朗吟，

舒出身心兮正义凌云。
瞻望未来兮茁壮风云，
豪情盈腔兮骋志以行。
践履思想兮踏破艰辛，
岁月宜人兮放我歌吟。

勿急勿躁
2023-12-30

勿急勿躁，淡定吾逍遥。
撰写诗稿，朗读声放高。

年关近了，舒适盈襟抱。
雅叩大道，身心持静悄。

未来瞻眺，风云定茁造。
矢志奔跑，关山越险要。

阖家康好，神恩赐丰饶。
颂赞声高，灵程努力跑。

清净为要
2023-12-30

清净为要，合时方高啸。
沉默有道，舒卷若云跑。

岁月丰标，赐我斑苍老。
淡定一笑，红尘胡不好。

前履迅迅，风光定微妙。
开怀大笑，神恩赐丰饶。

叩道逍遥，灵程尽力造。
不惧艰饶，不惧试探巧。

拙正情抱，诗书朗哦了。
名利弃抛，轻装宜长跑。

人生洒潇，不为物欲扰。
清心静悄，叩心叩大道。

定志吾持安祥兮
2023-12-30

定志吾持安祥兮，
人生不惧风浪。
迎难吾以径上兮，
克尽一切艰苍。
红尘清度平康兮，
荷神恩之无限。
灵程叩道奋闯兮，
阅历风光雅靓。

定志吾持安祥兮，
岁末回首长望。
一切掩入烟障兮，
世事未可细讲。
更应向前瞻望兮，
奋志万里奔放。
人生百年苍茫兮，
唯天国永安康。

骋志人生场
2023-12-30

骋志人生场，激越哦咏诗章。
勇毅前行间，克尽万千险艰。

修心当尽量，德操具有清芳。
人生培端方，总以正直为上。

名利吾弃放，雅将清贫淡享。
诗书一生向，寻觅真理灵粮。

神恩赐广长，心灵丰富无量。
灵程奋发闯，不惧试探艰长。

爽风来畅
2023-12-30

爽风来畅，暮色渐渐苍。
感兴升上，从容哦诗章。

正志昂扬，人生放马闯。
履尽关障，一笑何扬长。

风雨艰苍，不过是寻常。
神恩无量，导引我慈航。

未来瞻望，心怀多激壮。
努力向上，努力奋贞刚。

持心良善
2023-12-30

持心良善，神恩必赐丰赡。
力奋前站，前路奶蜜充然。

因果漫谈，持心必先良善。
福报雅安，享受生活恬淡。

岁月翻澜，扬帆万里克难。
持心良善，神必赐与平安。

天国妙曼，永生幸福妥善。
努力前站，持心必先良善。

喜乐人生
2023-12-30

喜乐人生，领受丰富神恩。
灵程奋争，胜过试探艰深。

红尘滚滚，磨炼我心刚正。
善良心身，原也雅持纯真。

笑意清芬，岁末回首前程。
献上感恩，献上一片热忱。

未来奋身，持正击邪精准。
叩道秉诚，心灵心志雅芬。

人生最贵思想
2023-12-30

人生最贵思想，崇善博爱为良。
仇恨最为有妨，应当全部弃光。
物欲当须克减，性光务必清亮。
处世百年瞬间，积德向善奔放。

人生最贵思想，践履切莫稍忘。
吃亏是福须讲，持中持正贞刚。
诗书润人情肠，晨昏合放哦唱。
步履人生扬长，恬淡生活安享。

清意旷然生成
2023-12-30

清意旷然生成，我心充满感恩。
天父恩典何盛，导我心灵旅程。
矢沿正路奋骋，不计山高水深。
红尘浊浪滚滚，中心燃明慧灯。

清意旷然生成，我心雅洁清芬。
努力奋行灵程，对准天国飞奔。
尘世艰苦困顿，希冀中心生成。
天国才有永生，共父万年同春。

人生步履坚正

2023-12-30

人生步履坚正，灵程奋志而骋。
履尽风狂雨盛，仰赖天父鸿恩。
讴颂出于心身，平安雅洁秋春。
努力前路飞奔，天国才有永生。

人生步履坚正，岁月运转平稳。
神恩领受丰盛，阖家康乐馨温。
不计霜华清生，依然心志纯真。
豪情充盈心身，胜过试炼艰深。

清净己之身心

2023-12-30

清净己之身心，爽雅是余心灵。
物欲尽量辞屏，简朴生活清新。
奋志旷展凌云，实干显我豪英。
世事徒是浮云，名利抛开安宁。

清净己之身心，未许外缘扰侵。
共缘消涨安静，内叩自我魂灵。
向神敞开心襟，灵程奋志而行。
冲决艰苍困境，终抵天国圣庭。

人生振志前行

2023-12-30

人生振志前行，秉持良心，
悟彻圆明，历练自我心灵。

此际冬夜宁静，灯下思萦，
放旷闲情，雅哦新诗舒情。

快慰盈满心灵，年关又近，
心志和平，最喜阖家康宁。

岁月如飞驰迅，老我苍鬓，
一笑多情，闲雅秋春经行。

晨昏放我哦吟，孤旅挺进，
不畏艰辛，焕发身心豪情。

笑意从心而映，世宇和平，
身心爽净，颂此生活温馨。

持心坦平

2023-12-30

持心坦平，乱起风浪可不行。
叩道奋进，先须宁静这颗心。

岁月经行，风风雨雨是常寻。
钓舟均平，不惹名利吾心清。

红尘险境，善恶斗争无止境。
神恩丰盈，导引灵程达天庭。

圣洁己心，污秽肮脏全抛清。
一颗灵心，洁白晶莹且光明。

爽雅身心

2023-12-30

爽雅身心，合当振志以凌云。
男儿雄俊，沉潜诗书也多情。

心志空灵，不执尘世利与名。
高蹈身心，胸怀清新之水云。

一笑爽清，努力圣洁己心灵。
灵程奋进，穿越艰辛与苦境。

坦腹哦吟，一腔正气何刚劲。
儒雅之心，仁爱为怀铲不平。

深夜清静兮吾心宁
2023-12-30

深夜清静兮吾心宁，
内叩身心兮发哦吟。
岁月侵鬓兮霜华凝，
一笑淡定兮爽于心。
红尘履历兮多艰辛，
名利辞屏兮蹈身心。
一生沉潜兮诗书境，
寻觅真理兮奋刚劲。

深夜清静兮吾心宁，
时近三更兮思空灵。
世界人生兮多风云，
激荡人生兮奋前行。
不为物欲兮损身心，
旷怀雅正兮志凌云。
傲骨若松兮何苍峻，
不卑不亢兮儒雅俊。

纵览时代风云
2023-12-30

纵览时代风云，我心镇定，
我心镇定，合时方展高鸣。

此际三更清静，不眠思清，
不眠思清，人生振志凌云。

男儿合展雄英，壮怀爽俊，
壮怀爽俊，济世挥洒才情。

君子人格鲜明，加强修心，
加强修心，叩道无有止境。

观照己心
2023-12-30

观照己心，有错速改奉行。
岁月进行，努力上进无垠。

观照己心，活泼灵动爽清。
正义盈襟，此生不图利名。

观照己心，读书充实心灵。
朗放哦吟，舒出人生奋兴。

观照己心，发见天良内映。
慧灯燃明，烛照前进路径。

三更无眠
2023-12-30

三更无眠，神思旷无垠。
写诗多情，舒出意丰盈。

人生情景，快慰盈心灵。
豁达之境，爽雅持心襟。

身心空灵，性光已燃明。
悟达空性，趋入彼圆明。

圆融胸襟，正义奋刚劲。
中庸秉行，通达且均平。

时钟滴答走均平

2023-12-31

时钟滴答走均平，子夜无眠，
子夜无眠，内叩自我身心灵。

此际精神颇振兴，诗兴无垠，
诗兴无垠，裁出情思也空灵。

人生旷发闲雅兴，舒出心灵，
舒出心灵，原也爽洁颇清新。

未来瞻望起豪情，奋发刚劲，
奋发刚劲，穿风破雨万里行。

正义充盈我内心，儒雅清平，
儒雅清平，中庸中正中和情。

一生努力修身心，德操上进，
德操上进，济世安邦待后鸣。

世界乃是道场

2023-12-31

世界乃是道场，修心尽力向上。
发心持正何刚，试炼一任其艰。
人生奋志飞扬，万里风沙莽苍。
神恩赐下无量，导引灵程平康。

世界乃是道场，叩道一生奔放。
注重道德文章，力作后世榜样。
无明尽力抛光，慧烛始终擎掌。
对准天国飞翔，永生福乐何康。

未可思虑营营

2023-12-31

未可思虑营营，努力保守本心。
性命双修要紧，福分才能满盈。
人生努力上进，智慧充盈身心。
身体务须护勤，寿比南山松青。

即此搁笔省身心

2023-12-31

即此搁笔省身心，
人生雅自经行。
劝君好自修心灵，
矢沿灵程上进。
岁月旷飞无止境，
人生百年情景。
珍惜华年之寸阴，
否则嗟叹泪零。
道德文章护身心，
未可草莽经营。
时代变化日日新，
及时焕发心境。
文明升级必然行，
大同世界仰景。
宗教和同大合并，
万民赞叹奉行。

共缘而行

2023-12-31

共缘而行，人生洒脱吾镇定。
神恩丰盈，赐下喜乐与安平。

鞭炮轰鸣，尘世生活多喜庆。
元旦明临，瞻望未来怀激情。

心志殷殷，诗书一生恒用勤。
叩道之境，领略柳暗花又明。

矢志挺进，万里风云壮我心。
一笑温馨，君子人格毕显明。

激发心性

2023-12-31

激发心性，慧灯务燃明。
努力前行，叩道无止境。

雅怀心情，休闲吾淡定。
览尽风云，心志怀爽清。

红尘多辛，奋志当凌云。
踏实追寻，矢沿正路进。

岁月经行，不老是身心。
斑苍之境，豁怀悟圆明。

心志吾平静

2023-12-31

心志吾平静，雅度流年清新。
天气惜寒清，空调慰我心襟。

书本暂抛屏，享受此际宁静。
思绪何其清，从容哦诗舒情。

快慰起身心，向神献上心灵。
阖家享康平，生活平安温馨。

鼓舞心志行，未来茁壮风云。
脚步不止停，万里征关克岭。

多言无功

2023-12-31

多言无功，静默吾雅守从容。
心志清空，不执着于物欲中。

人生如风，过往遁入烟障中。
未来云动，一切共缘履圆通。

桑沧幻浓，只是百年太匆匆。
奋志若虹，七彩闪耀于襟胸。

德操垂永，一似幽兰山谷中。
向往无穷，努力灵程奋发冲。

祥和身心

2023-12-31

祥和身心，心灵心志享和平。
空调温馨，室内和暖如春境。

灯下思清，小哦新诗舒才情。
振奋心灵，新年瞻望吾多情。

百年生命，时常叹惜如电影。
永生之境，矢沿灵程奋探寻。

神恩丰盈，赐我阖家享康宁。
讴颂于襟，赞美世界泰而平。

27.喜乐集

和缓人生

2023-12-31

和缓人生，雅秉吾之纯真。
心志清芬，叩道努力奋争。

清度红尘，不惹名利是真。
内叩心身，燃明性灵慧灯。

岁月进深，岁末心襟缤纷。
瞻望前程，壮怀激烈生成。

一笑淡生，豁达清度秋春。
哦放晨昏，儒雅人格显逞。

正直人生

2024-1-1

正直人生，雅秉吾之诚真。
元旦今正，愉悦盈满心身。

阖家馨温，向神献上感恩。
灵程奋身，努力前面路程。

彩虹心生，人生万里驰骋。
风光清纯，惬我心志灵魂。

一笑清生，豁怀正是无伦。
鸟语声声，世界充盈欢腾。

雅怀激情兮元旦又临

2024-1-1

雅怀激情兮元旦又临，
雀鸟欢鸣兮天喜朗晴。
悠悠心襟兮哦诗舒情，
瞻眺未来兮慷慨盈襟。
人生履艰兮一笑以迎，
神恩浩广兮讴颂于心。
灵程奋进兮叩道前行，
领略风光兮灿烂无垠。

振志人生

2024-1-1

振志人生，莫忘沉心耘耕。
诗书秋春，哦咏冬夏晨昏。

元旦今正，朗晴传来鸟声。
心境和温，欣欣哦吐真诚。

人生奋争，百度秋春一瞬。
旷怀刚正，济世挥洒精诚。

红尘滚滚，污秽矢志抛扔。
天国永生，福分万年永恒。

轻视一切利名

2024-1-1

轻视一切利名，人生奋志以行。
越过高山峻岭，风光涤我心灵。

荷负神恩无垠，灵程始终挺进。
胜过试炼艰辛，终达天国安宁。

红尘唯是炼心，奋志旷展凌云。
不屈不挠前进，战胜魔敌仇兵。

凯歌终彻行云，圣徒步履彩云。
妙丽雅持心襟，欢愉元旦今临。

正气盈满乾坤

2024-1-1

正气盈满乾坤，天气朗晴时分。
元旦今日届正，百鸟欢鸣欢腾。

天气并不寒冷，爽风吹来惬人。
心地愉悦和温，阖家幸福康盛。

向神献上感恩，步履灵程平顺。
前骋奋不顾身，不怕试炼艰深。

未来无限丰盛，努力开拓启程。
文明进步永恒，瞻望心怀兴奋。

爽意人生

2024-1-1

爽意人生，领受丰沛神恩。
努力奋争，矢沿正路驰骋。

阳光洒温，欢快盈满心身。
新年启程，心志欢欣振奋。

人生刚贞，不怕艰障险生。
仰赖神恩，赐下平安丰盛。

斑苍惜生，心志依然青春。
瞻望前程，风云茁壮缤纷。

闲雅人生

2024-1-1

闲雅人生，总赖心志生成。
一身纯真，一生尽力奋争。

名利弃扔，清展吾之刚正。
叩道启程，灵程风光妙胜。

情怀缤纷，莫忘淡定心身。
诗书潜沉，微笑清新雅芬。

人格和温，君子不忘润身。
努力修身，努力挥洒刚贞。

雅正人生

2024-1-1

雅正人生，履尽风烟滚滚。
新年启程，淡荡中心生成。

读书意振，哦咏新诗清芬。
舒出志诚，舒出人生兴奋。

清度红尘，矢为真理奋身。
弃假归真，文明进步永恒。

一笑意温，不忘加强修身。
人格显逞，应如春风之生。

岁月自具清芬

2024-1-1

岁月自具清芬，努力保守纯真。
善良并且刚正，奋发前面旅程。
元旦今日届正，展眼旷望前程。
一笑从心而生，淡荡盈满心身。

岁月自具清芬，雅洁清度秋春。
勿为名利绑捆，弃之万里轻身。
百度秋春一瞬，唯有德操永恒。
努力修养心身，心性光明青春。

约身向上

2024-1-1

约身向上，心量应许更广。
体道清昂，万里踏遍莽苍。

心襟开旷，冲决一切锁缰。
思想无疆，自由舒展奔放。

践履昂扬，人生努力闯荡。
关山苍凉，不减男儿豪爽。

心志安祥，平生不取张狂。
谦正情肠，向学诗书潜藏。

心志吾刚正
       2024-1-1

心志吾刚正，雅度秋春。
苍茫又黄昏，聊舒心身。

人生是旅程，难以停顿。
贵在奋力争，逆水行程。

浩意弥乾坤，傲骨铮铮。
名利矢志扔，保有热忱。

叩道在晨昏，内省心身。
柔和秉精诚，谦度一生。

须以静定为要
       2024-1-1

须以静定为要，人生未可稍躁。
万里长途奔跑，心以静定为要。
岁月赐人丰标，最贵是享逍遥。
须以静定为要，才能洒脱尘嚣。

心怀激昂
       2024-1-1

心怀激昂，骋志人生场。
万里遐方，是我之所向。

风雨艰苍，不过是寻常。
烟雾苍茫，心灯务燃亮。

岁月非常，演绎桑与沧。
持心贞刚，努力奋向上。

百年飞旷，转眼霜华苍。
一笑安祥，人生客旅间。

历练人生
       2024-1-2

历练人生，奋发吾之刚贞。
清度世尘，矢为真理奋争。

岁月进深，我已霜华渐盛。
一笑和温，君子人格培成。

向前奋身，叩道旷展雄浑。
燃明慧灯，万里迎难长征。

名利不争，淡泊是我心身。
爽雅清芬，哦唱冬夏秋春。

挺立人生
       2024-1-2

挺立人生，原无卑媚生成。
铁骨刚贞，力战魔敌凶狠。

挺立人生，坚决扛起责任。
傲立乾坤，顶天立地做人。

挺立人生，应持柔和心身。
情操谦正，向学叩道勤奋。

挺立人生，无惧风雨艰深。
一笑和温，儒雅并且清芬。

慧意人生

2024-1-2

慧意人生，努力守谦守正。
力保纯真，力保吾之诚贞。

岁月舒芬，一似老酒之醇。
斑苍任生，德操努力加增。

感谢神恩，导引灵性旅程。
力秉心灯，万里努力兼程。

风雨曾盛，磨炼吾之刚正。
丰沛神恩，赐下平安充分。

风雨人生

2024-1-2

风雨人生，磨炼出一身刚正。
努力灵程，努力叩道奋争。

二九时分，天气冷寒喜不甚。
爽风慰问，惬我情志十分。

内叩心身，挥洒我人生纯正。
冲决魔阵，保守心灵清芬。

两军对阵，圣父亲临以督阵。
杀伐声声，圣徒凯归天城。

浴后吾爽清兮

2024-1-2

浴后吾爽清兮，心地也多情。
悠悠品芳茗兮，哦诗以舒情。
天气任沉阴兮，雾霾笼野境。
中心怀激情兮，向往彼光明。
浴后吾爽清兮，振志以歌吟。
中心怀激情兮，旷欲长飞鸣。
仲冬天寒清兮，无妨吾抒情。
颂神恩无垠兮，灵程努力行。

爽意人生

2024-1-2

爽意人生，总赖信仰诚真。
天父鸿恩，赐给祂爱的人。

步履灵程，不怕风雨艰深。
试探任生，叵耐我心坚贞。

岁月进深，智慧日日加增。
淡泊秋春，诗书清哦晨昏。

叩道历程，回首感发心身。
未来奋身，迎接卓浪生成。

健步人生

2024-1-2

健步人生，身心雅洁清芬。
一笑平正，不为名利奋争。

叩道刚贞，履历山高水深。
丰沛神恩，赐我身心平稳。

阖家康盛，向神献上感恩。
努力灵程，努力步履坚正。

淡荡生尘，演绎故事深沉。
神亲慰问，赐下福分盈门。

寂寞人生场

2024-1-2

寂寞人生场，恬淡安祥。
中心不起浪，物欲弃放。

叩道吾何刚，不惧风浪。
迎难敢于上，克尽强梁。

虎狼把路挡，提刀奋上。
豺狼务杀光，光明人间。

岁月多悲壮，染我华霜。
一笑也澹荡，奋赴天堂。

素朴人生

2024-1-2

素朴人生，雅秉吾之诚真。
纯洁心身，一笑自具温存。

儒雅清芬，一生不忘修身。
振志前骋，山水履历雄浑。

红尘滚滚，名利害人深深。
吾持雅正，弃之完全充分。

感谢神恩，导引人生旅程。
灵程奋争，努力荣归天城。

爽雅人生

2024-1-3

爽雅人生，浩意中心生成。
天虽阴沉，清风鸟语慰问。

激情心生，哦咏新诗真诚。
人生奋争，珍惜每一晨昏。

岁月进深，不计斑苍渐盛。
一笑和温，正直清度人生。

荷负神恩，努力奋行灵程。
魔敌凶狠，圣徒提刀奋骋。

杀伐声声，两军对垒成阵。
圣父临阵，圣徒冲锋奋身。

凯歌声震，圣徒讴歌欢声。
回归天城，荣享福乐永生。

振意人生

2024-1-3

振意人生，中心莫忘持正。
努力修身，努力步履灵程。

旷展刚贞，矢为真理奋身。
清度红尘，德操尽力加增。

岁月清芬，笑看桑沧成阵。
斑苍惜生，豁达雅度秋春。

哦唱声声，何妨声震云层。
优雅人生，持心务必谦正。

人生持志以清骋

2024-1-3

人生持志以清骋，
珍惜每一晨昏。
踏踏实实过人生，
不忘正意修身。

时光飞逝不等人，
转眼霜华清生。

努力焕发精气神，
清度智慧人生。

内叩身心持天真，
切莫抛弃真诚。
叩道履历彼行程，
踏破山水雄浑。

不怕试炼之艰深，
男儿奋展刚正。
天意深处怜护人，
否极泰来生成。

持心静悄

2024-1-3

持心静悄，不为名利所扰。
谦正情操，向学叩道逍遥。

心勿浮躁，沉静是为首条。
前路迢迢，定志攀越险要。

关山清好，风光涤我情窍。
振志洒潇，万里风云入抱。

展颜微笑，豁达人生骚骚。
平和昏晓，读书写诗微妙。

惬意此际生成

2024-1-3

惬意此际生成，人生容我纵论。
男儿挥洒刚与正，
崇简崇朴一生。

万里奋志长征，踏破山水清纯。

赢得开怀一笑振，
爽雅盈满心身。

浩志冲决困城，万里云霄清骋。
双展翅膀走鹏程，
俯视城郭山村。

天阴霾锁乾坤，鸟语自啭温存。
淡泊心襟哦诗诚，
清新心志缤纷。

持心平正

2024-1-3

持心平正，雅度此浊世红尘。
名利不争，洁净心地似水纯。

岁月缤纷，老我霜华渐渐增。
一笑和温，一生事业是修身。

诗书哦芬，何妨声振入云层。
惬意心生，正志人生不沉沦。

暮烟生成，天阴鸟语林野振。
和平宇城，大地人民乐心身。

心志雅怀镇定

2024-1-3

心志雅怀镇定，人生最贵开心。
风雨是常寻，阳光终显明。

岁月袭上双鬓，秋春清度安宁。
名利合抛屏，叩道矢上进。

暮色又笼宇庭，灯火渐次显明。
清思若水行，浩发出心襟。

舒出正气凌云，舒出男儿刚劲。
处世贵静宁，晨昏持淡定。

题画诗之一

2024-1-3

匹马西风，落日鸟飞从容。
牵马何从？孤旅骋尽英勇。

枫树正红，晚秋心志谁送？
咽尽西风，大地山河清空。

心志清纯

2024-1-3

心志清纯，人生向上吾奋争。
努力灵程，叩道踏遍山水芬。

一笑清生，五湖归来仍纯正。
少年心身，七彩心灵何雅诚。

斑苍任生，傲骨清裁是铮铮。
哦咏晨昏，舒出正气也刚贞。

红尘滚滚，淡泊清度我人生。
名利弃扔，清心诗书奋潜沉。

振意秋春，著书何妨且等身。
思想雄浑，君子人格毕显逞。

矢向前骋，关山领略风云阵。
爽雅平生，素朴心志水云芬。

振志人生向上

2024-1-4

振志人生向上，劳逸也须适当。
一切简单为尚，省心怡养情肠。

闲时晒晒太阳，头脑放空悠扬。
品茗心情舒畅，读书意气洋洋。

摄心无恙

2024-1-4

摄心无恙，清静心地间。
离恶向上，积善无止疆。

红尘之间，太多诡与奸。
贞心奔放，不为污所障。

心性阳刚，卑媚力抛放。
男儿豪爽，叩道奋志向。

道德文章，是我性命粮。
修身无限，诗书晨昏唱。

题画诗之二

2024-1-4

朗月在望，一舟掠水风清旷。
玉兰花芳，潇洒轻鸥自由翔。

心志无恙，碧衫鼓风意气昂。
写意尘壤，清爽世界独徜徉。

洒脱人间，最是逍遥堪嘉奖。
冰雪情肠，诗意中心恣荡漾。

快慰之间，大好春光易逝殇。
不必感伤，淡泊情志舒扬长。

题画诗之三

2024-1-5

一袭袈裟也称身，淡度红尘，
心志清纯，佛号晨昏念声声。

风吹云烟月朗逞，孤寂心身，
谁来慰问，洒脱振意度秋春。

题画诗之四
2024-1-5

高处不胜寒，心志恬淡。
独立且雅安，妙叩心禅。

世事云烟淡，孤寂心胆。
傲骨若松般，挺立妥善。

雅持平常之心
2024-1-6

雅持平常之心，享受当下康宁。
悠悠品清茗，阳光正洒行。

今日小寒正临，清喜天气朗晴。
散思旷无垠，裁诗吐心灵。

岁月使人震惊，不觉霜华清映。
正志秋春境，叩心吾哦吟。

心事向谁舒明？不必自嗟孤清。
梅开于寒境，清芬共风行。

持拙抛巧兮吾微笑
2024-1-6

持拙抛巧兮吾微笑，
人生叩道兮乐逍遥。
谦正洒潇兮立身妙，
刚柔并济兮行正道。

风雨任嚣兮吾朗造，
旷飞扬飙兮入云霄。

世界神造兮原美好，
用心体道兮入神抱。

心志和平
2024-1-6

心志和平，不为名利操心。
正直镇定，矢志叩道挺进。

天寒之境，暮烟渐渐结凝。
灯下清吟，舒出男儿豪情。

一笑雅净，人格培育无垠。
和柔身心，原也饱含刚劲。

奋志凌云，努力旷展豪英。
济世热情，不灭盈我心襟。

题画诗之五
2024-1-6

波平如掌，佛在我心上。
涉尽艰苍，追求彼阳光。

无明抛光，正见盈襟房。
心志贞刚，真理矢寻访。

人生昂扬，匹马天涯向。
踏遍莽苍，风烟任飞扬。

知音何方？孤旅振志向。
明朗月光，烛照我前闯。

题画诗之六
2024-1-6

涉过风烟滚滚，我心平正，
我心平正，骋心孤旅艰深。

佛光普照乾坤，如月朗逞，
如月朗逞，佑我平安一生。

终有天明时分，旭日东升，
旭日东升，万民欣欣欢腾。

济世奋展刚贞，男儿雄浑，
男儿雄浑，清度妙丽秋春。

任性之生发吾享条畅兮
2024-1-7

任性之生发吾享条畅兮，
万物之生机勃勃以扬兮。
天道好生而怀仁奔放兮，
世界茂盛而蒸蒸荣昌兮。
文明之进步永无止疆兮，
进化成长更升级向上兮。
悟道于心而快慰盈腔兮，
短诗哦唱以舒我中肠兮。

晨鸡又唱兮心地安祥
2024-1-7

晨鸡又唱兮心地安祥，
早起五更兮哦我诗章。
聊舒情肠兮一腔奔放，
正义人生兮奋发以闯。
怀仁向上兮儒雅襟房，
济世阳刚兮不屈艰苍。
一笑澹荡兮名利弃放，
季冬既临兮春来即将。

题画诗之七
2024-1-7

寂然吾不动，感而心已通。
佛在我心中，心河若潮涌。
暗夜月光送，牵马步从容。
人生天地中，山水付情钟。

爽心无恙
2024-1-8

爽心无恙，淡定人生场。
正义昂扬，努力以向上。

步履安祥，风光合清赏。
百度辰光，悠悠享平康。

岁月奔放，旷展我扬长。
微笑浮上，无机盈襟房。

季冬正当，清喜有阳光。
流风来畅，鼓舞我志向。

28.青朗集

收敛心向
2024-1-8

收敛心向，冬令万物收藏。
待春来访，生机方可吐扬。

内叩情肠，品茗悠悠休闲。
岁月澹荡，未来无限广长。

流年奔放，不必计较华霜。
少年襟房，原也清新雅靓。

振志向上，叩道无有止疆。
处世安祥，共缘起伏销涨。

舒适身心
2024-1-8

舒适身心，人生正志凌云。
天日喜晴，流风其来爽清。

散步徐行，欣赏烂漫野境。
河水流清，禿柳矗立多情。

中心高兴，雅将新诗哦吟。
胸怀激情，讴赞神恩无垠。

人生空清，唯有道德可凭。
努力修心，努力造福人群。

洒脱盈心
2024-1-8

洒脱盈心，冬日清喜天朗晴。
蓝天白云，更有爽风来经行。

淡泊持心，人生正志以前行。
身心康宁，享受生活之雅清。

笑意轻盈，知足常乐吾淡定。
不计利名，不计斑苍之来临。

红尘旅行，人生最贵是开心。
辞去利名，冲决罗网入霄云。

题画诗之一
2024-1-8

高山流水兮得遇知音，
泛舟五湖兮清风拂襟。
洒脱身心兮鸾凤和鸣，
比翼齐飞兮万里偕行。
岁月飞行兮不老心襟，
百度秋春兮浪漫盈心。
红尘清好兮风浪不惊，
慧性明心兮与化同行。

题画诗之二
2024-1-9

风恬波静，月色正明。
一舟飘轻，万山经行。
人生朗俊，洒脱身心。
山水多情，怡我心襟。

朗晴天空
2024-1-10

朗晴天空，赞此妙美宇穹。
爽风清送，惬我意兴无穷。

慨盈于中，哦咏新诗从容。
踏实行动，必先静定心胸。

人生前冲，万里应许云涌。
一笑灵动，正意盈于襟胸。

神恩恢弘，思此中心感动。
合当讴颂，领受幸福盈丰。

不使心襟扰动
2024-1-10

不使心襟扰动，应能静定心胸。
心志七彩虹，瑰丽正无穷。

人生正气盈胸，眼目辉光劲涌。
谦正持心胸，迈越山万重。

前路鼓劲奋勇，一路放歌讴咏。
旷来彼清风，涤我襟与胸。

眉眼清展灵动，领受神恩恢弘。
一笑还和慵，平正持襟胸。

又值黄昏
2024-1-10

又值黄昏，苍烟四野生成。
灯下哦骋，书出吾之心身。

人生奋争，辞去名利轻身。
秉掌心灯，努力灵性旅程。

叩道进深，悟彻圆明时分。
一笑雅芬，君子人格显逞。

红尘滚滚，造化太多弄人。
吾秉纯真，济世奋展刚贞。

题画诗之三
2024-1-10

夕照黄昏，归舟掠水行平稳。
心志清纯，独立看山意何芬。

鸟飞云层，自由天空旷心神。
时光飞奔，匆匆急驰不等人。

心志青春
2024-1-11

心志青春，万里奋行程。
感谢神恩，导引灵旅程。

矢志驱骋，不畏山水盛。
天涯驰奔，风光阅清纯。

岁月飞奔，不计霜华生。
振奋精神，鼓勇展鹏程。

人生纵论，当创绩永恒。
莫负青春，莫负这生辰。

平静持心
2024-1-11

平静持心，淡泊吾康宁。
悟彻圆明，博爱盈于襟。

淡荡心灵，不执于利名。
诗书之境，才契余胸心。

天喜朗晴，红日展光明。
清风来行，身心爽无垠。

努力前行，风光何清俊。
文明振兴，前景何灿明。

心志均平
2024-1-11

心志均平，人生体道吾镇定。
天日喜晴，更有喜鹊喳喳鸣。

阖家康宁，父母健康乐无垠。
乐度生平，秋春平顺福满盈。

岁月进行，矢沿正道努力行。
向上飞劲，万里云霄悦吾心。

世宇清宁，万民安生乐和平。
正气充盈，文明进步无止境。

爽意人生场

2024-1-12

爽意人生场，心志安康。
五彩心灵旷，奋发顽强。

努力以向上，发热发光。
致力奔天堂，享受荣光。

神恩无限量，合当讴唱。
蒙受恩何壮，感激心间。

尽心力驱闯，关山万幢。
双展我翅膀，飞掠青苍。

闲雅身心

2024-1-12

闲雅身心，依然振志凌云。
不屈艰辛，努力迎难挺进。

关山风云，壮阔我之胸襟。
一笑温馨，显现天真本性。

男儿雄英，济世乐展才情。
旷怀清俊，力战虎狼成群。

还我太平，还我山秀河清。
人民高兴，欢乐度此生平。

明媚身心

2024-1-15

明媚身心，奋展男儿豪英。
一身刚劲，力斩魔敌仇兵。

旷怀无垠，正直傲立何俊。
神恩丰盈，赐与天下安平。

努力前行，克尽一切邪灵。
未来光明，神恩普覆宇庭。

万民高兴，中心颂神恩情。
奋志凌云，力沿正道前行。

心志安平

2024-1-16

心志安平，神恩领丰盈。
讴颂出心，化为诗歌吟。

享受太平，万民都奋兴。
光明前景，辉光无止境。

冬日惜阴，天气冷寒侵。
喜鹊高兴，朗奏其清音。

阖家康宁，温馨且和平。
笑意盈盈，步履向前进。

晨起清爽

2024-1-19

晨起清爽，从容哦诗章。
天还没亮，灯下清思想。

季冬之间，天气薄寒凉。
快慰情肠，讴颂神恩壮。

努力向上，物欲合辞放。
轻身长闯，万里旷意向。

一笑澹荡，人生正气昂。
文明向上，阔步无止疆。

心境舒朗

2024-1-21

心境舒朗,清听啼鸟唱。
品茗意旷,畅哦新诗章。

冬寒正彰,心地火热放。
正意昂扬,人生奋发闯。

春将来访,万物将生长。
欣欣景象,何其惬心肠。

感恩无限,神恩赐广长。
中心歌唱,声震入云间。

题画诗之四

2024-1-21

瑞雪纷飞梅花放,
一种妍红惬心肠。
美人思慕情怅惘,
愿结连理共辉煌。

西山旷展夕照

2024-1-21

西山旷展夕照,吾意多逍遥。
雅裁心志入诗稿,
舒出正意风标。

红尘胡不娟好,季冬冷寒任嚣。
淡泊情志吾洒潇,
读书欢乐美好。

前路瞻望迢迢,关山风景大好。
男儿志在万里遥,
不入名利险道。

感谢神恩丰饶,赐我阖家康好。
颂赞声声入云霄,
矢沿灵程奋跑。

晨起清喜晴朗

2024-1-22

晨起清喜晴朗,凯风舒旷,
雀鸟鸣唱,季冬一任寒凉。

人生正意轩昂,奋发向上,
不计艰苍,努力迎难而闯。

此地不是故乡,天国家邦,
我要还乡,奋志万里飞翔。

神恩无比广长,赐我力量,
奋发顽强,男儿傲立强刚。

朗日天晴

2024-1-22

朗日天晴,朔风冷寒正劲。
喜鹊清鸣,打动余之身心。

振奋心襟,人生努力前行。
和煦心灵,发热发光无垠。

春将来临,百花行将开屏。
东风将劲,老柳摇摆多情。

瞻望前景,胸怀无比奋兴。
振志凌云,努力挥洒干劲。

心境欢畅
2024-1-22

心境欢畅，从容作诗章。
舒出情肠，舒出意昂扬。

季冬无恙，白云蓝天旷。
北风输狂，立春行即将。

鸟儿鸣唱，喜悦余襟房。
品茗澹荡，读书意奔放。

悠怀张扬，万里瞻望间。
文明向上，永远无止疆。

朝日挺生
2024-1-23

朝日挺生，霞彩漫天余惊震。
天任寒冷，我心火热正如春。

季冬时分，休闲读书意清芬。
正义刚贞，来年计划筹精准。

行将立春，中心喜悦欢意盛。
岁月侵人，笑我华发迎风逞。

好自为人，男儿立志何端正。
向阳意盛，不屈不挠万里征。

朗月在望
2024-1-23

朗月在望，心地吾温良。
感发心间，哦诗适情肠。

华灯灿放，季冬惜寒凉。
火热襟房，欢乐旷无疆。

神恩广长，赐与我力量。
努力向上，发热发光芒。

世界之上，恒有争与抢。
和合为上，中庸堪葆奖。

坦荡心襟
2024-1-24

坦荡心襟，心光正显明。
正见盈心，人生志凌云。

努力前行，关山风光俊。
大好风景，妙惬余之心。

未来光明，众生携手进。
灿烂美景，和乐也鲜明。

济世力行，博爱怀于心。
傲立贞定，大千揽于襟。

清意人生场
2024-1-24

清意人生场，正志吾昂扬。
此际阳光靓，啼鸟娟娟唱。
处世吾安祥，读书朗声放。
红尘非故乡，濯足放沧浪。

清意人生场，神恩敷广长。
持心中正间，温和君子方。
向学晨昏唱，书海扬帆航。
万里径直闯，不畏风与浪。

和美人生
2024-1-25

和美人生，仰赖神之恩。
阳光洒呈，万民乐欢腾。

正义乾坤，运化何平稳。
红尘安分，人民乐生存。

时将立春，冬去不复呈。
东风旷生，青天白云纷。

雀鸟啼振，余心亦欣芬。
品茗惬生，阖家乐秋春。

心志雅秉纯真
2024-1-28

心志雅秉纯真，东方红日正生。
时节近立春，心志旷生成。

感谢丰美神恩，赐我阖家安稳。
颂赞出心身，欢乐度晨昏。

岁月不断进深，挥洒吾之青春。
奋发刚与正，万里力驰骋。

红尘清度秋春，不计斑苍生成。
笑意中心呈，生活美不胜。

晨起天阴
2024-1-31

晨起天阴，无妨我心情。
振志之兴，原也秉殷勤。

向往光明，向往万里行。
关山风景，愉我心与灵。

红尘险峻，太多试探凌。
鼓勇前行，神恩总丰劲。

一笑从心，壮怀旷入云。
踏实去行，努力奋前进。

时雨进行
2024-1-31

时雨进行，心地吾清明。
爽风尽兴，惬我心与襟。

季冬将尽，立春行将临。
欢愉中心，快慰讴多情。

神恩丰盈，赐下康与平。
人民奋兴，讴歌不止停。

男儿雄俊，不惧艰与辛。
努力前行，万里无止境。

心志平旷
2024-1-31

心志平旷，窗外冬雨正洒降。
情怀安祥，人生努力向前闯。

岁月清芳，流年过去记忆间。
未来瞻望，关山风光展清靓。

正志昂扬，男儿傲立若山岗。
如松之长，如太阳之发光芒。

红尘万丈，正邪搏击何艰苍。
神恩奔放，魔敌败退归丧亡。

自由无上

2024-2-1

自由无上，自由价值无上。
心地情长，欣听喜鹊鸣唱。

人生安祥，中心雅怀理想。
百年苍茫，坚正万里奋闯。

立春即将，百花将要吐芳。
微笑浮上，豁怀舒展奔放。

男儿豪爽，不向名利瞻望。
正义情肠，一腔大爱无疆。

淡泊人生吾康宁

2024-2-1

淡泊人生吾康宁，心志正均平。
天阴却有喜鹊鸣，使余心高兴。

情志由来是殷殷，向往着光明。
穿越黑暗迷雾境，前路大坦平。

阖家欢乐享温馨，天伦乐无垠。
神恩丰美颂不停，化为诗讴吟。

笑意从心展清俊，男儿多豪英。
力战魔敌与鬼群，傲立若松挺。

正志人生

2024-2-2

正志人生，奋发吾之刚贞。
大牧导程，灵程奋不顾身。

红尘滚滚，身心安宁十分。
丰沛神恩，赐我阖家馨温。

时将立春，冷寒岂会久盛。
会有阳春，万类生机茂盛。

微笑清生，男儿心志清芬。
清度秋春，中心雅洁十分。

心情舒畅

2024-2-2

心情舒畅，雅将新诗哦唱。
天阴无妨，阖家俱享安康。

神恩广长，赐与我们力量。
努力向上，矢沿灵程奋闯。

山水万方，旷我心襟志向。
红日心间，散发万丈光芒。

踏实闯荡，不惧风雨艰苍。
胸怀无量，勿忘博爱情肠。

感谢真神

2024-2-2

感谢真神，赐下丰厚鸿恩。
欢出心身，向神献上感恩。

努力灵程，奋发吾之刚贞。
万里驰骋，不计山高水深。

红尘滚滚，磨炼刚正心身。
如玉之纯，如钢之坚之韧。

阖家馨温，父母健康安稳。
欢度秋春，岁月福分加增。

明日立春

2024-2-3

明日立春，今日雨纷纷。
心志生成，欢乐度生辰。

神恩丰盛，思此吾欢腾。
努力灵程，万里奋刚正。

胸襟清芬，如花之开盛。
爽风来呈，快慰我心身。

阖家安稳，康乐度秋春。
岁月进深，不老是青春。

瑞雪飘飘

2024-2-3

瑞雪飘飘，心地吾洒潇。
冬雨洒妙，清坐撰诗稿。

春将来到，中心情志好。
人生奋跑，激情中心饶。

阖家康好，神恩领丰饶。
开怀大笑，生活步步高。

振襟遥逍，清寒不紧要。
春风将到，行将碧芳草。

心襟应许宽广

2024-2-3

心襟应许宽广，世界尽都包藏。
正义之情肠，力战魔敌奸。

冬去不觉之间，明日立春将访。
心志舒广长，男儿怀阳光。

清喜阖家安康，神恩铭记心膛。
欢呼当尽量，颂赞理应当。

天阴无有所妨，心境雅怀安祥。
哦诗吐襟肠，向上我尽量。

不可忘记神恩

2024-2-3

不可忘记神恩，不可忘记神恩。
努力前面灵程，叩道奋发刚正。

不可忘记神恩，无论冬夏秋春。
中心感沛生成，朗哦新诗真诚。

不可忘记神恩，岁月无比平顺。
阖家幸福安稳，欢乐欢笑晨昏。

不可忘记神恩，奋辟未来前程。
共神万年同春，天国享受永生。

淡定人生场

2024-2-3

淡定人生场，心志悠扬。
夜晚华灯放，灿烂未央。

远际鞭炮放，点缀安祥。
生活乐平康，神恩奔放。

努力以向上，持正昂扬。
不畏惧艰苍，试探任狂。

心怀吾阳光，秀美情肠。
修身晨昏间，内叩心房。

今日立春

2024-2-4

今日立春,喜悦余心身。
生机显呈,万物将勃盛。

天正阴沉,无妨我意振。
正义心身,努力奋前程。

红尘滚滚,太多磨炼人。
冬去无闻,雀鸟欢啼春。

阖家安稳,快乐迎新春。
健康心身,讴颂神之恩。

刚正人生

2024-2-4

刚正人生,奋发吾之青春。
喜逢立春,欣慰余之心身。

读书声振,浩气充盈周身。
清风阵阵,愉悦余之心神。

感谢神恩,努力叩道灵程。
正义乾坤,万民欢欣欢腾。

华夏同春,海内欢乐安稳。
幸福人生,欣欣向荣生成。

瑞雪迎春

2024-2-4

瑞雪迎春,喜悦我心身。
心志青春,今日正立春。

正志人生,万里奋刚贞。
岁月飞奔,不老是心神。

仰荷神恩,叩道乐晨昏。
丰沛灵恩,导引我前骋。

傲立乾坤,心中阳光生。
慧意心生,烛照前路程。

29.钟美集

持心平正

2024-2-4

持心平正,喜迎此立春。
飞雪纷纷,装点此乾坤。

感谢神恩,丰沛真无伦。
正义心身,颂赞吾真诚。

努力前程,不计艰与深。
奋发刚正,济世乐秋春。

世界生存,唯赖神恩盛。
居心诚贞,努力走灵程。

公正持心

2024-2-4

公正持心,叩道吾殷勤。
努力前行,努力奋振兴。

立春今临,万物开新境。
葱茏生命,焕发生机俊。

红尘多情,惬我心与灵。
正义盈襟,博爱众生命。

神恩无垠,赐下这康平。
立春今临,瑞雪飞不停。

休闲无恙

2024-2-4

休闲无恙,立春今日喜当。
心境舒畅,新诗从心而放。

舒出昂扬,舒出人生气象。
舒出奔放,舒出一腔热肠。

雨雪任降,正兆丰年吉祥。
阖家安康,享受温馨时光。

打开灯光,写些新诗流畅。
未来瞻望,会当柳绿花芳。

今日喜迎立春

2024-2-4

今日喜迎立春,心境清芬,
心志清芬,远处鞭炮声又声。

灯下清思生成,人生奋发刚正。
努力灵旅程,意共春同生。

神恩无比丰盛,全家幸福安稳。
颂赞出心身,叩道吾秉诚。

红尘浊浪滚滚,冬去不复再呈。
平安盈心身,笑意漾青春。

心志聊舒广长

2024-2-4

心志聊舒广长,人生奋发力量。
正见中心装,嫉妒远抛光。

心中充满力量,光明眉眼之间。
岁月是飞扬,喜值立春访。

今日雨雪纷降,灯下展我思想。
人生正气刚,傲立体顽强。

理想支撑我闯,不怕烟霾雾障。
定会有阳光,洒照大光芒。

海内同春

2024-2-5

海内同春,万物生机待勃盛。
醒转时分,四更灯下写诗诚。

感谢神恩,一生导引我灵程。
矢向上升,克尽艰难试炼深。

往事回问,山水险恶多艰程。
丰沛神恩,恩典如山之高盛。

努力前骋,世界妙丽正无伦。
万民兴奋,讴歌欢舞庆年辰。

人生奋发图强

2024-2-5

人生奋发图强,未可卑微退让。
正义吾强刚,力战恶虎狼。

春已来到人间,万物欣欣生长。
勃勃生机放,何物可阻挡。

清持昂扬情肠,万里乘风破浪。
不惧困与障,微笑豁无恙。

中心荷满希望,神恩感在襟房。
向上尽力量,旷飞无止疆。

晨鸡清唱

2024-2-5

晨鸡清唱,四更之时间。
早起情长,上网以冲浪。

春来人间,情志都增长。
奋发向上,读书写文章。

践履思想,实干显豪强。
壮美理想,鼓舞我前闯。

困障任放,意志如铁钢。
不屈强梁,不怕山万幢。

铲雪轻松

2024-2-5

铲雪轻松,世界素装中。
初春之中,生机正萌动。

情怀于中,激情旷无穷。
人生情钟,正义舒刚洪。

前驱奋勇,不畏山万重。
男儿襟胸,不与世苟同。

努力行动,实干干劲涌。
豪情襟胸,眼目闪灵动。

生活热气腾腾

2024-2-5

生活热气腾腾,余心感沛神恩。
时节既已初春,万物生机茂盛。

鼓舞情志前骋,不惧山高水深。
万里风光清纯,惬我心志意神。

努力前面路程,叩道尽我一生。
智慧寻觅十分,努力尽力驰骋。

文明恒是上升,未来无比广盛。
万民尽都兴奋,颂赞神恩丰盛。

人生弃假归真

2024-2-5

人生弃假归真,青春心志长存。
奋发男儿刚正,如松如柏挺生。
红尘风烟滚滚,正邪搏击艰深。
神恩丰沛无伦,魔敌败退消遁。

三位一体真神

2024-2-5

三位一体真神,赐下如此鸿恩。
我要赞美真诚,颂赞丰沛神恩。
时节又值初春,万物生机苗盛。
中心情志奋骋,努力万里灵程。

积雪渐次销融

2024-2-5

积雪渐次销融,时节已辞隆冬。
初春东风吹送,喜悦余之心胸。
振奋情志前冲,万水千山寻踪。
感谢神恩丰隆,心襟振奋灵动。

激越身心

2024-2-5

激越身心,壮志吾凌云。
努力追寻,矢沿正路行。

高山峻岭，难阻我前进。
男儿豪英，步履迈坚定。

红尘惊心，履尽烟与云。
春已来临，万民都高兴。

踏实去行，笑容洒清俊。
光明心襟，正义奋干劲。

时已初春
2024-2-5

时已初春，心志旷生成。
清度人生，欢乐秋与春。

神恩丰盛，导引灵旅程。
岁月进深，依然少年身。

心志青春，慧目光明生。
弃假归真，努力天国奔。

正义心身，力战魔敌纷。
凯歌云层，圣徒讴真诚。

休憩情肠
2024-2-5

休憩情肠，人生勿忘方刚。
正义向上，力战恶虎凶狼。

春来人间，瑞雪融化流淌。
斜照辉煌，大地人民欢畅。

我自安祥，精神饱满激昂。
奋发贞刚，读书写诗奔放。

红尘无恙，乃是我之故乡。
天国家邦，更有永生可享。

青春心志不会亡
2024-2-5

青春心志不会亡，春来情长，
春来情长，天气冷寒任其彰。

少年心性体刚强，奋发向上，
奋发向上，克尽千关径须闯。

努力灵程扬帆航，胜过魔魍，
胜过魔魍，凯归天国永生场。

圣父亲临此战场，鸿恩浩荡，
鸿恩浩荡，圣徒颂神从心唱。

雅秉良心
2024-2-5

雅秉良心，正义吾坚挺。
神恩铭襟，灵程努力进。

岁月进行，初春喜来临。
中心高兴，新诗哦不停。

红尘艰辛，吾不辞辛勤。
胸襟淡定，不计利与名。

奋发前行，赞美此宇庭。
神恩丰盈，导引我前行。

暮色又苍
2024-2-5

暮色又苍，华灯灿然放。
阖家安康，欢乐正未央。

父母健康，神恩感茁壮。
颂出襟房，恩典何浩荡。

努力向上，矢沿灵程闯。
试炼任艰，男儿奋贞刚。

春来人间，万物都舒畅。
生机野间，行将勃勃放。

早起三光

2024-2-6

早起三光，远野听得晨鸡唱。
五更时间，初春冷寒正未央。

心志昂扬，瞻望未来情激荡。
正见心间，矢沿正道奋发闯。

修心必讲，知错速改是为良。
内叩情肠，发见真光有闪亮。

红尘无恙，大地人民正欢畅。
春节即将，海内喜气乐平康。

心志广长

2024-2-6

心志广长，晨起思量万方。
正意奔放，男儿纵展豪刚。

实干为上，虚言毫无用场。
努力前闯，风雨一任嚣猖。

红尘安祥，初春来到人间。
行将花芳，行将绿水流淌。

山披绿装，万物生机欣畅。
天人和祥，熙熙之乐何壮。

正志人生

2024-2-6

正志人生，雅持吾之真诚。
努力前程，努力奋发刚贞。

治病救人，博爱为怀秋春。
勤奋晨昏，读书写诗作文。

时已初春，万物生机开盛。
东风将骋，雀鸟欢欣啼春。

柳绿将登，花红行将开芬。
慰我心身，世界妙丽无伦。

天犹未亮

2024-2-6

天犹未亮，早春寒气放。
写诗流畅，舒出气昂扬。

阖家安康，欢乐真无恙。
父母康强，喜悦余心房。

向前向上，高远至无疆。
人生广长，向上尽力量。

鞭炮震响，迎年气氛忙。
早春晨间，情志吾欣畅。

正义人生场

2024-2-6

正义人生场，奋展顽强。
清贫原无妨，要在志刚。

不卑又不亢，君子模样。
春来气昂藏，努力向上。

克尽千重艰，一笑爽朗。
清度秋春间，浩志奔放。

阖家享安康，神恩无恙。
颂赞出襟房，献上讴扬。

休闲无恙
2024-2-6

休闲无恙，雅将新诗哦唱。
享受暇光，何必镇日奔忙。

年关即将，人民喜气洋洋。
初春正当，东风舒展奔放。

心志安祥，最喜阖家健康。
神恩无上，思此颂赞献上。

努力闯荡，岂惧山高水长。
壮怀昂扬，力战恶魔凶魍。

心境悠扬
2024-2-6

心境悠扬，淡泊人生场。
不慌不忙，步履吾平康。

风雨不彰，初春东风畅。
鸟语安祥，清思展奔放。

人生畅想，最贵是思想。
物欲弃放，坚贞持理想。

高远无疆，男儿纵豪放。
奋发顽强，矢展正志刚。

暮色苍茫
2024-2-6

暮色苍茫，心地感兴上。
打开灯光，写诗适情肠。

初春正当，万物苏醒间。
生机酝酿，行将勃勃放。

情志张扬，能不哦诗章。
人生向往，是在彼远疆。

想去飞翔，去向高天上。
彩云之间，双展我翅膀。

神恩无限广长
2024-2-6

神恩无限广长，思此感动心间。
灵程努力闯，对准天国航。

尘世苦难叠障，总赖神恩奔放。
救死扶伤间，沐浴灵恩壮。

心地光明无恙，照彻幽暗亮堂。
红尘是暂享，天国是家邦。

向神敞开心膛，神恩如此丰壮。
导引我慈航，高远至无疆。

清度人生
2024-2-7

清度人生，感沛神之恩。
阖家馨温，健康心与身。

时正初春，万物生意呈。
子夜三更，醒转哦真诚。

神恩丰盛，导引我人生。
心志青春，少年心性芬。

父母康盛，儿心得慰问。
颂赞真神，恩典如此深。

岁月进深，不老奋前奔。
力行灵程，胸心怀青春。

冲决魔氛，凯歌彻云层。
身心坚正，满襟是感恩。

持心诚贞，坚决不退阵。
终必凯胜，天国家园奔。

中心欢腾，颂父万年春。
共父同存，享受此福分。

阖家安稳，欢乐度生辰。
冬夏秋春，四季乐无伦。

我自意振，写诗舒精诚。
浩荡神恩，鼓舞我前骋。

济世奋身，不畏惧艰深。
光明心生，烛照前路程。

听从父神，力作好工人。
身心坚正，旷怀雅且纯。

创意人生
2024-2-7

创意人生，开拓境界层层。
感谢神恩，开我智慧心身。

奋行灵程，叩道是我人生。
努力心身，正见支撑朝昏。

正邪相争，圣父亲自临阵。
仇敌消遁，胜利凯歌清呈。

圣徒欢腾，凯旋归回天城。
万年同春，共父同享永生。

早起天未亮
2024-2-7

早起天未亮，冷寒犹彰。
初春已正当，不怕寒放。

灯下清思想，倾泻汪洋。
人生正气刚，努力向上。

不畏惧难艰，果敢奔放。
男儿是好钢，韧性顽强。

济世必然讲，迎难而上。
旷怀正昂扬，力行疆场。

秀美人生
2024-2-7

秀美人生，蒙受丰沛神恩。
赐下康盛，万民幸福安份。

时既初春，冷寒不会久盛。
生机勃盛，芳草行将茁生。

笑意清生，洒脱清度红尘。
阖家馨温，父母健康安稳。

颂赞神恩，导引心灵历程。
努力前骋，努力叩道飞奔。

鞭炮震响

2024-2-7

鞭炮震响,时近春节之间。
天已经亮,节届初春无恙。

早起昂扬,写诗舒发情肠。
正义襟房,倾泻一似汪洋。

人生贞刚,岂向邪恶投降。
男儿豪放,一生傲立强刚。

万里疆场,展我英武模样。
晨鸟啼唱,惬我心志无疆。

天放晴了

2024-2-7

天放晴了,喜鹊大鸣叫。
喜悦心窍,春风吹来好。

旷开怀抱,人生吾晴好。
奋志刚傲,努力辟前道。

红尘扰扰,矢志攀险要。
展翅摩霄,万里云天潇。

朗哦诗稿,情怀正俊俏。
江山壮好,涤我情怀抱。

注重养生

2024-2-7

注重养生,操劳过分可不成。
品茗时分,读书写诗惬意神。

鞭炮声声,忙年气氛笼宇城。
鸟语啼振,欢快欣喜乐初春。

岁月进深,青春心志不消沉。
奋发刚正,万里烟雨力驰骋。

笑意清生,一生沐浴神之恩。
感沛真诚,努力叩道走灵程。

心志舒畅

2024-2-7

心志舒畅,午时阳光靓。
雀鸟鸣唱,初春东风扬。

我自慨慷,振奋情与肠。
万里闯荡,心胆大释放。

世界无恙,乃是神所创。
圣洁情肠,才有永生享。

努力向上,发热发光芒。
文明向上,灿烂其无疆。

积雪渐销溶

2024-2-7

积雪渐销溶,只是霾浓。
心志壮而耸,朗声哦颂。

神恩赐恢弘,斩杀魔凶。
凯歌彻云动,圣徒欢浓。

初春味渐浓,东风清送。
雀鸟鸣声洪,惬意无穷。

阖家安乐中,欢度从容。
颂神出胸中,恩典丰隆。

拙正人生
2024-2-7

拙正人生，油滑可不成。
老实为人，名利矢志扔。

旷展青春，奋发吾刚贞。
努力前程，山水越高深。

世界缤纷，春意烂漫生。
鸟语啼春，百草芽将伸。

心志温存，儒雅以为人。
和平心身，颂神晨与昏。

暮色茫苍
2024-2-7

暮色茫苍，心潮在激荡。
人生向上，克尽千关障。

红尘无恙，本是神所创。
岁月平康，大道普覆间。

悠思良长，正见心地间。
理想之光，导引我前闯。

无机奔放，立身正直间。
自由无上，努力去寻访。

心志平正
2024-2-8

心志平正，诗书吾潜沉。
丰沛神恩，导引我前骋。

晨鸡声声，春寒一任呈。
五更时分，早起吾精神。

欲海风生，扬帆万里程。
正见盈身，光明烛前程。

一笑清生，男儿豪勇振。
驾浪而骋，快乐我十分。

迎年气氛渐浓
2024-2-8

迎年气氛渐浓，心地轻松，
快慰襟胸，人生正气刚洪。

旷怀无比凝重，努力前冲，
男儿情钟，正义一生奋勇。

明日除夕来从，新年匆匆，
奋发英勇，书写华章从容。

中心坦平和慊，正见盈胸，
不畏雨风，大地已吹春风。

未来展眼旷送，关山任重，
步履刚中，踏破山水灵动。

红尘客旅之中，名利空空，
物欲弃空，剩有一腔英勇。

男儿一笑清空，神恩丰隆，
导引前冲，万里春波任涌。

奋发吾之刚雄，振志英勇，
旷展豪雄，大风一生哦颂。

人生破浪前行
2024-2-8

人生破浪前行，越过山水无垠。
心志正康平，豪情盈胸襟。

人生破浪前行，驾舟稳渡安平。
欲海风波停，沿途风光俊。

人生破浪前行，心地欢欣无垠。
览尽好风景，快慰我身心。

人生破浪前行，神恩无比丰盈。
天人合一境，只有用心领。

30.纯真集

天色尚未明亮

2024-2-8

天色尚未明亮，远处鞭炮震响。
早起吾三光，哦诗舒激昂。

明日除夕将访，心地喜气洋洋。
阖家乐无上，父母俱健康。

岁月无比奔放，神恩感在心房。
颂赞理应当，讴歌出襟房。

春寒犹自狂猖，心中热情高涨。
春已来人间，冷寒待怎样。

和谐人生

2024-2-8

和谐人生，大地正初春。
感谢神恩，人民乐欢腾。

鞭炮声声，迎年响阵阵。
心志青春，少年之心身。

阖家馨温，父母健康身。
福寿恒春，欢乐真无伦。

岁月飞奔，一似老酒醇。
品味深深，颂赞神之恩。

晨鸟清啼唱

2024-2-8

晨鸟清啼唱，天已经亮。
初春薄寒凉，未有所妨。

性天吾敞亮，神恩奔放。
努力奋向上，不计艰苍。

明日除夕访，时光飞旷。
更应惜韶光，发热发光。

人生真无恙，男儿强刚。
傲立若山壮，力克凶奸。

振志人生

2024-2-8

振志人生，奋力以前骋。
山水丰盛，风光美不胜。

鸟语声声，时节正初春。
精神振奋，哦诗不停顿。

朝气人生，蓬勃正旺盛。
心志青春，如朝日上升。

人民欢腾，生活步平顺。
欢乐馨温，迎年乐无伦。

红日挺生

2024-2-8

红日挺生，时节正早春。
雀鸟声声，薄寒并不盛。

心志生成，人生奋志骋。
高远前程，我要尽力奔。

神恩广盛，赐下厚福分。
阖家馨温，幸福又康盛。

欢快心身，讴咏吐真诚。
大化运稳，正气恒上升。

天气和平
2024-2-8

天气和平，雀鸟俱欢鸣。
初春之境，生机待勃兴。

阖家温馨，父母健在庭。
春节临近，欢乐真无垠。

神恩丰盈，赐下这康宁。
努力前行，风光领无尽。

人生多情，振襟以哦吟。
少年心性，心志奋发行。

除夕今正当
2024-2-9

除夕今正当，喜乐平康。
万民乐讴唱，生活无恙。

时值初春间，东风清畅。
薄寒岂久长，行将花芳。

人生奋发闯，山水远长。
一笑心地间，豪情万丈。

花开心田上，正气昂扬。
不屈服艰苍，果敢顽强。

神恩敷广长，心怀力量。
罪恶必退藏，光明宇间。

正邪力战艰，神临战场。
凯歌彻云乡，正道荣昌。

叩道正义昂，天地辽广。
豪放情志旷，冲决艰苍。

阖家俱健康，神恩雅享。
欢呼心地间，快慰情肠。

喜乐人生
2024-2-9

喜乐人生，正气盈乾坤。
除夕今正，早起值五更。

心志生成，人生奋力骋。
山水雄浑，涤我心与身。

努力灵程，叩道奋刚贞。
力战魔氛，还我太平春。

时值初春，百花行将盛。
东风清骋，快慰我心身。

五更已毕天未亮
2024-2-9

五更已毕天未亮，喜悦心间，
激越情肠，今日除夕乐无恙。

海内喜气正平康，万民安祥，
欢乐无疆，敬祝人寿岁丰穰。

初春薄寒犹然彰，不会久长，
草野将芳，碧柳将舒其青黄。

身心康健神恩壮，颂出心间，
新诗奔放，阖家欢快笑意扬。

逸意旷然生成
2024-2-9

逸意旷然生成，时间初过五更。
路上响车声，除夕今日正。

感发从心生成，年轮旷自驰骋。
岁月日进深，心志仍青春。

不畏世俗红尘，不为名利纷争。
淡泊持心身，正直吾雅芬。

人生处世安稳，领受丰沛神恩。
叩道入艰深，心得入诗申。

喜气盈门
2024-2-9

喜气盈门，除夕今日正。
东风清生，时已值早春。

和气乾坤，人民乐安分。
快乐生存，努力往前奔。

正义人生，不为名利争。
淡处红尘，努力以修身。

父母鸿恩，思此铭心身。
孝敬本份，赤子之心诚。

早春无恙
2024-2-9

早春无恙，心地吾情长。
除夕今当，晨鸟欢奏唱。

心志平康，人生奋发闯。
斩尽强梁，还我山河壮。

人生向上，不为名利障。
正直情肠，远抛机与奸。

红尘奔放，故事演万章。
一笑安祥，神恩敷广长。

傲骨天成
2024-2-9

傲骨天成，力战魔敌纷。
正义刚贞，微笑舒清芬。

叩道奋争，领略风光纯。
丰沛神恩，赐下何丰盛。

努力前程，山水不必论。
风雨任生，男儿豪勇正。

岁月进深，不老是青春。
除夕今正，哦诗吐雅芬。

公平正义必须彰
2024-2-9

公平正义必须彰，体道吾安康。
沐浴神恩是广长，心灵有力量。

心襟气象放万丈，努力奋前闯。
烛照前路尽辉煌，万里无止疆。

人生感发入诗章，忧伤应抛光。
东西文明共一章，努力去弘扬。

振襟无机发哦唱，阖家俱平康。
喜悦岁月幸福漾，欢乐度扬长。

483

加强自我修身
2024-2-9

加强自我修身，努力宽以待人。
心襟无机清纯，和和气气秋春。
读书智慧加增，践履不忘分寸。
中和中庸中正，不犯大错力争。

欣此蔚蓝天空
2024-2-9

欣此蔚蓝天空，清展吾之笑容。
今日除夕轻松，阖家欢乐融融。
东风写意吹送，喜鹊鸣声何洪。
初春生机待萌，天人和乐圆通。

斜照舒光
2024-2-9

斜照舒光，除夕今正当。
阖家安康，父母健在堂。

心志平常，名利无意向。
振襟之向，是在叩道藏。

向前向上，高远至无疆。
红尘之乡，客旅吾悠扬。

岁月品尝，百感上心膛。
不多言讲，实干显豪强。

正义人生
2024-2-10

正义人生，奋发吾之刚贞。
春节今正，殷勤早起五更。

鞭炮声声，海内欢乐正腾。
心境馨温，阖家健康兴盛。

感谢神恩，灵程美妙不胜。
欢出心身，颂赞真神鸿恩。

努力前程，时节已届初春。
万物待盛，生机勃勃生成。

壮志盈胸
2024-2-10

壮志盈胸，激越在心中。
人生情钟，山水越无穷。

红尘灵动，神恩赐丰隆。
人民讴颂，享受生活丰。

初春风送，雀鸟俱鸣颂。
心境轻松，欢乐正无穷。

阖家康隆，欢快秋春中。
五福俱丰，晨昏喜冲冲。

海内喜气腾
2024-2-10

海内喜气腾，春节鞭炮声声。
旭日正东升，初春万物兴盛。

享受此和温，阖家幸福安稳。
向神献感恩，父母健康生存。

喜悦盈心身，雅将新诗哦逞。
岁月又逢春，不老心志青春。

努力奋刚正，万里迎难而征。
匡扶此乾坤，大道畅通十分。

喜鹊声振

2024-2-10

喜鹊声振,海内俱同春。
春节今正,朝日东生成。

鞭炮雅震,人民乐十分。
国家兴盛,万众荷神恩。

努力前程,叩道尽心身。
真理访问,谬误矢抛扔。

赞此宇城,正气盈而盛。
大化运稳,和乐秋与春。

心志旷然生成

2024-2-10

心志旷然生成,勃勃是我青春。
少年心性依存,努力万里征程。
叩道风雨兼程,领受丰沛神恩。
欢呼歌唱永恒,福寿康乐恒春。

淡泊人生

2024-2-10

淡泊人生,正义吾刚贞。
力战妖氛,傲立如松正。

时届初春,春节今日正。
鞭炮声声,海内同迎春。

神恩丰盛,赐福何康顺。
雅度秋春,颂赞出心身。

世事红尘,名利不足论。
清度秋春,君子人格正。

阳光洒和正

2024-2-10

阳光洒和正,鸟飞畅意神。
鞭炮复声声,海内喜气闻。
春节今日正,万民乐欢腾。
正气恒上升,生机大勃盛。

和气天地间

2024-2-10

和气天地间,午时阳光靓。
远际歌声唱,天上鸟飞翔。
岁月领平康,新春福康强。
人民俱欢畅,颂神心地间。

阳光和畅

2024-2-10

阳光和畅,心境都晴朗。
初春正当,春节喜洋洋。

远际嘹唱,打动我心房。
东风来爽,碧柳行将芳。

心志昂扬,人生纵马闯。
山水万方,显我男儿壮。

红尘无恙,乃是神所创。
叩道贞刚,持心恒向上。

人生稳步前进

2024-2-10

人生稳步前进,过于放旷不行。
正见支撑心灵,读书不忘于心。

努力前面路径，颂神感恩于襟。
窗外春鸟啼鸣，愉悦余之身心。

上进人生

2024-2-10

上进人生，奋发吾奋争。
努力飞奔，如龙之飞腾。

岁月值春，东风正和温。
煦日洒逞，人民乐生存。

向上力争，克己力修身。
厚德持诚，叩道以方正。

春节届正，晴朗天地春。
鸟语温存，和美是人生。

和为天地之本

2024-2-10

和为天地之本，生生不息永恒。
宇宙正道恒存，上帝恩典永盛。
努力步履灵程，风雨艰苍不论。
叩道体道人生，博爱为怀诚真。

风正气清是根本

2024-2-10

风正气清是根本，质朴为人，
质朴为人，无机心地持坦诚。

岁月喜值此新春，欢快心身，
欢快心身，君子人格力培成。

振奋情志矢前骋，山水平正，
山水平正，览尽风光之清纯。

神恩丰沛是深沉，导我灵程，
导我灵程，永远保持心志春。

贯彻中庸之道

2024-2-10

贯彻中庸之道，
持正创新是首条。
因循必须抛，开拓道路奋前道。

春节今日喜到，
雀鸟欢喜放声叫。
红尘真热闹，远近鞭炮恣鸣啸。

休闲颇有味道，
身心放松享安好。
品茗性味饶，承欢双亲尽孝道。

初春何其美好，
东风吹来是微妙。
未来旷瞻眺，风光大好容朗造。

旷展心襟

2024-2-10

旷展心襟，雅洁盈心灵。
情志殷殷，心共风同行。

春已来临，雀鸟都欢鸣。
振奋身心，喜悦不自禁。

岁月飞俊，依然少年心。
努力前行，开辟新路径。

奋发挺进，不畏惧艰辛。
胸襟开屏，霞彩灿无垠。

履历人生
2024-2-10

履历人生，扶正祛邪是根本。
奋发诚真，读书写诗享秋春。

天惜阴沉，旷喜东风爽吹逞。
鸟语清芬，写意初春美不胜。

人生奋争，少年心血不会冷。
傲立刚正，如松之挺之茁生。

写诗舒诚，无机心地雅十分。
人格铸成，君子端方品清纯。

洒脱风神
2024-2-10

洒脱风神，人生正气恒存。
春已生成，灯下清思裁诚。

淡泊心身，名利弃之十分。
雅洁秋春，放我歌吟晨昏。

春节届正，喜悦余之意神。
阖家康盛，欢乐安祥馨芬。

内叩心身，心光烛照乾坤。
努力前程，山高水深不论。

人生未可困顿
2024-2-10

人生未可困顿，春来发我真诚。
努力共风同骋，心志万里云程。
夜深华灯闪盛，远处鞭炮鸣震。
今日春节欢腾，喜乐身心雅正。

不老是我心身
2024-2-10

不老是我心身，心志依然青春。
五十九载一瞬，心襟怀有刚正。
如松如柏挺生，傲骨铮铮清芬。
君子人格修成，儒雅冬夏秋春。

正义是我人生
2024-2-10

正义是我人生，履尽痛苦巨疼。
所赖唯有神恩，起死救伤丰盛。
心襟敞开向神，颂赞发自心身。
阖家享受康盛，蒙福蒙恩一生。

人生未可放荡
2024-2-10

人生未可放荡，持正向上，
持正向上，克己私欲必讲。

人生未可放荡，收敛心向，
收敛心向，努力内叩心光。

人生未可放荡，修身昂扬，
修身昂扬，正见支撑理想。

人生未可放荡，物欲是脏，
物欲是脏，务须清洁心肠。

真诚人生
2024-2-11

真诚人生，早起值四更。
时正初春，清夜静而芬。

心志生成，人生旷无伦。
写诗怡神，自我以慰问。

人生奋骋，履尽山水程。
一笑馨温，心怀仍刚正。

大千宇城，皆是神创成。
大化运稳，正道敷乾坤。

颂赞真神，赐福何康盛。
人生欢腾，庆祝好年成。

真理叩问，努力以前骋。
荣神益人，博爱铭心身。

晨鸡清唱

2024-2-11

晨鸡清唱，振奋余情肠。
四更晨间，初春心襟畅。

早起三光，写诗作文章。
人生向上，进步无止疆。

不慌不忙，步我人生场。
定定当当，风雨是寻常。

胸襟晴朗，一似彼阳光。
发散光芒，逼退黑暗藏。

魔敌败亡，诡计无用场。
罪恶消光，大道敷人间。

神恩无上，导引我慈航。
解放思想，万里扬帆闯。

高远无疆，前路平顺间。
风光清靓，怡我情意康。

生活品尝，正似五味仿。
谷米高粱，皆是好食粮。

振志昂扬，男儿好模样。
卑媚抛光，神采亦辉煌。

丈夫气象，精神都毕彰。
顶天慨慷，乃是好儿郎。

岁月飞旷，老我以斑苍。
一笑强刚，傲立若山岗。

不屈强梁，敢作并敢当。
无机情肠，正义天葆奖。

春晓吾起早

2024-2-11

春晓吾起早，薄寒犹笼罩。
心志激情高，奋发万里遥。
人生情怀妙，旷达出尘表。
一展双翼啸，震动山河渺。

春晓吾起早，远村鸡啼俏。
阖家喜康好，正义盈襟抱。
矢志叩大道，秋春吾洒潇。
踏实去奔跑，山水悦心窍。

大雾既笼罩

2024-2-11

大雾既笼罩，春晓无限好。
雀鸟娟娟叫，小风其来妙。
振襟哦诗稿，南山具情调。
奋志吾洒潇，力作好男儿。

力作好男儿，身心都洒潇。
忧患履经饱，爽然余一笑。
红尘胡不好，客旅乐逍遥。
秋春清度妙，闲时品茗骚。

时时检点心灵

2024-2-11

时时检点心灵，努力修德上进。
不可贪图利名，防止失足陷阱。
知足常乐妙境，更应突破因循。
文明恒永前行，如火燃烧鲜明。

时时检点心灵，污秽务须扫清。
智慧如灯燃明，烛照前路坦平。
穿越浓雾前进，终有阳光洒明。
人类进步无垠，旷展少年心性。

阳光破雾障

2024-2-11

阳光破雾障，怀仁心地间。
春晓寒犹彰，读书意兴扬。
正月初二当，远近鞭炮放。
阖家喜洋洋，父母健且壮。
岁月是飞旷，青春不销亡。
振志万里疆，努力奋向上。
叩道骋志向，神恩不敢忘。
讴歌心地间，正教敷广长。
立身吾坦荡，君子人格彰。
天下正气昂，万民乐欢畅。

心志吾阳光

2024-2-11

心志吾阳光，冲破浓雾障。
初春美无恙，大地生机畅。
正月初二间，鞭炮连踵放。
喜气盈寰壤，人民乐无疆。

心志吾阳光，欢笑眉眼间。
读书写文章，正志作导航。
空言何必讲，贵在实干壮。
践履我理想，叩道奋向上。

人生向上

2024-2-11

人生向上，心怀万千向往。
奋发理想，纵展吾之志向。

春来人间，喜鹊大声鸣唱。
和煦阳光，洒照人间无恙。

东风舒畅，碧野行将泛芳。
万物生长，欣欣向荣景象。

中心歌唱，神恩感在心间。
阖家健康，身心丰美强壮。

31.弘生集

人生务秉谦正

2024-2-11

人生务秉谦正，感谢父母鸿恩。
培育我成人，爱护我晨昏。

此际正值初春，喜鹊大鸣声震。
阳光洒和温，阖家享康盛。

正月初二今正，人民欢乐缤纷。
心志吾青春，少年之心神。

敬祝海内平顺，五谷尽皆丰登。
和乐度秋春，正义敷乾坤。

共春鼓荡

2024-2-11

共春鼓荡，心情吾雅旷。
灿烂斜阳，洒照何温让。

阖家平康，喜气正洋洋。
神恩广长，心灵有力量。

正义强刚，努力奋向上。
不计艰苍，神恩总茁壮。

岁月飞翔，正月初二间。
生活安祥，谈笑共风扬。

心志清旷

2024-2-11

心志清旷，厚德人生昂扬。
春风吹畅，煦日洒照光芒。

世界无恙，神恩无比丰壮。
阖家安康，父母身心健强。

喜悦心房，向神敞开襟肠。
颂赞献上，矢沿灵程奋闯。

叩道向上，寻觅智慧之光。
真理奔放，普覆大地穹苍。

人生实在美好

2024-2-11

人生实在美好，享受神恩丰妙。
阖家身心康饶，父母健壮微笑。
从心撰写诗稿，颂赞神恩富饶。
努力灵程奋跑，叩道用道风标。

努力加强德操

2024-2-11

努力加强德操，厚道待人首条。
谦正是余情操，向阳志向美好。
读书写诗昏朝，持之以恒叩道。
奋志斩杀魔妖，不准害人奇巧。

努力加强德操，知错速改遵照。
时光如水逝漂，韶光珍于心窍。
神恩一生笼罩，赐下福分丰饶。
阖家多么康好，父母健康风标。

龙年吉祥

2024-2-11

龙年吉祥，喜悦盈满人间。
喜鹊鸣唱，春风无比清旷。

心志平康，颂神理所应当。
向前向上，福乐人生欢畅。

父母健壮，享受生活安祥。
阳光和畅，煦煦世界昂扬。

斩杀魔障，不准害人狂猖。
正义情肠，原也富含贞刚。

正志人生吾昂扬

2024-2-12

正志人生吾昂扬,春来人间,
春来人间,请听喜鹊大鸣唱。

品茗情思转悠扬,朗读诗章,
朗读诗章,更写新诗适情肠。

人生得意莫狂猖,淡定之间,
淡定之间,清度岁月也平康。

阖家喜悦乐安祥,父母健康,
父母健康,余心开怀意飞扬。

逸意旷然生成

2024-2-12

逸意旷然生成,
天地正气上升。
远近鞭炮都听闻,
初春喜鹊鸣振。

东风舒展真诚,
品茗自我慰问。
安祥生活入诗论,
哦咏舒出热忱。

岁月不断进深,
青春心志永存。
独立望天云烟纷,
煦日朗照十分。

红尘浊浪滚滚,
存有太多斗争。
切祷真神叩神恩,
恩典赐下丰盛。

正义人生吾向上

2024-2-12

正义人生吾向上,力战强梁,
力战恶奸,还我山河之雄壮。

春日煦煦东风畅,人民安康,
雀鸟欢唱,万类生机俱勃放。

岁月侵人无忧怅,少年依样,
心志强刚,傲立如松如山岗。

努力前行万里疆,风雨难挡,
虎狼斩光,铁肩原来有担当。

解开一切捆绑

2024-2-12

解开一切捆绑,灵性自由释放。
万类茁壮成长,雀鸟欢声歌唱。

解开一切捆绑,天地多么明亮。
春阳煦煦发光,东风吹来和畅。

正月初三今当,远近鞭炮鸣放。
中心喜气洋洋,阖家欢乐健康。

向神献上颂扬,赐福恩典何壮。
努力灵程向上,天国永生安祥。

大气人生

2024-2-12

大气人生,喜乐清度秋春。
朝气生成,少年心志永恒。

时值初春,万物生意显逞。
煦日和温,东风吹展真诚。

鸟语啼芬，大地人民欢声。
神恩丰盛，喜庆岁月丰登。

我自青春，不老心性依存。
笑意旷逸，欢度生活平顺。

散步田野间
2024-2-12

散步田野间，心境开朗。
午后之煦阳，洒照光芒。

绿水恣意淌，东风清旷。
生意野地间，行将荣昌。

心志吾安祥，发诗清畅。
努力奋向上，阳光襟房。

不必计险艰，昂扬成长。
男儿是好钢，力克邪奸。

斜照无限好
2024-2-12

斜照无限好，心志吾逍遥。
惬意听啼鸟，享受东风妙。
春意旷来饶，生发彼青草。
世界何美好，欢乐盈襟抱。

斜照无限好，人民乐洒潇。
正月初三到，休闲况味饶。
阖家都康好，安祥无忧恼。
神恩何丰饶，幸福赐美妙。

欢快人生
2024-2-12

欢快人生，心志恒保青春。
努力前程，努力奋发刚正。

时正初春，夜晚灿放华灯。
心性和温，阖家欢乐温存。

健康心身，领受丰沛神恩。
努力灵程，坚持正直一生。

追求永生，身心无比清纯。
不老心身，哦咏冬夏秋春。

鞭炮鸣震
2024-2-12

鞭炮鸣震，海内同此新春。
灿夜华灯，点缀世宇平升。

神恩丰盛，导引文明进程。
火炬燃盛，熊熊直至永恒。

大化运稳，阳和不断生成。
阴邪败阵，魔敌死灭消遁。

杀伐任生，圣徒列队成阵。
凯歌奏振，班师荣归圣城。

天父鸿恩，救护圣洁人们。
获得永生，共父万年同存。

欢歌生成，颂赞神之大恩。
努力灵程，不断净化心身。

晨鸡清唱

2024-2-13

晨鸡清唱,激越我思想。
五更之间,初春好时光。

心志昂扬,人生恒向上。
振志奔放,豪情冲天壮。

踏实去闯,风雨任其放。
终有阳光,灿放其光芒。

岁月飞翔,细心以品尝。
心潮激荡,正襟作诗行。

一篇奔放,一篇婉转唱。
一篇张扬,一篇若水淌。

人生贞刚,丹心永红芳。
向阳情肠,如鹤之鸣唱。

心志聊舒广长

2024-2-13

心志聊舒广长,身心充满力量。
灿烂是煦阳,洒放大光芒。

我自心境无限,雅将新诗哦唱。
中心情志涨,努力致遐方。

红尘清度无恙,正义人生昂扬。
傲立若山壮,力战魔敌狂。

神恩多么丰壮,新春喜气洋洋。
奋发男儿样,业绩矢造创。

子夜时分

2024-2-14

子夜时分,鞭炮声又声。
不眠振奋,写诗适心身。

时正初春,寰宇生机盛。
勃勃心身,哦咏吐真诚。

岁月飞奔,不老是心神。
心性纯真,旷展我青春。

微笑浮逞,豁达度平生。
感谢神恩,赐福何丰盛。

旷志人生

2024-2-14

旷志人生,保持吾之清纯。
荣神益人,博爱为怀秋春。

正值阳春,斜晖朗照乾坤。
和风清呈,听见鸟语啼振。

岁月进深,不老是我青春。
心志生成,力战魔敌妖氛。

红尘滚滚,阴邪败退消遁。
济世刚正,斩杀豺狼纷纷。

天其苍广

2024-2-15

天其苍广,寒流来自朔方。
北风号狂,我自定定当当。

早起无恙,时值五更之间。
撰写诗章,舒出吾之昂扬。

阖家平康，父母健康在堂。
初春之间，冷寒能待怎样。

会当花芳，会当阳光灿靓。
会当和畅，会当万类勃放。

天犹未亮风呼狂
       2024-2-15

天犹未亮风呼狂，
五更甫毕情志昂。
灯下读书激情涨，
人间正道是桑沧。

历尽艰苍一笑扬，
春已来到乐无上。
会有晴和阳光畅，
万类生机尽勃放。

振志人生
       2024-2-15

振志人生，清听风雨声。
时值初春，冷寒一时盛。

晨鸟啼春，打动我心身。
早起振奋，写诗舒精诚。

人生前骋，山水越高深。
旷怀雅正，挥洒吾热忱。

红尘滚滚，众生多沉沦。
奋不顾身，叩道奋刚贞。

顺意人生
       2024-2-15

顺意人生，东风吹清纯。
春意昂生，雨霁朗晴正。

初六今正，喜气正盈门。
喜鹊高声，旷奏其欢腾。

鞭炮声声，海内乐平升。
人民安生，仰赖彼神恩。

岁月飞奔，不老心志呈。
旷展青春，清度此红尘。

通达人生
       2024-2-15

通达人生，感沛神之恩。
时值初春，心志正开盛。

人生沐春，正气何昌盛。
努力前程，山水越清纯。

大化驰骋，大浪淘沙尘。
正义恒存，万古至永恒。

阖家康盛，欢乐享天伦。
岁月平顺，安享度秋春。

努力前骋
       2024-2-15

努力前骋，人生自强自尊。
奋行灵程，努力风雨兼程。

岁值初春，雀鸟啼唤纷纷。
东风温存，晴朗心志缤纷。

人生刚正，力战魔敌凶狠。
正义必胜，光明普照乾坤。

笑意清芬，雅洁是我心身。
君子沉稳，把舵万里航程。

灿烂阳光

2024-2-15

灿烂阳光，洒照何辉煌。
心襟明靓，东风正吹畅。

初春之间，喜鹊大声唱。
人民安祥，生机天地漾。

我自欢畅，努力往前闯。
挥洒贞刚，矢展我顽强。

岁月奔放，不老心志昂。
努力向上，旷怀无极限。

云天晴朗

2024-2-15

云天晴朗，斜照清展辉煌。
和乐宇间，正月初六正当。

初春无恙，生机勃发昂扬。
腊梅花芳，怡我心襟意向。

鸟语响亮，我心我意欢畅。
东风来爽，生活安祥平康。

身心健壮，激情恒自增长。
不老心房，渴望万里驱闯。

不老心志恒春

2024-2-15

不老心志恒春，此际振奋精神。
暮色正黄昏，灿烂点华灯。

岁月正值初春，东风清吹温存。
阖家享馨温，欢乐正无伦。

畅怀无比清纯，饱经风雨艰深。
男儿怀豪正，傲骨撑铮铮。

红尘浊浪滚滚，不减少年风神。
一笑也欣芬，儒雅君子身。

早起振兴

2024-2-16

早起振兴，雅听晨鸡清鸣。
人生挺进，不断学习前行。

少年倩影，记忆心中分明。
青春心性，依然怀于胸襟。

天犹未明，初春薄寒意境。
生活和平，路上车声不停。

岁月进行，旷展心襟无垠。
努力奋进，览尽万里风云。

东方晨曦红

2024-2-16

东方晨曦红，早起从容。
心志开屏中，旷怀情涌。

人生骋奋勇，挺进无穷。
大化恒运动，叩道持中。

岁月飞劲猛，少年心踪。
不老是襟胸，勃发情浓。

振志发刚洪，清展笑容。
阖家欢乐浓，健康心胸。

朝日舒光
       2024-2-16

朝日舒光，人生正意昂扬。
天气晴朗，初春雀鸟鸣唱。

心志平康，奋发快马径闯。
矢志向上，克尽一切艰苍。

坦坦荡荡，人生无有机奸。
智慧增长，好好学习成长。

不老襟房，笑傲尘世桑沧。
傲立坚壮，铁胆始终强刚。

人生吾微笑
       2024-2-16

人生吾微笑，洒脱撰诗稿。
蓝天青堪表，春禽都鸣叫。
阖家俱康好，情怀爽无二。
惬意哦诗饶，青春吾雅骚。

休闲心身
       2024-2-16

休闲心身，无为吾刚贞。
春禽啼奋，红日东方生。

初春微冷，东风爽无伦。
品茗时分，惬意盈周身。

彩霞人生，灿烂辉光盛。
不老灵魂，心志恒青春。

淡泊心生，名利不必争。
读书意芬，著书自慰问。

向阳情肠
       2024-2-16

向阳情肠，春来都开敞。
阳光和畅，东风吹奔放。

我自昂扬，千关径直闯。
豪情万丈，纵马万里疆。

正意何刚，男儿奋闯荡。
展我阳光，展我丈夫旷。

阖家安祥，阖家健且康。
岁月飞翔，心志不老间。

幸运人生
       2024-2-16

幸运人生，蒙受神之恩。
努力灵程，努力行得正。

春鸟啼芬，东风吹清纯。
腊梅开盛，天晴无云层。

人生奋骋，山水历雄浑。
一笑雅温，君子人格贞。

红尘滚滚，大化运沉稳。
努力飞奔，挥洒吾青春。

正道恒昌

2024-2-16

正道恒昌，心志吾阳光。
春风正畅，林禽欢啼唱。

漫天晴朗，青碧堪欣赏。
休闲无恙，雅哦新诗章。

人生向上，克尽千关障。
一笑爽朗，红尘清度间。

振志昂扬，豪情冲天壮。
平安吉祥，神恩赐广长。

人生自尊自强

2024-2-16

人生自尊自强，傲如腊梅开放。
耐得彼寒霜，淡淡散清香。

春来煦日阳光，雀鸟欢欣啼唱。
写意东风畅，意发我心房。

敬祝父母康强，年丰岁乐康庄。
笑口常开敞，天伦乐无疆。

红尘清度安祥，名利早已捐放。
正意人生场，力战彼强梁。

人生雅清

2024-2-16

人生雅清，富美是我心境。
黄昏既临，夕照闪射多情。

春已来临，长空晴朗无云。
鸟语娇俊，大地人民欢庆。

生机勃兴，家栽腊梅芳馨。
东风舒情，引余心襟高兴。

阖家康平，熙熙之乐无垠。
天伦之境，敬祝父母壮劲。

把酒临风

2024-2-16

把酒临风，瞻云襟中。
不计成翁，激情盈胸。
春来情动，旷志无穷。
望云思涌，裁诗哦讽。

裁诗哦讽，舒我情衷。
兴国志浓，壮怀灵动。
中心奋勇，坦荡襟胸。
正意何洪，一笑持中。

春寒料峭

2024-2-17

春寒料峭，晨起鸟喧闹。
正意襟抱，原也持洒潇。

曙色正饶，阳光正洒照。
晴和天好，人民乐欢笑。

力战魔妖，还我山河娇。
岁月丰饶，努力辟前道。

山水迢迢，风光历美妙。
展颜微笑，喜鹊正朗叫。

鸡鸣东方兮朝日舒光

2024-2-17

鸡鸣东方兮朝日舒光,
喜鹊大鸣兮初春正当。
天喜晴朗兮百鸟齐唱,
鞭炮鸣放兮喜盈寰间。
晨起哦诗兮欣我情肠,
荣美人间兮神恩奔放。
颂出心间兮正道恒昌,
文明进步兮人民欢畅。

灵慧心身兮妙悟诚真

2024-2-17

灵慧心身兮妙悟诚真,
真理力寻兮奋我一生。
时值初春兮万物兴盛,
朝日东升兮雀鸟啼振。
心志生成兮万里驱奔,
旷怀朗劲兮敢于担承。
男儿俊骨兮傲立乾坤,
乐叩大道兮荣神益人。

红日东方灿生兮

2024-2-17

红日东方灿生兮,
霞光万丈辉盛。
初春百鸟鸣春兮,
林野一片欢腾。

东风微觉寒冷兮,
正好爽我心神。

正月初八今正兮,
远近鞭炮声声。

阖家和美欣温兮,
雅享妙丽天伦。
敬祝父母康盛兮,
雅享生活平顺。

品茗精神振奋兮,
哦诗怡我心身。
人生骋志前程兮,
吾不畏惧艰深。

爽意人生

2024-2-17

爽意人生,努力前面旅程。
亿兆欢生,国泰民安强盛。

喜届初春,寰宇生机勃盛。
朗晴乾坤,旷意东风吹骋。

写诗怡神,舒出人生刚正。
昂扬心身,矢志万里旅程。

煦阳洒温,鸟语娇啭声声。
一笑清纯,君子人格显呈。

方正人生

2024-2-17

方正人生,雅秉吾之真诚。
贞刚心身,努力挥洒热忱。

叩道一生,履历艰险深沉。
奋不顾身,仰荷丰沛神恩。

努力前骋，山水风光纯正。
怡我心神，旷我胸襟无伦。

正意秋春，努力圣洁纯真。
污秽矢扔，修身未有止程。

32.称意集

豪情旷生
2024-2-17

豪情旷生，敬祝文明昌盛。
正届初春，亿兆人民欢腾。

雅度世尘，不畏困苦艰深。
傲立人生，绝无卑媚生成。

奋发刚正，读书写诗秋春。
哦咏真诚，温良人格清纯。

祖国强盛，前程万年恒春。
岁丰谷登，富裕美好长存。

和乐人生
2024-2-17

和乐人生，吉祥喜庆十分。
喜鹊鸣春，欢奏响其大声。

和乐人生，阖家健康平顺。
颂赞神恩，赐下如此丰盛。

和乐人生，前景灿烂缤纷。
努力灵程，努力叩道求真。

和乐人生，海内安祥温存。
人民欢腾，岁岁风调雨顺。

冲和心地间
2024-2-17

冲和心地间，无机襟房。
人生矢向上，奋志昂扬。

春夜正温良，心襟开敞。
颂神恩典壮，讴诗奔放。

持正吾慨慷，自立自强。
叩道奋贞刚，傲立何壮。

一笑也淡荡，优雅心肠。
人格立端方，修身无疆。

正义情肠
2024-2-18

正义情肠，努力不使人失望。
积德向上，修身勤俭昂扬。

早起心旷，听得晨鸡声声唱。
悠扬心间，雅哦新诗淡荡。

初春无恙，五更四野安静间。
内叩情肠，养德切莫稍忘。

正气宇间，春来腊梅开奔放。
行将柳芳，万物勃勃生长。

朝气人生
2024-2-18

朝气人生，勃发正意诚真。
时正初春，男儿早起五更。

写诗意呈，旷展丈夫豪正。
努力驰骋，万里风光何盛。

一笑清纯，一笑淡荡生成。
一笑温存，正气弥满乾坤。

岁月飞奔，不老心志长存。
挥洒青春，挥洒一腔刚正。

人生冲决惰性
       2024-2-18

人生冲决惰性，努力奋勇创新。
春天已来临，百花将开屏。

努力奋向前进，不计高山峻岭。
中心怀多情，济世乐无垠。

早起心志殷殷，心中焕发激情。
写诗舒性灵，一种是雅清。

积德岂有止境，修身奋发进行。
小事莫辞屏，名利须弃清。

日出东方
       2024-2-18

日出东方，散步经行吾无恙。
柳芽新芳，雀鸟啼春何其畅。

心志清昂，雅将新诗来哦唱。
一曲清芳，舒出正气也昂藏。

人生向上，壮怀共春同鼓荡。
贞志何刚，济世热情挥洒间。

红尘奔放，大千生气蓬勃涨。
开心瞬间，激越情思旷无疆。

东风舒旷
       2024-2-18

东风舒旷，心地情无限。
春禽鸣放，自得乐无恙。

阖家平康，天伦享安祥。
全家健壮，生活度和畅。

坦腹哦唱，正气纵昂扬。
心襟悠扬，无机且慨慷。

生意野间，勃勃待舒放。
喜鹊高唱，振奋我情肠。

持心公正
       2024-2-18

持心公正，力战魔敌凶狠。
圣父临阵，魔鬼败退逃遁。

时值初春，东风吹拂真诚。
柳芽新生，万物生机勃盛。

阖家安稳，父母健康平正。
岁月进深，享受欢乐生辰。

雀鸟啼春，大地人民欢腾。
正气上升，邪恶归于销遁。

天阴无妨
       2024-2-18

天阴无妨，心怀红太阳。
春风奔放，鸟语啼欢畅。

心志昂扬，人生放马闯。
情思悠旷，新诗从心唱。

淡淡荡荡，中心何所藏。
原无机奸，原无卑与狂。

正襟向上，不计关千障。
展翅飞翔，摩云越松岗。

天气和平一任阴
2024-2-18

天气和平一任阴，雀鸟啼鸣，
雀鸟啼鸣，写意东风振意兴。

初春生意满宇庭，腊梅开俊，
腊梅开俊，河畔柳芽已萌新。

岁月进行旷无垠，中心高兴，
中心高兴，感谢神恩赐丰盈。

矢沿正路奋前行，圣洁心襟，
圣洁心襟，努力灵程享康平。

天又放晴
2024-2-18

天又放晴，喜悦余之心襟。
休闲心境，读书写诗怡情。

春已来临，百花行将开俊。
鸟语欢鸣，喜鹊朗奏多情。

中心高兴，哦咏新诗舒情。
国家振兴，和平世界爽心。

努力前行，风光远方灿峻。
鼓足干劲，挥洒一腔热情。

春来时节好
2024-2-18

春来时节好，东风吹荡浩。
柳芽新萌了，雀鸟欢鸣叫。
红尘胡不好，斜晖正朗照。
人民欢乐笑，蓝天白云飘。

春来时节好，阖家都康饶。
家常谈笑妙，吉祥步步高。
不为名利扰，清廉正气骚。
君子人格造，儒雅撰诗稿。

逸意生成
2024-2-18

逸意生成，爽清是我人生。
东风清骋，愉快吾之心身。

雀鸟啼春，鸽群飞翔温存。
喜鹊鸣振，喳喳大叫高声。

远辞青春，少年心志依呈。
不老心身，奋发刚正远骋。

山水高深，呵呵一笑清芬。
男儿旷贞，怀志天涯远程。

春雨沛然降
2024-2-18

春雨沛然降，膏泽草野芳。
暮色浓重间，城市华灯放。
浴后吾清爽，激越作诗章。
一曲舒昂扬，人生正气彰。

春雨沛然降,小风来清畅。
周身都舒爽,生活步康庄。
和气盈寰壤,天下人民畅。
岁丰年平康,神恩敷广长。

子夜时分
2024-2-19

子夜时分,心志旷然生成。
努力奋骋,挥洒吾之刚贞。

时光飞奔,时光绝不等人。
努力飞腾,努力奋斗一生。

时正初春,春夜和平温存。
灯下思深,正志盈于心身。

淡荡秋春,不为名利奋争。
一笑清纯,一生努力修身。

晨鸡清鸣
2024-2-19

晨鸡清鸣,五更已来临。
早起振兴,新诗纵哦吟。

初春情景,万物生意劲。
大化运行,妙用言不尽。

中心高兴,颂神出心襟。
天下康平,蒸蒸以上行。

文明前进,步履何坚定。
社会和平,人民享安宁。

早起五更
2024-2-19

早起五更,心志吾振奋。
路上车声,激越且动人。

灯下思深,人生务刚正。
努力前程,不畏惧艰盛。

神恩丰盛,导引我灵程。
奋不顾身,叩道吾力争。

挥洒才能,匡世振十分。
男儿感恩,颂神昏与晨。

持中人生
2024-2-19

持中人生,向上吾力争。
时值初春,心境吾馨温。

窗外风声,寒潮袭深深。
已是芳春,冷寒不会盛。

柳已舒芬,生机挺苗盛。
万物气盛,行将勃勃生。

赞此宇城,大化运沉稳。
丰沛神恩,荣美何丰盛。

不可争强好胜
2024-2-19

不可争强好胜,保守吾之天真。
人生奋志刚正,挥洒热情秋春。
努力守护纯真,尽力加强修身。
君子人格生成,端方并且青春。

心志茁壮

2024-2-19

心志茁壮，人生奋向上。
取法乎上，格物细裁量。

雄心万丈，男儿纵马放。
山河豪壮，用脚去丈量。

春来人间，冷寒一时间。
百花会芳，生机蓬勃放。

心地安祥，神恩荷无量。
努力去闯，不必计艰苍。

红红火火人生场

2024-2-19

红红火火人生场，
不为名利狂猖。
努力叩道奋向上，
德操努力加强。

春来气宇放万丈，
窗外北风萧凉。
野境喜鹊大声唱，
激越吾之襟房。

定定当当人生场，
遇事不急不忙。
学取水流自然畅，
学取大地安祥。

厚道一生修身旷，
力弃卑鄙肮脏。
圣洁情怀雅且康，
振志发热发光。

春天已经来临

2024-2-19

春天已经来临，柳芽初吐芳青。
北风正号行，冷寒一时劲。

室内清坐安宁，读书写诗怡情。
悠悠品芳茗，阖家享温馨。

百花行将勃兴，草野碧色先行。
中心真高兴，神恩颂无垠。

人生努力前行，穿越关山峻岭。
岁月度奋兴，道德力推行。

春夜膏雨清洒降

2024-2-20

春夜膏雨清洒降，无眠之间，
灯下思想，一生神恩蒙广长。

人生努力奋向上，工作昂扬，
不计艰苍，荣神益人理应当。

此际心志吾奔放，自由飞翔，
搏击青苍，万里长空练翅膀。

檐前听得滴答响，如若歌唱，
雅校诗章，天人交会也扬长。

朝气人生（之一）

2024-2-20

朝气人生，旷展吾之勤奋。
早起春晨，精神十分振奋。

朝气人生，努力奔赴前程。
叩道诚真，合当奋不顾身。

朝气人生，力展吾之刚正。
岁月进深，不畏惧彼艰深。

朝气人生，向往爱情十分。
和美人生，比翼双飞青春。

春天来到
2024-2-20

春天来到，笑口常开乐陶陶。
风雨任潇，田野生机勃发了。

春天来到，晨起惬意听啼鸟。
万物欢笑，一切生气俱旺好。

春天来到，心襟气象舒刚豪。
和蔼尘表，柳绽芽芳碧堪表。

春天来到，阖家欢乐正意饶。
努力前道，山水万方饱看妙。

体道刚正
2024-2-20

体道刚正，旷怀雅诚。
春来气盛，雀鸟鸣振。
步履灵程，奋不顾身。
努力修身，努力扬正。

持心纯正
2024-2-21

持心纯正，早起时近五更。
风声雨声，打动余之心身。

时正初春，万物生机兴盛。
新芽生成，碧绿堪可喜人。

持心诚正，叩道格物秋春。
神恩敷盛，颂赞每一晨昏。

持心平正，不为物欲竞争。
读书怡神，著书荣神益人。

江山雄胜
2024-2-21

江山雄胜，倍添余之精神。
晨鸡啼振，早起余心温存。

高瞻人生，骋目万里远程。
叩道奋争，只争朝夕秋春。

人生奋争，努力修身荣神。
著书益人，纵展思想缤纷。

岁值初春，一任风雨生成。
微笑清生，容我诗书清骋。

朝气人生（之二）
2024-2-21

朝气人生，蓬勃冬夏秋春。
神恩丰盛，赐福满满盈门。

正志人生，一生努力勤奋。
读书晨昏，朗放哦唱之声。

奋发人生，力展吾之刚贞。
济世热忱，挥洒汗水交迸。

骋志人生，努力加强修身。
著书化人，何妨积淀等身。

圣洁向上

2024-2-22

圣洁向上,文明敷布昂扬。
早起三光,写诗愉快襟房。

春来人间,晨鸟振奋鸣唱。
灯下思想,奋发志向慨慷。

矢志奔放,宗教和同必讲。
万国同邦,践履大同理想。

文明向上,直至永恒无疆。
岁月辉煌,灿烂光芒何壮。

振意人生

2024-2-22

振意人生,矢志奋我精诚。
奋不顾身,叩道冬夏秋春。

红尘滚滚,冲决困苦艰深。
一笑温存,君子人格显呈。

时值初春,天阴朔风成阵。
室内暖温,天伦之乐同春。

展眺前程,不计山高水深。
万里征程,壮我心胆雄浑。

奋进是我人生

2024-2-22

奋进是我人生,清度浊世红尘。
不畏苦难艰深,一笑爽然清正。
大化运行沉稳,神恩赐下丰盛。
努力步履灵程,合当奋不顾身。

奋进是我人生,雅思旷展真诚。
哦诗舒出心身,正意刚柔兼呈。
岁月不断进深,此际喜逢初春。
天黑灿放华灯,灯下清思生成。

奋进是我人生,鼓舞情志前骋。
山水高深何论,展我英雄雅正。
一生努力修身,叩道奋发虔诚。
向往天国永生,福乐万年恒春。

奋进是我人生,履尽坎坷是真。
身心苦痛何论,领受丰沛神恩。
向神献上真诚,祈祝岁丰年登。
中心怀有温存,天人大道敬遵。

今日天阴

2024-2-22

今日天阴,切盼春之晴。
冷寒交并,朔风鼓干劲。

夜晚正临,灯下思殷勤。
人生奋劲,努力骋志行。

春已来临,冷寒何要紧。
碧野初青,万物都振兴。

勃勃野境,生机何旺俊。
会有春晴,煦日洒光明。

人生幻境,饱经桑沧并。
忧患损心,男儿泪双零。

神恩赐劲,导引入康平。
讴呼尽兴,颂赞不止停。

红尘险境，叩道吾旷进。
体道清平，朗晴我心襟。

笑意空灵，沐浴神恩俊。
灵程力行，标的天国明。

合当去踏青
2024-2-22

合当去踏青，春光正鲜明。
碧柳初芳馨，绿水波光粼。
煦阳光芒俊，生活漾和平。
人民乐无垠，讴歌此安宁。

山居吾何云
2024-2-22

山居吾何云，洒然持心襟。
清贫不要紧，诗书雅润心。
红尘虚飘境，名利弃而屏。
展眼观白云，松风来何清。

宣畅人生场
2024-2-22

宣畅人生场，不为名利忙。
倾心叩道藏，正直一生闲。
诗书纵哦唱，声震入云间。
快慰我情肠，天伦乐无疆。

春窗不萧凉
2024-2-22

春窗不萧凉，野景堪饱尝。
啼鸟鸣奔放，老柳碧新装。
河水绿波涨，鸽群放飞翔。
人民安乐况，引我诗兴扬。

高抗人生
2024-2-22

高抗人生，奋发展吾之刚贞。
丰沛神恩，导引妙丽之灵程。

红尘滚滚，太多磨炼考验人。
神亲临阵，魔敌败退归消遁。

大化弄人，此生饱经桑沧阵。
一笑清纯，君子人格显丰盛。

春色喜人，和风爽吹惬意神。
奋志人生，旷怀雅洁哦真诚。

文明如日方中
2024-2-22

文明如日方中，灿烂若火之红。
神恩敷布无穷，赐福进入亨通。
岁月喜值春风，万物生机浑同。
行将勃盛隆重，天人大道敬从。

文明如日方中，人民旷展笑容。
欢庆五谷登丰，岁岁安乐从容。
喜悦从心而涌，中心将神讴颂。
华美世界无穷，体道身心灵动。

内美缤纷
2024-2-23

内美缤纷，质朴秋春。
领受神恩，奋志灵程。
加强修身，读书晨昏。
君子旷正，雅洁为人。

雅洁为人，向上奋身。
叩道诚真，鼓勇驰骋。
道德挺生，努力修身。
心志生成，旷雅缤纷。

旷雅缤纷，载物秋春。
待人以诚，格物晨昏。
岁月进深，不老青春。
时值初春，哦诗清纯。

海内同春

2024-2-23

海内同春，雀鸟啼振。
东风苏生，万物兴盛。
生机显呈，碧野芳村。
早起兴奋，讴咏真诚。

海内同春，亘古永恒。
人寿青春，万物康盛。
神恩敷成，大化运稳。
世界恒春，人生缤纷。

海内同春，人民欢甚。
生活平顺，福气盈门。
步步高升，五谷丰登。
岁丰乐生，福寿恒春。

乐观人生

2024-2-23

乐观人生，裁志诚正。
雅度秋春，一腔刚贞。
奋发驰骋，山水远程。
著书化人，其乐十分。

乐观人生，中庸中正。
向上奋争，秉心以诚。
正直一生，方刚裁成。
傲骨铮铮，如松之贞。

诚正身心

2024-2-23

诚正身心，奋志以远行。
雪后仍阴，朔风浩吹行。

心志朗晴，焕发我干劲。
鼓志前行，山水越无垠。

人生奋劲，叩道乐欢庆。
阖家康平，享受此安宁。

神恩赐俊，前路多坦平。
讴颂升平，世界日日新。

适意人生

2024-2-23

适意人生，朗度秋春。
此际初春，万物兴盛。
品茗意温，爽风来呈。
雪融届正，檐前声声。

适意人生，自爱自尊。
清度世尘，名利弃扔。
不惹俗尘，旷达心身。
振意一生，万里奋骋。

33.迎春集

人生雅正

2024-2-23

人生雅正,品味清真。
岁月进深,喜逢初春。
天阴风呈,冷寒骋甚。
一笑和温,爽怀旷振。

人生雅正,身心清贞。
不惹世尘,狷介诚恳。
叩道奋身,烟雨征程。
笑意展呈,儒雅芳盛。

心志青春

2024-2-23

心志青春,雅爱书城。
读书晨昏,哦吟声声。
朗度秋春,正意介贞。
远辞世尘,孤守一灯。

孤守一灯,心火生成。
智慧人生,叩道诚真。
岁月飞奔,不老心身。
奋发刚正,努力前程。

努力前程,山水清芬。
我意旷甚,悟达玄真。
体道一生,旷放心神。
解放绑捆,遨游云层。

遨游云层,返顾回身。
悯念众生,陷于沉沦。

济世奋身,持正化人。
天国永生,福乐永恒。

晴和心襟

2024-2-23

晴和心襟,春意正鲜明。
天气惜阴,北风骋志行。

休闲心境,品茗吾悠清。
读书怡情,冷寒任清峻。

心志殷殷,人生奋意境。
穿山越岭,叩道无止境。

红尘艰辛,苦难磨炼盈。
奋发刚劲,男儿振豪英。

岁月多情,初春生意挺。
柳萌其青,芳美妙无垠。

原野冰雪正凝

2024-2-23

原野冰雪正凝,初春生机劲挺。
绿水波荡俊,朔风横吹行。

天阴难阻高兴,散步沿街漫行。
生活漾和平,人民乐康宁。

有鸟高飞轻俊,惬我心襟意情。
诗意入心襟,哦诗舒雅情。

会当碧野芳青,旷展煦日天顶。
东风会当旷行,万红千紫开屏。

人生放微笑

2024-2-23

人生放微笑，心意付谁晓。
正直吾洒潇，叩道振刚傲。
履尽艰苍饶，爽然展微笑。
红尘胡不好，大道运玄妙。

大道运玄妙，正义何美好。
读书思想骚，正见入诗饶。
斑苍何惧老，清展吾微笑。
天涯风光俏，努力奋志跑。

人生努力奔跑

2024-2-23

人生努力奔跑，万水千山迢迢。
一路风光大好，惬余心襟意抱。
世界何其美好，是为真神所造。
圣徒讴出心窍，颂神秋春昏晓。

人生努力奔跑，领略太多美妙。
一生奋叩大道，真理矢志寻找。
身心多么洒潇，不为名利骚扰。
定志叩取玄要，正直身心朗造。

赞此乾坤

2024-2-24

赞此乾坤，山河正气恒长增。
天晴时分，大地人民乐缤纷。

感谢神恩，中心无愧是真正。
道德力遵，向阳情志展清芬。

时初四更，欣喜人间又值春。
瑞雪降生，洁白世界也喜人。

岁月进增，不老心襟永青春。
阖家康盛，父母健壮沐神恩。

东风浩荡

2024-2-24

东风浩荡，春意生成奔放。
裁思汪洋，哦咏新诗连章。

正志向上，人生挥洒慨慷。
济世危艰，闻鸡起舞昂扬。

心胸激荡，男儿果敢顽强。
正义强刚，万里奋志闯荡。

一笑淡荡，名利吾无意向。
力战强梁，还我江山雄壮。

春来振奋

2024-2-24

春来振奋，万物苏生。
雪洒乾坤，岁兆丰登。
人民安生，振意生存。
大化运稳，生机勃盛。

春来振奋，心志生成。
努力前骋，山水远程。
阖家馨温，国家强盛。
欢乐温存，道义敬遵。

东风清骋

2024-2-24

东风清骋，鼓我情志真无伦。
春来时分，喜逢元宵乐天伦。

瑞雪纷纷，爽洁世界妙缤纷。
心志生成，讴咏岁月吾诚正。

室内暖温，父母健康喜悦人。
海内丰登，亿万人民乐秋春。

岁月飞奔，不老心襟享平顺。
永保青春，昂扬情志奋前骋。

情志张扬

2024-2-24

情志张扬，人生奋向上。
大雪飞扬，世界裹银装。

品茗悠扬，心志若花放。
正意昂扬，读书撰诗章。

不取张狂，谦正是意向。
男儿豪壮，江山入平章。

一笑淡荡，修身必须讲。
春来人间，神恩敷广长。

努力人生

2024-2-24

努力人生，不负我青春。
心志缤纷，如阳光之呈。

努力人生，奋发往前奔。
山水作证，风雨吾兼程。

努力人生，不辜负神恩。
丹心赤诚，颂赞朝与昏。

努力人生，旷展吾刚正。
济世诚真，挥洒我青春。

努力人生，远大有前程。
丰富神恩，如许之沛盛。

努力人生，若朝日之升。
著书等身，奉献我一生。

早起意振兮笑语生成

2024-2-25

早起意振兮笑语生成，
欢庆世界兮又值初春。
喜动心襟兮哦诗真诚，
舒出人生兮一腔刚正。
不羁一生兮傲骨朗呈，
俊雅晨昏兮名利抛扔。
持有雄心兮济世诚真，
旷怀无限兮如日初升。

旷怀无限兮如日初升，
华美人生兮灿拥前程。
山高水深兮矢志前奔，
万里风光兮览之雄浑。
感谢神恩兮赐福丰盛，
平安一生兮朗度秋春。
父母健康兮阖家安稳，
幸福盈门兮鼓舞心身。

春来荣美兮花开灿放

2024-2-25

春来荣美兮花开灿放，
引余欣赏兮心志清昂。
奋发人生兮骋志向上，
克尽险艰兮奋发顽强。
红尘履尽兮风雨艰苍，
如松坚贞兮荷担桑沧。
一笑爽然兮欣彼花芳，
振志秋春兮晨昏哦唱。

晨鸡朗振

2024-2-25

晨鸡朗振，值此妙美春晨。
鼓舞心身，远处鞭炮鸣震。

妙用精诚，哦咏新诗清芬。
舒出兴奋，舒出人生刚贞。

岁月飞奔，不老是我青春。
笑意清呈，爽雅清度秋春。

人生奋争，叩道朝夕晨昏。
欢欣生成，著书体道化人。

春来万物成新

2024-2-25

春来万物成新，敷布是此文明。
大道运行淡定，神恩赐下丰盈。

惬听春禽之鸣，享受东风之清。
欢快盈满肺心，朝阳何其清俊。

和谐人生劲挺，男儿合当奋行。
天涯饱含远景，矢志奋力追寻。

春来万物成新，柳芽正绽芳青。
青春心志振兴，努力前路挺进。

九州同庆

2024-2-25

九州同庆，春色年年茂劲。
东风爽清，人民欢乐温馨。

雀鸟欢鸣，喜鹊舒展多情。
朝日光俊，灿烂吾之心襟。

振志前行，努力万里挺进。
览尽风云，大快吾之身心。

春来振兴，人民欢乐温馨。
骋志歌吟，身心朗放光明。

奋发身心力上进

2024-2-25

奋发身心力上进，努力前行，
振志飞鸣，越过高山与峻岭。

春来蓬勃我心襟，志取凌云，
旷怀高兴，人生正气冲天盈。

斜晖朗照天色青，雀鸟欢鸣，
东风尽兴，阖家欢乐雅无垠。

父母健康神恩劲，颂出心灵，
讴此安平，岁月清度幸福临。

青天在上
2024-2-26

青天在上，人生意气飞扬。
春来昂藏，东方朝日正昌。

爽风来旷，听见小鸟鸣唱。
春意人间，碧野绽满新芳。

柳芽舒黄，新生力量强壮。
绿水波淌，清新吾之情肠。

人民安祥，颂赞世界无恙。
神恩广长，赐与心灵奔放。

飞云行空
2024-2-26

飞云行空，飘逸淡荡无穷。
春意渐浓，鸟语惬意鸣颂。

我自从容，品茗读书情涌。
阖家康隆，颂赞神恩盈丰。

努力前冲，男儿矢展刚雄。
不做孬种，奋发吾之勇猛。

中心情动，化为新诗哦咏。
凌云心胸，原也雅洁清空。

早起五更
2024-2-27

早起五更，快乐心身。
淡泊精诚，哦诗舒芬。
窗外车声，远野鸡振。
时既初春，薄寒袭人。

早起五更，快乐心身。
奋志以骋，山水高深。
努力前程，旷怀雅正。
荷负神恩，清度人生。

乘风吾快畅兮心志清平
2024-2-28

乘风吾快畅兮心志清平，
春意漾和平兮四围清静。
心志吾奋发兮振意前行，
不畏彼困难兮努力挺进。
初春之生意兮勃发盛俊，
老柳萌其青兮碧绿衣襟。
世界沐阳光兮何其振兴，
大化运其行兮生机毕挺。

乘风吾快畅兮心志清平，
男儿怀慨慷兮努力前行。
雄心焕发起兮如光驰俊，
诗书为性命兮晨昏殷殷。
东风清吹行兮万物苏醒，
灵思灵命活兮舒发多情。
天人大道运兮行其均平，
神恩赐降临兮五谷丰盈。

人生奋志前行
2024-2-28

人生奋志前行，时节喜届春情。
万物生机勃兴，碧野芳春情景。
中心焕然高兴，早起晨鸡清鸣。
四围爽然安静，灯下思展空灵。

人生奋志前行，不畏困难苦境。
红尘是有艰辛，困厄难免经行。
仰赖神恩丰盈，赐我阖家康平。
父母健康在庭，天伦之乐何俊。

人生奋志前行，东风吹展正清。
生意勃发心襟，鼓舞我去追寻。
名利早已辞屏，中心雅怀激情。
神恩导引奋进，一路破浪前行。

人生奋志前行，爽雅是吾心襟。
世界日新日新，大化运行均平。
文明灿烂辉映，开辟新的前景。
辉煌朗照无垠，如阳光之灿劲。

人生飞扬

2024-2-28

人生飞扬，东风舒展浩荡。
意志成钢，努力挥洒顽强。

不折奋闯，男儿纵展豪放。
一笑淡荡，名利徒属欺诳。

情志昂扬，读书写诗无恙。
柳舒新芳，惬我意向情肠。

心怀奔放，努力奋发贞刚。
力战强梁，力斩吃人虎狼。

神恩无上，导引进入康庄。
圣洁情肠，才有福分前往。

努力向上，克己私欲肮脏。
天堂在上，务须铭记襟房。

人生务秉真诚

2024-2-28

人生务秉真诚，良心最为贵珍。
切莫轻易抛扔，此是救命之根。
努力奋行灵程，叩道风雨兼程。
上进奋不顾身，才能抵达天城。

人生务秉真诚，努力刻意修身。
正直清度秋春，淡雅哦唱晨昏。
向神敞开心身，抛弃污秽十分。
圣洁才能荣升，达至美好圣城。

人生务秉真诚，不负在世为人。
修身务秉诚正，伪饰全部弃扔。
无机心地坦诚，赤子之心丹芬。
穿越浊世红尘，大浪淘沙真正。

云天惜阴

2024-2-28

云天惜阴，雀鸟旷志啼鸣。
东风多情，舒展春意清新。

柳初碧青，绿水荡漾波行。
中心高兴，读书写诗品茗。

红尘清境，此生不惹利名。
奋志刚劲，济度世难险情。

一笑温馨，人生正志鲜明。
不畏艰辛，奋发鼓勇矢行。

心志恒春

2024-2-28

心志恒春，不老是我人生。
情怀刚正，努力济度乾坤。

天正阴沉，却有爽风成阵。
鸟语何芬，春草滋长生成。

岁月进深，回首吾之人生。
叩道奋争，不畏血泪洒呈。

淡度红尘，名利有何可论。
贵在纯真，心灵心志诚贞。

路上车声，噪噪未有止程。
引我思深，文明方向路程。

神恩丰盛，导引灵性旅程。
叩道诚真，向前万里奋骋。

山高水深，风光览尽清纯。
一笑雅芬，君子人格显盛。

世界沐春，吾持欢快心身。
清度时辰，叩道奋不顾身。

心志定当

2024-2-28

心志定当，窗外春雨正洒降。
红尘安祥，喜听喜鹊之鸣放。

碧柳舒黄，妙曼身姿堪欣赏。
读书无恙，品茗情志俱增长。

悠悠情肠，叩道人生吾奔放。
自由为上，不惹名利之污脏。

心襟淡荡，雅将爱情来渴望。
字里行间，丹心热血怀向往。

一笑清畅，阖家欢乐天伦康。
父母健壮，喜悦余心也扬长。

人生贞刚，不屈困障之拦挡。
展翅飞翔，万里江山入平章。

清度快乐人生

2024-2-28

清度快乐人生，清度快乐人生。
春夜空调暖温，写诗自我慰问。

五十九载一瞬，依然心志青春。
不屈世事红尘，努力叩道诚真。

笑意清展欣芬，不老是我心身。
焕发人生刚正，力战魔敌妖氛。

冲决世之围城，男儿豪勇十分。
傲立如山之正，领受神恩丰盛。

努力进步驰骋，风雨艰深何论。
旷展吾之精诚，著书写诗化人。

时节正值初春，夜深灿放华灯。
窗外春雨清骋，室内思想生成。

风声雨声

2024-2-29

风声雨声，难阻我进取人生。
风雨兼程，叩道吾奋不顾身。

浊世红尘，太多艰苦磨炼人。
旷展刚正，济度自己与世人。

初春届正，清寒依然袭击人。
早起时分，耳际雅听风雨声。

春已生成，风雨冷寒岂久盛。
太阳会生，晴和世界与人生。

时雨进行

2024-2-29

时雨进行，春来蓬勃我心襟。
清听雨吟，窗外喜鹊鸣振兴。

心志均平，体道人生吾奋兴。
广大无垠，宇宙奥秘矢探寻。

红尘艰辛，唯赖神恩赐丰盈。
男儿奋兴，努力叩道向前行。

关山峻岭，不过磨炼我身心。
笑意清俊，旷怀济世乐康平。

振志朗吟，舒出中心之豪情。
乐观清平，乐观文明之前进。

何必多云，静默清守我中心。
情志空灵，哦诗雅洁也秀俊。

春意和平

2024-2-29

春意和平，冷寒犹峻。
时雨进行，洒落空清。
悠悠品茗，读书尽兴。
裁思哦吟，一曲清新。

春意和平，柳芽芳青。
雨膏草劲，萌长尽情。

岁月飞行，不老心襟。
振志凌云，旷怀高兴。

努力散发心之光

2024-2-29

努力散发心之光，
人生正意昂扬。
风雨之中放哦唱，
情志激越奔放。

初春天气微寒凉，
中心火热舒旷。
正意向上万里闯，
修身无有止疆。

此生履尽艰与苍，
依然一笑爽朗。
荷负神恩丰且壮，
讴颂心地之间。

大风纵情以歌唱，
男儿豪勇顽强。
骋志诗书吾清昂，
清度秋春无恙。

身心康健享清壮，
诗书晨昏纵唱。
不老身心也悠扬，
体道人生安祥。

阖家平安幸福漾，
父母健康健壮。
天伦之乐欢无恙，
淡度秋春舒畅。

山水雄壮

2024-2-29

山水雄壮,春来得气正青苍。
心志慨慷,旷哦新诗舒气昂。

华灯灿放,春夜无比之温良。
清展思想,人生正意何奔放。

努力向上,前驱不计艰与苍。
身心澹荡,红尘客旅清度间。

高远天堂,彼处才有永生场。
圣洁情肠,修身向学奋向上。

人生贞刚,冲决风雨并风浪。
人格显彰,儒雅正直秋春间。

纵情哦唱,舒出一腔正意旷。
微笑浮上,得意豁怀何扬长。

晨鸡清唱

2024-3-1

晨鸡清唱,慨慷吾之情肠。
四更之间,春夜无比温良。

早起情旷,无法抑制情肠。
哦写诗章,舒出正意昂藏。

春来人间,万物生机勃放。
大好寰壤,领受神恩无限。

振奋襟房,矢志努力闯荡。
万里无疆,直抵天国家邦。

平旷人生

2024-3-1

平旷人生,振奋吾之精神。
努力驰骋,努力尽力奋争。

天地正春,万物生机兴盛。
焕发心身,清听晨鸡啼振。

展眼乾坤,大化运行沉稳。
神恩丰盛,赐下丰美无伦。

宇宙广深,奥秘探寻真正。
文明进升,永恒进步无伦。

雀鸟啼唱

2024-3-1

雀鸟啼唱,打动我心房。
春寒正当,爽风来悠扬。

红日东上,灿放其光芒。
碧野青芳,万物勃生长。

心怀昂扬,人生骋志向。
高远天堂,才是我向往。

雅思良长,诗书吾温让。
正直奔放,男儿挥强刚。

努力思想,文明去何方。
正见昂藏,烛照正前方。

素朴情肠,原无机与奸。
共缘启航,力避彼礁障。

扬帆遐方,波澜任茁壮。
心怀安祥,神恩敷广长。

远处笛唱，我心为之旷。
心襟感想，谱入新诗章。

34.广大集

春风清旷

2024-3-1

春风清旷，雀鸟欢鸣唱。
柳舒其黄，煦日洒光芒。

豪情万丈，正气何轩昂。
哦诗昂扬，正意蓬勃放。

红尘无恙，只是试炼场。
努力向上，不必计艰苍。

一笑安祥，泪水任潸淌。
神恩无限，足够我清享。

奋志之向，大同是理想。
和同万邦，人民乐无疆。

文明启航，永远恒向上。
奇迹造创，蒸蒸以日上。

清思中心生成

2024-3-1

清思中心生成，不离方刚中正。
雀鸟欢啼春，东风舒清纯。

品茗惬意时分，回思历史深沉。
不必泪流纷，鼓志奋前骋。

履尽山高水深，履尽困苦厄阵。
一笑持温存，人格显真正。

心志依然青春，不老是我心身。
努力往前奔，风光历纯正。

天地和平

2024-3-1

天地和平，阳光洒灿俊。
东风清新，野鸟欢啼鸣。

浴后爽清，我心自高兴。
品茗怡情，精神都奋兴。

写诗舒情，正意颇鲜明。
大化运行，天地生意劲。

神恩丰盈，颂赞歌于心。
体道振兴，努力向前行。

中心怀情，向谁舒分明。
一曲多情，一曲婉转吟。

心志康平，淡泊吾清宁。
修身奋进，永远不止停。

早起五更

2024-3-2

早起五更，心志生成。
远野鸡声，动我心身。
时值初春，犹有寒冷。
旷怀清骋，哦诗深沉。

早起五更，勃然心身。
人生振奋，万里行程。
山高水深，一笑清纯。
男儿豪正，雅思秉诚。

早起五更，内叩心身。
心光显盛，烛照宇城。
诗书秋春，朗哦晨昏。
谦和秋春，正直一生。

早起五更，微笑清生。
人生奋骋，不畏艰深。
红尘滚滚，大化运稳。
日月生成，文明永恒。

早起五更，心志清芬。
写诗意振，聊慰心身。
孤旅奋争，风雨兼程。
努力驰骋，旷怀雅正。

心志与谁交通

2024-3-2

心志与谁交通，孤旅骋尽英勇。
男儿纵展豪雄，不畏烟雨艰浓。
五十九载雨风，铸我意志沉雄。
一笑旷雅如风，正直儒雅心胸。

心志与谁交通，诗书骋我奋勇。
读书万卷入胸，参透造化中庸。
和平是我襟胸，无机心地情浓。
叩道奋展刚猛，悟彻圆明圆通。

心襟振兴发扬

2024-3-2

心襟振兴发扬，体道意取昂扬。
红尘滚滚浊浪，大化弄人慨慷。
我自鼓勇前闯，越过山水苍茫。
五湖归来何讲，矢将正气弘扬。

心襟振兴发扬，叩道人生向上。
清贫无有大妨，要在志取昂藏。
奔放秋春无恙，晨昏纵情哦唱。
君子人格培养，修身岂有止疆。

心襟振兴发扬，济世尽我力量。
努力发热发光，冲决暗夜茫茫。
文明进步无疆，神恩无比广长。
务须抓紧时间，努力发热发光。

雀鸟清鸣

2024-3-2

雀鸟清鸣，我心爽清。
阳光灿俊，和风来迎。
悠悠品茗，读书尽兴。
初春和平，碧柳芳青。

雀鸟清鸣，心志振兴。
人生前行，岂畏艰辛。
奋志凌云，踏实挺进。
豪情盈襟，正义刚劲。

清雅人生

2024-3-3

清雅人生，奋发吾之刚贞。
正义力遵，努力加强修身。
此际初春，早起正值四更。
微寒袭人，路上响着车声。

嗟此世城，大化太多弄人。
神恩丰盛，导引进入平正。

颂出心身，鼓舞情志前骋。
名利弃扔，高蹈心灵清芬。

挥洒热忱，救济世难十分。
博爱心身，努力诗书奋骋。

污秽须扔，持有清雅心身。
努力十分，才能进入圣城。

晨鸡清唱

2024-3-3

晨鸡清唱，脱俗人生吾悠扬。
早起上网，了解时事心地畅。

初春正当，时值五更之时间。
心志广长，振奋情志也昂扬。

胸怀宽广，正襟骋志撰华章。
济世之间，胸襟正意勃而张。

人生向上，一腔正气谁能挡。
寰球无恙，亿万人民俱欢畅。

惬意此际生成

2024-3-3

惬意此际生成，煦日洒正和温。
悠悠品茗意振，读书写诗清芬。

惬意此际生成，阖家天伦何温。
父母健康生存，领受丰沛神恩。

惬意此际生成，努力灵性旅程。
叩道奋不顾身，胜过魔敌凶狠。

惬意此际生成，战场凯歌声震。
努力圣洁灵魂，努力追求永生。

旷怀雅正

2024-3-3

旷怀雅正，清度我人生。
步履沉稳，努力奋前程。

山水雄浑，惬我之心身。
讴歌诚正，男儿展刚贞。

大化运稳，罪恶归消遁。
文明进升，如火之升腾。

春来和温，爽意东风呈。
雀鸟啼春，白云自在奔。

秉炬前行

2024-3-3

秉炬前行，冲决黑暗之境。
春已来临，中心充满高兴。

神恩无垠，导引进入康平。
人民振兴，文明阔步前进。

岁月进行，不老是我身心。
奋志凌云，诗书哦咏尽兴。

火热中心，不减是我激情。
哦诗爽清，灵动并且雅俊。

弘宣正道

2024-3-3

弘宣正道，步履迢迢。
不畏险要，奋志刚傲。
红尘逍遥，洒脱尘表。
男儿爽豪，振志远道。

振志远道，履历丰标。
风雨任嚣，兼程朗造。
心怀玄妙，叩道洒潇。
爽然一笑，乐在晨朝。

乐在晨朝，身心不老。
青春心窍，朗哦声高。
写诗风标，振意云霄。
济世不傲，谦贞情抱。

谦贞情抱，神恩丰饶。
灵程奋跑，试探任饶。
展颜微笑，豁怀清好。
春已来到，情志扬飙。

贞固持心

2024-3-4

贞固持心，一生奋进。
叩道清俊，儒雅芳清。
人格朗俊，道德遵敬。
修身力行，不畏艰辛。

不畏艰辛，男儿豪劲。
体道无垠，妙悟灵心。
读书多情，写诗讴吟。
济世之心，天地鉴明。

天地鉴明，公义盈心。
努力挺进，诗书经营。
春来心静，内叩心襟。
发为歌吟，一曲振兴。

创化人生

2024-3-4

创化人生，雅秉吾之纯真。
正直一生，力抛污秽十分。

创化人生，矢展吾之刚正。
冲决困城，旷飞万里征程。

创化人生，坚持学习晨昏。
朗哦声声，舒出吾之精诚。

创化人生，领受丰沛神恩。
奋行灵程，叩道不畏艰深。

创化人生，努力济世度人。
道德力遵，努力加强修身。

创化人生，谦和谦正秋春。
为人诚恳，大度宽以待人。

神创世界何恢弘

2024-3-4

神创世界何恢弘，灿烂无穷，
文明日隆，人民幸福旷歌颂。

世界进步永无穷，德操为重，
缔造大同，万国万邦乐和慵。

春来世界何恢弘，生意宇中，
万物勃蓬，山河雄壮堪讴颂。

心灵境界趋恢弘，正意心中，
修身操隆，君子人格怀襟胸。

放声朗哦吾歌颂，神恩恢弘，
赐福无穷，生而为人逍遥中。

奋赴前程情怀中，前景灿隆，
无比恢弘，光明沐浴阳光浓。

散发吾之心光

2024-3-4

散发吾之心光，人生矢志向上。
天阴东风爽畅，初春微有寒凉。

人生奋志贞刚，清展吾之顽强。
叩道挺身而上，不惧风雨艰苍。

天终会有阳光，神恩无限广长。
努力灵程奋闯，标的天国无恙。

红尘只是暂享，共缘旷去履航。
开心晨昏之间，豁达情怀雅靓。

心光此际朗照

2024-3-4

心光此际朗照，前路尽力行好。
不畏山高险要，振志奋发朗造。

此生不取骄傲，男儿谦和力保。
正直是我情操，向学朗哦昏朝。

心怀无比逍遥，叩道体道用道。
妙悟盈于心窍，矢沿正道奔跑。

不为名利所扰，清心守我静悄。
心光发出微妙，雅将山河照耀。

心志贞定

2024-3-4

心志贞定，博爱为怀奋前行。
奋志殷殷，叩道用道鼓干劲。

神恩丰盈，如同阳光洒清俊。
春风爽新，鼓舞万物都勃兴。

阖家康宁，正意良心持均平。
道德推行，诗书一生力经营。

奋发挺进，济世度人不止停。
兼程力行，风风雨雨慰心襟。

神恩无垠，赐下康庄路坦平。
讴颂于心，赞美秋春冬夏并。

正直心灵，不许伪饰来扰侵。
赤子丹心，总凭良知作先行。

写意人生

2024-3-4

写意人生，不老心性恒青春。
淡泊秋春，清心正意度晨昏。

此际夜深，四围静悄听雨声。
清思生成，明日惊蛰来访问。

美妙心身，平安蒙福神恩盛。
颂赞诚真，灵程奋发我力骋。

世事纷纭，大化运行何沉稳。
拨开云层，体会神意之真正。

叩道奋争，男儿豪勇兼刚正。
不畏险程，傲立如山之壮盛。

心志持贞，如松如柏矢挺正。
风雨任生，花开花落共缘骋。

春风伴雨生成

2024-3-4

春风伴雨生成，夜色正深，
檐前雨声，灯下清思纭纷。

中心颂赞神恩，力奋灵程，
叩道奋争，不畏飞驰年轮。

心志共风而骋，笑意清芬，
斑苍任生，心性不老青春。

丰富唯有神恩，如雨之润，
如风之骋，膏泽吾之人生。

诗书清度平生，笑傲乾坤，
著书等身，努力济世度人。

一任时光飞骋，不畏艰深，
风雨兼程，男儿威武雄浑。

振志人生

2024-3-5

振志人生，奋发向上力争。
春夜三更，醒转雅怀精神。

岁月进深，不老是我心身。
一笑纯真，依然赤子风神。

努力前骋，不为名利纷争。
轻装上阵，万里风云任生。

吾怀热忱，努力治病救人。
济世危困，挥洒热血青春。

神恩丰盛，鼓舞我奋驰骋。
山高水深，正好展我雄浑。

大道运稳，圆明圆融真正。
通达人生，方刚冬夏秋春。

闲雅人生

2024-3-5

闲雅人生，清度岁月缤纷。
惊蛰届正，细雨洒落纷纷。

秉心诚正，散步心志清生。
清心慰问，惬我心向意神。

努力前程，人生骋志乘春。
膏雨既生，万物生机勃盛。

感沛神恩，赐下如许福分。
颂出心身，矢志叩道奋争。

淡泊人生场

2024-3-5

淡泊人生场，我自悠扬。
定定复当当，品茗澹荡。

红尘是无恙，因缘来往。
圆明悟心间，振奋情肠。

春来柳先芳，碧波荡漾。
散步中心旷，清风来翔。

神恩赐广长，心怀力量。
清平生活间，修身昂扬。

纯朴人生

2024-3-6

纯朴人生，奢华矢志抛扔。
质朴心身，才能进入永生。

焕发真诚，务以道德为本。
努力修身，污秽尽力抛扔。

正志生成，春夜思想深深。
不可沉沦，不可放荡心身。

感谢神恩，时刻护佑深沉。
努力奋争，努力净化灵魂。

奔放心襟

2024-3-6

奔放心襟，正义吾凌云。
天气惜阴，旷听鸟啼鸣。

胸襟振兴，努力向前行。
男儿豪俊，济世鼓干劲。

旷怀无垠，神恩赐丰劲。
力斩魔兵，还我天下平。

仲春来临，碧柳摇其青。
我心高兴，讴歌这清平。

春野喜鹊欢鸣振

2024-3-6

春野喜鹊欢鸣振，朔风清生，
春寒犹盛，难阻生机之勃呈。

品茗心志吾清芬，休闲心身，
体道刚贞，人生奋发向前奔。

感谢神恩赐丰盛，导引灵程，
平安雅芬，欢乐悠度秋复春。

窗外雀鸟讴鸣振，惬我精神，
心志青春，展颜微笑吾意芬。

鸟语清新

2024-3-6

鸟语清新，惬吾之心襟。
春风爽劲，碧柳绽芳青。

天放新晴，我心为振兴。
红尘艰辛，骋志吾奋行。

神恩充盈，我心领安平。
读书怡心，妙悟何清俊。

淡淡定定，名利未许淫。
纵使清贫，也要心干净。

调心无恙

2024-3-6

调心无恙，振志人生场。
春仲正当，芳美田野间。

鸟自歌唱，风儿自在翔。
碧波清淌，生活享平康。

一笑澹荡，正见心地间。
名利虚诳，淡雅读华章。

人生奔放，叩道贞志向。
矢志向上，矢志旷飞扬。

奋发志向成人

2024-3-7

奋发志向成人，人生贵在自尊。
道德一生敬遵，晨昏致力修身。
时时捧心自问，不可欺天昧仁。
正直清度秋春，君子人格生成。

奋发志向成人，诗书沉潜深沉。
叩道用道秉诚，不可放荡心身。
为人最贵持贞，自我净化灵魂。
努力奋行灵程，神恩赐下丰盛。

心存仁义至为要   2024-3-7

心存仁义至为要，
道德力遵方好。
心志旷远展眼瞧，
万里风云朗造。

春夜四更起得早，
清哦吾之诗稿。
叩心自问修身俏，
知错速改为要。

厚德载物至为要，
刚正人生不傲。
力戒阴邪铭心窍，
坚持人格不倒。

雅持身心之俊俏，
向学奋身叩道。
一生神恩领丰饶，
矢沿正道奋跑。

定定当当人生场   2024-3-7

定定当当人生场，
人生体道昂扬。
力战魔敌与妖魍，
奋发意志向上。

红尘春来鸟歌唱，
东风舒其奔放。
振志万里长驱闯，
克尽一切艰苍。

善恶由来分两行，
杀伐必然应当。
一切邪恶归消亡，
正义必然恒昌。

神恩从来赐广长，
阖家享受安康。
向神颂赞理应当，
努力向前闯荡。

大道普覆天地间，
真理正道通畅。
圣洁心灵最堪奖，
永生幸福无疆。

一切妒忌是魔障，
必然败坏退藏。
真理光明似太阳，
照彻人心明亮。

日爽乾坤春意昂   2024-3-7

日爽乾坤春意昂，喜气洋洋，
喜气洋洋，大地人民俱欢畅。

神恩普覆真无恙，正义昂藏，
正义昂藏，修身养德启无疆。

世界乃是神所创，灵妙难详，
灵妙难详，圣洁心灵最堪奖。

奋发志向往前闯，关山雄壮，
关山雄壮，春来山河披盛装。

灵源丰沛兮神恩广长
2024-3-7

灵源丰沛兮神恩广长，
哦歌激昂兮春仲正当。
喜鹊清鸣兮振声高唱，
余意旷朗兮裁志奔放。
东风畅来兮田野碧芳，
老柳摇风兮新芽茁长。
身心欢愉兮颂神心间，
生活平康兮阖家安祥。

奋发是我人生
2024-3-8

奋发是我人生，叩道守我心身。
春来振奋心神，努力万里驰骋。
不畏山高水深，旷发豪情真正。
正直清度秋春，男儿爽雅诚贞。

奋发是我人生，方正一生沉稳。
不为水之蚀损，如同磐石坚硬。
大化运行深沉，丰沛领取神恩。
努力前面灵程，标的天国永生。

人生力致高尚
2024-3-8

人生力致高尚，春来心志清昂。
修身何其清芳，正义一生昂藏。

叩道努力向上，君子人格显扬。
晨风吹展奔放，鸟语一片旷畅。

鸟语一片旷畅，惬我心神意向。
柳烟舒展淡荡，河水清碧流淌。

世界正气轩昂，人生致力向上。
文明进步无疆，人类永恒昌旺。

云天清朗
2024-3-8

云天清朗，白云漫飘翔。
斜照在望，春风吹浩荡。

我自悠闲，读书写诗章。
阖家平康，父母健在堂。

展眼平望，柳烟正飘荡。
春仲正当，田野碧草芳。

好自快畅，心境入诗唱。
一曲昂扬，一曲是舒旷。

骋志人生
2024-3-9

骋志人生，四更醒转时分。
春夜温存，旷意著写诗文。

人生刚正，力战邪恶凶狠。
丰富神恩，导引心灵旅程。

叩道奋身，践履努力十分。
风雨历程，磨炼吾之诚正。

心灵雅芬，正如春花开盛。
努力修身，努力振奋灵魂。

35.庄严集

颂神理应当

2024-3-9

颂神理应当,创化天地无疆。
文明恒向上,开辟新境恒昌。

春意来人间,东风鼓其欢畅。
雀鸟振鸣放,惬意何其扬长。

读书吾悠扬,振奋情志前闯。
万里克险艰,男儿豪勇贞刚。

青天碧无恙,淡泊流云飞翔。
讴歌心地间,世界美好张扬。

亨正心地间

2024-3-9

亨正心地间,雅将春天歌唱。
东风吹清爽,惬听鸟之鸣放。

品茗吾快畅,写诗讴展襟房。
人生振意向,共春壮志昂扬。

朝日旷舒光,大地人民欢畅。
生意蓬勃放,碧野一片青芳。

淡荡情志扬,不为名利捆绑。
性天吾奔放,矢志叩道向上。

休憩身心

2024-3-9

休憩身心,雅将新诗哦吟。
书本抛屏,悠悠清品芳茗。

春来振兴,展眼天色青青。
悠行白云,鸟语何其温馨。

仲春情景,万物生机勃兴。
赞彼文明,大化运行何俊。

神恩丰盈,导引世界前进。
讴出中心,颂神歌咏多情。

努力贞固身心

2024-3-9

努力贞固身心,奋志追求灵明。
污秽矢抛清,正义必通行。

岁月旷展多情,不老是我心襟。
春来放歌吟,一曲旷入云。

叩道鼓志前行,真理一生仰景。
患难不要紧,神恩赐丰盈。

领受平安中心,清度岁月均平。
阖家欢无垠,父母健在庭。

漫天晴朗

2024-3-9

漫天晴朗,浴后吾清爽。
东风旷畅,阳光何奔放。

春仲正当,雀鸟放歌唱。
自由人间,生机体轩昂。

思想昂扬,人生振志向。
努力闯荡,努力奋向上。

情志安祥,领受神恩壮。
奋发飞翔,云霄径直上。

春仲正当

2024-3-9

春仲正当,锦绣江山生意壮。
煦阳洒放,耳际听得鸟歌唱。

东风舒旷,惬我情志双增长。
哦诗昂扬,胸怀志向何奔放。

体道向上,领略神恩之苗壮。
圣洁情肠,讴颂神恩理应当。

世界新样,碧柳妙展其青芳。
生意野间,清新田园若画仿。

志取凌云

2024-3-9

志取凌云,人生踏实修行。
春来意俊,煦阳洒在天顶。

东风旷行,田野清展碧青。
芳柳多情,摇摆舞其清新。

休闲意境,不忘读书怡情。
振奋心灵,加强修养才行。

叩道前行,知错速改刚劲。
稳步奋进,不改初衷良心。

未可过于操心

2024-3-9

未可过于操心,应当颐养胸襟。
无机才合要领,人生振志前行。
斜日辉光灿映,天上白云悠行。
淡泊清度安平,一笑灿然旷俊。

未可过于操心,操劳适度才行。
性命双修要紧,放飞心志凌云。
春色打动心襟,喜鹊放声高鸣。
爽风其来何清,雅哦新诗多情。

豪情于胸

2024-3-9

豪情于胸,叩道吾从容。
阳光襟中,力战彼魔凶。

岁月如风,老我以斑慵。
一笑于中,裁思旷无穷。

红尘汹涌,大化在运动。
振志前冲,万里破雨浓。

淡荡心胸,名利无意中。
体道持中,坚决往前冲。

奋志人生(之一)

2024-3-10

奋志人生,裁以时中生成。
中庸为本,过于激进勿论。

淡泊心身,务以道德为尊。
修身以恒,努力进步上升。

叩道秉诚,践履冬夏秋春。
神恩丰盛,赐福丰美无伦。

善良为本,正直清度人生。
恶念勿生,和美才能达成。

奋志人生（之二）

2024-3-10

奋志人生，颂赞神之恩。
努力灵程，奋发吾刚正。

春意清芬，喜鹊鸣声声。
朝日朗呈，东风吹畅盛。

浩志生成，叩道吾力争。
清度秋春，朗放哦读声。

写诗意振，人生旷志骋。
山水雄浑，惬我之意神。

宣和人生

2024-3-10

宣和人生，雅度此秋春。
正志生成，叩道吾力争。

世事缤纷，不变是神恩。
导引灵程，赐福何丰盛。

喜鹊鸣振，时节届仲春。
东风清纯，田野生机盛。

哦歌意奋，振志是人生。
努力前程，努力旷驰骋。

人生骋志前进

2024-3-10

人生骋志前进，穿越关山峻岭。
万里风光雄俊，惬我心志心灵。

此际东风旷行，雀鸟欢欣啼鸣。
仲春美好情景，草野清展芳青。

散步适兴以行，思想正如开屏。
历史奋发前行，大浪淘沙何劲。

鼓我英勇心襟，济世奋发前行。
不畏艰难险境，会有朗日天晴。

欢笑人生

2024-3-10

欢笑人生，众志以成城。
叩道奋争，立身以坦诚。

时值仲春，清夜思深深。
振奋精神，人生以力骋。

感谢神恩，赐福何丰盛。
导引灵程，妙美真不胜。

叩心自问，是否辜神恩？
笑意清生，不自欺秉诚。

妙悟人生

2024-3-11

妙悟人生，赞此和平宇城。
丰富神恩，赐下何其康盛。

时值仲春，万物生机显呈。
雀鸟声声，讴咏何其真诚。

心志清芬，人生向前奋争。
叩道秉诚，正直清度秋春。

微风拂人，讴此写意之春。
敬祝康盛，春播秋收丰登。

荣茂生成

2024-3-11

荣茂生成，春来万物挺盛。
东风清骋，鸟语何其馨温。

我心持正，读书写诗温存。
振志人生，矢志叩道奋身。

清度红尘，感谢神恩丰盛。
笑意清生，万类生机显盛。

奋我心身，真理一生追问。
大道雅正，敷覆天地秋春。

乐天知命

2024-3-11

乐天知命，吾何忧于中心。
春来天晴，喜鹊欢鸣振兴。

东风舒情，打动我之身心。
写诗怡情，自得悠品芳茗。

天下康平，人民雅享高兴。
道德昌兴，大道普覆宇庭。

振奋心襟，人生骋志前行。
穿山越岭，览尽风光清新。

叩道向上兮吾鼓志以昂扬

2024-3-11

叩道向上兮吾鼓志以昂扬，
不屈困障兮矢奋志以闯荡。
高天可上兮旷展翅以飞翔，
摩云松岗兮振翼径入霄间。

春来气昂兮惬意听取鸟唱，
东风清旷兮生意弥满宇间。
笑容清扬兮体道展志奔放，
文明成长兮前途无限光芒。

正直人生

2024-3-11

正直人生，恒以济世为己任。
叩道刚贞，合当奋不顾自身。

时值仲春，窗外鸟语啼纷纷。
心志诚真，写诗舒展吾心身。

岁月进深，青春心志依清芬。
向上力争，战胜困难矢前骋。

红尘滚滚，大化弄人桑沧阵。
一笑意奋，男儿豪勇立乾坤。

厚重是为人生

2024-3-11

厚重是为人生，一生感谢神恩。
努力灵性旅程，绝不放松修身。
奋展吾之刚贞，努力济世救人。
文明进步永恒，人类沐浴恒春。

厚重是为人生，德操尽力加增。
向学不畏艰深，书海扬帆启程。
振志遐方访问，坐拥东西书城。
书写时代新声，不负为人一生。

歌风以诚正兮

2024-3-12

歌风以诚正兮，颂赞真神。
创造此文明兮，创化人生。
功德何辉映兮，敬之以恒。
晨起啼鸟振兮，讴歌真诚。
仲春正亲临兮，寒不复呈。
振志以前骋兮，叩道奋身。
红尘任纷纷兮，不老心身。
歌风以诚正兮，持心礼神。

人生吉昌

2024-3-12

人生吉昌，春来惬听喜鹊唱。
煦阳洒放，东风吹拂意扬长。

心志奔放，人生矢志往前闯。
名利弃放，一腔正气吾何刚。

心怀安祥，叩道体道奋向上。
克尽艰苍，中心始终怀阳光。

济度时艰，总以道德为资粮。
神恩广长，赐我心灵以力量。

大道亨通

2024-3-13

大道亨通，正义吾情钟。
圣洁心胸，原不做孬种。

红尘汹涌，大化在运动。
持心凝重，坚决往前冲。

时值春仲，万物生意萌。
柳烟茏葱，惬我意重浓。

思发于中，济世吾和慵。
正道昌隆，神恩领无穷。

休憩身心

2024-3-15

休憩身心，体道吾均平。
东风舒情，山河壮无垠。

喜鹊欢鸣，振奋余心襟。
悠悠品茗，中心怀高兴。

岁月进行，仲春灿美景。
社会安宁，人民乐升平。

努力前行，体道无止境。
神恩丰盈，导引我前进。

玄挺人生

2024-3-16

玄挺人生，质朴且刚贞。
雀鸟啼春，清风来慰问。

柳烟生成，淡荡我心身。
天阴时分，爽快品茗芬。

读书怡神，振奋我十分。
叩道奋身，无机秉精诚。

一笑清生，人生奋志骋。
丰沛神恩，领受真不胜。

挺劲人生　　　　　　2024-3-16

挺劲人生，奋发以驰骋。
山高水深，旷展我精诚。

时近春分，生机田野盛。
碧草芳生，柳烟飘荡芬。

天正阴沉，东风吹清纯。
阖家馨温，乐享此天伦。

奋不顾身，叩道吾力争。
岁月进深，不老是心身。

挺秀人生　　　　　　2024-3-17

挺秀人生，春来茂发昌盛。
东风清纯，鸟语花香意奋。

心志纯正，叩道持心以诚。
步履前骋，不计山高水深。

天正阴沉，心灵爽雅十分。
万物兴盛，勃勃生机显呈。

红尘滚滚，不惧陶冶之阵。
一笑馨温，君子人格清芬。

极乐人生　　　　　　2024-3-17

极乐人生，雅秉吾之纯真。
春风清呈，惬我身心意神。

和美晨昏，叩道虔心敬神。
步履前程，神赐风调雨顺。

风鼓声声，远际鸟语可闻。
天惜阴沉，室内思发深深。

努力前骋，振志是我人生。
淡荡生存，不计名利十分。

闲情聊表　　　　　　2024-3-19

闲情聊表，人生振志洒潇。
东风吹逍，耳际一片鸟叫。

人生不傲，谦和是我情抱。
正意朗啸，声震天地穿霄。

红尘清好，不为名利所扰。
淡泊为要，努力奋发前道。

神恩丰饶，赐与我们吃饱。
叩道风标，格物裁思玄妙。

今日春分　　　　　　2024-3-20

今日春分，早起正值五更。
心志温存，惊讶时光飞奔。

感谢神恩，叩道容我奋身。
努力前程，努力灵性扬升。

努力修身，总以诚正为本。
立身坚贞，清澈是我灵魂。

大化运稳，向上唯一指针。
文明飞腾，变化日新生成。

日新日新又日新
2024-3-20

日新日新又日新,
努力保守良心。
正思正见盈心灵,
眼目清光辉映。

一生保守我心灵,
拙正并且雅清。
不为名利损心襟,
叩道奋展刚劲。

一切外缘力辞屏,
正意支撑胸襟。
展眼天际夕阳俊,
时光飞逝何迅。

今日正逢春分临,
田野碧柳摇青。
旷意东风吹清新,
适我心襟无垠。

持心雅正
2024-3-21

持心雅正,博爱为怀纵论。
感谢神恩,导引丰美灵程。

叩道奋争,向上奋我心身。
修心秉诚,德操尽量加增。

已过春分,东风旷意吹呈。
鸟语花芬,欣欣向荣十分。

众志成城,文明普覆乾坤。
正气上升,努力圣洁灵魂。

淡定人生场
2024-3-21

淡定人生场,未可慌忙。
共缘处安祥,心志奔放。

窗外正晴朗,啼鸟清唱。
风儿来爽畅,快我情肠。

自由之寰壤,万类荣昌。
仲春美无恙,柳烟淡荡。

品茗吾安祥,享受辰光。
不慌又不忙,内叩襟房。

休闲人生场
2024-3-21

休闲人生场,正义情肠。
淡泊吾安康,朗哦诗章。

挺志奋昂扬,力战邪奸。
修身吾向上,岂惧艰苍。

仲春何奔放,万类生长。
碧野正青芳,大好寰壤。

蓝天云飘荡,自由来往。
人生处安祥,名利弃放。

贞志旷扬长,共风同翔。
展眼天际苍,有鸟飞畅。

勿忘我理想,振意张扬。
一笑也舒畅,努力成长。

春仲既临

2024-3-22

春仲既临，雀鸟俱都欢庆。
喳喳清鸣，喜鹊最为多情。

东风来劲，爽我心襟意兴。
天日喜晴，万物生机挺俊。

岁月清平，雅品吾之芳茗。
读书怡情，加强修养身心。

人生前行，标的明于心灵。
风雨艰辛，兼程奋志挺进。

持正人生

2024-3-24

持正人生，未可稍有停顿。
努力前骋，文明进步永恒。

子夜时分，窗外鼓唱风声。
清思生成，感沛丰富神恩。

岁月进深，智慧应许加增。
返朴归真，大化原来弄人。

奉献真诚，矢志挥洒刚贞。
奉献热忱，奉献自我青春。

平实人生

2024-3-24

平实人生，保守意念纯真。
心怀坦诚，叩道风雨兼程。

时值仲春，惜乎天气阴沉。
东风旷生，惬我心志意神。

喜鹊鸣振，我心为之兴奋。
努力前骋，努力圣洁心身。

红尘滚滚，大化无比弄人。
牵手何人？矢将爱情寻问。

贞白人生

2024-3-24

贞白人生，雅守吾之纯真。
努力修身，努力圣洁灵魂。

天正阴沉，却有爽风慰问。
仲春时分，田野生机茂盛。

柳烟飘芬，雀鸟歌唱声声。
品茗意振，朗哦新诗温存。

一笑清纯，君子人格显呈。
奋志刚正，风雨阴晴不论。

恒以良善为本

2024-3-25

恒以良善为本，人生正义刚贞。
窗外春雨清生，欣喜万物兴盛。

东风何其清纯，惬我情志十分。
读书无比意振，悠悠品茗清芬。

人生向阳而生，努力加强修身。
叩道合当奋身，神恩无比丰盛。

努力奋行灵程，山高水深不论，
清度尘世滚滚，正直荣神益人。

芳华人生

2024-3-25

芳华人生，由我作主生成。
道德敬遵，孝为第一根本。

春雨绵生，春仲万物茂盛。
薄寒微冷，一使余心振奋。

岁月进深，不老是我青春。
心志旺盛，努力奋辟前程。

大千生成，丰沛唯是神恩。
叩道诚正，文明进步永恒。

人生未可浮躁

2024-3-26

人生未可浮躁，恒以静定为要。
春意旷展潇潇，雀鸟风中啼叫。

岁月清展丰饶，思想洒脱逍遥。
不为名利所扰，正志品茗怡抱。

淡泊盈于心窍，自我激励长跑。
叩道兼程朗造，不为风雨所恼。

展颜我欲微笑，写诗淡雅清妙。
人生正直风标，君子人格修造。

花开妍红

2024-3-26

花开妍红，雅将人生歌颂。
东风吹送，递来鸟语灵动。

柳烟清笼，春色六分已送。
惜春情浓，展眼田野茏葱。

岁月如风，赐我斑苍意慵。
奋展刚雄，男儿岂是孬种。

红尘汹涌，大化运其凝重。
一笑从中，共缘旷展行动。

春晴时分

2024-3-26

春晴时分，阳光洒照乾坤。
和风舒正，雀鸟啼其清芬。

感谢神恩，化创文明永恒
努力灵程，努力加强修身。

展我精诚，追求真理奋身。
红尘滚滚，未许迷烟生成。

笑意清纯，人生挥洒刚贞。
道德敬遵，叩道体道秋春。

36.畅达集

雅持吾之身心

2024-3-26

雅持吾之身心，人生矢志辟新。
文明恒永前进，创化生生不停。

此际阳光鲜明，仲春旷展美景。
东风和愉心襟，喜鹊高声大鸣。

田野多么芳青，生机昂然爽劲。
我心欢乐无垠，品茗心怀奋兴。

挺志我要前行，穿越关山峻岭。
文明恒永前进，大化桑沧叠并。

人生悠悠扬扬

2024-3-26

人生悠悠扬扬,心襟如花之放。
斜晖朗照堂堂,东风尽情舒畅。

欢欣盈于心间,正志如此刚强。
努力向前闯荡,风光无比奔放。

春已来到人间,美好欢乐无恙。
雀鸟尽都鸣放,花儿多情开芳。

阖家享受平康,神恩无比广长。
心灵怀有力量,矢沿灵程前闯。

踏青无恙

2024-3-26

踏青无恙,闲去田野游逛。
雀鸟歌唱,二月梨花洁芳。

粉蝶飞翔,采蜜菜花之间。
烂漫野间,农人护田正忙。

熙熙尘壤,大地生机奔放。
老柳舒芳,鞭丝拖曳正长。

心境悠扬,呼吸清风快畅。
斜照朗朗,一片和平景象。

人生阔步前进

2024-3-26

人生阔步前进,奋将真理追寻。
正心诚意最要紧,
污秽矢志抛清。

此际斜照正明,春风吹得清新。
心志旷展正多情,
耳际惬听鸟鸣。

红尘是多艰辛,文明奋发挺进。
走过曲折之路径,
依然蓬勃振兴。

焕发新的生命,自我成长要紧。
振奋情志矢前行,
不怕穿山越岭。

适意人生安祥(之一)

2024-3-26

适意人生安祥,雅将新诗歌唱。
天色黄昏阳光靓,
喜鹊高声鸣唱。

心志悠悠扬扬,不为名利所诳。
定志是在山水间,
读书写诗意放。

红尘是多险艰,引起吾之遐想。
文明进路趋何方?
如何克险向上?

男儿怀有贞刚,矢将真理寻访。
一生叩道力奔放,
正直并且阳刚。

适意人生安祥(之二)

2024-3-27

适意人生安祥,品茗悠悠意放。
惜福理应当,释然心地间。

人生奋志慨慷，裁思哦咏诗章。
东风吹奔放，天阴无所妨。

田野菜花开芳，金黄灿其色相。
我心为之欢畅，激情盈于襟房。

心怀意念平康，神恩切莫稍忘。
叩道矢志向上，不惧风雨艰苍。

人生正气昂扬

2024-3-27

人生正气昂扬，一生力求方刚。
心怀乘春鼓荡，共彼清风悠扬。

喜鹊高声鸣唱，声入大化穹苍。
天阴无妨快畅，淡泊盈于襟房。

不为名利所诳，定志叩道向上。
不惧风暴雨狂，洒然一笑定当。

时光飞逝迅忙，韶华惜于心间。
未可耽于安祥，努力骋志奔放。

心志无比清好

2024-3-27

心志无比清好，未可庸人自扰。
东风吹来荡浩，雅听春禽鸣叫。

品茗吾意洒潇，春来畅开怀抱。
情志同风逍遥，欢快哦诗微笑。

人生骋志不傲，向阳是我心窍。
努力奋行前道，不惧关山叠造。

岁月逝如飞飙，不必惧怕苍老。
青春心志刚傲，开辟新境微妙。

万里风云茁壮

2024-3-27

万里风云茁壮，振奋精神前闯。
男儿纵展豪强，一生体道奔放。

此际长风吹旷，此际天阴鸟唱。
此际菜花金黄，此际柳烟飘荡。

心怀无比昂扬，努力奋志向上。
人生只有一场，未可甘于消亡。

叩道路途漫长，风雨舒其艰苍。
一笑中心爽朗，天终会有晴朗。

振志人生疆场

2024-3-27

振志人生疆场，未可消极颓唐。
实干显豪强，努力奋向上。

此际春风鼓荡，万物尽都生长。
体道吾强刚，挥洒热血上。

东风何其奔放，雀鸟鸣其欢畅。
快慰心地间，骋志天涯向。

汗水绝不白淌，会有秋收盈仓。
男儿奋发闯，山水越青苍。

茂挺人生

2024-3-27

茂挺人生，焕发吾之真诚。
春风吹盛，一片鸟语花芬。

清度世尘，不为名利所乘。
淡泊心身，雅洁清持十分。

时既仲春，天气和暖清芬。
爽我意奋，况复品茗时分。

时光飞骋，人生易老黄昏。
寸光惜珍，努力修心奋争。

步履人生
2024-3-27

步履人生，心志茂发昌盛。
海棠开芬，仲春美景妙呈。

散步行正，市井和平繁盛。
东风清纯，惬我心志意神。

岁月进深，老我斑苍何论。
胸怀坦诚，一腔正气刚贞。

努力灵程，风风雨雨不论。
文明扬升，进步无有止程。

踏踏实实人生
2024-3-27

踏踏实实人生，须以勤俭为本。
奢华可不成，败坏心与身。

春日天正阴沉，爽风却来慰问。
心志正清芬，诗意中心生。

人生奋发刚正，努力步履灵程。
身心春来振，旷怀共风腾。

不老心志生成，向阳情志青春。
处世是缘分，叩道务奋身。

世界舒其苍茫
2024-3-28

世界舒其苍茫，感慨从心而上。
东风吹浩荡，喜鹊放高唱。

悠然哦取诗章，爱人切莫稍忘。
正志人生场，共缘吾遨翔。

春色媚于人间，最喜菜花金黄。
灿烂吾心房，蓬勃意飞扬。

坦坦荡荡安祥，步履前途昂扬。
心地何所装？圣洁裁志刚。

桃花恣意开放
2024-3-29

桃花恣意开放，蓝天白云淡荡。
东风吹得浩旷，散步心兴奔放。

心曲向谁弹唱，孤旅独自昂扬。
人生共风闯荡，山水履历清苍。

心志骋出张扬，人生若花之放。
百年岂是久长，弹指华年逝殇。

婉转一笑清扬，不老是我襟房。
愿化飞云飘荡，自由掠过天苍。

爽正人生
2024-3-30

爽正人生，道德一生敬遵。
晨起意奋，爽听喜鹊鸣振。

春仲时分，花香鸟语清芬。
叩道诚贞，努力奋行灵程。

振奋精神，不为名利驱骋。
山高水深，显我男儿精诚。

岁月进深，老我斑苍不论。
傲骨坚正，不屈不挠生成。

挺立人生

2024-3-30

挺立人生，不做奴才是真。
努力修身，正志更加刚贞。

时值仲春，欣喜群花开盛。
雀鸟啼芬，聊以解我忧困。

大千红尘，总赖丰沛神恩。
天国永生，才有福分真正。

人生历程，磨炼意志十分。
岁月进深，应许豁达才成。

心志旷展昂扬

2024-3-31

心志旷展昂扬，冲决一切困障。
春意正其奔放，鸟语伴以花香。

率意哦咏诗章，舒出情志张扬。
人生若花之放，男儿不老襟房。

实干显我豪强，振志人生疆场。
不为名利缰障，骋志天涯无羔。

百年真似瞬间，淡荡一笑扬长。
东风惬我意向，裁思无比浩荡。

喜鹊既喳鸣兮日出以殷殷

2024-4-1

喜鹊既喳鸣兮日出以殷殷，
东风以舒情兮裁志以歌吟。
漫野菜花金兮海棠复开俊，
桃花正清新兮惬余意无垠。
人生唯多情兮孤旅以挺进，
山水阅苍清兮一笑持淡定。
谁为余知音兮天地以骋情，
独立思清劲兮沐爽风灵清。

寂寞人生疆场

2024-4-1

寂寞人生疆场，心曲向谁弹唱。
春来意昂扬，舒发我心芳。

红尘抛弃万丈，清心守我襟房。
读书品茗间，悠悠情志旷。

人生百年不长，回思应有苦怅。
一似水流殇，一似花开放。

天气清喜晴朗，仲春丽美景象。
心志合开朗，裁思合奔放。

心志雅然开朗

2024-4-1

心志雅然开朗，春风吹来正旷。
煦日洒清朗，雀鸟尽啼唱。

岁月舒展旷放，人生情志增长。
一笑吾昂扬，一笑展澹荡。

逝去年华不伤,未来正自广长。
合展我力量,合舒我奔放。

心怀道德向上,努力加强修养。
写诗我意畅,宣发吾情肠。

世宇苍茫

2024-4-1

世宇苍茫,心志向谁唱?
一笑淡荡,风雨中闯荡。

红尘艰苍,苦旅中自强。
回首感放,哦诗复铿锵。

自弹自唱,人生不迷茫。
骋出强刚,骋出我奔放。

黄昏即将,斜照展苍茫。
生活安常,挺志奋发闯。

人生维艰

2024-4-2

人生维艰,心志雅持清昂。
奋发闯荡,不畏山水远长。

岁月奔放,老我似乎瞬间。
一笑顽强,体道无比贞刚。

名利虚妄,合当弃之尽光。
正志向上,领略生辰景象。

苦痛抛光,豁怀清取昂扬。
淡定扬长,坚持端方立场。

雅听喜鹊清鸣

2024-4-3

雅听喜鹊清鸣,心志旷然爽清。
春雨绵绵经行,田野一片葱青。

浴后心怀高兴,品茗怡我心襟。
生活享受安宁,抛开思虑纷纭。

人生奋发前行,百年生命飞迅。
斑苍并不要紧,思想浩入霄云。

勿为名利缠紧,合当放飞身心。
叩道体道清劲,一笑爽然雅清。

正志容我凌云,诗书一生浸淫。
红尘任其艰辛,努力披荆前进。

世事遁入烟云,往事记忆犹清。
只是时光飞迅,旧有无法找寻。

坦荡是我身心,未可停止追寻。
生命意义要紧,努力穿越烟云。

淡雅是我心境,自我安慰心灵。
努力矢向前行,不计山高水劲。

世界存其苍茫

2024-4-3

世界存其苍茫,雅将真理寻访。
孤寂无人探望,深山幽兰相仿。

春已盈满人间,桃花烂漫开放。
东风鼓其奔放,雨后细嗅清芳。

雀鸟骋志歌唱,自得乐其欢畅。
人生追寻理想,思想共春鼓荡。

情志雅持安祥,哦诗舒我情肠。
岁月旷自流淌,中心叹息良长。

悲悯人生

2024-4-3

悲悯人生,心志从心生成。
春意正盛,雀鸟惬鸣纷纷。

我意纯真,清度冬夏秋春。
岁月进深,追寻真理奋骋。

情怀昌盛,不老心志清纯。
努力奋争,努力傲立刚正。

红尘滚滚,演绎故事深沉。
不必理论,内叩心弦哦芬。

时有心疼,时有痛楚十分。
淡定心身,努力奋我真诚。

向天追问,人生意义真正。
思索深深,哦咏新诗清芬。

心志无比苍茫

2024-4-3

心志无比苍茫,淡荡盈于襟房。
向上尽力量,人生怀贞刚。

红尘雅放万丈,人生却是匆忙。
转眼已斑苍,时光飞逝殇。

未可久耽悲伤,奋发情志昂扬。
天阴朔风荡,鸟语鸣清爽。

时值仲春无恙,明日清明来访。
桃柳争艳旷,最喜菜花黄。

此际心志清好

2024-4-3

此际心志清好,人生雅放潇骚。
春风吹荡浩,惬听鸟鸣叫。

裁取心志哦了,一腔正气刚傲。
红尘徒扰扰,名利何足道。

诗书是我嗜好,哦咏雅发风骚。
人生堪可表,德操最为要。

修心之路迢迢,克尽艰难险要。
试探任艰饶,洒脱吾微笑。

夕照闪射苍茫

2024-4-3

夕照闪射苍茫,我心为之开朗。
心境向谁唱?自我慰襟房。

心怀光明太阳,洒脱是我情肠。
悠悠放哦唱,一曲自情长。

春色明媚人间,漫野葱茏景象。
老柳自飘荡,粉蝶采花忙。

生活合当讴唱,人生百年飞旷。
惜时理应当,正意充襟肠。

漫野芳青

2024-4-3

漫野芳青,柳穗落地多情。
风吹清新,散步悠悠尽兴。

蓝天白云,有鸟高飞成群。
惬余心襟,欣此仲春美景。

鸟语娇俊，打动我的身心。
生活和平，乐享心境安宁。

敞怀讴吟，舒出人生振兴。
矢辟新境，矢向天涯奋行。

杨柳梳风

2024-4-4

杨柳梳风，散步纵我从容。
桃花正红，有鸟飞掠天空。

心兴情浓，向谁呼出苦痛。
孤旅之中，沐尽烟雨苍浓。

抛开苦痛，淡泊盈于心胸。
清听鸟颂，享受此际清风。

人生如风，逝去年轮空空。
记忆垂永，化为芳美心中。

于岁月苍茫之上

2024-4-6

于岁月苍茫之上，
清骋我的昂扬。
此际蓝天云飘荡，
清喜东风吹旷。

雀鸟雅自放歌唱，
愉悦余之襟房。
假日悠悠品茗间，
一任时光流淌。

红尘豪情纵万丈，
不为名利狂猖。

清心自守诗书间，
明慧秋春无恙。

淡荡盈满我襟房，
春来放我哦唱。
鸟语花香天地间，
明媚吾之心肠。

红尘履历艰苍

2024-4-6

红尘履历艰苍，心怀光明太阳。
百折不挠奋前闯，
一路悠放歌唱。

行旅未许匆忙，心怀定定当当。
人生百倍展强刚，
男儿是块好钢。

此际清听鸟唱，此际享受风畅。
此际情思多激荡，
此际品茗意扬。

时值晚春无恙，心事抛开苍茫。
正志支撑我思想，
风雨之中闯荡。

骋志人生疆场

2024-4-6

骋志人生疆场，心怀淡淡荡荡。
远抛机巧诈奸，中心清澈无恙。

向阳是我襟房，人生正直昂扬。
不畏险途艰苍，努力旷发奔放。

百年履尽苍茫，依然一笑爽朗。
春来勃发志向，哦取新诗张扬。

人生并非梦乡，华年留有诗章。
记录余之思想，应可垂之久长。

斜照既清朗兮余意持慨慷
2024-4-6

斜照既清朗兮余意持慨慷，
东风旷悠扬兮喜鹊欢鸣放。
清坐展思想兮情志余昂扬，
阖家享平康兮吾心也悠扬。
耽于彼诗章兮镇日以哦唱，
人生怀理想兮苦痛须抛光。
春色正舒放兮田野茂青苍，
蓝天云飘荡兮余欲奋飞翔。

苍茫清展吾意向
2024-4-7

苍茫清展吾意向，
人生奋志向上。
红尘故事演无恙，
弹指华年逝殇。

此际晚春正值间，
晨朝鹊鸣响亮。
小风其来多清爽，
惬余心志无疆。

奋辟新境往前闯，
不为名利失陷。
振志男儿多慨慷，
热血始终流淌。

清心裁志哦诗章，
共彼东风悠扬。
淡荡心地无机奸，
君子人格显彰。

繁花似锦
2024-4-7

繁花似锦，东风吹展清新。
煦阳娇俊，晚春洒脱心襟。

中心高兴，况复悠悠品茗。
读书怡情，振奋余之心灵。

红尘艰辛，履尽苦楚酸境。
一笑淡定，人生共缘而行。

放飞心情，欲共鸟掠天顶。
旷志无垠，岂为名利所禁。

不肯曲折身心
2024-4-7

不肯曲折身心，人生奋志凌云。
暮色苍茫烟景，晚春东风多情。

写诗吁我心襟，裁取心志清俊。
此生不图利名，奋发身心要紧。

正义立场坚定，努力风雨兼行。
微笑应许爽清，豁怀原也空灵。

人生百年情景，思想旷入青云。
端正余之身心，叩道一生刚劲。

傲骨刚正

2024-4-8

傲骨刚正，不肯卑媚事人。
春已缤纷，满眼桃红柳芬。

雀鸟啼春，写意东风畅骋。
早起时分，天气惜乎阴沉。

已值晚春，时光飞逝何珍。
斑苍惜生，少年心志依呈。

红尘滚滚，大化运动永恒。
微笑清生，努力风雨历程。

人生只是维艰

2024-4-8

人生只是维艰，苦旅振志昂扬。
天苍地广任我闯，
悠悠放我哦唱。

晚春天阴无恙，繁花正自开放。
百鸟鸣唱自在间，
东风写意悠扬。

清享岁月平康，不为名利奔忙。
收敛心境诗书间，
求取智慧宝藏。

只是时有痛伤，却向何人可讲。
孤旅挺进烟雨间，
不必嗟叹凄凉。

天阴无有碍妨

2024-4-12

天阴无有碍妨，喜鹊高声鸣唱。
晚春百花开芳，田园荣美景象。

悠悠品茗哦唱，舒出我的情长。
人生饱经艰苍，依然一笑爽朗。

红尘清度安祥，中心不起卓浪。
名利吾无意向，清心享受风旷。

岁月是有安康，淡泊情怀雅靓。
诗书清骋无恙，著书记录思想。

海棠落英缤纷

2024-4-12

海棠落英缤纷，樱花却自开盛。
晚春风吹纯，雀鸟惬啼振。

天阴无妨意振，写诗自我慰问。
红尘任滚滚，清心吾秉诚。

岁月奋自进深，老我斑苍何论。
人生客旅程，心情宜雅芬。

抛开缠累纷纷，名利无益心身。
淡荡度生辰，一笑旷无伦。

37.绿山集

云天舒展多情

2024-4-12

云天舒展多情，人生振奋心襟。
东风旷吹行，雀鸟都啼鸣。

休闲吾之心灵，淡淡且品芳茗。
快慰于心襟，坦腹以哦吟。

晚春百花开屏，田野妙丽情景。
昌茂生意劲，老柳摆芳青。

生活雅享和平，最贵适意开心。
名利合辞屏，清贫不要紧。

旷雅是余身心
2024-4-12

旷雅是余身心，人生振志凌云。
穿越崇山峻岭，抛开苦痛前行。

此际天气又阴，爽来东风多情。
心怀淡荡清平，不为名利分心。

雅守吾之清贫，诗书一生用心。
男儿合展刚劲，笑傲尘世风云。

小鸟欢欣高鸣，打动余之心襟。
生活应当开心，抛开苦痛前行。

爽意人生
2024-4-13

爽意人生，总赖信仰诚真。
子夜三更，灯下哦咏清芬。

春夜温存，思想旷展清正。
心事生成，却向谁人细论。

孤寂人生，展眼心地痛疼。
努力前程，努力叩道奋骋。

时光飞奋，我已斑苍深沉。
一笑意振，依持纯洁十分。

旷怀雅正
2024-4-13

旷怀雅正，舒出吾之痛疼。
春夜思深，哦诗一泻真诚。

人生难论，只是行旅之程。
飞逝何奋，笑我霜华清呈。

往事叩问，烟云锁定深深。
未来瞻骋，不计山高水盛。

红尘滚滚，演绎大化精准。
淡荡生成，共缘力去驰骋。

只是心疼，诗中难掩时分。
谁来慰问，谁来伴我孤灯。

百年人生，惊叹迅若一瞬。
应许温存，应许旷展心身。

悠悠情肠
2024-4-13

悠悠情肠，向谁细加弹唱。
春夜温良，雅将孤寂品尝。

四更无恙，灯下清展思想。
人生昂扬，不为困厄所障。

性光明亮，名利徒属欺诳。
慧意心间，努力万里驱闯。

百年艰苍，清持一笑淡荡。
生非梦乡，积淀思想盈仓。

天阴爽风进行

2024-4-13

天阴爽风进行,淡定听取鸟鸣。
晚春多风情,百花俱开俊。

淡泊是余心襟,此生不惹利名。
悠悠度生境,享受心安宁。

岁月奋然前行,老我霜华清映。
豁然之身心,诗书哦空灵。

人生履尽患境,依然身心劲挺。
中心怀高兴,微笑展分明。

逸意旷然生成

2024-4-13

逸意旷然生成,容我笑意缤纷。
天阴爽风逞,清听鸟语声。

阖家雅自欣芬,安度冬夏秋春。
天伦乐无伦,欢乐度晨昏。

旷放心志云层,不为名利绑捆。
人生贵奋骋,努力修心身。

时节正届晚春,万花开得繁盛。
享受此平正,享受此春氛。

夜晚灿华灯

2024-4-13

夜晚灿华灯,爽风清生。
时正值晚春,远际歌声。

心志处平正,一笑清生。
岁月任进深,我意安稳。

红尘徒滚滚,淡定心身。
诗书润心神,振意前骋。

不必嗟艰深,清度秋春。
正直奋刚贞,男儿秉诚。

清志人生场

2024-4-14

清志人生场,容我哦昂扬。
窗外鸟雀唱,东风舒奔放。
振志读诗章,婉转舒意向。
人生傲立间,不为名利狂。

清志人生场,人生我悠扬。
岂为物欲障,清静吾意闲。
体道学文章,著书录思想。
百年真飞殇,笑我已斑苍。

清志人生场,未可逐黄粱。
贞定叩道藏,闲时品茗畅。
花开花落间,时光任飞扬。
霜华不必讲,一笑吾淡荡。

清志人生场,自由最堪奖。
性光当明亮,人生怀理想。
世事多混帐,人情属污脏。
化外存意向,清风两袖间。

清志人生场,正直吾昂藏。
履尽风与霜,依然意强刚。
真理矢寻访,跌倒一笑扬。
世界是战场,百炼成好钢。

清志人生场,天阴听鸟唱。
晚春正值间,清赏花开放。

田野生机昂，怡悦余襟房。
多言不必讲，适意哦华章。

心志平静
2024-4-14

心志平静，窗外暮雨正烟凝。
灯下思清，小哦新诗以适情。

暮春情景，落英缤纷损心襟。
月季开俊，一使余意持开心。

岁月清平，不惹名利怀雅情。
诗书经营，品茗读书陶心灵。

振志前行，人生览尽彼层云。
斑苍之境，万事看开豁无垠。

樱花怒放
2024-4-15

樱花怒放，惬余之意向。
喜鹊鸣唱，爽风正悠扬。

天阴无妨，心志怀阳光。
人生向上，不必计关障。

晚春之间，田野茂荣昌。
舒我感想，舒我正气昂。

红尘无恙，清度吾雅爽。
名利弃放，高蹈水云间。

惬意清度人生
2024-4-15

惬意清度人生，挥洒吾之刚贞。
此际鸟语啼振，爽风吹来清纯。

烂漫值此晚春，百花开屏真正。
我心雅发热诚，哦诗舒出情忱。

红尘浊浪滚滚，太多奸险斗争。
何不清心怡神，遁向水云清芬。

岁月日渐进深，斑苍无妨情诚。
人生客旅行程，悠放哦唱声声。

逸意旷然生成
2024-4-15

逸意旷然生成，心事向谁纵论。
晚春风吹骋，雀鸟啼鸣振。

天喜放晴时分，享受慵和心身。
品茗惬意生，哦诗舒心芬。

向阳情志清骋，人生万里奋争。
艰苍任成阵，我志出红尘。

叩道履尽艰深，依然奋展刚正。
绝无卑媚生，傲立在乾坤。

悠悠扬扬人生
2024-4-15

悠悠扬扬人生，旷听雀鸟啼纯。
东风来慰问，时节值晚春。

天阴无妨心神，振志是我人生。
努力奋前程，努力行得正。

感谢天父鸿恩，导引吾之灵程。
胜过魔敌纷，胜过试探深。

微笑清展雅芬，豁怀岂是有伦。
乐彼天与人，大道力叩问。

远际又嚓歌唱
2024-4-15

远际又嚓歌唱，暝色正当，
华灯灿放，春风清展扬长。

心志焕然成章，悠扬情肠，
淡荡襟房，岂为名利狂猖。

骋志天涯遐方，男儿豪刚，
不屈艰苍，傲骨如同铁钢。

一笑清展澹荡，人生奔放，
穿关夺障，风雨等闲之间。

时近五更鸟清唱
2024-4-16

时近五更鸟清唱，宛转复悠扬。
早起五更情志畅，能不哦华章。

路上车声已震响，生活费平章。
人生万里迎难上，一笑也安祥。

悠悠心境共谁讲，自弹复自唱。
五十九载若飞殇，赢得华发苍。

清度人生客旅间，如云之飘荡。
不执名利理应当，学取水流畅。

正直良知不稍减，宁愿守痴狂。
沉潜诗书乐哦唱，声动天地间。

只是人生终梦乡，雅自共缘翔。
百年生死一瞬间，德操力加强。

推窗闻蛙唱
2024-4-16

推窗闻蛙唱，鸟语亦悠扬。
五更之时间，春夜何温良。
早起心境爽，清风雅嗅香。
哦诗复扬长，裁志水云间。

推窗闻蛙唱，阁阁颇安祥。
惬我意无限，况复鸟呼扬。
晚春快心肠，生活清度间。
天人享和畅，乐此清平乡。

芳春美好
2024-4-16

芳春美好，有絮轻轻飘。
紫燕飞绕，喃喃何娟妙。

东风洒潇，惬意听啼鸟。
樱花正饶，月季倍妍娇。

我自意骚，况复品茗妙。
写诗不了，舒出情与窍。

远抛烦恼，百年如飞造。
斑苍惜老，振志犹刚傲。

晚春时节意飞扬
2024-4-16

晚春时节意飞扬，清听鸟唱，
享受风旷，清坐品茗何安祥。

只是年轮泻狂猖，老我斑苍，
一笑淡荡，人生正如走马场。

清心雅守我襟房，正志慨慷，
诗书平章，哦咏晨昏秋春间。

时有忧伤袭心房，抛弃应当，
合当弃光，轻装行走人生场。

风风雨雨是寻常，弹指桑沧，
变了人间，五十九载一瞬间。

展眼天际正晴朗，有鸟飞畅，
有絮轻扬，世界正似一画廊。

最喜父母俱健康，阖家安祥，
和乐守常，清平生活最堪赏。

时起风云心地间，男儿豪刚，
傲立茁壮，顶天立地旷无疆。

落日西山展夕照
2024-4-16

落日西山展夕照，苍茫此尘表。
清听宿鸟之啼叫，写意东风潇。

晚春时节何美好，漫野生机饶。
菜花金黄柳摇飘，大千是画稿。

清思勃发朗哦了，舒出情志好。
人生振意万里遥，努力风雨道。

百年生死付逍遥，心境吾洒潇。
名利合抛合弃掉，刚正是情操。

人生振奋情肠
2024-4-17

人生振奋情肠，心志不取张扬。
落花烂漫间，雀鸟欢鸣唱。

东风惬我意向，哦诗顺理成章。
舒出志昂扬，舒出情奔放。

履尽人生坎艰，依然一笑爽朗。
红尘清度间，不惹名利脏。

展眼田园画廊，紫燕归来飞翔。
畅意人生场，从容品茗间。

旷怀无比雅正
2024-4-17

旷怀无比雅正，清裁心灵时分。
红尘任滚滚，保守我纯真。

清听雀鸟鸣振，享受写意风骋。
时节值晚春，落英洒缤纷。

不为名利而争，淡泊清度晨昏。
诗书哦清芬，正直度秋春。

微微一笑意振，洒脱心志十分。
世事不必论，只是共缘奔。

爽风清来开意境
2024-4-18

爽风清来开意境，天气喜朗晴。
明日谷雨又来临，时光惊飞迅。

鸟语啾啾鸣不停，百花畅开屏。
幽香袭人惬心灵，新诗纵哦吟。

休闲人生吾怡情，读书品芳茗。
岁月清度情志殷，男儿怀远情。

人生振志以远行，风雨任艰辛。
未可耽于安乐境，努力奋挺进。

正义人生奋刚贞

2024-4-18

正义人生奋刚贞,
惬听啼鸟兴奋。
午时阳光洒清纯,
蓝天白云飘纷。

花红柳碧爽意神,
时节清届晚春。
东风清畅诗生成,
人生容我纵论。

五十九载一转瞬,
赢得华发清生。
呵呵一笑也雅芬,
淡泊是我心身。

喜鹊高声以鸣振,
赞此世界人生。
百年生死不沉沦,
标举真理真诚。

回思平生风雨盛,
辗转桑沧艰深。
不必泪雨稍生成,
男儿意志雄浑。

瞻望未来余意振,
高远天涯力骋。
抛弃名利合轻身,
才能赢得全胜。

高蹈心志水云芬,
冲决利锁名困。
胸中清意旷无伦,
包含大千宇城。

此际清坐思纭纷,
爽雅清新裁成。
远野有蛙清啼振,
点缀环境十分。

爽风清来惬意向

2024-4-19

爽风清来惬意向,听得蛙鼓唱。
阁阁一片发清响,我意转悠扬。

谷雨今日正相访,漫野鸟鸣放。
天上流云自在翔,有鸟掠天旷。

自由意志最堪奖,人生奋志向。
顶天立地豪情壮,悠悠哦诗章。

人生百年不漫长,匆匆时光淌。
清持豁怀与淡荡,正意作导航。

天人大道一生访,心得入诗间。
红尘客旅不嗟怅,水云容惬享。

人生履尽坎与艰,一笑依清朗。
雅意共风长驱闯,天地容放旷。

多言何必不须讲,浪漫未许忘。
不许名利肆狂猖,清贞持意向。

天际风云多激荡,风发作交响。
清坐写诗泻流畅,心曲向谁讲。

天气阴晴不定
2024-4-19

天气阴晴不定,爽风旷自进行。
耳际小鸟娇鸣,远野阁阁蛙吟。

心志心怀镇定,享受此际安宁。
不为名利分心,诗书容我经行。

人生是一旅行,一路风光清俊。
应怀大好心情,边走边唱尽兴。

红尘是有艰辛,更当奋志凌云。
男儿豪勇心襟,正直一生坚定。

田野旷来风
2024-4-19

田野旷来风,清展吾之笑容。
鸟语并蛙颂,点缀世宇妙浓。

品茗意趣浓,诗意袅起清空。
敞心以哦讽,诉出吾之襟胸。

岁月泻飞猛,老我斑苍心慵。
七彩之心胸,依然激情汹涌。

努力往前冲,天涯风光灿宏。
绝不做孬种,傲立昂道挺胸。

履历人生吾多情
2024-4-19

履历人生吾多情,
悠悠旷展心襟。
此际东风吹尽兴,
有絮袅袅飞行。

鸟语花香怡心境,
合放吾之高吟。
舒出人生之豪俊,
男儿怀有远情。

谷雨时节天气阴,
心志雅享均平。
人生努力以前行,
不为名利锁禁。

微微一笑清无垠,
胸中涵有水云。
百年生死非梦境,
留有诗章堪凭。

暮雨纷纷
2024-4-19

暮雨纷纷,谷雨时节今届正。
东风清骋,野境鸟语鸣何芬。

灯下思深,人生正志以生成。
努力前程,抛弃名利吾轻身。

百度秋春,飞度正如一转瞬。
不必惊震,应许安祥度晨昏。

忧闷合扔,剩有情志诗书骋。
一笑温存,儒雅心襟旷无伦。

时雨激烈进行
2024-4-19

时雨激烈进行,心志吾均平。
灯下哦诗尽兴,振志旷凌云。

谷雨今日喜临，晚春惬心境。
人生悠悠怀情，骋思入哦吟。

生活雅享安宁，此生不计贫。
读书沉潜生平，慧灯燃亮明。

一笑爽然雅清，豁怀正轻盈。
不惹尘世利名，高蹈余心襟。

云天多情
2024-4-20

云天多情，容我放歌吟。
长风吹行，晚春惬意境。

落红堪惊，不必怀不平。
人生多情，容易伤了心。

振志前行，山水越无垠。
悠悠歌吟，舒出兴与情。

苍了双鬓，依然怀激情。
展眼天阴，清听鸟之鸣。

樱花凋零
2024-4-21

樱花凋零，月季却开俊。
晚春风景，东风舒多情。

早起振兴，惬听鸟之鸣。
天气喜晴，旷意盈心灵。

红尘艰辛，奋志以前行。
穿越困境，前路有坦平。

百年生命，悠悠放歌吟。
行旅坚定，远方灿风情。

鞭炮声鸣，打动余之心。
淡泊品茗，心志入诗吟。

草野凝青，柳舞也尽兴。
生活和平，清贫不要紧。

坎坷生平，回忆若电影。
共缘而行，坦荡持心襟。

一笑清新，豁达正无垠。
桐花灿俊，点缀彼野境。

畅意心襟，呼吸风爽清。
正义心灵，努力奋挺进。

傲骨刚劲，原无卑可云。
诗书盈襟，哦咏舒心灵。

天气阴晴是不定
2024-4-21

天气阴晴是不定，鸟语殷殷，
东风尽兴，天上白云悠悠行。

晚春清品此芳茗，我心多情，
读书怡情，何妨声震入流云。

生活淡荡且和平，微笑浮映，
不求利名，清心享受此安宁。

五十九载飞如影，剩有苍鬓，
依然多情，男儿独立怀远景。

雅意人生
2024-4-21

雅意人生，诗书度命是真。
时值晚春，爽风飞絮成阵。

雀鸟啼纯，蓝天白云飘纷。
品茗怡神，读书使余意振。

月季花芬，幽香正是怡人。
岁月飞奔，不必计较艰深。

客旅行程，不许名利袭人。
清贞心身，君子男儿刚正。

人生情怀吾振兴
2024-4-21

人生情怀吾振兴，雅思均平，
悠看白云，晚春时节飞絮行。

天气阴晴任不定，惬听鸟鸣，
享受风清，漫野菜花黄犹俊。

周日休闲自怡情，淡品清茗，
读书尽兴，不计时光之逝行。

老我斑苍一笑凝，人生飞迅，
桑沧叠劲，雅裁心志入诗吟。

寂寞人生场
2024-4-23

寂寞人生场，悠听鸟鸣唱。
品茗振意向，新诗哦昂藏。

晚春风光靓，东风吹清爽。
月季最清芳，幽香侵人肠。

时有忧与伤，谁慰余襟房。
百年匆匆放，烟雨一生艰。

坎坷不回放，只是往前闯。
风光入平章，诗意中心漾。

人生徒梦乡，名利是黄粱。
合向水云间，品味烟澹荡。

天际烟云漾，淡淡有悲怅。
微笑清起间，应取豁奔放。

心志持中
2024-4-24

心志持中，惬意彼晴空。
东风吹送，晚春鸟鸣颂。

朗日当空，品茗兴无穷。
裁意哦讽，舒出我情浓。

人生空空，回首应沉痛。
百年若梦，烟雨越重浓。

神恩无穷，导此灵程冲。
破雨沐风，努力振心胸。

38.旺达集

天气初热燥
2024-4-24

天气初热燥，旷怀清好。
写意东风潇，传来鸟叫。

蓝天青可表，有鸟飞高。
月季开未了，芳香俊俏。

心境向谁表，写诗骚骚。
晚春将近了，时光飞飘。

人生趋苍老，淡雅一笑。
红尘胡不好，客旅逍遥。

爽风清来惬意境

2024-4-24

爽风清来惬意境,鸟语均平,
蓝天碧青,晚春田野展风情。

读书品茗享心境,妙语哦吟,
舒出心灵,人生由来振意兴。

红尘艰辛不必云,谁不知情,
奋志凌云,努力穿山又越岭。

岁月飞行是多情,老了双鬓,
一笑淡定,尘世原来属浮云。

芳春渐老

2024-4-24

芳春渐老,木香行将开了。
雀鸟鸣叫,写意东风何骚。

鸟纵飞高,自由青天堪表。
孤寂心窍,写诗自我慰劳。

读书怡抱,任从时光飞渺。
心怀不老,人生犹可笑傲。

斜日朗照,和暖世界美好。
情怀聊表,舒出一腔孤傲。

暝色重浓

2024-4-24

暝色重浓,苍烟四野罩笼。
宿鸟鸣颂,自得乐其轻松。

灯下哦讽,写诗舒出沉痛。
人生空空,唯余大化奋勇。

斑苍惜重,身心持正和慵。
依然情浓,依然志取沉雄。

只是苦痛,时常袭击心胸。
愿来清风,带走余之沉重。

惬听啼鸟

2024-4-26

惬听啼鸟,天上白云漫飞飘。
东风洒潇,清喜木香盛开了。

朗日晴照,品茗意气自逍遥。
鸟纵飞高,自由天地何美妙。

身心高蹈,漫向诗书求深造。
名利弃抛,余有心志水云道。

红尘扰扰,太多俗物争着闹。
吾持微笑,旷怀清雅观云飘。

心志平静

2024-4-27

心志平静,淡眼暮烟结凝。
夕照清俊,蓝天幻化白云。

东风清劲,晚春适我心襟。
微笑清映,此生不为利名。

雅守清贫,诗书一生用劲。
正直芳清,绝无卑媚可云。

傲然劲挺,力战魔敌妖兵。
神恩丰盈,导引灵程前进。

正义情肠
2024-4-28

正义情肠,力战魔敌妖奸。
一笑爽朗,任从身负重创。

世界无恙,神恩赐下广长。
努力向上,克己私欲贞刚。

红尘狂荡,太多利锁名缰。
合当弃光,水云中心流淌。

天阴风狂,田野春禽鼓唱。
愉悦心间,新诗纵情哦放。

儒雅心襟
2024-4-28

儒雅心襟,壮志纵展凌云。
清听鸟鸣,享受晚春风清。

天气正阴,爽雅是余心境。
读书怡情,况复悠悠品茗。

身处清贫,依然浩志凌云。
不屈艰辛,不屈困障险情。

红尘多辛,劳我大块经营。
叩道多情,努力修养身心。

芳春情涨
2024-4-28

芳春情涨,惬意听鸟唱。
东风悠扬,爽我情无限。

天阴无恙,品茗读华章。
舒发情肠,新诗灿成章。

岁月飞旷,霜华渐清涨。
一笑澹荡,人生共缘翔。

红尘狂荡,机关并暗枪。
应持清向,遁向水云间。

祥和心襟
2024-4-28

祥和心襟,淡眼天之阴。
雀鸟啼鸣,东风爽多情。

晚春情景,木香正开盈。
田园茂境,生机盎然兴。

我自怡情,读书哦振兴。
阖家安宁,神恩感心灵。

努力前行,不计风雨劲。
一笑爽清,人生雅无垠。

蛙鼓阁阁宜清听
2024-4-28

蛙鼓阁阁宜清听,天气惜阴,
细雨经行,爽风其来也清新。

晚春木香开尽兴,洁白芳清,
惬我心灵,写诗聊舒中心情。

生活安稳余多情,读书沦茗,
哦诗怡心,况闻鸟语畅空灵。

感发中心向谁云,孤旅奋进,
不图利名,人生最贵是清心。

苍茫人生
2024-4-29

苍茫人生，雅持志向纯真。
鸟语啼纯，夕照洒在乾坤。

时值晚春，东风吹来温存。
散步兴生，哦咏新诗清芬。

人生刚正，不屈名利之阵。
傲骨铮铮，力战虎狼凶狠。

笑意生成，豁怀正是无伦。
旷志驰骋，岂惧山高水深。

夕照苍茫
2024-4-29

夕照苍茫，鸟飞自由入青苍。
东风舒扬，惬我情怀真无限。

木香绽芳，青青小桃正成长。
晚春风光，丰美田园是画廊。

一笑淡荡，人生正志天涯向。
诗书平章，体道男儿恒苴壮。

红尘无恙，人生正是走马场。
名利弃光，剩有情志水云间。

履历红尘
2024-4-29

履历红尘，赢得心襟痛疼。
春风清生，此际暝色重沉。

灯下思深，人生奋志而骋。
轻装上阵，不许名利扰纷。

持志刚正，冲决滚滚红尘。
一笑清生，男儿豪勇十分。

应抛心疼，遁向田野清芬。
诗书潜沉，寻觅智慧深深。

心志生成
2024-4-29

心志生成，惬听远际之歌声。
时值暮春，天黑城市灿华灯。

岁月飞骋，老我霜华不必论。
一笑温存，豁达人生不沉沦。

展志驰骋，穿越艰苍与困顿。
振意刚贞，男儿原也儒雅芬。

清贫不论，修心体道在晨昏。
淡荡生存，不计名利雅十分。

苦痛抛扔，高蹈情志水云芬。
傲立诚正，若松虬劲撑乾坤。

谦和心身，向学自我求慰问。
秉烛前奔，穿越山水觅清纯。

逸意生成
2024-5-1

逸意生成，蓝天云烟纷呈。
雀鸟啼纯，写意东风爽神。

休憩心身，人生品茗时分。
秉心真诚，读书写诗意振。

时值暮春，田野芳美正盛。
木香开芬，惬我心志意神。

清度红尘，不惹名利是真。
清心怡神，享受平静晨昏。

阳光洒照

2024-5-1

阳光洒照，惬意听啼鸟。
白云逝飘，晚春何美好。

我自高蹈，品茗意气逍。
红尘扰扰，清心乃为要。

诗书怡抱，惬我情怀俏。
阖家康好，神恩感丰饶。

田园画稿，春茂何芳妙。
有絮飘飘，自在且洒潇。

奋志人生道

2024-5-1

奋志人生道，山水险峭。
五湖归来早，爽然一笑。

世事多纷扰，持心静悄。
闲时品茗道，读书清好。

此际听啼鸟，爽风怡抱。
暮春景物饶，鸟纵飞高。

斜晖是朗照，白云流飘。
世界存美好，用心寻找。

夕照舒光

2024-5-1

夕照舒光，蓝天云飞荡。
晚春无恙，情志俱增长。

叹息良长，落红堪惊怅。
喜鹊鸣唱，又使余意扬。

谈谈家常，生活品味间。
清贫无妨，要在正义昂。

努力向上，修心尽力量。
红尘狂荡，名利矢拒抗。

蓝天清爽

2024-5-1

蓝天清爽，云烟复飘荡。
鸟纵歌唱，晚春真欢畅。

有风鼓放，惬吾之意向。
心志安祥，读书意洋洋。

夕照闪光，市井和平漾。
生活安常，清心吾悠扬。

叩心奔放，振意作诗章。
身处尘壤，心怀水云乡。

约身自重（之一）

2024-5-1

约身自重，吾岂为名利所动。
修心持中，淡泊秋春冬夏中。

晨昏哦讽，写诗舒出情志浓。
向往云风，向往自由搏长空。

心志清空，彩霞眼目劲光涌。
不屈恶凶，奋发刚勇矢前冲。

雨雨风风，华年弹指轻逝送。
心怀从容，若梅破寒开绽中。

流光飞骋

2024-5-2

流光飞骋，又值此残春。
木香开盛，雀鸟雅啼纯。

天晴时分，和平盈宇城。
小风和顺，田野碧且芬。

心怀纯正，人生奋前奔。
山高水深，磨炼我刚贞。

岁月进深，斑苍不必论。
一笑温存，傲骨持铮铮。

心志苍茫

2024-5-2

心志苍茫，淡眼尘世桑沧。
鸟清啼唱，残春风儿爽朗。

红尘无恙，人生百年疆场。
搏击艰苍，正邪对垒争强。

神恩广长，赐我心灵力量。
傲立贞刚，力战恶虎凶狼。

努力向上，不为物欲捆绑。
眼目清亮，闪现清纯天良。

心志淡荡

2024-5-2

心志淡荡，仰看云天苍茫。
阳光洒放，残春温和无恙。

鸟语欢畅，自由自在飞翔。
风吹奔放，惬我意向情肠。

清品茗芳，袅起诗意襟肠。
一曲激昂，倾出正义襟房。

人生不妄，远辞利锁名缰。
诗书哦唱，是为性命之粮。

心志茁壮

2024-5-2

心志茁壮，力战恶与奸。
不屈虎狼，男儿傲立间。

天喜晴朗，雀鸟放歌唱。
云烟飘荡，写意东风扬。

晚春之间，田野荣茂昌。
桐花犹放，木香洁白芳。

情志舒畅，写诗适意向。
一曲张扬，一曲激情旷。

喜鹊高声唱

2024-5-2

喜鹊高声唱，惬余意向。
晚春天晴朗，喜悦心间。

休闲持情肠，新诗哦唱。
纵展志昂藏，不屈艰苍。

人生奋马闯，山水万方。
不必恋故往，未来广长。

红尘走马场，客旅之间。
勿为名利诳，清心雅靓。

修心奋向上，心襟茁壮。
依然怀理想，不计斑苍。

展眼鸟飞旷，田园画廓。
振我男儿刚，万里驱闯。

爽风清新
2024-5-3

爽风清新，蓝天清秀彼白云。
朗日天晴，喜鹊喳喳以大鸣。

休憩心襟，无非读书兼品茗。
朗哦声清，何妨声震入霄云。

名利无心，修心雅秉吾闲情。
田园亲近，不惹世俗之浮云。

身处清贫，心灵心志吾安宁。
一笑淡定，任从霜华满头凝。

淡眼云烟纷
2024-5-3

淡眼云烟纷，爽风吹呈。
时既值暮春，百鸟啼纯。

心志已生成，人生纵论。
读书惬意神，朗哦声震。

大化运平稳，桑沧成阵。
人生百年奔，冲决困城。

名利是害人，如绳缠捆。
合当弃而扔，旷飞云层。

自由之心身，如风吹逞。
向往田园芬，体道修身。

一笑也清芬，儒雅人生。
心志持安稳，淡度红尘。

蠢物闹嚣
2024-5-3

蠢物闹嚣，世界好热闹。
吾守静悄，清心听啼鸟。

东风洒潇，白云漫自飘。
田园青好，适意撰诗稿。

春将尽了，木香开正俏。
爽意襟抱，诗书哦清好。

洒脱情抱，不为名利扰。
吾意逍遥，素朴如芳草。

爽风进行
2024-5-3

爽风进行，田园如此清新。
漫天白云，悠悠自在飘行。

鸟语空清，点缀世宇安平。
人生多情，容易伤了心襟。

朱夏将临，时光飞逝殷殷。
笑我苍鬓，笑我身心孤零。

努力前行，人生翻山越岭。
振志挺进，不屈艰苍困境。

遁世无闷
2024-5-4

明日立夏，春尽矣，聊写新诗，
自我慰问。

遁世无闷，保守吾之天真。
一生真诚，履尽风雨艰深。

春尽时分，清听鸟语啼纯。
东风慰问，惬我心志意神。

神恩广盛，导引丰沛灵程。
冲决魔阵，力战虎狼凶狠。

心志馨温，君子人格修成。
努力前程，努力天涯驰奔。

又值天之阴

2024-5-4

又值天之阴，爽风清新。
雀鸟以啼鸣，开我心境。

悠悠以品茗，人生多情。
明日立夏临，春去伤情。

红尘是艰辛，劳我经营。
百年生命劲，叩道秉勤。

努力以耕心，诗书哦吟。
人生振意兴，傲立坚挺。

约身自重（之二）

2024-5-4

约身自重，名利吾弃之清空。
清贫之中，允许我笑意灵动。

物欲狠凶，害人入其网罗中。
水云清风，惬我意向以无穷。

春风吹送，传来野禽之鸣颂。
裁意哦咏，呼出正义之情浓。

淡定从容，一任人生多雨风。
霜华任重，情怀依然不苟同。

休憩心身

2024-5-4

休憩心身，何许嗟叹生成。
春去时分，田野鸟鸣清纯。

东风清骋，惬我情志十分。
一笑意振，人生心志清芬。

红尘滚滚，太多故事生成。
百度秋春，几多悲喜纷呈。

感谢神恩，导我心灵旅程。
沤出心身，努力荣神益人。

爽意心襟

2024-5-4

爽意心襟，为因名利俱辞屏。
高蹈心灵，趋向诗书并水云。

春风多情，鸟语啾啾惬意兴。
悠悠品茗，享受生活之芳清。

正义身心，力战魔敌并妖群。
神恩丰劲，导引灵程旷前行。

努力修心，清雅安度此生平。
不计利名，不入尘世之因循。

心志旷然生成

2024-5-4

心志旷然生成，听取鸟语纯正。
春天已辞十分，明日立夏届正。

生活和平馨温，不惹名利是真。
雅守清贫秋春，读书写诗意振。

依然心怀热忱，向往天涯驰奔。
冲决物欲困阵，心志雅然清芬。

品茗悠然兴生，哦诗热情时分。
展眼天际云层，有鸟高飞驰骋。

红尘徒扰扰

2024-5-4

红尘徒扰扰，我心高蹈。
东风写意潇，春已经老。

爽意听啼鸟，百啭媚娇。
适意持襟抱，品茗逍遥。

人生容易老，霜华笼罩。
更应鼓志跑，天涯朗造。

名利不紧要，合当弃抛。
清贫即颇好，雅持心窍。

正义人生

2024-5-4

正义人生，雅持信仰诚真。
叩道奋争，不为名利所乘。

清度秋春，雅洁是余心身。
哦唱声声，写诗抒发真诚。

人生刚贞，远抛俗世浮尘。
清贫一生，不减傲骨铮铮。

天惜阴沉，时光惊叹飞骋。
鸟语温存，残春芳美无伦。

履历红尘

2024-5-4

履历红尘，何许畏惧艰深。
神恩丰盛，赐下平安福分。

努力前骋，一路放歌清纯。
振我精神，力战虎狼凶狠。

春去无声，天气又惜阴沉。
风呼成阵，雀鸟雅自啼纯。

写诗怡神，舒出自我精诚。
正直人生，仰赖丰沛神恩。

天阴无妨心朗晴

2024-5-4

天阴无妨心朗晴，
细雨任其洒均平。
清思旷发哦中情，
春去心境持淡定。
已知人生类浮云，
应持清心若白云。
努力修心奋上进，
不计利来不计名。

天阴无妨心朗晴，
人生振志奋前行。
明日朱夏又来临，
野外鸟语啼清新。
爽风清来怡心境，
哦诗长舒中心情。
清贫不减我心兴，
诗书沉潜有意境。

暮雨生成

2024-5-4

暮雨生成，春去是无声。
心志秉诚，哦诗吐心身。

振志红尘，不为名利争。
惬意人生，胸怀水云芬。

一笑纯正，人生雅十分。
冲决困城，冲决迷雾阵。

淡定秋春，豁怀是无伦。
斑苍清生，依然怀诚真。

39.创意集

闲情聊表

2024-5-5

闲情聊表，朱夏来到了。
风雨潇潇，田园茂青草。

我自遥遥，读书怡情抱。
品茗意逍，哦诗亦良好。

人初苍老，容我开怀笑。
尘世扰扰，名利合弃掉。

清贫就好，正义吾风标。
不屈不挠，矢志万里遥。

关山越了，风光是大好。
五湖归早，身心犹朗俏。

爽风来到，雨中响啼鸟。
新诗撰了，却向谁人表。

正志人生

2024-5-5

正志人生，原不屈鬼魅妖氛。
冲决困城，冲决这世俗雾阵。

微风来呈，细雨清洒鸟啼纯。
立夏今正，休闲身心持风神。

感谢神恩，导引人生奋前骋。
不畏高深，标的天国求永生。

修身秉诚，力战彼仇敌缤纷。
凯归天城，圣洁清持是心身。

红尘滚滚，流年逝去不复论。
展眼前程，风光大好且丰盛。

一笑清生，悟彻世界并人生。
名利弃扔，高蹈身心水云芬。

天气阴晴颇不定

2024-5-6

天气阴晴颇不定，鸟语传情，
东风爽清，初暑风光怡心境。

我自读书兼品茗，悠悠心襟，
淡观流云，人生共缘朗去行。

红尘太多艰与辛，奋志凌云，
踏实追寻，叩道领略深意境。

此生不图利与名，享受清贫，
享受淡定，倾我心志入水云。

心情聊表

2024-5-6

心情聊表，人生吾清好。
不骄不躁，努力奋前道。

正义洒潇，刚劲若松傲。
君子情抱，诗书哦昏朝。

名利弃掉，余心以高蹈。
水云情操，旷达若云飘。

清听啼鸟，初暑风光好。
小风来骚，品茗意雅俏。

暑风爽清

2024-5-6

暑风爽清，不必惊叹流年殷。
雀鸟多情，自在飞翔且啼鸣。

天气正阴，天际苍烟且飘行。
田园茂青，一片葱茏之象俊。

我意空清，读书写诗持意境。
正意盈襟，不屈艰苍奋前行。

微笑浮萦，人生豁达共缘行。
百年生命，任从如电复如影。

小风清来开意境

2024-5-10

小风清来开意境，心地爽清，
惬听鸟鸣，初暑田园饶芳情。

心志雅持均与平，不图利名，
诗书经营，清度岁月也多情。

时光飞逝若电影，不计斑鬓，
依然振兴，努力奋发万里行。

微笑清浮也雅净，趋向水云，
松风涤心，共彼大化同运行。

旷怀良好

2024-5-10

旷怀良好，惬意听取彼啼鸟。
天气晴好，蓝天青碧风逍遥。

我自意潇，品茗读书何骚骚。
情志发了，哦点新诗也倩巧。

初暑微妙，万物生机尽茂饶。
月季芳好，青青小桃茁壮造。

洒脱尘表，不为名利所骚扰。
淡泊情窍，清度日月吾微笑。

烟雨重浓

2024-5-11

烟雨重浓，旷意容我哦讽。
初暑情浓，惬意品茗从容。

心志清空，不许名利肆凶。
清贫之中，享受读书意浓。

岁月如风，流年使余感动。
回首空空，唯余记忆久永。

奋向前冲，男儿当展勇猛。
天涯情钟，风光定然凝重。

尘世雨风，洗涤余之心胸。
一笑灵动，此生不做孬种。

傲骨如松，洒然迎雨斗风。
淡定之中，修身上进奋勇。

遁世何闷

2024-5-11

遁世何闷，保守吾之天真。
时雨洒呈，惬意听取鸟声。

微笑浮逞，人生雅淡心身。
名利弃扔，高蹈心志精神。

读书时分，何妨声震云层。
品茗意振，聊写新诗怡神。

初暑清芬，月季开得正盛。
不必惊震，落红漫地缤纷。

清度人生

2024-5-11

清度人生，勿为名利奋身。
淡泊红尘，应许清心生成。

惬意书城，何妨哦咏缤纷。
写诗真诚，记录余之心身。

百度秋春，飞逝真如一瞬。
豁怀清芬，早已觑破世尘。

大化运稳，世界桑沧叠成。
宇宙永恒，矢将真理叩问。

雨已止停

2024-5-11

雨已止停，惬意听取鸟鸣。
风来爽清，怡我心襟意兴。

袅起雅兴，新诗纵情哦吟。
舒出奋兴，舒出人生干劲。

初暑清新，淡荡情志开屏。
悠悠心灵，雅洁并且空清。

一笑浮萦，快慰是余心情。
天气仍阴，爽凉世界妙境。

鸟歌多情

2024-5-11

鸟歌多情，爽风其来清新。
散步经行，初暑天气正阴。

岁月进行，笑我华发斑鬓。
惬意心襟，不减少年豪情。

努力前行，人生朗度阴晴。
困障克清，淡定万里风云。

雅思空灵，诗书一生经营。
正志凌云，此生不为利名。

落日舒光

2024-5-11

落日舒光，雨霁天开复晴朗。
休憩心肠，耳际鸟语清啼唱。

岁月飞旷，心怀意念向谁讲。
孤旅扬长，因我名利俱弃放。

时有苦怅，天人大道费思想。
正意情肠，原不屈于邪与奸。

田园风光，惬我情志并意向。
清风来翔，爽洁余之襟与肠。

逸意生成

2024-5-13

逸意生成,惬听啼鸟鸣清纯。
品茗意振,悠悠哦诗也雅芬。

飘逸云层,有鸟纵飞唤声声。
写意红尘,初暑风光何妙胜。

有絮飞奔,有风吹旷怡心神。
清思生成,化为新诗舒精诚。

人生纵论,勿为名利所绑捆。
清贫意芬,遁向田园并书城。

斜照既朗絮飞扬

2024-5-13

斜照既朗絮飞扬,
清听野鸟之啼唱。
东风清来旷意向,
读书品茗吾悠扬。
历尽人生是坎苍,
爽然一笑裁志昂。
百折不挠是好钢,
男儿傲立若松岗。

斜照既朗絮飞扬,
日常生活享安祥。
雅知清贫磨志刚,
奋发毅豪向前闯。
山水履历多险障,
淡然情思入诗章。
人生百年持漫浪,
不为名利而狂猖。

流风舒爽

2024-5-15

流风舒爽,品茗余意持悠扬。
白云淡荡,写意初暑月季芳。

鸟鼓欢畅,惬我情意真无限。
逸意扬长,享受生活之平康。

红尘奔放,演绎不尽是桑沧。
百年瞬间,弹指华年逝流殇。

笑我斑苍,不减中心少年狂。
一笑舒扬,君子人格蔼然彰。

傲骨刚正

2024-5-15

傲骨刚正,矢志冲决虎狼阵。
英武心身,原无卑媚可怜生。

神恩广盛,导引灵程迈平正。
风雨生成,爽然一笑持温存。

红尘滚滚,此生不惹名利纷。
遁向山村,沐浴松风惬意神。

清坐思深,人生百年何所奔。
灵魂永存,努力叩道以修身。

有絮飞狂

2024-5-16

有絮飞狂,清心听鸟唱。
白云悠逛,蓝天青碧旷。

品茗澹荡,名利无意向。
清贫何妨,我有书万方。

初暑风光，七彩月季靓。
惬品茗芳，悠然哦诗章。

时光逝淌，老去何所妨。
修心雅闲，人生享扬长。

休闲无恙

2024-5-16

休闲无恙，人生振意向。
清听鸟唱，享受风悠扬。

蓝天广长，白云飘而荡。
写意尘壤，风光何清靓。

岁月飞旷，世事不必讲。
人生贞刚，修心恒向上。

努力奔放，努力叩道藏。
努力闯荡，努力展阳刚。

云天澹荡

2024-5-16

云天澹荡，野境鸟飞翔。
东风爽朗，惬意真无上。

坦腹哦唱，自得乐无恙。
时光飞殇，不计老斑苍。

宛转鸟唱，点缀此安祥。
心境温让，人格力修养。

何必奔忙，名利徒欺诳。
定定当当，步我人生场。

微笑浮上，情怀雅且旷。
道德倡扬，卑媚力扫光。

大千广长，神恩赐无量。
灵程向上，力战魔与魍。

初暑之间，月季开娟靓。
小桃成长，青青正茁壮。

我意扬长，身心享安康。
清贫无妨，诗书漫平章。

逸意红尘

2024-5-17

逸意红尘，不惹名利是真。
东风清生，容我惬听鸟振。

岁月进深，心志未许沉沦。
努力振奋，努力万里行程。

傲骨刚正，不屈虎狼凶狠。
神恩广盛，赐我平安福分。

清贫不论，诗书尽情驰骋。
哦咏真诚，舒出心地清芬。

挺志人生

2024-5-18

挺志人生，奋发吾之刚贞。
傲骨铮铮，力战鬼魅凶狠。

野禽啼振，畅意凯风吹呈。
晴朗时分，初暑风光何胜。

我自意芬，读书品茗温存。
雅洁心身，原不沾惹世尘。

笑意清生，男儿豪勇旷正。
修心秉诚，矢志正直立身。

天气初燥

2024-5-19

天气初燥，爽风吹荡浩。
有絮轻飘，有鸟恣鸣叫。

小满明到，时光惊飞飙。
人生不老，情怀犹俊俏。

红尘险要，履尽是烦恼。
清心为要，清贫不紧要。

诗书笑傲，傲骨是钢造。
不屈不挠，努力往前跑。

关山峻峭，风光历大好。
开怀一笑，正气舒洒潇。

岁月逝飘，初暑风光饶。
月季芳好，金银花开俏。

持正人生

2024-5-19

持正人生，雅将真理循遵。
两军对阵，力战魔敌凶狠。

感谢神恩，赐下平安福分。
努力灵程，努力万里驱骋。

心志清芬，向阳尽力开盛。
鸟语温存，惬我情意十分。

初暑届正，东风旷吹纯正。
岁月进深，心志不老青春。

红尘滚滚，未可稍陷沉沦。
尽力奋争，挺立如松之贞。

笑意清生，人生自我慰问。
哦唱晨昏，诗书怡我心神。

人生哦吟

2024-5-19

人生哦吟，舒出吾之激情。
东风多情，传来鸟语清俊。

云烟袤行，初暑旷展意境。
心地温情，化为新诗哦吟。

岁月进行，不减少年豪情。
斑苍染鬓，一笑爽雅温馨。

红尘艰辛，正邪搏击苍劲。
神恩无垠，导此灵程挺进。

云烟飘渺

2024-5-20

云烟飘渺，小满今日喜来到。
喜鹊鸣叫，畅意东风何洒潇。

清撰诗稿，舒出南山之情调。
不骄不躁，清正雅洁人生道。

微微一笑，人生豁达扬长跑。
洒脱尘嚣，不惹名利吾逍遥。

红尘扰扰，太多蠢物争着闹。
吾持清标，遁向田园享美好。

爽意人生

2024-5-20

爽意人生，淡眼蓝天云正纷。
雀鸟啼纯，远际歌声动心神。

东风吹呈，小满今届意生成。
品茗时分，裁意新诗咏真诚。

人生奋争，力战魔敌之凶狠。
名利弃扔，高蹈清贫吾意芬。

红尘滚滚，大浪滔沙是真正。
英武心身，立身正直且坦诚。

爽风来畅
       2024-5-20

爽风来畅，妙美田园胜画廊。
蓝天云旷，鸟语啾啾喧意向。

心境安祥，读书品茗意何旷。
向阳情肠，不屈尘世之艰苍。

努力向上，修身养德无止疆。
百年苍茫，回首一笑吾澹荡。

小满正当，初暑风光惬心肠。
新诗哦唱，舒出情志之张扬。

夕照灿光
       2024-5-20

夕照灿光，东风舒情以吹旷。
雀鸟鸣唱，蓝天白云漫飘翔。

我自扬长，悠悠品茗读华章。
新诗哦唱，人生情志舒奔放。

利锁名缰，合当弃之以尽光。
水云之间，养我心襟真无恙。

红尘狂狙，太多欺骗与肮脏。
吾持清肠，正义人生矢向上。

历劫红尘
       2024-5-21

历劫红尘，雅守吾之纯真。
风吹成阵，清听鸟之啼声。

初暑时分，品茗自我慰问。
休闲心身，怡然与化同骋。

一笑清生，人生得意十分。
名利不论，淡度冬夏秋春。

岁月飞奋，演绎桑沧成阵。
斑苍渐盛，不减少年心神。

未可阿心事人
       2024-5-21

未可阿心事人，努力保守诚真。
人生合当刚正，傲立如松之贞。

心怀倩雅时分，窗外风鼓成阵。
清听鸟语啼纯，清心品茗意振。

新诗哦咏清芬，舒出气象雄浑。
不屈不挠奋骋，阅历山水清纯。

人生百度秋春，飞逝真如一瞬。
应取开心十分，修心雅洁温存。

正义人生场
       2024-5-22

正义人生场，岂屈你鬼魅妖魍。
男儿豪刚，仗剑步履天涯向。

旷风吹来畅，初暑风光展悠扬。
云飞淡荡，鸟语花芬絮飞狂。

心性怀贞刚，迎难鼓勇骋志上。
一笑扬长，因我名利俱弃放。

远际响歌唱，此际撩动我襟房。
心兴无疆，纵哦新诗情奔放。

蓝天白云幻无恙
2024-5-22

蓝天白云幻无恙，我意情长，
旷听鸟唱，初暑真是好时光。

轻絮飞来是扬长，一笑澹荡，
情思绵旷，更复品茗振意向。

雅将新诗来哦唱，舒出情肠，
男儿豪放，力战恶虎与凶狼。

宇宙本是神所创，灵妙非常，
道义张扬，岂许魔敌肆狂猖。

修身养性心襟芳，正义向上，
不屈强梁，男儿原来是好钢。

神恩赐下丰且壮，鬼魅遁藏，
圣徒讴唱，新天新地美无疆。

野鸟宛转唱
2024-5-22

野鸟宛转唱，惬我情肠，
适我意向，况有清风舒奔放。

正义吾强刚，力战豺狼，
纵情哦唱，一生神恩领丰穰。

平安心地间，生活雅享，
清贫无妨，惬意诗书晨昏唱。

斑苍任增长，吾心淡荡，
共缘履航，名利弃光性天朗。

红尘是虚诳，弹指桑沧，
华年逝殇，年近六十惊叹间。

振志矢向上，加强修养，
心境温让，心迹雅付与诗章。

孤旅独自唱，一曲激昂，
一曲悲壮，百年生死真梦间。

灵程奋飞翔，冲决艰苍，
胜过魔障，天国永生是故邦。

絮飞来扬长，袤起意向，
胸怀气象，丈夫意志自豪壮。

卑媚力抛光，如松贞刚，
风雨任狂，不屈不挠人生场。

展眼田野望，一片荣昌，
鸟纵高翔，初暑风光真画廊。

内心持安祥，未许躁狂，
心怀定当，世界正是试炼场。

修心力向上，胸襟阳刚，
儒雅清芳，济世舒发吾心光。

血泪任潸淌，豪情何壮，
意志何刚，总凭良知作导航。

清度人生场，不惹污脏，
心襟淡荡，识破名利是欺诳。

风雨履经狂，心襟已壮，
眼目闪光，不容欺骗与恶奸。

未来长瞻望，风云茁壮，
风光清旷，心地彩虹七色光。

定当心地间，步履顽强，
穿山越嶂，矢向天涯览风光。

适然人生

2024-5-22

适然人生，雅守吾之纯真。
风雨艰深，不过磨炼沉稳。

叩道奋争，力战虎狼凶狠。
心志平正，不为名利奋身。

旷意鸟声，惬我心志灵魂。
白云流纷，初暑风光宜人。

东风清生，闲絮飘飞纷纷。
安祥时分，悠悠品茗清芬。

斜日朗照

2024-5-22

斜日朗照，蓝天白云漫纷飘。
雀鸟鸣叫，畅意东风何洒潇。

我自高蹈，诗书一生惬情抱。
不骄不躁，清贫坚贞守正道。

红尘险要，太多诱惑并机巧。
拙正为要，谦和心性若兰骚。

阖家康好，神恩秋春都笼罩。
品茗意骚，雅撰新诗怡情窍。

蓝天云飘

2024-5-22

蓝天云飘，纷纷野禽都啼叫。
初暑风饶，旷吹轻絮自由飘。

闲适情抱，读书写诗意何潇。
正义风骚，矢沿正道而奔跑。

心襟逍遥，不为名利之所扰。
静定为要，内叩心弦发朗啸。

岁月美好，田园风光难细描
淡展微笑，豁达人生吾风标。

40.时尚集

悠悠心襟

2024-5-22

悠悠心襟，雅持吾之坦平。
心怀镇定，览尽尘世浮云。

名利损心，合当将其弃屏。
胸怀白云，雅洁吾守清心。

正志凌云，叩道领略意境。
一生刚劲，不屈酸雨艰辛。

苦难之境，不过磨炼心灵。
一笑爽清，人生最贵淡定。

清听喜鹊之鸣唱

2024-5-22

清听喜鹊之鸣唱，
享受心之悠闲。

初暑东风吹浩荡,
蓝天白云飘翔。

人生清骋是阳刚,
力抛卑媚污脏。
修心境界领无恙,
微笑眉眼之间。

豁达心襟何辽旷,
名利弃之应当。
读书写诗也扬长,
心地明媚阳光。

一生履尽是艰苍,
心志依然向上。
展眼云天鸟飞翔,
自由身心奔放。

人生雅持定当
2024-5-22

人生雅持定当,勿为名利失陷。
清心正意叩道藏,
努力奋发向上。

此际夕照正朗,蓝天云旷飞翔。
多情小鸟惬鸣唱,
东风其来欢畅。

我自意兴昂扬,新诗纵情哦唱。
舒出情志是芳香,
正义并且奔放。

红尘履尽险艰,身心依然清朗。
不屈不挠以成长,
沐浴雨露阳光。

正义人生场
2024-5-23

正义人生场,娟洁不取狂猖。
诗书吾悠扬,不惹名利高抗。

初暑喜晴朗,风中递来鸟唱。
心境吾扬长,享受绿茗清香。

诗书纵哦唱,舒出中心意向。
男儿怀远方,不屈世俗罗网。

一笑颇潋荡,红尘不是故乡。
情系水云间,胸涵宇天辽旷。

步履迈坚壮,人生骋志昂扬。
中心怀漫浪,不许物欲侵闯。

五十九载放,履尽世事艰苍。
展眼吾平望,世界妙胜画廊。

持心以平常,共缘雅去履航。
天地苍且广,宇宙灵妙非常。

中心怀向往,未来犹自广长。
最贵是思想,超越时空自壮。

清意人生
2024-5-23

清意人生,雅秉吾之纯真。
浊世红尘,磨炼心襟真正。

奋不顾身,努力叩道奋争。
谦正心身,向学志取沉稳。

窗外鸟声,惬我心志十分。
写诗怡神,舒出一腔刚正。

傲立乾坤，男儿如钢之纯。
正直一生，不屈鬼魅妖氛。

旷怀无比雅正
                    2024-5-23

旷怀无比雅正，淡荡从心生成。
任从絮飞纷，惬意听鸟声。

初暑风光清纯，蓝天白云飘纷。
东风吹浩盛，引我意清芬。

人生远辞青春，心志日益沉稳。
旷意入云层，胸襟烟霞生。

淡淡一笑温存，雅意清度秋春。
诗书润心神，坦荡度一生。

休憩情肠
                    2024-5-24

休憩情肠，惬意听取鸟之唱。
享受休闲，清风其来涤襟房。

岁月飞翔，老我斑苍一笑扬。
正志向上，不屈名利吾扬长。

淡淡荡荡，中心未许存机奸。
修身昂扬，不惧艰苍与风浪。

写意尘壤，卵青天空惬意向。
田园画廊，初暑风光何娟靓。

不屈不挠
                    2024-5-24

不屈不挠，人生奋志洒潇。
清听啼鸟，写风来骚骚。

谦和力保，奋发驱行远道。
名利弃掉，饱览江山大好。

红尘扰扰，物欲害人奇巧。
清贫就好，我有诗书怡抱。

蓝天云飘，洒脱是此尘表。
清展微笑，豁达雅度昏朝。

人生向上
                    2024-5-24

人生向上，定会遭遇阻艰。
利锁名缰，合当弃之尽光。

享受安祥，享受心之定当。
享受阳光，享受风清鸟唱。

心性温良，诗书性命之粮。
耕心无恙，晨昏纵情哦唱。

舒出心芳，舒出人生贞刚。
舒出昂扬，舒出正气轩旷。

爽风进行
                    2024-5-24

爽风进行，袅起我的意兴。
飘絮飞行，喜鹊喳喳大鸣。

田园画境，斜照此际朗映。
初暑风情，妙美引余讴吟。

淡淡定定，人生裁志空清。
不惹利名，不入世俗之井。

雅守清贫，坐拥书城多情。
旷意哦吟，舒出余之心灵。

夕照正朗
2024-5-24

夕照正朗，东风舒其奔放。
鸟清歌唱，世宇一片安祥。

中心欢畅，呼出新诗扬长。
人生向上，矢志冲决艰苍。

红尘无恙，只是试炼之场。
修心昂扬，克己私欲贞刚。

微笑淡放，豁怀秋春之间。
晨昏哦唱，舒出情志雅芳。

喜鹊喳喳大鸣
2024-5-25

喜鹊喳喳大鸣，引余心襟振兴。
早起东风清，爽意盈心灵。

初暑风光既俊，田野荣茂以青。
雀鸟都啼鸣，惬意盈宇庭。

一曲从心而吟，舒出人生雅情。
努力以前行，不计重山岭。

人生悠悠之境，边走边歌多情。
名利不要紧，最贵是心灵。

天气正阴
2024-5-25

天气正阴，却有爽风经行。
晨起振兴，惬意听取鸟鸣。

红尘艰辛，太多风雨凄境。
神恩丰盈，导此灵程挺进。

关山峻岭，磨炼吾之雄英。
一笑爽清，豁怀世界均平。

人生之境，领略山穷水尽。
旷开心灵，领受神恩之俊。

人生安祥
2024-5-25

人生安祥，为因名利俱弃放。
不慌不忙，正志步我人生场。

天阴风畅，公园传来音乐唱。
雀鸟鸣放，点缀世宇也平康。

兴致袭上，雅将新诗纵哦唱。
激情奔放，浩歌一曲向天扬。

初暑之间，万类荣昌俱成长。
喜悦襟房，天人大道力叩访。

河水清淌
2024-5-25

河水清淌，老柳毵毵荡。
鸟语欢畅，自得乐无恙。

天阴风扬，惬意心地间。
旷怀悠扬，写诗适情肠。

生活平康，诗书吾温让。
不卑不亢，男儿纵豪放。

岁月飞狂，故事演无疆。
弹指桑沧，弹指华年放。

正义心襟

2024-5-25

正义心襟，雅持吾之淡定。
蓝天白云，清听喜鹊啼鸣。

旷风清新，初暑风光何俊。
吾持开心，悠悠清品芳茗。

人生经行，不可陷于利名。
水云之境，正可怡养心灵。

百年生命，只是幻化空清。
爽雅心襟，晨昏纵情歌吟。

闲情此际聊表

2024-5-25

闲情此际聊表，正意骚骚。
东风吹来荡浩，有絮轻飘。

蓝天白云清好，雀鸟啼叫。
田野景物丰饶，惬我情抱。

安度此一尘嚣，心襟良好。
不惹名利为妙，淡泊情窍。

品茗意发迢迢，新诗哦了。
心志向谁人表？微微一笑。

人生正义风骚

2024-5-25

人生正义风骚，旷展吾之逍遥。
天际长风吹荡浩，雀鸟欢鸣叫。

心志绝不骄傲，贞定是我情操。
向阳心态颇良好，诗书一生造。

红尘客旅洒潇，名利合当抛掉。
高蹈心襟入云霄，松风旷涤抱。

初暑风光美妙，安祥是我心窍。
沦茗兴致无限高，新诗哦不了。

洒脱人生吾逍遥

2024-5-25

洒脱人生吾逍遥，
诗意憩此尘表。
任从苦难叠构造，
磨炼心志美好。

此际惬意听啼鸟，
享受暑风荡浩。
品茗兴致增长了，
朗哦新诗奇巧。

五十九载若飞飙，
斑苍不惧衰老。
依然容我开怀笑，
人生胡不娟妙。

一生努力奋前道，
关山峻岭越了。
五湖归来情怀骚，
展眼向天微笑。

远际淮剧嘹歌唱

2024-5-26

远际淮剧嘹歌唱，
引我心志动地苍。
初暑天气闷热间，
淡荡读书意悠扬。

不为名利而狂狷,
清心放意听鸟唱。
东风其来正清凉,
惬我情怀真无疆。

几声喜鹊高声唱,
振我心襟也无恙。
人生居世怀贞刚,
不屈艰苍并豺狼。

水云情思入诗唱,
向阳心志总奔放。
豁怀天下吾平康,
正眼观世任桑沧。

白鹭飞行

2024-5-29

白鹭飞行,蓝天清裘白云。
子规啼鸣,打动余之身心。

初暑情景,悠悠惬余心襟。
淡淡品茗,读书聊以怡情。

中心高兴,哦诗舒出激情。
人生前行,不惧高山峻岭。

一生刚劲,苦难磨炼心襟。
正直心灵,远抛机巧无明。

岁月清芬流年好

2024-5-29

岁月清芬流年好,
不可过于嗟衰老。
雅度人生莫草草,

振襟扬长人生道。
时值初暑风光饶,
请君惬意听啼鸟。
桑沧幻变原不了,
正义心襟合洒潇。
心迹雅记入诗稿,
南山由来具情调。
一曲清歌向天啸,
豁怀澹荡也逍遥。
夕照苍烟自萧骚,
向阳情思原雅俏。
人生不必惧苍老,
悠悠晨昏裁思妙。
百度秋春是飞飙,
良知正意一身骚。
聊赋短章付君晓,
秋月春花适情抱。

流风其来鼓畅

2024-5-31

流风其来鼓畅,心地放飞悠扬。
几只小鸟鸣唱,蓝天白云飞翔。
淡泊品茗心芳,人生骋志向上。
温和盈于襟房,步履前程坦荡。

休闲无恙

2024-6-1

休闲无恙,惬听杜宇唱。
写意风畅,带来彼爽凉。

蓝天云旷,赞美此尘壤。
初暑风光,牵牛已开放。

心境澹荡，无机之襟房。
裁意哦唱，呼出我奔放。

红尘之间，人生客旅仿。
力抛机奸，寻觅智慧藏。

粉蝶飞翔

2024-6-1

粉蝶飞翔，小鸟吱吱闲唱。
云天舒朗，清风其来浩荡。

我自休闲，品茗读书无恙。
只是时光，匆匆如水逝淌。

奋志向上，人生未可颓丧。
努力贞刚，力战恶虎凶狼。

神恩广长，赐我心灵力量。
作盐作光，活出圣洁模样。

心志清好

2024-6-1

心志清好，享受东风洒潇。
白云流飘，喜鹊高声鸣叫。

初暑晴好，牵牛开得妍娇。
喜动眉梢，雅将新诗哦了。

读书怡抱，不计时光飞飘。
品茗意饶，展眼鸟飞天高。

意出尘表，莫为名利误了。
正意心窍，修心之路迢迢。

天气燥燥

2024-6-2

天气燥燥，心境静定方好。
有风洒潇，有鸟惬意啼叫。

体道清妙，人生正义情抱。
洒脱尘嚣，不为名利所恼。

月季开俏，牵牛更加风标。
初暑美好，大千骋尽丰饶。

淡荡心窍，读书写诗不了。
时光逝飘，不计老之将到。

世界存其苍茫

2024-6-2

世界存其苍茫，我心悠守定当。
不为名利奔忙，叩心奋志向上。
此生履尽关嶂，依然一笑爽朗。
正襟向天旷望，愿展双翼飞翔。
脚踏实地以闯，不畏风雨艰苍。
提刀迎战虎狼，还我天下平康。
正义豪情何壮，神恩领受丰穰。
灵程迈步驱闯，标的天国安祥。

喜鹊喳鸣

2024-6-4

喜鹊喳鸣，青旷蓝天走白云。
晨风清新，惬我情意真无垠。

初暑风情，大千万物茂盛景。
月季芳俊，更有牵牛雅开屏。

讴歌尽兴，人生快慰于心襟。
不畏艰辛，努力万里以驱行。

朝日光明，展眼田园真画境。
微笑浮萦，豁达情怀爽且清。

心志从容
2024-6-4

心志从容，惬听鸟之鸣颂。
节近芒种，时光飞逝匆匆。

人生持中，不为名利所动。
淡泊襟胸，白云心中流涌。

不惧成翁，旷展吾之奋勇。
情之所钟，是在诗书哦咏。

感慨凝中，呼出吾之沉痛。
人生匆匆，愿留心迹诗中。

人生雅旷
2024-6-4

人生雅旷，呼出吾之奔放。
鸟儿清唱，初暑风儿爽畅。

逸意心间，享受人生扬长。
展眼瞭望，天际云烟澹荡。

红尘无恙，不过演绎桑沧。
百年瞬间，回首顿感茫茫。

努力向上，修心岂有止疆。
柔和襟房，不减正义力量。

挺立人生
2024-6-4

挺立人生，保持吾之纯真。
履历红尘，不为名利所损。

暮色黄昏，天气又复阴沉。
雀鸟啼芬，东风清来怡神。

大化滚滚，演绎不尽艰深。
豁怀清纯，淡度冬夏秋春。

岁月进深，斑苍不必细论。
努力前程，努力加强修身。

爽风经行开意境
2024-6-5

爽风经行开意境，浴后爽清，
惬听鸟鸣，音乐传来也空灵。

晨起天气虽是阴，爽凉之境，
心志开屏，撰写新诗舒雅情。

今日芒种正届临，时光飞俊，
牵牛清新，园圃芳美折心襟。

红尘高蹈吾多情，诗书经营，
体道清平，旷雅人生乐无垠。

鸟纵高翔
2024-6-5

鸟纵高翔，旷风其来何畅。
世界清凉，喜鹊高声大唱。

我自休闲，心襟一片平旷。
淡淡荡荡，微笑从心浮上。

正志昂扬,力战恶邪污脏。
凯歌纵唱,荣归天国故邦。

困障任放,男儿果敢顽强。
万里疆场,显我丈夫气象。

不随世俗流风

2024-6-5

不随世俗流风,旷展清新笑容。
流年使余感动,化为诗歌讴咏。

今日节届芒种,天阴旷来清风。
雀鸟欢声鸣诵,喜悦余之心胸。

岁月何其匆匆,五十九载如梦。
回首究有何功,瞻望未来情涌。

浩志依然凝重,不为名利所怂。
淡泊秋春之中,努力修心奋勇。

休憩情肠

2024-6-6

休憩情肠,清听鸟之鸣唱。
东风舒扬,惬意吾之襟房。

仲暑初当,妙美是此人间。
牵牛花芳,袅起余之意向。

多情心间,不计人生坎艰。
努力前闯,高远直至天堂。

红尘无恙,总有神恩奔放。
正意襟房,矢沿灵程奋闯。

鸟儿飞翔

2024-6-6

鸟儿飞翔,自由天空何辽旷。
白云悠扬,田野粉蝶翩跹逛。

好风旷畅,快我心地真无恙。
舒出情肠,一腔热情且奔放。

鸟啭娇嗓,啾啾点缀世安祥。
绵思心间,不忘振志人生场。

坎坷回放,履尽桑沧余澹荡。
仍怀向往,大同世界辟新章。

清听子规唱

2024-6-7

清听子规唱,我意悠扬。
仲暑时正当,天喜晴朗。

心志展清昂,品茗无恙。
身心都健康,万里驱闯。

人生克关障,豪情何壮。
力战邪与奸,正义阳刚。

花开是奔放,惬意情肠。
最喜牵牛芳,恣意张扬。

阖家享安康,神恩丰穰。
叩心矢向上,加强修养。

展眼向天望,云天澹荡。
愿学鸟飞翔,自由霄壤。

577

落日正红

2024-6-7

落日正红,心志吾从容。
惬意东风,吹拂我心胸。

心襟灵动,新诗旷哦颂。
舒出情浓,舒出正义洪。

城市躁动,车水并马龙。
淡泊襟胸,不与世苟同。

微笑从中,享受此和慵。
宿鸟鸣诵,欢乐是无穷。

雀鸟鸣唱

2024-6-8

雀鸟鸣唱,节近端午间。
好风舒扬,心境都潇爽。

心志昂扬,人生纵眼望。
平畴无恙,田野青茂壮。

好自扬长,心花朵朵放。
逸意心间,品茗情舒畅。

振奋情肠,努力往前闯。
关山万幢,显我男儿壮。

芳怀吾清好

2024-6-8

芳怀吾清好,惬意听啼鸟。
心志平常妙,不为名利扰。
叩心吾逍遥,体道质朴饶。
读书是爱好,朗哦昏复朝。

芳怀吾清好,抒情哦洒潇。
天阴风吹骚,田园展画稿。
身心不稍傲,谦正有孤标。
水云中心渺,学取松之峭。

清裁心志撰诗稿

2024-6-8

清裁心志撰诗稿,天气任燥燥。
电扇摇风惬意饶,野外响啼鸟。

初暑风光何美好,石榴火样骚。
更有牵牛开芳俏,月季七色妙。

清平度日吾洒潇,诗书哦逍遥。
不必计较人渐老,豁达度昏朝。

感谢神恩赐丰饶,身心俱康好。
父母健康儿欢笑,祝祷颂年高。

电扇舒风

2024-6-8

电扇舒风,心志吾轻松。
假日之中,读书意重浓。

初暑鸟颂,妙美盈寰中。
心怀中庸,振志往前冲。

男儿豪勇,不为名利动。
诗书哦讽,真理寻觅中。

斑苍惜重,一笑澹于胸。
人生匆匆,韶光须珍重。

41.风发集

早起四更校诗章

2024-6-9

早起四更校诗章,心志吾悠扬。
不觉五更天初亮,万鸟齐讴唱。

明日端午行将访,欢快心地间。
人生情志不狷狂,奋发往前闯。

呵呵一笑情澹荡,名利无意向。
倾情诗书哦昂藏,朗放我歌唱。

人生百年勿匆忙,心境持定当。
天人大道矢叩访,慧心明又亮。

清思旷发化诗章,应许有清香。
正义人生舒激昂,不必计艰苍。

五十九载似瞬间,笑我霜华苍。
淡定人生之疆场,修心晨昏间。

爽风清来开意境

2024-6-9

爽风清来开意境,鸟语多情,
蓝天白云,休闲读书兼品茗。

向阳情志怀空清,远辞利名,
高蹈身心,此生最惬水云境。

和乐世界爽心灵,修身上进,
沐浴风清,淡眼观世云烟凝。

坎坷艰辛不必云,努力前行,
穿山越岭,天涯风光灿无垠。

骋志人生怀雅情,胸怀层云,
寰宇包并,坦荡一生奋驱进。

历尽卓浪风雨劲,终获坦平,
前景光明,斑苍不减少年情。

火风进行

2024-6-9

火风进行,天显燥热境。
雀鸟啼鸣,愉快我心襟。

电扇运行,爽风何怡心。
悠悠品茗,欢乐也无垠。

心志开屏,假日惬心灵。
端午明临,天下乐康平。

油然高兴,新诗纵哦吟。
舒出身心,舒出气凌云。

世界燥燥

2024-6-9

世界燥燥,暝色渐笼罩。
宿鸟鸣叫,一使余意逍。

灯下思饶,清思哦不了。
舒出情抱,舒出我风骚。

清展微笑,豁怀何美好。
不为物扰,清心守静悄。

人初苍老,心志犹高傲。
向学力造,朗哦任昏晓。

喜鹊高声唱

2024-6-10

喜鹊高声唱，子规悠扬。
晨起天气闷热间，
电扇派上用场。

今日端午访，休闲襟房。
惬意心襟听鸟唱，
淡淡品茗润肠。

阖家享安康，神恩广长。
努力奋沿灵程闯，
不计艰苦困障。

天气喜晴朗，田园画仿。
牵牛娇妍恣开放，
月季七色花芳。

节届端午天晴好

2024-6-10

节届端午天晴好，
写意红尘初觉燥。
清心静意听鸟噪，
品茗读书意何骚。
老来依然持情抱，
向阳心志振洒潇。
清度世尘胡不好，
架上牵牛开正妙。

节届端午天晴好，
火红石榴妍且娇。
敬祝生活步步高，
大地人民乐逍遥。

百岁人生莫草草，
名利损人合辞了。
高蹈身心水云潇，
叩心问道乐昏朝。

心志吾清好

2024-6-10

心志吾清好，洒脱憩尘表。
端午今日到，天气晴且燥。
倾心听啼鸟，电扇转风妙。
读书怡怀抱，振志万里遥。

心志吾清好，骋意天涯造。
关山越险峭，风雨任狂暴。
提刀斩魔妖，神恩领丰饶。
温和展一笑，水云是情操。

天气阴晴颇不定

2024-6-19

天气阴晴颇不定，爽风开意境。
林间喜鹊大声鸣，引我心高兴。

人生纵展志凌云，男儿合高鸣。
不为名利损心襟，一笑吾淡定。

仲暑天燥干旱境，久已盼甘霖。
读书写诗兼品茗，心志吾均平。

展眼田园真画境，我意欢无垠。
最喜父母健在庭，神恩领丰盈。

暮阴风爽

2024-6-19

暮阴风爽，惬意吾之情肠。
宿鸟鸣唱，自得乐其所向。

灯下思想，清展吾之扬长。
人生向上，不计重重阻艰。

微笑浮上，豁怀正是昂扬。
名利虚妄，弃之理所应当。

诗书哦唱，此是性命之粮。
山水远方，寄托余之遐想。

正志人生

2024-6-20

正志人生，总赖信仰真诚。
努力奋争，未可堕落寸分。

天阴时分，东风浩荡生成。
雀鸟啼纯，惬意情志十分。

红尘滚滚，心志雅守温存。
岁月进深，斑苍不必细论。

清度人生，远离名利之阵。
叩道奋身，努力步履灵程。

有蝉鸣唱

2024-6-20

有蝉鸣唱，打动余之襟房。
鸟语奔放，听来舒畅心间。

东风袅扬，天气清喜凉爽。
白云悠翔，写意长空澹荡。

欢愉情肠，人生适意安祥。
名利欺诳，合当弃之尽光。

世界无羔，人生客旅扬长。
修心向上，慧意积淀盈仓。

云烟清袅

2024-6-20

云烟清袅，雀鸟都鸣叫。
有蝉初噪，明日夏至到。

清风潇潇，爽雅吾心窍。
写诗不了，舒出吾风标。

力行正道，人生莫草草。
名利弃了，身心容高蹈。

水云情操，向阳心志好。
旷展微笑，君子人格骚。

蓝天白云

2024-6-21

蓝天白云，野蝉奏其高鸣。
夏至今临，子规喜鹊振兴。

暑意正凌，幸有爽风经行。
淡淡品茗，难抑心中高兴。

舒我激情，新诗从心哦吟。
人生前行，不计困阻艰辛。

红尘艰境，任其磨炼心襟。
正志挺进，穿越山水苍峻。

天气燥燥

2024-6-21

天气燥燥，裁思吾良好。
天渐阴了，时雨恐将到。

林野鸟噪，惬我意丰饶。
淡荡心窍，新诗哦不了。

夏至今到，时光是飞飙。
不计苍老，壮怀犹可瞧。

开怀大笑，人生胡不好。
神恩笼罩，努力奋前道。

独立尘表

2024-6-22

独立尘表，人生吾雅骚。
炎暑燥燥，林野蝉鸣叫。

读书意俏，哦咏吾清好。
振志远道，山水越迢迢。

未可稍傲，谦正是情操。
年已苍老，心志犹年少。

感慨丰饶，人生梦中跑。
叩道逍遥，不为名利扰。

热极生风

2024-6-23

热极生风，惬意吾之心胸。
鸟噪灵动，蓝天白云飘空。

自得持中，休闲雅乐无穷。
岁月匆匆，不必计较斑浓。

一笑从中，觑破世事穷通。
名利孽种，合当弃之空空。

诗书清讽，怡养吾心和慵。
男儿情钟，是共大化奋勇。

火风进行

2024-6-23

火风进行，火风猛烈进行。
炎燥之境，难以心地宁静。

蝉嘶高鸣，烈日正当天顶。
电扇鼓劲，努力摇风清新。

林野风劲，雀鸟吱喳啼鸣。
休憩心襟，淡泊清品芳茗。

天际行云，飘泊何其爽清。
柳摆多情，惬余心襟意兴。

雨霁天晴朗

2024-6-29

雨霁天晴朗，蛙鼓吟唱。
喜鹊复鸣放，野蝉振响。

浴后吾清爽，逸意心间。
从心讴诗章，舒出情肠。

时值仲夏间，牵牛盛放。
引我心悠扬，微笑淡放。

人生向前闯，千关万嶂。
信心百倍强，努力向上。

子规鸣唱

2024-6-29

子规鸣唱，小风其来何爽。
清静心间，雅将新诗吟唱。

人生奔放，不向名利投降。
淡淡荡荡，无机是我情肠。

展眼远望，田园真似画廊。
雨后茂昌，一片荣美景象。

我自情长，旷欲向天飞翔。
万里云间，恣我心志心房。

畅意人生场

2024-6-30

畅意人生场，不为名利失陷。
野蝉正鸣唱，惬我心志无限。

炎暑时正当，心境开屏相仿。
休闲品茗间，不计时光流淌。

人生百年艰，努力奋志向上。
修身理应当，冲决烟雨苍茫。

微微一笑间，五十九载飞殇。
展眼以瞭望，天际青霭袅漾。

天气阴晴虽不定

2024-6-30

天气阴晴虽不定，
我心却是朗晴。
林野鸟语蝉噪鸣，
写意红尘何清。

体道人生奋刚劲，
胜过试炼艰辛。
总赖神恩大无垠，
导引灵程挺进。

回思平生费殷勤，
而今享受康平。
不为名利损身心，
淡淡读书品茗。

世界桑沧不必云，
起承转合神定。
修心之路漫追寻，
天涯风光灿俊。

雅清人生

2024-6-30

雅清人生，淡定心志生成。
白云飘纷，林蝉朗放噪声。

感谢神恩，赐下平安丰盛。
心意清芬，享受生活平顺。

努力灵程，修心养德奋争。
百年历程，不必计较艰深。

岁月进深，呵呵一笑和温。
风雨何论，只是磨炼心神。

休闲无恙

2024-6-30

休闲无恙，淡荡盈满襟房。
清听鸟唱，东风其来悠扬。

天喜晴朗，白云流变非常。
惬我意向，抒发不已情肠。

阖家安康，享受生活和祥。
神恩广长，思此颂赞献上。

努力前闯，阅尽关山青苍。
一笑爽朗，清展男儿气象。

朗日当空

2024-6-30

朗日当空，白云写意随风。
我心从容，淡听蝉之鸣颂。

炎暑之中，心志雅持清空。
名利何功？只是扰人心胸。

一笑凝重，君子人格和同。
叩道奋勇，共彼大化运动。

苍劲心胸，览尽世之缘动。
圆明心中，妙悟天人穷通。

休憩吾之情肠

2024-6-30

休憩吾之情肠，人生聊发感想。
耳际鸟语蝉鸣唱，
暑风其来张扬。

不为名利奔忙，心志定定当当。
读书写诗晨昏间，
不计老之来访。

此际清坐安祥，思想不起狂浪。

远际又嘹彼歌唱，
撩动我之心房。

人生迈越艰苍，心灵慧烛擎掌。
万里天涯寄遐想，
一生努力闯荡。

正义人生场

2024-6-30

正义人生场，清展吾之顽强。
冲决困与障，不为磨难阻挡。

红尘是攘攘，太多名利争抢。
水云勿相忘，人生最贵思想。

此际吾安祥，清思旷发扬长。
电扇转风凉，惬意听取鸟唱。

蝉鸣是响亮，噪噪无有止疆。
无机之情肠，心怀松径山庄。

燥热尘壤

2024-6-30

燥热尘壤，总赖性天清凉。
斜晖朗朗，蝉鸟舒其高亢。

我自定当，心志不慌不忙。
读书激昂，写诗舒发情肠。

人生梦间，往事无法寻访。
未来瞻望，应许努力向上。

淡淡荡荡，不许利锁名缰。
正义心间，无机水云流淌。

流风鼓其舒畅

2024-6-30

流风鼓其舒畅，适意吾之襟房。
暮色其正当，喜鹊大鸣放。

心地悠悠扬扬，情志淡淡荡荡。
聊写新诗行，一舒心情况。

野蝉朗声大唱，小鸟宛转奏放。
生活演平康，炎热任狂猖。

人生振志向上，此生履尽艰苍。
依然持豪爽，依然奋贞刚。

隐隐蛙鸣

2024-6-30

隐隐蛙鸣，畅意我的心襟。
二更之境，小风其来清新。

灯下思劲，人生快意心灵。
苦痛抛清，高蹈吾之身心。

红尘艰辛，太多磨难酸境。
慧灯燃明，烛照前路爽清。

坦然心境，不为名利缠萦。
努力前行，奋发穿山越岭。

爽风如飙

2024-7-2

爽风如飙，林野响潇潇。
适我情抱，聊撰新诗稿。

暮阴意饶，有鸟纵飞高。
玄蝉朗叫，意气何嚣嚣。

人生高蹈，不为名利扰。
诗书宜抱，修养积丰饶。

努力前道，关山越逍遥。
风狂雨暴，不过磨心窍。

勿为名利所中

2024-7-2

勿为名利所中，合当弃之清空。
化外气象吾从容，
踏破山水灵动。

此际夜暮正浓，远际传来歌颂。
暑夜洒脱走清风，
灯下思展奋勇。

笑我华发成翁，依然志取刚雄。
奋发意志往前冲，
不惧风雨艰浓。

一笑蔼然持中，人生正气何洪。
努力修心积德中，
试探一任艰重。

长风快意向

2024-7-6

长风快意向，小暑今正当。
喜鹊高声唱，合欢耀眼靓。

野蝉鸣声壮，清坐展思想。
人生持定当，不必太匆忙。

岁月存辽旷，斑苍日益涨。
情怀清无恙，读书写文章。

哦出情思漾，哦出我昂扬。
哦出人感想，哦出心澹荡。

长飙天地间

2024-7-6

长飙天地间，惬意情肠。
能不哦诗章，舒展襟房。

林蝉既振响，牵牛花芳。
节届小暑访，品茗悠扬。

鸟语啾啾唱，憩意林间。
我心起昂扬，旷发雄刚。

男儿纵前闯，迈越关障。
爽然心地间，叩道向上。

爽风来临

2024-7-6

爽风来旷，听见野蝉之鸣。
夕照正明，小暑天气朗晴。

人生多情，此生履尽艰辛。
一笑淡定，吾已觑破世情。

快慰心襟，诗书雅自经营。
胸怀层云，不惹俗世闲情。

岁月进行，不过如电如影。
修身上进，惜福惜缘安宁。

道德良知一生造

2024-7-6

道德良知一生造，
此生履尽险要。

五十九岁回头瞧，
只是淡淡一笑。

小暑今日正临到，
天气炎热难熬。
林野知了朗声叫，
此际暮色初饶。

悟彻世事开怀笑，
人生只是如泡。
合当随缘乐逍遥，
清度秋春昏朝。

身在市井心怀俏，
不忘山野松涛。
水云情致怀中窍，
性天清凉微妙。

听见布谷啼唱

2024-7-8

听见布谷啼唱，小风其来悠扬。
林野蝉声振高响，
雨后天复晴朗。

田野葱茏景象，赏心悦目情况。
电扇摇风也清爽，
写诗聊适襟房。

人生快慰情肠，不为名利奔忙。
定定当当往前闯，
关山叠叠雄壮。

微笑浮上面庞，男儿气象昂扬。
弹指华年任逝淌，
坚守贞清向上。

清夜无眠　　　　　　　　2024-7-10

清夜无眠，清听蛙鼓之吟。
三更之境，路上车声轰鸣。

难以平静，难以表达心境。
灯下思萦，百折是我心襟。

合当淡定，合当万事看轻。
合当静宁，合当安守心灵。

只是此心，不肯听从命令。
子夜难眠，高亢是我心情。

心怀意向　　　　　　　　2024-7-13

心怀意向，人生情志悠扬。
天喜凉爽，清风其来旷畅。

天阴无妨，读书意兴清昂。
不慌不忙，步我人生之场。

野蝉鸣唱，点缀世宇安祥。
鸟鸣奔放，喜鹊最为响亮。

一笑澹荡，人生不取清狂。
谦贞襟房，原也雅持昂扬。

小风进行　　　　　　　　2024-7-14

小风进行，暮色初初凝。
云天爽清，心志吾淡定。

暑意正凌，闷热郁宇庭。
电扇殷勤，播风也清新。

休憩身心，何必忙不停。
镇定心灵，叩求彼灵明。

人生苍劲，百年费辛勤。
磨炼心襟，浩志旷凌云。

休憩身心未为难　　　　　　2024-7-15

休憩身心未为难，
耳际蝉噪响绵缠。
清读诗书意向展，
电扇播风也悠然。
几声鸟语脆溅溅，
一片野景爽非凡。
炎暑天热云烟澹，
清坐思深也雅安。

爽意心襟　　　　　　　　2024-7-15

爽意心襟，听取蝉鸟之鸣。
天气任阴，哦诗心志朗晴。

淡淡品茗，心灵情志振兴。
展眼烟云，田野富有美景。

初伏今临，总赖电扇风清。
微笑浮萦，快慰人生情境。

不图利名，修身骋志上进。
积德奋勤，克己私欲力行。

履历人生
2024-7-17

履历人生,总以道德为尊。
向学志诚,读书朗哦晨昏。

雀鸟啼纯,野蝉噪其大声。
天阴闷蒸,有雨行将洒呈。

小风慰问,品茗惬意七分。
写诗生成,书出吾之心身。

人生前骋,感慨自是不胜。
一笑形成,澹荡清度秋春。

积德修心为上
2024-7-17

积德修心为上,恒保吾之善良。
正义人生场,名利弃而放。

此际二更正放,雨中蛙鼓悠扬。
读书意兴昂,怡情真无上。

清喜父母健康,神恩感在心房。
颂赞理应当,灵程奋前闯。

一笑雅然澹荡,生活步入康庄。
前路不迷茫,信心百倍涨。

42.破浪集

三更无眠
2024-7-17

三更无眠,听取雨之吟。
蛙鼓堪听,点缀世升平。

心志振兴,新诗朗哦吟。
舒出心襟,舒出气凌云。

人生多情,履尽阴与晴。
一笑淡定,共缘奋去行。

岁月经行,不惹利与名。
著书嗜吟,记录余心灵。

清听蛙鸣唱
2024-7-18

清听蛙鸣唱,无眠何妨。
爽风来悠扬,四更之间。

灯下清思想,人生情长。
五十九载间,烟雨沧浪。

人生持坦荡,无机情肠。
不为名利狂,清贞心向。

岁月何奔放,演绎桑沧。
吾心持平常,傲立昂扬。

蛙声聒耳
2024-7-18

蛙声聒耳,夜雨复洒潇。
小风清绕,爽意盈心窍。

五更已到,不眠精神俏。
撰写诗稿,舒出情怀抱。

人生晴好,心志万里遥。
坚定奋跑,不惧关山峭。

百年如飙,何须怕衰老。
情志高傲,如松之挺峭。

蝉噪响亮

2024-7-19

蝉噪响亮，雨霁天晴朗。
品读词章，野风其来爽。

蓝天云翔，雀鸟都鸣唱。
阖家安康，神恩感无上。

人生闯荡，不惧山千障。
奋志之向，万里无止疆。

心怀安祥，不为名利诳。
一笑澹荡，无机之襟房。

雨后白云漫飘荡

2024-7-19

雨后白云漫飘荡，云天画廊，
真是清爽，引余不住以欣赏。

远野蝉噪真响亮，好风悠旷，
惬余情肠，诗兴大发哦嘹亮。

岁月正值炎暑间，清喜凉爽，
鸟语奔放，林野茂昌荣美间。

我自逸兴纵如狂，沦茗无恙，
诗书平章，正义人生持澹荡。

天气不阴不晴

2024-7-19

天气不阴不晴，悠悠是我心襟。
展眼闲看白云，蓝天何其爽青。

野蝉噪其大鸣，黄昏此际心静。
读书写诗怡情，时光飞逝何劲。

人生何必多云，浮生只是梦境。
雅持澹荡心灵，叩道一生刚劲。

此生履尽艰辛，依然心怀温馨。
神恩无比丰盈，赐下平安和平。

履尽雨狂风暴

2024-7-19

履尽雨狂风暴，心境此际安好。
人生迈越关险峭，
神恩赐下丰饶。

此时鸣蝉朗叫，野风舒其逍遥。
雨后天气爽且妙，
蓝天白云飘渺。

我欲开怀大笑，爽雅心襟美妙。
人生快意撰诗稿，
舒出南山风调。

岁月清度洒潇，名利合当抛掉。
轻装万里吾壮豪，
青山松风涤抱。

宿鸟飞畅

2024-7-19

宿鸟飞畅，乌云遍天壤。
野蝉鸣唱，暝色天地苍。

心志安祥，人生吾定当。
奋志之向，叩道无止疆。

阖家安康，欢乐真无恙。
父母健壮，神恩颂心间。

骋志向上，不为物欲障。
性天雅靓，烛照前路向。

早起五更无恙
2024-7-20

早起五更无恙，一片蛙声清响。
林鸟已经放歌唱，
野风其来潇爽。

灯下展我思想，人生正气昂扬。
虽然已历千关障，
雄心依然不减。

微微一笑何妨，性天原也清凉。
名利只是欺人狂，
觑破世界真相。

努力奋向前闯，一路风光清靓。
百年人生不迷茫，
力寻智慧宝藏。

修心一生向上，努力克尽艰苍。
道路曲折亦无妨，
矢志穿越雾障。

豁怀自是扬长，诗书一生讲唱。
著书记录余思想，
原也清新雅旷。

远野蛙鸣
2024-7-20

远野蛙鸣，呱呱一片堪清听。
晨起振兴，朗哦新诗也多情。

林蝉嘶鸣，爽风其来正清新。
鹧鸪唤劲，荒鸡清啼何奋兴。

天气正阴，炎暑喜此清凉境。
雅持身心，人生奋志以驱行。

关山峻岭，磨炼我心之刚劲。
英武心襟，原也正直且坚挺。

爽雅心襟
2024-7-20

爽雅心襟，享受清风经行。
天气复晴，小鸟吱喳清鸣。

有蝉振兴，朗叫大声不停。
吾心静宁，悠享休闲意境。

岁月飞俊，斑苍日增无垠。
一笑淡定，人生雅秉多情。

红尘艰辛，不惧试炼之境。
努力前行，风雨之中挺进。

志取沉雄
2024-7-20

志取沉雄，人生搏击雨与风。
身心灵动，为因名利俱弃空。

清听蝉诵，鸟语宛转旷歌颂。
写意清风，惬我情怀何轻松。

坎坷回送，血泪曾洒号且痛。
神恩恢弘，赐下平安福分隆。

努力前冲，莽苍山水越无穷。
中庸心胸，坦荡一生也和愐。

抛开书本不经营
      2024-7-20
抛开书本不经营，休憩身心，
此际雅清，悠悠爽风涤心灵。

炎暑季节听蝉吟，嘶嘶不停，
噪噪唤鸣，点缀世宇也安平。

五十九载成电影，回首堪惊，
旧迹难寻，人生真正是梦境。

骋志人生奋前行，沐雨挺进，
穿风刚劲，万里江山入点评。

热极生风
      2024-7-20
热极生风，清听林涛吾从容。
乱云排空，时雨倾降也凶猛。

心襟凝重，人生情怀付谁通。
孤旅之中，览尽山水之奇雄。

不惧成翁，心志依然少年同。
奋发前冲，天涯风光灿无穷。

淡定襟胸，倾志诗书一生讽。
晨昏哦颂，激情狂发若潮涌。

修身养德莫相忘
      2024-7-21
修身养德莫相忘，
人生体道吾平康。
每日读书勤奋间，
一生匆匆水流殇。

五十九载回首望，
烟雨掩映是桑沧。
微微一笑吾安祥，
心志依然持清昂。

火风进行
      2024-7-22
火风进行，大暑今日临。
心志爽清，为因品清茗。

读书尽兴，快慰真无垠。
舒出感情，新诗聊哦吟。

人生多情，不必计艰辛。
岁月飞劲，霜华日益新。

辗转阴晴，心地总淡定。
叩道奋勤，无机持心灵。

休闲时光
      2024-7-22
休闲时光，惬意读取词章。
汗水任淌，心地悠悠扬长。

大暑今当，野蝉朗声大唱。
品茗慨慷，心志振奋非常。

人生安常，不为名利所诳。
耽于诗章，哦咏晨昏清昂。

黄昏时间，鸟语啾啾清畅。
一笑澹荡，任从时间飞旷。

持心平正

2024-7-27

持心平正,绝不可以沉沦。
收敛心神,注重自我修身。

暮蝉鸣振,天阴闷热时分。
东风爽神,更有电扇慰问。

灯下思深,人生奋志而骋。
努力前程,风雨不足相论。

红尘滚滚,正好磨炼心身。
男儿豪正,心地不缺温存。

浩荡长风吹奔放

2024-7-28

浩荡长风吹奔放,
蓝天青碧云烟旷。
野蝉噪噪振清响,
鹧鸪清鸣林荫间。
淡泊情志何安祥,
诗书读罢品茗闲。
生活和畅神恩穰,
微笑浮上我面庞。

豁怀无恙

2024-7-28

豁怀无恙,安心听取鸟唱。
东风舒狂,天气展其燥亢。

淡定襟房,名利吾无意向。
倾心之向,是在诗书平章。

有蝉嘶响,有云随意飘荡。
烈日正当,蔚蓝天空堪赏。

好自为上,人生正意襟房。
努力驱闯,越过山高水艰。

暑意重浓

2024-7-28

暑意重浓,电扇努力摇风。
云行天空,畅意东风清送。

鸟语清空,蝉鸣镇日噪颂。
清坐从容,内叩自己心胸。

人生情钟,此生履尽苦痛。
神恩恢弘,雅将恩典赐送。

一笑从中,灵程不计雨风。
男儿刚勇,傲立如若虬松。

爽意心襟

2024-7-28

爽意心襟,悠悠听取鸟鸣。
东风舒情,旷雅吾之心灵。

心怀淡定,暑意一任其凌。
白云飘行,时光如电如影。

情志殷殷,人生奋发刚劲。
正意驱行,领略关山风景。

老我苍鬓,不减少年豪情。
远辞英俊,身心犹有可凭。

烈日如烘

2024-7-28

烈日如烘,总赖旷野来清风。
涤我肺胸,清心适意雅无穷。

白云灵动,雀鸟欢歌以鸣颂。
蝉噪浓重,点缀世宇也从容。

裁志哦讽,人生正气盈心胸。
不妄行动,合时才歌彼大风。

流年如疯,五十九载入云风。
心境和慵,诗书镇日以清诵。

炎暑酷热天地间

2024-7-28

炎暑酷热天地间,
风吹浩荡吾休闲。
连续鸟语真奔放,
断续蝉唱也响亮。
男儿赤膊原无妨,
清对电扇求清凉。
书本暂且抛而放,
裁心哦诗舒扬长。

小风来爽

2024-7-30

小风来爽,天气任其燥亢。
烈日正当,鹧鸪放其高唱。

汗水任淌,清心无事安祥。
小哦诗章,舒出心地情肠。

岁月奔放,人生已值斑苍。
淡淡荡荡,无机共缘销涨。

放怀讴唱,情志舒展昂扬。
人生疆场,应能努力闯荡。

无风之晨

2024-8-3

无风之晨,闷热郁此乾坤。
鸟语清纯,一使余意雅正。

抛开书本,天气连续高温。
颐养心神,休憩何其馨芬。

岁月进深,立秋行将访问。
不必惊震,努力奋志前骋。

感谢神恩,赐我阖家康盛。
讴呼真诚,颂赞出于心身。

奋我灵程,一生加强修身。
魔敌凶狠,努力守护心身。

凯歌生成,大队羔羊前奔。
天国永生,福乐丰美无伦。

天气太热燥

2024-8-3

天气太热燥,汗水清抛。
远际歌声嘹,打动心窍。

晨起情志好,朗哦诗稿。
舒出我风标,南山不老。

暑意任其峭,清心力保。
电扇把风摇,惬我意好。

岁月乐逍遥，关山度了。
窗外响啼鸟，吱吱倩巧。

无处可逃
2024-8-3

无处可逃，酷热笼此尘表。
小风来了，惬我心志洒潇。

清振啼鸟，点缀世宇安好。
怡情适抱，新诗从心哦了。

阖家康好，颂赞出于心窍。
生活美好，乐天洒脱逍遥。

努力前道，风风雨雨任嚣。
清展微笑，正志人生刚傲。

逸意人生
2024-8-3

逸意人生，勿为名利所乘。
裁思旷正，舒出吾之心身。

红尘滚滚，秉持心地清纯。
百年人生，只是客旅行程。

道德力遵，修心向上晨昏。
读书秋春，朗哦适意生成。

酷暑时正，鸟语雅自啼纯。
一笑清生，淡泊清度人生。

天热如斯许
2024-8-3

天热如斯许，玄蝉不语。
心志旷鼓舞，撰诗聊舒。

雀鸟雅啼语，小风来鼓。
清思发心悟，淡泊情趣。

人生履辛苦，千关已度。
回首顿清悟，是缘吞吐。

叩心吾何语，静默堪许。
前路山水路，风雨无阻。

人生天地间
2024-8-3

人生天地间，胡不扬长。
名利合捐放，轻身径闯。

此际听鸟唱，小风悠扬。
天热也无妨，电扇风凉。

一笑是爽朗，神恩广长。
思此怀力量，灵程奋闯。

红尘是无恙，客旅雅闲。
标的是天堂，福乐安享。

此生履艰苍，力战魔奸。
正意盈襟房，目含慧光。

修心岂有限，努力攀闯。
污秽矢扫光，圣洁情肠。

天气热而闷
2024-8-3

天气热而闷，幸有小风慰问。
林蝉默无声，鸟语啭其温存。

炎暑肆其盛，立秋行将访问。
休憩我心身，养颐惬我心神。

大化运其正，弹指华年逝损。
斑苍不必论，心志依持清纯。

笑意从心生，人生秉持诚正。
叩道是历程，不为名利所损。

心志共谁语

2024-8-3

心志共谁语，奋我孤旅。
此际鸟清语，酷热如许。

品茗吾自悟，共缘而履。
修心奋力举，克己错误。

红尘狂如许，太多谬误。
真理力寻取，灵程道路。

叩道艰深路，努力行去。
百年人生旅，不计风雨。

清志如许生成

2024-8-3

清志如许生成，只是闷热难忍。
电扇转风温存，品茗惬意十分。

炎暑旷风展盛，休憩合当养神。
鸟语蝉鸣啼纯，享受暇闲真正。

读书难以聚神，那就抛开书本。
淡定怡我心神，蓝天白云飘纷。

裁思哦咏真诚，舒出男儿心身。
不为名利侵损，清贫无妨雅正。

炎暑时分

2024-8-3

炎暑时分，热浪肆其蒸腾。
鸟语纷纷，白云流变纷呈。

清坐温存，电扇摇风奋争。
清净心身，暇思哦咏清芬。

人生刚正，努力前面旅程。
山水丰盛，惬我心志意神。

年华驰奔，斑苍不减清纯。
真理叩问，正意天涯力骋。

心志清好

2024-8-3

心志清好，不怕热浪侵扰。
电扇怡抱，品茗更加意潇。

雀鸟鸣叫，躲在树荫骚骚。
烈日朗照，天上白云流飘。

清展微笑，人生朗晴怀抱。
名利弃掉，清心容我高蹈。

红尘险要，太多斗争嚣嚣。
山水丰标，养我心襟灵妙。

人生雅怀志向

2024-8-3

人生雅怀志向，舒出我的昂扬。
不为名利所诳，定志诗书之间。

舒出我的思想，舒出我的贞刚。
舒出人生奔放，舒出男儿气象。

红尘无比狂猖，太多风雨卓浪。
努力奋志启航，绕过暗礁丛障。

心地明媚阳光，慧目闪射明光。
注定前面方向，天涯尽力闯荡。

人生抑扬之间

2024-8-3

人生抑扬之间，履尽风霜，
履尽风霜，弹指华年逝而放。

此际炎暑之间，热浪奔放，
热浪奔放，清心静意养襟房。

红尘清度无恙，叩道向上，
叩道向上，克己修身真扬长。

力战魔敌并妖魍，正义情肠，
正义情肠，谦贞心性恒贞刚。

热浪袭人

2024-8-3

热浪袭人，依持雅旷心身。
炎暑届正，悠悠品茗时分。

养我精神，哦诗舒我精诚。
惬意十分，仰看白云流纷。

感谢神恩，导我人生旅程。
奋志之骋，是向天国驰奔。

山水历程，不怕试炼艰深。
一笑和温，君子人格生成。

天气高温

2024-8-3

天气高温，热浪骋其滚滚。
清心怡神，品茗写诗时分。

阳光何盛，酷热郁此乾坤。
鸟语真诚，点缀和平十分。

心志馨温，人生奋志前骋。
风光纯正，怡我心志意神。

百度秋春，转眼真似一瞬。
韶光惜珍，努力向上奋争。

电扇运转沉稳

2024-8-3

电扇运转沉稳，
难压此热浪滚滚。
书本此际抛扔，
且休憩吾之精神。

人生奋争，时光逝去堪心疼。
百度秋春，五十九载已逝损。

旷志生成，努力奋发展刚正。
加强修身，沉潜志向在书城。

著书等身，思想舒展秉真诚。
文明清芬，大化流行何精准。

小风此际来慰问

2024-8-3

小风此际来慰问，爽我心神，
爽我心神，写诗不了快心身。

野境鸟语啭温存，惬我十分，
惬我十分，田园画境何清芬。

天气炽热走高温，炎暑时分，
炎暑时分，庆幸立秋将访问。

赤膊品茗意生成，休闲时分，
休闲时分，只是时光不等人。

觉悟岁月并人生，名利弃扔，
名利弃扔，高蹈心志水云芬。

旷怀向天看云层，流云缤纷，
流云缤纷，林野小鸟啼清纯。

一笑淡荡从心生，人生雅芬，
人生雅芬，骋志潜志诗书城。

不忘振志向前奔，山水历程，
山水历程，风光正宜养心神。

辗转坎坷不必论，思想生成，
思想生成，正志中心旷无伦。

只是红尘运滚滚，众生沉沦，
众生沉沦，物欲从来是蒙人。

一生感谢神之恩，起死回生，
起死回生，努力奋心走灵程。

世界大同必然成，世宇清芬，
世宇清芬，八十亿众共前骋。

43.允谐集

清意人生场

2024-8-3

清意人生场，雅享此悠悠扬扬。
万事看开间，心襟吾豁然开朗。

爽风走清畅，杀此暑意潇爽。
清思发扬长，化为新诗讴唱。

淡荡盈襟房，人生不忘理想。
努力振志向，万里长途驱闯。

越尽关山苍，阅尽人世萧凉。
坎坷并桑沧，正可怡养心肠。

涤荡人生容奔放

2024-8-3

涤荡人生容奔放，
此际适意安祥。
热浪滚滚天地间，
野风其来清爽。

悠悠心志向谁讲，
唯有哦入诗章。
正志人生作导航，
踏破山水莽苍。

由来心志是清昂，
此生履尽坎艰。
五十九载回望间，
曲折岂是寻常。

微微一笑淡无恙，

神恩荷负广长。
灵程前路奋志闯，
胜过试探艰苍。

大好时光
2024-8-3

大好时光，流年清度莫孟浪。
正志之向，是在天涯与远疆。

鸟掠青苍，恣意高飞何扬长。
人生向上，莫为名利所捆绑。

淡淡荡荡，无机心地无所藏。
清怀意向，是在天理公义张。

奋发贞刚，不畏风雨力闯荡。
战胜强梁，还我天下之平康。

休闲休闲
2024-8-3

休闲休闲，天气如此燥亢。
扑面热浪，午后如此骄阳。

书本抛放，难以聚焦思想。
赤膊何妨，汗水一任流淌。

白云飘荡，好看并且扬长。
鸟语娟芳，蝉却不作声响。

写诗定当，舒出吾之感想。
人生向上，性光务须发扬。

电扇转其温存
2024-8-3

电扇转其温存，野风鼓荡真诚。
炎暑斜晖朗呈，酷热郁此宇城。

我自悠然心生，校诗细心堪论。
坦腹哦咏清芬，舒出人生诚恳。

岁月侵染生成，心地何其浩正。
不屈淫威之盛，努力心灵旅程。

五十九载一瞬，未来旷怀雅正。
风雨难阻驰骋，向阳心志清纯。

寂寞人生场
2024-8-3

寂寞人生场，振志向上。
履尽是深艰，一笑昂扬。

此际听鸟唱，此际风畅。
此际白云翔，此际斜阳。

炎暑正狂猖，心志清凉。
定志守平常，悠悠情肠。

积淀是思想，正思奔放。
写诗复扬长，舒出感想。

多言是有妨，静默应当。
合时发高亢，骋志贞刚。

清思展辽旷，共风飞畅。
人生天地间，良知最上。

善守我襟房，拙朴不忘。
纤巧不应当，持正阳刚。

践履我思想，实干为上。
汗水岂白淌，秋收盈仓。

人生冲决无聊

2024-8-3

人生冲决无聊，苦闷合当全抛。
清心静意首条，共缘雅去奔跑。

修心之路迢迢，多有困障阻道。
定志如钢之造，胜过试炼艰饶。

真理朴素不耀，发光并非至宝。
努力守护心窍，良知最为美好。

百度秋春飞飙，人生转眼苍老。
道德一生朗造，境界趋入逍遥。

人生质朴为上

2024-8-3

人生质朴为上，花言巧语有妨。
利口把人伤，沉默是为尚。

此际夕照正朗，东风舒展清狂。
天气炎热间，休憩理应当。

正好怡我襟房，听听音乐清爽。
沁入肺腑间，我心起悠扬。

岁月展其淡荡，人心不可机奸。
正义之情肠，无机最堪奖。

远风来旷

2024-8-3

远风来旷，清听音乐吾意畅。
好自悠扬，好自清爽并扬长。

夕照正当，天地苍茫正无恙。
季暑之间，一任炎燥肆狂猖。

清守心向，默运元机吾不讲。
正义情肠，矢为真理舒奔放。

神恩广长，思此心灵怀力量。
宇宙无限，全能主宰亲运掌。

清度人生美好

2024-8-3

清度人生美好，心情最重要。
物欲过盛不好，名利合弃抛。

淡淡守我心窍，修心奋前跑。
履尽关山险要，心灵必开窍。

世界风光大好，风雨任艰嚣。
神恩丰富美妙，赐下必丰饶。

百度秋春逝飙，寸阴惜分秒。
阳光洒满情抱，清展吾微笑。

音乐撩动心房

2024-8-3

音乐撩动心房，我心我意舒旷。
柔情起无恙，美好盈襟间。

人生淡淡荡荡，勿为名利狂猖。
百年匆匆放，弹指一挥间。

苦痛合当抛光，贞志挥洒昂扬。
大道矢叩访，清真心地间。

时光勿虚费浪，浮华绝不可讲。
正意作导航，灵妙情志间。

暮蝉嘶鸣唱

2024-8-3

暮蝉嘶鸣唱,振其慨慷。
东风复清爽,惬意情肠。

晚饭甫毕间,灯下思想。
音乐婉转放,打动襟房。

人生持向往,恒在远疆。
身心鼓奔放,男儿强刚。

红尘是无恙,流变桑沧。
贞志心地间,伪饰抛光。

向上尽力量,挥洒阳刚。
一似老松长,挺志顽强。

心怀持流畅,人生安享。
淡度人生场,雅持悠扬。

信心百倍强,前路康庄。
纵有险与艰,铁志如钢。

心地偶起怅,烟雨迷茫。
切祷神恩壮,赐我刚强。

暝色天地间,田园画廊。
感发心地间,化为诗章。

人生百年旷,匆若瞬间。
淡泊讴嘹亮,天地茫苍。

奋志灵程闯,克尽魔障。
天国永生场,福乐无疆。

骋志天涯向,山水莽苍。
一笑是爽朗,傲骨何刚。

心地欢喜间

2024-8-3

心地欢喜间,适然扬长。
清听音乐旷,情思绵畅。

晚风吹浩荡,知了鼓唱。
我意何奔放,哦咏诗章。

未可稍狂猖,谦守襟房。
人生正意向,努力启航。

天地宽且广,最贵思想。
宇宙辽无限,尽我寻访。

有虫清鸣

2024-8-4

有虫清鸣,感时振兴。
立秋将近,夜风爽清。
三更不眠,哦诗舒情。
何所言云,心志空灵。

有虫清鸣,絮絮淡定。
世宇和平,点缀安宁。
情志雅净,悠思怀清。
路上车鸣,噪无止境。

有虫清鸣,秋已临近。
时光飞迅,不必震惊。
老我苍鬓,一笑多情。
心中奋兴,鼓志前行。

有虫清鸣,灯下思萦。
惜时铭心,光阴水行。
少年倩影,掩入烟云。
壮怀殷殷,趋入晚晴。

有虫清鸣，动我身心。
天籁之音，无机清新。
高低堪听，怡养心灵。
心怀感兴，哦诗适情。

有虫清鸣，雅洁野境。
天道运行，人心感应。
努力修心，远辞利名。
悠听虫吟，快哉我心。

早起五更

2024-8-4

早起五更，天气闷热堪难忍。
虫鸣声声，雀鸟清唤也勤奋。

电扇奋争，力播清风向人身。
自我慰问，莫可奈何炎热阵。

写诗诉申，希冀爽风来阵阵。
希冀雨呈，希冀闷热稍停顿。

嗟此乾坤，一若高烧已发昏。
切祷真神，赐福万民入平正。

世界持续高烧

2024-8-4

世界持续高烧，闷热如此难熬。
电扇镇日把风摇，
雀鸟鼓其鸣叫。

心志难以逍遥，人生难以洒潇。
书本抛放难入瞧，
休闲品茗为要。

切求高温降烧，切求时雨洒浇。
赐与万民享安好，
风调雨顺方妙。

红尘只是扰扰，太多争吵喧嚣。
清心内叩吾心窍，
寻求水云飘渺。

有鸟飞高

2024-8-4

有鸟飞高，小风其来美好。
天太炎燥，众生实在难熬。

人生洒潇，名利矢志抛掉。
剩有高傲，一腔热血堪表。

清度尘嚣，心志洒脱方好。
正义情抱，只合山野终老。

时发朗啸，声震田园渺渺。
旷怀无二，天人大道遵照。

天若火盆

2024-8-4

天若火盆，持续骋其高温。
如此闷蒸，难熬是此人生。

雀鸟啼纯，小风其来慰问。
品茗惬芬，诗意从心生成。

内叩心身，人生共缘而骋。
微笑清生，大化从来弄人。

时光飞奔，立秋行将访问。
季暑时分，天热难以久存。

品味休闲

2024-8-4

品味休闲，轻松是本真情况。
放空思想，清听彼音乐流畅。

品茗悠扬，心志舒坦且扬长。
灵动襟房，哦出新诗也雅靓。

质朴情肠，不为名利而狂猖。
贞定志向，是向山野沐风凉。

红尘无恙，清度人生吾安祥。
坚持理想，矢向天涯长驱闯。

共时鼓荡

2024-8-4

共时鼓荡，炎暑适宜休闲。
音乐流畅，惬我心志无限。

豁怀昂扬，人生奋志向上。
烟雨沧浪，不减男儿豪放。

岁月奔放，大千幻化无疆。
人生短艰，惜时务铭心间。

坎坷回放，不必双泪流淌。
未来瞻望，神恩无限广长。

欢喜从心

2024-8-4

欢喜从心，神恩赐下无垠。
悲苦之境，此际化为乌影。

豁达心襟，向神敞开心灵。
努力前行，灵程奋志挺进。

百年生命，如雾如电如影。
天国安宁，福乐永享不尽。

加强修心，道德一生遵行。
试炼之境，磨炼吾之身心。

花鸟萦绕

2024-8-4

花鸟萦绕，世界何其美妙。
此际热燥，心情却是大好。

炎阳高照，蝉语鼓其骚骚。
音乐玄妙，惬我心志清好。

写诗不了，哦出吾之风标。
心境晴好，努力奋行远道。

世界小小，宇宙无限广辽。
神恩丰饶，导引灵程正道。

畅意人生

2024-8-4

畅意人生，履尽坎坷是真。
神恩丰盛，赐下幸福安稳。

讴呼心声，诉出我的真诚。
努力灵程，努力克敌制胜。

炎暑正盛，微汗此际沁身。
鸟语蝉振，更有小风慰问。

音乐温存，灵动吾之心身。
写诗怡神，快乐幸福真正。

流年堪表

2024-8-4

流年堪表，人生未可讨巧。
拙正为要，道德一生朗造。

红尘险要，多有鬼魔骚扰。
心志静悄，不为名利所扰。

吾自高蹈，诗书之境美妙。
著书不了，思想舒发旷辽。

神恩美好，赐与我们丰标。
努力前道，终将领受逍遥。

野风来骚

2024-8-4

野风来骚，适意吾之情抱。
炎热堪表，蝉鸣鸟语逍遥。

闲雅情窍，写诗汪洋泻了。
正志刚傲，男儿志取勇豪。

舒出逍遥，舒出吾之力道。
舒出洒潇，舒出水云情操。

红尘扰扰，人生寄居尘表。
不为物扰，努力灵程奋跑。

广积善缘为好

2024-8-4

广积善缘为好，人生未可草草。
奋志行远道，风雨任艰饶。

五湖归来一笑，红尘吾已谙饱。

名利害人饶，合当弃而抛。

心襟洒脱逍遥，水云是我情操。
诗书奋朗造，哦咏在昏朝。

岁月多么丰标，笑我斑苍渐老。
神恩赐丰饶，努力灵程跑。

炎热之境

2024-8-4

炎热之境，贵在心持雅净。
且品芳茗，且听音乐空灵。

小风来行，听见蝉噪鸟鸣。
骄阳奋劲，世界闷热无垠。

淡淡定定，流变是此环境。
鸟飞多情，自由搏击天青。

立秋将临，时节变换何勤。
人生奋迅，未可耽于安宁。

奋志去行，踏实穿山越岭。
风光险峻，开我眼界心灵。

神恩充盈，导引灵程奋进。
胜过魔兵，胜过艰苍险境。

世界太吵闹

2024-8-4

世界太吵闹，何处可逃？
心怀水云潇，雅持心窍。

不为名利扰，我自逍遥。
清贫胡不好，诗书怡抱。

神恩赐丰饶，阖家康好。
颂赞声应高，奋辟前道。

客旅乐洒潇，轻装为妙。
道德力朗造，修身清好。

爽风来行

2024-8-4

爽风来行，愉悦我的心灵。
心志清平，悠享安宁之境。

炎炎燥境，季暑烈日正行。
蓝天白云，蝉噪鸟语振兴。

品我芳茗，袅起诗人意兴。
新诗哦吟，舒出人生情景。

红尘艰辛，苦难磨炼心境。
神恩丰盈，赐下平安康宁。

清雅人生

2024-8-4

清雅人生，名利无益心身。
弃假归真，努力灵程驰奔。

岁月进深，季暑天气炎甚。
休憩心神，书本暂时抛扔。

养怡精神，体道人生刚正。
蝉鸣鸟振，世界妙丽无伦。

内叩心身，慧灯燃明时分。
雅哦诚真，舒出男儿缤纷。

身心持正

2024-8-4

身心持正，不畏艰险历程。
清度红尘，英武是我心身。

岁月飞骋，此际季暑届正。
酷热时分，休憩养我精神。

苦痛抛扔，一生唯赖神恩。
笑意清芬，灵程道路平正。

风雨纵生，铁志傲骨刚正。
穿越艰深，前路终有坦程。

体道平康

2024-8-4

体道平康，人生正义向上。
磨难虽艰，傲骨更加强刚。

清听鸟唱，清听蝉噪奔放。
享受休闲，身心挥洒无恙。

哦咏诗章，舒出我之慨慷。
旷怀阳光，不怕黑暗之障。

神恩广长，心灵雅怀力量。
战胜强梁，战胜罪恶污奸。

天热时分

2024-8-4

天热时分，品茗雅意纵横。
鸟语和温，蝉噪却是大声。

此际意奋，新诗连续哦成。
舒出心身，舒出男儿诚真。

热浪滚滚，世界如炕之呈。
赤膊勿论，无心读书晨昏。

怡养精神，炎暑合当休整。
淡定心神，清听音乐爽身。

鸟歌青林
2024-8-4

鸟歌青林，蝉鸣树荫。
炎天之境，火热进行。
阳光天顶，烘烤何劲。
白云悠行，漫自多情。

漫自多情，田园画境。
清坐思萦，新诗哦吟。
舒出心襟，正志凌云。
淡品清茗，悠悠我心。

天气燥热难忍
2024-8-4

天气燥热难忍，连续高温，
连续高温，热浪蒸蒸扑人。

清听音乐怡神，悠悠笛声，
悠悠笛声，清爽雅洁十分。

斜照朗朗正呈，世界火盆，
世界火盆，万民受此炎蒸。

切求天气降温，盼雨生成，
盼雨生成，杀此亢热高温。

烈日如烘
2024-8-4

烈日如烘，清听古琴泻灵动。
爽我心胸，恣意写诗赋情浓。

红尘汹涌，大化弄人谁感动。
百年从容，不为名利之所怂。

水云襟胸，沉潜诗书奋用功。
情志中庸，和平盈满我怀中。

一笑从中，豁达人生奋刚雄。
淡泊凝重，万里征程破雨风。

小风清绕
2024-8-4

小风清绕，倩我情志清好。
夕阳朗照，天气闷热犹罩。

开我怀抱，古琴音乐美妙。
涤我情窍，洗心雅淡无二。

人生洒潇，不为名利所扰。
镇定昏晓，努力行走正道。

修心迢迢，试炼一任艰饶。
人格风标，君子情怀骚骚。

心志静悄
2024-8-4

心志静悄，不为尘世所扰。
无朋就好，雅守自己情窍。

奋发远道，千山万水行了。
世界美妙，赢得朗然一笑。

岁月飞飙,老我斑苍犹傲。
如松堪表,铮铮铁骨风标。

黄昏夕照,闷热郁此尘表。
古琴玄妙,涤我心襟怀抱。

悠听古琴

2024-8-4

悠听古琴,养我身心。
炎燥之境,此物爽清。
涤我心灵,情操雅净。
趋入玄境,平正心襟。

悠听古琴,五脏调停。
优雅之音,沁我肺心。
红尘险境,名利损襟。
古琴堪听,人格培俊。

44.高远集

夜风清绕

2024-8-4

夜风清绕,听见蟋蟀叫。
校对诗稿,心志颇清好。

暑意正饶,汗水往下抛。
电扇风摇,稍减此热燥。

三更微妙,四野呈静悄。
灯下思骚,精神颇康饶。

闷热当道,连续若高烧。
立秋将到,切盼金风扫。

悠悠扬扬人生场

2024-8-5

悠悠扬扬人生场,
情志若花之放。
此际暑意稍退减,
五更草蛩鸣唱。

早起灯下清思想,
舒出人生奔放。
正义情肠也无恙,
傲骨如松若钢。

困难苦痛成过往,
而今享受平康。
清心静意守平常,
读书写诗上网。

珍惜时光水流殇,
韶华未可费浪。
雄心壮志怀满腔,
万里奋志闯荡。

雄鸡此际啼唱

2024-8-5

雄鸡此际啼唱,世界燥热未央。
时间正值五更间,
小风其来不爽。

早起舒发感想,新诗容我哦唱。
人生正气慨而慷,
男儿雄心强壮。

名利早已抛放,高蹈余之心向。
倾情山水田园间,

沉潜诗书无恙。

心志未曾消减，豪勇是我情况。
大风合时发高唱，
英武怀在襟间。

勃发情志作诗行

2024-8-5

勃发情志作诗行，
人生坚忍为上。
渡过万水并千嶂，
一笑依然爽朗。

只是时光逝殇，老我霜华斑苍。
心志不减少年狂，
依然百倍顽强。

红尘无比狂猖，多有艰险困障。
努力前路长驱闯，
豪勇持在襟间。

慧目闪射清光，名利弃之应当。
轻装扬帆天涯向，
饱览大好风光。

闷热天地间

2024-8-5

闷热天地间，难以抵抗。
公园音乐放，引我情思悠扬。

早起情舒旷，哦诗激昂。
雀鸟清鸣唱，小风舒其扬长。

人生鼓志向，奋发向上。
物欲惹丧亡，务须裁减。

定志天涯向，灿烂风光。
艰深未有妨，铁志成钢。

振奋吾之意向

2024-8-5

振奋吾之意向，人生悠悠情长。
冲决一切困障，心地始终阳光。

五十九载回放，赢得一笑安祥。
无数惊涛骇浪，此际掩入桑沧。

晨起天气燥亢，闷热郁此宇间。
小鸟自我鸣放，欢乐似乎无疆。

悠听音乐之旷，袤起我的情肠。
人生不必感伤，前路正自广长。

人生乐逍遥

2024-8-5

人生乐逍遥，力奋前道。
山水任险峭，志若钢造。

天气炎且燥，闷热难熬。
电扇使劲摇，鼓风美好。

心志堪可瞧，男儿旷浩。
岁月是飞飙，寸阴惜了。

立秋行将到，金风将扫。
火热行将消，和平尘表。

挑灯夜读兴冲冲

2024-8-6

挑灯夜读兴冲冲，
天气犹然闷热中。

远野唧唧响鸣蚤,
旷喜田园来小风。
时已五更情思涌,
小哦短章赋襟胸。
人生已趋向老翁,
爽然一笑清无穷。

爽风经行

2024-8-6

爽风经行,人生快慰心襟。
雀鸟啼鸣,自得欢乐无垠。

立秋明临,时光如飞之迅。
振奋身心,努力骋志前行。

阖家康平,父母健康在庭。
讴呼尽兴,颂赞神恩丰盈。

老我苍鬓,一笑爽雅多情。
人生梦境,最贵安祥心灵。

悠悠人生

2024-8-6

悠悠人生,雅秉我的诚真。
奋志力骋,越尽山高水深。

笑意清生,林野鸟语啼纯。
温和心身,君子人格生成。

感谢神恩,赐下恩典丰盛。
灵程奋身,力战魔敌凶狠。

天暑届正,清坐思想缤纷。
新诗哦成,舒出人生兴奋。

爽风清来开意境

2024-8-6

爽风清来开意境,适然心襟。
休闲悟道领康平,快慰身心。

淡泊人生享安宁,不计清贫。
诗书容我奋用劲,晨昏哦吟。

履历人生吾多辛,坎坷险峻。
一生总蒙神引领,赐下温馨。

孤身天涯矢挺进,山水多情。
心胸吞吐彼风云,男儿豪英。

醒转无眠

2024-8-7

醒转无眠,清听蛙鼓与蚤吟。
四更之境,清风旷吹适心灵。

人生多情,心情心志向谁明?
孤旅挺进,踏破山水之空灵。

心怀淡定,此生不惹利与名。
红尘艰辛,磨炼身心岂止停。

大化运行,宇宙运转妙难云。
积德修行,层层境界领无垠。

小风清来爽意向

2024-8-7

小风清来爽意向,
雨后蛙复鼓唱。
清喜立秋今日访,
金风自此畅扬。

人生好自为之上，
努力旷志飞翔。
不畏命运之险艰，
终有阳光洒靓。

百度秋春飞逝狂，
转眼便是老苍。
践履思想并理想，
一笑雅持淡荡。

红尘太多狂与猖，
吾心安守平常。
正志风雨兼程闯，
风光阅历非常。

有鸟讴歌且扬长，
惬我情志增长。
逸意中心正无限，
新诗纵情哦唱。

岁月侵人不必讲，
霜华任其加涨。
真理正道持心间，
此生不再迷茫。

小风清来适意向

2024-8-8

小风清来适意向，蛙鼓欢鸣唱。
早起四更情悠扬，草虫唧唧响。

时值初秋心欢畅，闷热应时减。
人生远抛彼孤怅，心地起清凉。

读书写诗何快畅，不计时光淌。
五十九载水流殇，华鬓任染霜。

只是怀志仍昂扬，奋发向前闯。
名利于我无意向，正志讴诗章。

红尘太多是狂猖，性光须清亮。
物欲损人明襟房，心怀水云间。

淡荡身心旷无恙，微笑清浮上。
得意人生不张狂，谦贞叩道藏。

感悟人生

2024-8-8

感悟人生，履尽痛楚深沉。
觉醒时分，淡淡一笑清芬。

红尘滚滚，磨炼我心刚正。
努力奋骋，山高水深不论。

初秋时分，天阴无风热闷。
写诗舒诚，舒出肺腑热忱。

鼓志秋春，辞去名利轻身。
旷怀雅正，诗书沉潜深深。

天气燥燥

2024-8-8

天气燥燥，幸来小风骚骚。
怡我情窍，新诗从心哦了。

初秋美好，万物生机荣茂。
雀鸟鸣叫，自得安祥洒潇。

心志高蹈，休闲叩心美妙。
物欲弃掉，诗书适我情抱。

清度尘嚣，平心静意为好。
淡然一笑，豁怀有云清飘。

清听音乐吾意芬

2024-8-11

清听音乐吾意芬,
心事共谁细论。
一生感沛神之恩,
导引人生旅程。

曾经苦痛心生疼,
跌倒号呼声声。
总赖神恩大无伦,
起死并且回生。

初秋意境初生成,
小风爽来慰问。
漫天白云流缤纷,
惬我心志意神。

鼓舞情志走灵程,
修心向上奋争。
百度秋春焕精诚,
叩道奋不顾身。

悠听音乐吾意旷

2024-8-11

悠听音乐吾意旷,
心地清展扬长。
初秋天气仍燥亢,
火风其来未央。

雀鸟欢鸣为哪桩,
朝日蓬勃闪光。
清坐思想起无疆,
人生意义寻访。

远抛苦痛并机奸,
人生正意昂扬。
心襟情怀悠无恙,
万里长途驱闯。

履尽关山之清苍,
依然一笑爽朗。
困难苦恼不必讲,
晴朗盈余心房。

悠悠扬扬人生场

2024-8-11

悠悠扬扬人生场,
此际休憩情肠。
清听鸟语之鸣唱,
品茗情志澹荡。

电扇摇风也扬长,
孟秋一任燥亢。
抛开书本不相望,
安祥享此暇闲。

生活从来费平章,
一似水之流殇。
奔腾不息无止疆,
热情奔放张扬。

只是人生易老苍,
叹息中心良长。
惜福向上莫稍忘,
体道领略平康。

勃发情志哦诗行

2024-8-13

勃发情志哦诗行,
人生正志向上。
天值孟秋仍燥亢,
汗水清往下淌。

辗转桑沧人生场,
苦旅曾历深艰。
唯赖神恩赐奔放,
而今享受安康。

红尘嚣嚣焰万丈,
众生俱受炙炕。
应持清心水云间,
遁入田园山乡。

笑意清发也舒畅,
人生豁怀扬长。
叩道生涯奋贞刚,
男儿努力闯荡。

流年舒其更张

2024-8-13

流年舒其更张,孟秋此际无恙。
爽风来清畅,心地潇而旷。

人生贞志阳刚,绝不畏惧风浪。
努力向前闯,风光览清靓。

岁月无比奔放,不老是我心房。
振志天涯向,关山越雄壮。

战胜困苦艰苍,心中怀有阳光。
神恩广无量,导引我慈航。

淡定人生场

2024-8-13

淡定人生场,情志悠扬。
时雨甫停降,阳光复靓。

初秋此正当,清思扬长。
一笑淡然漾,心怀舒旷。

人生实难讲,烟雨沧浪。
百年匆匆放,华发斑苍。

叹息无用场,共缘履航。
中心怀阳光,修心勿忘。

困苦不久长,前路平畅。
神恩总无恙,赐下安祥。

清坐展思想,哦诗怡肠。
努力奋向上,冲决艰苍。

挺立人生

2024-8-13

挺立人生,总以道德为尊。
约身奋骋,不减赤子之诚。

初秋时分,此际已近三更。
灯下思深,东风递来蛩振。

感发心身,风风雨雨不论。
丰沛灵程,蒙神引领前奔。

百度秋春,时光飞逝迅奔。
淡泊十分,远辞名利清芬。

遁世心无闷

2024-8-14

遁世心无闷,晨起意清芬。
时既值五更,无风来慰问。
初秋天燥甚,高温堪耐忍。
野蛰聒声声,点缀世十分。

遁世心无闷,名利吾不争。
骋志潜书城,哦唱任朝昏。
淡泊微笑生,豁怀穷天人。
水云胸中呈,共化以驰奔。

旷怀吾雅正

2024-8-14

旷怀吾雅正,人生意清芬。
秋风清荡骋,林野闻鸟声。
岁月奋前奔,人老染霜痕。
一笑持和温,君子人格呈。

旷怀吾雅正,不妄去纷争。
内叩心与身,眼目持清纯。
傲骨犹铮铮,如松之虬盛。
百年匆匆程,传世有诗文。

秋蝉嘶鸣

2024-8-14

秋蝉嘶鸣,天气复转阴。
清坐抒情,新诗以哦吟。

人生前行,风光领无垠。
履尽艰辛,心志持坦平。

红尘梦境,百年若电影。
务持清醒,修心奋上进。

不辞清贫,正义盈心襟。
微笑浮萦,豁达吾空灵。

人生苍茫

2024-8-14

人生苍茫,务辨清前路方向。
努力闯荡,持心应许多雅闲。

此际悠扬,清坐思想展无疆。
振志之向,依然是在至远疆。

红尘狂荡,损人多有名利缰。
吾持清肠,水云天地容徜徉。

淡淡荡荡,人生无执于襟房。
浩气霄壤,正意从来弥宇间。

人生勿急躁

2024-8-15

人生勿急躁,清心吾雅好。
五更起得早,野境秋蛰叫。
电扇把风摇,适意我雅骚。
新诗且哦了,舒出正意饶。

人生勿急躁,淡定共缘跑。
修心走正道,风雨任萧骚。
红尘存美好,用心去寻找。
淡淡浮一笑,旷意且丰饶。

挺直人生

2024-8-15

挺直人生,岂屈你鬼魅妖氛。
早起时分,清听彼鸟语缤纷。

霾锁乾坤，秋燥炎热持久恒。
淡定心神，不为外缘之所乘。

红尘滚滚，众生太多以沉沦。
吾持雅正，清心自守度秋春。

哦放晨昏，诗书纵览爽意神。
心志纯真，力抛伪饰持赤诚。

正义人生场

2024-8-15

正义人生场，原不屈鬼魅妖魍。
奋志力向上，矢冲决尘世艰苍。

一笑爽朗，男儿应该是这样。
不屈强梁，提刀力战彼虎狼。

心志安祥，仰荷神恩赐奔放。
灵程奋闯，不畏试探并沧桑。

裁思汪洋，舒出人生正气昂。
思想无疆，秉持慧烛破暗障。

秋意平旷，晨鸟娇语何娟靓。
小风来爽，涤我情志并襟房。

傲立强刚，人生学取梅花桩。
合时开放，不畏严寒并雪霜。

天阴金风旷

2024-8-15

天阴金风旷，悦意盈襟房。
洒然作华章，短诗赋心肠。
人生正气昂，不为物欲障。
红尘徒攘攘，清心水云间。

云天漫浪

2024-8-15

云天漫浪，白云流变岂等闲。
小鸟鸣唱，爽意金风来舒旷。

清坐思想，孤旅人生奋扬长。
万里驱闯，关山叠叠阅雄壮。

雅洁心间，赤子情怀依奔放。
向阳襟肠，不为物欲而狂猖。

诗书无恙，此是吾之性命粮。
镇日哦唱，修心养性何慨慷。

安守平常

2024-8-15

安守平常，清听彼蝉唱。
夕照昏黄，闪射其光芒。

休憩心肠，不必太匆忙。
定定当当，步我人生场。

心志安祥，内叩我襟房。
正直向上，无机我悠扬。

岁月飞旷，又值秋来访。
白云流荡，爽风惬意向。

金风清旷

2024-8-16

金风清旷，白云悠悠翔。
我自安祥，写诗从容间。

履尽心伤，而今平安况。
稳渡安航，总赖神恩壮。

不必回想，前路正广长。
努力向上，努力振志向。

万里风光，涤我心与肠。
人生昂扬，书写新华章。

逸意人生场

2024-8-16

逸意人生场，容我休闲。
品茗既清香，淡眼云旷。

初秋不清凉，小风来爽。
心志怀平常，淡泊安康。

人生怀思想，振志向上。
不畏惧阻艰，努力奋闯。

岁月多苍凉，霜华惜涨。
一笑还悠扬，我意澹荡。

红尘太疯狂，利锁名缰。
何不清心肠，水云流漾。

正直持心房，男儿强刚。
豪勇吾无恙，如松生长。

风雨历猖狂，心襟雅闲。
淡定秋春间，诗书哦唱。

百年岂久长，一似朝霜。
劝君奋贞刚，修心阳刚。

宇宙广无量，思想无疆。
奥秘矢探访，秉烛矢闯。

此际清心肠，舒发感想。
情思复扬长，悠远旷放。

秋夜热且闷

2024-8-17

秋夜热且闷，虫吟声又声。
不眠值三更，写诗舒真诚。
岁月日进深，故事演不胜。
霜华日渐盛，一笑还和温。

秋夜热且闷，电扇把风遏。
灯下思深深，人生客旅程。
看开方为胜，执着惹苦闷。
万事共缘骋，修心奋晨昏。

秋夜热且闷，不觉已四更。
淡定是心神，读书自慰问。
孤旅奋志骋，不为名利争。
淡泊养天真，性天持清纯。

秋夜热且闷，四围无人声。
思想既生成，写诗复怡神。
神恩浩无伦，导引灵旅程。
正直度人生，不惧试探深。

清夜无眠

2024-8-18

清夜无眠，子夜三更听虫吟。
秋燥之境，电扇摇风也多情。

心志清平，沉潜诗书奋用劲。
华发苍鬓，一笑人生也淡定。

坎坷艰辛，磨炼我心意志劲。
男儿豪英，铮铮铁骨撑天青。

时起伤心，人生不过是梦境。
百年空清，大化弄人谁清醒。

初进五更

2024-8-18

初进五更，早起清听秋虫振。
爽意心身，写诗聊表我精诚。

感谢神恩，导引人生矢沿正。
不妄纷争，正直清度彼秋春。

淡意红尘，人是客旅自慰问。
奋行灵程，胜过试炼之艰深。

冲决雾阵，物欲损人合弃扔。
阳光心身，修心养德无止程。

振志人生场

2024-8-18

振志人生场，吾也雅闲。
不畏惧风浪，奋发以闯。

时值五更间，天犹未亮。
野地蟋蟀唱，小风来爽。

灯下清思想，发为诗唱。
情志清无恙，人生慨慷。

红尘少漫浪，烟雨艰苍。
心志怀阳光，万里闯荡。

五十九载间，坎坷倍尝。
达悟一笑间，心怀澹荡。

努力旷飞扬，冲决困障。
宇宙广无量，尽我思想。

智慧积淀间，妙悟情肠。
道德力提倡，修心向上。

不为物欲障，性光发扬。
眼目俱明亮，闪现天良。

心志平康

2024-8-18

心志平康，人生纵哦唱。
秋蛩鸣放，打动我情肠。

五更之间，公园闻语响。
天犹未亮，早起吾三光。

写诗流畅，意志真如钢。
不屈强梁，展我男儿壮。

远抛心伤，振奋我意向。
前路远广，鼓勇尽力量。

微笑淡漾，人生不张狂。
谦贞心房，原也存雅量。

红尘狂狷，众生多失陷。
秉烛前闯，慧意凝心间。

45.花开集

中元今正当

2024-8-18

中元今正当，心志安祥。
蓝天云清旷，雀鸟啼唱。

周日享清闲，诗书平章。
品茗情志涨，身心欢畅。

阖家享安康，欢乐无恙。
神恩颂心房，中心歌唱。

处世吾守常，定定当当。
叩心见真光，朗照明亮。

前路奋发闯，岂计艰苍。
豪迈情志间，男儿雄壮。

微笑浮现间，吾不狂狷。
谦正人生场，振志向上。

不必嗟桑沧，世事幻相。
天人大道彰，圆明情肠。

悟彻这世间，因缘鼓荡。
叩心奋贞刚，眉眼阳光。

金风送爽

2024-8-18

金风送爽，初秋正无恙。
白云流荡，变幻其形状。

鸟语蝉唱，田野茂荣昌。
江山画廊，赞美心地间。

心志清昂，况复品茗畅。
人生慨慷，振意作诗行。

身心坦荡，无机之襟房。
正直扬长，不畏惧苍凉。

时雨倾降

2024-8-18

时雨倾降，檐前一片哗啦响。
金风舒旷，天气料将逞清凉。

清坐思想，人生正气颇强刚。
努力向上，万里江山点评间。

克己贞刚，修身道德力讲倡。
污秽抛光，清心明慧吾安祥。

人生不长，百年匆匆真瞬间。
应许温让，应许正直蓬勃旷。

天气闷热之中

2024-8-18

天气闷热之中，雅持吾之从容。
夕照辉光动，清思入诗诵。

红尘无比汹涌，人生淡定和慵。
不妄去行动，共缘履圆通。

神恩铭于襟胸，灿烂一似彩虹。
灵程奋前冲，胜过鬼魔凶。

五十九载逝风，笑我华发斑浓。
爽然是心胸，诗书奋用功。

四更无眠

2024-8-19

四更无眠，思绪理难清。
燥热之境，野地蛩蛙鸣。

岁月飞行，感慨凝于心。
胸怀层云，胸怀持坚定。

人生前行，标的务须明。
莫为利名，损了心与襟。

修身上进，德操务贞定。
世事浮云，人生若梦境。

当持清心，慧目透雾境。
阳光心襟，洒脱秋春行。

霜华清映，心志吾坦平。
悠悠此心，活泼真难云。

夜风来潇爽

2024-8-19

夜风来潇爽，闷热顿时减。
初进五更间，蟋蟀欢鸣唱。
灯下展思想，晨起读诗章。
聊与古人讲，跨越时空间。

夜风来潇爽，精神起悠扬。
人生不张狂，沉潜诗书间。
不计时光翔，华发渐染霜。
一笑清无恙，男儿慨以慷。

休憩吾之情肠

2024-8-19

休憩吾之情肠，人生万事下放。
且品茗芳，且听蝉唱，
心地享尽悠扬。

初秋天气燥亢，切盼时雨下降。
人生澹荡，共缘徜徉，
一笑还自端方。

此生履尽艰苍，身心背负痛伤。
叩道向上，体尽强刚，
而今晚晴无恙。

展眼云天画廊，鸟飞径入青苍。
写意风翔，惬我意向，
写诗舒发奔放。

天气闷热间

2024-8-19

天气闷热间，雨后蛙鸣唱。
暮色此正当，清坐吾思想。
人生奋志向，不为物欲障。
红尘清度间，年华任逝殇。

年华任逝殇，一笑持安祥。
体道吾平康，振志矢向上。
桑沧任叠放，修心我悠扬。
道德力提倡，保守吾天良。

一夜秋雨饶

2024-8-20

一夜秋雨饶，此际犹飘。
檐前响萧骚，情志清好。

人生振前道，风雨经饱。
情怀犹可瞧，一身朗傲。

不为名利扰，清贫就好。
红尘清度骚，乐我逍遥。

岁月侵人老，不减清豪。
男儿奋刚傲，力辟前道。

我心静定

2024-8-20

我心静定，清听野蝉之鸣。
雨已止停，鸟语蛙鸣蛰吟。

天复朗晴，闷热天气犹殷。
散思清平，哦诗舒出闲情。

人生前行，难免穿山越岭。
神恩丰劲，赐下平安充盈。

内叩心襟，不为外缘所侵。
悠悠心灵，洒脱空清圆明。

天阴热闷
2024-8-21

天阴热闷，雀鸟奏其歌声。
心地温存，写诗抒发心身。

初秋时分，晨起精神振奋。
不老心身，人生奋志驰骋。

霜华勿论，焕发男儿诚真。
万里征程，览尽江山雄胜。

淡定心神，读书自我慰问。
旷意十分，不为名利所乘。

四更无眠我清醒
2024-8-23

四更无眠我清醒，天犹燥境，
野蛮清鸣，灯下写诗适心灵。

人生正气纵凌云，不惧艰辛，
奋发前行，穿越关山风光凝。

一笑淡泊且镇定，男儿豪英，
心志刚劲，旷怀雅正清无垠。

诗书晨昏奋用劲，纵情哦吟，
怡我心灵，悠悠大道力追寻。

五更蟋蟀清鸣唱
2024-8-23

五更蟋蟀清鸣唱，朗月在望，
惬我情肠，新诗容我哦奔放。

心志此际起清昂，不畏深艰，
奋发向上，修身克尽困与障。

内叩心地有清光，慧烛秉掌，
物欲弃放，高蹈身心享安祥。

人生百年真不长，抓紧时间，
不可费浪，做些正事理应当。

诗书人生费平章，书海旅航，
正见心间，著书记录余思想。

霜华清涨一笑扬，男儿豪放，
邪见抛光，理想支撑我前闯。

不畏高山有虎狼，力战平康，
胜利驱闯，览尽天涯之风光。

岁月赐人智慧涨，圆明心间，
无机襟房，眼目清新且明亮。

云天澹荡
2024-8-23

云天澹荡，远野秋蝉清鸣唱。
写意尘壤，又见金风轻轻荡。

我自昂扬，人生奋志千关闯。
不计艰苍，中心始终怀阳光。

情志安祥，名利我已无意向。
水云襟房，悠意诗书之扬长。

人生慨慷，男儿未可卑弱放。
振志远疆，风风雨雨总寻常。

人生奋闯
2024-8-23

人生奋闯，总凭良知作导航。
正意襟房，一腔热血恒鼓荡。

秋来人间，雀鸟野蝉欢声唱。
白云流淌，老柳毿毿而摆荡。

休闲无恙，清品绿茗诗意涨。
纵情哦唱，舒出情志之清芳。

人生向上，履尽艰险一笑昂。
神恩无限，赐我阖家享安康。

人生休闲
2024-8-23

人生休闲，雅守吾之平常。
天阴无妨，秋蝉正自歌唱。

心事下放，人生共缘前闯。
山水万方，显我男儿气象。

豪气心间，岂为名利所障。
性光明亮，显现真正天良。

红尘狂猖，太多羁绊之缰。
努力向上，努力旷意飞翔。

人生未须紧张
2024-8-23

人生未须紧张，此际休憩情肠。
夕照正闪光，金风清吹荡。

心灵心志安祥，人生奋志而闯。
不畏惧深艰，不惧怕虎狼。

坦平是我心肠，人生无愧襟房。
正义力向上，修身也贞刚。

野蝉鼓其鸣唱，点缀世宇平康。
鞭炮忽震响，世事费平章。

秋夜闷热间
2024-8-24

秋夜闷热间，汗水沁淌。
蛩螀欢鸣唱，使余欣畅。

时值四更间，不眠上网。
更写新诗行，舒出情向。

心怀向谁讲，孤旅奋闯。
阅尽高山壮，情志无恙。

年华渐逝淌，霜华之间。
挺志吾顽强，浩然意向。

红尘是幻相，因缘流淌。
客旅人生场，道义为尚。

修身尽力间，克己污脏。
慧意心地间，眼目明亮。

不畏惧艰苍，铁骨傲刚。
铮铮男儿壮，挺直脊梁。

谦正怀柔肠，仁义不忘。
诗书沉潜间，发为哦唱。

五十九载放，烟雨沧浪。
一笑也澹荡，无执无惘。

展眼天地间，未许迷茫。
正直奋前闯，无机奔放。

岁月清芬
2024-8-24

岁月清芬，风雨流年铸心魂。
秋意初逞，天气犹然是闷蒸。

休憩心身，内叩自我思深深。
共缘驰骋，大度情怀持雅正。

品茗时分，精神获得大提振。
哦诗舒诚，斑苍不减豪勇贞。

野蝉清振，不知疲倦哦声声。
一笑清纯，标举人格奋人生。

世事纷纷扰扰
2024-8-24

世事纷纷扰扰，心须保持静悄。
持正昏与朝，正直人生道。

心志洒洒潇潇，红尘容我高蹈。
情怀雅且骚，诗书哦逍遥。

初秋已经来到，天气阴云正绕。
玄蝉朗声叫，我意入云霄。

努力奔赴前道，关山万里险峭。
男儿显英豪，力战魔敌妖。

心志清平
2024-8-25

心志清平，闷热犹殷。
总赖电扇摇风清，快我心襟。

晨起多情，放我歌吟。
朝日已升多亢劲，蓝天白云。

岁月侵鬓，胡不镇定。
奋志依然去远行，山水清峻。

独处心定，自我慰情。
天人之道费追寻，内叩身心。

休闲时分
2024-8-25

休闲时分，品茗惬意生成。
逸意心身，小风正来慰问。

清听蝉振，初秋心志清芬。
豁达前骋，共缘履历行程。

一笑清生，人生客旅之身。
世事纭纷，吾持淡定十分。

红尘滚滚，大化太多弄人。
感谢神恩，导引人生旅程。

振志人生
2024-8-25

振志人生，勿为诱惑所乘。
抱朴守身，淡定清度秋春。

人生刚正，傲骨由来铮铮。
谦和心身，原也叩道秉诚。

初秋时分，野蝉朗声大振。
燥热犹逞，清坐品茗惬生。

阖家康盛，丰沛是此神恩。
奋行灵程，战胜试炼艰深。

鸣蝉奏其响亮

2024-8-25

鸣蝉奏其响亮,悠我情肠,
初秋无恙,周日享受清闲。

写诗舒其流畅,正义心间,
人生向上,努力克尽艰苍。

红尘何其攘攘,心怀乡庄,
情系松岗,不为名利奔忙。

一笑雅自澹荡,人生瞬间,
百年安祥,惜时惜福莫忘。

夕照黄昏

2024-8-25

夕照黄昏,东风旷意吹骋。
蝉鸣声声,初秋风光清纯。

人生奋争,力行万里征程。
哦咏真诚,舒出男儿刚正。

远抛心疼,豁怀不取沉沦。
名利不争,淡定坐拥书城。

霜华惜生,人生梦境之逞。
雁过留声,著书垂示后人。

晨起金风爽朗

2024-8-26

晨起金风爽朗,快慰吾之襟房。
五更之时间,天光犹未亮。

那就写诗奔放,舒出我之情肠。
几声啼鸟唱,愉悦心地间。

人生得意不狂,谦正守我心向。
百倍志顽强,迎风斗卓浪。

五湖四海之间,容我扬帆启航。
风光入眼间,眉宇俱开朗。

晨鸡啼唱

2024-8-26

晨鸡啼唱,蟋蟀亦鸣放。
五更无恙,金风吹清旷。

早起情畅,写诗不了间。
人生安祥,无执于心房。

弹指逝殇,华年真水淌。
回首细望,烟雨迷眼间。

好自昂扬,人生奋向上。
正直情肠,柔和且阳光。

洒脱人生

2024-8-26

洒脱人生,不执名利是真。
淡泊诚贞,奋行人生旅程。

秋风清骋,快意吾之心身。
读书时分,容我朗放高声。

红尘滚滚,应许惊雷生成。
岁月缤纷,不忘守朴纯真。

大化运稳,桑沧幻化成阵。
百度秋春,惊叹真似一瞬。

淡定人生吾雅爽

       2024-8-26

淡定人生吾雅爽，秋意平旷，
金风畅扬，野境丰茂何荣昌。

天气阴晴不定间，听见鸟唱，
享受澹荡，身心清持奋向上。

人生履尽是坎艰，一笑昂扬，
心志阳光，男儿是铁且是钢。

老来心境向谁讲，依然奔放，
依然贞刚，依然不屈向前闯。

秋蝉鸣唱

       2024-8-26

秋蝉鸣唱，天阴心境正无恙。
好风来翔，心志情怀旷增长。

人生闯荡，崇山峻岭未许挡。
铁志成钢，男儿果敢兼豪放。

岁月扬长，不执名利心志康。
回首长望，来路曲折岂寻常。

向前瞻望，应许风云多茁壮。
老愈顽强，奋发人生纵阳刚。

祥云漫空

       2024-8-26

祥云漫空，老柳自在梳风。
鸟掠宇中，自由搏击苍穹。

我自从容，心志澹荡清空。
初秋之中，清喜爽风吹送。

暮色初浓，夕照西山灿送。
市井闹哄，一片车水马龙。

微笑浮动，人生共缘而从。
情志中庸，英武盈于襟胸。

三更时雨进行中

       2024-8-27

三更时雨进行中，爽来清风，
蛙噪鼓动，蛩鸣从容，
秋意快慰我襟胸。

人生容我有感动，哦诗清讽，
舒出情浓，正义刚洪，
不畏困苦矢前冲。

笑我华发初成翁，依然情钟，
依然奋勇，依然灵动，
诗书沉潜旷哦讽。

岁月如风桑沧浓，百年若梦，
弹指斑慵，壮怀堪讽，
男儿不忘唱大风。

时雨激烈进行

       2024-8-27

时雨激烈进行，四更无眠，
五更已近，读书写诗怡情。

灯下思发殷殷，人生挺进，
关山风云，壮我心志胸襟。

初秋已经来临，爽风进行，
涤我心襟，快慰之情无垠。

抛开嗟伤之情，雅怀高兴，
振志欲鸣，男儿豪勇盈襟。

时光飞逝不停，心怀淡定，
览尽浮云，始终情志安平。

不为物欲所侵，正义心灵，
修身上进，刚柔并济多情。

五更蛙唱起清响

2024-8-27

五更蛙唱起清响，
秋虫伴奏也悠扬。
雨后清风旷吹放，
惬我情志十分香。
读书写诗复上网，
不计时光之流殇。
人生快意心地间，
能不新诗纵哦唱。

五更蛙唱起清响，
此际天犹未启亮。
灯下激情逞嚣张，
诗意旷发泻汪洋。
男儿从来有慨慷，
一生定志天涯间。
五湖濯足烟雨间，
能不新诗纵哦唱。

五更蛙唱起清响，
悠我情思旷而扬。
辗转艰苍心不凉，
振志匡世我贞刚。

豪勇心地不必讲，
诗书费尽我平章。
五十九载华年放，
能不新诗纵哦唱！

休憩情肠

2024-8-27

休憩情肠，秋风爽意向。
品茗悠扬，心花都开放。

人生昂扬，未可耽安祥。
骋志向上，万里矢闯荡。

红尘无恙，只是试炼场。
中心阳光，冲决霾雾障。

天阴无妨，正好享清凉。
野蝉鸣唱，点缀此平康。

生活和平

2024-8-27

生活和平，人生怀雅兴。
时起激情，旷欲向天鸣。

人生秉勤，诗书吾用劲。
晨昏哦吟，秋春度安宁。

初秋又临，天气且值阴。
爽风进行，心志是澹定。

悠悠心襟，向谁吐细明。
孤旅挺进，朗度关山云。

秋意平旷
       2024-8-27

秋意平旷，心境真无恙。
阖家平康，神恩感茁壮。

休闲之间，情志共风畅。
时光逝淌，我意持安祥。

未可孟浪，人生贞志向。
修身向上，不受诱惑诳。

玄蝉鸣放，清响是悠扬。
守拙情肠，抱朴无机奸。

心志广长
       2024-8-27

心志广长，人生奋力量。
努力向上，舒出我心光。

振志阳刚，卑弱全抛光。
男儿豪壮，英武心地间。

红尘狂荡，正似演武场。
利锁名缰，恒是将人伤。

吾持清向，胸襟白云翔。
正义奔放，雅洁且阳光。

流年更张
       2024-8-27

流年更张，又值初秋间。
清风来翔，田园是画廊。

雅听蝉唱，写诗舒意向。
正义情肠，旷怀何奔放。

不为物障，不为名利妨。
贞定之间，江山放眼量。

心志清昂，人生快马上。
万里疆场，展我男儿壮。

46.欢庆集

暮阴时分
       2024-8-27

暮阴时分，心志灿然生成。
人生纵论，不过客旅行程。

华年逝骋，霜华惜乎生成。
心地和温，浪漫不减毫分。

读书怡神，加强修养心身。
风雨兼程，阅尽江山雄浑。

苦痛抛扔，心怀雅洁清芬。
正志秋春，淡眼桑沧幻阵。

雨后蛙鼓振清响
       2024-8-28

雨后蛙鼓振清响，金风起萧旷。
散坐从容品茗间，情思正悠扬。

远处鞭炮又嚣响，打破此安祥。
微微一笑吾澹荡，不受其影响。

哦了心身是昂扬，人生快马闯。
关山青苍叠雄壮，摩云攀松岗。

困障于我是等闲，男儿多豪壮。
前路终会有平旷，心地怀阳光。

秋意清平

2024-8-29

秋意清平，五更早起凉爽境。
蟋蟀清鸣，点缀世宇之雅清。

心志坦平，人生已辞名利境。
注重修心，注重道德之通行。

淡泊盈襟，旷怀趋向水云境。
繁琐损心，大道简朴致圆明。

心志空清，远野蛙鼓敲正勤。
天犹未明，爽雅身心享均平。

鹧鸪清鸣天已明

2024-8-29

鹧鸪清鸣天已明，
爽意秋风清吹行。
心地爽雅旷裁情，
中心意味入诗吟。
淡荡人生何所云，
正义从来盈身心。
奋发男儿之刚劲，
万里江山万里云。

清意人生场

2024-8-29

清意人生场，纵展吾之昂扬。
流光飞畅，何许计较斑苍。

初秋此正当，灿烂赞彼阳光。
心境安祥，人生奋志向上。

履尽坎与艰，依然一笑爽朗。
正志之向，是在匡世艰苍。

脚踏实地闯，万里风烟迷茫。
心怀真光，矢沿正道奔放。

秀丽白云

2024-8-29

秀丽白云，流变其动人倩影。
斜照朗映，秋风吹来何多情。

休憩心襟，读书写诗兼品茗。
心志清平，远辞烦嚣与利名。

一笑温情，人生奋志是坚挺。
风雨磨心，君子人格若松劲。

坎坷生平，赋予我心是坚定。
天涯风景，长驱万里奋追寻。

夜黑华灯放

2024-8-29

夜黑华灯放，清展吾之思想。
心志守平常，人生不慌不忙。

平静四野间，秋风微微淡荡。
内叩吾情肠，远抛机巧伪奸。

努力振意向，定志天涯远方。
困障任其放，信心百倍强刚。

清度人生场，走过痛苦悲怅。
神恩敷广长，赐我心灵力量。

心地感兴涨，哦诗热情张扬。
男儿纵豪刚，一生矢志闯荡。

霜华任清涨，少年心性依样。
一笑颇坦荡，纯真怀在心间。

清夜难眠

2024-8-30

清夜难眠，放怀吾讴吟。
三更之境，秋蛩鸣殷勤。

灯下思清，人生鼓干劲。
书海奋进，扬帆万里行。

时光飞迅，感慨盈心襟。
人趋老境，回首真堪惊。

奋力前行，不惧风雨劲。
神恩丰盈，必赐安与平。

坎坷艰辛，不过若电影。
未来光明，努力去追寻。

实干要紧，虚浮可不行。
正直身心，良知贵若金。

时值秋境，天气趋均平。
大好光阴，珍惜铭于心。

读书用心，蹉跎未可行。
奋我身心，振志矢辟进。

关山风景，正契我心灵。
愉悦之境，化为诗哦吟。

辗转艰辛，意志吾坚定。
男儿豪英，守拙奋勇勤。

秋气炎燥

2024-8-30

秋气炎燥，烈日如斯烤。
清坐逍遥，新诗从心造。

白云流飘，妙丽若画稿。
情思聊表，短章赋风骚。

我自晴好，努力奋前道。
心志广辽，不为物欲扰。

平静心窍，正义盈怀抱。
身心高蹈，名利不重要。

闷热宇中

2024-8-31

闷热宇中，天青使人感动。
朗日无风，野禽啼其从容。

休闲之中，雅将新诗哦讽。
舒出情浓，写诗痛快心胸。

初秋堪讽，田野一片茂荣。
心志平慵，品茗惬意无穷。

合时而动，男儿岂是孬种。
展我襟胸，原也旷怀无穷。

人生灵动，物欲致人昏庸。
向往天空，向往搏击长风。

一笑从中，豁达盈满肺胸。
辗转尘中，风霜添我厚重。

秋花灿放

2024-8-31

秋花灿放，牵牛娇妍无双。
天气燥亢，白云流漫飞翔。

周末休闲，对着电扇求凉。
读些词章，袭起心志情肠。

人生向上，求知奋我贞刚。
智慧寻访，叩道万里驱闯。

舒我心光，冲决暗雾迷茫。
正直顽强，豪旷若松生长。

蝉鸣唱

2024-8-31

蝉鸣唱，一任秋燥亢。
心清闲，体道吾平康。

哦诗唱，舒出我昂扬。
人向上，克尽彼艰苍。

烈日狂，白云悠悠逛。
风来爽，我意享澹荡。

微笑放，信心百倍涨。
奋前闯，关山阅雄壮。

红尘间，故事演万场。
悲喜间，历史叠桑沧。

清思扬，逸兴云霄间。
水云漾，中心不张狂。

芳华人生

2024-8-31

芳华人生，履尽烟雨之艰深。
一笑沉稳，迈越关山意清纯。

红尘滚滚，众生多陷名利阵。
吾持雅正，内叩身心修精诚。

初秋风逞，蝉鸣鸟语何其盛。
赞美真诚，大千世界妙不胜。

鼓志前骋，勿为名利迷眼神。
慧意充分，正见良知奋行程。

斜照舒光

2024-8-31

斜照舒光，心志聊舒广长。
好风悠翔，一片蝉鸣鸟唱。

初秋正当，漫天白云飘荡。
激情心间，纵将新诗哦唱。

心付谁讲，孤旅骋尽昂扬。
不屈艰苍，男儿奋志闯荡。

心怀贞刚，果敢加上顽强。
诗书安享，润泽吾之情肠。

写意秋风

2024-9-1

写意秋风，快慰我心胸。
蛩鸣从容，我意转清空。

畅意哦讽，舒出我情浓。
人生前冲，坦荡盈襟胸。

雨雨风风，不必嗟深重。
神恩重浓，灵程导引中。

五更之中，早起情和慵。
短歌以颂，讴咏这宇穹。

爽意人生
2024-9-1

爽意人生，惬意听取鸟声。
秋意初呈，金风何其畅神。

清坐安稳，心潮起伏生成。
思想乾坤，大化运行何深。

奋我人生，努力心灵旅程。
克己修身，光明心地清纯。

牵牛开盛，妍红娇美不胜。
微笑清生，洒脱人生旅程。

阳光俊朗
2024-9-1

阳光俊朗，秋气犹燥亢。
电扇风凉，惬我之意向。

心志平康，周日我安祥。
读书上网，写诗亦流畅。

生活平章，正似走马场。
收敛心向，修身莫稍忘。

正直情肠，不必计艰苍。
苦难困障，磨炼我心房。

百年奔放，人生水流殇。
霜华之间，豁怀取扬长。

振志慨慷，万里鼓勇闯。
苦痛抛放，傲立颇强刚。

不卑不亢，和平盈襟房。
正义向上，努力旷飞翔。

红尘无恙，只是试炼场。
穿越艰苍，标的天国上。

五更时雨沛然降
2024-9-2

五更时雨沛然降，一片蛙噪响。
西风萧骚送清凉，我意顿时畅。

灯下容我放思想，人生纵昂扬。
不畏艰难往前闯，风光历悠扬。

岁月赐我多艰苍，不减我豪放。
男儿振志天涯向，理想导我航。

天下大事容平章，济世乐无恙。
坎坷过往不必讲，我意正平康。

瞻望未来风光壮，寰宇多激荡。
世界潮流浩荡间，正邪搏击艰。

守护心灵之安祥，正意心地间。
及时努力勿迷茫，旷意展飞扬。

坚毅人生
2024-9-2

坚毅人生，挥洒我的刚贞。
痛苦困顿，不减英豪半分。

秋风吹骋，蓝天白云清芬。
斜照朗逞，惬意盈满周身。

休闲时分,心志敞开十分。
写诗怡神,舒出精气灵魂。

红尘滚滚,磨炼人之心身。
灵程奋身,胜过试探艰深。

夕照灿光　　　　　　2024-9-2

夕照灿光,中心怀意向。
白云飘荡,金风吹浩畅。

闷热消减,情志油然旷。
哦咏诗章,吾意也扬长。

人生向上,奋发吾贞刚。
艰苦艰苍,不过是寻常。

岁月舒昂,演幻桑与沧。
笑对沧浪,情怀正茁壮。

弹指时光,匆匆以逝淌。
霜华清涨,容我展思想。

世界无恙,乃是神所创。
文明向上,无物可阻挡。

正志心间,心怀持漫浪。
合时高唱,大风讴奔放。

人生世间,勿为物欲诳。
名利虚妄,只是害人肠。

子夜时分　　　　　　2024-9-3

子夜时分,秋虫呢咙声又声。
不眠意振,小哦新诗裁心身。

感谢神恩,赐下恩典何丰盛。
灵程驰奔,慧烛秉掌破雾阵。

此际哦申,一腔情志何沉稳。
不惧艰深,万里风光阅雄浑。

苦旅曾呻,跌倒尘埃痛不胜。
神亲慰问,起死回生赐福分。

欢愉心生,标的天国尽力奔。
尘世暂蹲,客旅人生是一瞬。

叩心求证,道义坚守度秋春。
德操修成,眼目慧意蕴深沉。

五更已毕红霞靓　　　　2024-9-3

五更已毕红霞靓,雀鸟放啼唱。
远处村鸡复讴扬,
秋野蟋蟀鸣放。

早起吾心情悠扬,从心放讴唱。
一片清风写意翔,
身心都觉凉爽。

振奋情志往前闯,山水郁风光。
人生雄心百倍彰,
克尽艰难险障。

红尘迷雾放万丈,慧目睁圆亮。
不为物欲名利狂,
清心雅洁澹荡。

定定当当人生场

2024-9-6

定定当当人生场，我自悠扬，
我自绽放，修心叩道奋向上。

四更无眠哦华章，舒出心向，
舒出情肠，清净身心也慨慷。

红尘气焰放万丈，嚣嚣嚷嚷，
众生失陷，莫忘德操与天良。

振奋情志往前闯，关山青苍，
步履坚强，风雨凄迷难阻挡。

随缘人生

2024-9-6

随缘人生，雅持吾之纯真。
奋力抗争，力战魔敌凶狠。

步我灵程，叩道奋不顾身。
风雨缤纷，正好磨炼心神。

大化运稳，天意从来艰深。
宇宙永恒，天父永远长存。

神恩丰盛，导引吾之人生。
努力驰奔，努力奋赴前程。

秋仲无恙

2024-9-10

秋仲无恙，心境吾舒畅。
白云飘荡，引我旷意向。

人生贞刚，冲决困与障。
万里驱闯，男儿纵豪放。

岁月飞旷，坦荡盈襟房。
无机昂扬，正直心地间。

世事茫苍，难以细言详。
胸怀茁壮，寰宇俱包藏。

扬我阳刚，卑媚全抛光。
文明向上，永远无止疆。

情向谁讲？心志独品尝。
契意松岗，田园并山庄。

秋雨萧萧

2024-9-11

秋雨萧萧，金风走骚骚。
裁意诗稿，舒出我风标。

人生朗傲，不为名利恼。
淡泊襟抱，清心吾高蹈。

诗书清好，涤我情怀抱。
人格培造，正志复洒潇。

努力前道，山水越逍遥。
风光美好，眉眼俱含笑。

烟雨濛濛

2024-9-11

烟雨濛濛，时雨急倒直冲。
清坐从容，秋意爽雅襟胸。

红尘烈猛，名利害人无穷。
吾持清空，淡定清度和慵。

岁月奋勇，赐我霜华浓重。
积淀厚重，觑破世事如风。

和平心中，共彼大化行动。
人生非梦，陶铸灵魂心胸。

时雨进行中
2024-9-11

时雨进行中，心志从容。
秋风赋灵动，写意宇穹。

不妄去行动，静默心胸。
雅洁哦清空，正意盈中。

人生如履风，名利何功。
淡定吾中庸，处缘圆通。

岁月逝如疯，不减英勇。
旷怀正无穷，豪情倍涌。

喜鹊欢鸣唱
2024-9-11

喜鹊欢鸣唱，我心悠扬。
金风复送爽，雨已停降。

好自心闲旷，新诗哦唱。
品茗情志昂，努力向上。

红尘是多艰，鼓勇前闯。
人生奋发上，披荆斩浪。

一笑清无恙，心地安祥。
神恩我雅享，阖家平康。

夜来秋雨绵绵降
2024-9-12

夜来秋雨绵绵降，四更时间，
小风玄畅，蛙鼓悠扬，
雅持心境哦诗行。

时既秋仲费平章，人生昂扬，
诗书讲唱，舒展思想，
天下大事纵论间。

一点豪情心地间，不屈艰苍，
矢志向上，男儿阳刚，
不惧困难往前闯。

修心养德无止疆，谦贞情肠，
温和心房，克己阳光，
践履道义何坚壮。

情志人生
2024-9-12

情志人生，雅秉吾之纯真。
风雨历程，不减豪情刚正。

秋仲雨盛，窗外滴沥声声。
好风吹逞，惬我心志十分。

隐隐雷声，打破平静气氛。
哦写心身，男儿一身清诚。

岁月进深，斑苍依然清纯。
名利抛扔，高蹈心襟真正。

雅致人生
2024-9-12

雅致人生，力保吾之纯真。
努力求真，矢为真理奋身。

秋雨正骋，爽意秋风清纯。
淡荡心身，品茗心志生成。

奋力前骋，不计山高水深。
神亲慰问，导引吾之人生。

内叩心身，发见真光温存。
正直一生，发光发热十分。

诗人情怀清无恙

2024-9-12

诗人情怀清无恙，郁勃情肠，
振志向上，人生已越千关障。

爽然一笑清无恙，雨霁天朗，
金风舒旷，清坐思想启无疆。

男儿胸襟清无恙，不为名狂，
不为利妨，定志山水田园间。

大千世界清无恙，老柳氍荡，
田野清芳，我心我意持扬长。

雅秉良心

2024-9-12

雅秉良心，人生奋志前行。
道德遵循，不为名利囚禁。

奋我身心，叩道领略意境。
悟彻圆明，悟彻大千世情。

坦腹哦吟，无机是我心襟。
正直力行，迎战鬼魔妖兵。

修心之境，雅洁盈我肺心。
冲决无明，光明眉眼清劲。

天终朗晴

2024-9-13

天终朗晴，只是燥亢又临。
烈日天顶，休闲雅怀心兴。

人生奋进，此生不为利名。
修身之境，领略山水多情。

秋仲已临，心志清和均平。
正义心灵，努力振奋胸襟。

鸟纵飞行，自由欢乐无垠。
微笑浮映，豁怀烂漫空清。

烈日如烘

2024-9-13

烈日如烘，汗水沁淌中。
斜照犹猛，彩云漫飘动。

时值秋仲，中秋接近中。
心志从容，品茗惬吟颂。

人生持中，不为物欲动。
淡泊清空，心灵雅无穷。

红尘运动，演变桑沧浓。
百年非梦，情怀堪哦讽。

时既三更

2024-9-13

时既三更，远闻犬吠声声。
宁静宇城，秋虫呢咙成阵。

心志生成，人生奋我刚正。
不眠时分，遐思桑沧秋春。

红尘滚滚，人是客旅之程。
名利勿论，此物害人深深。

路上车声，打破宁静十分。
内叩心身，勿为物欲蒙混。

三更醒转吾无眠

2024-9-13

三更醒转吾无眠，野风清新，
淡荡心襟，写诗聊慰我身心。

听得秋蛩之清吟，爽我胸心，
动我心灵，振奋情志也无垠。

人生奋志以挺进，关山峻岭，
显我豪英，壮怀激越旷如云。

不为名利损心襟，淡泊之境，
诗书清吟，雅度春秋我多情。

第三部

追光书屋文集

1.思想散记十三篇

思想散记之一

2018-3-11 至 2018-3-17

支持创新型集体经济的壮大和繁荣，使最广大的人民群众均能从改革中得到切实的红利，国营经济、集体经济与私营经济是三驾马车，其中以国营经济为主导，集体经济和私营经济作为必要的补充和辅助，共同促进国民经济的繁荣昌盛与长治久安。

爱包摄慈悲，慈悲过度，与杀人同等。

多吃素食，少吃肉类，可掩盖诸多罪恶，有益于身心康健，延年益寿。

追崇自然美；大力发展我国医药事业，开发中医学及中医药宝库；人们当享受幸福的生活，干自己所愿意和喜欢的事情；鼓励人们步行，少用车辆及飞机。

人贵有自知之明，吾日三省吾心，谦德未可稍弃也！

实行城乡一体化生态文明建设，使山水江河的生机活力焕发出来，促进新农村建设，使祖国处处秀美灵动，如同一幅画一样。

一定要破格选用人才，一定要做到人尽其才、物尽其用，一定要做到野无遗贤，则天下大化熙熙矣。

必须切实加强农业生产和新农村建设，农为国本，千万不可轻视；要切实保护农田资源，不能乱占耕地，改良品种，调节水利，加强水土保持工作，农林牧副渔五业齐抓共管，这样要不了多久，我们的祖国将山美水美田园美人更美，是为神所祝福的美好世界人间乐土。

大力发展以新基督教等为主的宗教事业，万教当和合为一，就是神所膏立且应许的全新的新基督教，凡进入这门的人有福了，因为他们必得与神同在，直至永远，生命河的水永流不息，无有止疆。佛教与道教亦须予以足够的重视及尊重，伊斯兰教中也有许多美好的果子。

天赋人权，人人生而平等，让真理圣灵的阳光充满着每个人的心灵，民主、自由、人权、平等是我们的旗帜，并且要切实地落到实处。

博爱是我们新基督教一以贯之的最高宗旨和原则。

尽快建立法治社会。德法并用，以德为主，以法为辅。

实行全民监督，对德才不配位的政府官员坚决令其下岗。

思想散记之二

2018-3-20 至 2018-3-21

努力建设福利社会，使全体人民享受到富裕、幸福、尊严、安乐的新的生活，并且健康长寿。

以绿色科技加快产业升级，努力推进新工业革命步伐，加快自主技术革新，全面推进社会整体和谐进步，进入二十一世纪宇天文明的新时代，探索宇宙无穷奥妙，不断矢志追求真理，勇往直前。改革的号角已经吹响，春风吹拂大地的每一个角落，让我们全世界人民同心同德，劲往一处使，力往一处用，努力把我们地球村的事情办好，且越来越好，越来越美妙。

保护人类一切优秀传统工艺与文化，发扬鲁班工匠精神，踏踏实实地建设好新中国，祝祖国的明天光辉灿烂，辉煌发达，大吉大利，万事如意，吉祥康乐！

孝悌为人伦立身之本，修身上进，永无止境，故当努力以进取之。

德为邦本，切记！切记！切记！

欲不可纵，戒定生慧，千里之堤，毁于蚁穴，可不慎哉！可不慎哉！可不慎哉！

思想散记之三

2018-3-21 至 2018-3-22

一切阴毒必须去除，因为他们皆与天国无缘。

农业是国家的根本和命脉，一定要把农业办好，努力为最广大的农民朋友服务，为他们排忧解难，并且要服务到位。

对国家一切公务人员实行全民监督，务使德配其位，德不配位者下。

纪念耶稣，被钉在十字架上牺牲的苦楚，他必得复活且坐在至高天父宝座的右边。然而历史是不断向前发展的，我们纪念耶稣，但他不是偶像；我们纪念十架，但我们的灵性是活泼的，不被钉死。一切倚靠真神的人有福了，因为他们必被称为义人，得以进入永生，幸福恒久恒久恒久！

道教是我国国之瑰宝，必

须采取切实措施，大力振兴，并发扬光大，以造福天下苍生，功莫大矣！余有深待矣！

永保谦虚精神，努力学习，追求上进，向人民学习，为人民服务，一生甘做小学生。

思想散记之四

2018-3-22 至 2018-3-23

诚信为立身行事为人之本，此外无他。

为人立身处事，要设身处地地多为别人着想，人品是第一位的。

"己所不欲，勿施于人"，孔夫子的这句话，实为真理。

乡村是中国文化的根，一定要采取切实措施，保护好乡村特色，发起抢救乡村运动。目前，城市生态系统病态严重，千万不能肆意破坏乡村，一窝蜂搞城市化，大错特错。乡村特色必须坚决保护好。

创新是国家与民族进步之台阶与灵魂。

尊老爱幼，德在其中矣。

博爱为怀，心须广大，圈子文化可以休矣。

一夫一妻制是唯一正确美好的婚姻方式，夫妻双方当以圣洁的心相爱相互扶持互相帮助，百年好合，幸福安康，吉祥如意。

知错就改并速改的人是有福的。

努力走在时间的前面。

思想散记之五

2018-3-24

"三人行，必有我师。"谦虚向上是人生的主旋调和必备准则，也是唯一正确的前进与发展方向。

"做老实人，说老实话，办老实事。"这样的人吾必谓之可矣。

空洞的说教谁也不喜欢，当以乐感人，以乐化人，以乐育人，天下熙熙之大化，莫过于此矣。

努力学习，尽快建立并完善新心学体系，天下之贤者其当共同努力矣！

须时时提醒自己，夹着尾巴做人，努力向他人的长处学习，见贤思齐是不变的真理。

努力向人民群众学习，群众中蕴藏着极其丰富的智慧，是我们共和国最宝贵的财富。

思想散记之六

2018-3-25 至 2018-3-26

人当尊重一切生灵，比如用水煮螃蟹，何其残酷，太不人道了，以此为例，不胜枚举，天地间的怨气和灾害就是这样慢慢积聚起来的。人们啊，务当警醒，并努力改正错误，获得灵性生命的新生！

要努力做到不亏待每一个人。

城市市政建设中一定要多建高标准卫生公厕，以方便群众生活，此并非小事。

在加强品德修养方面，我们要永不知足，谦虚谨慎，戒骄戒躁，努力向前向上，奋进无疆，永不止顿。

东西文明各有所长，相互学习，取长补短，东西合璧，联为一体，共同完成文明体系的全新升级，进入宇天文明的新时代，才是唯一之正途。

思想散记之七

2018-3-26

应切实加强社区建设，大幅度提高社区工作者及志愿者的福利待遇。

应大力且大幅度地提高企业职工最低工资标准。

医保应实行全体国民全覆盖，使人民有钱能治任何疾病。

采取一切措施，一定要保证人人有饭吃，人人有工做，人人可为社会奉献一技之长，为社会发光发热。

须严打色情行业，务使人心干净清洁起来，绝不允许色情业害人。

鼓励富人多作社会公益工作，以救济帮助较贫困的人群。

努力提高一线基层职工的工作条件、工资及福利待遇，以确保体现社会公平公义。

学则进，不学则退，譬若逆水行舟而已，唯勇者胜。学习，是一辈子的事。利用点滴时间学习，须知开卷有益。孔子说："学而时习之"，我很赞同这句话。

脱离群众，就是孤立了自己，这样的人离失败也就不远了。

寓教于乐是好的，空洞的说教谁也不喜欢。

以德感人，以文化人，以法治人，以诚心待人，则万事顺遂，天下必然大治矣。修身养德，永无止境。天道公平正义，万变不离其宗，是以时中之意，大矣！重矣！裁之以中正之心，治天下，易如反掌耳。然忧患之心未可稍减，谋事于发端之先，处事以平等公正，譬若医生治病，对症下药可矣。然以预防疾病为主，须知病从口入，不吃不洁净的食物，不说不圣洁的话语，心里干净，中心光明，持博爱之心待人，慈悲为怀，义气当先，吾当谓之可矣。

邪不敌正，正必胜邪，天道至简，不过如斯而已。

正心诚意，是善端的发源与开始。

仁义为立心之本。

治国以无为为重，熙熙然而民自化。

民当返璞归真，一味地追求生产力提高及科学技术进步，乃是错误的歧途，务必改旗易辙，重返天人合一之大道的正路上来。

思想散记之八

2018-3-27 至 2018-3-28

国家采取多渠道全方位优惠政策与措施，全力支持发展大中型民营集体经济，因其有较强自主权及经营活力，可带动人民群众快速致富，前程不可限量。

人当有自知之明，务须夹着尾巴做人。神喜爱谦卑的人，阻挡骄傲的人。但过于谦卑也不好，调节以时中之意，可矣；须担当时要有担当，男子汉顶天立地，不可为名利所诱，低下头来，心被腐蚀，就不知不觉地堕落下去了。务须戒之，戒之，又慎之！

过于求索无益，知足常乐为福。

切实采取强有力的措施保护地球的所有珍贵湿地资源，因为他们是地球之肾，先天命脉之所在。

"发展体育运动，增强人民体质。"以活泼身心灵为目的，金牌和奖牌及名次位次等没什么实际意义。西班牙斗牛可以休矣，因其太残酷。日本相扑可以休矣，因其太变态。泰国人妖可以休矣，因为他们违背了真理正道。

立即停止城市化进程，城市病已日益严重，地球生态系统不堪重荷，城市建设不得随意扩大面积范围，不得乱占用宝贵的耕地资源。

要多建并建好综合性大学，文科和理科均须重视，学科门类分配要均衡，专业设置不宜太细,既要培养专才,也要培养通才;德才兼修兼备,德是第一位的,才是第二位的,有才无德的不宜用。

勤俭节约不可稍忘,德在其中矣。

时尚与风情都是好的,但却要用得恰到好处,其道甚难,不易为之。

文学与艺术均应趋向于高雅,以引导民众心灵的净化与提升,其责甚重,意义甚大。

佛家讲戒定慧,首先要行戒,戒什么?首先要戒杀;众生各有灵命,杀之不义,但对罪大恶极的坏人须杀的还是要杀,不杀不足以平民愤,而且祸根留下来,一旦发酵起来,其害甚大;所以古人说:"千里之堤,溃于蚁穴。"就是这个道理啊!

人之妒心不除,必生毒害,既损人又不利己,这样的人与天国的永生无份。

唯物主义害死人,必须坚决抛弃,其中只含有少量真理的片段。

社会各界均需关注残疾人等弱势群体,努力为他们提供力所能及且实际的帮助,帮他们遮风挡雨,使他们的身心灵及生活同我们大家一样享受幸福的阳光雨露的恩泽。

溺爱过度,与杀人同等。万事万物适时适度可矣。

社会财富分配尽量合理些,贫富两极分化不宜太大,政策适当向穷人倾斜。

占人口最广大多数的人民群众才是国家真正的主人,不是少数有权有势有地位的人。

博爱是处理人伦关系中的第一和最高准则。彻底清除一切不健康的圈子文化与江湖习气。

农林生态系统是我们地球生态系统的最后一首屏障,从即日起严禁一窝蜂兴办家畜家禽养殖场及小型有污染之机械、化工等类企业,农民当以农为本,靠山吃山,靠水吃水,不应存非份发财的妄想,国家应采取全方位措施支持补贴农林牧副渔业健康有序发展,目前这种乱象必须坚决刹住。一定要确保祖国山清水秀人灵动。

充分发挥市场机制灵活的调节作用,努力抓好新农村建设,城市生态系统十分脆弱,须开拓思路,同时着手抓好新城市建设,同心同德,让我们大家一起,把地球村的事情办好。说到底,我们这个地球村,还是主要以办乡村的方法来办适宜，且效果较好。

思想散记之九

2018-3-29 至 2018-3-31

创新，是国家、民族、人类、众生及文明进步之唯一动力；神作为第一因，创造并运行维护着大千世界，神是宇宙总设计师和总工程师。

自豪与骄傲不同，自豪体现自我的豪情壮志，骄傲乃是骄狂傲气，一切骄傲俱属魔鬼。

博爱，是新基督教的最高原则与根本宗旨，必须落实在时时刻刻的心中与行动中。

知难而进，力行不已，奋斗终生，无限上进，人生之意味与境界莫过于此。

人不自救，孰能救之？！求人不如求己，自胜者强。

人生当效竹，劲节虚心韧性生命力强，则战无不胜，攻无不克，为人之道，于斯体现矣。务当厚德载物，吾日三省吾心，正心诚意，言行一致，致力于行，则千里之行，始于足下，克始成终，必有所成，其境界之大小，因人而异矣。此为心学之根本。

人须有担当，做个顶天立地的男子汉，豪情在我，壮心辽远，胸怀旷宇，大千虽幻如烟云，为人却须认真踏实，努力做好每一件小事。天行健，君子以自强不息矣。

创新，恒久地创新，是国家、民族、社会进步之灵魂。

国无民不立，要亲民、爱民、养民、富民，民为国之本矣。

人类从必然王国向自由王国的进军永远在路上。

万事万物均须顺其自然而行而为，才合乎天道。夫天道者，何谓也？吾必曰自然而已。

人要真实地表现自我，千万不能文过饰非。缺点和问题暴露出来以后，想办法解决掉就好。讳疾忌医，是为愚蠢，智者不为也。

夜值三更，心境起伏，不眠长思，情向谁倾？孤寂的人生之中，唯奋发前行，义无反顾，才不愧英雄怀抱，至于名利，于我身心何益耶？自利利他，乃至舍己为人，均是高尚的表现。人生境界的升华，免不了起伏坎坷，但只要心志坚定，目光远大，脚踏实地，一步步坚毅地向前，待以时日，是终会有所成就的，积小成就可为中成就，积中成就可为大成就，因此，文明进步之大成，就是由大多数民众及众生齐心合力，同心同德，劲往一处使，力往一处用，长期不懈地努力才得来的，此外有何经验耶？世事如棋，万变不离其宗，调平阴阳，阴阳和合，阳带领着阴不断前行进步，阳强大些，阴柔弱些，阳当多爱阴一些，呵护阴一些，让着阴一些，正如一对夫妇，做丈夫的总要量大一些，多关爱护惜妻子一些，做妻子的也当柔顺一些，体贴丈夫养家糊口的不易，这样两人相亲相爱，互敬如宾，举案齐眉。天下之大和指日可待矣，吾必谓之大治矣。

治世不难，难在调伏人心，如是一盘散沙，则万事难成；如众志成城，则无坚不摧矣。

绝对的完美不可得，乃求其次，趋近于完美可矣，也就是说我们可以做到在自身条件的制约下努力地绽放自己，做到美的极致与别有风味，即各具特色的美。审美的标准不是唯一的，而是多层次多侧面的，在特定的时空中各有独自的表现，也就是我们所说的个人风味与灵动的特色。

欲海无边，回头是岸，人须自制自止，绝不可稍犯荒淫。固然，食与色，人之天性也；但也当有正性的用处和正性的发挥，其中含有哲学和艺术的内容、风格与特色。正确地运用，可以做到一如百花齐开，各具美丽与美好。不正确的运用，只能说是堕入了魔道，就偏离于永生，与天国的永恒福乐就越来越远离了。

写书，务要做到确保读者开卷有益，且愈读弥新，也就是说，既须精炼，还要内涵丰富深厚，每读一次，都能有新的体会，正如品茶与饮酒仿佛，个中滋味自己知，简言之，就是须具有较强的吸引力与感染力。但好书，特别是经典不易写，须经过历史的过滤及沉淀，才能知道哪些是真正的垂世经典。任何一个人，无论他是什么样的大师，写出的书也不可能每一本都是经典，都存在缺点和错误，而这一点是难以避免的，或者说是具有必然性的。对人对事对书，俱应宽容一点，所谓有容乃大，自成高格，斤斤计较，唯属庸人与小人而已，而这样的人，是不可以亲近的，就与神的救恩远离了，这也是没办法的事，惜哉，嗟乎！！！

人皆会犯错，知错就改，不

再犯同样的错误，吾必称之为有智慧，能长进，是君子也。

十年树木，百年树人，是为大事，务必尽全力抓好。人者，仁也。

思想散记之十

2018-4-1

市场经济虽有妙用，但也有缺陷，人们千万不可财迷心窍，而要努力做到仗义疏财，多做社会公益事业及活动，利人利己，福莫大矣。

一切事情均须按部就班有序进行，次第展开，运化无穷；一切都急不得。

繁体字和简化字各有所长，繁体字保存了较多的语义信息及能量，简化字易于儿童初识字学习。台湾和香港在保存中华民族传统文化方面着力深厚，功劳甚大，颇有益于世态人心纯正之保持，余甚赞赏且赞叹之。

实事求是，是探寻真理的最好方法，一切真理均须得到实践之检验。实践，包括物质世界的实践及心灵世界的实践，而二者之统一，吾称之曰叩道而已。

登山人为峰，却不是发疯，而是随时随地保持谦虚谨慎的态度和心态，要知道，是神创造了大千宇宙世界和人及众生，我们所享受的一切幸福都是神因着无限的爱心而赐给我们的，我们任何时候都不能妄自称大，要时时检点自己的心灵，努力保持纯正无邪，努力做神的好儿女，不让神为我们苦恼和过分地操心与伤心。

在我们的现实三维世界中，一切事物都是随时间流而演变的，过去的时光，有许多宝贵的珍藏，铭刻在我们的心灵深处，但那不是现实，我们怀念过去，却不能回到过去，我们的心只能面对现实和向未来敞开。生命对于我们的恩赐是丰厚的，我们当常存感恩之心，感恩一切曾切实关爱和帮助过我们的人，并想法报答之。但我们首要的是感恩上帝，感恩父母，感恩家乡，感恩国家和社会，感恩一切大千众生。换言之，忘恩负义的人是不讨神喜悦的。积小善而成大善，其最终的果报就是永生的无限福乐，无限喜悦，无限欢欣，无限安宁。

思想散记之十一

2018-4-2 至 2018-4-3

努力创新，建立健全我国覆盖全民的现代化的社会福利体系，努力不使一个人掉队。

文明进步的途径是多向度的，殊途同归，回到与至高造物主上帝永恒同在，是谓大成。

索取和奉献是一对矛盾，要多奉献少索取，这样社会才会进步，人种才能进化，希望和光明及永生才在前方。

道法自然，随心适性，就是最大的造化，乃是叩道之根本与旨归，只是，心须纯真，心须无邪，心须阳光，心须正大，如斯而已，此外余有何言耶？！

扶助弱小，柔弱胜刚强，此非天道之运行与体现乎？！践行天道，吾辈读书人义不容辞也。

阴属邪，必犯正；阳属正，必刚强；邪不压正，正必胜邪，历史的正路就是如此，再无其他。而文明之进步，恒是向上进取，永无止疆，发扬光大，妙不可言。

治病救人，功莫大矣。以文感人化人，功在其中矣。文学属于艺术，其立心须诚正，其运化须灵动，小说过于泛博，赋体难以灵动，散曲过于油滑，诗庄词媚，几乎千篇一律。吾当合诗词二者而创新诗矣。首重心志端庄，运化务当灵动，千变万化由我，风流文采灿烂，然当守护一颗素朴的心，花哨最为大敌，诚实是为首选，呆滞乃属下品，未可救药也。

神本是光，光中包含着无尽的爱，神是光与爱的二而为一的奇妙的不可思议的最高精神实体之存在，岂肉体之人生及众生所能测度的？凡信靠真神的人有福了，因为神必赐予他们永生，且永生的福乐是难以想象和美妙得不可思议的。众生啊，你们当听神的话和言语，就必能进入永生。那些不听真神教诲的人，就只能归于死亡和灭绝了。宇宙是无限广大的，而真理却是平凡朴素。乱用心机的人是神所不喜悦的，心机太重的人，无法领受和承载那丰盛而美妙的救恩。

过于阳刚也不好，须调节以适当的圆融，岂不闻齿以刚亡舌以柔存乎？正直是必须坚持的操守，实际应用时，可有适当的变通，也就是说，有一个运用自由裁量权的变通范围，出了这个范围，就是犯了过错了，就不可取了。这要经过大量的心灵及社会实践才可逐渐摸索出一点道理来，并无捷径可走。譬若登山，一步步向上，很艰难，求知叩道追寻真理就同此相仿。至于堕落的人，就像下山一样，比较容易，因人有重力，方向向下，很快就下山走了一程又一程，其实已经堕落得不成样子了，而自己还很开心，并不明白自己的心灵已经脏污，逐渐与属灵的恩典远离了，最终被神弃绝，归于死亡与灭绝了。所以，人须要上进，虽然困难，也要坚持住，虽有风雨，也须奋力向前，靠着神的护佑，必能安全地抵达平安的牧场，享受草场的丰盛和美好，最终进入永生，与至高造物主同在，幸福永久。

思想散记之十二

2018-4-3 至 2018-4-6

以儒入道，援道以儒，儒道双赢互补，是为新道家之根基。

做事不必过于追求完美，做到做好九成数就基本上可以了，过与不及，均不可取也。

在成全别人的同时，也铸就了自我。自我实现的同时，也让别人有发光的机会与权利。

切实加强城乡一体化水利建设和农田水土保持工作，使水流保持清澈畅通，从河流、湖泊等水网归入长江、黄河等大的水系，顺畅地流归大海。水是有灵性的水，土也是有灵性的土，我们务须充分尊重他们，绝不允许任何水污染及土壤污染事件及事故之发生，违者一律严惩和重处，使我们伟大的祖国处处山清水秀田肥人美，灵秀动人。

土是厚重且厚道的，属阳性，是父；水是流畅且波动的，属阴性，是母。做好水土保护工作，就是孝敬我们的衣食父母，全国和全民都必须重视这件工作，这是一件大事。

思想散记之十三

2018-4-7 至 2018-4-24

唯方正始获圆通，且是永远的圆通，直达永生，且恒久长住在永生中。

读书宜在博览的基础上少而精，好书百读不厌，可谓开卷有益。

知忧患者生，防逸乐者生，恒上进者生，生生不息，未有止疆，吾称之曰"大成之境"。

力须与美结合在一起，蛮力不可取也，须弃之。

鼓天地人阳刚之力，持浩然正气，然后可以渐获圆通之妙果，此自然之事实也。欲速则不达。

精神病不是一般普通的病，乃真理圣灵与邪灵在人心灵中的争斗之病，当真理灵战胜邪灵，病人就正常；当邪灵攻击真理灵并暂时占上风或缠斗不已时，病人就发病。因此，必须善待所有精神病人，帮助他们，爱他们，使他们的心灵早日战胜邪灵，让真理圣灵的阳光雨露浇灌他们的心田，养育他们。换言之，精神病人是因缺少了爱的呵护而生病的，所以说，博爱是治疗世界上一切疾病的第一味良药。

人生固当固本，本者何也？曰精气神三宝。欲不可纵，情未可滥，质朴持心，返璞归真，真者何也？纯正处子之初心也。

中国文化是个封闭的怪圈子，必须坚决打破，向美国和西方学习，同时，美国及西方也须向中国和东方学习，相互取长补短，共同进入大同社会，实现人类文明的升级、升华和更新换代。

采取切实措施，大力补贴农、林、牧、副生产及经营，不能让老实的农民朋友们吃亏。事实上，中国复兴的希望在于农民及农村，在于纯净的人心，而农民的心灵是较为纯净的，这是人类未来文明进步之希望的灵性火光。

文明不是单途径发展进步的，可以兵分多路，共同指向唯一的正确方向——上帝的国。东西方文明在相互学习时，勿忘保留各自的风格与特色，当发扬自己的长处，避开自己的短处，使文明之火愈燃愈旺，直至永恒！

文化固须守望，更重要的是开创文明及文化发展的新方向及新维度，推进文明及文化的持续发展与稳定升级，直至无尽无穷。

人生应与时俱进，追求时尚是心态年青的表现，吾无上以嘉之矣。

2.雨夜闻蛙记

2019-5-26

时初暑夜，有雨清降，爽风畅发，蛙鼓悠扬，洪生子有感于心，慨然作文矣。

时既初暑，正值清夜，有雨洒降，乃闻蛙鼓，无言以譬其动听，唯觉其悠我之心襟。岁月进行，人生老大；名利损人性灵，书生安于清贫；乐天知命，叩道无垠；不畏老之将近，唯知晨昏以哦吟；世事浮云，物质蒙心；所赖神恩广深，赐我灵思旷清；灵程路上，不辞艰辛；奋斗途中，迎风破雨；往事唯留于记忆，未来正在于开辟；悠悠天道，何其广深；君子用心，格物致思；乃悟彻天道之有常，而深明世变之有因；人秉良知，务持正见；心之为物，其深莫测；宇宙无穷，星际大海；存身于地球百年以期，永生在天国万寿无疆；文明日进皆神之创化，大道普覆众生皆受用；慨生民之多艰，嗟争斗之无穷，文明升级乃刻不容缓，进化征途非一帆风顺；今夜雅闻此蛙鼓，乃动我之心思；骋神思之浩瀚，吐心襟之无机；多言何必，一叶知秋；世事乃一气之用，人事属天命运化；四更雅静，惟闻蛙鼓；灯下清坐，展我神思；乃知人生如飞羽，不觉五十己有四；固当奋发，惜时如金；乃当知足，敬畏天命；叩道正思其运化无穷，裁心乃知当秉持正用；天人之间，大道雅存；顺天用命，达人所为；艰阻乃增我之磨炼，顺达是天之所赐福；吾何必多言，复何须赘语；天明有时，宜雅听此蛙鼓，清风来宜，正适我之心志；人生譬若草露，当求永生，叩道是唯正途，直指天国；合三教于一体，直揭心性，修心于晨昏四季，秉持正直；方今文明日盛，地球成为一村，合诸国为一国，乃世事之所趋。大势不可挡，众志成城；天意谁能拂，叠变桑沧。人生短暂，立德立功立言，世事浮沉，文明日益上进；神恩广长，指出向上一途，众教各自为政，当和合于同心；岁月飞迅，春已去正值初暑，时缘已至，故当审时势裁之于心；祈祝神恩浩荡，众生蒙福，敬祝万民安康，灵修日上；不觉时已五更，鸟语初闻，雨渐止而风亦稍减，乃思雨打落红之损伤，因动悲天悯人之慈思；路上华灯正放，车声偶闻，远野蛙鸣奔放，优雅堪听；此天籁沁人心魂，余因以作此短文；反复沉吟，回转再三，不复多语，何须赘言；惟愿清风吹拂人心皆得性天之清明，希冀蛙鸣增益世间美好动人之悠听；悠悠万事，越过吾心，秉心正直，是为至要；文当止于所当止，吾不复多云；即此别过云尔。

3.思想及艺文语录

2020-10-26 至 2021-12-19

诚实是人生之第一品质。

化复杂为简单，才是真本事。

中和中庸中正，是吾之所取也。

苦痛是人生成长进步之必经之旅和必然须承受的身心体验，对于苦痛，对治的方法有二，一是寻求解除和战胜苦痛的方法，二是等事过境迁，苦痛自然会减轻或消除。

生命中免不了失望，但更多的是希望。梦想也好，理想也罢，于人生都是必须和必不可少的；这是人生和社会进步的动力，是未来新生活和新世界的种籽和根芽。

正直是人生之第一品格。

每个人的人生都是不可复制的，我们要活出灿烂辉煌真诚真实的自我。自我价值的体现，不在于个人挣得了多少金钱或是获得了多少名誉，而在于对社会进步的贡献及其个人自我身心的修养程度。我们要努力加强自我的修心养德，从小我趋向于大我，乃至于与自然及宇宙之天人合一，这是最高的境界。

创新是生命力的体现；只有不断地创新，艺术乃至文明文化体系才能不断地进步；诗歌亦是如此；固步自封最不要得，不进则退，万事俱是如此。

新诗向何处去？余常思此。古为今用，洋用中用，应是正解。古旧的未必不好，真正好的传统必须保留并尽量发扬光大。国外的应采取拿来主义，择其所长及营养所在，为我所用。时尚的元素亦很重要，可使诗歌携有时代风格及时代特色。思想内容最重要，是骨头支撑之所在，愈深刻愈博大愈好。艺术风格应许各出之，何妨争奇斗艳？没有艺术吸引力的诗歌是失败的诗歌，但不可喧宾夺主，过于迷人的蝴蝶只不过是蝴蝶，就思想内容与艺术表现方式来说，思想内容是基础和框架，艺术表现形式是手段和外在的装饰，这当然是极其重要的，但就诗歌的生命力来说，艺术表现的重要性高不过思想内容。恰当地活用艺术表现形式和手法，可以加增诗歌的艺术魅力及吸引读者的能力，时尚的元素最能契合年轻读者的心灵。但从传世的角度来讲，那些能留传千古的诗歌，应能做到思想性及艺术性俱佳，才能长久保持其艺术青春及生命力。

人生是意境领略的过程，免不了风雨阴晴与酸苦艰辛，惟有放旷与豁达，坚定地前行，览尽了沿途的风景，山重水复，柳暗花明，一路放歌，从容在我，快意于心，才能活出人生的真正意味和意义。生命是至为可贵的，灿如夏花，感谢丰沛的神恩，创造了大千世宇和人类文明，无论行旅如何艰辛曲折，文明文化进步的步履是不会停顿的，必会致向于更高更远更好更美更博大更绚烂之意境，未来是无限光明的，我们当努力向前，义无反顾，冲决一切的阴霾黑暗无知与罪恶，推动人类文明文化的持续进步与升级向上发展至无穷远处，天人合一是目前文明文化发展至高乃至最高的理念。

生命是淡泊而平实的，所有的喧嚣都与生命的本质无关。

善良是人生最可珍视的品格。

灵性是一个人的根本，丧失了灵性的人或灵性受蒙蔽的人，是多么可怜与可悲啊！

爱是一种正向阳性的能量和信息，有助于人身心的康乐与和谐，缺少爱的社会和群体是不健康和不健全的社会与群体，所有宗教都重视人的价值和人文关怀，正是在这一点上，宗教体现了其无与伦比的价值取向，宗教是人类文明的杰出而优秀的成果。

才与志是两个方面，有才无志不行，有志无才也不行，有才有志也不一定能干成大事，还有个因缘遇合的问题，所谓"谋事在人，成事在天"，可也。

潜规则是人心理阴暗程度的表征，与社会公平正义成反比，潜规则流行乃至盛行的社会是不健康的社会，是对罪恶包容度容忍度大的社会，这样的社会是难有远大的前途的。如何战胜潜规则？只有越来越多的人以身作则，坚决抵制潜规则，不按潜规则办事，哪怕为此付出沉重的代价，也坚决拒绝之，这样的社会才是有着光明远大的前途的。你若想做个有修养的正人君子，请先从拒绝潜规则开始。

孤寂的境地是智者的境地，沉静的心灵是高贵的心灵，质朴的情怀是无上的情怀，无机的情操是至为宝贵的情操。

君子不干人，干人非君子。

正直之人用情以专，邪曲之人用情以滥。

人生谁不多情，知何时止可也，所谓适时适地适宜之谓也。

人生固当有所争，曰叩道悟道而已；人生固当无所争，曰名利物欲而已。

诗长于情，而短于思，若夫雄谈高论，则非文不可也。往昔，余致力于诗也勤矣；此后，将倾心于作文矣。

诗体情，文载道，一言以蔽之矣，未可言他。

有思想的人，必与众不同，孤寂是必然的回报，因此，远方的旅行，难以遇到同行的人，只能是一个人的旅行，困难与危险恒在，但希冀与未来也恒在，遐方的风景，只能一个人独享，天籁，只能一个人独听，此心固有苦痛，但更多的是欢乐与安祥。世界与宇宙何其广长，奥秘何其众多，而人生之短暂，正如白驹过隙，一瞬而已，于短暂之生命中，尽我心力所能，发光发热，烛照前进的路，开辟新的向上向前的路径，于文明之进步添一份力作一份工，奉献毕生全部的正能量，于愿足矣，岂有他哉。

爱是文明进步的动力和支撑力量，恨是文明进步的破坏因素和阻碍力量；上帝是爱的完全与大成，宇宙创化运行进步靠的是爱。物质、信息与能量三位一体，爱是正向的最纯粹最高尚的能量。爱越多，文明越进步；恨越多，文明愈落后与野蛮。

诗歌的生命力在于能打动人心，使读者与作者起共情作用，不富于情感的诗歌是死气沉沉的诗歌，是没有生命力的诗歌。

唯坚忍是成功之不二法门。

君子守谦，虚怀若谷。

人生不可失志，即使在最困难的时候。心一死，一切都全完了。是以，务必善于守护好心灵，此是人生之第一要务。切之！切之！切之！

心定自乘凉，万事忍为上。

常含一份慈悲，悲天悯人，

善莫大焉。

人生难得完美，常含一分残缺，这也是没有办法的事，凡事多看开些，豁达一些才行。

人生履浪，常含起伏，高低运转之间，应持平常心和淡定心才行才好，名利虚妄，不必过于认真，心地淡泊的人是有福的，因为他们持有清洁的心灵，灵性未曾被掩蔽，保有纯洁和天真，天良显现，拥有做人的权利和功德，这样的人才是有希望的和有前途的。

浮华只是生活的表象，人生的真谛在于获得思想并应用思想。

沉静的心灵是可贵的，因为只有如此，才是通达真理的唯一途径，一切喧嚣均与真理无缘。

人生正似一篇文章，起承转合之间，气运为主，命运作导航，悲欢离合，因此衍矣。

虚伪是人生最大的敌人。

人生不必突兀，顺水行舟可矣。

人生总会犯错，这是难以避免的，重要的是及时知错即改，并且努力做到避免重蹈覆辙。

人生活在各自的境界之中，有高下之别；物欲熏天是下等的境界，洒脱云天是上等的境界，济世度人是最高的境界，只是常人难以达到此的高度。

人生免不了要进取，为个人的利益和荣誉而努力当然是正当的，为人类和众生的利益而努力的人，才是最高尚的。

人生不是用来享受的，而是用来经受试炼和磨难的，只有经过试炼和磨难的考验，才能完成人生和人格的塑造，达到光辉的目的地，获得进入天国永生大门的钥匙和通行证。

饭要一口一口吃，书要一页一页读，急是急不得的。智慧的增长也是如此，必经逆流乃至反复，甚尔艰苦卓绝，长征万里，才得点滴之成就。人生一如行旅，须穿越许多的雾障与风雨、艰辛与坎坷，才能行得到目的地。世界上存有许多的欺骗与障眼法，须有一双明辨的火眼金睛，识破许多的伪装，才能见得到真像与真相，长期的锻炼和磨炼是必不可少的。人生必会经历许多的曲折和弯路，这对我们增长智慧与才力是少不了的，也是十分必要和必须的。

人生最贵的是好奇心，好

奇心驱使着我们去探索探寻世界和宇宙的秘密与奥秘。

人生总有起伏，涤荡的生涯中，沧桑与共，故事万章，须知否极泰来，天佑正义，道德万古不灭，此是天地之至理，大纲之所系矣。人荷良知，才能称为是人，才能不负天地之灵明与正则矣。

唯物主义不注重灵性的成长和养育，其危害及不足是明显的。人过于注重物欲，灵性必受损害，于人性的成长是极有害的。

常患智慧之不足，是以谦心恒持，而人生有涯，真如白驹过隙，嗟叹无益，是以乐天知命，豁达持心，于奋进之中，与缘共度，则胜败得失也就不足太过重视了。

红尘步步惊心，人生峰回路转，一生哪易平顺度过，唯奋进且矢进者，风雨无阻，兼程而行，才有可能达至辉煌的终点和标的。真的英雄，不是名利的获取者及钓取者，而是甘心淡泊一生守义的人们。

艰苍的岁月啊，我拿什么来比拟你？一如行旅，一如梦境，百年飞驰，回首空空，唯美德最为珍贵，正如夜空中的星辰，闪烁迷人的光彩。

人生，难免风雨甚或灾难的侵袭，最重要的是要心怀阳光，相信真理，必将度过一切的苦厄和困障。上帝是真理的化身和大全，相信上帝，是智慧的开始。人生最重要的是持有灵性，并努力在生活的实践中使灵性得到不断的增长和增进，这样的人生才是有意义的，才是行进在正路上。

人生，难免有灰心甚或绝望的时候，这时，支撑人们活下去的就是信念和信仰，而相信上帝就是这些信念与信仰的最卓越者和最成功者。

多言不如静默，言多必失，狂躁生矣。是以，常常内省身心，出言适时，出言有的，是非常必要的。漫不经心常致口误，不好。

无机的心地最为珍贵，因为那人的心中，乃是未曾开垦的处女地，保存着道德与良知的种芽和根柢，是高尚的代名词。

人性中也有恶，是为原罪与本罪，佛教中讲不断恶性，因恶性不可断故，但可由修习善良与智慧，经由戒定慧的过程与次第的熏习，而渐次获得圆通与明慧，这与各人的根器优劣有巨大的关系和联系。

人情社会有其弊端，对有关系的人则无视法律法规多加照顾网开一面，对无关系的人则无情无义甚则残酷打击，而所谓人情及关系，不过是利益的代名词，因此，一个讲人情的社会，必然潜规则盛行，代表了社会的阴暗面，我反对这样的人情社会。

潜规则是人类文明之毒瘤，唯清除干净，人类文明才能进入正轨。

人生的正途，是不断战胜内心的阴暗，追逐光明和正义，圣洁的心灵和情感是世间最为珍贵的无价之宝。

吾甚爱诗词，就表情达意而言，诗不如词，诗长于铺排直叙，词长于委婉抒情，两者互为补充，缺一不可，就个人喜好而言，吾最爱词，次爱诗，至于散曲，活泼旷达有余而谨严规整不足，作为诗词之补充可矣。

人生谁不犯错？贵在知错就改；人生譬若行旅，行过千山万水，境界日渐展开，应能豁达心胸，与缘相共，乐天知命，无忧于心，享受生命的赐与，怀感恩的心，则此生值矣，至于名利，虚幻之物耳，于我身心何益耶？！人的禀赋不同，有高低上下之分，这都不要紧，只要我们心怀阳光，像野地的花儿，自由地开放与绽放，就可以活出生命的意义与价值，活出生命的尊严与洒脱，即便我们不是花儿，是一株小草，也可以蓬勃茁壮地生长与成长，给世界增添一些美，向大气输送一些氧气，做一些力所能给的事情，有益于世界与众生，则功德莫大矣。

不要贪图福报，因为福报享受完了就没有了，要努力修心积德，积聚财宝在天国，那是永恒的产业，是永生的根由。

世界是一道场，专为人类和众生修心而设，人生难得，切莫虚慕名利，而应内叩身心，努力修行上进，终将荣归天国，直达永生。

吃亏是福，不是虚言，祸福从心而来，努力修心，共缘而行，前旅终百折千转，终达光明。

勿为物欲所牵，平心静气即可，养我天和，内叩心向，是修行及修心之开始。

人生须有所弃放，过重累身，轻装才行得远路，才能更有心致地欣赏沿途的风景。

人生须有耐心，一蹴而就是要不得的，常常也是达不到的，梅花香自苦寒来，须铭记在心，也是干事业做大事者的座右铭。

人生须持平常心，不必患得患失，放心共缘而行，该来的风雨躲不掉，该享受的福报迟早总会来到，该你的还是你的，不该你的强求也没用。

不要着急，事物有时处于量变的阶段，质变还未到，一时还看不到最终的结果，因此须有忍耐心，花开有日，果结有时，春播秋收，须铭记在心。

人生寿命有限，务必惜时如金，多干正事，业精于勤而荒于嬉，切记切记。

人生勿持焦虑，万事万物的发生都是有定数的，缘起缘灭有时，因果的流转不是凭空来的，人生只管持一颗善良正直的心，努力修心修行，至于沿途的风景，无论风雨阴晴，均请持一颗豁达放旷的心去欣赏，人生只有一次，切莫让坏心情破坏了我们行旅的兴致。

我们有时找不到某一问题的答案或是解决方法，这不要紧，放一段时间，或是事过境迁之后，就明瞭了。一叶障目，智慧难开，登高望远，万里平川尽收眼底，境界决定一切。

万物不可过份，勿走极端，须知箍紧必炸。切记切记。

不可急功近利，须有耐心，时间可证明一切，水落石出有时。

4.迎夏赋

2021-5-4

明日立夏，春将去矣，夜幕清降，华灯灿放，洪生子心怀平正，作迎夏赋于下。

芳春已尽，朱夏将临；清怀雅兴，饯春动情；城市灯明，霓虹闪俊；晚风清新，遐思旷行。路上车鸣，远处歌讴动听；阖家康平，神恩铭感于心。思九十日春光已尽，愁感于心；迎好芳韶朱夏之临，应惬蝉鸣。岁月飞度惊心，笑我华发苍俊；远辞青春情景，迎来人生晚晴。诗书之人生用劲，叩道用勤；奋发之岁月秉心，坚贞守静。往事俱入烟境；未来共缘而行。淡泊持心，不入名利陷阱；悠悠歌吟，晨昏秋春用情。人生不过梦境；流年都成电影。芳春逝矣，辞之以礼敬；夏日旷矣，迎之以欢心。坎坷之往事不必沉吟于心；未来之向往时刻铭记于襟。人生百年空空是境，大化匆匆谁人真赢？！所谓达人知命，悟彻空清；须知造化有柄，矢当前行。雁过留声人过留名；一生业绩矢当创寻。文明之进步未有止境；学问之真谛矢志找寻。春光已去难以重寻；未来可期蹉跎不行。奋斗之足迹矢当踏遍关山峻岭；卓越之胸襟固须览尽九州风云。五湖归来一笑清；爽然情怀持清俊。豁达天人之意境；雅洁人生正如云。不惹俗世之闲情；正义从来盈心灵。性灵深处云过岭，野风吹来是鲜新。乱曰：春光逝去任其行，朱夏又是好光景。达人知命豁于心，芳韶勿负务用勤。流年叠变桑沧景，青春远辞何必云。心迹哦入诗中铭，知音千年可旷寻。

5.小论道德

2021-11-17

夫道德之为物，是天地人伦之大纲，人生立身立命之准则也。无道德，则社会不成其社会，人生不成其人生，更难以谈及人生及社会之进步也。然何为道德？更推而言之，何为道？何为德？道与德之间之关系若何？必先解决此等问题，使吾人明瞭道德之内涵，然后才有可能发心以践履之也。古往今来，先贤论道德之文章堆积如山，高论弥足仰止，然自人类历史有记录以来，斗争、纷争及战乱不止，时有失德之时。是以，彼道德者，一若明灯，一若红日，导引人生及社会之正途也。从中国思想史的角度来论，儒释道三家和衷共济，共同构成中华思想文化之脉络，于我中华民族思想文化之养成，人民心理之构建，其功莫称其大。

老子在《道德经》中言曰："道可道，非常道；名可名，非常名；无名天地之始，有名万物之母；故常无欲以观其妙，常有欲以观其窍。"在这里，老子以隐喻的方式推出"道"这一格目，至于"道"究竟是什么，他没有明言。据我的分析及认知水平，我以为"道"就是天地宇宙人伦根本之大纲，是"德"的本始和发源地；道就是德的圆满及达成，德乃是道的发挥及应用，道与德一致；先有道，后有德；道与宇宙同在，德也与宇宙同在。孔子力推道德，他把道德归结为"仁义""仁爱"与"中庸"；所谓"仁义"就是"己所不欲,不施于人";所谓"仁爱"就是"仁人爱人";所谓"中庸"就是恒久的"中和"与"中正"。"和"是天地人伦宇宙之大和,是春日煦阳,春风雨露,体天地人生社会之大正也。佛家以"慈悲"为本,也是"博爱"的同义词,是"德"的体现。从我们具体的个人来讲,就是要在人生中时刻并且努力践行"道德"。如何践行?孔子曰"吾日三省而已。""省"就是反省自身,就是向内观照,体察自己是否遵守或违背了"德"。从宋代程朱格物致知的"理学"到明代王阳明的"心学",先贤们一直努力致力于"修心养德",践行君子人格和实践体验。吾人之心灵,恒在不停运化之中,一念善,一念恶,恒在争战变动之中,是以先贤们提出"慎独"的科目,要求我们时刻自警自惕,努力追求光明与进步,因为天是欺骗不得的。古人云"不以善小而不为,不以恶小而为之。"一因必起一果,不积小善无以成大善,不积小恶不会成大恶。"修身"是我们每一个人一生中都必须时时刻刻努力践履的最大课题。儒家经典著作《礼记》第四十二篇《大学》在开篇即言明"大学之道,在明明德,在亲民,在止于至善。"在文中又言道:"欲修其身者,先正其心;欲正其心者,先诚其意;欲诚其意者,先致其知。"并且多次强调"以修身为本。""所谓修身,在正其心者。""此谓修身,在正其心。"愿我们大家一起努力践履君子人格,努力修身修心,持心以正,不断趋于进步之道,为社会之进步奉献全部之心力与心量。

6.思想绪语

2022-1-1 至 2022-2-13

唯定力及耐心是成功之不二法门。

心襟须持静定,勿为外缘及物欲所牵致使散乱,此为修道修心修行之基本要素及基本法则。收心内视内敛为要。

神是施恩者,也是执法者,也是审判者,他只施恩给配受他丰盛恩典的人,并且丰丰足足,如同奶蜜一般,使人欢喜快乐。

道教是中国本土宗教,于兹余情有独钟矣。道教以德为本,以叩道用道弘道为己任,余甚欣赏之。道就是上帝,道与宇宙同在，德也与宇宙同在，道之用为德，德行之完备与达成就几于道合于道同于道，就是道的化身。

敬畏神是智慧的开始。

坚持正直的人是有福的，因为他们必蒙神的奖励，乃是带他们进入永生的天国，享受那丰盛无尽的产业。

腐败必须清除，烂肉就须剔掉，这是再正常清楚不过的道理，对人类及众生中的败类，只有坚决清除直至死刑为止，否则，一泡鸡屎坏缸酱，是要坏大事的，只有这样，人类文明才能大踏步地向前向上进入健康富足永续发展的轨道，才有光明的希望与未来，这是必须要做的，而且要抓紧时间做好。

在芸芸众生中，坚持人本主义，以人为本，因为上帝本是按自己的形象造人，因此人是很珍贵的，遵循神教诲的人被称为神的爱子，这是何等高的奖赏。人本主义是第一位的，人的珍贵性和价值远高过天上的飞鸟和水里的游鱼及田野间的众生物，这是神在创世界时就确定的不可移易的规则和定律。

心灵纯正的人是有福的，因为神必赐福他们，乃至永生，与神同在，享受那永恒丰盛的产业。

人要多吃素食，少吃荤食，多吃蔬菜，少吃鸡鱼鸭鹅牛羊猪螃蟹和鸽子，野生动物坚决不吃，因动物们也有生命，也有灵性，也有生活的价值和尊严，也有灵性和生命进步及进化的前途及可能，动物们被杀也有极大的痛苦，与人类似，因此，悲悯之心，绝不可少，此为智慧人生进步之开始，余今郑重提及于此，愿与大家共勉，坚决多吃素食，少吃荤食，这对我们大家的身心健康也是极有益处的。

民当还归于朴，朴实纯净的心灵是最为可贵的心灵。

万物负阴而抱阳，阳须带领着阴前进、上升与进步，前拉后推中间带，除此之外没有别的办法。

万物负阴而抱阳，阳是社会进步的促进力量，阴是社会稳定的平衡力量，但社会总得向前进步，因此阳性的能量必须大于和胜过阴性的能量，正如太阳和月亮仿佛，太阳白天出来活动，月亮夜间出来活动，各有其时，太阳是完全舒发自己的光与热，而月亮光却有一定的销涨周期，这是太阳系内运行的固定法则，但出了太阳系，进入银河系，及宇宙星际空间，就不是这样规定的了，太阳系的法则就不完全适用了。

戒急用稳，稳步前进，是我们一切工作的出发点和重中之重。逆水行舟，不进则退，做任何事均如此。干大事业者，须有大的胸襟及怀抱，宇宙含于心，才情挥洒在我，何其快意！

万恶淫为首！圣洁的心灵是神所喜爱和嘉许的，心怀圣洁的人才能进入神所应许的永生天国之大门，没有别的捷径。

7.随笔之一

2022-2-6

率性而为是好的，却不可任性而为，无为无不为是一种至为高级的境界，不是轻易可以达到的，吾诚心正意秉持中庸可致也，大哉中庸，万物之美具备于斯，唯矢进者始可得而致于飞扬矣，回归至美天国也，与神合一，享受恒久的极乐生活。

剥夺者必被剥夺，这是颠覆不变的真理，人，只有人，才是自己命运的真正主人，领受那从至高神赐福而来的真正幸福与荣耀。

事物相生相克，吾观万物之理唯心裁之矣，道充万物，然终以向上为唯一指针与方向，神圣之永生天国是唯一归宿和憩身安享地。

左比右好，致力于作功矣，取法乎上则得其中，取法乎中乃得其下，然极左之思潮与行为务须防止，以免泛滥成灾。

纯真的心灵至为可贵，拥有纯真的心灵是人类的特权和专长，拥有纯真心灵的人是有福的，拥有纯真心灵的民族才称得上是真正富有良知和正见的民族，换言之，国家和民族的希望就在于人们拥有纯真的心灵，因为他们必蒙受神的恩典直到永恒永远乃至无限，真理圣灵的阳光充盈他们的每一寸心田，享受幸福尊严自由快乐祥和的生活与人生。

充分保障广大人民群众的生活基本需求，并在条件许可情况下，逐步且须稳定地改善和提高广大人民群众的生活水准，持家以俭为重，勤能补拙，帐要明明白白地算，鼓励和扶持公益事业，共建绿色环保和平发达的大同社会和理想家园。

弱肉强食是不好的，人必当归于纯朴，慈善及慈爱之心未可稍忘也，万物有灵，皆欲遂其生，故悲悯之心尤为可贵也，人当以素食为主，尽量少吃肉类，这是养生的必然要求，也是对延长个人自我寿命大有裨益的，野生鸟类及野生动物之肉绝不可吃。

人生固当戒骄戒躁，即使今胜于昔今非昔比，也不可忘记人类文明发展的苦难历程，总结过去，展望未来，我们豪情满怀，前路无比光明，即便时有风雨来袭，凭着我们的爱心和信心，定会将风雨化为和风细雨，未来属于我们全体中国人民和全世界人民，俗话说："人心齐，泰山移。"让我们携手前进，共创辉煌文明的二十一世纪，未来在召唤着我们。

俗话说："滴水可以穿石。"水之患，可不慎哉？！国家应着力打造阳光透明廉洁高效服务型政府，形成小政府大社会格局，公务员是国家和人民利益的根本代表者，是优秀人才的集聚地，是共和国的忠诚卫士，国家应对公务员采取高薪养廉的政策，以坚决防止腐败产生之可能，杜绝腐败产生的土壤，坚决清理和开除公务员队伍中的不合格分子和腐败分子，让公平正义的阳光旷远无限，各级各类事业单位职工的工资福利待遇亦相应逐步地提高，努力使全民都富裕起来，企业职工的最低工资不应低于事业单位职工的最低工资标准，着力提高农民及农民工的各项生活及医疗等工资福利待遇，务使全体人民都能享受到新中国改革开放政策的巨大成就和成果，对海归派知识分子的待遇从优，以充分提高和发挥其为国家为人民工作与服务的积极性和创造力。

新中国的人民是幸福乐康的，因为他们有神的保佑和护持，新中国应以人为本，德法双重，人民只有人民，才是国家的真正主人，我们应高度关注和重视妇女权益的实施与保障，但家有家规国有国法，男人是国家的主要建设者和劳动者，是国家的顶梁柱，女人们更应重尊重男同胞的地位和作为男人的尊严，同时男同胞们要更多地呵护和爱护女同胞，因为相比较而言，她们是相对的弱势群体，国家号召且鼓励全民健身，"发展体育运动，增强人民体质"但身心的和谐发展是首条，心灵的健康和美好是第一位的，务须确保且须做到身心和谐健康地工作生活与学习，争取活更长的时间与寿命，情欲未可纵也。

大力发展科学教育文化事业，以科技创新鼓励产业增长和国计民生，提升国家教育实力，培养大批优秀的共和国人才，丰富人民群众日益增长的物质和文化生活需求，"己所不欲，勿施于人"，东西文化并重，团结一切可以团结的正义力量，共创中华民族辉煌灿烂的明天与未来。

"路曼曼其修远矣，吾将上下而求索。"中国人民凭着信心爱心和能力，一定可以克服前进道路上的云山重重，达成任何想要达成的目标，与世界各国人民一起，共同创造更为辉煌灿烂的伟大的二十一世纪宇天新文明。

同时我们看到，科学与神学是把握世界和宇宙真相的一体两面的双刃剑和锁钥，只重视一方面是不行的也是不够的，必须两手抓两手都要硬，相互借鉴，相互学习和补充，才是唯一可行的方法，前途无限光明，十分靓丽，让我们全人类携手共进，迈步向前，奋发不已，矢进至永恒。

8.随笔之二

2022-2-13 至 2022-2-18

人当以素食为主，肉食尽量少吃，善莫大焉，且可益寿延年，何乐而不为？！

声色损人，蚀人性灵，须远离之，切戒切戒，不可大意。

人生当以质朴为本，无机的心田才灿发出无限的生命和生机，活力无穷无尽，难以尽言。

人生当以阳刚为主，不可使阴招，谦受益，满招损，万古不易之真言也。好学向上，则青春常在，朝气蓬勃，如不老之松，挺拔苍翠，万古长青。

中国人向以关系网为命根子，这要不得，是私欲的体现，是堕落的根基及始芽，必须坚决下大力气根除关系网这个罪恶之源。

必须破旧立新，破旧容易，立新难，怎样立新，首要是立心，立青春焕发少年昂然向上的奋发之心。

乡村振兴不能搞一刀切，要稳步前进，留有充足余地，欲速则不达，农业丰收丰产是第一位的，要密切注意农村及农业生态系统的稳定和维持及改善，荒野也有其应享受的生态地位及生态价值，须保留大量未开垦的荒野和处女地及水生湿地，水生湿地是地球生态系统的肺与肾，其重要性无论如何评价之均不为过。现在城市生态系统已是严重犯病，几乎不可救药，须花大力气整改及改善之，农村生态系统绝不能再犯再受到严重破坏，否则地球生态系统将可能全面毁损，人类将面临灭顶之灾。

以德治为根本，以法治为手段，德法双治，国家才有希望，社会才能稳定地发展，人民才有幸福愉快的生活。

我们的文明和文化有一种时髦病，越搞越复杂，这很不好，要化繁为简，直截了当，以方便最广大的人民群众之工作和生活。

努力保护野生动物和植物，特别是珍稀野生动植物，如丹顶鹤等，千万不可大意，物种一灭绝就不能恢复了，代价太大了。

富人应多做公益事业，帮助穷人，这是他们应尽的义务和责任，否则要那么多钱有何用处？！

国学须以开放的胸怀，广泛吸收西方文化中的积极成果，东西文明及文化必须迅捷整合，以促成全球性的新文明及新文化之出现及不断推陈出新。

厉行节约，是美德的体现。

努力保持好农村可贵的耕地资源，绝不能借开发为名占用耕地，努力做好老旧城区的改造升级与重建工作，不准密集性地大建高层建筑，城市规模不得任意扩大，以中小城市为主要发展方向，且城市功能与建设须与城郊及农村的布局科学对应，不能大搞乱搞城市化。

动静各得其宜，动是绝对的、主要的，静是相对的、次要的，然动也要适宜，不可也不必大动、乱动、狂动，搞极限运动严重背离了运动的初衷。

文明的勃兴是大势所趋，然也有一定的法度，不是一切乱草都可以被允许萋萋生长，须有选择，用智慧的心灵和眼光，去选择最光明和最有发展前景及潜力的道路，文明勃兴的发展方向和进途不是单向度的，而是多向度的，殊途同归。

9.心理统一论

2023-2-14

夫心者，人心也；夫理者，天理也；若能正心明理，则天理与人心统一合一也，契于道；天理与人心统一合一始于正归于正；夫正者何谓也？时中之别称焉；时中之义，大矣哉！大矣哉！易云："一阴一阳之谓道。"夫道者，天理之根本者也；其始也无极，其用也无终，敷布天地宇宙之中，是造化之根据，宇宙运化之主宰者也。

一. 论心

鸿濛之始，有道混元而生，是为道基，是为道本，是为无极，而无极生太极，两仪分，阴阳剖，三才具，天地人生焉。是以，人秉天地灵气而生，所最为贵重者，是具心体矣。此心灵明居矣，道德道义居矣，能察知天地宇宙之造化，事物善恶之本始也。心之所秉者，一气之化生耳，而气有偏颇，未必尽得纯正之气机耳，是以，人心于先天中常具不足，手有五指，长短不一，而众生各持秉赋，必具高下尊卑之体格矣。心之所崇所贵者，莫非秉正，而正者何谓也？与道合一也。道也者，天地宇宙造化之根本者也，其运化也无穷，而德是其最重要之内涵也。是以，德也者，体道义之有常，是宇宙运化之根本者也。人心崇正，其同义语即崇德，而德者，无机之心体之所秉所持所具也。夫无机者，不为物欲所牵引者也，一若冰山雪水，冰清玉洁，又若水中红莲，不沾污垢。是以，心体以静为崇为贵，静心之际，内叩身心，可发见本源，良知居矣，天理明矣，道德存矣，正义在矣。故修身之本，是在正心，心体苟正，万邪莫干，浩然正气，充盈身心，而君子大人之人格生矣存矣。若身心不修，是为浑水，灵明渐次丧失，道德修养之根基日蚀，错误与罪恶生焉。是以，人生若逆水行舟，不进则退，修身重在修心，修心务必存正趋正，努力向上，克除私欲杂念，不为物欲所损利名所牵，如此，长期修持，可成儒家所推崇之君子人格，于国于天下是一良才矣。

二. 论理

夫理者，天理也，真理也，正理也，是大道之体现者也。夫唯体天，故与道合；夫唯是真，故绝无虚妄、无做作、无机诈；夫唯属正，故无邪无恶，是良善之同义语也。此理者，于人伦之体现者，是为中庸、中正、中和，因时因地，此三者是一体三面，和同共一，而运化无穷，未有止疆也。大道之运化，体现为理、为义、为公、为正、为真、为善、为美。理须明辨，用心审度，几微之间，大道周详。理普覆天地宇宙之间，大道之运化也无终始包罗万象，理之显现于物质及人伦，亦万象具焉。象，表现为现象，表现为物质、信息及能量之三位一体的时空推移及运化。溯理，必须由表象及现象追寻到内在的真理、正理、天理，所凭借的是无伪饰无机诈的良心与良知。故理之认识与运用，离不开心体之中正清澈与平和诚真。认识真理、正理、天理，是一个永无止境的类似于求极限的过程，是从必然王国向自由王国一步步推进的恒久之过程。天理，似乎不可明见，但于人心有所体认与知识，但人限于其内在之限制性，对天理之认识必有所偏颇与不足，在运用天理时也会有一定之失误与缺失，故人在改造自然世界及自己之主观世界时，必须不断省察、反思，及时纠正错误，这样可以避免犯极其严重之大错，乃至陷文明于倒退与绝境。天理虽属恒定，而其运化则万象均具，因此易学之时中之义必须受到应有之尊重与遵守。夫唯持因时因地中庸平正之心志及心态，才能合天地人三才于一体，于世界及人类社会之运化中，随时调整政策、策略及对策，保合大和，致社会运化于正常良性发展之轨道中，不断推向前进、进步与发展向上。

三. 论心理统一

夫心理统一何谓也？是指心理一统也，统一之基础是道，统一之方式是中，统一之表现面象为正。道普覆天地宇宙之间，道之行表现为德，道生万物，以人为贵，是以人秉天地灵气而生，心灵具焉。心体理，心契道，心持正则与道合，心邪谬则与道乖。理，天理也，是道之表现形式与内涵之开展者也。道是理之全体与大全，道是正义之支撑与后台，道是德之弥满与完成完备。心叩道，经由理，得与道合；理体道，表现为德，心之中正，则有德，乃与道契合。道之行，易体之，六十四卦，三百八十四爻，变化莫测，类若神龙之腾空潜海，是时中之体现者也，是正义之执行者也。心经由理与道合，道经由理居于心体。心理统一，于社会则公允和谐正义体现，是良时也；于人生则正直无机，是君子也。心理若不统一，则社会乖谬戾气丛生，于人生则为奸邪阴诈之小人也。是以，心理务必努力致于统一也，如是，则社会清气生，正气起，文明兴，民众安熙和乐，是治世也。心是德之体现与居住者也，理是德之充满与体现者也，经由德之中介，心与理联系起来，而理是道之内涵与表现形式，如是，则心、理与道契合，即与公平正义良知正见时中变化联系与契合起来。时中之变，表现为世态万象，是以，君子允执厥中，于时空之变化中把持住中庸平正和平之心志心态心念，则为正心明理，与道契合，如是，则社会之进步发展与上升跃进必进入良性美好正常之轨道与轨迹，则天下和乐，民得安熙，社会必蒸蒸日上，文明之进步无有止疆也。

要之，心理必求和谐统一，分而言之，心与理各有所秉、各有所居，各有所持，统而言一，心与理合而为一，统契于道，统契于德。是以君子立身，必以德为基为本，努力修身上进，叩道、体道、用道、弘道，心以正为本为要，理以明为致为求，如是，则人心契于天心，人道契于天道，若人人如是追求，则中道成，天下治，国家兴，民熙乐，社会和谐进步趋于良性发展之上升轨道与轨迹矣。是以，于心理统一，余无言以嘉之尚之矣。

10.洪生心语

2023-10-15 至 2023-12-31

生命的本质是淡泊而平实的，一切的喧嚣均离真理太远。

过简单的生活，是最明智的选择。

读书是智慧人生的开始和第一步，不读书的人生，吾未知其可也。

平淡的生活，是生命的本质。

高贵的心灵，是人生最可珍惜的财富。

独立的人格，是人之为人

的第一基石。

　　自尊自立自强，是做人的第一要务。

　　德为福基，总以拙正为要，切莫投机取巧，须知吃亏是福，人生，知不足才会进步，是以，谦正为立身之本，向上是人生基调，知错即改才是真英雄，坦诚的心地，是人生最可珍视和宝贵的财富。积德恒久，终有福分，不以一时一地之得失为念，宇宙是灵性的世界，宇宙运行的算法不是人的智力和智慧所能测度的，是以，敬天守正，努力叩道体道，奋志向上，才是我们应当且须努力做好做到的。至于名利，不过是些小的虚空之物，是过眼烟云，不足珍视且正视的，关注且努力培养纯正的心灵，才是人生最为重要且紧迫的课题。人生在世，匆匆百年，务须抓紧时间，努力修心修行，不断进步，才能荣归上界天国，享受永生。

　　拙正为人生之要领与守身法宝。

　　人是个能量团，人的本质是灵，人的心灵是能量与信息的持有者、接受者、处理者与发射者，人不停地进行能量与信息的转化工作，人心甫动，一念刚起，法界遍知，因有信息与能量之发射故，人有时接收到阴性和负面的不利于身心的信息与能量，须进行处理与转化，使其变为与身心调适的信息与能量，人心正，是指所拥有的信息与能量与道合或相距不太遥远差距不大，若人长期受到大剂量和大幅度的负面及阴性或者是邪恶的信息与能量的骚扰与攻击，容易抵挡不住，致自身的身心防护系统受到破坏和损伤甚至崩溃，会引发一系列的身心疾病如忧郁症及精神分裂症等。善意和爱是阳性且正面的有益于身心健康的信息与能量，恶意与恨是阴性且负面的有害于身心健康的信息与能量，因此，提倡全人类的相互博爱，及对一切众生包括动植物的博爱，是十分必要且是非常有益的，我们要建设美好的世界，最根本的不是一味地向大自然和他人及社会索取，而是要从自己做起，守护好自我的心灵，世界之病，病在人心，若大多数人持有纯正美好的心灵，使自我的心灵所拥有的信息与能量尽可能地与真善美契合，则大多数人所发射出的信息与能量为阳性正面善意有益于自我、他人及社会的信息与能量，则我们的社会及世界将天人和谐蓬勃向上，人类的未来才有光明的明天，人类的文明及文化才走在正确且健康的大道上，这样的话，就不会有多少战争和杀戮，天地间的怨气和恨意就少，人类才会和平相处，相互敬重，这是唯一正确的办法和法门，除此之外，均属歧途和谬误。

人生是修心之旅，积德是最重要的课题和工作，积德包含两个科目，分别为行善与除恶，日行一善，功莫大焉，持心向善，是人生之正途，莫以善小而不为。除恶包括两个科目，分别为除心中之恶与除现实社会之恶，除社会现实之恶须有实力，需量力而行，除心头之恶是我们日常生活中每日每时必须努力做到的，须时时观照自心，努力做到纯洁正直善良，诚心叩道，体道用道，久之，心光雅发，人生渐趋入圆通圆明圆融之境，是为浑厚之君子矣。为人处世，须努力做到中和中庸中正，则差无大过矣。

谦正持心，乃合时宜；拙朴为人，俭德为贞；德为邦本，诚以立身；求学上进，内叩心身；每日三省，改错归正；向善弃恶，福寿康乐；天人和谐，文明日进；背道弃德，祸莫大焉。

物欲一若漩涡，一陷进去便难以自拔，是以智者及慧者于物欲若名利等远避矣。红尘不过是试炼磨心之境，境随心起，是以缘起境起，缘灭境灭，而缘起缘灭之由，不外一心也，故修心者必先治心，若心秉正意，邪魔何得而入也？！则心享清平太平矣，而身心一统，则身亦雅安平和清明矣。是以修心者首重治心，务不使邪念生于心，总持中庸中正中和，是以哲学与宗教相通矣，俱含广大众多之法门，条条大道通罗马，万法归宗，俱入清静清宁清和之门。是以，修心必先清心，屏除名利贪爱等诱惑，持心清静，久之，必得莫大之利益也，而身心灵一统，则智慧一若明灯，渐次亮矣，烛照人生之旅，则所思所行俱达正途矣，则人生必走在光明正大之路途上，虽有试炼，若一心秉持诚正，终必克服，妥达平安，则人生终必行得正，走在正途上矣。

写诗是舒情与倾心的过程，对于宣泄我们的情感保持身心心理的平和稳定，是大有裨益的，余乐此不倦。

灵性的觉醒和成长是人生最重要的课题。

万事不要急，随缘任运即可，千万不可乱了方寸。

人生是觉悟之旅，修心是最重要的课题与大事。

灵与肉的矛盾是人生最基本也是最重大的矛盾，灵肉一致且和谐的人是有福的，灵与肉一分离，人便死了，是灵统辖着肉，肉承载着灵，过于注重灵的一面，人易脱离现世生活，过于注重肉的一面，人只能陷入世俗的泥潭，故灵与肉的矛盾至为重要，须尽一生之力以学习调节驾驭之。灵界的事，我们说不准，但我们知道，至高造物主上帝乃是一个灵，灵属于精神的范畴，是一个能量体，而能量、信息与物质是三位一体的，是上帝的灵作为能量与信息的源头，创造了和运化着奇妙难测的宇宙和世界，我们所居住和憩息的地球，只不过是一颗小小的蓝色星球，在大千宇宙之中，至为渺小，甚不足道，是神，作为人类及万事万物的源头，赋予了人类以生存的意义，不但指导我们的灵，负责我们肉体的尘世生活，而且指引我们灵性生活前进和进步与上升的路径，乃至将至高天国的永生赐予选民，这是多么完全且完美的大爱与博爱。宇宙是活的，一切受造之物大至星系小至微生物，均是活的，都是有生命和灵气的，都是相应能量、信息与物质的三位一体的承载者、生存者与运动者，宇宙是永恒进化的，永恒运作的，是不可思议的，神，作为至高的造物主，是全知全能的，神的作为是不可测度的，不要用人的思维与思想去测度神的用意，这是不可能的，是达不到的，我们所需要做的，是遵从内心灵魂的指引和历代圣贤的教导，努力地顺服神、听从神、敬畏神、赞美神、歌颂神和侍奉神，这是我们所有选民的本分。我们心中要时刻想着神，与神保持能量和信息的不中断的联系，神必将丰沛的灵恩，源源不断地赐下来和浇灌下来，使我们得着喜乐与安慰，得着平安、吉祥与福分。这是真实无诡的话语，是我多年内心思考所得的结晶。

积德行善，是福分的根基，是因果的始芽，德的最基本、最首要、第一条的内涵是善，当我们说要追求真善美的时候，首先要持善良无伪的良心和良知,则真与美自在其中矣。纵观人类的历史与命运,及人类一切灾难痛苦的根源,乃是因人类的道德败坏,丧失和背离了良善的本心。救济世界及人心,并无他法,唯尽可能地推行仁义道德,而其最中心的要义是首先要持有一颗善良无伪的良心。是以,知错必改和速改的人是有福的。

论爱:爱是与恨相对应的一个概念,是人的一种心灵情感状态,博爱就是全然的不恨,去完全的包容与成全,是一种至善的境地。

论善:善是与恶相对应的一种心灵观念和持有状态,行善就是完全地不作恶事、不起恶念,至善的境地就是完全的博爱。因此,对于爱与善之间的关系,可以总结为至善等于博爱,博爱就是至善,博爱的行为就是至善观念的体现与践履。二者虽异名而实属同位格,可以说是同义语。

万事适可而已,知止者慧。止者,戒也,是以戒定慧三智,必先以知止知戒为始,是以心必知止于当止处,未可放浪过于自由也,由戒入定由定获慧,

佛家之智,由此可见,未可小视也。

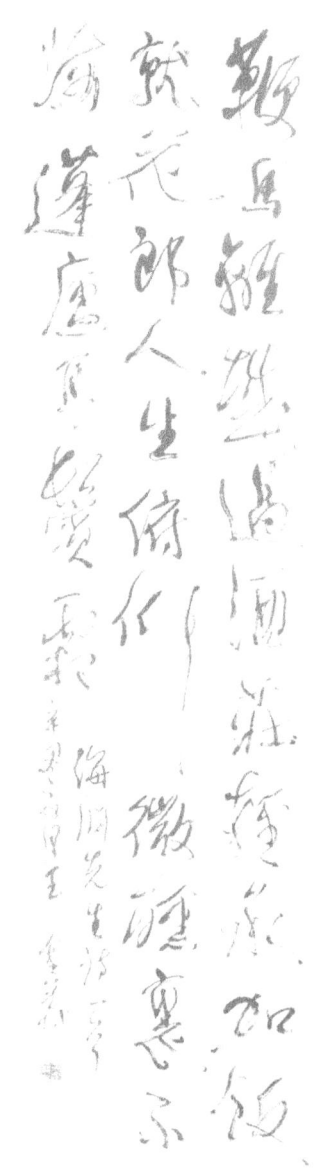

www.ingramcontent.com/pod-product-compliance
Lightning Source LLC
Chambersburg PA
CBHW052128070526
44585CB00017B/1747